药品 GMP 指南 第2版

质量控制实验室与物料系统

国家药品监督管理局食品药品审核查验中心◎组织编写

GMP

中国健康传媒集团

中国医药科技出版社

内 容 提 要

"药品 GMP 指南"（第 2 版）由国家药品监督管理局食品药品审核查验中心组织编写。《质量控制实验室与物料系统》分册内容紧扣《药品生产质量管理规范（2010 年修订）》及其附录的要求，结合国内外制药行业的具体实践，吸收参考了国际组织和监管机构有关指南的关键变化。本书以上版内容为基础，包括质量控制实验室和物料系统两部分，对实验室调查、微生物实验室、供应商管理、委托储存等热点内容进行了专题讨论。

本书可供药品生产企业、药品上市许可持有人、工程设计、设备制造、药品监管机构等相关人员和检查员参考使用。

图书在版编目（CIP）数据

质量控制实验室与物料系统 / 国家药品监督管理局食品药品审核查验中心组织编写；高天兵，郑强主编 . — 2 版 . — 北京：中国医药科技出版社，2023.4
（药品 GMP 指南）
ISBN 978-7-5214-3821-5

Ⅰ．①质…　Ⅱ．①国…②高…③郑…　Ⅲ．①制药工业—药品管理—质量管理—中国—指南　Ⅳ．① F426.7-62

中国国家版本馆 CIP 数据核字（2023）第 042752 号

责任编辑　高雨濛
美术编辑　陈君杞
版式设计　也　在

出版　**中国健康传媒集团** | 中国医药科技出版社
地址　北京市海淀区文慧园北路甲 22 号
邮编　100082
电话　发行：010-62227427　邮购：010-62236938
网址　www.cmstp.com
规格　787×1092mm $\frac{1}{16}$
印张　37
字数　727 千字
初版　2011 年 8 月第 1 版
版次　2023 年 4 月第 2 版
印次　2023 年 6 月第 2 次印刷
印刷　三河市万龙印装有限公司
经销　全国各地新华书店
书号　ISBN 978-7-5214-3821-5
定价　348.00 元

获取新书信息、投稿、为图书纠错，请扫码联系我们。

编 委 会

编写说明

"药品 GMP 指南"丛书自 2011 年 8 月出版以来，对帮助我国制药行业更好学习、理解、实施药品生产质量管理规范（GMP）发挥了重要作用，同时也为药品 GMP 检查员提供了学习教材。十年来，我国制药工业质量管理体系建设不断完善，质量管理水平不断提升，《药品管理法》《疫苗管理法》《药品注册管理办法》《药品生产监督管理办法》等法律、部门规章陆续修制定，以及多个 GMP 附录颁布实施，不断加强与完善了药品 GMP 实施的要求。随着国家药监局成为 ICH 管委会成员，疫苗国家监管体系通过世界卫生组织 NRA 评估，积极筹备申请加入药品检查合作计划（PIC/S），我国药品监管国际化程度日益深化。特别是近十年来国际药品 GMP 指南不断更新，涉及数据可靠性、无菌产品、连续制造等新理念、新标准、新技术，产业界对于"药品 GMP 指南"丛书内容更新修订的需求日益迫切。

2021 年 8 月，在国家药品监督管理局以及相关业务司局的支持和指导下，国家药品监督管理局食品药品审核查验中心会同北京大学知识工程与监管科学实验室和中国健康传媒集团中国医药科技出版社组织开展"药品 GMP 指南"修订工作。

"药品 GMP 指南"第 2 版以上版内容为基础，结合过去十几年国内外制药行业的具体实践，吸收 ICH、WHO、PIC/S、美国 FDA、EMA 有关指南，以及借鉴 ISPE、ISO、PDA、APIC 等有关指南的关键变化，旨在服务于知识和创新驱动的产业发展和以患者为中心、基于风险的科学监管。

来自 130 多家国内外药品监督管理机构、生产企业和研究机构的 500 余位专家积极参与再版修订工作，完成了 500 多万字的稿件，内容较上版增加近 1 倍。

"药品 GMP 指南"第 2 版《质量管理体系》分册新增研发质量体系、数据可靠性策略章节和药品上市许可持有人管理要求等;《厂房设施与设备》分册新增工艺气体系统、信息化和计算机化系统、先进制造三个部分;《口服固体制剂与非无菌吸入制剂》分册新增吸入制剂、缓控释制剂和中药颗粒剂附录，技术转移、工艺验证、共线生产等内容;《无菌制剂》分册新增生物制品（单抗）和细胞治疗产品两个部分，以及脂质体和预灌封注射剂产品、一次性使用技术和免洗物料等;《质量控制实验室与物料系统》《原料药》分册对接国内外产业法规指南全面升级，并就实验室调查、微生物实验室、供应商管理、委托储存、临床用原料药、溶媒回收等热点内容进行专题讨论。

本次修订得到了国家药品监督管理局以及相关业务司局的支持和指导，北京大学知识工程与监管科学实验室和有关企业给予了全力配合。在此，谨对关心和支持本次修订的各级领导和专家表示衷心的感谢！特别感谢北京市药品审评检查中心、辽宁省药品审评查验中心、上海药品审评核查中心、江苏省药品监督管理局审核查验中心、山东省食品药品审评查验中心、广东省药品监督管理局审评认证中心对本丛书审核工作给予的大力支持。

"药品 GMP 指南"第 2 版涉及的内容广泛，虽经努力，但因时间仓促、水平有限，错漏之处恳请广大读者批评指正。

国家药品监督管理局食品药品审核查验中心
2023 年 1 月

总 目 录

质量控制实验室　/ 1

物料系统　/ 393

前　言

　　本书是"药品 GMP 指南"丛书之一，由国家药品监督管理局食品药品审核查验中心组织编写而成，紧扣《药品生产质量管理规范（2010 年修订）》的要求，涵盖了质量控制实验室和物料系统两部分内容。

　　质量控制实验室部分介绍了质量控制实验室的总体描述，取样与留样，物料和产品的检验，试剂、试验用溶液、试验用水与耗材的管理，标准物质的管理，实验室设备和分析仪器的管理，分析方法的验证、确认和转移，稳定性研究，实验室调查，原始数据的管理，微生物实验室质量管理和检验，制药用水、环境、人员及制药用气体的质量监测，质量标准，委托检验的管理等内容。

　　物料系统部分介绍了人员和职责，仓储区设施和设备，供应商管理，物料的接收、贮存、标识、发放，成品入库管理与发运、退货、不合格品的管理，委托储存等内容。

　　各部分内容从法规要求、背景介绍、技术要求、实施指导等方面展开描述，并提供实例分析及要点备忘，兼顾实用性和指导性，可供药品生产企业、药品上市许可持有人、工程设计、设备制造、药品监管机构等相关人员和检查员参考使用。

　　本书中如无特别说明，GMP 均指《药品生产质量管理规范（2010 年修订）》及其附录；如无特别说明，《中国药典》均指现行版。

质量控制实验室

GMP

目 录

1 概述

1.1 目的 ·· 12

1.2 范围 ·· 12

1.3 内容 ·· 13

2 质量控制实验室总体描述

2.1 职责 ·· 17

2.2 布局 ·· 18

2.3 人员 ·· 19

    2.3.1 组织机构 ······································· 19

    2.3.2 资质要求 ······································· 20

    2.3.3 培训 ··· 20

2.4 文件系统 ·· 21

    2.4.1 分类 ··· 21

    2.4.2 要求 ··· 22

3 取样与留样

3.1 取样 ·· 25

    3.1.1 取样术语 ······································· 31

    3.1.2 基本要求 ······································· 31

  3.1.3 流程实施 40

 3.2 留样 43

  3.2.1 留样范围和留样量 44

  3.2.2 留样贮存和标识 45

  3.2.3 留样记录 46

  3.2.4 留样观察 46

  3.2.5 留样使用 46

  3.2.6 留样报废 46

4 物料和产品的检验

 4.1 物料和产品的检验要求 51

  4.1.1 待检样品 51

  4.1.2 核对 51

  4.1.3 分样 51

  4.1.4 检验 51

  4.1.5 记录 53

  4.1.6 剩余检验样品 53

  4.1.7 记录复核 53

  4.1.8 检验报告书 53

 4.2 检验记录的相关要求 54

  4.2.1 检验记录的设计 54

  4.2.2 检验项目的记录内容 55

 4.3 检验报告书的相关要求 57

5 试剂、试验用溶液、试验用水与耗材的管理

 5.1 试剂管理 73

  5.1.1 试剂的采购、验收 73

　　5.1.2 试剂的标识 ·· 74

　　5.1.3 试剂的贮存、使用 ···································· 74

　　5.1.4 试剂报废 ·· 75

5.2 试验用溶液管理 ··· 75

　　5.2.1 试验用溶液的配制 ···································· 75

　　5.2.2 试验用溶液的标识 ···································· 76

　　5.2.3 试验用溶液的贮存、使用 ······················· 76

　　5.2.4 试验用溶液销毁 ······································ 76

5.3 试验用水管理 ·· 76

5.4 试验用耗材管理 ··· 77

　　5.4.1 耗材的采购、验收 ···································· 77

　　5.4.2 耗材的储存、使用 ···································· 77

5.5 文件管理 ··· 77

6 标准物质的管理

6.1 概述 ·· 79

6.2 管理要求 ··· 80

　　6.2.1 标准物质管理要求 ···································· 80

　　6.2.2 滴定液管理要求 ······································ 83

　　6.2.3 文件管理 ·· 84

7 实验室设备和分析仪器的管理

7.1 仪器选型 ··· 99

7.2 仪器确认 ··· 100

　　7.2.1 风险评估 ·· 101

　　7.2.2 确认总计划 ··· 101

　　7.2.3 确认方案 ·· 102

7.2.4 确认实施 ·· 102

7.2.5 确认报告 ·· 106

7.2.6 再确认 ·· 107

7.3 仪器校准 ·· 108

7.3.1 定义 ·· 108

7.3.2 仪器校准的分类 ······································ 109

7.3.3 仪器校准的实施 ······································ 109

7.3.4 校准的其他要求 ······································ 113

7.4 仪器维护 ·· 114

7.4.1 定义 ·· 114

7.4.2 仪器维护要点 ·· 114

7.5 仪器报废 / 退役 ··· 115

7.6 仪器控制的其他要点 ····································· 115

8 √ 分析方法的验证、确认和转移

8.1 定义及应用范围 ··· 129

8.2 分析方法验证 ·· 131

8.2.1 方法验证的一般原则 ·································· 131

8.2.2 需要验证的检验项目 ·································· 132

8.2.3 方法验证内容 ·· 133

8.2.4 分析方法验证接收标准 ································ 142

8.3 分析方法确认 ·· 143

8.4 分析方法转移 ·· 145

8.5 文件 ·· 146

9 √ 稳定性研究

9.1 定义 ·· 189

9.2　应用范围 ··· 190

9.3　原则 ··· 190

9.4　稳定性分类 ··· 190

9.5　技术要点 ··· 191

　　9.5.1　基本要求 ··· 191

　　9.5.2　稳定性研究方案设计 ·· 192

　　9.5.3　样品的贮存 ··· 196

　　9.5.4　样品取用 ··· 202

　　9.5.5　样品的分析 ··· 203

　　9.5.6　数据的评估 ··· 205

　　9.5.7　数据汇总 ··· 208

　　9.5.8　统计分析的程序 ·· 208

　　9.5.9　上市产品的稳定性考察 ·· 209

9.6　文件 ··· 213

　　9.6.1　标准操作规程 ··· 213

　　9.6.2　稳定性研究方案 ·· 213

　　9.6.3　稳定性研究计划 ·· 213

　　9.6.4　记录 ·· 213

　　9.6.5　报告 ·· 214

　　9.6.6　年度趋势分析与评估报告 ··· 214

9.7　稳定性超标或超趋势调查处理 ·· 214

　　9.7.1　原则 ·· 214

　　9.7.2　程序 ·· 215

10　实验室调查

10.1　定义及术语 ··· 217

10.2　应用范围 ··· 218

10.3　实验室调查的一般原则 ·· 219

10.4 实验室调查的程序 ……………………………………………………… 220

10.5 实验室调查报告 ………………………………………………………… 229

$11\sqrt{}$ 原始数据的管理

11.1 原始数据的范围 ………………………………………………………… 244

11.2 纸质记录 ………………………………………………………………… 245

　11.2.1 记录的设计及审批 ………………………………………………… 245

　11.2.2 记录的制作 ……………………………………………………… 245

　11.2.3 记录的发放 ……………………………………………………… 246

　11.2.4 记录的填写 ……………………………………………………… 246

　11.2.5 记录的复核 ……………………………………………………… 248

　11.2.6 记录的更改 ……………………………………………………… 248

　11.2.7 记录的收回 ……………………………………………………… 248

　11.2.8 记录的保存和销毁 ………………………………………………… 249

11.3 电子数据 / 记录 ………………………………………………………… 249

　11.3.1 电子数据的采集与处理 …………………………………………… 249

　11.3.2 电子数据的复核 …………………………………………………… 250

　11.3.3 电子数据的更改 …………………………………………………… 251

　11.3.4 电子数据的保存和销毁 …………………………………………… 251

$12\sqrt{}$ 微生物实验室质量管理和检验

12.1 人员资质及培训要求 …………………………………………………… 258

12.2 设施和环境条件 ………………………………………………………… 260

　12.2.1 无菌及微生物限度检验实验区域 ………………………………… 261

　12.2.2 菌种处理、微生物鉴别和阳性对照室 …………………………… 262

　12.2.3 抗生素微生物检定室 ……………………………………………… 262

　12.2.4 培养室及其他功能区域 …………………………………………… 262

12.3　设备 ……………………………………………………… 263

    12.3.1　无菌检查用隔离系统 ……………………………… 265

    12.3.2　实验室用超净工作台、生物安全柜 ……………… 268

    12.3.3　培养箱 ……………………………………………… 268

    12.3.4　蒸汽灭菌柜 ………………………………………… 268

    12.3.5　空气高效过滤器 …………………………………… 269

12.4　菌种的管理 ……………………………………………… 269

12.5　培养基 …………………………………………………… 271

    12.5.1　培养基的制备 ……………………………………… 272

    12.5.2　培养基的贮藏 ……………………………………… 273

    12.5.3　培养基的质量控制实验 …………………………… 273

12.6　生物指示剂的管理 ……………………………………… 274

    12.6.1　生物指示剂的分类 ………………………………… 274

    12.6.2　生物指示剂用微生物的基本要求 ………………… 275

    12.6.3　生物指示剂的制备 ………………………………… 276

    12.6.4　生物指示剂的应用 ………………………………… 276

    12.6.5　生物指示剂的实验室管理 ………………………… 277

12.7　实验分类 ………………………………………………… 278

    12.7.1　微生物计数法 ……………………………………… 278

    12.7.2　控制菌检查法 ……………………………………… 284

    12.7.3　非无菌产品的实验频率 …………………………… 286

    12.7.4　无菌检查法 ………………………………………… 288

    12.7.5　内毒素检查 ………………………………………… 293

    12.7.6　抑菌效力检查法 …………………………………… 304

    12.7.7　抗生素微生物检定法（生物效价测定） ………… 307

12.8　微生物数据偏差调查 …………………………………… 311

12.9　微生物的鉴定 …………………………………………… 325

    12.9.1　原则 ………………………………………………… 325

12.9.2 初筛试验 ·· 325

12.9.3 表型微生物鉴定方法 ·· 329

12.9.4 基因型微生物鉴定方法 ·· 331

12.9.5 溯源分析 ·· 331

$13\sqrt{}$ 制药用水、气体及实验室环境、人员的质量监测

13.1 人员及设备要求 ·· 336

13.2 制药用水和纯蒸汽的监测 ·· 336

13.2.1 饮用水 ·· 337

13.2.2 纯化水及注射用水 ·· 337

13.2.3 纯蒸汽 ·· 340

13.3 制药用气体的监测 ·· 342

13.4 实验室洁净区的环境监测 ·· 343

13.4.1 悬浮粒子的监测 ·· 344

13.4.2 微生物的监测 ·· 350

13.4.3 环境监测微生物培养及计算 ·· 359

13.4.4 环境微生物的鉴别 ·· 360

13.4.5 环境监测纠偏限和警戒限 ·· 360

13.4.6 环境监测数据管理 ·· 361

$14\sqrt{}$ 质量标准

14.1 质量标准的设计与制定 ·· 364

14.1.1 设计与制定质量标准的一般原则 ·································· 364

14.1.2 物料的质量标准 ·· 364

14.1.3 中间产品（半成品）和待包装产品的质量标准 ··················· 365

14.1.4 成品放行质量标准和货架期质量标准 ···························· 366

14.2 质量标准的变更 ·· 367

14.3 质量标准的文件控制 ·· 367

14.4 临床试验用药品质量标准 ··· 368

15 委托检验的管理

15.1 原则 ·· 371

15.2 应用范围 ··· 371

15.3 双方职责 ··· 372

    15.3.1 委托方职责 ··· 372

    15.3.2 受托方职责 ··· 373

15.4 委托检验流程 ··· 373

    15.4.1 选定受托方 ··· 373

    15.4.2 合同签署 ·· 374

    15.4.3 合同实施 ·· 374

    15.4.4 结果评估 ·· 375

    15.4.5 实验后样品处理 ·· 376

15.5 委托检验合同维护 ·· 376

15.6 委托检验的生命周期管理 ··· 376

1 概述

1.1 目的

建立、实施并维护一个有效的实验室管理体系，能够支持企业整体质量管理体系的有效实施，持续稳定地生产出符合法律法规、满足顾客等方面所提出的质量要求的产品，从而保证为患者提供高质量的药品。

本指南以《药品生产质量管理规范（2010年修订）》为基础，参考国家药品监督管理局（NMPA）、国际人用药品注册技术协调会（ICH）、世界卫生组织（WHO）、药品检查合作计划（PIC/S）、美国食品药品管理局（FDA）、欧洲药品管理局（EMA）、英国药品与健康产品管理局（MHRA）、国际制药工程协会（ISPE）、美国注射剂协会（PDA）等监管机构、国际组织和行业协会的法规指南或技术文件及其最新进展，结合行业实践及国内实际情况和具体案例，在上一版基础上进行修订，使其与时俱进，更具有指导性、实用性和可操作性。

1.2 范围

质量控制实验室管理适用于产品生命周期过程中的环节包括：产品技术转移、商业化生产、产品贮存/运输、产品在市考察直至产品退市等各个环节。各阶段所涉及的技术活动包括但不限于以下内容。

- 产品技术转移：着重于产品转移过程中的质量监控，分析方法验证/确认/转移等。一般涵盖：新产品由开发转移至商业化生产；不同的生产或实验室之间的转移。

- 商业化生产：重点指对原辅料、包装材料、中间产品、待包装产品和成品进行取样、检查、检验及产品的稳定性考察，以及必要时的环境监测和对制药用水系统、压缩空气系统和其他制药用气体等公用设施的监测。

- 产品贮存 / 运输：根据产品的特性及稳定性研究数据确定不同的条件。
- 产品在市考察：持续的稳定性考察监控在市产品的质量。
- 产品退市：包含产品留样的考察及相关文件 / 样品的处理。

本指南所描述的质量控制实验室管理着重于药品生产企业的中间控制和质量控制实验室，以化学药为主，涉及生物制品和中药部分可供参考。委托检验时涉及的第三方实验室的管理建议参考此指南执行。

1.3 内容

本指南所列举的实施方法和具体实例仅作为企业在实施 GMP 过程中参考性做法，不代表标准或最佳的解决方案。企业应根据自身情况制定与本企业实际状况和发展阶段相适应的管理流程和要求，以便于有效的管理质量控制实验室，满足 GMP 要求。

实验室管理体系包括对实验室设计、组织机构、物料 / 产品的取样、检验等操作系统、文件系统的管理。通过对实验室各个方面的有效管理，使质量系统始终处于受控状态，保证各个阶段产品的有效性、可靠性和安全性。

本指南主要内容如下。

- 质量控制实验室总体描述：重点描述职责、布局、人员及文件系统。
- 取样与留样：取样术语、基本要求、流程实施；留样范围和留样量，留样贮存、标识、记录、观察、使用、报废等管理。
- 物料和产品检验：检验及检验记录的相关要求。
- 试剂、试验用溶液、试验用水与耗材的管理：试剂采购、验收、标识、贮存、使用、报废管理；试验用溶液的配制、贮存、使用、销毁管理；试验用水和试验用耗材的管理。
- 标准物质的管理：采购与接收、标识、贮存、使用及处理、使用效期的管理、稳定性研究等。
- 实验室设备和分析仪器的管理：仪器选型、确认、校准、维护、报废、退役等管理。
- 分析方法的验证、确认和转移：验证 / 确认 / 转移的一般原则、验证主要内容及相关的管理要求。
- 稳定性试验：定义、应用范围、原则、分类、技术要点、文件等管理。

● 实验室调查：术语、应用范围、一般原则、程序、调查报告等管理。

● 原始数据的管理：包括纸质记录及电子数据 / 记录的管理。

● 微生物实验室质量管理和检验：人员资质及培训要求、设施和环境条件、设备、菌种 / 培养基 / 生物指示剂等管理、实验分类、微生物数据偏差调查。

● 制药用水、气体及实验室环境、人员的质量监测：人员及设备要求、制药用水 / 清洁蒸汽 / 制药用气体 / 洁净区环境监测及管理。

● 质量标准：设计与制定、变更、文件控制以及临床试验用药品质量标准的管理。

● 委托检验的管理：原则、应用范围、双方职责、检验流程、合同维护及生命周期管理。

2 质量控制实验室总体描述

本章主要内容：

☞ 质量控制实验室的职责

☞ 质量控制实验室的布局

☞ 质量控制实验室的人员与组织机构

☞ 质量控制实验室的文件系统

法规要求

药品生产质量管理规范（2010年修订）

第十一条　质量控制包括相应的组织机构、文件系统以及取样、检验等，确保物料或产品在放行前完成必要的检验，确认其质量符合要求。

第十二条　质量控制的基本要求：

（一）应当配备适当的设施、设备、仪器和经过培训的人员，有效、可靠地完成所有质量控制的相关活动；

（二）应当有批准的操作规程，用于原辅料、包装材料、中间产品、待包装产品和成品的取样、检查、检验以及产品的稳定性考察，必要时进行环境监测，以确保符合本规范的要求；

（三）由经授权的人员按照规定的方法对原辅料、包装材料、中间产品、待包装产品和成品取样；

（四）检验方法应当经过验证或确认；

（五）取样、检查、检验应当有记录，偏差应当经过调查并记录；

（六）物料、中间产品、待包装产品和成品必须按照质量标准进行检查和检验，并有记录；

（七）物料和最终包装的成品应当有足够的留样，以备必要的检查或检验；除最终包装容器过大的成品外，成品的留样包装应当与最终包装相同。

第六十三条 质量控制实验室通常应当与生产区分开。生物检定、微生物和放射性同位素的实验室还应当彼此分开。

第六十四条 实验室的设计应当确保其适用于预定的用途，并能够避免混淆和交叉污染，应当有足够的区域用于样品处置、留样和稳定性考察样品的存放以及记录的保存。

第六十五条 必要时，应当设置专门的仪器室，使灵敏度高的仪器免受静电、震动、潮湿或其他外界因素的干扰。

第六十六条 处理生物样品或放射性样品等特殊物品的实验室应当符合国家的有关要求。

第六十七条 实验动物房应当与其他区域严格分开，其设计、建造应当符合国家有关规定，并设有独立的空气处理设施以及动物的专用通道。

第二百一十七条 质量控制实验室的人员、设施、设备应当与产品性质和生产规模相适应。

企业通常不得进行委托检验，确需委托检验的，应当按照第十一章中委托检验部分的规定，委托外部实验室进行检验，但应当在检验报告中予以说明。

第二百一十八条 质量控制负责人应当具有足够的管理实验室的资质和经验，可以管理同一企业的一个或多个实验室。

第二百一十九条 质量控制实验室的检验人员至少应当具有相关专业中专或高中以上学历，并经过与所从事的检验操作相关的实践培训且通过考核。

第二百二十一条 质量控制实验室的文件应当符合第八章的原则，并符合下列要求：

（一）质量控制实验室应当至少有下列详细文件：

1.质量标准；

2.取样操作规程和记录；

3.检验操作规程和记录（包括检验记录或实验室工作记事簿）；

4.检验报告或证书；

5.必要的环境监测操作规程、记录和报告；

6.必要的检验方法验证报告和记录；

7. 仪器校准和设备使用、清洁、维护的操作规程及记录。

（二）每批药品的检验记录应当包括中间产品、待包装产品和成品的质量检验记录，可追溯该批药品所有相关的质量检验情况；

（三）宜采用便于趋势分析的方法保存某些数据（如检验数据、环境监测数据、制药用水的微生物监测数据）；

（四）除与批记录相关的资料信息外，还应当保存其他原始资料或记录，以方便查阅。

实施指导

2.1 职责

质量控制包括相应的组织机构、文件系统以及取样、检验等，确保物料或产品在放行前完成必要的检验，确认其质量符合要求。质量控制实验室是对产品全生命周期，即产品质量形成全过程的各个环节进行质量控制的实验室。

质量控制实验室的具体工作包括但不限于以下内容。

（1）符合 GMP 管理规范，确保实验室安全运行。

（2）组织取样、检验、记录、报告等工作。

（3）对于检验过程中发现的异常现象应及时向质量部门相关负责人通报，并调查是否为实验室原因。如确认不是或无可查明的实验室原因，应协助查找其他原因。

（4）保留足够的起始物料和产品的留样，以便以后必要时对产品进行跟踪检测。

（5）根据需要制定稳定性试验方案，并确保其具体实施。

（6）确保用有效的体系来确认、维护、维修和校准实验室仪器设备。

（7）参加与质量有关的客户审计。

（8）参加与质量有关的投诉调查。

（9）根据需要完成分析方法的验证、确认、转移。

（10）根据需要参与和支持生产工艺验证，清洁验证和环境监测工作。

2.2 布局

A. 原则

实验室的设计应确保其适用于预定的用途，并能够避免污染、交叉污染以及混淆、差错，应有足够的区域用于样品处置、留样和稳定性考察样品的存放以及记录的保存。

B. 要求

质量控制实验室通常应与生产区分开，生物检定、微生物和放射性同位素的实验室还应彼此分开。建议将无菌检查实验室、微生物限度检查实验室、抗生素效价测定实验室、阳性菌实验室彼此分开，以防止交叉污染。

实验室的设计必须与生产要求相适应，必须有足够的区域避免污染、交叉污染以及混淆、差错。应该配备足够的实验室资源，以满足检验需要。同时实验室的设计应便于人员取送样和环境监测，方便原辅料、包装材料、中间产品、成品的样品传递。

实验室环境应清洁、明亮、安静，并远离烟雾、噪声、震动及污染源。对于结果易受温湿度影响的检验项目，应具有空调系统或其他系统来控制实验室温湿度，可采取定时记录温湿度或在线记录温湿度的方式，确保实验室温湿度稳定，保证结果的准确性。

实验室通常要设置样品收发室，检验样品取样后，收样、分发、贮存在此统一管理，确保样品的流向和数量可追溯。

必要时应设置专门的仪器室，使灵敏度高的仪器免受静电、震动、电磁波、潮湿等因素的干扰。

处理生物或放射性样品等特殊样品的实验室应符合特殊要求。

用于微生物检验的实验室应具有与无菌检查或微生物限度检查相适应的环境，并配备独立的空调系统或隔离系统。微生物实验室应配备相应的阳性菌实验室、培养室、实验结果观察区、培养基及实验用具准备区、标准菌种贮存区、污物处理区等。

实验室中不同功能的房间及区域应明确标识，并基于风险程度对不同实验室区域进行分隔布置。

实验动物房应与其他区域严格分开，比如设置在不同建筑内，其设计建造应当符合国家有关规定，并设有独立的空气处理设施以及动物的专用通道。

实验室应设有专门的区域或房间用于清洗玻璃器皿、取样器具。

2.3 人员

2.3.1 组织机构

质量控制负责人必须由具有相应的资质和经验的人员担任，可以根据生产规模、产品种类、检验需求设立一个或几个实验室。

化学药一般情况下有理化实验室、仪器分析实验室、微生物实验室、动物实验室、包材实验室、车间中控实验室、QC 综合管理办公室等。

生物制品对于生物实验、微生物实验及细胞免疫实验更为关注，因此除理化实验室外，更多的布局在生物检验等相关项目上。

化学药、生物制品质量控制实验室系统组织机构图参考示例见图 2-1 及图 2-2。其中，中药质量控制实验室组织机构可参考化学药。

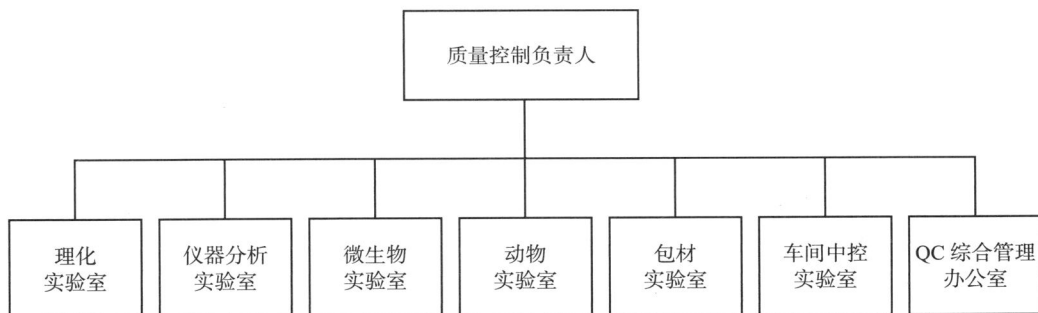

图 2-1 化学药质量控制实验室组织机构图参考示例

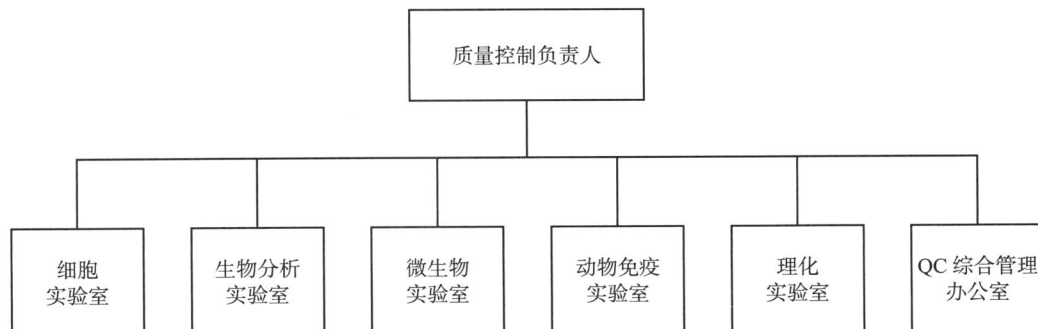

图 2-2 生物制品质量控制实验室组织机构图参考示例

2.3.2 资质要求

- 质量控制负责人应当具有足够的管理实验室的资质和经验。
- 负责质量检验的人员至少应当具有相关专业中专或高中以上学历，并经专业技术培训，且通过考核，具有基础理论知识和实践操作技能。

2.3.3 培训

应有经质量管理负责人审核或批准的有关培训的标准操作规程（SOP）、方案或计划，培训应及时记录，并归档保存。

应当由有资格的人员进行有计划的培训，内容至少包括员工所从事的特定操作及和其职能有关的 GMP 知识，并对培训效果进行评估。

A. 培训的分类

- 新员工的培训：分配到实验室的新员工应根据所在岗位和职责接受相应的培训，考核合格后方可进行独立操作。岗前培训一般涵盖以下内容：GMP 知识、药物分析专业基础知识、数据可靠性、仪器设备、安全知识、岗位职责、上岗取证相关知识以及本岗位应知应会的标准操作规程和分析方法的学习、演练等。
- 转岗人员的培训：应考虑新岗位的工作内容对应的培训要求，对转岗人员进行相应的培训。
- 在岗人员的再培训：应制定所有级别实验人员的继续教育计划，保证知识与技能不断提升；应定期组织在岗人员进行 GMP 等法规要求，以及专业技术知识等的培训；应组织人员对新生效的检验操作规程进行学习；可以根据工作需要安排检验人员参加权威机构或仪器供应商组织的专业知识培训；如有必要，可定期组织检验人员参加知识及技能的考核；应根据实验室的偏差回顾，定期组织在岗人员进行纠正预防措施的专项培训，以减少人为差错的发生。
- 如检验人员在离岗一段时间（企业自行评估制定）后重新返岗，应根据岗位性质及特点，基于相应的风险，设定再次上岗前的培训机制，掌握岗位应知应会的内容后方可上岗。

B. 培训形式、考核方式和标准

培训形式、考核方式和标准示例如表 2-1 所示。

表 2-1　培训形式、考核方式和标准示例

培训方式 / 工作效果	考核方式	考核标准
演讲	提问回答，笔试，相关负责人评价	提问回答评价级别分为：优秀、良好、合格、不合格
内部讨论	相关负责人评价	笔试按考试分数计，90 分以上为优秀；75 分至 90 分为良好；60 分至 75 分为合格；60 分以下为不合格
自学	提问回答，笔试，相关负责人评价	相关负责人根据培训人员讨论时的表现对培训人员进行评价，评价级别分为：优秀、良好、合格、不合格
现场演示	现场操作，提问回答，笔试，相关负责人评价	现场操作按符合 SOP 要求程度，评价级别分为：优秀、良好、合格、不合格
工作效果	相关负责人评价	

具体培训流程、职责、范围、计划等内容，参见本丛书《质量管理体系》分册"3.2 机构与人员"。

2.4　文件系统

2.4.1　分类

质量控制实验室的文件大体可分为以下几类。

（1）取样操作规程和记录。

（2）实验室样品的管理规程。

（3）检验报告或证书。

（4）实验室试剂的管理规程及配制、使用记录。

（5）标准物质的管理规程及标定、使用记录。

（6）实验室分析仪器的确认方案及报告。

（7）检验方法验证、确认、转移的方案及报告。

（8）稳定性试验方案及报告。

（9）实验室超标、超趋势、超预期数据调查操作规程及调查表。

（10）检验记录。

（11）菌毒种的管理规程及记录。

（12）环境监测操作规程和记录。

（13）生产用水的监测操作规程和记录。

（14）质量标准及分析方法。

（15）委托检验管理规程及委托检验质量协议。

2.4.2 要求

质量控制实验室的所有文件应受控管理，包括起草、修订、发放、存档、销毁等。下面对 2.4.1 中的内容逐项描述。

（1）应该有关于原辅料、包装材料、生产中间过程、中间产品及成品的取样规程，应包括经授权的取样人、取样方法、所用器具、取样量、取样后剩余部分及样品的处置和标识，以及避免因取样过程产生的各种风险的预防措施等。应做好取样记录，内容至少包括样品名称、批号、取样日期、取样量、取样人等。具体取样要求参见本指南"3 取样与留样"。

（2）应该有样品的管理规程，包括样品的接收、传递、贮存、使用和销毁过程，保证样品的可追溯性。具体取样要求见本指南"3 取样与留样"。

（3）应建立检验报告书的相关管理规程，包括检验报告书的内容、格式、审核与批准、发放的相关程序。当全部项目完成检验后，根据检验结果出具检验报告书，包括报告日期及产品的相关信息（品名、规格、批号、生产日期、有效期等）、检验依据、检验项目、标准规定、检验结果和结论，要做到：依据准确，数据无误，结论明确，文字简洁、清晰，格式规范。

检验报告书应当列明按标准或客户要求所做的各项测试，包括可接受的限度和得到的结果。检验报告书应当由质量部门相关人员签名，签名模板留档保存。具体要求参见本指南"4 物料和产品的检验"。

（4）实验室应有试剂的管理规程，包括试剂的领用、登记、贮存、使用等规定。实验室配制的试验用溶液应有配制记录。

实验室用到的易制毒品／易制爆品／剧毒物品如砷化物、可溶性钡盐等应有相应的管理规程，贮存和使用需严格按照易制毒品／易制爆品／剧毒物品的管理规定执行，符合公安机关的相关要求，应有独立的存储区域（必要时使用保险柜），专人进行管理。并建立试验用溶液配制记录、使用记录和销毁记录等。使用时双人操作并记录品名、用途、用量、剩余量、领取日期、领取人及复核人。实行物料数量平衡管理，确保剧毒或易制毒、易制爆试剂被用于预定用途，使用完后及时放回存储区域。具体要求参见本指南"5 试剂、试验用溶液、试验用水与耗材的管理"。

（5）实验室应有标准物质的管理规程，包括法定和工作标准品及对照品的管理。官方来源的中检院对照品、欧洲药典（EP）、美国药典（USP）对照品等不需要进一步标定，对使用前有预处理要求的（如干燥处理）应按照标签或证书的要求进行。非官方来源的标准品及对照品应当通过适宜的工作获得合理的纯度，应按照其最终用途，进行相应的确认以保证符合使用要求。标准品及对照品的管理应涵盖标定、保存、使用、过期销毁等内容，标定及使用均应如实记录。具体要求参见本指南"6 标准物质的管理"。

（6）实验室仪器确认包括设计确认（DQ）、安装确认（IQ）、运行确认（OQ）、性能确认（PQ）等内容。所有确认文件应长期保存。

实验室应该有仪器的使用、校准及维护的规程及记录。使用规程应包括仪器的具体操作步骤、使用注意事项等；校准规程应包括校准周期、校准内容、校准项目及标准，还应规定校准失败后应采取的措施等；仪器的维护规程应包括维护项目、维护周期等内容。仪器的使用、校准及维护都应如实记录。具体要求参见本指南"7 实验室设备和分析仪器的管理"。

（7）分析方法验证方案和报告通常包括验证目的、适用范围、职责、验证项目及标准、方法描述、验证结论等。验证项目通常包括准确度、精密度、专属性、耐用性、线性、范围等。具体要求参见本指南"8 分析方法的验证、确认和转移"。

（8）企业应根据需要制定稳定性试验方案，在稳定性研究启动之前方案应得到相关责任人的批准，并对相关人员进行培训。考察项目应选择在药品贮存期内易于变化，并可能会影响到药品的质量、安全性和有效性的项目，以便客观、全面地反映药品的稳定性。根据所获得的全部数据资料，包括考察的阶段性结论，撰写总结报告并保存。具体要求参见本指南"9 稳定性研究"。

（9）质量控制实验室应当建立检验结果的超标调查以及异常结果调查的操作规程，任何异常结果及超标结果应如实记录，并进行相应的调查，应当遵循真实、科学、有效的原则，必须基于调查的结果而采取纠正预防措施，从而防止更多异常和超标结果的发生。具体要求参见本指南"10 实验室调查"。

（10）记录的生成、修改、存储、检索、备份、恢复和输出等数据生命周期内的所有操作要符合"ALCOA+CCEA"原则，即"可追溯、清晰可见、同步、原始、准确"，"完整、一致、持久、可用"，保证数据的可靠性。具体要求参见本指南"11 原始数据的管理"。

（11）实验室如果使用菌毒种，应该有相应的规程规定菌毒种的领用、登记、贮存、使用及销毁等，并应有详细的记录。具体要求参见本指南"12 微生物实验室质量管理和检验"。

（12）实验室洁净区应该有环境监测的规程，包括取样方式、取样频率、取样点、警戒限、行动限及异常结果的调查及处理等内容。环境监测记录至少包括取样点、取样日期、取样方式、取样人、结果等内容，并应定期做趋势分析。具体要求参见本指南"13 制药用水、气体及实验室环境、人员的质量监测"。

（13）药品生产企业的生产用水应在制定规程的基础上定期监测，包括生产用水的种类、取样点、取样方法、取样频率、检验项目、接受标准及异常结果的调查及处理等内容。生产用水的检验记录至少包括取样日期、取样点、检验日期、检验项目等内容，每次检验都应有检验报告单。应定期对其关键项目进行趋势分析。具体要求参见本指南"13 制药用水、气体及实验室环境、人员的质量监测"。

（14）质量标准和分析方法应参照注册/申报标准建立，可以增加注册/申报标准以外的附加检验项目。企业应建立质量标准和分析方法管理的操作规程，应按操作规程管理，并有相应的记录。具体要求参见本指南"14 质量标准"。

（15）需要委托检验时，委托方和受托方必须签订书面合同，明确规定各方的职责。委托检验的各项工作必须符合药品生产许可和药品注册的有关要求并经双方同意。委托方有责任保证受托方的检验行动符合现行法规和 GMP 的要求。具体要求参见本指南"15 委托检验的管理"。

3 取样与留样

本章主要内容：

☞ 取样过程控制，包括取样基本要求以及流程实施

☞ 留样管理要求

3.1 取样

法规要求 ···

药品生产质量管理规范（2010 年修订）

第十二条 质量控制的基本要求：

（二）应当有批准的操作规程，用于原辅料、包装材料、中间产品、待包装产品和成品的取样、检查、检验以及产品的稳定性考察，必要时进行环境监测，以确保符合本规范的要求；

（三）由经授权的人员按照规定的方法对原辅料、包装材料、中间产品、待包装产品和成品取样；

（五）取样、检查、检验应当有记录，偏差应当经过调查并记录。

第六十二条 通常应当有单独的物料取样区。取样区的空气洁净度级别应当与生产要求一致。如在其他区域或采用其他方式取样，应当能够防止污染或交叉污染。

第一百一十一条 一次接收数个批次的物料，应当按批取样、检验、放行。

第二百二十一条 质量控制实验室的文件应当符合第八章的原则，并符合下列要求：

（一）质量控制实验室应当至少有下列详细文件：

2. 取样操作规程和记录。

第二百二十二条 取样应当至少符合以下要求：

（一）质量管理部门的人员有权进入生产区和仓储区进行取样及调查。

（二）应当按照经批准的操作规程取样，操作规程应当详细规定：

1. 经授权的取样人；

2. 取样方法；

3. 所用器具；

4. 样品量；

5. 分样的方法；

6. 存放样品容器的类型和状态；

7. 取样后剩余部分及样品的处置和标识；

8. 取样注意事项，包括为降低取样过程产生的各种风险所采取的预防措施，尤其是无菌或有害物料的取样以及防止取样过程中污染和交叉污染的注意事项；

9. 贮存条件；

10. 取样器具的清洁方法和贮存要求。

（三）取样方法应当科学、合理，以保证样品的代表性；

（四）留样应当能够代表被取样批次的产品或物料，也可抽取其他样品来监控生产过程中最重要的环节（如生产的开始或结束）；

（五）样品的容器应当贴有标签，注明样品名称、批号、取样日期、取自哪一包装容器、取样人等信息；

（六）样品应当按照规定的贮存要求保存。

药品生产质量管理规范（2010 年修订）取样附录

第一章 范围

第一条 本附录适用于药品生产所涉及的物料和产品的取样操作。

第二章 原则

第二条 药品生产过程的取样是指为一特定目的，自某一总体（物料和产品）中抽取样品的操作。取样操作应与取样的目的、取样控制的类型和待取样的物料及产品相适应。应有书面的取样规程。取样应使用适当的设备与工具按取样规程操作。

第三条　应制定有效措施防止取样操作对物料、产品和抽取的样品造成污染，并防止物料、产品和抽取的样品之间发生交叉污染。

第四条　取样操作要保证样品的代表性。一般情况下所取样品不得重新放回到原容器中。

第三章　取样设施

第五条　取样设施应能符合以下要求：

1. 取样区的空气洁净度级别应不低于被取样物料的生产环境；

2. 预防因敞口操作与其他环境、人员、物料、产品造成的污染及交叉污染；

3. 在取样过程中保护取样人员；

4. 方便取样操作，便于清洁。

第六条　$\beta-$ 内酰胺类、性激素类药品、高活性、高毒性、高致敏性药品等特殊性质的药品的物料或产品取样设施，应符合本规范的生产设施要求。

第七条　物料取样应尽可能在专用取样间中进行，从生产现场取样的除外。取样间的使用应有记录，按顺序记录各取样区内所取样的所有物料，记录的内容至少应包括取样日期、品名、批号、取样人。

第八条　取样设施的管理应参照本规范生产区域的管理要求，每种物料取样后应进行清洁，并有记录，以防止污染和交叉污染。

第四章　取样器具

第九条　取样辅助工具包括：包装开启工具、除尘设备、重新封口包装的材料。必要时，取样前应清洁待取样的包装。

第十条　各种移液管、小杯、烧杯、长勺、漏斗等可用于取低粘度的液体，应尽可能避免使用玻璃器皿。高粘度的液体可用适宜的惰性材料制成的取样器具。粉末状与粒状固体可用刮铲、勺、取样钎等取样。无菌物料的取样必须在无菌条件下进行。

第十一条　所有工具和设备应由惰性材料制成且能保持洁净。使用后应充分清洗、干燥，并存放在清洁的环境里，必要时，使用前用水或适当的溶剂淋洗、干燥。所有工具和设备都必须有书面规定的清洁规程和记录。应证明取样工具的清洁操作规程是充分有效的。

第五章　取样人员和防护

第十二条　取样人员应经过相应的取样操作培训，并充分掌握所取物料与产品的知识，对于无菌物料及产品的取样人员应进行无菌知识和操作要求的培训，以便能安全、有效地工作。培训应有记录。

第十三条 取样时应穿着符合相应防护要求的服装，预防污染物料和产品，并预防取样人员因物料和产品受到伤害。

第十四条 取样人员对取样时发现的异常现象必须保持警惕。任何可疑迹象均应详细记录在取样记录上。

第六章 文件

第十五条 应有取样的书面操作规程。规程的内容应符合《药品生产质量管理规范（2010 年修订）》第二百二十二条的要求。至少包含取样方法、所用器具、样品量、分样的方法、存放样品容器的类型和状态、样品容器的标识、取样注意事项（尤其是无菌或有害物料的取样以及防止取样过程中污染和交叉污染的注意事项）、贮存条件、取样器具的清洁方法和贮存要求、剩余物料的再包装方式。

第十六条 对于物料一般采用简单随机取样原则。对于产品除要考虑随机取样原则外，还要关注在生产过程中的偏差和风险，应抽取可能存在缺陷的产品进行检验。

第十七条 应填写取样记录，记录中至少应包括品名、批号、规格、总件数、取样件数、取样编号、取样量、分样量、取样地点、取样人、取样日期等内容。

第十八条 已取样的物料和产品的外包装上应贴上取样标识，标明取样量、取样人和取样日期。

第十九条 样品的容器应当贴有标签，注明样品名称、批号、取样日期、取自哪一包装容器、取样人等信息。

第七章 取样操作

第二十条 取样操作的一般原则

被抽检的物料与产品是均匀的，且来源可靠，应按批取样。若总件数为 n，则当 $n \leqslant 3$ 时，每件取样；当 $3 < n \leqslant 300$ 时，按 $\sqrt{n}+1$ 件随机取样；当 $n > 300$ 时，按 $\dfrac{\sqrt{n}}{2}+1$ 件随机取样。

第二十一条 一般原辅料的取样

若一次接收的同一批号原辅料是均匀的，则可从此批原辅料的任一部分进行取样。

若原辅料不具有物理均匀性，则需要使用特殊的取样方法取出有代表性的样品。可以根据原辅料的性质，采用经过验证的措施，在取样前，恢复原辅料的均匀性。例如，分层的液体可以通过搅拌解决均匀性问题；液体中的沉淀可以通过温和的升温和搅动溶解。

第二十二条 无菌物料的取样

无菌物料的取样应充分考虑取样对于物料的影响，取样过程应严格遵循无菌操作的要求进行，取样人员应进行严格的培训，取样件数可按照《中华人民共和国药典》附录无菌检查法中批出厂产品最少检验数量的要求计算。

在对供应商充分评估的基础上，可要求供应商在分装时每件留取适当数量的样品置于与物料包装材质相同的小容器中，标识清楚，并置于同一外包装中，方便物料接收方进行定性鉴别，以减少取样对物料污染的风险。

第二十三条 血浆的取样操作应按照《中华人民共和国药典》三部"血液制品原料血浆管理规程"的要求对每袋血浆进行取样检验。

第二十四条 中药材、中药饮片的取样人员应经中药材鉴定培训，以便在取样时能发现可能存在的质量问题，药材的取样操作应按照《中华人民共和国药典》一部附录中药材取样法的要求进行，在取样时应充分考虑中药材的不均一性。

第二十五条 工艺用水取样操作应与正常生产操作一致，取样后应及时进行检验，以防止质量发生变化。

第二十六条 为避免印刷包装材料取样时存在混淆的风险，每次只能对一种印刷包装材料取样，所取印刷包装材料的样品不能再放回原包装中。样品必须有足够的保护措施和标识，以防混淆或破损。

第二十七条 应考虑到一次接收的内包装材料与药品直接接触的不均匀性，因此，至少要采用随机取样方法，以发现可能存在的缺陷。取样件数可参考 GB/T 2828.1（ISO 2859-1）《计数抽样检验程序 第 1 部分：按接收质量限（AQL）检索的逐批检验抽样计划》的要求计算取样。

第二十八条 中间产品的取样应能够及时准确反应生产情况，在线取样时应充分考虑工艺和设备对样品的影响，选择相应的生产时段和取样位置进行取样操作；非在线取样，取样件数可按照本附录第二十条的要求进行计算取样。

第二十九条 成品的取样应考虑生产过程中的偏差和风险。对于无菌检查样品的取样，取样件数应按照本规范无菌药品附录第八十条的规定，结合《中华人民共和国药典》附录无菌检查法中批出厂产品最少检验数量的要求计算。

第三十条　放射性药品的取样操作可根据产品的实际情况进行，并采取相应的防护措施。

第三十一条　物料和产品标准中有特定取样要求的，应按标准要求执行。对包装材料、工艺用水等，按具体情况制定取样操作原则。

第三十二条　取样后应分别进行样品的外观检查，必要时进行鉴别检查。若每个样品的结果一致，则可将其合并为一份样品，并分装为检验样品、留样样品，检验样品作为实验室全检样品。

第三十三条　取样数量应能够满足《药品生产质量管理规范（2010年修订）》中检验及留样的要求。

第八章　样品的容器、转移和贮存

第三十四条　样品的容器应能够防止受到环境、微生物、热原等污染，容器应避免与样品发生反应、吸附或引起污染，并根据样品的贮存要求，能避光、隔绝空气与水份，防止样品出现较原包装更易降解、潮解、吸湿、挥发等情况。样品容器一般应密封，最好有防止随意开启的装置。

第三十五条　取样后应及时转移，其转移过程应能防止污染，不得影响样品质量。

第三十六条　实验室应有样品贮存的区域和相应的设备。样品的贮存条件应与相应的物料与产品的贮存条件一致。

背景介绍

取样是质量控制系统重要一环，取样及样品检验反映物料和产品的质量状态，取样的合理性及样品的代表性间接影响企业对物料和产品的质量状态认识以及放行决策。

为确保放行物料和产品质量符合预先制定的质量标准，企业需根据科学合理的取样原则建立适用的取样规程，制定合理的取样方案，并依此有效执行。

药品生产的各环节可以出于不同目的需要进行取样，如物料或产品放行检验，生产过程的控制，专项控制，留样，以及工艺验证、清洁验证和环境监测相关取样等。考虑到工艺验证和清洁验证的取样很难一概而论，应根据相应的验证方案进行取样，而制药用水及环境监测的取样请参考本指南"13 制药用水、气体及实验室环境、人员的质量监测"。本章取样操作主要服务于以下生产阶段的质量控制：

- 物料的取样；

- 中间产品的取样；
- 中间过程控制的取样；
- 成品，包括留样的取样。

实施指导

3.1.1 取样术语

（1）样品　取自一个批并且提供有关该批的信息的一个或一组物料或产品。

（2）具有代表性的样品　根据一个抽样方案，该方案可以确保抽取的样品按比例地代表同一批次总体的不同部分或一个非均匀样品总体的不同属性，这样的样品就是具有代表性的样品。

（3）简单随机取样　从包含 N 个抽样单元的总体中按不放回抽样抽取 n 个单元，若任何 n 个单元被抽出的概率都相等，也即等于 $1/(N_n)$，则称这种取样方法为简单随机取样。

简单随机抽样可以用以下的逐个抽取单元的方法进行：第一个样本单元从总体中所有 N 个抽样单元中随机抽取，第二个样本单元从剩下的 $N–1$ 个抽样单元中随机抽取，以此类推。

（4）系统随机抽样　先将抽样批总体（即全部包装件数 N）分成 n 个（即抽样单元数）部分，再用简单随机抽样法确定第一部分的第 k 号包装件作为抽样单元，随后按相等间隔（N/n）从每个部分中各抽取一个包装件作为抽样单元。

（5）分段随机抽样　适用于大包装套小包装的一批药品的抽样单元的确定。根据大包装的件数，按相应的抽样规则确定一级抽样单元数（n_1），再按简单随机抽样法或者系统随机抽样法确定一级抽样单元；根据一级抽样单元中较小包装的件数，按相应的抽样规则确定二级抽样单元数（n_2），再按简单随机抽样法或者系统随机抽样法确定二级抽样单元；以此类推，直至抽出最小包装的抽样单元。

3.1.2 基本要求

A. 取样原则

（1）取样操作应保证所取样品与物料包装容器内的药品质量一致，并保证物料包装容器内的药品不因取样而导致质量变化，取出物料一般不允许重新放回原容器中。取样应当迅速，样品和被拆包的物料包装容器应尽快密封，以防止吸潮、风化或者氧化变质；对于腐蚀性药品应当避免接触金属制品。遇光易变质的药品应当避光取样，样品用有色玻璃瓶装，必要时加套黑纸；对于无菌原料药应按无菌操作法取样。需抽真空或者充惰性气体的药品，应当预先准备相应设备和器材，以便对样品和被拆包的物料容器抽真空或者充惰性气体，惰性气体的粒子和微生物应符合要求，立即加以密封。

（2）对于毒性、腐蚀性或者易燃、易爆的药品取样，取样时特别注意佩戴特殊的个人防护用品，小心搬运和取样，所取样品做特殊的标识，以防止发生意外事故。特别对于易燃、易爆药品的取样应远离热源，并不得震动。

（3）取样的样品需及时送检，必要时，需要采取措施保证样品不变质、不破损、不泄露。样品及被取样件均应确保密封，确保不造成污染，或被污染。

B. 人员要求

取样人员应经过授权，授权的取样人员应为质量管理部门的人员，选择取样人员时应该考虑以下几方面：

（1）有良好的视力和对颜色分辨、识别的能力；

（2）能够根据观察到的现象做出可靠的质量判断和评估（如检查要取样物料的包装状况并对破损的包装进行适当的质量评估和行动，必要时通知质量管理人员）；

（3）有传染性疾病或身体暴露部分有伤口的人员不应该被安排进行取样操作；

（4）取样人员还要对物料和产品安全知识、职业卫生要求有一定了解；

（5）取样人员应该接受相应的技能培训使其熟悉取样方案和取样流程，必须掌握取样技术和取样工具的使用，必须意识到在取样过程中样品被污染的风险并采取相应的安全防范措施，同时应该在专业技术和个人技能领域得到持续的培训。

取样人员的培训应该至少涵盖以下几方面：

（1）取样方案的制定（取样指南）；

（2）取样程序，包括样品的采集方案；

（3）取样技能以及取样器具的使用（取样工具和样品容器）；

（4）取样时应采取的安全措施（包括预防物料污染和人员安全防护）；

（5）样品外观检验的重要性（打开内包装后首先观察到的物料的状态）；

（6）对异常现象的记录和报告（如包装被污染或破损）；

（7）取样器具和取样间的清洁；

（8）对于无菌物料及产品的取样人员应进行无菌知识和操作要求的培训；

（9）中药材、中药饮片的取样人员应经中药材鉴定培训，以便在取样时能发现可能存在的质量问题。

C. 取样器具

应该根据要取的样品选择合适的取样器具。取样器具一般来说应该具有光滑表面，易于清洁和灭菌。其材质不能与物料或产品发生化学反应、吸附物料或产品，或向物料或产品中释放物质。取样器具使用完后应该尽快清洁，必须在清洁、干燥的状态下保存并在规定时限内使用，过期应重新清洗、消毒、干燥后使用。用于微生物检验样品或无菌产品取样的取样器具在使用前必须先灭菌，取测定内毒素或热原的样品的取样工具，使用前应去除外源性内毒素或热原，灭菌后的器具应在规定期限内使用，过期使用需重新灭菌。取样工具的清洁、灭菌以及保存周期应经过相应的验证，在验证的周期内保存使用。破损的取样器具必须有明确标识并立即停止使用。一般用来取原辅料的取样器具有浸取式吸管、分层取样器、吸管、塑料勺、不锈钢勺、铲子、无菌取样罐、无菌取样袋、标签和密封条等，若采购一次性取样工具和样品包装容器用于物料或产品的取样，应按照所取样品的检验项目和物料使用目的对供应商进行适当的评估，一次性无菌用具应确认其无菌保证情况。

（1）常见取样工具的类型

铲子：固体物料的取样，可采用的取样工具铲子。建议采用的取样工具见图 3-1。应根据取样量选择合适大小的铲子，使用时应避免因取样量过多，而导致样品撒落。

图 3-1 取样工具（铲子）

• 液位探测管：液位探测管通常被用作取液体和局部产品时的取样工具，是一种由惰性材料制成的取样工具，如聚丙烯或不锈钢，典型的液位探测管如图 3-2 所示。

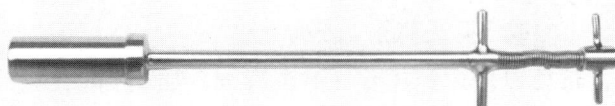

图 3-2 取样工具（典型的液位探测管）

● 称重式容器：若从大罐或储罐中取样，应使用带重量的容器桶。此容器的设计可达到所要求的深度，容器可显示所取样品达到的深度。典型的称重式容器如图3-3所示。

● 分层式取样器：分层式取样器用于在很深的容器中取固体样品，优点是可以根据需要一次从同一个包装袋的不同位置取出样品。典型的分层式取样器如图3-4所示。

● 取样袋和取样棒：简单的取样袋和取样棒是最常用的取样工具，因为它们相对便宜，使用简单和便捷。通常取样器最大外部直径约有12mm，但也有能达到25mm直径的取样器。为获得合适量的样品，长度通常40~50cm。锥形的取样棒能轻易地放入固体或半固体样品深层。典型的取样棒如图3-5所示。

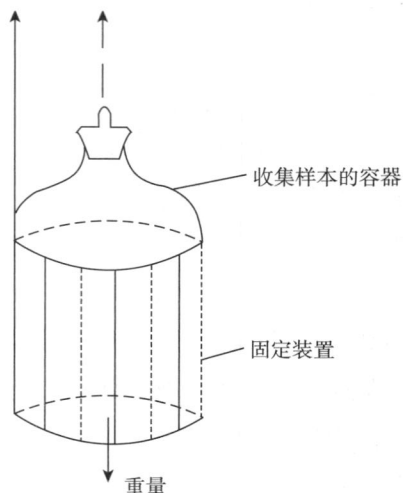

图3-3 取样工具（典型的称重式容器）

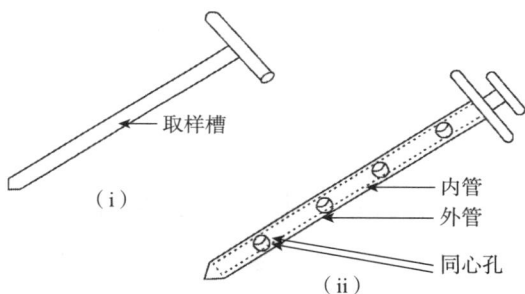

图3-4 取样工具（分层式取样器）

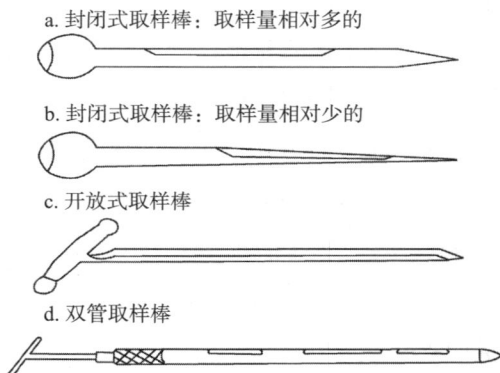

图3-5 取样工具（典型的取样棒）

（2）取样器具的清洁　对于重复使用的取样工具，为了避免用于不同物料取样时产生交叉污染，使用后应进行充分的清洁与干燥，应有书面规定的清洁规程和记录，所使用的清洁程序应能够有效地清除取样工具上的物料残留，并且应在清洁的效期内使用取样工具。

（3）取样工具的灭菌或消毒　根据所取物料的环境不同，取样工具在使用时可能需要进行消毒、灭菌或去除内毒素、热原等。

取样工具的消毒可以使用经过验证的消毒剂，如75%乙醇等，消毒后的取样工具应确保使用的消毒剂残留不影响其取样操作。

用于微生物检查或无菌产品取样的器具，除按规定的清洁步骤进行清洁的要求外，使用前还需要进行灭菌，灭菌后应在规定的效期内使用。

用于取内毒素或热原项目的取样工具，应在清洁过后按照去除外源性内毒素和热原的要求，去除内毒素和热原。

超过规定存放时间应重新清洁、消毒或灭菌。

D. 样品容器

样品包装容器应防漏、密闭。可以使用可密封的玻璃瓶或样品袋等容器，通常可以采用相同或优于物料或产品内包装材料的材质。必要时，特殊物料还应使用避光的容器（如棕色玻璃瓶、套黑纸等）。对于微生物检验的样品可使用灭菌的包装容器或一次性灭菌容器。综上，通常取样用样品容器需满足以下要求：

（1）方便装入样品；

（2）方便倒出样品；

（3）容器表面不吸附样品；

（4）方便密封和存储；

（5）重量轻、便于携带；

（6）如需要应该能够避光；

（7）取样容器不得对样品造成污染或影响。

E. 取样区域

取样操作应在取样区域内进行，取样区域建议设置在仓储区内，需要在生产线完成的取样（如中间过程控制的样品）可在生产区进行。取样区域应满足 GMP 取样附录中关于取样设施的相关要求。

对于原料药起始物料的取样，固体物料可以在专用的取样车内进行，大宗固体物料可以在清洁的独立区域内进行，罐车液体物料的取样可以在罐车位置取样。对于制剂产品生产用原辅料取样，一般在取样间内取样，特殊物料如活性炭或盐酸等可以在独立的取样车内取样。对于中间产品或成品取样，可在生产线上进行取样（可以在生产结束时进行，也可以在生产过程的前、中、后期取样），其取样操作可以记录在批记录上。

一定程度上，取样车在环境控制方面不能等同于洁净室的控制。取样车与洁净取样室（或取样间）相比，其优势在于具有流动性，是对没有固定取样点的补充，但其不足之处在于，需要制定详细的人员净化程序以避免人员污染，并且取样车空间狭小不利于操作，影响取样效率。企业应根据物料的使用目的和特性，依据风险评估选择合适的取样设施。

取样间的洁净级别应不低于产品生产区域，并有足够的空间进行取样操作。取样间的人流通道和物流通道要分开，要配备相应的更衣室和取样操作间，同时要考虑取样间的清洁需要配备相应的功能区域。图 3-6 是国内某药品生产企业用于口服固体制剂以及注射剂物料取样的取样间示意图。

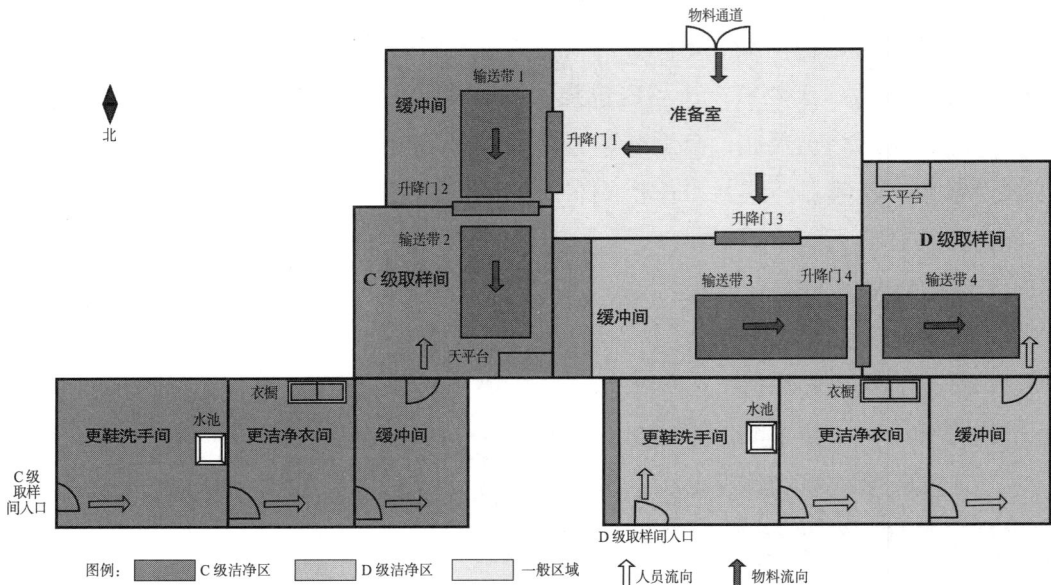

图 3-6 取样间示意图（某企业用于口服固体制剂和注射剂物料取样）

取样间建造需要考虑：应使用不易产生颗粒物的材质，避免造成污染；室内表面（天花板、墙面和地板）应尽可能地保持光滑无痕，易于有效清洁和消毒；一般为特殊房间或特别设计房间（包括生产区间里的取样间），如需要应考虑防爆功能；配备良好的灯光；配置温湿度和通风设施（如装备抽气单元、高效滤膜和层流单元）。

取样间设计需要考虑：设置单独的人员更衣和物料缓冲区域，人流和物流通道分开，避免发生交叉污染；洁净级别不低于生产区要求；功能间压差要求与生产区域保持一致；风向设计为层流，防止开启的容器、物料和取样人员之间的污染；保护取样人员和取出的样品。

应当建立取样间管理书面规程，规定人员及物料进出取样间的要求，只有经过授权的人员方可进入取样间取样，并规定取样间的清洁程序和清洁频次，以及取样间环境的监测。

（1）取样的常规要求 进入取样间前，开启空调系统运行一定的时间，运行时间不少于经过验证的自净时间，直至取样室环境达到取样要求后，方可进入。

凡是与产品直接接触的取样器具的清洁和消毒必须符合要求。

同一工作日取不同的物料之间需要对取样间进行适当的清洁，更换取样工具以防止可能的交叉污染。

取样后的产品包装，不得对产品效期产生不利的影响。被取样的包装应贴上取样标签，在日常生产时，应优先发放使用。

（2）人员进出要求 洁净取样区需要建立人员净化程序，规定进入的最大人员数。人员应使用已清洁的取样服，根据物料特性佩戴个人防护用品（如防护衣、防护手套、防护镜或者防护口罩、安全鞋等）。

取样人员应按照企业批准的更衣流程进入洁净取样区域进行取样。在库房取样间执行取样时，为了人员安全和避免交叉污染，取原料药和辅料时要求取样人员应合理穿戴劳保护品，如一次性套袖、塑料手套和防护眼镜（必要时）等。

（3）物料进出要求 物料的进出需通过物流通道，进入取样间之前要对物料外包装进行清洁（必要时进行消毒），在进入取样区域前，如需要，物料应在缓冲区域自净不少于经验证过的自净时间后再进入取样区域，避免物料对取样间的污染。

（4）取样间的清洁和消毒

● 清洁工具和消毒剂
  ○ 清洁工具包括吸尘器、水桶、不脱落纤维的拖把、无尘毛巾、擦拭布、乳胶手套等。
  ○ 常见的消毒剂有：75% 乙醇、酸性苯酚、碱性苯酚、70% 异丙醇、过氧化氢、杀孢子剂等。
  ○ 企业可根据各自取样间的微生物的具体情况选择不同的消毒剂进行消毒效果的确认。
  ○ 消毒剂使用频次可根据不同企业对于各自取样间消毒效果的确认制定。

● 清洁和消毒频率
  ○ 桌面、门把手在取样前和取样结束后清洁和消毒。
  ○ 地面、门在取样结束后清洁和消毒。
  ○ 各房间墙面、窗户和天花板每星期进行清洁消毒。
  ○ 各房间回风口每月进行清洁和消毒。
  ○ 企业可根据验证过的清洁和消毒频率进行周期性的清洁和消毒。

- 清洁和消毒方法
  - 台面：用纯化水冲洗干净的无尘毛巾擦拭，然后用擦拭布蘸消毒剂擦拭。
  - 地面：用纯化水洗过的湿拖把擦拭干净，然后用无尘毛巾蘸消毒剂擦拭。
  - 门、窗玻璃及回风口：用纯化水洗过的无尘毛巾将门窗玻璃擦拭干净，然后用无尘毛巾蘸消毒剂擦拭。
  - 天花板及墙面：用纯化水洗过的无尘毛巾擦拭干净，然后用无尘毛巾蘸消毒剂擦拭。
  - 取样间物料传送带（如有）：用纯化水洗过的无尘毛巾擦拭，然后用无尘毛巾蘸消毒剂擦拭。
  - 企业可根据验证过的清洁和消毒方法进行清洁和消毒。
  - 清洁和消毒的过程应进行详细的记录。
- 取样间的状态标识
  - 取样间需有明确的状态标识，如：正在使用、已清洁消毒、待清洁消毒。当取样正在进行时，应为"正在使用"的状态；当清洁消毒完成后，应为"已清洁消毒"状态，状态标识上应标记清洁后有效期；当取样刚完成需要进行清洁时，应为"待清洁消毒"状态。

F. 取样原则和取样量

所有物料或成品均需根据相应的取样方案或 SOP 进行取样，物料和产品包括但不限于：原料药、辅料（包括空胶囊）、包装材料、颗粒和片芯（只适用于生产过程验证批）、中间产品、成品。以下列出了不同物料或产品的取样原则和取样数量，供参考。

（1）原辅料　取样时可以遵循基于每个物料供应商级别而制定的取样原则。被抽检的物料如果是均匀的，且来源可靠，应按批取样。若总件数为 n，则当 $n \leq 3$ 时，每件取样；当 $3 < n \leq 300$ 时，按 $\sqrt{n} + 1$ 件随机取样；当 $n > 300$ 时，按 $\frac{\sqrt{n}}{2} + 1$ 件随机取样。

若一次接收的同一批号原辅料是均匀的，则可从此批原辅料的任一部分进行取样。若原辅料不具有物理均匀性，则需要使用特殊的取样方法取出有代表性的样品。可以根据原辅料的性质，采用经过验证的措施，在取样前，恢复原辅料的均匀性。如分层的液体可以通过搅拌解决均匀性问题；液体中的沉淀可以通过温和的升温和搅动溶解。

无菌物料、血浆、中药材、中药饮片的取样参照 GMP 及其取样附录中关于取样操作要求进行。

备注：对于鉴别实验，如果要求对多个包装做鉴别实验，必须从要求的多个包装分别取样并进行鉴别实验。如需要可以参照欧盟 GMP 的要求，对于每件物料进行鉴别，以确认物料的正确性。

（2）包装材料　为避免印刷包装材料取样时发生混淆，每次只能对一种印刷包装材料取样，所取印刷包装材料的样品一般不能再放回原包装中。如果对样品仅做目视外观检验并且样品未带离物料存放位置，检查完毕后可以放回原包装使用，对此企业应有相应的流程。需对取样样品采取保护措施和标识，防止破损和混淆。

应考虑内包装材料与药品直接接触的不均匀性，至少要采用随机取样方法，以发现可能存在的缺陷。取样件数可参考 GB/T 2828.1（ISO 2859-1）《计数抽样检验程序 第 1 部分：按接收质量限（AQL）检索的逐批检验抽样计划》的要求计算取样。

另外，在对供应商进行充分的评估后，包装材料使用方可与其供应商签订预抽样的质量协议，质量协议中规定其抽样的方法、样品的数量、包装形式以及运送方式等，使用方只对预抽样的样品进行取样。

（3）中间产品　中间产品的取样应能够及时准确反映生产情况，在线取样时应充分考虑工艺和设备对样品的影响，选择相应的生产时段和取样位置进行取样操作；非在线取样，取样件数可按照均匀的原辅料取样规则的要求进行计算。

（4）成品　原料药的取样件数参照原辅料取样规则的要求进行计算取样。制剂成品的取样应考虑生产过程中的偏差和风险。对于固体制剂产品，在内包装完成后参考 GB/T 2828.1（ISO 2859-1）确定抽样单元数，采取简单随机法、系统随机法和分段随机方法对其进行随机取样；对于无菌检查样品的取样应当根据风险评估结果制定，样品应当包括微生物污染风险最大的产品。无菌检查样品的取样至少应当符合以下要求。

● 无菌灌装产品所取样品需包括最初、最终灌装的产品以及灌装过程中发生较大偏差后的产品。

● 最终灭菌产品应当从可能的灭菌冷点处取样。

● 同一批产品经多个灭菌设备或同一灭菌设备分次灭菌的样品应当从各个 / 次灭菌设备中抽取。

● 无菌生物制药成品取样应确保无菌检查样品包括每批最初和最终分装的产品，数量分别为分装设备的灌装针个数，对最初和最终标记产品进行取样，其余无菌检查样品与其他检项样品一同取样，一般依据取样方案采取前、中、后随机按比例抽样。

结合《中国药典》通则 1101 无菌检查法中批出厂产品最少检验数量的要求计算。

取样后应进行样品外观检查，必要时进行鉴别检查。若每个样品的结果一致，则可将其合并为一份样品，并分装为检验样品、留样样品，检验样品作为实验室全检样品。

（5）生产消耗品　对于某些生产消耗品，如用于接触产品的手套或与生产设备表面接触的纸、毛巾等，企业根据风险评估，考虑进行微生物检验的取样。生产消耗品一般不做留样。

3.1.3 流程实施

A. 取样程序

须建立书面的取样程序，并且得到相关质量部门的批准。取样程序中通常包括取样方法、取样工具、取样量、取样容器型号、样品存储要求、取样标识和文件记录、取样工具的清洁和存放，及其他预防措施等。以下为建议的取样程序内容：

- 取样的授权人员；
- 进行取样操作的取样室 / 取样间，洁净度要求；
- 取样的目的（如批放行测试）；
- 取样使用的工具 / 设备；
- 取样方法和取样量；
- 如有必要，要定义防止物料污染或影响其质量的预防措施（如无菌物料）；
- 样品包装容器的类型（如棕色玻璃瓶、50ml 带盖玻璃瓶等），是否为无菌取样或一般取样并进行标识；
- 对于有害物料的取样，需要定义预防措施，预防措施建议包括保护人员以及环境的安全措施和要求；
- 被取样容器的标识；
- 对取样程序的文件记录要求；
- 描述取样物料，样品处理的特殊的存放条件，如有必要还要描述在测试前的最大放置时间；
- 描述取样后剩余物料的密封、包装方式；
- 如有必要，规定取样工具的清洁和存放；

●取样后房间或取样车的清洁程序，包括同一物料不同批间的清洁和切换物料之间的清洁。

B. 取样操作

取样方法必须明确说明样品量，其中信息应该包含样品数量（一个或多个）及每个样品的取样量、样品取样位置（例如底部、中间、表层、里面或者是外围）。如果要取多个样品，应该在取样方法里说明样品是否应该混合。一般用于物料的逐桶鉴别实验的样品不允许被混合。样品混合需要在进行实验前根据批准的实验方法进行。

中间过程控制样品的取样一般由中间控制实验室的人员执行，企业应制定相应工艺的关键控制点和取样检测频率。

不同品种物料取样时，为避免取样工具、防护用品以及取样环境对物料产生交叉污染，取样时，应该注意以下几点：

●分开进行取样，一种物料取样完毕后，清洁取样区域后，再进行下一种物料取样；

●更换手套等潜在污染取样物料的防护用品，对只接触外包装的人员不作此要求；

●在取样开始和结束时检查取样工具的数量，避免将取样工具遗留在物料中；

●如果在同一天需要在同一取样间进行不同种类物料取样，建议按照包装材料、辅料、原料药的顺序进行取样操作，不同种类物料之间必须要根据规程要求进行取样间的清洁。

C. 取样后剩余部分的处置和标识

取完样之后，密封被取样的包装容器，并同时张贴取样标签。对于桶装物料，将内层塑料袋用扎丝扎紧，将桶盖封好后，贴上有取样人员签字及日期的取样标签。对于袋装物料，需要将取样口用专用封口贴封好，贴上有取样人员签字及日期的取样标签。对有特殊包装要求的物料，应按其特殊要求再包装。

D. 样品标识

取回的样品必须要有明确标识，这些信息可以通过标签、条码系统或其他的方式进行控制，使得取样过程可追溯。标签上至少应该包括以下信息：

（1）样品名称；

（2）样品批号；

（3）取样日期；

（4）样品来源（应具体到包装容器号）；

（5）样品贮存条件；

（6）如需要，应标明取样时间和样品测试允许时间；

（7）取样人。

E. 取样记录

取样过程应该被记录在取样报告或取样记录中。取样记录上应该包含取样方案中的所有内容，如样品名称、批号、取样日期、取样量及样品来源（即样品取自哪个包装）、取样工具以及取样人等信息，必要时，还应在取样记录上注明取样时的温度、湿度以及样品暴露时间等信息。

F. 取样异常处理

取样时，取样人员需要对产品（物料）外包装和物料外观进行外观状态检查，检查核对标签，如品名、生产日期和失效日期等信息。如果发现不符合的现象，取样人员应立即停止取样，将观察到的不符合现象记录在取样记录中，并通知企业质量管理部门进行调查处理，调查可与采购人员和供应商/生产商一起进行。

📋 要点备忘

● 取样人员应经过授权，经授权的人员应为质量管理部门的人员，并得到适当的培训，并有书面的培训计划和记录；

● 取样区的设计应能有效防止污染、交叉污染；

● 取样间环境级别应不低于生产环境要求；

● 企业应当建立书面取样规程，包括但不限于：

　○ 取样方法和取样量

　○ 取样工具及使用方法和清洁方式

　○ 避免物料和产品的污染和交叉污染措施

　○ 样品容器类型

　○ 被取样物料容器和样品包装容器标识规定

　○ 特殊预防措施等

- 取样人员应按照制定的程序进行取样并做好记录；
- 应保证所取样品与物料包装容器内的药品质量一致。

3.2 留样

法规要求 ···

药品生产质量管理规范（2010年修订）

第十二条 质量控制的基本要求：

（七）物料和最终包装的成品应当有足够的留样，以备必要的检查或检验；除最终包装容器过大的成品外，成品的留样包装应当与最终包装相同。

第二百二十五条 企业按规定保存的、用于药品质量追溯或调查的物料、产品样品为留样。用于产品稳定性考察的样品不属于留样。

留样应当至少符合以下要求：

（一）应当按照操作规程对留样进行管理；

（二）留样应当能够代表被取样批次的物料或产品；

（三）成品的留样：

1. 每批药品均应当有留样；如果一批药品分成数次进行包装，则每次包装至少应当保留一件最小市售包装的成品；

2. 留样的包装形式应当与药品市售包装形式相同，原料药的留样如无法采用市售包装形式的，可采用模拟包装；

3. 每批药品的留样数量一般至少应当能够确保按照注册批准的质量标准完成两次全检（无菌检查和热原检查等除外）；

4. 如果不影响留样的包装完整性，保存期间内至少应当每年对留样进行一次目检观察，如有异常，应当进行彻底调查并采取相应的处理措施；

5. 留样观察应当有记录；

6. 留样应当按照注册批准的贮存条件至少保存至药品有效期后一年；

7. 如企业终止药品生产或关闭的，应当将留样转交受权单位保存，并告知当地药品监督管理部门，以便在必要时可随时取得留样。

（四）物料的留样：

1. 制剂生产用每批原辅料和与药品直接接触的包装材料均应当有留样。

与药品直接接触的包装材料（如输液瓶），如成品已有留样，可不必单独留样；

2. 物料的留样量应当至少满足鉴别的需要；

3. 除稳定性较差的原辅料外，用于制剂生产的原辅料（不包括生产过程中使用的溶剂、气体或制药用水）和与药品直接接触的包装材料的留样应当至少保存至产品放行后二年。如果物料的有效期较短，则留样时间可相应缩短；

4. 物料的留样应当按照规定的条件贮存，必要时还应当适当包装密封。

背景介绍

企业按规定保存的、用于药品质量追溯或调查的物料、产品样品为留样。用于产品稳定性考察的样品不属于留样。采用科学合理的取样方法，确保留样能够代表被取样批次物料或产品，并建立留样管理书面操作规程。

成品的留样需考虑事项包括但不限于：每批次均应有留样，包装形式应当与药品市售包装形式相同（对于无法采用市售包装留样的原料药可采用模拟市售包装），每批次的留样量，留样观察的频率、留样观察的记录以及发现异常时处理，留样保存时间，以及企业关闭药品停产情形的处置等。物料的留样需考虑事项包括但不限于：每批次原辅料均应当有留样，与药品直接接触的包装材料均应当有留样（可与成品留样综合考虑），留样的保存时间等。

实施指导

3.2.1 留样范围和留样量

每批制剂成品，及其生产用每批原辅料和与药品直接接触的包装材料均需要进行留样。与药品直接接触的包装材料（如输液瓶），如成品已有留样，可不必单独留样。物料和最终包装成品留样量应当足够，供必要的检查或检验之需，一般至少应当能够确保按照注册批准的质量标准完成两次全检（无菌检查和热原检查等除外）。

取样人员在取检验用样品时，同时根据相应规程取留样用样品。对于留样量和留样保存时间企业可基于法规要求结合实际需求制定相应的规程。例如对于物料留样，某企业基于物料留样"应当至少满足鉴别的需要"和"至少保存至产品放行后二年"在规程中规定所有原料、辅料每批留样量为 50g，保存至最后一批使用产品有效期后一年，见表 3-1。

表 3-1　某企业关于原料、辅料留样量及留样保存时间规定

留样	留样量	保存时间
原辅料及空胶囊壳	50g	最后一批使用的成品效期后 1 年
成品	三倍全检量	有效期后 1 年
印字包材	1 个 / 批	最后一批使用的成品效期后 1 年
初级包材	30 厘米 / 批	最后一批使用的成品效期后 1 年
铝管	10 只 / 批	最后一批使用的成品效期后 1 年

3.2.2　留样贮存和标识

（1）原辅料（包括空心胶囊）的留样　对于原辅料的留样可以根据物料的性质采用合适的包装形式进行储存，以便于成品质量的追溯。易挥发和危险的液体样品可以不用留样。存放留样的容器须贴有规定的标签，标签信息一般包括：

- 物料名称；
- 物料进厂批号；
- 取样日期；
- 取样人；
- 留样量；
- 贮存条件；
- 贮存期限（如有必要）。

（2）成品（制剂产品）的留样　成品的留样的包装形式应当与市售包装形式相同。依据产品注册批准的贮存条件储存在相应的区域，留样外包装上应有留样标签，标签上标明产品名称、批号、失效期、贮存条件及留样的保留时间。

（3）印字包材和与产品直接接触的包装材料的留样　印字包材如说明书、纸盒等可以附在相应的实验记录后面，与实验记录一起保存，保存时间亦同实验记录一致。

与产品直接接触的包装材料留样参照原辅料的留样要求。

3.2.3 留样记录

留样需要有相应的记录，留样记录应包括但不限于如下信息：产品名称、批号、留样量、取样时间、失效日期、贮存条件、贮存地点、贮存时间和留样人签名等。

3.2.4 留样观察

企业应根据所用产品特性，如不影响留样的包装完整性，制定相应的规程对留样进行目检观察。如果目检观察需要破坏留样包装的完整性，可增加额外用于目检观察的样品量；其中应规定目检观察的留样数量、频次、判定标准，及有相应的记录。各企业应该在每年的年初制定出留样目检观察计划，并遵照执行，留样目检观察的结果可以在年度产品质量回顾报告中体现。

3.2.5 留样使用

企业应该建立规程规定留样的使用。一般情况下，留样仅在有特殊目的时才能使用，例如调查、投诉。使用前需要得到质量管理部门相应负责人的批准。

3.2.6 留样报废

成品和物料已按照上述规定保存并超过保存时间后需要进入报废程序。留样的报废可规定每半年报废一次，报废时根据企业规定的报废流程进行，并对所有报废的记录进行存档。具体执行时，应由专人定期收集需要报废的留样信息，填写留样报废申请单，得到质量管理部门负责人批准后交由相关部门销毁，销毁程序应符合当地安全环保的要求。

4 物料和产品的检验

本章主要内容：

☞ 物料和产品检验的要求

☞ 检验记录的相关要求

☞ 检验报告书的相关要求

法规要求

药品生产质量管理规范（2010 年修订）

第十二条　质量控制的基本要求：

（一）应当配备适当的设施、设备、仪器和经过培训的人员，有效、可靠地完成所有质量控制的相关活动；

（二）应当有批准的操作规程，用于原辅料、包装材料、中间产品、待包装产品和成品的取样、检查、检验以及产品的稳定性考察，必要时进行环境监测，以确保符合本规范的要求；

（三）由经授权的人员按照规定的方法对原辅料、包装材料、中间产品、待包装产品和成品取样；

（四）检验方法应当经过验证或确认；

（五）取样、检查、检验应当有记录，偏差应当经过调查并记录；

（六）物料、中间产品、待包装产品和成品必须按照质量标准进行检查和检验，并有记录；

（七）物料和最终包装的成品应当有足够的留样，以备必要的检查或检验；除最终包装容器过大的成品外，成品的留样包装应当与最终包装相同。

第一百一十条　应当制定相应的操作规程，采取核对或检验等适当措施，确认每一包装内的原辅料正确无误。

第一百一十一条 一次接收数个批次的物料，应当按批取样、检验、放行。

第二百二十一条 质量控制实验室的文件应当符合第八章的原则，并符合下列要求：

（二）每批药品的检验记录应当包括中间产品、待包装产品和成品的质量检验记录，可追溯该批药品所有相关的质量检验情况。

第二百二十三条 物料和不同生产阶段产品的检验应当至少符合以下要求：

（一）企业应当确保药品按照注册批准的方法进行全项检验；

（二）符合下列情形之一的，应当对检验方法进行验证：

1. 采用新的检验方法；

2. 检验方法需变更的；

3. 采用《中华人民共和国药典》及其他法定标准未收载的检验方法；

4. 法规规定的其他需要验证的检验方法。

（三）对不需要进行验证的检验方法，企业应当对检验方法进行确认，以确保检验数据准确、可靠；

（四）检验应当有书面操作规程，规定所用方法、仪器和设备，检验操作规程的内容应当与经确认或验证的检验方法一致；

（五）检验应当有可追溯的记录并应当复核，确保结果与记录一致。所有计算均应当严格核对；

（六）检验记录应当至少包括以下内容：

1. 产品或物料的名称、剂型、规格、批号或供货批号，必要时注明供应商和生产商（如不同）的名称或来源；

2. 依据的质量标准和检验操作规程；

3. 检验所用的仪器或设备的型号和编号；

4. 检验所用的试液和培养基的配制批号、对照品或标准品的来源和批号；

5. 检验所用动物的相关信息；

6. 检验过程，包括对照品溶液的配制、各项具体的检验操作、必要的环境温湿度；

7. 检验结果，包括观察情况、计算和图谱或曲线图，以及依据的检验报告编号；

　8. 检验日期；

　9. 检验人员的签名和日期；

　10. 检验、计算复核人员的签名和日期。

（七）所有中间控制（包括生产人员所进行的中间控制），均应当按照经质量管理部门批准的方法进行，检验应当有记录；

（八）应当对实验室容量分析用玻璃仪器、试剂、试液、对照品以及培养基进行质量检查；

（九）必要时应当将检验用实验动物在使用前进行检验或隔离检疫。饲养和管理应当符合相关的实验动物管理规定。动物应当有标识，并应当保存使用的历史记录。

背景介绍

药品检验是指依据所建立的物料和产品的质量标准要求，运用规定的分析方法或技术，对原料、辅料、包装材料以及中间产品、成品等的质量状态进行的分析及综合评定，又称药品质量检验。

药品检验是质量控制系统的重要一环，检验结果会直接影响企业对物料和产品质量状态的认识以及放行决策。为防止不合格物料、中间产品及产品的非预期使用，企业应当建立书面检验管理流程规范检验相关的操作、记录以及报告，并按此规定执行。

检验记录是检验过程的最真实直接的原始记录，是出具检验报告书的依据，是进行科学研究和技术总结的原始资料。

检验报告书是对药品质量做出的技术鉴定，是具有法律效力的技术文件。每一批号的物料和成品均应根据该批次检验记录中的检验结果出具相应的检验报告书。检验报告书中的结论作为物料和产品放行的依据之一。物料只有经质量管理部门批准放行并在有效期或复验期内方可使用，产品只有在质量授权人批准放行后方可销售。

实施指导

　　本章节主要描述质量控制实验室对于物料和产品的检验，以及检验记录和检验报告书的相关要求。基本流程如图 4-1 所示。

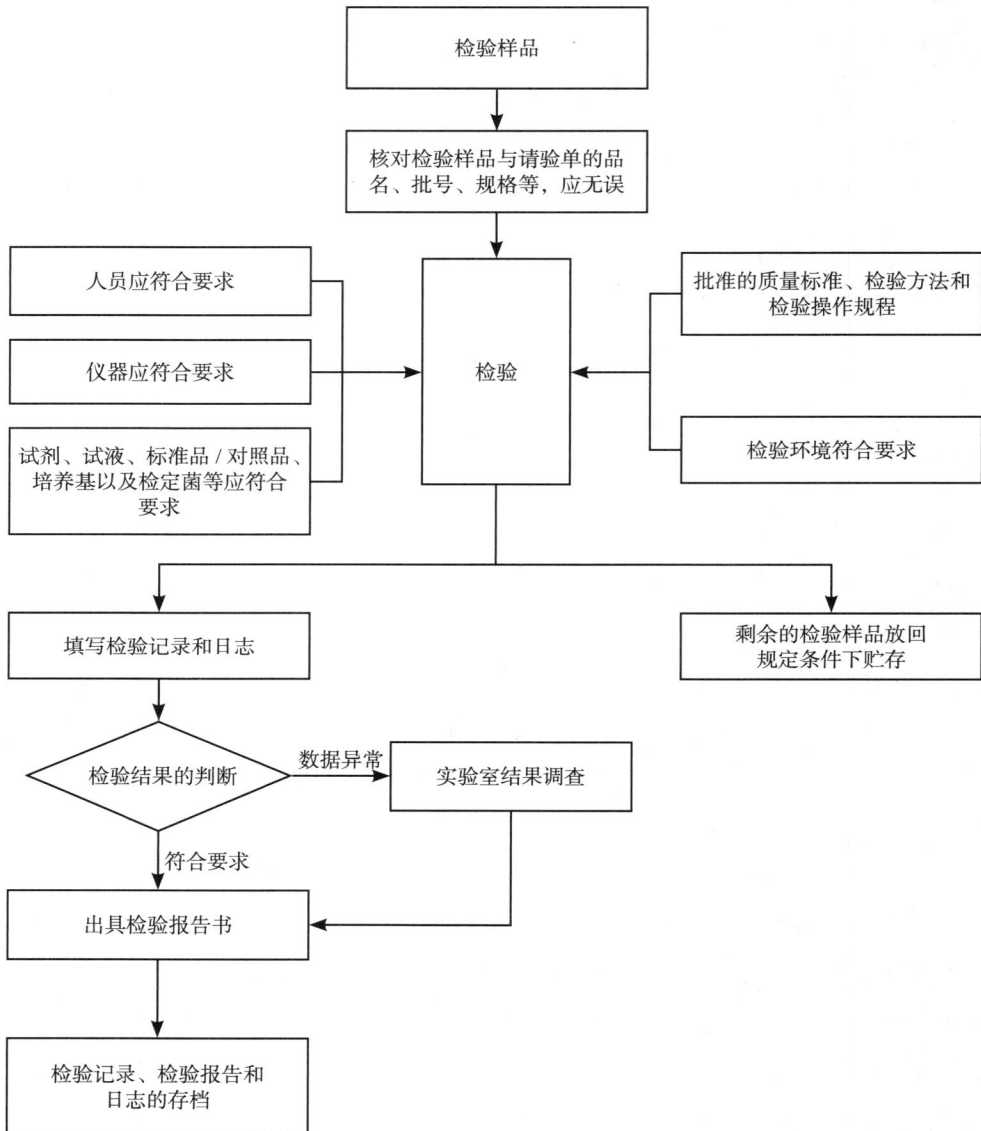

```
                    ┌──────────────────┐
                    │    检验样品        │
                    └──────────────────┘
                            │
                            ▼
                ┌──────────────────────────┐
                │ 核对检验样品与请验单的品    │
                │ 名、批号、规格等，应无误     │
                └──────────────────────────┘
                            │
                            ▼
┌──────────────┐                              ┌────────────────────────┐
│ 人员应符合要求 │────┐                   ┌────│ 批准的质量标准、检验方法和 │
└──────────────┘    │                   │    │ 检验操作规程              │
                    │                   │    └────────────────────────┘
┌──────────────┐    │   ┌──────────┐    │
│ 仪器应符合要求 │────┼──▶│   检验    │◀──┤
└──────────────┘    │   └──────────┘    │
                    │                   │    ┌────────────────────────┐
┌──────────────────┐│                   └────│ 检验环境符合要求          │
│ 试剂、试液、标准品/ ││                        └────────────────────────┘
│ 对照品、培养基以及  ││
│ 检定菌等应符合要求  │┘
└──────────────────┘
```

图 4-1 质量控制实验室检验基本流程示意图

（流程图）

- 填写检验记录和日志
- 剩余的检验样品放回规定条件下贮存
- 检验结果的判断 → 数据异常 → 实验室结果调查
- 符合要求 → 出具检验报告书
- 检验记录、检验报告和日志的存档

图 4-1　质量控制实验室检验基本流程示意图

4.1 物料和产品的检验要求

4.1.1 待检样品

根据相应的取样规程，对物料、中间产品或待包装产品、成品进行取样（参见本指南"3 取样与留样"）。

4.1.2 核对

实验室样品管理人员应核对检验样品信息与请验单信息，通常包括品名、批号、规格、样品量、检验标准、检验项目等信息。然后将检验样品放在规定条件下贮存，同时在检验台账（参见实例 4-1）上登记。如有必要需依据企业规定的原则给检验样品分配分析号以便追溯（分析号的编号原则参见实例 4-2）。对于采用信息化系统的实验室，应根据企业内部相关管理文件要求核对样品检验信息。

4.1.3 分样

根据不同的检验项目分发相应量的样品及检验记录给检验人员，分样过程中应根据样品的性质和检测项目要求采取相应的分样方式，避免引起污染及干扰。检验人员应核对检验样品量、品名、批号、规格与检验记录信息，以及检验记录与检验操作规程的一致性，无误后进行检验。

例如，对于注射液分样：取样后应将无菌检查用样品及时分发给无菌检查实验室，将细菌内毒素检查用样品分发一倍检验量至相应实验室，其余检查项目随机分发一倍检验量至各相应实验室。对于生物制品的一次性系统分样：一次性储液系统是目前生物制品常用的承装容器，对于采用一次性储液系统的中间产品，其取样方式为连接到储液袋上的几个小取样袋；取样后应从取样袋中再次分样到西林瓶或其他适宜容器，然后分发至各相应实验室。分样过程中应注意根据检测项目性质采取相应的分样方式，避免引起污染及干扰。

4.1.4 检验

A. 检验过程中，需注意以下环节

• 人：指检验人员。

检验人员应符合本指南"2 质量控制实验室总体描述"关于人员的要求。只有

经过培训和考核通过的检验人员方可独立进行实验。

● 机：指仪器和设备。

只有通过确认和校准且在校准有效期内的仪器和设备方可使用（相关规定详见本指南"7 实验室设备和分析仪器的管理"）。容量分析用的玻璃容器应经过校准且合格。玻璃容器在使用前应仔细检查，确保密封完好、无裂纹，玻璃仪器规格应符合检验操作规程的要求。

● 料：包括试剂、试液、标准品或对照品、培养基以及检定菌等。

在实验过程中应严格遵守相应要求，详见本指南"5 试剂、试验用溶液、试验用水与耗材的管理""6 标准物质的管理""12 微生物实验室质量管理和检验"中相关规定，并有明确的标识（参见实例4–3）以便于追溯。

● 法：指质量标准、检验方法和检验操作规程。

原辅料、包装材料、中间产品、待包装产品和成品必须符合经注册批准的要求和质量标准；检验方法必须是批准的现行文本。检验操作规程的内容应与经确认或验证的检验方法一致。

药品生产所用的原辅料与药品直接接触的包装材料应符合相应的质量标准。已经被《中国药典》（ChP）及其他法定标准收载的原辅料，其质量标准应符合《中国药典》及其他法定标准的要求。未被《中国药典》及其他法定标准收载的原辅料，其质量标准应符合注册标准。直接印字所用油墨应符合食用标准要求。进口原辅料应符合国家相关的进口管理规定（更多内容参见本指南"14 质量标准"）。

印刷包装材料在检验时，应与经签名批准的印刷包装材料原版实样核对，印刷包装材料原版实样中的内容应与药品监督管理部门核准的一致。

● 环：指环境。

在实验过程中应严格遵守操作规程中的要求。如在天平使用过程中，应关闭防风罩避免气流的影响，以及必要的环境温、湿度要求。

B. 对于原辅料，还有以下特殊要求

（1）企业应根据《药品生产质量管理规范（2010年修订）》第一百一十条要求，制定相应的操作规程，采取核对或检验等适当措施，确认每一包装内的原辅料正确无误。企业应对每种物料的确认方法进行风险评估：如果生产商的质量体系完善，专线生产，出现差错的可能性极低，生产商以往供货整体情况优良，生产商放行后无中间分包、运输路线清晰、运输过程受控等，采取核对的方式可能是合适的；否则推荐企业采用快速便捷的近红外、拉曼等测定方法对所使用的物料进行逐件鉴别，

尤其是关键物料，如原料药等。但如果逐件鉴别需要打开内包装，应充分考虑此种操作对物料的影响，避免造成污染和交叉污染。

（2）若原辅料在贮存期内发现对质量有不良影响的特殊情况，应根据相关规程提出复验申请，经质量管理部门同意后，质量控制实验室方可进行取样和复验。根据复验结果以及对产品质量影响的评估，质量管理部门对剩余原辅料给出明确的处理结论。

C. 实时放行检验

实时放行检验（real time release testing，RTRT）是指根据工艺数据评价并确保中间产品和（或）成品质量的能力，通常包括已测得物料属性和工艺控制的有效结合。更多相关内容和实践可参考 ICH Q8 药品研发、欧盟 GMP 附录 17 实时放行检测和参数放行等指南。

4.1.5 记录

在检验过程中，检验人员应及时完整地填写检验记录和实验室日志（相关规定参见本指南"11 原始数据的管理"）。

4.1.6 剩余检验样品

实验结束后，需将剩余样品回收至指定地点，并做好剩余量的记录，按照企业内部相关规定进行处理。

4.1.7 记录复核

检验人员出具检验结果后［有关有效数字和数值的修约及其运算，可参见《中国药品检验标准操作规范（2019 年版）》］，与质量标准中规定的接受标准进行比对，并作出该检验项目合格或不合格的评定；对每一个分析结果参照历史趋势进行评判，以判定是否为超出趋势结果。如有异常数据发现，应按本指南"10 实验室调查"进行结果调查。实验结束后，检验记录由有资质的第二个人进行复核，确保结果与记录一致（参见本指南"11 原始数据的管理"）。

4.1.8 检验报告书

当全部检验项目完成检验后，根据检验结果出具检验报告书。如涉及委托外部实验室进行检验，应符合本指南"15 委托检验的管理"的有关规定，同时应在检验操作规程或检验操作记录中予以说明。

- 物料：质量检验部门可依据物料生产商的检验报告、物料包装完整性、密封性的检查情况和检验结果出具检验报告书，并标明"符合规定"或"不符合规定"的结论。经质量负责人或其授权人签字批准放行后，物料可被放行使用。物料检验报告书是物料放行或拒收的重要依据。

- 中间产品或待包装产品：中间产品或待包装产品是否出具检验报告书可由企业根据自身管理模式确定，并在相应规程中明确规定。

- 成品：检验报告书经过质量负责人或其授权人审核批准后，交给负责产品放行的部门。产品放行的相关要求参见本丛书《质量管理体系》分册中相关内容。

4.2 检验记录的相关要求

4.2.1 检验记录的设计

检验记录的设计在考虑其目的、功能和细节（如预留足够的空格）的基础上，应清晰易读以便于复核和审核。检验记录设计完成后需经过审核批准后方可使用，保证记录的唯一、受控、可追溯。例如，以单页为基础的检验记录，单页的检验记录需受控，系统收集后按顺序编号，并且根据数据可靠性的要求，为保证检验操作的准确性、可追溯性，每个检验项目都应由检验者和复核者进行确认，确认无误后签名/日期（参见实例 4-4）。

如检验记录的母版文件为电子版方式（例如 Excel 电子表格），且记录中的计算部分采用了公式，则每一个公式必须经过验证，同时使用的 Excel 表格的安全性也必须经过验证，验证报告经批准后方可使用（参见实例 4-5）。

电子表格应按照固定的文本格式保存在规定路径下；其访问权限以及电子表格中的不同工作表应受到适当保护，工作表中只有输入单元格可以编辑，所有其他单元格都被锁定；电子表格使用版本号进行变更控制，并记录对电子表格所做的变更；在打印电子表格时应显示存储路径和版本号，便于追溯；电子表格应按照原始数据管理的要求进行管理。

基于风险确定电子表格再验证周期，定期进行电子表格再验证。当软件或硬件配置发生变更时要进行电子表格再验证。对软件或硬件配置的每一个变更，都应确认电子表格的验证状态得到维护，例如可以使用一已知的数据组，将计算结果与标准进行对比。

4.2.2 检验项目的记录内容

检验记录中的检验项目必须按注册标准，或药典标准的要求和质量标准书写，具体内容详见注册标准的要求和质量标准以及《中国药典》相关内容。部分检验项目的记录内容如下（仅供参考）。

A. 化学药品类（表 4-1）

表 4-1　化学药品类检验项目记录内容示例

检验项目	内容
外观性状	应根据检验中观察到的情况如实描述药品的外观，不可照抄标准上的规定。如某原料药的质量标准规定外观为"白色或类白色的结晶或结晶性粉末"，可依据观察结果记录为"白色结晶性粉末"，如遇异常应详细描述。制剂应描述供试品的颜色和外形，如：（1）本品为白色片，（2）本品为糖衣片，除去糖衣后显白色。外观性状符合规定者，也应作出记录，不可只记录"符合规定"这一结论。对外观异常者（如变色、异臭、潮解、碎片、花斑等）要详细描述
重量差异（片剂）	记录供试品 20 片的总重量及其平均片重、限度范围、每片的重量、超过限度的片数，记录天平型号，按通则项下规定进行结果判断
紫外 - 可见分光光度法	记录仪器编号，检查溶剂是否符合要求，吸收池的配对情况，供试品与对照品的称重及溶解和稀释情况，附紫外吸收图谱（图谱应显示最大吸收波长）并核对供试品溶液的最大吸收峰波长是否正确，测定波长及其吸光度，计算式及结果。必要时应记录仪器的波长校正情况
红外分光光度法	记录仪器编号、环境温度与湿度、供试品的预处理和试样的制备方法、对照图谱的来源（或对照品的图谱），并附供试品的红外吸收图谱
原子吸收分光光度法	记录仪器编号和光源、仪器的工作条件（如波长、狭缝、光源灯电流、火焰类型和火焰状态）、对照溶液和供试品溶液的配制，每一份溶液各 3 次的读数，计算结果
高效液相色谱法	记录仪器编号、检测波长、色谱柱与柱温、流动相与流速、内标溶液、供试品与对照品的称量和溶液的配制过程、进样量、测定数据、计算式与结果；并附色谱图。如标准中规定有系统适用性试验者，应记录该系统适用性试验的数据（如理论板数、分离度、校正因子的相对标准偏差等）
气相色谱法	记录仪器编号、色谱柱长与内径、柱填料与固定相、载气和流速、柱温、进样口与检测器的温度、内标溶液、供试品的预处理、供试品与对照品的称量和配制过程、进样量、测定数据、计算式与结果；并附色谱图。标准中如规定有系统适用性试验者，应记录该试验的数据（如理论板数、分离度、校正因子的相对标准偏差等）
熔点	记录采用熔点测定法中第几法、仪器编号、标准温度计的编号及其校正值，记录传温液的名称、升温速率；供试品的干燥条件、初熔及全熔时的温度，熔融时是否有同时分解或异常的情况等。测定次数需符合《中国药典》通则 0612 熔点测定法的要求，取其平均值，记录其结果并与标准比较，再得出单项结论

检验项目	内容
旋光度	记录仪器编号、测定时的温度、供试品的称重及其干燥失重或水分、供试液的配制、旋光管的长度、零点（或停点）和供试液旋光度的测定值各 3 次的读数、平均值，以及比旋度的计算等
pH 值	记录仪器编号、校准用标准缓冲液的名称及其校准结果、供试溶液的制备、测定结果等
滴定分析法	记录供试品的称量、简要的操作过程、指示剂的名称、滴定液的名称及其浓度（mol/L）、消耗滴定液的毫升数、空白试验的数据、计算式与结果。电位滴定法应记录采用的电极；非水滴定法要记录室温；用于原料药的含量测定时，记录所用的滴定管的校正值
重金属（或铁盐）	记录采用的方法、供试液的制备、标准溶液的浓度和用量，比较结果
干燥失重	记录分析天平的编号、干燥条件（包括温度、真空度、干燥剂名称、干燥时间等）、各次称重及恒重数据（包括空称量瓶重及其恒重值、取样量、干燥后的恒重值）及计算等
炽灼残渣（或灰分）	记录炽灼温度、空坩埚恒重值、供试品的称重、炽灼后残渣与坩埚的恒重值、计算结果
不溶性微粒	记录不溶性微粒检查法第几法、仪器编号及校正状态、实验环境（超净台）、供试品标示规格、检查数量、检查用水和供试品制备、放大倍数（显微计数法）、检查用水的结果、供试品测定次数、测定值以及平均值等，比较结果并附打印数据
异常毒性	记录小鼠的品系、体重和来源，供试品溶液的配制及浓度，给药途径及其剂量，静脉给药时的注射速度，实验小鼠在 48 小时内的死亡数，结果判断
热原	记录饲养室及实验室温度，家兔的体重、性别和来源，每一家兔正常体温的测定值与计算，供试品溶液的配制（包括稀释过程和所用的溶剂）与浓度，每 1kg 体重的给药剂量及每一家兔的注射量，注射后 3 小时内每 30 分钟的体温测定值，共测 6 次，计算每一家兔的升温值，结果判断
降压物质	记录组胺对照品溶液及其稀释液的配制，供试品溶液的配制，实验用动物（猫）的性别、体重和来源，麻醉剂的名称及剂量，抗凝剂的名称和用量，记录血压的仪器名称和型号，动物的基础血压，动物灵敏度的测定情况，供试品溶液及对照品稀释液的注入体积，测量值与结果判断，并附记录血压的完整图谱
无菌	记录培养基的名称和批号，阳性对照菌的名称，供试品溶液的配制及其预处理方法，供试品溶液的接种量，培养温度，培养期间定期观察的结果（包括阳性管的生长情况），结果判断
微生物限度	记录供试液的制备（含预处理方法）、所用试剂以及培养基的批号，培养开始及结束的时间，培养条件以及培养用设备编号 （1）需氧菌总数、霉菌数和酵母菌总数，记录各培养皿中各稀释度的对应的菌落数，空白对照平皿中有无菌落生长，计算，结果判断 （2）控制菌，记录阳性对照菌信息，供试液与阳性对照菌增菌培养的条件及结果，分离培养时所用的培养基、培养条件和培养结果（菌落形态），纯培养所用的培养基和革兰染色镜检结果，生化试验的项目名称及结果，结果判断；必要时，应记录疑似菌进一步鉴定的详细条件和结果

B. 细胞类

细胞类试验一般分为定性试验和定量试验，定性试验如细胞鉴别、病毒鉴别、灭活验证、细胞外源因子检查、细胞成瘤性检查等，定量试验如病毒滴定、中和抗体效价检验等（表 4-2）。

表 4-2　细胞类试验检验项目记录内容示例

检验项目	内容
试验材料（细胞、溶液、病毒、标准物质）	应记录所使用的检验用细胞的名称、批号、代次、规格及数量；检验用溶液的名称、批号及效期；检验用病毒的名称、批号、滴度、规格及来源；所使用标准物质，如抗体的名称、批号、效价、规格及数量等信息
实验动物（效力）	应记录实验动物的品系、级别、规格/重量、数量和动物质量合格证编号，实验样品的信息、给药途径及剂量。实验动物的生长状态、采血量、结果判断
试验样品信息	应详细记录实验样品的信息，包括编号、名称、批号、取样量、加样量（接种量）等，如样品加样量是依据其他指标计算得来，需体现计算过程（如依据1500 人份的抗原量确定上样量及细胞瓶数，记录中需填写其抗原含量、理论上样量及实际上样量）
处理步骤	如有，应记录实验样品及对照品的处理过程，一般包括稀释、稀释倍数、每个稀释度的重复数、稀释液、稀释前后浓度等，病毒中和温度及中和时间等
试验条件	细胞类试验一般将样品放置在二氧化碳培养箱中进行培养，需要记录相应的培养温度及时间
传代次数	如果实验中涉及盲传，应记录准备细胞的规格及数量，日期、样品盲传1 代、2 代、3 代等的操作人、操作日期及样品盲传前的状态，一般观察细胞形态是否正常，是否脱落，是否病变等
样品检测结果	如果为细胞病变类试验，记录样品及对照品是否病变及病变孔数，如果实验是可定量的，则依据病变孔数及稀释度计算阳性率，从而计算滴度值或效价结果
数据储存	如果产生了表格或图片等原始实验数据，应记录保存文件的设备编码及文件夹名称

4.3 检验报告书的相关要求

企业应建立检验报告书的相关管理规程，包括检验报告书的内容、格式、审核与批准、发放的相关程序，对于不同用途的检验报告书（如产品放行检验报告书、过程控制用检验报告书等）应赋予相应的报告编号。

检验报告书要做到：依据准确，数据无误，结论明确，文字简洁、清晰，格式规范。检验报告书参见实例 4-6。

　　检验报告书通常包括产品的相关信息（品名、规格、批号、生产日期等）、检验依据、检验项目、标准规定、检验结果和结论。

　　检验报告书只有经过质量负责人或其授权人审核批准后方可发放。

【实例分析】

【实例】4-1　某药品生产企业的检验台账

制剂成品 / 中间体样品及记录收发台账　　　　　页码 1/50

No.545237C　　　　　　　　　　　　　　　　　　记录编码：

取样日期	品名	批号	规格	取样量	取样人	收样人及日期	发放样品量	检验项目	检验标准	发放检验记录编号	领用人及日期	发放人及日期	留样量	留样人及日期	检验剩余量	发报告人及日期	收报告人及日期	记录归档人及日期	记录保管人及日期	留样处理人及日期	留样接收人及日期	留样处理批准人及日期	备注

　　分析：检验台账的模板应按文件管理系统进行管理，并应有相应的记录文件号（No. 号）以及版本号以便控制和追溯。台账中的内容可依据各企业需求编制。台账应装订，不得散页。可以通过记录编码控制，按照企业记录编码原则使每页记录可控制和追溯；也可赋予整本记录一个文件编号，每页有独立的页码，如 1/50 代表本台账共有 50 页，本页为第 1 页，使记录以及记录的每一页都可控制和追溯。

【实例】4-2 某药品生产企业检验样品分析号的编写原则

某企业质量控制实验室根据样品的检验类型（成品、原辅料、制药用水、环境监测等）给检验样品分配分析号以便追溯。例如：成品检验按 PYYMMXXX 进行编号，其中字母 P 代表成品，YY 代表接收样品时的公历年的后两位，MM 代表接收样品时的月份，XXX 代表序列号，从 001 到 999（P2201001 代表 2022 年 1 月份接收的第一个成品样品）。

【实例】4-3 某药品生产企业质量控制实验室对溶液标签的规定

（1）样品溶液的标签（白色）

```
┌─────────────────────────────────────────────┐
│                                             │
│                  样品名称                    │
│                                             │
│       批号：                                 │
│       检验项目：                             │
│       检验者：                               │
│       溶液有效期：                           │
│                                             │
└─────────────────────────────────────────────┘
```

（2）常规溶液的标签（黄色），适用于溶剂、溶出介质、缓冲液、流动相、色谱柱清洗溶液和其他溶液（如 0.1mol/L HCl）。

```
┌─────────────────────────────────────────────┐
│                                             │
│                  企业标识                    │
│                                             │
│       溶液名称：_____        │
│       用于：_____        │
│                                             │
│                                             │
│       配制日期：                             │
│       配制批号：                             │
│       有效期：                               │
│       配制者：                               │
│                                             │
└─────────────────────────────────────────────┘
```

分析：标签的模板需在有关操作规程中予以明确规定。

可通过标签的不同颜色分别管理样品溶液、标准品溶液和试液等。标签的大小和内容需考虑所贴容器的大小和位置并能反映溶液的所有重要信息。

【实例】4-4 某药品生产企业的含量测定项目检验记录

检验记录		检验方法号： 检验记录编号：

产品名称 _____　　分析号 _____

批　　号 _____　　规　格 _____

检验项目	检验步骤	检验结果
【含量测定】	**含量：高效液相色谱法（指标：卡马西平应为标示量的 95.0%~105.0%）** 温度：_____℃　　　湿度：_____% 高效液相色谱仪型号及编号：_____ 电子天平型号及编号：_____ 色谱柱：氰丙基硅烷键合硅胶为填充剂　柱号：_____ 系统适用性：$N=$　　（指标 ≥ 2000）　　　RSD= % （指标 ≤ 2.0%） 回收率指标 99%~101% 流动相：甲醇 – 四氢呋喃 – 水（120：30：850）（每 1000ml 中含甲酸 0.2ml 和三乙胺 0.5ml）（批号：_____配制记录编号：_____）； 检测波长：_____nm（230nm）；计算方法：外标法； 压力：_____MPa　流速：_____ml/min（1.0ml/min）； 柱温：_____℃（30℃）；　进样体积：_____μl（20μl）； 对照品溶液：精密称取 ××× 对照品（批号：_____来源：_____ 含量：_____）约 50mg，称重见打印条 _____。	

名称	称重（g）	瓶号（#）	回收率（%）	平均回收率（%）
S_1			—	—
S_2				

置 _____ml（50ml）量瓶中，加甲醇 25ml，振摇使 ××× 溶解。用水稀释至刻度，摇匀。精密量取 _____ml（5ml），置 _____ml（25ml）量瓶中，加甲醇 – 水（1：1）稀释至刻度，摇匀。同法制备 2 份，作为对照品溶液 S_1、S_2。

检验者及日期：

复核者及日期：

检验记录		检 验 方 法 号: 检 验 记 录 编 号:

产品名称 ＿＿＿＿＿＿＿＿＿＿＿＿＿　　分析号 ＿＿＿＿＿＿＿＿＿＿＿＿＿

批　　号 ＿＿＿＿＿＿＿＿＿＿＿＿＿　　规　格 ＿＿＿＿＿＿＿＿＿＿＿＿＿

检验项目	检验步骤	检验结果
【含量测定】	**含量:高效液相色谱法(指标:卡马西平应为标示量的 95.0%~105.0%)** 取本品 20 片,精密称定为 ＿＿＿＿＿g,研细,作为供试品细粉,称重见打印条 ＿＿＿＿＿。平均片量 =20 片总重 ÷20= ＿＿＿＿＿g 供试品溶液:精密称取供试品细粉适量(约相当于 × × ×50mg),置 ＿＿＿＿＿ml(50ml)量瓶中,加甲醇 25ml,振摇使 × × × 溶解。用水稀释至刻度,摇匀,滤过。精密量取续滤液 ＿＿＿＿＿ml(5ml),置 ＿＿＿＿＿ml(25ml)量瓶中,加甲醇 – 水(1:1)稀释至刻度,摇匀,作为供试品溶液。每批供试品平行制备 2 份。称量见打印条 ＿＿＿＿＿ 测试结果: | 瓶号 (#)	称重 (g)	标示量 (%)	平均标示量 (%)	相对偏差 (%)
---	---	---	---	---
				| 计算公式: $$标示量(\%)=\frac{A_样 \times W_对 \times P \times \overline{W}}{A_对 \times W_样 \times 规格} \times 100\%$$ $$相对偏差(\%)=\frac{|A-B|}{A+B}(\text{HPLC 指标}:\leqslant 2.0\%)$$ 式中: $A_样$ 为供试品溶液记录的色谱图中活性成分峰峰面积; $\overline{A_对}$ 为对照品溶液记录的色谱图中活性成分峰峰面积的平均值; $W_对$ 为制备对照品溶液所用对照品的重量,g; $W_样$ 为制备供试品溶液所用供试品细粉的重量,g; $\overline{W}$ 为 20 片供试品的平均片重,g; P 为制备对照品溶液所用对照品的含量; A 为第一份供试品计算所得的标示量,%; B 为第二份供试品计算所得的标示量,%。 检验者及日期:	

复核者及日期:

分析：

（1）检验记录中体现检验方法号，便于检验者查找和确认检验方法并避免频繁书写。

（2）"产品名称"一栏，按该企业规范统一书写，如卡马西平片。

（3）"规格"：如 0.1g。

（4）检验中所用的仪器型号或编号均在仪器打印的数据报告或相应的检验记录中体现，并由复核者及时对仪器信息进行复核。

（5）对照品的来源和批号均应在检验记录上体现，并将使用情况登记在对照品使用记录上。

（6）每个检验项目都应由检验者及时记录并签名/日期，复核者对检验信息、计算结果确认无误后签名/日期，且每页均标有页码。

（7）检验记录有版本号控制便于追溯。

（8）设计检验记录时，需结合实际检验内容和工作安排，杜绝不同分析人员同时使用同一页记录的现象。

【实例】4-5 某药品生产企业的检验记录采用 Excel 电子版

某药品生产企业的检验记录采用 Excel 电子版，记录中的计算部分和安全必须经过验证。

（1）使用 Excel 创建的用于计算检验结果的检验记录（相当于单项检验报告，其检验过程的相关内容记录请见实例 4-4 的检验记录）。

检验记录		检验方法号： 检验记录编号：

产品名称 _____ 分析号 _____

批　　号 _____ 规　格 _____

检验项目	检验步骤	检验结果

含量 –HPLC
（限度要求：
90.0%~
110.0%）
	标准品溶液编号：××××××
	
	主成分名称：W_R（mg）=20.04
	$\quad\quad A_R\text{-}1=\quad$ 10028.645
	$\quad\quad A_R\text{-}2=\quad$ 10035.518
	$\quad\quad A_R\text{-}3=\quad$ 10030.039
	$\quad\quad A_R\text{-}4=\quad$ 10024.064
	$\quad\quad A_R\text{-}5=\quad$ 10029.978
	$\quad\quad A_R=\quad\quad$ 10029.649
	$\quad\quad$ RSD$=\quad\quad$ 0.04%
	
	供试品溶液：
	
	              W_x（mg） A_{xj} A_x C_x（%）
	供试品 1： 70.70 10096.277 10098.496 99.96
	                          10100.714
	供试品 2： 71.00 10046.665 10045.916 99.02
	                          10045.168
	                                   Average 99.49
	
	$$C_x（\%）=\frac{W_R \times A_x \times C_R \times W_{20}}{A_R \times W_x \times 1600} \times 100\%$$
	
	$W_{20}=$ 5603.8mg
	C_R（%）=100.0
	标准品的液相色谱图参见批号为 10464 的检验记录
		主成分名称：
		C（%）=99.5

	检验者及日期：	

复核者及日期：

版本号：

（2）公式的验证

公司标识	文件号：FRM－×××××
电子表格的公式及安全验证模板	版本号：　　　　××××

　

　

　

　

　

　

　

　

验证者：_____

复核者：_____

批准者：_____

QC 主管：_____

电子合规主管：_____

　

　

　

参考：SOP－××××××	页码：1/3

公司标识					文件号：FRM－××××				
电子表格的公式及安全验证模板					版本号：　　　　××××				

文件名称			A 产品含量 HPLC－版本号 .xlt						
序号	内容描述	Excel 中的单元格号	公式	输入的数据	公式输出结果	手工计算结果	公式输出与手工计算结果的差值	公式输入与手工计算结果是否一致（是/否）	验证者及日期
1	标准品溶液的平均峰面积	F13~F17	=IF（MOD（ABS（AVERAGE（F13：F17）*POWER（10,3））,2）=0.5,ROUNDDOWN（AVERAGE（F13：F17）,3）,ROUND（AVERAGE（F13：F17）,3））	10028.645 10035.518 10030.039 10024.064 10029.978	10029.649	10029.649	0	是	
2	标准品溶液峰面积的 RSD	F13~F17	=STDEV（F13：F17）/F18	10028.645 10035.518 10030.039 10024.064 10029.978 10029.649	0.04%	0.04%	0	是	
3	供试品溶液 1 的平均峰面积	E25 E26	=IF（MOD（ABS（AVERAGE（E25：E26）*POWER（10,3））,2）=0.5,ROUNDDOWN（AVERAGE（E25：E26）,3）,ROUND（AVERAGE（E25：E26）,3））	10096.277 10100.714	10098.496	10098.496	0	是	
4	供试品溶液 2 的平均峰面积	E27 E28	=IF（MOD（ABS（AVERAGE（E27：E28）*POWER（10,3））,2）=0.5,ROUNDDOWN（AVERAGE（E27：E28）,3）,ROUND（AVERAGE（E27：E28）,3））	10046.665 10045.168	10045.916	10045.916	0	是	

参考：SOP－××××××

公司标识	文件号：FRM－××××
电子表格的公式及安全验证模板	版本号：　　　　×××××

文件名称		A 产品含量 HPLC－版本号 .xlt							
序号	内容描述	Excel 中的单元格号	公式	输入的数据	公式输出结果	手工计算结果	公式输出与手工计算结果的差值	公式输入与手工计算结果是否一致（是/否）	验证者及日期
5	供试品溶液1的含量	F11 F26 D35 F18 D25 D36	=IF（MOD（ABS（F11*F26*D35*D36/F18/D25/1600*POWER（10,3））,2）=0.5,ROUNDDOWW（F11*F26*D35*D36/F18/D25/1600,2）,ROUND（F11*F26*D35*D36/F18/D25/1600,2）	20.04 10098.496 5603.8 10029.649 70.70 100.0	99.96	99.96	0	是	
6	供试品溶液1的含量	F11 F27 D35 F18 D27 D36	=IF（MOD（ABS（F11*F27*D35*D36/F18/D27/1600*POWER（10,3））,2）=0.5,ROUNDDOWN(F11*F27*D35*D36/F18/D275/1600,2）,ROUND（F11*F27*D35*D36/F18/D27/1600,2））	20.04 10045.916 5603.8 10029.649 71.00 100.0	99.02	99.02	0	是	
7	含量的平均值	G26 G27	=IF（MOD（ABS（AVERAGE（G26:G27）*POWER（10,2））,2）=0.5,ROUNDDOWN（AVERAGE（G26:G27）,2）,ROUND（AVERAGE（G26:G27）,2））	99.96 99.02	99.49	99.49	0	是	

参考：SOP－××××× 　　　　　　　　　　　　　　　　　　　　　　　页码：3/3

（3）电子版文件的安全性验证

公司标识	文件号：FRM－×××× ×
电子表格的公式及安全验证模板	版本号：　　×××× ×

文件名称：　　A 产品含量 HPLC– 版本号 .xlt

注　　释：　　对 EXCEL 电子版进行安全设置

前提条件

序号	行动	是否符合要求	签名签日期
1	检查模板内容	是	
2	模板有正确的版本号	是	

安全功能设置

序号	行动	是否符合要求	签名签日期
1	1. 打开 Excel 电子版文件 2. 安全设置 选择要锁定的单元格 **单元格格式**　　　　　　　　　　　　 ? ✕ 数字 ┃ 对齐 ┃ 字体 ┃ 边框 ┃ 图案 ┃ 保护 ☑ 锁定（L） ☐ 隐藏（I） 只有在工作表被保护时，锁定单元格或隐藏公式才有效。如要保护工作表，请选择"工具"菜单中的"保护"命令，然后选择"保护工作表"。可以选择是否加密码保护。 　　　　　　　　　 确定 　　 取消		

参考：SOP－××××××	页码：1/3

公司标识	文件号：FRM－××××××
电子表格的公式及安全验证模板	版本号： ××××××

序号	行动	是否符合要求	签名签日期
1	3. 工作表设置保护（密码至少 8 个字节） 4. 设置电子文件的打开密码和编辑密码（密码至少 8 个字节） 5. 将文件按"xlt"模式保存在规定路径 		

参考：SOP－××××××	页码：2/3

公司标识	文件号：FRM－××××××
电子表格的公式及安全验证模板	版本号：　　　××××

偏差	采取的措施	最终决定及负责人签名日期

备注：_____

_____

_____

QC 主管：_____　　　日期：_____

电子合规主管：_____　　　日期：_____

参考：SOP－××××××　　　　　　　　　　　页码：3/3

公司标识	文件号：FRM－×××××
电子表格的公式及安全验证模板	版本号：　×××××

| 附件：安全验证日志 ||||||||
文件 名称	文件保存 目录	文件 所有者	文件是否 设置打开密码	文件是否 设置编辑密码	工作表是否 设置保护密码	安全验证 是否完成	签名 签日期

参考：SOP－××××××　　　　　　　　　　　　　　　　　页码：1/1

【实例】4-6 某药品生产企业的检验报告书

×××××× 有限公司

制剂成品检验报告书

报告书编号：××××××
版本号：×××

产品名称：	报告日期：
批号：	规格：
批量：	检验记录编号：
生产日期：	有效期至：
生产厂家：	包装规格：

检验依据：

检验项目	标准规定	检验结果	结论
性状	应为薄膜衣片，除去包衣后显白色		
鉴别	（1）化学鉴别：应呈正反应 （2）HPLC 鉴别：应与对照品主峰的保留时间一致		
溶出度	Q=80%，30 分钟		
重量差异	应符合规定		
标示量	95.0%~105.0%		

结论：本品按 ×××× 质量标准检验，上述项目符合规定

报告者：　　　　　　复核者：　　　　　　批准者：

5 试剂、试验用溶液、试验用水与耗材的管理

本章主要内容：

☞ 试剂管理要求

☞ 试验用溶液管理要求

☞ 试验用水管理要求

☞ 耗材管理要求

☞ 文件要求

法规要求 ·····

药品生产质量管理规范（2010 年修订）

第二百二十三条 物料和不同生产阶段产品的检验应当至少符合以下要求：

（八）应当对实验室容量分析用玻璃仪器、试剂、试液、对照品以及培养基进行质量检查。

第二百二十六条 试剂、试液、培养基和检定菌的管理应当至少符合以下要求：

（一）试剂和培养基应当从可靠的供应商处采购，必要时应当对供应商进行评估；

（二）应当有接收试剂、试液、培养基的记录，必要时，应当在试剂、试液、培养基的容器上标注接收日期；

（三）应当按照相关规定或使用说明配制、贮存和使用试剂、试液和培养基。特殊情况下，在接收或使用前，还应当对试剂进行鉴别或其他检验；

（四）试液和已配制的培养基应当标注配制批号、配制日期和配制人员

姓名，并有配制（包括灭菌）记录。不稳定的试剂、试液和培养基应当标注有效期及特殊贮存条件。标准液、滴定液还应当标注最后一次标化的日期和校正因子，并有标化记录。

背景介绍

试剂、试验用溶液、试验用水与耗材是实验室对物料或产品进行质量控制的重要组成部分，需对其进行有效管理，以确保实验室检测结果准确可靠。

本章中试剂又称试药，包含化学试剂等，除另有规定外，均应根据《中国药典》通则 8001 试药项下规定，选用不同等级并符合国家标准或国务院有关行政主管部门规定的试剂标准。

试验用溶液包含试液、缓冲液、指示剂与指示液、滴定液等，是按照规定方法配制的溶液，均应符合《中国药典》通则 8000 试剂与标准物质的规定或按照通则的规定制备。

试验用水，除另有规定外，均系指纯化水。

试验耗材是指试验中使用的容器、量器、试管、离心管、色谱柱等实验用品。

本章不包含滴定液和培养基的管理，滴定液的管理参见本指南"6 标准物质的管理"，培养基的管理参见本指南"12 微生物实验室质量管理和检验"。

实施指导

5.1 试剂管理

5.1.1 试剂的采购、验收

试剂应从可靠的或经评估的供应商处采购，必要时附有检验报告书及"化学品安全技术说明书"（MSDS），并建立试剂供应商档案进行管理，内容包括供应商信息、相关证照、供应品种等。采购的试剂级别需满足检验需求，可依据质量控制要求对试剂进行分级管理，例如关键试剂进行质量验收，普通试剂做好接收入库登记。

对到货试剂的验收，大致分为以下几个方面：

● 包装容器的外观检查，主要包括容器的完整性、密封性；

● 包装容器的标识信息核对，核对内容主要包括试剂名称和数量、供应商 / 生产商信息、生产日期、级别、贮存条件等；

● 相关文件检查、核对与接收记录的填写。

对于剧毒、易制毒及易制爆试剂的采购和管理应符合国家和地方的要求，申请采购之前需向相关部门提出申请，接收后应有专门的可控区域进行储存。

验收合格的试剂入库管理，若验收不合格按照企业相关规定处理。

5.1.2 试剂的标识

试剂应有标签标识，一般标明名称、编号（如有）、未开瓶存储期至、贮存条件、接收日期、开瓶日期、开瓶后有效日期、操作人等内容。试剂标签标识举例见图 5-1。

```
×××× 公司                    SOR-SMP-Z-QC-×××
试剂名称：
编号（如有）：
未开瓶存储期至：
贮存条件：
接收日期：
开瓶日期：
开瓶后有效日期：
操作人：
```

图 5-1　试剂标签标识示例

5.1.3 试剂的贮存、使用

试剂应贮存在适宜的条件下，如说明书中标明的条件，应设置专人对试剂进行管理，该人员应接受危险化学品管理的相关培训。

剧毒试剂应执行五双管理，即"双人保管、双人领取、双人使用、双把锁、双本账"的管理制度。剧毒、易制毒及易制爆试剂的贮存和使用需符合公安机关的相关规定。使用时双人复核并记录品名、用途、用量、剩余量、领取日期、领取人及发放人。实行物料数量平衡管理，确保剧毒、易制毒或易制爆试剂被用于预定用途，使用完后及时放回贮储区域。管理人员定期清点、核实库存，检查品名及数量是否与使用记录表中相符。一旦发现剧毒、易制毒及易制爆试剂丢失，应立即报告安全负责人检查、核实，必要时报告当地公安机关。使用试剂时，其名称、批号应包括在实验过程的相关记录中，以保证其可追溯性。

实验室所用的试剂均应有合理的有效期。对于采购的试剂，应遵循生产企业规定的有效期；对于生产企业未规定有效期的试剂，使用单位可基于科学合理规定试剂有效期。

5.1.4 试剂报废

报废的试剂应根据试剂特性存放在不同容器中，并粘贴标签，注明报废试剂的类型（建议不同类型的废弃试剂规定不同颜色标签），交由具备相关资质的机构进行特殊处理，并记录。

试剂报废的标签举例见图 5-2。

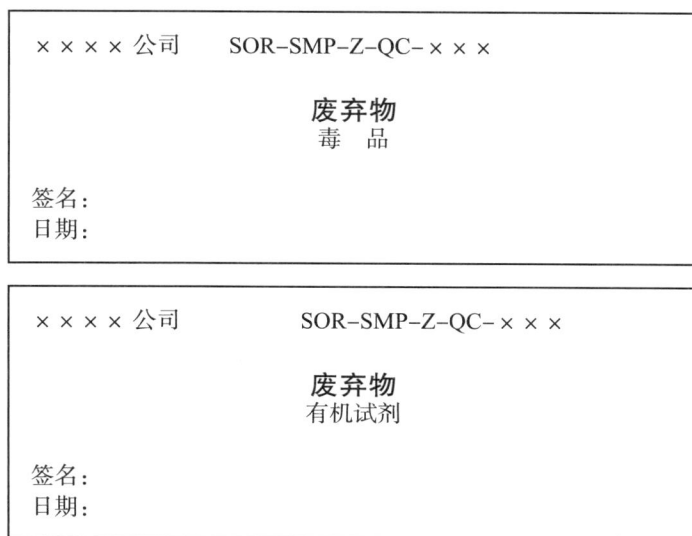

```
××××公司        SOR-SMP-Z-QC-×××

              废弃物
               毒  品

签名：
日期：
```

```
××××公司        SOR-SMP-Z-QC-×××

              废弃物
              有机试剂

签名：
日期：
```

图 5-2　试剂报废标签示例

5.2　试验用溶液管理

5.2.1 试验用溶液的配制

试验用溶液包括试液、缓冲液、指示剂与指示液等，应符合《中国药典》通则8000 试剂与标准物质的规定或按照通则的规定制备，其配制过程均应有配制记录，记录包含所用试剂名称、批号、数量、试液配制日期及编号、有效期、配制人、复核人等信息。

配制过程中所用试验用水应满足相关分析测试方法的要求，必要时需要按相关要求进行检测。

5.2.2 试验用溶液的标识

试验用溶液应有标签标识，清楚标明试液名称、批号、贮存条件、有效期、配制人和配制日期等。

5.2.3 试验用溶液的贮存、使用

试验用溶液应贮存在规定条件下，并根据试验用溶液的性质和用途，必要时结合溶液稳定性考察结果，制定合理的有效期。对于不稳定的试液，可根据科学依据合理规定贮存条件及有效期。

使用各种试液、缓冲液、指示液（剂）、对照溶液前，应检查确认瓶签完好，外观性状符合要求，确认在有效期内，方可使用。溶液使用前如发现有沉淀、变色、分解等异常情况，应弃去重配。

5.2.4 试验用溶液销毁

试验用溶液超出有效期或有效期内发现异常情况时，应停止使用，并按照规定的方式销毁；如果是含麻毒成分的溶液，应按照相关管理规定进行销毁。

5.3 试验用水管理

按《中国药典》凡例要求：试验用水，除另有规定外，均系指纯化水。

试验用水可由纯化水制备系统制备，也可购买符合要求的商业化包装水。在水的供应中，应对试验用水的储存和分配采取预防措施避免污染，并对其进行定期监测，保证符合相应的质量标准。

试验用水应有标签标识，清楚标明有效期等信息。试验用水的有效期可根据具体检验需要制定。

试验用水应使用洁净的容器存放，可使用专用盛水塑料桶或者玻璃桶。用于储存试验用水的容器应定期清洗。

使用试验用水前应检查外观性状符合要求，如发现异常，应停止使用。

5.4　试验用耗材管理

5.4.1　耗材的采购、验收

试验用耗材应从可靠的或经评估的供应商处采购，建立供应商档案，包括供应商信息、相关证照、供应品种等。可根据耗材的用途和性能要求等对耗材进行分级管理，如关键耗材、主要耗材和一般耗材。建议对关键耗材供应商进行定期回顾和评价。

对到货的耗材，应检查标签、包装、数量及相关证书等，对检验结果有影响的关键耗材建议进行技术验收，如色谱柱、用于痕量分析的试剂等。验收合格后进行接收入库登记，若验收不合格按照企业相关规定处理。

5.4.2　耗材的储存、使用

试验用耗材应按照厂家说明书要求进行贮存和使用。贵重的耗材建议上锁管理，并做好领用登记，以免丢失。

废旧耗材应统一放置，定期处理。

5.5　文件管理

试剂、试验用溶液、试验用水与耗材的管理文件应涵盖采购、接收、标识、贮存、使用、销毁等管理要求。试验用溶液的配制记录须详细描述配制过程，如使用试剂的品名、批号、等级、配制浓度、贮存条件、配制人、配制日期等信息。

6 标准物质的管理

本章主要内容：

☞ 标准物质的管理要求

☞ 滴定液的管理要求

☞ 文件的管理

法规要求 ....

药品生产质量管理规范（2010 年修订）

第二百二十三条 物料和不同生产阶段产品的检验应当至少符合以下要求：

（八）应当对实验室容量分析用玻璃仪器、试剂、试液、对照品以及培养基进行质量检查。

第二百二十七条 标准品或对照品的管理应当至少符合以下要求：

（一）标准品或对照品应当按照规定贮存和使用；

（二）标准品或对照品应当有适当的标识，内容至少包括名称、批号、制备日期（如有）、有效期（如有）、首次开启日期、含量或效价、贮存条件；

（三）企业如需自制工作标准品或对照品，应当建立工作标准品或对照品的质量标准以及制备、鉴别、检验、批准和贮存的操作规程，每批工作标准品或对照品应当用法定标准品或对照品进行标化，并确定有效期，还应当通过定期标化证明工作标准品或对照品的效价或含量在有效期内保持稳定。标化的过程和结果应当有相应的记录。

6.1 概述

药品标准物质，系指供药品质量标准中物理、化学及生物学等测试用，具有确定的特性或量值，用于校准设备、评价测量方法、给供试药品赋值或鉴别用的物质，包括标准品、对照品、对照提取物、对照药材和参考品。

A. 理化检测用标准物质

系指用于药品质量标准中物理和化学测试用，具有确定的特性和量值，用于鉴别、检查、含量测定、校准设备的标准物质，按用途分为下列四类。

（1）含量测定用化学对照品　系指具有确定的量值，用于测定药品中特定成分含量的标准物质。

（2）鉴别或杂质检查用化学对照品　系指具有特定化学性质，用于鉴别或确定药品某些特定成分的标准物质。

（3）对照药材/对照提取物　系指用于鉴别中药材或中成药中某一类成分或组分的对照物质。

（4）校准仪器/系统适用性试验用对照品　系指具有特定化学性质用于校准检测仪器或供系统适用性试验用的标准物质。

B. 生物检测用标准物质

系指用于生物制品效价或含量测定或鉴别、检查其特性的标准物质，其制备与标定应符合《中国药典》三部"生物制品国家标准物质制备和标定"要求。生物制品国家标准物质分为国家生物标准品和国家生物参考品。

国家生物标准品，系指用国际生物标准品标定的，或由我国自行研制的（尚无国际生物标准品者）用于定量测定某一制品含量、效价或活性的标准物质，其含量以质量单位（g、mg、μg）表示，生物学活性或效价以国际单位（IU）、特定活性单位（AU）或单位（U）表示。

国家生物参考品，系指用国际生物参考品标定的，或由我国自行研制的（尚无国际生物参考品者）用于微生物（或其产物）的定性鉴定或疾病诊断的生物试剂、生物材料或特异性抗血清；或指用于定量检测某些制品的生物效价的参考物质，如用于麻疹活疫苗滴度或类毒素絮状单位测定的参考品，其效价以特定活性单位（AU）或单位（U）表示，不以国际单位（IU）表示。

C. 工作对照品

企业可以选择相应的活性物质，使用法定标准品或采用准确、可靠的方法进行标化，标化后的物质作为企业自制工作对照品。

6.2 管理要求

6.2.1 标准物质管理要求

企业应建立标准物质的管理规程，明确实验室人员对标准物质的管理和使用要求。

企业自制工作对照品是指可通过特殊合成工艺单独合成或者用正常流程生产、提纯（如有）得到的物质。应建立工作对照品的质量标准以及制备、鉴别、检验、批准和贮存的操作规程，在使用前须确认其质量满足自制对照品标准要求。每批工作对照品应用法定对照品进行标化，标定分初标和复标，由不同实验人员进行，结果与法定标准品相当，并确定有效期。必要时进行定期标化以证明工作对照品的效价或含量在有效期内保持稳定，工作对照品制备（如有）、标定、有效期考察（如有）的记录应存档以备查。

（1）标准物质的采购与接收　标准物质可以从中国食品药品检定研究院、国外法定认可机构（如 USP、BP、EP）或者符合资质的二级供应单位等处采购。必要时应对供应商进行评估，建立供应商档案。

质量控制部门建立标准物质接收和管理流程，并建有标准物质接收记录。实验室接收标准物质时，应记录标准物质信息，并按说明书要求贮存标准物质。如果是由非法定的对照品制造商制备提供的工作对照品，还需收集对照品说明书、鉴定资料、法定对照品标定资料等，对于没有法定对照的用于含量的工作对照品应制定相关标定的规程，确保其准确性。

（2）标准物质的标识　标准物质应当有适当的标识，内容包括：名称、生产企业、批号、数量、有效日期（如有）、含量或效价、贮存条件、首次开启日期等。外购或企业自制的工作对照品，如有必要还应包括纯度、制备日期、安全指南等信息。

对照品溶液也应有明确的标签标识，标签中应包含对照品溶液的名称、配制人、复核人、配制日期和有效期等。为了便于对照品溶液进行使用追踪，对照品溶液标签中建议增加编号或批号，编号或批号的制定规则可自行定义，实验记录中应能体现对照品溶液的编号或批号。

例如：CS–DIO80–211211H1

CS 代表对照品溶液

DIO80 代表代文 80mg 胶囊

211211 代表为 2021 年 12 月 11 日配制

H1 代表用于 HPLC 分析的对照品溶液 1

（3）标准物质的贮存、使用及处理 企业应建立操作规程对标准物质的贮存、使用和处理等流程进行规定。标准物质应按说明书要求在规定的贮存条件下贮存。不在室温贮存的标准物质使用前应恢复至室温。已开启的标准物质应标明开启日期及开启后有效期，如果有开启次数规定，每次使用时还应记录开启次数。

标准物质需按说明书要求进行使用，例如是否需在称量前进行干燥、计算时是否需带入标准物质的干燥失重或水分数值，是否需带入标准物质的含量数值。

对于超出有效期等的标准物质，企业应建立相应报废处理流程，并做好记录。

（4）标准物质使用效期的管理 标准物质均应有合理的有效期，并在有效期内使用。对于企业自制的工作对照品，应根据科学依据合理的规定效期，如基于稳定性考察数据等。对于外购的工作对照品，应明确使用效期。对于未明确有效期的标准物质，根据厂家提供资料制定有效期，如 USP 标准品规定有效期为开封后 3 个月；如中国食品药品检定研究院提供的对照品，以中国食品药品检定研究院发布的停用通知或公布的有效期限为准。使用单位可定期登录官方网站查询并记录，可参考表 6-1 形成记录表。

需要时，标准物质在使用期间可按计划进行定期标化，标化周期可结合标准物质的性质、贮存环境、有效期等因素综合制定。如果在标化中发现标准物质已经发生分解、产生异构体、浓度降低等变化，应立即停止使用，并追溯其对之前检测结果的影响。

（5）已开启标准物质稳定性研究 对于开启的标准物质，原则上，不推荐重复使用；如确需重复使用，建议对其稳定性进行研究以确定开启后的有效期。

已开启标准物质的稳定性研究应当有稳定性研究方案，并在方案执行前，获得质量管理部门批准，并对相关人员进行培训。稳定性研究方案应当包含但不限于以下内容：贮存条件、开启后密封的方式、开启次数、稳定性结果的记录和判断程序等。对于标准物质有效性的判断，可以和新开启的标准物质进行比对。稳定性研究结束后，对研究结果进行总结、分析和评估，制定已开启标准物质的内部推荐有效

表 6-1　标准物质效期查询记录

日期	品名	批号	来源	是否现行批号	是否停用批号	是否有效批号	确认人	复核人
				□现行批号 □有效期至 □过期	□是　□否	□是　□否		
				□现行批号 □有效期至 □过期	□是　□否	□是　□否		
				□现行批号 □有效期至 □过期	□是　□否	□是　□否		
				□现行批号 □有效期至 □过期	□是　□否	□是　□否		
				□现行批号 □有效期至 □过期	□是　□否	□是　□否		
				□现行批号 □有效期至 □过期	□是　□否	□是　□否		

期，完成稳定性研究报告，并经质量管理部门批准。批准后的已开启标准物质有效期可用于实验室内部使用。

已开启标准物质稳定性研究方案示例见实例 6-1；稳定性研究报告示例见实例 6-2。

（6）对照品溶液的稳定性研究　标准物质提供机构通常不会明确规定对照品溶液的有效期。对于对照品溶液，原则上，不推荐重复使用；如果确需重复使用，建议对其稳定性进行研究以确定有效期。

对照品溶液的稳定性研究应当有稳定性研究方案，并在方案执行前，获得质量管理部门的批准。稳定性研究方案应当包含但不限于以下内容：对照品溶液配制方法、贮存条件、试验点、接受标准等。对于对照品溶液有效性的判断，可以和新配制的对照品溶液进行比对，考察含量或杂质变化情况。稳定性研究结束后，对研究结果进行总结、分析和评估，制定对照品溶液的内部推荐有效期，完成稳定性研究报告，并经质量管理部门批准。批准后的对照品溶液有效期可用于实验室内部使用。

对照品溶液稳定性研究方案示例见实例 6-3；稳定性研究报告举例见实例 6-4。

6.2.2 滴定液管理要求

滴定液系指在容量分析中用于滴定被测物质含量的标准溶液，具有准确的浓度（取 4 位有效数字）。滴定液的浓度以"mol/L"表示，其浓度值与其名义值之比，称为"F"值，常用于容量分析中的计算。滴定液操作规范依据《中国药典》通则 8006 滴定液进行配制与标定。

（1）滴定液的采购、验收　滴定液应从有资质的机构购买。外购滴定液接收时，如果供应商提供标准物质证书（有明确的浓度）、有效期、使用说明等资料，企业按照内部规定进行评估确定是否进行标定。如供应商不能提供标准物质证书或报告书等资料，建议实验室进行标定后再使用滴定液，并建立有效期。

（2）滴定液的配制、标定　滴定液的配制方法有间接配制法与直接配制法两种，应根据规定选用，并应遵循下列有关规定。

配制滴定液时，如果所用溶剂为水，需使用蒸馏水或纯化水，在未注明有其他要求时，应符合《中国药典》四部药用辅料"纯化水"项下规定。滴定液的配制须有复核人。

一般情况下，标定在室温条件下进行，并在记录中注明标定时的实际温度。初标者和复标者在相同条件下各自标定至少三次，三份平行实验结果的相对偏差，除另有规定外，不得大于 0.1%，初标者平均值和复标者平均值的相对偏差也不得大于 0.1%，标定结果按初标者和复标者的平均值计算，取 4 位有效数字。对所有标定和复标进行记录，并复核，举例请见实例 6-5。

（3）滴定液的标识　滴定液贮瓶外应贴上标签，注明滴定液名称、批号、浓度、效期、标定者、复核人、贮存条件等信息。滴定液标签举例，请见图 6-1。

```
××××公司                    SOR-SMP-Z-QC-×××
名　称：×××滴定液
批　号：
浓　度：
效　期：
标 定 者：
复 核 人：
贮存条件：
复标日期：
```

图 6-1　滴定液标签示例

（4）滴定液的贮存、使用　滴定液在配制后应按《中国药典》规定的贮藏条件贮存，一般采用密封性较好的具塞玻璃瓶，其材料不应与溶液起理化作用，壁厚最薄处不小于 0.5mm。碱性滴定液应贮存于聚乙烯塑料瓶中。

滴定液在使用前应确认状态，当出现浑浊或其他异常情况时，不得再用。

溶剂为醋酸的滴定液随温度变化浓度值变化较大，应加温度补正值或保持滴定液使用时的温度与标定时的温度保持不变；对于其他滴定液，当标定与使用时的温度相差未超过 10℃时，除另有规定外，其浓度值可不加温度补正值，当温度差超过 10℃时，应加温度补正值，或重新标定。

（5）滴定液使用效期的管理　除另有规定外，滴定液的效期根据效期确认研究的结论制定。过期后需重新标定，并按重新标定的结果更新滴定液浓度。

6.2.3 文件管理

标准物质管理的文件应包括标准物质的采购、接收、标识、贮存、使用、销毁、效期管理等。

实例分析

【实例】6-1 已开瓶对照品／对照药材稳定性研究方案

1 目的

建立实验室已开瓶对照品／对照药材稳定性研究方案，指导制定已开瓶对照品／对照药材在规定的条件下贮存的有效期，确保已开瓶的对照品／对照药材在有效期内使用，保证检验结果的准确性。

2 范围

已开瓶的对照品／对照药材。

3 责任

部门／人员	职责
××××	按照本文件的要求考察相应已开瓶对照品／对照药材的贮存有效期
×××	复核相应的溶液配制记录，检查确认已开瓶对照品／对照药材贮存期限按照本文件规程考察
××× 经理	已开瓶对照品／对照药材的储存期限报告的审批

4 内容

4.1 仪器与用具

4.1.1 分析天平

根据称样量选择合适精度和量程的天平。所用天平均应经过国家法定计量机构的检定/校准，并且均应在合格效期内。

高效液相色谱仪、薄层拍照成像系统、电子防潮柜、冷藏柜、冰柜。所用设备均应经过国家法定计量机构的检定/校准，并且均应在合格效期内。

4.1.2 玻璃仪器与用具

4.1.2.1 称样舟、烧杯、药勺、玻棒、滴管。

4.1.2.2 移液管、刻度吸管、量筒、容量瓶，均经校正。

4.1.3 薄层板

4.2 试药与试液

4.2.1 按配制总量计算试药和试液的取用量。

4.2.2 按照《中国药典》通则 8002 试液、通则 8004 缓冲液项下及各品种质量标准项下的规定取用。

4.2.3 用于配制流动相的试剂应为色谱纯级，其他情况使用的试剂为分析纯级和化学纯级。

4.3 对照品/对照药材要求

4.3.1 对照品/对照药材应购于中国食品药品检定研究院或为已标化好的工作对照品，且均应在有效期内。

4.3.2 已开瓶对照品/对照药材的管理

已开瓶对照品/对照药材的贮存和使用要求：已开瓶对照品/对照药材用封口胶封口，贮存在规定条件下。非室温条件贮存的对照品/对照药材从存放处取出后，放置至室温后使用。称量时应认真仔细，尽量迅速操作，缩短容器开口时间，使用的称量器具应洁净无污染，已经取出的对照品/对照药材不能再倒回到容器中以避免交叉污染。使用后立即将对照品/对照药材的容器密封并放回存放处。

评估开瓶次数：梳理实验室需要多次使用的对照品/对照药材，参考使用频次制定开瓶次数

模拟开瓶操作：对照品/对照药材开瓶放置至少 2 分钟，然后盖上瓶塞，将其放回指定的存放处。

4.4 对照品/对照药材溶液制备方法应进行审核。

4.5 考察

4.5.1 鉴别用已开瓶对照品 / 对照药材稳定性的考察

4.5.1.1 供试品溶液的制备

已开瓶对照品 / 对照药材：开启时间的间隔应基于对照品 / 对照药材的有效期和使用频率制定，开启间隔不能超出对照品 / 对照药材效期，按对照品 / 对照药材的贮存条件要求进行贮存，按照各品种质量标准项下的规定配制相应对照品 / 对照药材溶液 1 份，作为待考察供试品溶液。

新开启对照品 / 对照药材：按对照品 / 对照药材的储存条件要求进行贮存，开启后，按照各品种质量标准项下的规定配制相应对照品 / 对照药材溶液 1 份，即得。

4.5.1.2 考察过程

考察时间点：1 个月、3 个月、6 个月、12 个月，放置过程中以月为单位，按照对照品 / 对照药材规定的贮存条件进行贮存。

考察方式：取已开启 n 个月的对照品 / 对照药材，按照质量标准项下的规定进行薄层鉴别实验或色谱检验，与新配制对照品 / 对照药材溶液点于同一薄层板上，相同展开系统展开。或者使用同一色谱仪进行检验并记录图谱。

4.5.1.3 合格标准

每次实验显色后，供试品溶液在与对照品 / 对照药材色谱相应的位置上显现相同颜色的斑点。或者供试品与对照品 / 对照药材色谱图中色谱峰的保留时间一致，且考察成分峰周边没有其他杂质峰干扰。

4.5.1.4 有效期的确定

根据考察结果确定已开瓶对照品 / 对照药材的有效期。

4.5.2 含量测定用已开瓶对照品稳定性考察

4.5.2.1 供试品溶液的制备

已开启 n 个月对照品：按对照品的贮存条件要求进行贮存，按照各品种质量标准项下的规定配制相应对照品溶液 2 份，作为待考察供试品溶液。

新开启对照品：按对照品的贮存条件要求进行贮存，开启后，按照各品种质量标准项下的规定配制相应对照品溶液 2 份，即得。

4.5.2.2 考察过程

考察时间点：1 个月、2 个月、3 个月、6 个月、9 个月、12 个月，放置过程中以月为单位，按照对照品规定的贮存条件进行贮存。

已开启 n 个月对照品和新开启对照品，分别按照质量标准项下的色谱条件进行含量测定实验。

4.5.2.3 合格标准

含量与初始值相差的绝对值不超过 2%。

计算方法为:(首次开瓶对照品峰面积与其称样量比值的平均值 – 已开瓶对照品峰面积与其称样量比值的平均值)÷ 首次开瓶对照品峰面积与其称样量比值的平均值 ×100%。

4.5.2.4 有效期的确定

根据考察结果确定已开瓶对照品 / 对照药材的有效期。

5 附件

已开瓶对照品 / 对照药材稳定性考察记录如下。

已开瓶对照品 / 对照药材稳定性考察记录			
名称		检验项目	
配制依据		储存条件	
配制方法			

(一)新开启　　　　　　　　　　　对照品 / 对照药材溶液配制

(1)配制记录:

注:

(二)已开瓶　　　个月　　　的　　　　对照品 / 对照药材考察

(1)配制记录:

(2)考察过程:

1. 仪器和耗材:

2. 试剂:

3. 对照品溶液:

4. 操作:

5. 结果:

6. 标准规定:

7. 结论:

结论:本品按 ×××× 编号的"××××"文件进行检验,在规定的储存条件下,×××× 的 ×××× 对照品 / 对照药材 ×××× 储存 ＿＿ 个月,检测结果符合规定。

87

【实例】6-2 已开瓶对照品／对照药材稳定性研究报告

已开瓶对照品／对照药材稳定性研究报告

项目名称	
实施日期	
对照品／对照药材溶液浓度与溶剂	
研究依据	
研究试验结果报告： 试验结果 结论： 签名： 　　　　　　　　　　　　　年　　　月　　　日	
负责人意见： 负责人签名：　　　　　　年　　　月　　　日	

【实例】6-3 对照品溶液稳定性研究方案

对照品溶液稳定性研究方案

文件类型：	方法研究方案		
文件编号：	×××××		
页数	#		
作者：			
检验员：	×××		
审核：			
主管 / 经理：	×××		
批准：			
质量部经理：	×××		
	签名		日期

1 目的

本方案目的是研究在方法中未规定有效期的对照品溶液的稳定性。

2 背景

标准物质提供机构通常不会明确规定对照品溶液的有效期。对于计划重复使用对照品溶液，需要对其稳定性进行研究以确定有效期。对照品溶液稳定性的研究适用于常规分析方法，例如液相色谱法、紫外 – 可见分光光度法等分析方法。

3 稳定性研究

3.1 标签

所有用于对照品溶液效期研究的溶液均需标明"用于对照品溶液效期研究"。

3.2 对照品溶液配制

对照品溶液的配制遵循相应的规程。

3.3 贮存条件

对照品溶液密封贮存在 2~8℃冰箱内（其他贮存条件需在总结报告中说明），并在进行分析判定前需放置至室温。

3.4 测试时间点

测试时间可以参照下表，更改的时间点需在总结报告中说明。

测试时间点					
0 天	7 天	14 天	31 天	2 个月	3 个月
×	×	×	×	［×］	［×］

注：× = 测试点，［×］= 可选择点。

3.5 程序和接受标准

3.5.1 HPLC 方法

3.5.1.1 对照品溶液的制备

分别制备 2 份对照品溶液，在 0 天时，对每份对照品溶液分析 2 次，互相复核。在 0 天以外的测试时间点，需新鲜配制 1 份对照品溶液。对新鲜配制的对照品溶液和用于研究效期的 2 份对照品溶液各分析 2 次。用新鲜配制的对照品溶液的平均响应值，来重新计算用于研究效期的 2 份对照品溶液的含量值。

3.5.1.2 接受标准

在每次分析前，观察测试用的对照品溶液与新鲜配制的对照品溶液的外观是否一致。如果溶液异常（如出现浑浊），或者色谱图中出现显著的杂质峰，则停止对照品溶液的测试。

在每次分析时，须首先保证系统满足方法的系统适用性（如重复性、拖尾因子、分离度、理论板数等）。在 0 天时，每份对照品溶液互相复核的结果不得超过 2%。在每个分析测试点，对照品溶液的活性成分的含量与 0 天时的差异不得超过 2%。

3.5.2 UV 方法

……

4 参考文件

《中国药典》×××× 年版 × 部（或其他方法号）。

5 结果报告

对照品溶液效期研究结束后，需要起草研究报告总结分析数据。在对照品溶液效期研究记录复核后，报告经主管领导签字后，新的效期可以执行。如必要，可以增加中期报告，或进行进一步的稳定性研究。

6 附件

附录一：液相色谱法分析数据结果报告

附录二：紫外 – 可见分光光度法分析数据结果报告

……

附录一：液相色谱法分析数据结果报告

分析方法：
分析项目：
对照品溶液Ⅰ编号：
对照品溶液Ⅱ编号：

时间点	重量（mg）	峰面积	含量（%）	含量平均值（%）	与0天的差异（%）
0天					
（　）天					
新配制的对照品溶液1			编号：		
（　）天					
新配制的对照品溶液2			编号：		
（　）天					
新配制的对照品溶液3			编号：		
（　）天					
新配制的对照品溶液4			编号：		
（　）天					
新配制的对照品溶液5			编号：		

接受标准：含量差异不得过2%。
检验员：　　　　　　　　日期：
复核者：　　　　　　　　日期：

附录二：紫外－可见分光光度法分析数据结果报告

分析方法：
分析项目：
对照品溶液 I 编号：
对照品溶液 II 编号：

时间点	重量（mg）	峰面积	含量（%）	含量平均值（%）	与零时间点的差异（%）
0 天					
（　）天					
新配制的对照品溶液 1			编号：		
（　）天					
新配制的对照品溶液 2			编号：		
（　）天					
新配制的对照品溶液 3			编号：		
（　）天					
新配制的对照品溶液 4			编号：		
（　）天					
新配制的对照品溶液 5			编号：		

接受标准：含量差不得过 2%。
检验员：　　　　　　　　　　日期：
复核者：　　　　　　　　　　日期：

【实例】6-4 对照品溶液稳定性研究报告

对照品溶液稳定性研究报告

产品名称

测试方法	×××
测试项目	×××
文件类型	方法研究报告
页数	#

作者:		
分析师:	×××	
审核:		
主管 / 经理:	×××	
批准:		
质量部经理:	×××	

签名	日期

1 目的

本报告目的是依据对照品溶液稳定性研究方案(方案编号#)评估 ** 产品的 ** 分析方法中对照品溶液的稳定性。

2 设备

列举对照品溶液稳定性研究实验过程中使用的设备:

设备名称	编号
冰箱	
HPLC	
天平	

3 对照品物质和测试过程

3.1 稳定性研究实验过程中使用的对照品物质列举如下。

时间点	对照品溶液编号	对照品		
		名称	批号	重量（mg）
0 天	对照品溶液 I 编号			
	对照品溶液 II 编号			
7 天	新配制的对照品溶液编号			
15 天	新配制的对照品溶液编号			
30 天	新配制的对照品溶液编号			
55 天	新配制的对照品溶液编号			
93 天	新配制的对照品溶液编号			

3.2 测试过程

色谱柱：

流动相的配制：

对照品溶液的配制：

系统适用性试验结果：

适应性：

4 贮存条件

研究用的对照品溶液贮存在冰箱里，温度控制在 **~**℃，参见温度登记记录。

5 结果

每个测试时间点的结果均用新鲜配制的对照品溶液的平均响应值来重新计算用于研究效期的 2 份对照品溶液的含量值。计算基于下面的计算公式：

$$C\% = \frac{P_T \times W_F}{P_F \times W_T}$$

式中，P_T 为研究用对照品溶液的峰面积；

P_F 为新鲜配制的对照品溶液峰面积；

W_F 为新鲜配制的对照品溶液中对照品的重量；

W_T 为研究用对照品溶液中对照品的重量。

时间点	对照品溶液编号	含量（%）	含量平均值（%）	与零时间点的差异（%）	结果
0 天	对照品溶液 I 编号				
	对照品溶液 II 编号				
7 天	对照品溶液 I 编号				
	对照品溶液 II 编号				
15 天	对照品溶液 I 编号				
	对照品溶液 II 编号				
30 天	对照品溶液 I 编号				
	对照品溶液 II 编号				
55 天	对照品溶液 I 编号				
	对照品溶液 II 编号				
93 天	对照品溶液 I 编号				
	对照品溶液 II 编号				

6 变更

稳定性研究方案中指定的测试时间点为 7 天、14 天、31 天、2 个月、3 个月。实际的测试时间为 7 天和 15 天、30 天、55 天、93 天。有效期将按照实际的测试时间点来制定，所以这个测试时间点的变更并不影响对照品溶液稳定性的研究。

7 结论

基于以上测试时间点的数据，可以看出 ××× 产品按 ×××× 方法测试含量的 ×××× 对照品溶液在 93 天内在冰箱内（2~8℃）保持稳定。因此，××× 对照品溶液的效期可以定义为 93 天（2~8℃）。

8 附件

……

【实例】6-5 滴定液登记与使用记录

滴定液登记与使用记录

滴定液名称：____ 标定日期：____ 标定者：____ 复标者：____

浓度（mol/L）：____ 重新标定日期：____ 标定温度：____ 来源：____

使用日期	使用温度	外观检查	实验项目	使用者	备注

7 实验室设备和分析仪器的管理

本章主要内容：

☞ 仪器选型

☞ 仪器确认

☞ 仪器校准

☞ 仪器维护

☞ 仪器报废 / 退役

法规要求 ···

药品生产质量管理规范（2010 年修订）

第九十条 应当按照操作规程和校准计划定期对生产和检验用衡器、量具、仪表、记录和控制设备以及仪器进行校准和检查，并保存相关记录。校准的量程范围应当涵盖实际生产和检验的使用范围。

第九十一条 应当确保生产和检验使用的关键衡器、量具、仪表、记录和控制设备以及仪器经过校准，所得出的数据准确、可靠。

第九十二条 应当使用计量标准器具进行校准，且所用计量标准器具应当符合国家有关规定。校准记录应当标明所用计量标准器具的名称、编号、校准有效期和计量合格证明编号，确保记录的可追溯性。

第九十三条 衡器、量具、仪表、用于记录和控制的设备以及仪器应当有明显的标识，标明其校准有效期。

第九十四条 不得使用未经校准、超过校准有效期、失准的衡器、量具、仪表以及用于记录和控制的设备、仪器。

第一百三十八条 企业应当确定需要进行的确认或验证工作，以证明有关操作的关键要素能够得到有效控制。确认或验证的范围和程度应当经过风险评估来确定。

第一百三十九条 企业的厂房、设施、设备和检验仪器应当经过确认，应当采用经过验证的生产工艺、操作规程和检验方法进行生产、操作和检验，并保持持续的验证状态。

第一百四十四条 确认和验证不是一次性的行为。首次确认或验证后，应当根据产品质量回顾分析情况进行再确认或再验证。关键的生产工艺和操作规程应当定期进行再验证，确保其能够达到预期结果。

第一百四十六条 验证总计划或其他相关文件中应当作出规定，确保厂房、设施、设备、检验仪器、生产工艺、操作规程和检验方法等能够保持持续稳定。

第一百四十七条 应当根据确认或验证的对象制定确认或验证方案，并经审核、批准。确认或验证方案应当明确职责。

第一百四十八条 确认或验证应当按照预先确定和批准的方案实施，并有记录。确认或验证工作完成后，应当写出报告，并经审核、批准。确认或验证的结果和结论（包括评价和建议）应当有记录并存档。

第二百二十一条 质量控制实验室的文件应当符合第八章的原则，并符合下列要求：

（一）质量控制实验室应当至少有下列详细文件：

7. 仪器校准和设备使用、清洁、维护的操作规程及记录。

实验室设备和分析仪器管理还应符合《药品生产质量管理规范（2010年修订）》计算机化系统附录、确认与验证附录的相关要求。

📋 技术要求

除《药品生产质量管理规范（2010年修订）》及其相关附录对实验室设备和分析仪器的明确要求外，其他国家/地区相关法规或指南也包括对实验室设备和分析仪器的要求和指导。表7-1中列出了其他国家/地区组织机构针对实验室分析仪器和实验设备相关法规和指南。

表 7-1　实验室分析仪器和设备相关法规和指南

机构或组织	文件名称
EU	GMP Annex 11 *Computerized Systems* GMP 附录 11 计算机化系统
	GMP Annex 15 *Qualification and Validation* GMP 附录 15 确认和验证
USP	<1058>*Analytical Instrument Qualification* <1058> 分析仪器的确认

背景介绍

　　实验室设备和分析仪器是质量控制实验室的重要基础设施，质量控制实验室应当配备适当的设备 / 仪器，保障有效可靠地完成质量控制相关活动。企业应当建立贯穿仪器设备完整生命周期的书面管理规程，确保用于检验的设备和仪器在各阶段符合实验室要求并满足相关技术标准，经过定期确认和校准，并应当有相对应的文件，如方案、报告、日志和记录。

　　本章主要介绍质量控制实验室和中间过程控制实验室中检验仪器全生命周期的管理，包括仪器的选型、确认、校准、维护以及报废 / 退役等。另外，生产在线监测中的设备 / 仪器也可参考本章内容进行管理。

实施指导

7.1 仪器选型

　　实验室设备和仪器选型应符合预期用途，其关键在于提供完整具体且清晰的用户需求说明（URS）。用户需求文件是进行设备 / 仪器配置 / 设计以及后续测试确认的依据，对仪器选型及后续活动至关重要，企业对此给予足够的重视。

　　用户需求收集应当涵盖仪器全生命周期工作中涉及的各相关方的需求，采取的方式不限，可通过工作流程分析、专题讨论会、面对面约谈等方式。

　　通常，用户需求说明应包含以下内容。

- 背景介绍 / 项目介绍
  - 项目描述，对新系统 / 仪器的整体描述；
  - 流程描述，对新系统 / 仪器相关的检验流程的描述；
  - 在当前和期望状态下的整体目标。
- 目的和范围。
- 定义和缩略词。
- 相关法规和国家标准。
  - GMP、国家标准、国际标准、行业标准、供应商管理要求等。
- 用户需求内容，应根据自身用途、实际业务量等考量进行增减。
  - 操作需求，如操作界面、技术需求、操作环境等。
  - 功能需求，如为实施业务流程、检验的物质类型、项目方法、可接受标准等的功能和性能需求；系统安全防护（权限控制需求、访问控制、病毒防护、密码策略等）、时间 / 日期戳的同步与安全控制、审计跟踪、备份与恢复、电子签名、报警提示等数据可靠性需求；基于预期的系统用途与实际业务量要求、未来业务可扩展性等需求；设备确认、校准、维护、培训等售后服务的需求。
  - 硬件需求：IT 基础架构需求；硬件的材质、大小、性能需求；仪表计量需求等。

用户需求说明不但是选择仪器的标准，也是仪器确认的基础。因此，应当根据实际需求描述仪器功能，规定参数使用范围，以便在确认过程中测试，例如：温度范围、流速范围等。需求描述应当足够具体、清晰 / 准确、完整；需求本身应该可衡量、可实现、可测试。

7.2 仪器确认

现代制药工业的实验室有很多种类的仪器设备，包括从简单的熔点仪到程序化高的高效液相色谱仪、近红外分析仪等。复杂程度不同的仪器所需要的确认级别和范围也不一样，用户可以根据仪器的复杂程度（仪器配置、控制软件、数据储存及处理的程度）和使用需求等内容，对仪器进行风险评估，将仪器分为不同的类别进行确认。

目前国内还没有实验室仪器设备分类的标准，参考 USP <1058> 分析仪器的确认，其将实验室仪器设备分为以下 3 类，并推荐了确认的级别。

A 类，不具备测量功能，供应商的技术标准可以作为用户需求。如超声波清洗机、水浴锅、离心机、摇床、电热套、磁力搅拌器、微波炉、薄层板加热器、电炉、电磁炉、电子喷雾器、粉碎机等。此类仪器或设备根据实际使用需求来确定是否制定操作、维护保养、维修和校正的标准操作规程。

B类，此类仪器具有测量功能，并且仪器控制的物理参数（如温度、压力或流速等）需要校准，用户需求一般与供应商的功能标准和操作限度相同。如分析天平、pH计、滴定仪、干燥箱、培养箱、冰箱等。此类仪器新购时通常需要进行安装确认和运行确认，并制定相关操作、维护保养和校正的标准操作规程。

C类，此类仪器通常包括仪器硬件和其控制系统（软件），用户需对仪器的功能要求、操作参数要求、系统配置要求等详细描述。如高效液相色谱仪、气相色谱仪等。此类仪器设备需要安装确认、运行确认和专门的性能确认，并制定相关操作、维护保养、校正和确认的标准操作规程。

7.2.1 风险评估

检验仪器的风险评估是检验仪器确认的基础，应在仪器启用前进行，以决定仪器的分类、是否需要确认、确认的程度以及再确认周期等工作。

仪器风险评估的要点如下。

● 评估人员：应包括仪器管理、质量控制、验证管理等相关人员。

● 评估所需资料：仪器产品资料，如产品设计、技术参数、售后服务、仪器用途等资料；其他需要资料，如国家计量检定规程、法规、产品调研等资料。

● 风险评估的因素：从仪器对检验结果的影响程度开展，如仪器的用途、仪器年限、仪器的复杂程度、仪器是否产生数据、产生的数据对结果的影响程度等。

● 评估发起时机：

  ○ 新购仪器：在确定有购买仪器的需求后，进行仪器的评估；

  ○ 仪器用途发生变化时；

  ○ 回顾、偏差或变更触发重新评估。

7.2.2 确认总计划

分析仪器确认与其他确认活动相同，应按照企业确认总计划进行管理和实施。确认总计划全面介绍了企业确认的方针策略、组织实施，以及确认活动的范围（包括厂房、设施、设备、检验仪器、生产工艺、操作规程、分析方法、计算机化系统等）；再确认、变更控制的要求，计划和时间安排也是确认总计划的重要内容。根据不同企业确认管理的要求，分析仪器确认可以作为企业确认总计划的一部分，也可

以制定单独的确认总计划。确认总计划的制定可参见本丛书《质量管理体系》分册
"3.6 确认与验证"。

7.2.3 确认方案

在确认实施前，应由确认负责人编写方案。确认方案中需要规定确认各阶段的
要求，包括设计确认、安装确认、运行确认和性能确认。对于较复杂的仪器设备，
每个阶段可以准备单独的确认方案；对于相对简单的仪器，所有阶段可以包含在同
一个方案中。

在确认方案中，应对仪器的使用目的、主要功能、关键配置进行描述，详细定
义需要确认的项目、测试程序和接受标准，通常确认方案要包括以下内容：

- 确认目的；
- 确认范围；
- 确认过程的职责；
- 仪器介绍，包括仪器的生产商、型号、序列号、操作系统、关键配置和主要功
能的描述；
- 设计确认的程序和接受标准；
- 安装确认的程序和接受标准；
- 运行确认的程序和接受标准；
- 性能确认的程序和接受标准；
- 仪器的校准要求；
- 确认过程中的培训，包括使用、校准和维护的培训；
- 相关 SOP 的制定，包括仪器操作、校准和维护标准操作规程；
- 确认过程中偏差的处理；
- 确认报告的编写；
- 确认证书的编写。

如果确认方案是由仪器供应商提供，在确认实施前，确认方案应由确认负责人
和质量部门审核批准，以确认符合本企业的确认要求。如不符合，应和供应商进行
沟通，修改或增加确认项目或要求。

7.2.4 确认实施

确认活动应依照已批准的确认方案实施，应对参加确认活动的人员进行培训，
所有确认活动应进行实时记录。实施过程中如果出现偏差，应对其进行及时调查

和评估。确认文件的保管及归档，应有专人负责将确认相关资料收集整理，长期保存。

A. 设计确认

实验室仪器大部分为市售的非定制仪器，此类仪器已经由制造商在出厂前完成设计和生产，对于实验室用户不必再进行单独的设计确认（design qualification，DQ），但仪器确认负责人和使用者应检查和评估供应商提供的设计确认文件或规格标准是否满足要求，并在仪器验收前确认供应商有能力提供仪器安装、确认、维护以及培训的要求。

对于定制类的仪器，应按照仪器 URS 完成仪器设计确认，包含但不限于仪器的部件、仪器检验流程和原理、仪器功能、仪器数据可靠性等内容。

B. 安装确认

安装确认（installation qualification，IQ）是提供文件性的证明，用以确认仪器是按照规定的要求安装的，并且安装环境满足运行要求。应检查仪器及其配件是否与订单一致，使用手册、出厂证明是否齐全。安装确认适用于：
- 新购仪器设备；
- 确认过的非移动使用型仪器设备的转移或搬迁；
- 其他原因需要再进行安装确认的仪器，如长期闲置的仪器。

安装确认的测试活动包含但不限于以下方面。
- 仪器交付物：确保该仪器、软件、手册、备品，以及附件以规定的方式抵达，并且没有损坏。对于二手或已有的仪器，应尽量取得重要技术资料，如操作手册、软件等。
- 公用设施 / 设施 / 环境：证实安装环境符合制造商规定的环境要求。需要检查并记录安装环境及相关动力系统是否满足规定的要求，包括环境的温湿度、电力系统、压缩空气等。
- 仪器安装：通常由供应商和有资质的内部人员执行。按照确认方案的要求完成安装过程并记录，确保仪器主体、测量仪表、传感器、管路，电源电缆等被正确连接，需要时对关键部件和管路进行标识。对于需要计算机软件控制的仪器，安装前要确认计算机的配置满足控制软件的要求。安装过程中的异常事件应进行记录。
- 网络和数据存储：一些仪器需要连接网络或者数据存储器，如 HPLC，应按要求连接，并检查其功能。

- 软件安装确认：确认安装软件的版本、软件安装的位置、过程、结果，并进行记录。
- 安装确认：在安装之后，运行仪器的诊断和测试功能。

C. 运行确认

运行确认（operation qualification，OQ）是在仪器安装确认完成后，测试仪器的功能能否满足设计要求和用户需求的过程。测试的种类和范围依赖于仪器的复杂性和功能性。如需要，仪器所采用的操作系统的功能也在此阶段进行测试。运行确认的草案应包含测试项目，详细的测试过程，使用的标准仪器或标准品等，以及接受标准。每个测试结果应被清晰地记录，并由专人复核。

运行确认适用于：

- 新购仪器设备；
- 确认过的仪器设备转移或搬迁；
- 其他原因需要再进行运行确认的仪器，例如维修及重大维护后。

运行确认的测试活动包含但不限于以下方面。

- 校验：关键仪表、传感器应在运行确认前进行校验。校验范围应满足用户使用的范围。如 HPLC 的流速，若实际使用范围是 0.5~3.0ml/min，则校验范围应至少包括 0.5~3.0ml/min。
- 仪器功能测试：用户需求中所有规定的功能都应该被测试，特别是对于质量控制和安全有关键影响的功能是非常重要的。应根据用户需求的操作范围，对操作参数的范围进行试确认，而不能仅仅对典型的情况进行测试。如果可以，应进行挑战性试验。
- 报警测试：如冰箱温度超出要求，恒温恒湿箱的温湿度超出规定范围。
- 权限测试：如果操作系统有登录权限的设定功能，应进行测试。不同级别的权限如管理员、使用者应在使用 SOP 中进行规定。
- 数据的保存、备份和存档测试：基于对操作系统和数据处理系统的需要，数据的处理如安全性、存储、备份、恢复、审计跟踪等应按照规定的程序进行测试。
- 培训：应由供应商对使用人员、维护人员进行培训。
- 此外，如有必要，仪器的标准操作规程、校验和维护程序也应该在运行确认阶段制定，在仪器正式投入使用前批准生效。

D. 性能确认

性能确认（performance qualification，PQ）的目的是确认仪器能够按照用户需求持续运行。在安装确认和运行确认完成后，通过性能确认证明仪器在正常操作环境中的适用性，主要活动包括性能测试和系统适用性试验。

性能测试：根据用户的使用要求，设计一个或多个测试确认仪器满足预期的使用要求，如培养箱的性能确认，应根据用户要求的温度范围进行空载和最大负载实验。

系统适用性试验，或其他测试检查也可用于性能测试。

系统适用性试验通常在仪器使用过程中进行，是证明仪器或系统在使用时满足预期使用要求的测试，逻辑上可以认为是仪器确认的持续。

系统适用性试验是液相色谱法和气相色谱法必需的组成部分，是用来证明色谱系统在使用时满足预期的实验要求。色谱系统的适用性试验通常包括理论板数、分离度、灵敏度、拖尾因子和重复性等五个参数。其中，分离度和重复性尤为重要。按各品种正文项下要求对色谱系统进行适用性试验，即用规定的对照品溶液或系统适用性试验溶液在规定的色谱系统进行试验，必要时，可对色谱系统进行适当调整，以符合要求。

有些系统适用性试验的测试项目来源于仪器确认。如水分滴定仪，可以用二水合酒石酸钠水分标准物质测量其准确性和精密性，如果测量结果满足要求，说明仪器满足日常使用的要求；pH 计使用前需要进行标准液的校准。

有些仪器的运行确认和性能确认可以考虑同时进行并记录，如 HPLC 的 OQ/PQ 测试，紫外 – 可见光分光光度计的 OQ/PQ 测试。

在 OQ/PQ 中进行的测试，可以规定在仪器的操作或校验标准操作规程中，在日常使用过程中定期执行，以检查和确认仪器持续始终处于受控的状态，建立日常使用中的测试项目和频率是 OQ/PQ 的一部分。测试项目和频率的设定应基于下列因素和必要的风险评估：

- 法规要求；
- 测试功能的关键程度；
- 仪器供应商的推荐；
- 仪器的操作环境；
- 仪器本身的稳定性，或基于此类仪器的历史数据分析。

E. 实验室仪器控制系统和数据处理系统的确认

USP <1058> 分析仪器的确认将实验室应用的软件分为 3 类：固件系统；仪器控制，数据获取、处理的软件；独立软件。

（1）固件系统（firmware） 固件系统内置于系统的集成芯片中，仪器的操作通过集成芯片完成。用户通常不能改变固件的设计和功能，只能进行简单的参数选择或设置，如果固件出现问题，仪器也不能正常操作。因而，固件和仪器硬件是一体时，不是独立于仪器的软件。当仪器进行确认时，不需要进行单独的固件确认。必要时，可以在安装确认中记录固件的版本号。当仪器固件的版本升级或改变时，应通过变更系统进行控制。

（2）仪器控制，数据获取、处理的软件 这类软件通常安装在与仪器连接的专用电脑上，比如 HPLC 的化学工作站，UV 的操作软件等。仪器的操作，数据的获取和处理都通过软件操作完成，只有很少的操作需要通过仪器硬件。软件和仪器的功能是紧密配合、难以分开的，对产生可靠的分析数据至关重要。因而，对于系统整体的确认要比单独进行软件确认更有效。用户在系统测试时，如果仪器操作和数据处理都是满足要求的，则证明软件的功能也是适合的。但当有专门的要求，或软件重新安装或升级时，应进行软件的安装确认和运行确认。在仪器初始确认时，可从仪器供应商获取软件设计和经过确认的证明。安装软件的电脑和操作系统应满足软件的配置要求，记录操作系统及软件的版本，应按照供应商的要求进行软件安装，以安装后软件可正常运行为接受标准。无论是软件和固件，根据仪器的功能和使用的需要，权限控制以及数据的保存、备份、存档或审计跟踪应该按照批准的方案在运行确认中进行确认。

（3）独立软件 独立的软件系统，例如用于结果计算的电子计算表格，实验室信息管理系统（LIMS），实验室色谱数据管理系统（CDS）等的确认与验证可参照本丛书《厂房设施与设备》分册"6.4 计算机化系统验证"。

7.2.5 确认报告

所有测试项目完成后，应由确认人员根据确认记录起草仪器确认报告，用来总结确认活动，并确认确认方案中的所有项目是否完成，评估测试结果以及对仪器状态明确的阐述和结论。确认报告主要包括以下内容：

- 对确认结果的总结概述；
- 设计确认、安装确认、运行确认和性能确认的结果和记录；

• 确认支持性文件，如标准仪器或标准品的证书，供应商工程师的证书等文件应被附于确认报告；

• 对确认过程中偏差处理和变更控制的总结；

• 确认结论，清晰的阐述仪器是否满足使用要求；

• 仪器的操作、校验和维护的标准操作规程的制定作为确认活动的一部分，应在确认报告中予以描述并确保在仪器使用之前得到批准。仪器操作程序，校验频率、项目及接受标准，维护内容和频率，以及人员职责应在标准操作规程中详细规定；

• 性能测试项目，系统适用性试验的要求：如果在确认过程中，一些测试项目需要在日常使用中定期检查，应在报告中描述。通常可以统一在使用或校验标准操作规程中规定。使用、维护的培训情况，应有相应的培训记录；

• 仪器再确认的要求：可以根据法规和使用要求，供应商的推荐或历史数据规定再确认的周期。

为了确保在实际仪器使用过程中仪器的确认状态可控，企业可以根据自行管理需要，在报告批准后签发确认证书，按规定要求使用证书。

7.2.6 再确认

再确认通常分为定期再确认和基于仪器变更等引起的再确认。

A. 仪器变更等引起的再确认

当仪器有下列情况时，其确认状态受到影响应进行再确认。

• 经历重大维修，或更换关键部件。

• 仪器的安装地点需要变化。

• 软件或硬件升级。

• 由偏差，数据超出标准或数据趋势分析引起。

这类再确认的范围应建立在风险评估、变更控制和偏差处理文件的基础上。根据偏差纠正措施或者变更的行动计划等评估结果，重新进行安装确认、运行确认或性能确认。可建立检验仪器维修或更换部件确认项目清单；当发生重大维修维护或更换关键部件时，按清单中确认内容进行确认内容的选择。再确认应按照要求准备确认方案和报告。

B. 定期再确认

仪器定期再确认的目的是为了提供证明在仪器日常使用过程中，仪器本身或使用环境的变化（有意的或无意的）没有影响仪器的整体性能，确保分析数据的可靠性。定期再确认通常重复初始确认过程中运行确认和性能确认的全部测试或部分测试。再确认的时间间隔和测试内容应规定在确认报告或仪器的使用标准操作规程中。定期再确认或经评估后的确认项目时间和内容可在确认报告中规定；由于维护或者更换耗品后的确认项目较为固定，可在仪器使用标准操作规程中规定。规定时应考虑下列因素：

- 仪器类型；
- 供应商的建议；
- 使用环境；
- 日常的维护和校验的程度。

良好做法是，定期回顾评估实验室仪器进行确认状态，根据评估的结果，决定再确认的执行和范围。回顾和评估应至少包括以下内容：

- 上次确认的方案和报告；
- 是否有新的法规要求；
- 仪器相关的技术文件是否齐备；
- 校验和维护是否按规定执行，历史记录和趋势回顾；
- 仪器相关的偏差处理情况；
- 仪器变更控制，一系列微小变更的累积会产生关键性的影响。

7.3 仪器校准

7.3.1 定义

《药品生产质量管理规范（2010 年修订）》中的定义：校准（calibration）指在规定条件下，确定测量、记录、控制仪器或系统的示值（尤指称量）或实物量具所代表的量值，与对应的参照标准量值之间关系的一系列活动。

中国计量技术规范 JJF 1001—2011《通用计量术语及定义》中的定义：校准（calibration）指在规定条件下的一组操作，其第一步是确定由测量标准提供的量值与相应示值之间的关系，第二步则是用此信息确定由示值获得测量结果的关系，这里测量标准提供的量值与相应示值都具有测量不确定度。

【注】（1）校准可以用文字说明、校准函数、校准图、校准曲线或校准表格的形式表示。某些情况下，可以包含示值的具有测量不确定度的修正值或修正因子。

（2）校准不应与测量系统的调整（常被错误称作"自校准"）相混淆，也不应与校准的验证相混淆。

（3）通常，只把上述定义中的第一步认为是校准。

更多校准相关内容可参考本丛书《厂房设施与设备》分册。

7.3.2 仪器校准的分类

分析仪器的校准可以分为内部校准和外部校准。

内部校准是指由企业内部人员进行的校准活动，通常由具有资质的工程人员或质量控制实验室校准人员按照企业的标准操作规程执行，并填写相关校准记录或报告。

外部校准是由具有校准资质的外部机构进行的校准，外部机构如国家权威机构（中国计量研究院、各省市计量院）；国外校准机构（如瑞士 SGS 校准机构、德国 DKD 和 PTB 校准机构）；或有资质的仪器生产商的实验室等。外部校准要提供有校准结果和有可追溯性的证书。它包括了国家强制检定、参比仪器的校准以及由外部权威机构人员执行的其他校准等。如有必要，外部校准结果需要由企业校准负责人评估确认后，方可放行使用。

7.3.3 仪器校准的实施

实验室应建立总的仪器校准标准操作规程，规定校准的基本原则，主要内容如下：

- 校准的分类；
- 年度校准计划表或仪器校准目录的更新；
- 校准文件的要求；
- 标准仪器或标准品的来源和管理；
- 校准结果的评估；
- 校准失败的处理；
- 仪器的校准标识；
- 人员职责。

对于一些简单、不需要专门的操作规程的仪器，如温度计、卡尺、砝码等，其校准周期和接受标准也可以描述在此规程中。

对于配置复杂的仪器，如需要，可建立专门的校准标准操作规程，比如高效液相色谱仪、分析天平、溶出仪等。规程应对校准项目、校准方法、可接受标准、标准仪器或标准品，校准周期进行详细的规定。

A. 校准周期、校准项目和可接受标准的制定

对于国家强制校准的设备、仪器、仪表，应由国家执行部门根据国家计量检定规程进行校准。

对于非国家强制校准的项目，校准周期和可接受标准应在仪器校准规程中详细规定，并由校准负责人按规定程序执行。对于配置复杂的仪器，应选择仪器的关键参数进行校准，可以为不同的模块或校准点设置不同的校准间隔。通常关键参数来源于仪器验证时对仪器功能和参数的评估。

校准项目、校准范围和周期还应考虑以下因素：

- 可适用的相关标准和法规；
- 仪器的类别；
- 制造商的推荐；
- 相类似的仪器的历史信息和经验；
- 实际检验所使用的实际值。

每一个校准项目，必须有对应的可接受标准。可接受标准应该根据计量法规、使用需求、药典或供应商的推荐综合评估而定，但必须以满足实验分析的准确度和精密度为依据。

B. 评估和放行

- 校准结果应经过审核或评估，只有校准结果满足接受标准的仪器才能放行使用。
- 当校准未在规定的日期前完成，或校准结果不合格时，需在仪器明显处张贴仪器校准状态标识，如不合格禁止使用标签。
- 当有下列情况发生时，应及时通知质量部门，根据企业偏差处理程序进行偏差调查，并对使用该仪器所产生的实验数据进行相应评估：
  - 定期校准结果超出可接受标准；
  - 超出校准期的仪器被使用。

C. 标识

仪器应有明显的校准状态标识，以便仪器使用者检查，如可以使用不同颜色的标签。

当仪器校准合格，校准报告被批准后，则发放校准合格标签，标签至少应有

仪器编号、当次校准日期、下次校准日期、签发人签字。校准合格标签示例（绿色标签）：

```
┌─────────────────────────────────┐
│  仪器编号：                      │
│  校准日期：                      │
│  有效期至：                      │
│  签发人：                        │
└─────────────────────────────────┘
```

当仪器校准不合格，校准没有在规定的日期前完成，或者仪器需要维修不能使用时，应有明显的停用标识，表示仪器不能使用。禁止使用标识要能够实现提醒作用，根据需要设计内容，但需要根据标签内容追溯到对应的仪器和原因，如以防止仪器的误用。禁止使用标签示例（红色标签）：

```
┌─────────────────────────────────┐
│  仪器停用                        │
├─────────────────────────────────┤
│  仪器编号：                      │
│  停用原因：                      │
│  签字 / 日期：                   │
└─────────────────────────────────┘
```

D. 校准记录和评估报告

内部校准记录或报告：对于由本企业工程师进行的内部校准应设计专用的校准记录（表 7-2）或报告，校准记录或报告应具有可追溯性，一般包括：

- 仪器名称、编号、位置（如适用）；
- 校准记录或报告编号；
- 校准方法或校准操作规程编号；
- 校准数据原始记录；
- 如果原始数据需要计算，也可以将计算公式规定在校准记录中；
- 校准的接受标准；
- 所用标准计量器具名称、编号、校准有效期和计量合格证书编号，或标准溶液的名称、批号、有效期限、证书编号，也可以将标准仪器计量合格证书或标准溶液的证书作为校准记录的附件；
- 校准结论及再校准日期；
- 校准人和审核人签名。

表7-2　校准记录示例

某企业实验室溶出仪水浴和溶出杯内的温度测试记录

仪器名称 _____　　　　校准记录编号 _____
仪器编号 _____　　　　校准日期 _____
校准方法 _____　　　　下次校准日期 _____

参比仪器名称	型号	序列号	校准证书号	有效期至

校准结果和要求：

对于温度探针		
	温度（℃）	测试结果
设定温度	37.0	
显示温度		□符合 □不符合
测量值		□符合 □不符合

接受标准：测量值和显示值偏离设定值都不超过 **37.0℃ ±0.2℃**。显示值和测量值的差异不能超过 **0.2℃**。

溶出杯内的测量温度（℃）						
1号溶出杯	2号溶出杯	3号溶出杯	4号溶出杯	5号溶出杯	6号溶出杯	7号溶出杯
□符合	□符合	□符合	□符合	□符合	□符合	□符合
□不符合	□不符合	□不符合	□不符合	□不符合	□不符合	□不符合

接受标准：所有的测量值都不能够超过 37.0℃ ±0.5℃。
校准人：　　　　　　　　　审核人：
日　期：　　　　　　　　　日　期：

E. 外部校准评估报告

对于由外部机构进行的校准，收到校准证书后，应由校准负责人根据证书评估校准结果是否符合企业要求，并出具评估报告（表7-3），评估报告的内容应至少包括：

- 仪器的名称、编号、位置（如适用）；
- 校准证书编号、校准日期、校准机构名称；
- 评估结果；
- 评估人和审核人签名。

表 7-3 外部校准评估报告示例

仪器名称		报告编号	
仪器用途		制造商	
仪器编号		仪器序列号	
放置地点		责任人	
使用范围		校准范围	
校准机构		校准证书编号	
校准结果		企业接收标准	
校准日期		下次校准日期	
评估结论	□通过：仪器校准结果符合内部评估要求，可以使用。 □未通过：仪器校准结果不符合评估要求，未达到要求前不可使用。		
	签名		日期
评估人			
审核人			
备注：			

7.3.4 校准的其他要求

根据风险评估结果，制定实验室仪器的年度校准计划，设定仪器的校准日期，确保按时完成仪器校准工作。此外，也可以建立仪器目录，将仪器关键信息归纳在目录中，便于仪器校准的执行，仪器目录应包括：仪器名称、编号、生产厂商、型号、序列号、校准状态和日期、下次校准日期等。仪器目录应定期更新，一般为每季度或每半年更新一次。

质量控制实验室和中间控制过程实验室所用的计量容器如滴定管、容量瓶、量筒等应由经过培训并获得资质的人员或有资质的外部机构依照以下计量规程进行检定：

- 中华人民共和国国家计量检定规程 JJG 20—2001: 标准玻璃量器；

- 中华人民共和国国家计量检定规程 JJG 10—2005: 专用玻璃量器;
- 中华人民共和国国家计量检定规程 JJG 196—2006: 常用玻璃量器。

7.4 仪器维护

7.4.1 定义

仪器的维护可以分为预防性维护和非计划性维护(维修)。

预防性维护,是指按照既定的程序,定期对实验设备或仪器的部件进行检查、清洗、修整、更换,确保仪器运行的可靠性,消除可能导致实验结果失败的系统性误差,降低仪器在使用中出现故障的可能。

非计划性维护(维修),是指仪器使用过程中发生故障,或校准不合格时,需要对其进行调整、维修或更换相关部件,使仪器功能满足使用要求。

对于实验室分析仪器,一些性能测试,例如 HPLC 定性、定量的重现性,基线噪音、基线漂移的测试;紫外 - 可见光分光光度计波长、透射比准确度和重现性的测试;水分滴定仪的重现性测试等也可以包含在仪器校准和维护的范畴内。仪器的维护和校准是紧密联系的,维护程序和校准程序可以规定在同一篇操作规程中。一般情况,仪器进行预防性维护后,应按预定的规程对相关部件进行校准或其他性能测试。

7.4.2 仪器维护要点

实验室应建立仪器的年度维护计划,设定仪器的维护日期,确保按时完成仪器维护工作。此外,也可以建立仪器目录,将仪器关键信息归纳在目录中,便于仪器维护的执行,仪器目录应包括:仪器名称、编号、生产厂商、型号、序列号,以及关键仪器的维护信息等。仪器目录应定期更新,如每季度或每半年更新一次。

当仪器经历重大维修后,应根据对仪器功能的影响程度进行评估,以确定需要进行校准或再确认的项目。

仪器的维护活动应该记录在仪器维护日志中。对于比较复杂的仪器可以设计专用的维护记录表格,维护记录表格可以逐项列出需要检查和更换的项目,记录维护结果、维护日期、执行人和复核人签名。

仪器故障待维修导致停用时,可进行清洁等维护保养项目,与仪器运行相关的维护保养可不进行;长期(超过该设备的计量或确认周期)不使用导致的仪器停用,可进行所有项目的维护保养;仪器报废导致的停用,可不进行仪器的维护保养。

7.5 仪器报废/退役

实验室应建立仪器设备的报废/退役程序，考虑以下方面：

● 采用一些合适的方法对分析仪器的性能进行确认，如可通过内部确认或外部计量进行校准，以确认上一个校准周期所产生数据的有效性；

● GMP 相关的原始数据的存档和保存时间；

● 相关仪器档案如校准维护记录的存档和保存时间；

● 更新仪器目录，将报废仪器从仪器目录删除；

● 有些仪器报废时还需考虑 EHS 的影响；

● 企业资产的处置要求。

对于软件的报废可参考本丛书《厂房设施与设备》分册"6.4 计算机化系统验证"。

7.6 仪器控制的其他要点

● 实验室应当建立仪器档案，便于仪器的管理和追溯，与该仪器相关的文件和记录应在仪器档案中保存，包括仪器的购买信息、供应商资料、使用说明书、使用日志、校准维护记录等。对于比较简单的仪器，如秒表、密度计、温度计等，可以按类别建立统一的档案。仪器档案应标识仪器的名称、唯一编号。

● 应建立每台仪器的使用、确认、校准、维护、报废日志，通过仪器的唯一编号进行追溯。

● 只有经过培训的人员才能进行仪器相应的操作，使用人要确保仪器使用时的状态，检查仪器是否在校准和确认周期内。

● 根据风险评估结果，应建立关键设备，如色谱类、光谱类等仪器配套使用硬件、软件等系统的安全策略、用户、角色、用户组和权限，同时需定期开展仪器或系统的审计跟踪审核、仪器和系统数据的备份和验证工作，以确保仪器检验数据的准确性、完整性和可追溯性。可参考本丛书《厂房设施与设备》分册"6.4 计算机化系统验证"和《质量管理体系》分册"8 数据可靠性的整体策略"。

实例分析

【实例】7-1 自动取样溶出仪确认举例

某实验室购买一台新的溶出仪，需要进行仪器确认。下面介绍自动取样溶出仪的 IQ/OQ/PQ 的主要测试项目和要求（表 7-4）。

表 7-4　自动取样溶出仪确认测试项目及接受标准

	测试项目	测试内容及接受标准
DQ	此溶出仪为市售的非定制仪器，由厂家在出厂前完成设计并生产，不需要专门的设计确认。应检查其规格标准是否满足用户需求	仪器主要配置及数量需求 各模块性能需求：温度范围、温度精度、加热方式、转速范围及精度、转轴晃动度、定时功能、序列自动投料、活塞泵取样准确度、取样间隔、流速范围、管路系统材质、补液温度补偿功能、自动样品收集器收集次数、最大收集样品量等 附加设备及耗材需求 系统安全性和数据可靠性需求 操作系统功能需求：方法导出、转换和储存功能、监测功能、报警功能等 仪器操作环境的需求 仪器配套计算机软硬件需求 供应商支持的需求
确认前准备事项	仪器操作培训	由供应商进行仪器操作培训，并有培训记录
	仪器校验和维护培训	由供应商进行校准和维护的培训，并有培训记录
	标准仪器证书（晃动度仪、转速仪、标准温度测试仪） 标准物质证书（校验片及标准物质） 确认工程师资质证书	应有相关证书原件或复印件，并作为报告的附件
IQ-1	仪器包装及开箱检查	外包装无破损 仪器主机及配件齐全（参照合同清单） 记录仪器序列号 仪器出厂合格证书及机器使用说明书齐全
IQ-2	安装条件是否满足要求： 试验台水平测试：用水平尺测试台面水平度 压缩空气连接 电源电缆连接	溶出仪水平面板上从两个垂直方向上测量，2 次测量的数值均不得超出 0.5° 压缩空气压力 3~5bar 电源连接正常
IQ-3	开机显示	所有功能键显示正常
IQ-4	加热水浴循环检查	水浴循环正常，循环过程没有气泡
IQ-5	循环泵	循环泵管路连接正常，溶媒循环正常
	样品收集器	连接正常，溶媒经各个通道被收集到对应的样品收集器中
	溶媒补加器	连接正常，溶媒能经各个通道加到对应的溶出杯中

续表

	测试项目	测试内容及接受标准
OQ-1	显示功能确认	日期和时间显示正确
	日期和时间显示	
	记录操作程序版本号	
OQ-2	操作测试：	
	搅拌开关：开/关按钮	桨转动/停止
	加热开关	加热开始/停止
	温度设定：按住 SET 键，同时键入所需温度（20℃/45℃），然后按 ENTER 键确认	开始加热
	转速设定：按 SET 键至转速反显为灰色，设定速度范围 25~250r/min	桨转动正常
	手动/自动操作：自动取样运行：	Ready/remote 模式显示正确，运行正常，溶媒经各通道收集到对应的样品收集器中
OQ-3	校验	
	篮/桨轴垂直度：紧贴篮（桨）轴，在夹角为 90° 的两个方向分别测量	90.0° ± 0.5°
	溶出杯垂直度：紧贴杯壁，在夹角为 90° 的两个方向分别测量	90.0° ± 1.0°
	溶出杯与篮（桨）轴同轴度；晃动度：桨轴、篮轴，用晃动度测试仪测量	不得大于 2mm 桨轴：不得大于 0.5mm 篮轴：不得大于 1.0mm （标准参照《中国药典》）
	转动速度：将篮（桨）轴的转速设定在每分钟 50（100）转，连续记录 60 秒	应在设定转速的 ±4% 内，如 50r/min ± 2r/min 100r/min ± 4r/min （标准参照《中国药典》）
	转桨/转篮到溶出杯底的距离	每个溶出杯内篮（桨）下缘与溶出杯底部的距离，均应为 25mm ± 2mm （标准参照《中国药典》）

	测试项目	测试内容及接受标准
OQ-3	温度控制：水域加水至刻度线，溶出缸加脱气水900ml，温度设定37℃，运行至温度稳定，一般至少1小时，查看显示温度，用标准温度探头测试水域温度，用标准温度探头测试溶出杯的实际温度	溶出杯温度实际温度应为37℃±0.5℃（标准参照《中国药典》）
	自动取样泵速度校准	各通道流速与平均流速间的允许偏差为±2.0%
PQ-1	根据药典要求，用溶出度标准校正片进行性能测试	按照标准片的说明书进行操作，测试结果应符合标准片的要求

【实例】7-2 高效液相色谱仪确认举例

实验室购买一台市售的非定制分析仪器（commercial off-the-shelf）高效液相色谱仪（HPLC），仪器确认可依据实际使用需求，参考国家标准和仪器供应商的要求进行。以下介绍高效液相色谱仪的主要确认内容（表7-5），以供参考。

表7-5 HPLC确认测试项目及接受标准

	测试项目	测试内容及接受标准
DQ	此HPLC为市售的非定制分析仪器，由厂家在出厂前完成设计并生产，不需要专门的设计确认。应检查其规格、标准、功能是否满足用户需求（URS）	仪器主要配置及数量需求 各模块性能需求：如泵的流量范围、脱气功能、流量准确度、流量精密度、延迟体积、最高耐压、梯度混合精度、自动进样器样品位数、进样量范围、进样精度、交叉污染、自动进样器具有升降控温及控温范围、柱温箱升降控温及控温范围、控温稳定性、控温精度、色谱柱容量、检测器类型、检测器采集通道数量、波长准确度、波长范围、采样频率、检测器噪音与漂移、报警功能等 附加设备及耗材需求 系统安全性和数据可靠性需求 数据处理和报告的需求：如数据采集、积分、报告、导出、转换和储存功能、监测功能、报警功能等 仪器操作环境的需求 仪器配套计算机软硬件需求 供应商支持的需求
确认前提条件的准备	仪器操作培训	由供应商进行仪器操作培训，并有培训记录
	仪器校验和维护培训	由供应商进行校准和维护的培训，并有培训记录
	例如：标准仪器证书、标准物质证书、确认工程师资质证书	应有相关证书原件或复印件，并作为报告的附件

	测试项目	测试内容及接受标准
IQ-1	仪器、文件检查	外包装无破损 仪器主机及配件齐全（参照合同清单） 仪器出厂合格证书及机器使用说明书齐全
IQ-2	安装条件是否满足要求： 环境要求、电源要求、 电脑配置要求、打印机	根据仪器的安装要求确认安装条件，例如： 房间温度：15~30℃（温度变化不超过3℃，对示差折 光率检测器室温变化不超过2℃） 室内相对湿度：≤75% 电源：220V±10% 排风：具有排风 电脑配置：奔腾处理器1.5GHz，40G硬盘，内存最低 512M，分辨率1280×1024，Window XP系统 溶剂为HPLC级 打印机配置：激光打印机
IQ-3	主要配置确认： 脱气机型号及序列号 确认 四元泵型号及序列号 确认 自动进样器型号及序 列号确认 柱温箱型号及序列号 确认 检测器型号及序列号 确认	确认各模块型号、序列号、固件系统版本号，并记录 在验证文件中
IQ-4	HPLC控制系统的安装及 测试： 安装确认 控制系统的安全性 测试 控制系统与仪器的通讯	依照供应商提供的软件包进行安装确认，测试结果应 显示pass，符合要求 操作员级别进入系统，不能进行方法的创建的修改； 管理员级别进入系统，能进行方法的创建、修改和保存 建立操作员和管理员的清单 根据供应商的软件包确认操作系统与仪器通讯，打印功能
OQ-1	电脑连接	电脑及显示器能正常启动
OQ-2	工作站与仪器连接	打开仪器电源开关，仪器能正常启动；登录HPLC控 制软件，通过勾选各模板的连接，可以实现通信；软件 及硬件上有信号指示灯为绿色
OQ-3	泵的运行测试	接通电源，打开开关，工作站中打开泵开关，泵能正 常运转
OQ-4	检测器的运行测试	打开仪器电源开关，工作站中打开氘灯和钨灯开关， 氘灯、钨灯能启动
OQ-5	柱温箱的运行测试	打开开关，工作站中设定一固定温度，屏幕有显示， 同时温度稳定在设置温度上
OQ-6	打印机的运行测试	接通电源，打开开关，输入打印命令，能正常打印出 清晰的图谱
OQ-7	泵排气测试	在给泵注入纯甲醇溶液后，打开泵排气阀，能排气

测试项目		测试内容及接受标准
OQ-8	泵压力测试	泵压稳定功能：设定一定流速后，压力能上升并能平衡到一定值 超压或低压报警功能：当压力高于或低于设定值，仪器有报警提醒
OQ-9	泵密封性测试	设定流速，观察接头有无泄露，输入和输出管道无泄露点
OQ-10	自动进样器清洗测试	点击清洗按钮，能清洗注射器 点击清洗按钮，能清洗针外壁 点击清洗缓冲定量环按钮，能清洗缓冲定量环
OQ-11	自动进样器进样测试	设定一定进样量，仪器可以进相应体积 设定某进样位置后，仪器可以至相应位置吸取样品
OQ-12	检测器波长输入确认	输入某检测波长后，能执行波长设置指令
OQ-13	柱温箱温度输入确认	输入某柱温后，能执行温度设置指令
以下内容运行确认和性能确认可在同一个阶段完成：		
OQ-14	泵流量设定值误差和稳定性	流速 0.2~0.5ml/min 设定值误差 ≤ ±5%、稳定性 ≤ 3% 流速 0.5~1.0ml/min 设定值误差 ≤ ±3%、稳定性 ≤ 2% 流速大于 1.0ml/min 设定值误差 ≤ 2%、稳定性 ≤ 2%
OQ-15	柱温箱温度准确度和温度稳定性	准确度：柱温箱示值误差不超过 ±2℃ 该实验室柱温使用范围 25~40℃，测试点设定为 25℃和 40℃ 温度稳定性：在 40℃测试，不得超过 1.0℃
OQ-16	紫外–可见光检测器波长准确度	波长准确度不超过 2nm
OQ-17	使用紫外–可见光检测器时基线噪音和基线漂移	基线噪音：不超过 5×10^{-4}AU 基线漂移：不超过 5×10^{-3}AU/30min
OQ-18	进样精密度和残留	精密度（峰面积）限度：1.0% 精密度（峰高）限度：2.0% 残留（峰面积）限度：0.2% 残留（峰高）限度：0.4%
OQ-19	线性范围	优于 10^3
OQ-20	梯度（A/B 通道）	准确度（四元泵）限度：≤ 2.0% 相关系数不低于 0.99

【实例】7-3 分析天平的校验与维护举例

称量是分析实验过程中最普遍的操作之一，准确可靠的分析天平是实验室必不可少的仪器。下面列举了分析天平校准需要考虑的因素，以供参考。

- 根据 JJG 1036—2008《电子天平检定规程》分析天平至少每年检定一次，主要检定项目：
    - 天平的偏载误差；
    - 天平的重复性；
    - 线性误差（示值误差）。

- 许多天平自带校准功能，内置自动 / 手动校准功能和使用外部标准砝码进行校准。可以定期执行天平的自动 / 手动校准功能，但不能完全代替外部性能测试。

- USP <41> 天平中规定了对于定量分析的称量操作，称量不确定度（随机和系统误差）不能超过 0.10%，例如称量 50mg 的物质，则误差不能超过 0.050mg。

- USP <1251> 分析天平称量中规定为减少天平的准确度随时间的漂移对称量准确度的影响，分析天平应每天用标准砝码进行日检，即每天第一次称量前，分析师称量标准砝码，检查称量值是否在已制定的限度内。通常根据天平的称量范围选择两个不同重量标准砝码。

表 7-6 为某实验室某型号分析天平的校准要求。某型号 ××× 分析天平：可读性：0.00001g，按照 USP，实际称样量应不低于天平的最小称样量。

表 7-6　分析天平校准要求示例

项目	测试方法	频率	可接受标准
偏载	按图示位置，用 100g 的标准砝码进行称量，计算不同位置的示值误差	每年	不得超过 ± 0.15mg（根据国标 JJG 1036—2008）
重复性	用 200g 的标准砝码称量 6 次，计算最大示值与最小示值的差值	每年	不得超过 0.15mg（根据国标 JJG 1036—2008）
线性	称量标准砝码组：10mg、1g、5g、20g、100g、200g 计算示值误差	每年	$0.01g \leq M \leq 5g$：± 0.05mg $5g < M \leq 20g$：± 0.10mg $20g < M \leq 200g$：± 0.15mg（根据国标 JJG 1036—2008）

项目	测试方法	频率	可接受标准
内置校准功能	按使用说明书规定进行	每月	—
天平日检	根据天平检定分度值，确定天平等级，根据载荷值选择相应的限度值（最大允许误差）	每天	± 0.5e（根据国标 JJG 1036—2008）
			± 1.0e（根据国标 JJG 1036—2008）
			± 1.5e（根据国标 JJG 1036—2008）
国家强制检定	JJG 1036—2008	每年	符合检定要求

说明：（1）偏载、重复性、线性测试时间与国家检定时间可间隔 6 个月安排进行，这样保证天平每半年进行一次该项目测试。

（2）根据天平的精度，该型号分析天平的校准和日检应使用 E2 等级标准砝码。

天平的使用与维护示例：

● 环境：天平应放置在稳定、水平、无振动的位置，应避免强风（来自空调或门窗）和过大的温度波动，保持天平及其周围的干净整洁；

● 称量前后，检验人员应检查天平的清洁，用软毛刷对天平内部进行清洁。如果需要移开天平的称量托盘进行清洁，则应十分小心地将托盘移走，用软毛刷仔细清洁托盘下部残留物质，不应用力触碰天平的机械装置，清洁后重新放置托盘后，应稳定几分钟或更长时间，进行天平日检确认后再使用；

● 称量前，检验人员应检查天平的水平，确认水平传感器的气泡是否在内圈中；

● 每天第一个使用天平的检验人员应按表 7-6 进行天平日检，检查称量值是否在制定的限度内，并记录在使用日志上；

● 每个检验人员在使用前应检查使用日志确认天平日检已经完成，并确认校准标签是否在检验期内；

● 称量物质和称量盅的总重不能超过天平的最大称量范围；

● 称量被冷藏的物质时，应放置到室温再打开瓶盖进行称量操作，以避免吸潮；

● 称量结束后，及时用软毛刷对天平进行清洁，清理所使用的称量纸或称量盅；

● 移动后的校准或检查：天平移动后应使天平稳定到新环境的温度，应至少进行天平日检程序的检查。根据天平的精度和移动的程度，可能需要重新进行偏载、重复性和线性误差的检查；

● 断电后重新使用前的稳定和检查：通常天平应保持通电状态，如果断电或重新开机应根据天平使用说明书的要求稳定一段时间,并按天平日检程序检查合格后,方可使用。

以下列举出天平称量误差通常的影响因素:

- 天平的防风门未关闭(气流影响读数);
- 称量物质的重量变化(吸潮);
- 静电影响(冬天经常发生);
- 天平和被称量物质的温度不一样;
- 气流影响(没有防风装置);
- 天平水平未调节好;
- 其他操作造成的震动(影响天平的稳定性);
- 实验室温度波动;
- 天平移动后没有足够的平衡和稳定;
- 天平断电,重新开机后没有足够的稳定;
- 天平托盘放置不合适,或称量纸接触托盘的周围。

【实例】7-4 高效液相系统校准和维护举例

以 AABB 高效液相系统为例介绍 HPLC 系统的维护与校准。

AABB HPLC 系统包括脱气机、四元泵、自动进样器、柱温箱和检测器 5 个模块,以及仪器控制、数据处理系统。液相系统的校准是一系列比较消耗时间的测试,通常仪器厂商提供校准(验证)的软件包,确认结束后用户可以选择部分项目需要定期校准并确定校准周期及接受标准。表 7-7 为某企业 QC 实验室选择的校准项目及校准周期。

AABB HPLC 校准软件包的项目:

流量的准确度和精密度
柱温箱温度的准确度
波长准确度(低波段,咖啡因溶液)
波长准确度(高波段,钬玻璃)
基线噪音和基线漂移
进样精密度和残留
线性测试
梯度测试

表 7-7 HPLC 校准项目及周期示例

校准项目	校准周期	接受标准
波长准确度（低波段，咖啡因溶液） 波长准确度（高波段，钬玻璃）	6 个月	2.0nm
基线噪音和基线漂移 （紫外－可见光检测器）	6 个月	基线噪音： 不超过 5×10^{-4}AU 基线漂移： 不超过 5×10^{-3}AU/30min
线性测试	1 年	优于 10^3
进样精密度	1 年	色谱峰面积：1.0% 色谱峰高：2.0%
国家检定 主要项目：泵流量的准确度与稳定性，定性、定量重复性，基线噪音，基线漂移，最小检测浓度，柱温箱温度的准确度	2 年	符合 JJG 705—2014《液相色谱仪检定规程》

说明：进样精密度，流速和柱温箱温度的校准应涵盖实际使用范围。

HPLC 的使用与维护举例：

● 操作 SOP 的建立：实验室应建立 HPLC 系统的操作 SOP，对以下方面进行规定。

● 流动相的准备：依据分析方法的要求配制流动相，通常流动相需要经过 0.45μm 的滤膜过滤并经超声脱气。

● 系统运行程序：系统登录：检验人员使用工作站前应经过培训。并且建立用户管理和角色分配。检验人员使用个人账户以操作员级别登录进行操作。

● 分析方法的建立：根据使用说明书，描述对进样器、泵、柱温箱、检测器的设置方法、规定方法命名和数据保存的命名方式。

● 样品命名和序列表设置：应对样品的命名原则进行规定，对序列表的命名和设置进行规定，例如：

序列	位置	样品名称	进样次数	样品类型
1	1	空白溶液（blank）	1	样品
2	2	系统适用性标准溶液（SST）	1	控制样品
3	3	对照品溶液（CS）	n	控制样品
4	4	待测试样品 1	n	样品
5	5	待测试样品 2	n	样品
...	...	...	...	...

色谱图打印的基本要求：应设计固定的模板供图谱打印使用，模板一般包含以下内容：

- 通用信息：数据名称、样品名称、检测项目、检测时间、打印时间和实验者用户名等；
- 方法名称：数据采集方法和分析方法名称；
- 液相信息：仪器名称、色谱柱编号、检测波长、进样体积、流速等；
- 色谱图和积分结果，如需要也包括分离度，对称因子等。

- 实验结束
  - 实验结束后，应使用规定的方法对色谱柱进行冲洗。可以建立专用的清洗程序，设置在序列表的最后；
  - 为延长紫外灯的寿命，应选择"序列结束后仪器自动关闭"；
  - 清洁表面。

- 色谱柱的管理：色谱柱的性能对高效液相色谱分析至关重要，维护并监控柱效有利于分析实验的一致性。实验室应制定色谱柱的管理和维护要求，一般包括：
  - 将色谱柱编号，制定色谱柱使用日志，记录每次实验的项目、标准品峰值、分离度、拖尾因子等；
  - 制定色谱柱平衡要求，如对于新的色谱柱，应按照说明书的要求进行平衡；
  - 色谱柱的清洗和保存，按照色谱柱说明书的要求进行清洗和保存，例如对有些手性色谱柱，应该首先用纯化水短时间冲洗，随后用 10% 异丙醇冲洗 3 小时，并且要保存在 2~8℃ 冰箱中。

某企业 HPLC AABB 年度预防性维护举例如表 7-8 所示。

表 7-8　HPLC 年度预防性维护示例

模块	具体项目	结果	执行人
泵	把泵头拆下并清洗 用异丙醇清洗过滤部件，如腐蚀则更换 清洗支撑环，如有划痕要更换 取下旧的密封圈，清洗柱塞腔，装上新的密封圈 如果装有密封圈清洗装置，就更换清洗密封圈 检查柱塞上的弹簧，如损坏或被腐蚀则更换 更换冲洗阀上的 PTFE 滤芯、密封圈和塑料帽 更换出口球阀上的滤网 更换入口主动阀上的阀滤芯 清洁废液盘，泄漏传感器，如需要则更换 进行泄漏测试		

模块	具体项目	结果	执行人
自动进样器	清洁针座，检查针和针座的准值性，如需要进行校正 检查转子密封圈，如需要则更换 检查定子，如有划痕则更换 更换进样口密封圈 清洁废液盘，泄漏传感器，如需要则更换		
柱温箱	检查柱切换阀，如需要则更换转子密封圈或定子 清洁废液盘，泄漏传感器，如需要则更换 检查清洁进排风口过滤网及散热片 进行测试		
VWD 检测器	清洗流路 检查灯能量，如需要则更换		

注：以上维护工作必须由经过培训并授权的检验人员或专业工程师进行。维护完成后应进行仪器内部校准以确保仪器性能。

8 分析方法的验证、确认和转移

本章主要内容：

☞ 分析方法的验证

☞ 分析方法的确认

☞ 分析方法的转移

☞ 方法验证、方法确认和方法转移的文件管理

法规要求 ....

药品生产质量管理规范（2010 年修订）

第十二条 质量控制的基本要求：

（四）检验方法应当经过验证或确认。

第一百四十二条 当影响产品质量的主要因素，如原辅料、与药品直接接触的包装材料、生产设备、生产环境（或厂房）、生产工艺、检验方法等发生变更时，应当进行确认或验证。必要时，还应当经药品监督管理部门批准。

第一百四十三条 清洁方法应当经过验证，证实其清洁的效果，以有效防止污染和交叉污染。清洁验证应当综合考虑设备使用情况、所使用的清洁剂和消毒剂、取样方法和位置以及相应的取样回收率、残留物的性质和限度、残留物检验方法的灵敏度等因素。

第二百二十三条 物料和不同生产阶段产品的检验应当至少符合以下要求：

（一）企业应当确保药品按照注册批准的方法进行全项检验；

（二）符合下列情形之一的，应当对检验方法进行验证：

1.采用新的检验方法；

2. 检验方法需变更的；

3. 采用《中华人民共和国药典》及其他法定标准未收载的检验方法；

4. 法规规定的其他需要验证的检验方法。

（三）对不需要进行验证的检验方法，企业应当对检验方法进行确认，以确保检验数据准确、可靠。

第二百三十条　*产品的放行应当至少符合以下要求：*

（一）在批准放行前，应当对每批药品进行质量评价，保证药品及其生产应当符合注册和本规范要求，并确认以下各项内容：

1. 主要生产工艺和检验方法经过验证。

📋 技术要求

除另有规定外（如豁免），分析方法应当经过验证、转移或确认，以证明所采用的分析方法与其预期目的相一致，方法准确可靠，仪器能够满足检测要求，人员有能力执行相关的操作。

除我国《药品生产质量管理规范（2010 年修订）》对分析方法的验证、确认和转移有明确的要求外，《中国药典》以及国外监管机构和组织对分析方法验证、确认与转移均有相应的规定和指导。表 8–1 中列出了国内外针对分析方法验证、确认和转移的相关指南和药典章节，供实践中参考。

表 8-1　国内外分析方法的验证、确认和转移相关指南

机构或组织	文件名称
ChP	指导原则 9099 分析方法确认指导原则 指导原则 9100 分析方法转移指导原则 指导原则 9101 分析方法验证指导原则 指导原则 9201 药品微生物检验替代方法验证指导原则 指导原则 9401 生物制品生物活性 / 效价测定方法验证指导原则
NMPA	化学药物质量控制分析方法验证技术指导原则（国食药监注〔2005〕106 号），2005 年 3 月 生物制品质量控制分析方法验证技术一般原则，2007 年 8 月
ICH	Q2（R1）*Validation of Analytical Procedures：Text and Methodology*，November 2005 Q2（R1）分析方法验证：正文和方法学，2005 年 11 月

机构或组织	文件名称
ICH	Q2（R2）*Validation of Analytical Procedures*：*Text and Methodology*（*draft version*），March 2022 Q2（R2）分析方法验证：正文和方法学（征求意见稿），2022 年 3 月
WHO	*WHO Technical Report Series 1019*，*Expert Committee on Specifications for Pharmaceutical Preparations 53rd Report*，*Annex 3 Good manufacturing practices*：*guidelines on validation*，*Appendix 4 Analytical procedure validation*，May 2019 WHO 技术报告 1019，第 53 届药品标准专家委员会（ECSPP）报告，附录 3 GMP 验证指南，附件 4 分析方法验证，2019 年 5 月
美国 FDA	*Analytical Procedures and Methods Validation for Drugs and Biologics*，July 2015 药品和生物制品分析方法和方法验证，2015 年 7 月
EMA	EDQM OMCL：*Validation/Verification of Analytical Procedures*，July 2020 EDQM OMCL：分析方法验证 / 确认，2020 年 7 月
USP	<1220 >分析方法的生命周期 <1224 >分析方法转移 <1225 >分析方法验证 <1226 >分析方法确认

实施指导

8.1 定义及应用范围

分析方法（analytical method）：分析方法是指进行分析的方式。应详细描述进行每个分析试验所必需的步骤。它包括但不局限于：样品、对照品、试剂的配制、仪器的使用、标准曲线的绘制、计算公式的运用等。

分析方法验证（analytical method validation）：证明分析方法与其预期目的相适应。验证的分析项目有：鉴别试验、杂质测定（限度或定量分析）、含量测定（包括特性参数和含量 / 效价测定等，其中特性参数如：药物溶出度、释放度等）。验证的性能特征有：专属性、准确度、精密度（包括重复性、中间精密度和重现性）、检测限、定量限、线性、范围和耐用性。

分析方法确认（analytical method verification）：是指首次使用法定分析方法时，由现有的分析人员或实验室对分析方法中关键的验证指标进行有选择性的考察，以证明方法对所分析样品的适用性，同时证明分析人员有能力使用该法定分析方法。

分析方法转移（analytical method transfer）：是一个文件记录和实验确认的过程，目的是证明一个实验室（方法接收实验室）在采用另一实验室（方法建立实验室）建立并经过验证的非法定分析方法检测样品时，该实验室有能力成功地操作该方法，检测结果与方法建立实验室检测结果一致。分析方法转移是保证不同实验室之间获得一致、可靠和准确检测结果的重要环节，同时也是对实验室检测能力的重要评估。

本章主要介绍分析方法的验证、确认以及转移的相关要求。它们的适用范围、目的和主要内容见表 8-2。

表 8-2　分析方法的验证、确认和转移的适用范围、目的和主要内容

	主要目的	主要内容	适用范围（举例说明）
方法验证	证明方法适用于预期目的	按照方法的用途，对方法学验证参数进行全部或部分验证	首次建立的方法；变更后需要重新进行验证的方法
方法确认	证明法定方法适用于被测样品的质量控制；证明检验人员有能力正确操作法定方法	根据方法的用途和方法的复杂程度，选择性地对检测结果影响最大的关键方法学参数进行考察	按照法定方法进行的药品质量检验
方法转移	证明方法接收实验室能够成功的执行方法建立实验室经过验证的方法	方法接收实验室选择相同批次的样品进行检测，评价接收实验室是否能成功的操作分析方法	企业内部分析方法由研发部门转移到质控部门；企业位于不同地点的生产场地之间的方法转移；委托检验（A 企业委托 B 企业检验）

本章内容适用范围和说明：

● 分析方法的验证、确认和转移的基本原则适用于化学药物、中药和生物制品。

● 适用于药品申请上市阶段和药品获批上市后的商业化阶段的分析方法的验证、转移、确认和分析方法的再验证，以及已验证和确认的分析方法的再开发、优化和验证或确认。企业在药品申请上市阶段之前的阶段，可仅作为参考。

● 参考本章进行分析方法的验证、转移和确认时，企业须结合特定药品和相关分析项目的特殊性和具体要求，综合评估、设计、实施和管理具体分析方法的验证、转移和确认。需要注意的是：某些方法的准确度与检验仪器密切相关（即方法无法通过转移的方式确保准确无误），如 NIR 方法、使用光学仪器进行粒度分布的分析等，推荐即使是法定方法也应评估是否需要进行方法验证或确认。这是由于不同的 NIR 检测仪由于仪器参数及配置等不完全相同，模型传递可能会产生误差；不同品牌的粒度分布仪由于光路设计、数据拟合方式等不同，对同一样品的检测可能出现较大误差，同一品牌不同型号也可能存在差别，因此推荐使用此类方法前应充分评估是否需要验证或确认。NIR 的方法验证可参考《中国药典》指导原则 9104 近红

外分光光度法指导原则的要求或美国 FDA 于 2011 年 8 月发布的 NIR 分析方法开发及递交工业指南。激光粒度检测的详细指南可参考 USP<429> 粒度的光衍射测定或 ISO 13320—2020 粒度分布分析 – 激光衍射法。

- 本章中分析方法的验证、确认与转移不适用微生物分析方法。
- 分析方法的转移不适用于生物分析方法。
- 在使用分析方法之前应完成相应的验证、确认或者转移工作。

分析方法（包括药典方法）被成功验证或确认并实施后，企业宜在药品生命周期内，严格执行并持续确保分析方法与预期目的相适应，持续监测分析方法的性能，并定期评估是否需要对分析方法进行优化或再验证。关于分析方法的生命周期管理，具体可参考 USP<1220> 分析方法的生命周期的要求。

8.2 分析方法验证

8.2.1 方法验证的一般原则

分析方法验证的核心是实验室通过实验设计和测试证明分析方法与其预期目的相适应，证明被验证的方法适用于拟定的检测用途和要求。

- 通常情况下，分析方法建立时需进行方法验证。对于仅需按照实验室日常测试操作步骤即可测定的检验项目不需要进行验证，如外观、崩解时限、密度、重量、pH 值、灰分、装量等。
- 方法验证的内容应根据检验项目的要求，结合所采用分析方法的特点确定。同一分析方法用于不同的检验项目会有不同的验证要求。
- 建立质量标准时，应对分析方法中需验证的各检验项目进行完整的验证。
- 当质量标准中某一项目的分析方法发生部分改变时，如采用高效液相色谱法测定杂质含量时，检测波长发生改变，应基于对结果影响的风险评估判断需要重新验证的性能特征，如检测限、定量限、专属性、准确度、精密度、线性等，以证明修订后的分析方法合理可行。
- 当药品生产工艺发生变更、产品配方发生变更、分析方法发生变更、分析过程中发生偏差时，可基于变更和偏差的内容进行风险评估确定是否需要重新验证或确认，进行部分验证还是完整的验证。
- 当原料药合成工艺发生变更时，可能引入新的杂质，杂质检查方法和含量测定方法的专属性需要进行验证，以证明有关物质检查方法能够检测新引入的杂质，且新引入的杂质对主成分的含量测定应无干扰。

8.2.2 需要验证的检验项目

检验项目是为控制药品质量，保证药品安全有效而设定的测试项目。根据检验项目的设定目的和验证内容的不同要求，本小节以 ICH Q2 为主要参考，将需验证的检验项目分为四类：

- 鉴别试验；
- 杂质的限度检查；
- 杂质的定量测定；
- 含量测定（包括特性参数和含量 / 效价测定等）。

除此之外，一些物理项目的检测如旋光度、熔点和硬度、X 射线粉末衍射等，其要求与其他检验项目有所不同，通常其分析方法验证应有不同的要求。这些分析方法属于相对简单的药典分析方法，通常只需要用样品做方法确认或方法适用性检查。

由于分析方法具有各自的特点，并随分析对象而变化，因此需要视具体情况拟订验证的性能特征。表 8-3 列出了《中国药典》指导原则 9101 中规定的不同检验项目需要验证的性能特征。

表 8-3　不同检验项目需要验证的性能特征

指标＼项目	鉴别	杂质测定		含量测定 特性参数 含量或效价测定
		定量	限度	
专属性[2]	＋	＋	＋	＋
准确度	－	＋	－	＋
精密度 重复性 中间精密度	－ －	＋ ＋[1]	－ －	＋ ＋[1]
检测限	－	－[3]	＋	－
定量限	－	＋	－	－
线性	－	＋	－	＋
范围	－	＋	－	＋
耐用性	＋	＋	＋	＋

注：①已有重现性验证，不需验证中间精密度。

②如一种方法不够专属，可用其他分析方法予以补充。

③视具体情况予以验证。

ICH Q2（R2）规定的验证性能特征与《中国药典》略有不同，也可参考。

8.2.3　方法验证内容

本小节内容主要依据《中国药典》指导原则 9101 分析方法验证指导原则，但未包含生物学测定方法的验证。

A. 专属性

专属性系指产品中可能存在其他成分时，如杂质、降解产物、辅料等，采用的分析方法能正确测定出被测物的能力。

通常，鉴别试验、杂质测定、含量测定均应考察其专属性。如方法专属性不强，应采用一种或多种不同原理的方法予以补充。例如检测具有旋光特性的活性物质，除采用非手性薄层色谱法或高效液相色谱法外，还应增加旋光度的检查。

鉴别试验、杂质测定和含量测定方法的专属性验证方法详见表 8-4。

表 8-4　专属性验证方法

检验项目	概述	验证方法	备注
鉴别试验	鉴别试验用于确认被测成分符合其特征	专属性要求证明其能与可能共存的物质或结构相似化合物区分 含被测成分的供试品呈正反应，而不含被测成分的供试品以及结构相似或组分中的有关化合物，应均呈负反应	对于药品，辅料不得干扰其有效成分的鉴别
杂质测定（包括限度检查和定量测定）	作为纯度检查，所采用的分析方法应确保可检出被分析物中杂质的含量测定，如有关物质、重金属、有机溶剂等。因此杂质检查要求分析方法有一定的专属性	方法 1：在杂质可获得的情况下，可向试样中加入一定量的杂质，考察杂质与共存物质能得到分离和检出，并具有适当的准确度与精密度 方法 2：在杂质或降解产物不能获得的情况下，专属性可通过测定含有杂质或降解产物的试样，与另一个已验证的方法或药典方法比较结果。或对试样用强光照射、高温、高湿、酸（碱）水解或氧化的方法进行加速破坏，以研究可能的降解产物和降解途径，并比对破坏前后检出的杂质个数。必要时可采用二极管阵列检测和质谱检测，进行峰纯度检查	色谱法和其他分离方法，应附代表性图谱，以说明方法的专属性，并应标明诸成分在图中的位置，色谱法的分离度应符合要求
含量测定	含量测定的目的是得到试样中被分析物的含量测定或效价的准确结果	方法 1：在杂质可获得的情况下，可向试样中加入杂质或辅料，考察测定结果是否受干扰，并可与未加杂质和辅料的试样比较测定结果 方法 2：在杂质或降解产物不能获得的情况下，专属性可通过测定含有杂质或降解产物的试样，与另一个已验证的方法或药典方法比较结果。或对试样用强光照射、高温、高湿、酸（碱）水解或氧化的方法进行加速破坏，用两种方法进行含量测定，比较测定结果。必要时可采用二极管阵列检测和质谱检测进行峰纯度检查，证明含量测定成分的色谱峰中不包含其他成分	色谱法和其他分离方法，应附代表性图谱，以说明方法的专属性，并应标明诸成分在图中的位置，色谱法的分离度应符合要求

生物学测定方法的专属性与测定方法及产品组成密切相关，所以应首先从测试原理、测试用材料和供试品组成等方面评价方法的专属性，进而再进行必要的验证。由于生物制品的性质和组成多样，检定方法各不相同，难以提出统一的专属性验证要求。下面以生物技术产品常用的几种检定方法为例，进行具体分析及说明。

● 如采用免疫印迹试验进行生物制品的鉴别，应首先对所使用抗体的特异性进行分析；若供试品中还存在其他组分，则应进一步验证被检测物中其他物质能否引起非特异性免疫反应。

● 如采用细胞测定方法检测生物活性，应首先说明被测物质与特定的细胞应答之间的相关性，如二者的相关性较好，则一般认为该方法的特异性较好。为表明细胞测定方法的特异性，可进行相关试验进行验证，如加入抗体或特异抑制剂的封闭实验等。如果成品中加入了可能影响活性测定的辅料，应进行相关验证以排除此种影响。

● 如采用 ELISA 法检测重组产品的残余宿主蛋白含量，可采用与表达体系相同的宿主细胞的蛋白作为免疫原制备抗体，若采用与产品相似工艺进行处理后再免疫动物，则所获得抗体的特异性更好。另外，产品中存在的大量目的蛋白可能影响残余宿主蛋白的测定，应进行相关验证以排除此种影响。

B. 准确度

分析方法的准确度是指测定值与真实值或认可的参考值的一致性或接近程度，对于化学药品一般可采用添加和回收实验来测定，即对已知量的供试品进行测定，比较测定值和真实值之间的差异，一般用回收率（%）表示。

（1）验证方法　准确度应在规定的线性范围内试验。在规定范围内，取同一浓度（相当于 100% 浓度水平）的供试品，用至少 6 份样品的测定结果进行评价；或设计至少 3 种不同浓度，每种浓度分别制备至少 3 份供试品溶液进行测定，用至少 9 份样品的测定结果进行评价，且浓度的设定应考虑样品的浓度范围。两种方法的选定应考虑分析的目的和样品的浓度范围。

准确度是定量测定的必要条件，因此含量测定、杂质定量测定均需验证准确度。原料药与化学制剂含量测定和杂质定量测定方法的准确度验证方法，请见表 8-5。

表 8-5 准确度验证方法

检验项目	原料药	制剂	备注
含量测定	方法 1：用已知纯度的对照品或供试品进行测定 方法 2：用本法所得结果与已知准确度的另一方法测定的结果进行比较	方法 1：用含已知量被测物的各组分混合物进行测定 方法 2：如不能得到制剂的全部组分，可向制剂中加入已知量的被测物进行测定 方法 3：用本法所得结果与已知准确度的另一方法测定的结果进行比较	实践中考虑豁免时需充分评估
杂质的定量测定	方法 1：可向原料药或制剂中加入已知量杂质进行测定 方法 2：如果不能得到杂质或降解产物，可用本法测定结果与另一成熟的方法进行比较，如药典方法或经过验证的方法		在不能测得杂质或降解产物的响应因子或不能测得对原料药的相对响应因子的情况下，可用原料药的响应因子。应明确单个杂质和杂质总量相当于主成分的重量比（%）或面积比（%）

对于中药化学成分测定方法的准确度验证方法，可用已知纯度的对照品进行加样回收率测定，即向已知被测成分含量的供试品中再精密加入一定量的已知纯度的被测成分对照品，依法测定。用实测值与供试品中含有量之差，除以加入对照品量计算回收率。在加样回收试验中须注意对照品的加入量与供试品中被测成分含有量之和必须在标准曲线线性范围之内；加入的对照品的量要适当，过小则引起较大的相对误差，过大则干扰成分相对减少，真实性差。

（2）数据要求 需报告已知加入量的回收率（%），或测定结果平均值与真实值之差及其相对标准偏差或可信限。对于化学药品应报告已知加入量的回收率（%），或测定结果平均值与真实值之差及其相对标准偏差或置信区间（置信度一般为95%）；对于中药应报告供试品取样量、供试品中含有量、对照品加入量、测定结果和回收率（%）计算值，以及回收率（%）的相对标准偏差（RSD%）或置信区间。在基质复杂、组分含量低于 0.01 % 及多成分等分析中，回收率限度可适当放宽。

但对于生物制品而言，由于没有纯的标准物质，往往难以获得确切的准确度数据，所以一般不需要准确地测出该参数。准确度应在规定的范围内测试。

生物制品的生物学活性为相对活性，一般与同时进行测定的标准品 / 参考品进行比较而得，所以应对单位进行适当的定义或以适用的标准品 / 参考品作为对照经计算而得。为得到准确的测定结果，应注意以下几点。

● 应同时测定供试品和标准品 / 参考品的剂量反应曲线，而且两条曲线必须具有

135

平行性，即供试品和标准品 / 参考品的活性成分仅是量的不同而没有质的区别。如果两条曲线不具备平行性，则说明供试品和标准品 / 参考品中的活性成分可能不同或者该测试系统不具有适用性，这种情况下，将难以准确计算出相对活性的结果。

● 应尽可能使供试品随机分布及保证测试系统的平衡性。需对引起系统偏差的某些因素进行分析排除，如不同的试验平板、平板的不同位置（如边缘效应）、检测次序、动物实验中的笼子效应等。

C. 精密度

分析方法的精密度是指在规定测试条件下，对同一份均质供试品，经多次取样测定所得结果之间的接近程度。精密度一般用偏差、标准偏差或相对标准偏差表示，也可表示为变异系数（CV%），即测定值的标准差和测定值均数的比值。精密度可以从三个层面考虑，即重复性、中间精密度、重现性。重现性通过不同实验室之间的试验来评价。当分析方法需要标准化时（如收载到药典中），则应考虑重现性。同一实验室条件下，不需执行重现性。

精密度与准确度不同，图 8-1 形象地描绘了精密度和准确度之间的差别（P 为精密度，A 为准确度）。精密度体现了多次重复测定同一被分析物时各测定值之间的接近程度，但它不能表达与已建立的真实值或参考值之间的符合程度，后者由准确度来测定。通过一系列的测定值，可以得到良好的精密度，但是由于所用分析方法存在的偏差，所得的平均值不一定与真实值或参考值（如图 8-1 中左下角的较低的打靶环数）相符，在这种状况下，需要修改方法以消除偏差。

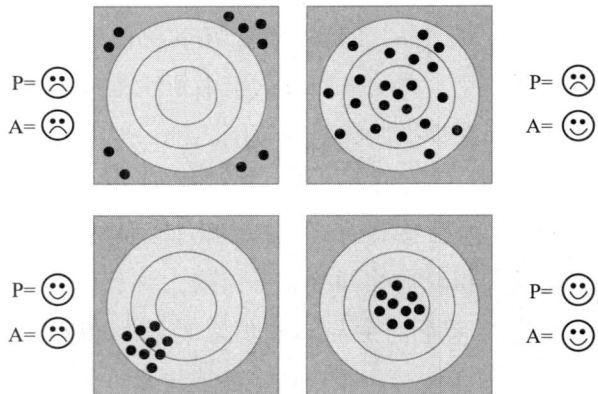

图 8-1　精密度与准确度关系图

P. 精密度；A. 准确度

（1）验证方法　精密度可从重复性、中间精密度、重现性三个层次考察。详见表 8-6。

表 8-6 精密度验证示例

名称	定义	验证方法
重复性	在相同条件下，由同一个分析人员测定所得结果的精密度称为重复性	在规定范围内，取同一浓度（分析方法拟定的样品测定浓度，相当于100%浓度水平）的供试品，用至少6份的测定结果进行评价；或设计至少3种不同浓度，每种浓度分别制备至少3份供试品溶液进行测定，用至少9份样品的测定结果进行评价。采用至少9份样品的测定结果进行评价时，浓度的设定应考虑样品的浓度范围
中间精密度	在同一实验室内的条件改变，如不同时间、不同分析人员、不同仪器等测定结果之间的精密度，称为中间精密度	考察随机变动因素，如不同日期、不同环境、不同分析人员、不同仪器对精密度的影响
重现性	在不同实验室之间测定所得结果之间的精密度，称为重现性	国家药品质量标准采用的分析方法，应进行重现性试验。协同检验的目的、过程和重现性结果均应记载在起草说明中。应注意重现性试验所用样品质量的一致性及贮存运输中的环境对该一致性的影响，以免影响重现性试验结果

（2）数据要求　理化检测均应报告标准偏差、相对标准偏差或置信区间。样品中待测定成分含量和精密度 RSD 可接受范围可参考《中国药典》指导原则 9101（可接受范围可在给出数值 0.5~2 倍区间，计算公式，重复性：$RSDr = C^{-0.15}$；重现性：$RSDr = 2C^{-0.15}$，其中 C 为待测定成分含量）。在基质复杂、组分含量低于 0.01% 及多成分等分析中，精密度限度可适当放宽。

与理化测定方法相比，各种生物学测定方法的变异均较大，且不同类生物制品的生物学测定方法的变异也不同。对精密度的要求可根据产品的性质、用途以及测定方法的特点有所区别。在测定方法与生物活性、药理作用或效力相关性较好的情况下，应尽可能采用变异较小的测定方法。

● 由于生物活性（或效价）测定是生物制品质控中的主要指标，该方法的可靠性会直接影响产品的可控性，所以对生物活性测定方法的精密度验证工作应非常重视。如果在成品检定项目中生物活性指标是唯一的测定有效成分含量水平的指标，则必须采用定量的测定方法，并尽可能减少方法的变异。通常情况下，生物活性检测的精密度数据要求变异系数一般不得超过 15%，定量下限的变异系数不得超过 20%。

● 对于不同测定方法，其精密度可有较大不同。对于一些尚不成熟的试验方法或某些特殊方法（如噬斑试验），其方法变异可能会更大些。

● 当然，对于方法精密度的可接受标准还应从多方面进行考虑。如有些药物的临床效应（包括疗效及不良反应）对给药剂量的变化非常敏感，这时需对生物活性测定方法的精密度提出更高的要求。

D. 检测限

检测限（LOD 或 DL）系指试样中的被测物能够被检测出的最低量。检测限仅作为限度试验指标和定性鉴别的依据，没有定量意义。检测限度的常用测定方法包括：直观法、信噪比法、基于响应值标准偏差和标准曲线斜率法等。

（1）验证方法　杂质测定检测限验证方法如表 8-7 所示。

表 8-7　杂质测定检测限验证方法

检测项目	验证方法
杂质测定	方法 1：非仪器分析目视法（直观法） 用已知浓度的被测物，试验出能被可靠地检测出的最低浓度或量
	方法 2：信噪比法 用于能显示基线噪音的分析方法，即把已知浓度试样测出的信号与空白样品测出的信号进行比较，计算出能被可靠地检测出的最低浓度或量。估算检测限时，通常认为 3：1 的信噪比是可接受的
	方法 3：基于响应值标准偏差和标准曲线斜率法 $$DL=\frac{3.3\sigma}{S}$$ 式中，σ 为响应因子的标准偏差（响应值偏差）；S 为校正曲线的斜率（标准曲线斜率） 斜率 S 根据分析物的校正曲线评估而来，响应因子 σ 可采用不同方法获得，如： ①根据空白溶液的标准偏差：测定分析背景的响应就是通过分析适量空白溶液并计算其响应值的标准偏差 ②标准曲线的剩余标准偏差或是截距的标准偏差：用样品建立校正曲线，其中含有检测限范围的分析物，其回归线的剩余标准偏差或回归线截距的标准偏差作为标准偏差

（2）数据要求　上述计算方法获得的检测限数据须用含量相近的样品进行验证。应附测定图谱，说明试验过程和检测限结果。

E. 定量限

定量限（LOQ 或 QL）系指准确性和精密度都能达到要求时能够定量测定供试品中被分析物的最低量。定量限度的测定也可以通过直观法、信噪比法、基于响应值标准偏差和标准曲线斜率法等测定。

（1）验证方法　杂质测定定量限验证方法如表 8-8 所示。

表 8-8　杂质测定定量限验证方法

检测项目	验证方法
杂质测定	方法 1：非仪器分析目视法（直观法） 对一系列已知浓度被分析物的供试品进行分析，在准确性和精密度都符合要求的情况下，来确定被分析物能被定量的最小量 方法 2：信噪比法 用于能显示基线噪音的分析方法，将已知低浓度试样测出的信号与空白样品测出的信号进行比较，算出能被可靠地检测出的最低量。一般可接受的信噪比为 10∶1 方法 3：基于响应值标准偏差和标准曲线斜率法计算定量限： $$QL=\dfrac{10\sigma}{S}$$ 式中，σ 为响应因子的标准偏差（响应值偏差）；S 为校正曲线的斜率（标准曲线斜率） 斜率 S 根据分析物的校正曲线评估而来，响应因子 σ 可采用不同方法获得，如： ①根据空白溶液的标准偏差：测定分析背景的响应就是通过分析适量空白溶液并计算其响应值的标准偏差 ②标准曲线的剩余标准偏差或是截距的标准偏差：用样品建立校正曲线，其中含有检测限范围的分析物，其回归线的剩余标准偏差或回归线截距的标准偏差作为标准偏差

（2）数据要求　上述计算方法获得的定量限数据须用含量相近的样品进行验证。应附测试图谱，说明测试过程和定量限结果，包括准确度和精密度验证数据。

F. 线性

线性系指在设计的测定范围内，检测结果与试样中被测物的浓度（含量）直接呈比例关系的能力。

线性是定量测定的基础，涉及定量测定的项目，如杂质定量测定和含量测定均需验证线性。可用所建议的方法，直接对标准品、供试品进行测定。应以信号对被分析物的浓度作图，根据图形是否呈线性进行评价。应提供相关系数、Y 轴上的截距、回归线的斜率等数据，还可以分析实测值与回归线的偏差（离散性），以助于对线性作出评价。

（1）验证方法　应在规定的测定范围内测定线性关系。可用一贮备液经精密稀释，或分别精密称样，制备一系列供试样品的方法进行测定，在不低于定量限浓度范围内至少制备 5 个浓度的供试样品，每个浓度各一份，每份供试样品检测 3 次（企业可根据具体情况考虑重复次数），以测得的响应信号作为被测物浓度的函数作图，观察是否呈线性，用最小二乘法进行线性回归。必要时，响应信号可经数学转换，再进行线性回归计算。

（2）数据要求　应列出回归方程、相关系数、残差平方和、线性图（或其他数学模型）。

对于某些生物学测定方法，在任何转换后均不能证明呈线性，或呈线性关系的范围较小，在这种情况下，分析的响应值可用供试品中被分析物的浓度（含量）的适当函数表示。可以采用曲线拟合方法，通过测定全范围曲线，在标准品或参考品的矫正下，依 ED_{50} 或 IC_{50} 值计算活性单位。应提供拟合曲线方程及各参数，并提供相关系数。

G. 范围

范围系指分析方法能达到精密度、准确度和线性要求时的高低限浓度或量的区间。

范围应根据分析方法的具体应用及其线性、准确度、精密度结果和要求确定，化学药不同分析方法的线性验证和准确度验证需涵盖的最低浓度范围，见表 8-9。

表 8-9　线性验证和准确度验证需涵盖的最低浓度范围示例

检验项目	需涵盖的最低浓度范围
原料药和制剂含量测定	至少标示量的 80%~120%（ICH），推荐包含 50%~150% 的浓度
含量均匀度	至少标示量的 70%~130%（ICH），推荐包含 50%~150% 的浓度，根据剂型特点，如气雾剂和喷雾剂，范围可适当放宽
溶出度或释放度中的溶出量测定	一般为限度的 ±30%（《中国药典》指导原则 9101） 对于具有不同剂量的同种药品，但测试溶液浓度一样的前提下，只需进行一个剂量的线性试验（应涵盖限度的 ±20%），该试验即可用于该种药品的所有剂量 如规定了限度范围，则应为下限的 -20% 至上限的 +20%。例如：缓释制剂的标准是 1 小时 20%，24 小时后增到 90%，那么验证范围应为标示量的 0~110%
杂质的定量测定	范围应根据初步测定数据，拟订为规定限度的 ±20% 如果一个试验同时进行含量测定和纯度检查，且仅使用 100% 的对照品，线性范围应覆盖杂质的报告水平至规定含量的 120%

在中药分析中，范围应根据分析方法的具体应用和线性、准确度、精密度结果及要求确定。对于有毒的、具特殊功效或药理作用的成分，其验证范围应大于被限定含量的区间。

对于生物制品的生物活性测定而言，精密度、线性和范围是非常重要的验证参数。为减少验证工作的繁杂性，可将范围研究与精密度、线性研究合并进行（参见实例 8-3 某人凝血酶产品效价测定验证）。

H. 耐用性

耐用性系指测定条件有小的变动时，测定结果不受影响的承受程度，为所建立的方法用于常规检验提供依据。

在分析方法开发阶段，根据所分析方法的类型，应对分析方法的耐用性进行评估，该评估应能表明在对方法参数进行有意地改变后，分析方法依然可靠。如果测量结果对分析条件的变化是敏感的，那么该分析条件就应适当控制或在方法中预先注明。通过耐用性评估，建立一系列的系统适用性参数（如分离度试验），以确保在每一次实际测定中使用该分析方法都是有效的。分析方法耐用性考虑的影响因素见表 8-10。

表 8-10　方法耐用性影响因素示例

分析方法	变动因素
典型影响耐用性的变动因素	• 被测溶液的稳定性 • 样品的提取次数、时间等
液相色谱法（HPLC）中的典型影响耐用性的变动因素	• 流动相的组成 • 流动相的 pH 值 • 不同品牌或不同批号的同类型色谱柱 • 柱温 • 流速 • 其他
气相色谱法（GC）中的典型影响耐用性的变动因素	• 不同品牌或不同批号的同类型色谱柱 • 固定相 • 不同类型的载体 • 柱温 • 进样口和检测器温度 • 其他

实际研究过程应参考《中国药典》通则 0512 高效液相色谱法，也可参照 USP<621> 色谱法的要求。

I. 溶液的稳定性研究

溶液的稳定性研究是用来证明或确定根据相应方法制备的样品溶液和对照品溶液在规定储存条件下能够保持稳定的时间。如果方法中没有规定有效期，样品溶液和对照品溶液需进行稳定性研究。

样品溶液和对照品溶液依据方法进行配制和分析。在适宜的储存条件下（如室温、冰箱 2~8℃ 等）储存适当的时间，每隔一段时间后取出待考察溶液测试，测定结果与初始结果进行比较，符合接受标准便可确认样品溶液和对照品溶液在规定的储存时间和储存条件下是稳定的。

8.2.4 分析方法验证接收标准

表 8-11 为某生物制药企业分析方法验证的接受标准，仅供参考。

表 8-11　分析方法验证接受标准示例

验证内容	检验项目	接受标准
专属性	鉴别	含被测成分的供试样品呈阳性反应；不含被测成分的样品，以及结构相似或组分中的有关化合物，均应呈阴性反应
	含量和杂质检测	含量方法的测定结果不受添加的杂质或辅料干扰；杂质方法中杂质能够分离并不干扰样品中的其他组分。杂质如不可获得，主峰大于 99.0%
精密度 – 重复性	含量	RSD ≤ 2.0%
	有关物质	检测值 < 0.1%：RSD ≤ 25% 0.1% ≤检测值 < 0.2%：RSD ≤ 20% 0.2% ≤检测值 < 0.5%：RSD ≤ 10% 0.5% ≤检测值 < 5%：RSD ≤ 5% 检测值 > 5%：RSD ≤ 2.5%
	残留溶剂	检出值 ≤ 1000ppm：RSD ≤ 25% 检出值 > 1000ppm：RSD ≤ 15%
精密度 – 中间精密度	含量	RSD ≤ 2.0%
准确度	原料药含量	回收率：98.0%~102.0%
	杂质含量	回收率：80%~120%（LOQ 时为 50%~150%）
线性	含量	$r \geq 0.995$；截距比：不大于 100% 浓度峰面积的 3.0%
	杂质、残留溶剂等	$r \geq 0.99$；截距比：不大于 100% 杂质浓度峰面积的 15%
范围	含量	标示量（100%）的 80%~120%
	杂质	报告限 ~ 规定限度的 120%
耐用性	含量、杂质等	符合各验证项目的要求
稳定性	含量	检测浓度 > 90%：变化 ≤ 2% 检测浓度 ≤ 90%：变化 ≤ 5%

验证内容	检验项目	接受标准
稳定性	有关物质	LOQ~0.10%：变化 ≤ 50% ＞ 0.10% 至 0.50%：变化 ≤ 20% ＞ 0.5%：变化 ≤ 10%
	残留溶剂	LOQ ~1000ppm：变化 ≤ 20% ＞ 1000ppm：变化 ≤ 15% 以峰面积作为评价对象时：RSD ≤ 15%

8.3 分析方法确认

分析方法确认应该以差距分析或风险评估为先导，对实验室现有条件和方法要求进行对比分析和比较，识别哪些参数需要进行确认以及确认的程度。

分析方法确认的核心可理解为如下几个方面：

- 方法确认是对法定分析方法进行确认；
- 方法确认不是重复验证过程，无需进行完整的再验证；
- 实验室系统经评估具备方法执行能力（例如：必要的差距分析，如仪器设备系统、人员经验、标准品、环境等）；
- 证明方法使用人员有能力成功地操作法定分析方法。

A. 确认原则

分析方法确认一般无需对法定分析方法进行完整的再验证，但是需要将《中国药典》指导原则 9101 分析方法验证指导原则中表 1（即表 8–3）中列出的分析方法验证的指标用于方法的确认。分析方法确认的范围和指标取决于分析方法种类、方法操作步骤的复杂程度、样品的特性、检验人员对方法操作的熟练程度和经验水平、相关设备或仪器等。分析方法确认的指标和检验项目（鉴别、杂质分析、含量测定等）有关，不同的检验项目，方法确认所需的指标也不同。

B. 考察指标

分析方法确认应包含对影响方法的必要因素的评估。对于化学药，方法确认应考虑原料药的合成路线和制剂的生产工艺等因素；对于中药，方法确认应考虑中药材种类、来源、饮片制法和制剂的生产工艺等因素，从而评价法定方法是否适用于原料药和制剂基质。

系统适用性试验是一个重要的方法学确认内容，通过系统适用性试验来证明实验室的操作能力和证明系统符合方法要求，但是方法确认仅仅做系统适用性试验还不够，除了系统适用性试验外，还应选择对该方法最为关键的几个方法学参数进行考察。

在原料药和制剂含量测定时，方法专属性是确认法定分析方法是否适用的关键指标。如在色谱法中，可以用系统适用性的分离度要求进行专属性确认，但是，不同来源的原料药可能含有不同的杂质谱，同时不同来源的制剂辅料的差异很大，可能会对分析方法产生干扰，也可能生成法定方法中尚未说明的杂质。此外，药物含有不同的辅料、容器组分，这些都可能会影响药物在基质中的回收率，对法定方法具有潜在的干扰。针对上述情况，可能需要更加全面的基质效应评估，以证明该法定方法对于特定药物及其制剂的适用性。其他分析方法确认的指标，如杂质分析的检测限、定量限、精密度也有助于说明法定方法在实际使用条件下的适用性。

C. 确认过程

对于方法确认，通常采用如下方法，供参考。

● 由两名检验人员分别独立对同一批产品进行检验（如可能，使用不同的仪器），比较两人的检测结果来证明方法在本实验室（人员、分析仪器、试剂等）的适用性。

● 根据验证目的和评估结果选择相关项目进行确认，如表 8-12 所示（仅供参考）。

表 8-12　检验项目确认内容示例

检验项目		准确度	精密度	专属性	检测限	定量限	线性	范围	耐用性
原料药	鉴别（HPLC 法）	否	否	可能	否	否	否	否	否
	有关物质（HPLC 法）	否	可能	是	否	是	否	否	否
	含量（HPLC 法）	否	可能	是	否	否	否	否	否
制剂	鉴别（HPLC 法）	否	否	是	否	否	否	否	否
	溶出度	可能	是	是	否	可能	否	否	否
	有关物质	可能	是	是	否	是	否	否	否
	含量	可能	是	是	否	否	否	否	否

注："是"代表该项内容需要确认；"否"代表该项内容一般不需要确认，并不代表实践中一定不需要，例如：标准曲线法需要确认线性；"可能"代表该项内容需根据实际情况评估确定。

D. 确认豁免

如果没有特别说明，药典收载的通用检测方法无需确认。这些通用检测方法包括但不仅限于干燥失重、炽灼残渣、多种化学湿法和简单的仪器测试（如 pH 值测定法）。然而，首次将这些通用检测方法应用于各品种项下时，建议充分考虑不同的样品处理或溶液制备需求；样本前处理和溶液制备的复杂程度。必要时进行适当研究。

8.4 分析方法转移

常见的分析方法转移类型有：
- 分析方法由企业的研发实验室转移到质量控制实验室；
- 分析方法从企业的 A 生产地点转移到 B 生产地点；
- 合同方之间的转移。

分析方法转移可通过多种途径实现。最常用的方法是相同批次均一样品的比对试验或专门制备用于测试样品的检测结果的比对试验。其他方法包括：实验室间共同验证、接收方对分析方法进行完全或部分验证和合理的转移豁免。分析方法转移实验、转移范围和执行策略制定要依据接收方经验和知识、样品复杂性和特殊性、分析过程等进行综合评估。

实施分析方法转移前：
- 应将分析方法等相应的技术资料转移给接收方，必要时包括分析方法验证的全套资料；
- 进行风险评估，确定需要进行转移的项目，推荐进行差距分析，比较双方仪器、人员、经验等的差别，确定需要转移的项目及转移的方式；
- 起草分析方法转移方案，方案应包括双方职责、仪器设备列表、对照品信息、样品信息、转移策略、具体的分析方法、可接受标准及可允许的偏差、偏差变更的处理方式等；
- 实施转移前应对方案进行培训，培训应有记录。

比对试验是分析方法转移时最常用的方法，需要接收方和转移方共同对预先确定数量的同一批样品进行分析。方法转移可使用一个批次，推荐使用 2~3 个批次，因为转移目的与生产工艺无关，是为了评价接收方是否具备使用该方法的能力。如果双方实验室测定的结果符合转移之前确定的相关接受标准，则说明方法转移成功。

也可以采用其他方法，如在样品中加入某个杂质的回收率实验，接收方能够达到预先制定的可接受标准。检测结果符合预先制定的可接受标准是确保接收方有资格运行该方法的必要条件。其他的可以参照《中国药典》指导原则 9100 分析方法转移的要求进行。

某些特殊情况下，可以使用"基于书面知识的转移"（见 WHO 药品生产技术转移指导原则）。但无论采取何种方式，转移的第一步为基于科学的风险评估。

在某些特定的情况下，常规的分析方法转移可豁免。此时，接收方直接使用该分析方法。转移豁免的情况如下。

在某些特定的情况下，常规的分析方法转移可豁免。此时，接收方直接使用该分析方法。转移豁免的情况如下。

● 新的待测定样品的组成与已有样品的组成类似和（或）活性组分的浓度与已有样品的浓度类似，并且接收方有使用该分析方法的经验。

● 被转移的分析方法收载在药典中，并无改变，此时应采用分析方法确认（参见本指南"8.3 分析方法确认"和《中国药典》指导原则 9099 分析方法确认指导原则）。

● 被转移的分析方法与已使用方法相同或相似。

● 转移方负责方法开发、验证或日常分析的人员调转到接收方。

如果符合转移豁免，接收双方应根据豁免理由形成文件。

8.5 文件

企业应建立分析方法验证、确认与转移管理规程，详细职责，验证、确认及转移的时机及要求。方法验证、确认与转移应有方案，实施后应有报告。实施过程中的偏差及变更应详细记录并得到批准。

通常情况下，分析方法的验证 / 确认 / 转移方案应含有以下信息：

● 唯一的方案号；

● 人员职责；

● 目的与范围；

● 风险评估；

● 验证的前提条件；

● 相关参数以及接受标准；

● 实验中所用对照品，检验样品信息；

● 分析仪器的相关信息，如确认和校准情况；

● 关键试剂试液及其来源、效期等；

- 验证、确认及转移的设计；
- 偏差与变更；
- 附件：如分析方法及质量规格，所使用的表格等。

实例分析

【实例】8-1 某制药企业制剂产品 A 的分析方法验证报告

某制药企业产品 A 的分析方法验证报告（仅体现验证内容）。

1 概要

根据分析方法验证方案 XXXX 的要求，对产品 A 鉴别、含量测定、有关物质（HPLC 法）三个检验项目进行了方法验证，包括准确度、精密度（重复性及中间精密度）、线性、范围、定量限、专属性、耐用性及溶液的稳定性。验证过程中未发生偏差和变更，验证结果为所有项目均符合可接受标准，验证结论为"通过"。

2 验证结果汇总（表 8-13）

表 8-13 对产品 A 鉴别、含量测定、有关物质的方法验证

检验项目	验证项目	可接受标准	验证结果	结论
含量	专属性	溶剂、流动相、各有关物质及辅料对主成分无干扰	溶剂、流动相、各有关物质及辅料对主成分均无干扰	符合要求
	准确度			
	回收率	98%~101%	99%~100%	符合要求
	回收率 RSD	RSD ≤ 2%	0.3%	符合要求
	精密度			
	重复性	RSD ≤ 1%	0.2%	符合要求
	中间精密度	RSD ≤ 2%	0.6%	符合要求
	线性			
	相关系数	$R ≥ 0.998$	0.9999	符合要求
	Y 轴截距绝对值与标准（100%）之比	≤ 2.0%	1.4%	符合要求
	剩余标准差与标准（100%）之比	≤ 2.0%	0.9%	符合要求

续表

检验项目	验证项目	可接受标准	验证结果	结论
含量	范围			
	方法所覆盖的浓度区间	至少为标示量的80%~120%	70%~130%	符合要求
	耐用性	SST溶液主成分拖尾因子≤2.0，主成分与相邻峰的分离度≥1.5，主成分峰面积的RSD≤2%	SST溶液主成分拖尾因子均<1.6，主成分与相邻峰的分离度>5.4，主成分峰面积的RSD<0.9%	符合要求
	溶液稳定性			
	与初始值的差	对照品溶液≤2.0%	24小时：−0.1%	符合要求
			48小时：−0.5%	
		供试品溶液≤2.0%	24小时：+0.7%	
			48小时：−0.2%	
鉴别	专属性	溶剂、流动相、各有关物质及辅料对主成分无干扰	溶剂、流动相、各有关物质及辅料对主成分均无干扰	符合要求
	精密度（重复性）	保留时间RSD≤2.0%	0.7%	符合要求
有关物质	专属性	溶剂、流动相、辅料对主成分及各有关物质无干扰，各有关物质能完全分离，相邻峰的分离度≥1.5	溶剂、流动相、辅料对主成分及各有关物质均无干扰，各有关物质均能完全分离，相邻峰的分离度均>1.5	符合要求
	准确度			
	回收率	90%~108%	94%~100%	符合要求
	回收率RSD	10.0%	2.3%	符合要求
	精密度			
	重复性	RSD≤3%	0.5%	符合要求
	中间精密度	RSD≤6%	0.6%	符合要求
	线性			
	相关系数	$R \geqslant 0.990$	0.9992	符合要求

检验项目	验证项目	可接受标准	验证结果	结论
有关物质	Y轴截距绝对值与限度标准（0.2%）之比	≤ 2.0%	0.1%	符合要求
	剩余标准差与限度标准（0.2%）之比	≤ 2.0%	0.7%	符合要求
	范围			
	方法所覆盖的浓度区间	LOQ～限度标准的120%	LOQ～125%	符合要求
	耐用性	SST溶液主成分拖尾因子 ≤ 2.0，各相邻峰的分离度 ≥ 1.5，主成分峰面积的RSD ≤ 2%，各有关物质峰面积的RSD ≤ 6%	SST溶液主成分拖尾因子均 < 1.6，各相邻峰的分离度 > 2.1，主成分峰面积的RSD < 0.9%，各有关物质峰面积的RSD ≤ 2.7%	符合要求
	定量限			
	信噪比	≥ 10∶1	114∶1	符合要求
	重复性	≤ 4%	2.2%	符合要求
	溶液稳定性			
	与初始值的差	对照品溶液 ≤ 0.1%	24 小时：+0.01%	符合要求
			48 小时：+0.02%	
		供试品溶液 ≤ 0.05%	24 小时：+0.01%	
			48 小时：+0.03%	

3 材料和方法

3.1 供试品及相关原辅料信息

名称	批号	有效期	生产商
产品 A	T9999	2025 年 05 月	×××制药公司
空白对照混合物	20220405	2024 年 03 月	×××制药公司

注：空白对照混合物为按照处方量配制的辅料混合物。

3.2 对照品

名称	批号	含量	有效期	贮藏条件	生产商
主成分	8888	100.0%	2024 年 09 月	室温	×××制药公司
有关物质 1	1107	100.0%	2024 年 09 月	2~8℃	×××制药公司

名称	批号	含量	有效期	贮藏条件	生产商
有关物质 2	1292	99.7%	2024 年 09 月	2~8℃	××× 制药公司
有关物质 3	06.04.06.06	99.4%	2024 年 09 月	2~8℃	××× 制药公司
有关物质 4	697F	100.0%	2024 年 09 月	2~8℃	××× 制药公司

3.3 仪器

仪器	型号	设备编号	有效期	生产商
液相色谱仪	YYY	P2201001	2023 年 01 月 16 日	××× 公司
液相色谱仪	YYY	P2201005	2023 年 02 月 15 日	××× 公司
分析天平	XXX	P2201002	2023 年 02 月 12 日	××× 公司
分析天平	ZZZ	P2201004	2023 年 02 月 12 日	××× 公司
pH 计	MMM	P2201003	2023 年 01 月 18 日	××× 公司

3.4 试剂

试剂名称	批号	有效期	生产商
磷酸二氢钠	A429146343	2023 年 10 月 12 日	××× 公司
邻苯二甲酸二乙酯	B019369501	2023 年 05 月 01 日	××× 公司
甲醇	0806516002	2023 年 06 月 12 日	××× 公司
磷酸（85%）	0332510003	2023 年 10 月 15 日	××× 公司

3.5 色谱柱及其他耗材

名称	规格 / 型号	批号	生产商
色谱柱	Zorbax C8，250mm×4.6mm，5μm	UN00323	××× 公司
色谱柱	SymmetryShield RP18，250mm×4.6mm，5μm	D12761	××× 公司
HVPVDF 滤膜	0.45μm，φ33mm	WBWAGE	××× 公司
过滤器 B	HPF–Millex–HN（尼龙）	R7PN05189	××× 公司
过滤器 C	HPF–Millex–HN（PVDF）	R7SN23399	××× 公司

3.6 溶液配制

0.01mol/L NaH$_2$PO$_4$ 溶液：用纯化水将 2.76g 磷酸二氢钠溶解于 2000ml 容量瓶中，定容。

0.01mol/L 磷酸溶液：用纯化水将 6.8ml 磷酸（85%）稀释于 1000ml 容量瓶中，定容。

磷酸盐缓冲液（pH 2.5）：将 2000ml 0.01mol/L 的 NaH$_2$PO$_4$ 溶液与 2000ml 的

0.01mol/L 磷酸混合。

溶剂：甲醇 + 纯化水（1400ml+600ml），混合。

流动相配制：将 700ml 甲醇与 300ml 磷酸盐缓冲液（pH 2.5）混合，得流动相。

邻苯二甲酸二乙酯溶液：精密称取邻苯二甲酸二乙酯 50mg 于 50ml 容量瓶中，用甲醇溶解并定容。

3.7 色谱条件

仪器	LC
流动相	甲醇 / 磷酸盐缓冲液（pH 2.5）（70%/30%，*V/V*）
检测器	UV
波长	254nm
流速	1.0ml/min
柱温	室温
进样量	10μl

4 供试品溶液的制备（表 8–14）

表 8–14　鉴别与含量供试品溶液

溶液编号	用途	加入储备液 A（ml）	加入空白对照混合物（mg）	容量瓶（ml）	进样量（μg/10μl）	主成分的浓度（相对于参比标准浓度 1.00mg/ml）（%）
1	A，L	6.0	85	25	6.96	69.6
2	L	7.0	85	25	8.12	81.2
3	L，SP	6.0	68	20	8.70	87.0
4	A，L，P，ST	9.0	85	25	10.44	104.4
5	L	10.0	85	25	11.60	116.0
6	A，L	9.0	68	20	13.05	130.5
7	C，P，ST，SP	—	—	—	10.00	100.0
8	SP	—	—	—	—	—
9	SP	—	—	—	—	—
10	SP	—	85	25	—	—
11	SP	—	—	—	—	—
12	SP	—	—	—	—	—
13	SP	—	—	—	—	—
14	SP	—	—	—	—	—

注：L 为线性；A 为准确度；SP 为专属性；C 为校准；P 为精密度；ST 为稳定性。

4.1 鉴别、含量测定

4.1.1 储备液配制

储备液 A：精密称取主成分对照品 290.0mg，置 100ml 容量瓶中，用溶剂溶解并定容。

有关物质 1 储备液：精密称取有关物质 1 对照品 50.00mg 于 50ml 容量瓶中，用甲醇溶解并定容。

有关物质 2 储备液：精密称取有关物质 2 对照品 4.001mg 于 50ml 容量瓶中，用溶剂溶解并定容，为有关物质 2 储备液。

有关物质 3 储备液：精密称取有关物质 3 对照品 4.003mg 于 50ml 容量瓶中，用溶剂溶解并定容，为有关物质 3 储备液。

有关物质 4 储备液：精密称取有关物质 4 对照品 4.005mg 于 50ml 容量瓶中，用溶剂溶解并定容，为有关物质 4 储备液。

4.1.2 检测液配制

溶液 1~6：将表 8-14 中规定量的储备液 A 和空白对照混合物置于规定容量瓶中，用溶剂稀释至体积 2/3 后振摇 60 分钟。溶液至室温后用溶剂定容（用于准确度测试的溶液 1、4、6 从制备储备液 A 开始，平行制备 3 份，分别标识为 1-1、1-2、1-3；4-1、4-2、4-3；6-1、6-2、6-3）。

溶液 7：精密称取主成分对照品 100.00mg，置 100ml 容量瓶中，用溶剂溶解并定容。

溶液 8（系统适用性溶液，SST）：精密称取主成分对照品 100.00mg，置 100ml 容量瓶中，用移液管移取 2.0ml 邻苯二甲酸二乙酯溶液，1.0ml 有关物质 1 储备液，10.0ml 有关物质 2 储备液，10.0ml 有关物质 3 储备液，10.0ml 有关物质 4 储备液至容量瓶中，用溶剂溶解并定容。

溶液 9：溶剂。

溶液 10：将表 8-14 中规定量空白对照混合物置于规定容量瓶中，用溶剂稀释至体积 2/3 后振摇 60 分钟。溶液至室温后用溶剂定容。

溶液 11：流动相。

溶液 12：移取 5.0ml 有关物质 2 储备液于 50ml 容量瓶中，用溶剂定容。

溶液 13：移取 5.0ml 有关物质 3 储备液于 50ml 容量瓶中，用溶剂定容。

溶液 14：移取 5.0ml 有关物质 4 储备液于 50ml 容量瓶中，用溶剂定容。

4.2 有关物质溶液配制

表 8-15 用不同量的储备液 B 和 C 制备含有关物质 1 各种浓度的供试品溶液。

表 8-15 有关物质溶液的配置

溶液编号	用途	加入储备液 B（ml）	加入储备液 C（ml）	加入空白对照混合物（mg）	容量瓶（ml）	含有关物质 1 的进样量（μg/10μl）	有关物质 1 的浓度（相对于参比标准浓度 1.00mg/ml）（%）
15	A，L，LOQ	2.0	10.0	340	100	0.0050	0.05
16	L	4.0	10.0	340	100	0.010	0.10
17	L，ST	6.0	10.0	340	100	0.015	0.15
18	L	7.0	10.0	340	100	0.0175	0.175
19	A，L，P	8.0	10.0	340	100	0.020	0.20
20	A，L	10.0	10.0	340	100	0.025	0.25
21	ST，C，P	—	—	—	—	0.05	0.50

注：L 为线性；A 为准确度；C 为校准；P 为精密度；ST 为稳定性；LOQ 为定量限。

4.2.1 储备液配制

储备液 B：精密称取有关物质 1 对照品 50.00mg 于 100ml 容量瓶中，用溶剂溶解并定容。移取 5.0ml 该溶液于 100ml 容量瓶中，用溶剂定容。

储备液 C：精密称取主成分对照品 1000.0mg 于 100ml 容量瓶中，用溶剂溶解并定容。

参比储备液：精密称取有关物质 1 对照品 50.00mg 于 50ml 容量瓶中，用甲醇溶解并定容。

4.2.2 检测液配制

溶液 15~20：称取 340.0mg 空白对照混合物，将表 8-15 中规定量的储备液 B 和储备液 C 置于 100ml 容量瓶中，混合并用溶剂定容（用于准确度测试的溶液 15、19、20 从制备储备液 B 和储备液 C 开始，平行制备 3 份分别标识为：15-1、15-2、15-3；19-1、19-2、19-3；20-1、20-2、20-3）。

溶液 21：移取 5.0ml 参比储备液于 100ml 容量瓶中，用溶剂定容。移取 10.0ml 该溶液于 100ml 容量瓶中，用溶剂定容。

5 分析方法的验证

5.1 准确度

5.1.1 含量测定

对照品溶液：溶液 7。

用溶液 1、4、6（主成分相当于标示量的 69.6%、104.4%、130.5% 和空白对照混合物）验证准确度。

通过计算溶液 1、4、6 的测定值与理论值的比值测定准确度（回收率）。计算回收率的平均值和相对标准偏差（表 8-16）。

表 8-16　回收率的平均值和相对标准偏差

主成分				
溶液编号	主成分 A 称重（mg）	测定浓度（mg/ml）	理论浓度（mg/ml）	回收率（%）
1-1	290.12	0.6908	0.6963	99.21
1-2	290.27	0.6919	0.6966	99.33
1-3	289.97	0.6909	0.6959	99.28
4-1	290.20	1.0415	1.0407	100.08
4-2	290.32	1.0422	1.0452	99.71
4-3	290.34	1.0431	1.0452	99.80
6-1	290.36	1.2994	1.3066	99.45
6-2	290.47	1.2980	1.3071	99.30
6-3	289.62	1.2904	1.3033	99.01
平均值（%）				99.46
RSD（%）				0.3

结果符合可接受标准：回收率均在 98%~101% 范围内；回收率的相对标准偏差为 0.3%，< 2.0%。

5.1.2 有关物质

对照品溶液：溶液 21。

用溶液 15、19、20（有关物质 1 相当于主成分标示量的 0.05%、0.20%、0.25%）验证准确度。

测定溶液 15、19、20，计算其回收率（测定值与理论值的比值），并计算所有回收率的平均值和相对标准偏差（表 8-17）。

表 8-17 有关物质

有关物质 1				
溶液编号	有关物质 1 称重（mg）	测定浓度（μg/ml）	理论浓度（μg/ml）	回收率（%）
15–1	50.41	0.4790	0.5041	95.02
15–2	50.39	0.4904	0.5039	97.32
15–3	50.27	0.4854	0.5027	96.56
19–1	50.35	2.0059	2.0140	99.60
19–2	50.38	2.0128	2.0152	99.88
19–3	50.33	2.0006	2.0132	99.37
20–1	50.40	2.3993	2.5200	95.21
20–2	50.43	2.3722	2.5215	94.08
20–3	50.46	2.4891	2.5230	98.66
平均值（%）				97.30
RSD（%）				2.3

结果符合可接受标准：回收率均在 90%~108% 范围内；回收率的相对标准偏差为 2.3%，< 10.0%。

5.2 精密度

5.2.1 重复性

5.2.1.1 鉴别

对照品溶液：溶液 7。

供试品溶液：溶液 4，平行制备 6 份，分别为 4–1~4–6。

计算主成分保留时间的相对标准偏差（表 8-18）。

表 8-18 主成分保留时间

供试品溶液	保留时间
4–1	15.701
4–2	15.690
4–3	15.686
4–4	15.689
4–5	15.961
4–6	15.679
平均值	15.734
RSD	0.7%

结果符合可接受标准：保留时间的相对标准偏差为 0.7%，< 2.0%。

5.2.1.2 含量

对照品溶液：溶液 7。

供试品溶液：溶液 4，平行制备 6 份，分别为 4-1~4-6。

计算主成分含量的相对标准偏差（表 8-19）。

表 8-19　主成分含量

供试品溶液	含量（%）
4-1	100.05
4-2	99.73
4-3	99.81
4-4	99.83
4-5	99.57
4-6	100.10
平均值（%）	99.85
RSD（%）	0.2

结果符合可接受标准：主成分含量的相对标准偏差为 0.2%，< 1%。

5.2.1.3 有关物质

对照品溶液：溶液 21。

样品溶液：溶液 19，平行制备 6 份，分别为 19-1~19-6。

计算有关物质 1 含量的相对标准偏差（表 8-20）。

表 8-20　有关物质 1 含量

供试品加标溶液	有关物质 1 含量（相当于主成分标示量）
19-1	0.2006%
19-2	0.2013%
19-3	0.2001%
19-4	0.1995%
19-5	0.2017%
19-6	0.1992%
平均值	0.2004%
RSD	0.5%

结果符合可接受标准：有关物质 1 含量的相对标准偏差为 0.5%，< 3%。

5.2.2 中间精密度

5.2.2.1 含量

由另一名检验人员在不同时间使用另一台仪器对同一批产品（与重复性相同）进行含量测定。

重新制备溶液 7。

重新制备溶液 4（平行 6 份）并检验，分别标识为 4-7~4-12，计算 12 个检验结果的相对标准偏差来验证中间精密度（表 8-21）。

表 8-21　产品 A 含量测定

人员	日期	4-1	4-2	4-3	4-4	4-5	4-6
人员 1	2022 年 03 月 08 日	100.05%	99.73%	99.81%	99.83%	99.57%	100.10%
人员	日期	4-7	4-8	4-9	4-10	4-11	4-12
人员 2	2022 年 03 月 09 日	99.45%	101.02%	99.33%	98.69%	100.62%	99.69%
平均值		99.8%					
RSD		0.6%					

结果符合可接受标准：相对标准偏差为 0.6%，< 2%。

5.2.2.2 有关物质

由另一名检验人员在不同时间使用另一台仪器对同一批产品（与重复性相同）进行有关物质测定。

重新制备溶液 21。

重新制备溶液 19（平行 6 份）并检验，分别标识为 19-7~19-12，计算 12 个检验结果的相对标准偏差来验证中间精密度（表 8-22）。

表 8-22　产品 A 有关物质 1

人员	日期	19-1	19-2	19-3	19-4	19-5	19-6
人员 1	2022 年 03 月 10 日	0.2006%	0.2013%	0.2001%	0.1995%	0.2017%	0.1992%
人员	日期	19-7	19-8	19-9	19-10	19-11	19-12
人员 2	2022 年 03 月 11 日	0.2000%	0.2010%	0.2022%	0.2018%	0.1999%	0.1981%
平均值		0.20%					
RSD		0.6%					

结果符合可接受标准：相对标准偏差为 0.6%，< 6%。

5.3 线性

5.3.1 含量

用溶液 1~6（主成分相当于标示量的 69.6%~130.5%）验证线性。

溶液名称	平均峰面积	浓度（mg/ml）
1	7005231	0.696
2	8143455	0.812
3	8746782	0.870
4	10473906	1.044
5	11657059	1.160
6	12985647	1.305

对数据进行线性回归分析。得到如下统计学数据和图表（图 8-2）。

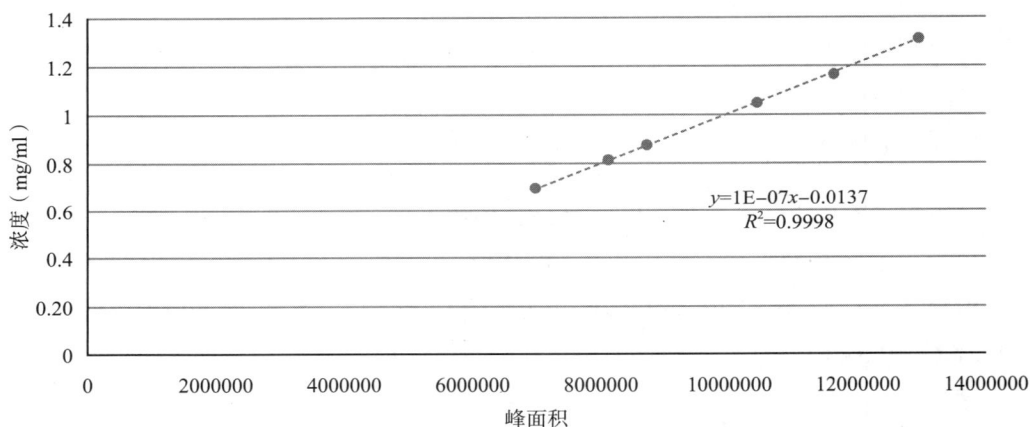

图 8-2　主成分含量线性回归分析图

残差平方和 SS 的计算公式：

$$SS = \sum (y_i - y_i^*)^2$$

式中，y_i^* 为回归线上相应于 y_i 点的计算得到的 y 值。

残差平方和 SS=0.0087

y 轴截距的绝对值与标准为 100% 时的浓度（=1.0mg/ml）的比值

$$结果（\%）=\frac{y 轴截距}{1.0mg/ml} \times 100\%$$

Y 轴截距	结果（%）
0.0137	1.4

剩余标准差与标准为 100% 时的浓度（=1.0mg/ml）的比值

SS 值	结果（%）
0.0087	0.9

回归线的校正系数：$R=0.9999$

结果均符合可接受标准：

y 轴截距的绝对值与标准之比为 1.4%，< 2.0%。

剩余标准差与标准之比为 0.9%，< 2.0%。

回归曲线的校正系数为 0.9999，> 0.998。

5.3.2 有关物质

用溶液 15~20（有关物质 1 相当于主成分标示量的 0.05%~0.25%）验证线性。

溶液名称	平均峰面积	浓度（μg/ml）
15	7184	0.50
16	14497	1.00
17	22152	1.50
18	26049	1.75
19	29786	2.00
20	35984	2.50

对数据进行线性回归分析。得到如下统计学数据和图表（图 8-3）。

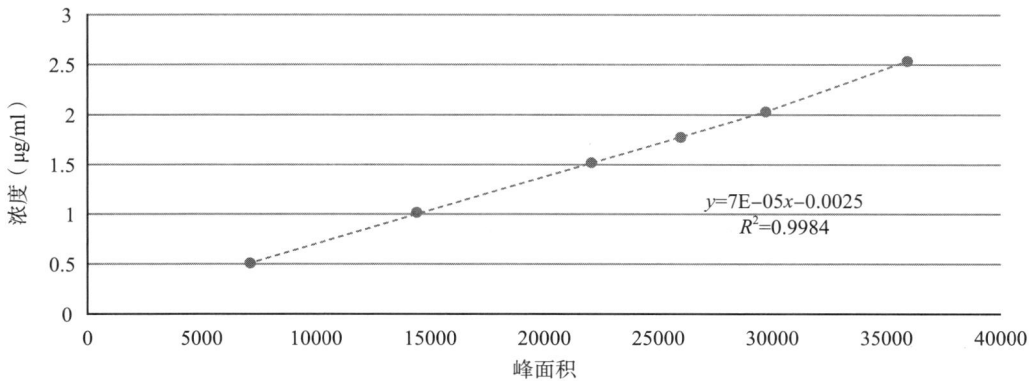

图 8-3　有关物质 1 线性回归分析图

残差平方和 $SS=0.0146$

y 轴截距的绝对值与限度标准的浓度（2.0μg/ml）比值

Y 轴截距	结果（%）
0.0025	0.1

剩余标准差与限度标准的浓度（2.0μg/ml）比值

SS 值	结果（%）
0.0146	0.7

回归线的校正系数：R=0.9992

结果均符合可接受标准：

y 轴截距的绝对值与标准之比为 0.1%，＜2.0%。

剩余标准差与标准之比为 0.7%，＜2.0%。

回归曲线的校正系数 0.9992，＞0.990。

5.4 定量限

用溶液 15（有关物质 1 相当于主成分标示量的 0.05%，浓度为 0.50μg/ml）验证定量限。

测定 6 次，计算其峰面积的相对标准偏差。另外，还根据进样第一针作图计算有关物质 1 的信噪比（表 8-23）。

表 8-23 有关物质 1 定量限

溶液 15	峰面积
样品 1	7082
样品 2	7250
样品 3	7433
样品 4	7241
样品 5	7550
样品 6	7263
平均值	7303
RSD	2.2%

$$LOQ = \frac{2 \times h_s}{h_N}$$

式中，h_s 为有关物质 1 的峰高，自平均基线水平至峰顶的高度；

h_N= 检测器信号相对于基线水平的最大偏差值。

结果：LOQ=114：1

结果符合可接受标准：

信噪比 114：1，＞10：1

峰面积的相对标准偏差 2.2%，＜4%。

5.5 专属性

用溶液 3、7~14 验证专属性，色谱图参见图 8-4。

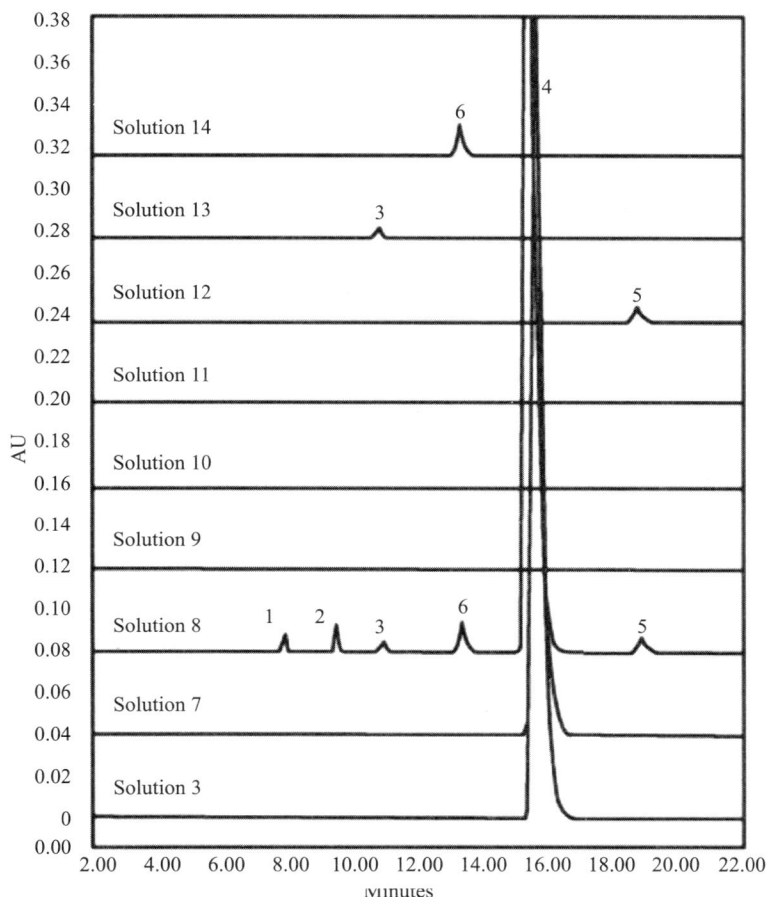

图 8-4 专属性验证色谱图

峰 1：邻苯二甲酸二乙酯；峰 2：有关物质 1；峰 3：有关物质 3；峰 4：主成分；峰 5：有关物质 2；峰 6：有关物质 4。

结果均符合可接受标准：

在如上重叠色谱图中，溶液 8（邻苯二甲酸二乙酯、有关物质 1、有关物质 2、有关物质 3、有关物质 4、主成分）、溶液 9（溶剂）、溶液 10（辅料）、溶液 11（流动相）、溶液 12（有关物质 2）、溶液 13（有关物质 3）及溶液 14（有关物质 4）均对溶液 3（供试品溶液）无干扰。相邻峰的分离度均大于 1.5，所有峰均达到分离。

5.6 溶液的稳定性研究

5.6.1 含量测定

对供试品溶液（溶液 4）和对照品溶液（溶液 7），分别在初始时、室温放置 24

小时和 48 小时进样测定。同时在每个检测时间点，分别新制备对照品溶液作为参比，测定溶液 4 和溶液 7 的主成分含量（表 8-24）。

分别计算供试品溶液和对照品溶液在室温 24 小时和 48 小时的检测结果与初始值的差值，以验证供试品溶液和对照品溶液的稳定性。

表 8-24　溶液主成分检测结果与初始值的差值

溶液名称	时间（小时）	浓度（相对于标示量）（%）	与初始值的差值（%）
供试品溶液（溶液 4）	初始	103.8	—
	24	104.5	+0.7
	48	103.6	−0.2
	最大差值		+0.7
对照品溶液（溶液 7）	初始	100.0	—
	24	99.9	−0.1
	48	99.5	−0.5
	最大差值		−0.5

结果符合可接受标准：

供试品溶液在室温放置 24 小时和 48 小时的检测结果与初始值差值的绝对值分别为 0.7% 和 0.2%，＜ 2.0%。

对照品溶液在室温放置 24 小时和 48 小时的检测结果与初始值差值的绝对值分别为 0.1% 和 0.5%，＜ 2.0%。

5.6.2　有关物质

对溶液 19（含有关物质 1 和主成分的供试品溶液）和溶液 21（有关物质 1 的对照品溶液），分别在初始时、室温放置 24 小时和 48 小时进样测定。同时，在每个检测时间点，分别新制备有关物质 1 对照品溶液作为参比，测定溶液 19 和溶液 21 的有关物质 1 的含量。

分别计算供试品溶液和对照品溶液在室温 24 小时和 48 小时的检测结果与初始值的差值，以验证供试品溶液和对照品溶液的稳定性（表 8-25）。

表 8-25 溶液有关物质检测结果与初始值的差值

溶液名称	时间（小时）	浓度（相对于标示量）（%）	与初始值的差值（%）
供试品溶液（溶液 19）	初始	0.20	—
	24	0.21	+0.01
供试品溶液（溶液 19）	48	0.22	+0.02
	最大差值		+0.02
对照品溶液（溶液 21）	初始	0.50	—
	24	0.51	+0.01
	48	0.53	+0.03
	最大差值		+0.03

结果符合可接受标准：

供试品溶液在室温放置 24 小时和 48 小时的检测结果与初始值差值的绝对值分别为 0.01% 和 0.02%，< 0.05%。

对照品溶液在室温放置 24 小时和 48 小时的检测结果与初始值差值的绝对值分别为 0.01% 和 0.03%，< 0.1%。

5.7 耐用性

5.7.1 过滤器测试

取含量中间精密度供试品溶液 1 剩余部分分别用过滤器 B 和 C 过滤，并检测主成分的含量。检测结果与用方法规定的滤器过滤所得溶液的测定值进行比较（表 8-26）。另外，需比较三种溶液的色谱图。

过滤器 B：HPF-Millex-HN（尼龙），物品编号 SLHNM25NS，批号 R7PN05189。

过滤器 C：HPF-Millex-HN（PVDF），物品编号 SLHVM25NS，批号 R7SN23399。

表 8-26 过滤器测试结果

过滤器	浓度，相对于标示量（%）	与方法规定滤器的结果差异（%）
方法规定滤器	99.1	—
B	100.2	1.1
C	100.6	1.5

过滤器 B 过滤溶液的色谱图在保留时间 9.4 分钟处出现一个面积为 1.1% 的新杂质。过滤器 C 过滤溶液的色谱图在保留时间 9.4 分钟处出现一个面积为 0.2% 的新杂质。该新杂质峰对主成分及有关物质峰无干扰。

5.7.2 参数的变化

通过改变条件，用 SST 溶液验证耐用性。初始条件进样 5 针，其余各条件进样 1 针。评价各试验条件下主成分和有关物质峰面积的 RSD、主成分峰的拖尾因子、各相邻色谱峰之间的分离度，结果汇总见表 8-27、表 8-28）。

表 8-27　HPLC 条件的变化及耐用性结果（拖尾因子及分离度）

试验	柱温（℃）	流速（ml/min）	波长（nm）	流动相	主成分拖尾因子	分离度 1	分离度 2	分离度 3	分离度 4	分离度 5
初始	25	1.0	254	依据检验方法	1.1	6.5	5.2	3.6	8.7	7.3
试验 1	30	1.0	254	依据检验方法	1.2	6.4	5.1	3.5	8.6	7.2
试验 2	20	1.0	254	依据检验方法	1.2	6.4	5.1	3.5	8.6	7.2
试验 3	25	0.9	254	依据检验方法	1.3	6.7	5.4	3.8	8.9	7.5
试验 4	25	1.1	254	依据检验方法	1.2	6.4	5.1	3.5	8.6	7.2
试验 5	25	1.0	252	依据检验方法	1.3	6.6	5.3	3.7	8.8	7.4
试验 6	25	1.0	256	依据检验方法	1.3	6.6	5.3	3.7	8.8	7.4
试验 7	25	1.0	254	甲醇：磷酸盐缓冲液（70%：30%）pH 2.3	0.8	6.6	5.3	3.7	8.8	7.4
试验 8	25	1.0	254	甲醇：磷酸盐缓冲液（70%：30%）pH 2.7	1.3	6.6	5.3	3.7	8.8	7.4

试验	柱温（℃）	流速（ml/min）	波长（nm）	流动相	主成分拖尾因子	分离度1	分离度2	分离度3	分离度4	分离度5
试验9	25	1.0	254	甲醇：磷酸盐缓冲液（65%：35%）pH 2.5	1.6	9.1	8.0	7.1	11.5	10.1
试验10	25	1.0	254	甲醇：磷酸盐缓冲液（75%：25%）pH 2.5	1.0	4.5	3.1	2.1	6.7	5.4
试验11	25	1.0	254	更换另一根色谱柱	0.5	6.1	4.8	3.2	8.3	6.9
			最大值		1.6	9.1	8.0	7.1	11.5	10.1
			最小值		0.5	4.5	3.1	2.1	6.7	5.4

注：分离度1：邻苯二甲酸二乙酯色谱峰与有关物质1色谱峰；分离度2：有关物质1色谱峰与有关物质3色谱峰；分离度3：有关物质3色谱峰与有关物质4色谱峰；分离度4：有关物质4色谱峰与主成分色谱峰；分离度5：主成分色谱峰与有关物质2色谱峰。

表 8-28　HPLC 条件的变化及耐用性结果（主成分和有关物质峰面积 RSD）

试验	柱温（℃）	流速（ml/min）	波长（nm）	流动相	主成分（%）	有关物质1（%）	有关物质2（%）	有关物质3（%）	有关物质4（%）
初始	25	1.0	254	依据检验方法	0.9	1.8	2.2	2.5	1.6
试验1	30	1.0	254	依据检验方法	0.9	1.8	2.1	2.5	1.5
试验2	20	1.0	254	依据检验方法	0.8	1.9	2.2	2.6	1.6
试验3	25	0.9	254	依据检验方法	0.8	1.8	2.1	2.7	1.6
试验4	25	1.1	254	依据检验方法	0.8	1.6	2.1	2.6	1.5
试验5	25	1.0	252	依据检验方法	0.9	1.8	2.1	2.5	1.6
试验6	25	1.0	256	依据检验方法	0.9	1.9	2.2	2.6	1.5

试验	柱温 (℃)	流速 (ml/min)	波长 (nm)	流动相	主成分 (%)	有关物质1 (%)	有关物质2 (%)	有关物质3 (%)	有关物质4 (%)
试验7	25	1.0	254	甲醇:磷酸盐缓冲液（70%:30%）pH 2.3	0.8	1.9	2.1	2.6	1.6
试验8	25	1.0	254	甲醇:磷酸盐缓冲液（70%:30%）pH 2.7	0.8	1.8	2.1	2.6	1.5
试验9	25	1.0	254	甲醇:磷酸盐缓冲液（65%:35%）pH 2.5	0.8	1.8	2.3	2.7	1.6
试验10	25	1.0	254	甲醇:磷酸盐缓冲液（75%:25%）pH 2.5	0.8	1.9	2.1	2.7	1.4
试验11	25	1.0	254	更换另一根色谱柱	0.8	1.8	2.1	2.6	1.5
				最大值	0.9	1.9	2.3	2.7	1.6

结果符合可接受标准：

各测试条件下，SST 溶液主成分拖尾因子均小于 2.0，各相邻峰的分离度均大于 1.5，主成分峰面积的 RSD 均小于 2%，各有关物质峰面积的 RSD 均小于 6%，该方法耐用性良好。

【实例】8-2 阿达木单抗的生物活性（中和法）分析方法验证

单抗的生物学活性的基本研究包括抗原结合能力、Fc 相关受体、C1q 亲和力分析，以及基于细胞的生物学活性研究。本案例以阿达木单抗的生物活性（中和法）分析方法为例说明单抗的生物活性分析方法验证。

TNF-α 可诱导 L-929 小鼠成纤维细胞凋亡，TNF-α 与阿达木单抗特异性结合后，阻断了 TNF-α 对靶细胞的凋亡作用，中和了其对 L-929 细胞毒性。采用 TNF-α 细胞毒中和法，通过比较参比品和供试品的 EC_{50} 值，计算供试品的凋亡抑制生物活性。一般拟定质量标准范围为对照品的 80%~125%，由于方法的变异性较大，部分生物类似药企业拟定质量标准为 70%~150%。鉴于候选药质量标准应不低于参照药，建议通过方法优化提高方法的精密度，尽量收紧至原研药的质量标准范围。

1 活性检测验证简介

阿达木单抗的生物活性检测（TNF-α 中和法）的方法验证所考察的内容包括：专属性、精密度、准确度、线性、范围和耐用性。

2 活性检测方法简述

阿达木单抗可特异地与 TNF-α 结合，阻断其与 L-929 小鼠成纤维细胞表面 TNF-α 受体的相互作用，中和 TNF-α 对 L-929 小鼠成纤维细胞的细胞毒性作用。因此，通过考察阿达木单抗对 TNF-α 细胞毒性的中和作用可测定其生物学活性。

活性检测中，取对数生长期的 L-929 小鼠成纤维细胞，计数并根据要求调整活细胞密度，完成 96 孔细胞培养板的铺板。经培养一定时间后，在 96 孔细胞培养板中加入含有放线菌素 D（ActD）、TNF-α 和不同浓度的阿达木单抗参考品及供试品，继续培养至规定的作用时间。阿达木单抗参考品及供试品与细胞作用时间完成后，在 96 孔细胞培养板中加入细胞染色物 CCK-8，并测定吸光度，进而分别对阿达木单抗参考品及供试品的量效关系进行四参数拟合，比较两者 EC_{50} 值，计算供试品的生物学活性。

3 材料描述

材料名称	材料供应商	订货号	批号	有效期
阿达木单抗参考品	××××××	××××××	××××××	××××××
放线菌素 D（ActD）	××××××	××××××	××××××	××××××
TNF-α	××××××	××××××	××××××	××××××
L-929 小鼠成纤维细胞	××××××	××××××	××××××	××××××
96 孔细胞培养板	××××××	××××××	××××××	××××××
MEM 培养基	××××××	××××××	××××××	××××××
DMSO 培养基	××××××	××××××	××××××	××××××
磷酸盐缓冲溶液	××××××	××××××	××××××	××××××
胎牛血清	××××××	××××××	××××××	××××××
胰蛋白酶	××××××	××××××	××××××	××××××
细胞染色物 CCK-8	××××××	××××××	××××××	××××××

4 仪器设备

名称	供应商	型号	设备编号	验证有效期
酶标仪	××××××	××××××	××××××	××××××
细胞技术器	××××××	××××××	××××××	××××××
倒置显微镜	××××××	××××××	××××××	××××××
二氧化碳培养箱	××××××	××××××	××××××	××××××
超净工作台	××××××	××××××	××××××	××××××

5 验证结果

5.1 专属性

5.1.1 方法

本专属性试验选用非抗 TNF-α 单抗（抗 VEGF）作为对照测试样品，验证阿达木单抗可特异地与 TNF-α 结合，阻断 TNF-α 与 L-929 小鼠成纤维细胞表面 TNF-α 受体的相互作用，中和 TNF-α 对 L-929 小鼠成纤维细胞的细胞毒性作用。可接受标准为阿达木对 TNF-α 的中和率（%）不低于 50%；同时，对照品单抗 MV（抗 VEGF）对 TNF-α 的中和率（%）不高于 30%。

5.1.2 结果

样品名称	TNF-α 中和率（%）接受标准	TNF-α 中和率（%）结果
阿达木单抗	≥ 50%	XX%
对照品 MV 单抗	≤ 30%	XX%

5.1.3 结果符合性

满足可接受标准　■是　□否

5.2 精密度

5.2.1 重复性

5.2.1.1 方法

1 名检测人员重复对 75%、100%、125% 三个活性效价水平的阿达木单抗样品进行生物检测，通过考察 RSD 判断所用生物活性检测方法的重复性。

可接受标准为：RSD ≤ 20%。

5.2.1.2 结果

检测序号	检测人员	阿达木活性（%）水平	活性（%）检测结果	活性（%）平均值	RSD	可接受标准
1	QC001	75%	××××			
2	QC001	75%	××××	×××××	××××	RSD ≤ 20%
3	QC001	75%	××××			
4	QC001	100%	××××			
5	QC001	100%	××××	×××××	××××	RSD ≤ 20%
6	QC001	100%	××××			
7	QC001	125%	××××			
8	QC001	125%	××××	×××××	××××	RSD ≤ 20%
9	QC001	125%	××××			

5.2.1.3 结果符合性

满足可接受标准　■是　□否

5.2.2 日间精密度

5.2.2.1 方法

1 名检测人员在不同的三天，重复对 100% 活性效价水平的阿达木单抗样品进行生物检测，通过考察 RSD 判断所用生物活性检测方法的日间精密度。

5.2.2.2 结果

检测序号	检测时间	检测人员	阿达木活性（%）水平	活性（%）检测结果	活性（%）平均值	RSD	可接受标准
1	Day1	QC001	100%	×××××			
2	Day2	QC001	100%	×××××	×××××	×××	RSD ≤ 20%
3	Day3	QC001	100%	×××××			

5.2.2.3 结果符合性

满足可接受标准　■是　□否

5.2.3 中间精密度

5.2.3.1 方法

3 名检测人员在不同的三天，重复对 100% 活性效价水平的阿达木单抗样品进行生物检测，通过考察 RSD 判断所用生物活性检测方法的中间精密度。

5.2.3.2 结果

检测序号	检测时间	检测人员	阿达木活性（%）水平	活性（%）检测结果	活性（%）平均值	RSD	可接受标准
1	Day1	QC001	100%	××××			
2	Day2	QC002	100%	××××	××××	×××	RSD ≤ 20%
3	Day3	QC003	100%	××××			

5.2.3.3 结果符合性

满足可接受标准　■是　□否

5.3 准确度

5.3.1 方法

3 名检测人员对 50%、75%、100%、125%、150% 活性效价水平的阿达木单抗样品进行生物检测，通过考察 RSD 判断所用生物活性检测方法的准确度。

5.3.2 结果

检测序号	检测人员	阿达木活性（%）水平	活性（%）检测结果	活性（%）平均值	RSD	回收率（%）	可接受标准
1	QC001	50%	××××				
2	QC002	50%	××××	××××	×××	××××	RSD ≤ 20% 回收率 80%~120%
3	QC003	50%	××××				
4	QC001	75%	××××				
5	QC002	75%	××××	××××	×××	××××	RSD ≤ 20% 回收率 80%~120%
6	QC003	75%	××××				
7	QC001	100%	××××				
8	QC002	100%	××××	××××	×××	××××	RSD ≤ 20% 回收率 80%~120%
9	QC003	100%	××××				
10	QC001	125%	××××				
11	QC002	125%	××××	××××	×××	××××	RSD ≤ 20% 回收率 80%~120%
12	QC003	125%	××××				
13	QC001	150%	××××				
14	QC002	150%	××××	××××	×××	××××	RSD ≤ 20% 回收率 80%~120%
15	QC003	150%	××××				

5.3.3 结果符合性

满足可接受标准　■是　□否

5.4 线性

5.4.1 方法

基于准确度验证数据，通过 Prism 软件对 3 名检测人员对 50%、75%、100%、125%、150% 活性效价水平的阿达木单抗样品所进行生物检测的结果进行线性拟合，通过考察拟合曲线的斜率和回归度判断所用生物活性检测方法的线性。

5.4.2 结果

拟合曲线	线性指标	可接受标准
××××××	R^2=××××× Slope=×××××	$R^2 \geqslant 0.95$ Slope=0.9~1.1

5.4.3 结果符合性

满足可接受标准　■是　□否

5.5 范围

5.5.1 方法

基于准确度验证数据，通过 Prism 软件对 3 名检测人员对 50%、75%、100%、125%、150% 活性效价水平的阿达木单抗样品所进行生物检测的结果进行线性拟合，获得同时满足方法线性和准确度要求的范围，即本方法的范围。

5.5.2 结果

本方法用于检测 50%~150% 活性效价水平的阿达木单抗样品时，结果同时满足方法线性和准确度要求，因此本方法的范围是 50%~150%。

5.5.3 结果符合性

满足可接受标准　■是　□否

5.6 耐用性

5.6.1 方法

L-929 小鼠成纤维细胞的代次、细胞密度、样品孵育时间、显色时间等因素，是影响本方法准确性的潜在因素，通过考察本方法在这些因素不同参数值情况下的 RSD，判断本方法用于检测阿达木单抗生物活性的耐用性。

5.6.2 结果

阿达木活性（%）水平	考察因素	考察参数	活性（%）检测结果	活性（%）平均值	RSD	可接受标准
100%	细胞代次	× × × × ×	× × × × ×	× × × × ×	× × × ×	RSD ≤ 20%
		× × × × ×	× × × × ×			
		× × × × ×	× × × × ×			
		× × × × ×	× × × × ×			
100%	细胞密度	× × × × ×	× × × × ×	× × × × ×	× × × ×	RSD ≤ 20%
		× × × × ×	× × × × ×			
		× × × × ×	× × × × ×			
		× × × × ×	× × × × ×			
100%	样品孵育时间	× × × × ×	× × × × ×	× × × × ×	× × × ×	RSD ≤ 20%
		× × × × ×	× × × × ×			
		× × × × ×	× × × × ×			
		× × × × ×	× × × × ×			
100%	显色时间	× × × × ×	× × × × ×	× × × × ×	× × × ×	RSD ≤ 20%
		× × × × ×	× × × × ×			
		× × × × ×	× × × × ×			
		× × × × ×	× × × × ×			

5.6.3 结果符合性

满足可接受标准　■是　□否

6 结论

阿达木单抗生物活性检测（TNF-α 中和法）方法的专属性、精密度、准确度、线性、范围和耐用性均能够满足生物活性方法验证的可接受标准，其检测范围是50%~150%。

【实例】8-3 某人凝血酶产品效价测定验证

人凝血酶效价测定验证

1 目的

本研究的目的是为了验证分析方法 B 适用于产品 A（1000IU/ 瓶）的活性测定。

172

2 材料和方法

2.1 供试品

品名	产品 A
批号	S20210403TB
生产商	×××××× 有限公司
贮存条件	2~8℃

2.2 标准品：主成分

生产商：中国食品药品检定研究院

效价：126IU/ 瓶

贮存条件：-20℃以下

2.3 试剂、溶液和仪器

2.3.1 试剂

人血白蛋白	×××××× 有限公司，20180522B
人纤维蛋白原	×××××× 有限公司，20190804X
外用人纤维蛋白原	×××××× 有限公司，S20201201FG
纤维蛋白原	中国食品药品检定研究院，202012，凝固物含量 45%

2.3.1 溶液

A. 生理氯化钠溶液：称取氯化钠 9g 加 1000ml 的纯化水溶解，121℃高压蒸汽灭菌 15 分钟。

B. 含 1% 人血白蛋白的生理氯化钠溶液：取人血白蛋白，根据标示量用生理氯化钠溶液稀释至 1%。

C. 2mg/ml 的人纤维蛋白原溶液：取复溶后的人纤维蛋白原，按标示量用生理氯化钠溶液稀释至 2mg/ml。

2.3.3 仪器

半自动凝血分析仪：××× 公司 MC-4，仪器在确认有效期内。

2.4 分析方法

2.4.1 标准品溶液的制备

将标准品按标示量用灭菌注射用水复溶后，用含 1% 人血白蛋白的生理氯化钠溶液稀释成效价为 20IU/ml、10IU/ml、5IU/ml 和 2.5IU/ml 的标准品溶液备用。

2.4.2 供试品溶液的制备

将供试品或按标示量用灭菌注射用水复溶后的供试品，用含1%人血白蛋白的生理氯化钠溶液稀释至标准曲线内进行测定。

2.4.3 测定

将反应杯放在半自动血凝仪的检测通道上，加入磁珠，按下温育通道键，加入标准品溶液或供试品溶液各0.1ml，并在5秒内按下"Incub. Start"键温育2分钟；温育结束后，按下检测通道键，在5秒内往反应杯中加入2mg/ml人纤维蛋白原溶液0.3ml，并同时按"Man. Start"键开始测定，记录仪器上显示的凝固时间。每个稀释度平行测定两管。以标准品溶液效价（IU/ml）的对数对应相应凝固时间（秒）的对数作直线回归，求得直线回归方程，$r \geq 0.99$。计算供试品溶液的效价，再乘以稀释倍数，即为每个稀释度供试品的效价（IU/ml）。

3 实验设计及测定结果

取已知效价的供试品（或标准品）复溶后，用含1%人血白蛋白的生理氯化钠溶液稀释成理论效价为700IU/ml、600IU/ml、500IU/ml、450IU/ml和400IU/ml的待测溶液各3份，即理论效价水平为140%、120%、100%、90%和80%的待测溶液。分别由两名检验员在不同日期按2.4项下的分析方法进行检测，测定结果见表8-29。

表8-29 测定结果

理论效价水平			140%	120%	100%	90%	80%
测试	检验员	检验日期	实测效价水平				
1	检验员1	20××.××.×1	137.2%	120.4%	97.8%	89.8%	76.4%
2	检验员2	20××.××.×1	138.6%	124.0%	94.6%	89.0%	81.8%
3	检验员1	20××.××.×2	145.8%	121.2%	102.4%	87.2%	78.0%
4	检验员2	20××.××.×2	142.8%	120.8%	97.2%	90.2%	80.8%
5	检验员1	20××.××.×3	139.7%	117.0%	100.2%	91.0%	83.6%
6	检验员2	20××.××.×3	152.6%	125.2%	104.4%	95.1%	85.2%

3.1 准确度

根据测定结果计算理论效价水平的平均值、平均值的95%置信区间、相对偏倚平均值、相对偏倚的95%置信区间，相对偏倚应在±20%，平均值应在95%置信区间内。结果见表8-30。

$$相对偏倚（RB）=\left(\frac{效价测定值}{效价理论值}-1\right)\times100\%$$

表 8-30　准确度验证结果

理论效价水平	试验次数	实测效价水平			相对偏倚		
		平均值	置信下限	置信上限	平均值	置信下限	置信上限
140%	6	142.8%	136.8%	148.8%	2.0%	−2.3%	6.3%
120%	6	121.4%	118.4%	124.5%	1.2%	−1.3%	3.7%
100%	6	99.4%	95.6%	103.2%	−0.6%	−4.4%	3.2%
90%	6	90.3%	87.6%	93.2%	0.4%	−2.7%	3.5%
100%	6	81.0%	77.5%	85.5%	1.3%	−3.2%	5.6%
结论		相对偏倚在 −5.4%~9.0% 范围，平均值均在 95% 置信区间内					

3.2 线性范围

根据测定结果，以理论效价水平的对数（横坐标）对实测效价水平的对数（纵坐标）进行线性回归，将截距与0、斜率与1进行 t 检验分析（$p<0.05$），并计算截距和斜率95%的置信区间。结果见表 8-31、表 8-32 和图 8-5。可接受标准 $r\geqslant0.99$，范围 80%~140%，截距和斜率的估计值应在置信区间范围内。

表 8-31　线性范围验证结果

lg 理论效价水平	lg 实测效价水平						GCV	相对偏倚平均值
	1	2	3	4	5	6		
0.1461	0.1374	0.1418	0.1638	0.1547	0.1452	0.1836	4.0%	2.0%
0.0792	0.0806	0.0934	0.0835	0.0821	0.0682	0.0976	2.4%	1.2%
0.0000	−0.0097	−0.0241	0.0103	−0.0123	0.0009	0.0187	3.7%	−0.6%
−0.0458	−0.0467	−0.0506	−0.0595	−0.0448	−0.041	−0.0218	2.9%	0.4%
−0.0969	−0.1169	−0.0872	−0.1079	−0.0926	−0.0778	−0.0696	4.2%	1.3%
回归方程、r	$y=1.0205x+0.0033$，$r=0.999$							
结论	本法中准确度、中间精密度和线性均符合要求的效价水平范围为 80%~140%							

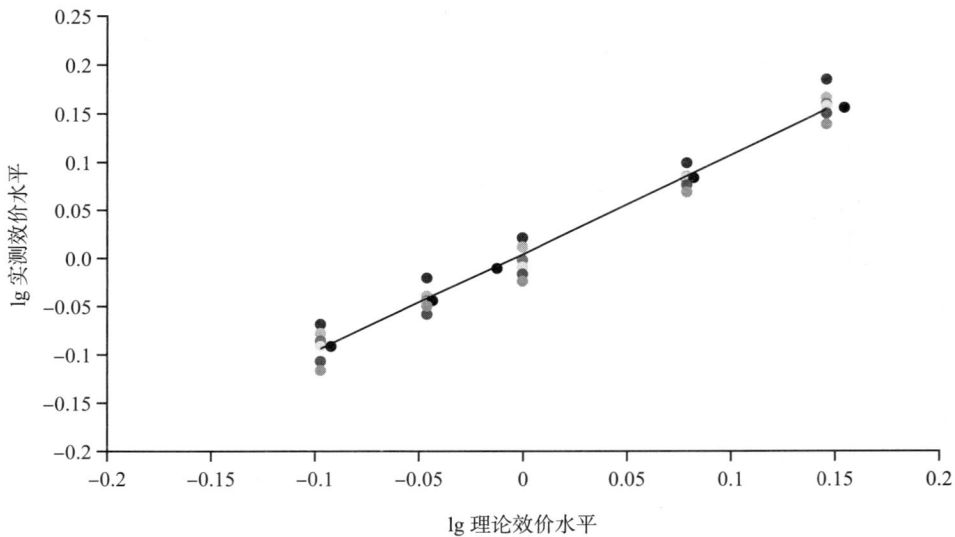

图 8-5　lg 理论效价水平与 lg 实测效价水平线性回归图

表 8-32　截距检验结果

参数项	平均值	标准误差	t	概率（P）	置信区间
截距	0.0033	0.00459	0.711	0.509	−0.0085~0.0151
斜率	1.0205	0.02722	0.754	0.485	0.9601~1.1148
结论	平均值在置信区间内，截距与 0、斜率与 1 之间无差异				

3.3　重复性

取已知效价的供试品（或标准品）复溶后，用含 1% 人血白蛋白的生理氯化钠溶液稀释成理论效价为 700IU/ml、600IU/ml、500IU/ml、450IU/ml 和 400IU/ml 的待测溶液各 6 份，即理论效价水平为 140%、120%、100%、90% 和 80% 的待测溶液。由同一名检验员在较短时间内，按 2.4 项下的分析方法进行检测。计算同一检验员人凝血酶效价的平均值、SD 值和 RSD 值，可接受标准为 RSD ≤ 20%。结果见表 8-33。

表 8-33　重复性验证结果

测定结果	效价水平				
	140%	120%	100%	90%	80%
1	137.2%	120.4%	97.8%	89.8%	76.4%
2	138.6%	124.0%	94.6%	89.0%	81.8%
3	145.8%	121.2%	102.4%	87.2%	78.0%

续表

测定结果	效价水平				
	140%	120%	100%	90%	80%
4	136.6%	117.4%	96.4%	87.0%	80.0%
5	138.2%	117.6%	98.6%	89.8%	81.2%
6	141.8%	120.6%	101.8%	89.2%	79.2%
平均值	140%	120%	99%	89%	79%
SD 值	0.0349	0.0246	0.0304	0.0126	0.0202
RSD 值	2.5%	2.1%	3.1%	1.5%	2.6%
结论	RSD 在 1.5%~2.6%，重复性符合规定				

3.4 中间精密度

根据测定结果，采用 t 检验（$P < 0.05$）分析两名检验员之间的差异。可接受标准 $P > 0.05$。结果见表 8-34。

表 8-34　中间精密度验证结果

测定结果	见表 8-29（测定结果）
t 检验结果	$P=0.75$
结论	两名检验员检测结果之间无显著差异，中间精密度符合规定

3.5 专属性

3.5.1 取复溶后的供试品，用含 1% 人血白蛋白的生理氯化钠溶液稀释 60 倍和 120 倍制成供试品溶液，另取标准品用注射用水复溶后，用含 1% 人血白蛋白的生理氯化钠溶液稀释成效价为 10IU/ml 标准品溶液，将上述 2 倍浓度的供试品溶液分别和标准品溶液按 1：1 混合制成供试品标准品混合溶液。按 2.4 项下的分析方法分别对供试品溶液和供试品标准品混合溶液进行检测。计算效价回收率，回收率在 80%~120% 以内，表明供试品中其他成分无干扰作用（表 8-35）。

回收率（%）=（供试品标准品混合溶液测定效价 – 供试品溶液测定效价）÷ 标准品理论效价 ×100%

177

表 8-35　专属性验证结果一

名称	效价（IU/ml）					
	60 倍			120 倍		
供试品溶液	12.1	11.5	10.3	6.0	6.2	5.5
供试品标准品混合溶液	16.7	16.4	15.6	11.0	11.7	10.2
回收率	92%	98%	106%	100%	110%	94%
结论	回收率 92%~110%，供试品中其他成分无干扰作用					

3.5.2　按供试品质量标准配制标准上限的辅料混合溶液 A 和标准下限的辅料混合溶液 B，取复溶后的标准品分别与辅料混合溶液 A 和辅料混合溶液 B 按 1：1 混合，然后再用含 1% 人血白蛋白的生理氯化钠溶液稀释 10 倍和 20 倍制成辅料标准品混合溶液。按 2.4 项下的分析方法进行检测。计算效价回收率，回收率在 80%~120%，表明辅料无干扰作用（表 8-36）。

回收率（%）＝辅料标准品混合溶液测定效价 ÷ 标准品理论效价 × 100%

表 8-36　专属性验证结果二

名称	测定效价（IU/ml）					
辅料标准品混合溶液	A			B		
	143	133	138	133	128	128
标准品理论效价	126					
回收率	113%	106%	110%	106%	102%	102%
结论	回收率 102%~113%，辅料无干扰作用					

结论：专属性符合规定。

3.6　耐用性

3.6.1　取复溶后的供试品，分成 5 等份，置于 2~8℃冰箱放置，分别在初始时、2~8℃放置 2 小时、2~8℃放置 4 小时时和 2~8℃放置 6 小时时取出，平衡至室温，用含 1% 人血白蛋白的生理氯化钠溶液稀释 60 倍，平行 3 份。按 2.4 项下的分析方法测定其效价。将各时间点测定结果与初始测定结果进行比较，计算效价 RSD 值，可接受标准为 RSD ≤ 20%。结果见表 8-37。

表 8-37　耐用性验证结果一

供试品存放时间	效价实测值（IU/ml）				
	1	2	3	平均值	RSD 值
初始时	634.1	612.6	621.8	623	NA
2~8℃放置 2 小时	659.4	638.5	645.6	649	2.7%
2~8℃放置 4 小时	626.8	622.6	631.2	627	1.3%
2~8℃放置 6 小时	614.0	560.0	587.3	587	4.5%
结论	供试品可在 2~8℃放置 6 小时内进行效价测定				

　　3.6.2 取 2mg/ml 的人纤维蛋白原溶液 5 等份，每份 3ml，分别在冰浴放置 0 小时、2 小时、4 小时和 6 小时时取出，于室温平衡 5 分钟，然后用于同一批次外用人凝血酶的人凝血酶效价测定，然后按 2.4 项下的分析方法测定其效价。将各时间点测定结果与初始测定结果进行比较，计算效价 RSD 值，可接受标准为 RSD ≤ 20%。结果见表 8-38。

表 8-38　耐用性确认结果二

供试品存放时间	效价实测值（IU/ml）				
	1	2	3	平均值	RSD 值
初始时	681.0	693.7	695.3	690	NA
冰浴放置 2 小时	682.6	682.7	688.9	685	0.90%
冰浴放置 4 小时	662.4	643.3	676.7	661	3.0%
冰浴放置 6 小时	644.4	634.1	640.8	640	4.3%
结论	2mg/ml 的人纤维蛋白原溶液可在冰浴放置 6 小时内使用				

　　3.6.3 分别采用本企业生产的人纤维蛋白原、外用人纤维蛋白原和中检院的纤维蛋白原配制 2mg/ml 的人纤维蛋白原溶液 A、B、C。然后按 2.4 项下的分析方法进行标准曲线测定和同一批次外用人凝血酶的人凝血酶效价测定。将采用外用人纤维蛋白原和纤维蛋白原进行的供试品测定结果与采用人纤维蛋白原的测定结果进行比较，计算效价 RSD 值，可接受标准为 RSD ≤ 20%。结果见表 8-39。

表 8-39　耐用性确认结果三

2mg 的人纤维蛋白原溶液	效价实测值（IU/ml）				
	1	2	3	平均值	RSD 值
A	637.9	658.7	680.8	659	NA
B	680.3	676.2	656.4	671	2.6%
C	566.2	598.2	554.9	573	8.3%
结论	三种纤维蛋白原均可用于人凝血酶效价测定				

4　结论

该验证的实施过程和结果均符合要求。没有未解决的偏差存在。分析方法 B 适用于 QC 实验室对产品 A（1000IU/ 瓶）的活性测定。

【实例】8-4 某制药企业产品 S 的分析方法转移报告

1　分析方法转移概述

根据分析方法转移方案 ×××× 的要求，对产品 S 溶出度分析方法的重复性及重现性进行了试验。转移过程中未发生偏差和变更，所有项目均符合可接受标准，证明实验室 B 能够成功的重现产品 S 溶出度分析方法，具备产品 S 溶出度分析方法的检测能力。

2　可接受标准

测试项目		溶出度
质量标准		45 分钟后溶出不低于 70%
精密度	重复性	每批同一溶出杯中 6 份样品的 RSD 不大于 2%
	重现性	每名检验人员在指定时间点、从 6 个样品片中产生的平均结果（以标示量的百分比表示）之间的绝对误差不能超过 5%

3 转移数据汇总

3.1 重现性

溶出度			
批号	样品	转出方实验室	接收方实验室
2106001	1	96%	97%
	2	97%	98%
	3	97%	98%
2106001	4	98%	97%
	5	97%	98%
	6	97%	99%
	平均值	97%	98%
	绝对误差	1%	
2106002	1	96%	95%
	2	98%	95%
	3	99%	95%
	4	96%	95%
	5	97%	94%
	6	98%	94%
	平均值	97%	95%
	绝对误差	2%	
2106003	1	99%	96%
	2	98%	94%
	3	97%	95%
	4	99%	95%
	5	99%	96%
	6	98%	95%
	平均值	98%	95%
	绝对误差	3%	

3.2 重复性结果

溶出度			
批号	样品	转出方实验室	接收方实验室
2106001	1	97%	99%
	2	97%	100%
	3	98%	99%
	4	97%	100%
	5	98%	99%
	6	99%	100%
	平均值	98%	100%
	相对偏差	0.8%	0.5%
	RSD	0.8%	0.6%
2106002	1	96%	94%
	2	96%	95%
	3	96%	95%
	4	96%	95%
	5	96%	95%
	6	96%	95%
	平均值	96%	95%
	相对偏差	0%	0.4%
	RSD	0%	0.4%
2106003	1	97%	95%
	2	97%	96%
	3	98%	95%
	4	97%	96%
	5	97%	95%
	6	97%	96%
	平均值	97%	96%
	相对偏差	0.4%	0.5%
	RSD	0.4%	0.6%

4　样品的准备

转出方准备用于溶出度检测的样品，并寄送至接受方。

批号	有效期	来源
2106001	12/2023	×××制药公司
2106002	12/2023	×××制药公司
2106003	12/2023	×××制药公司

5　仪器、试剂信息

5.1　仪器信息

仪器	转出方实验室				接收方实验室			
	型号	编号	有效期	厂家	型号	编号	有效期	厂家
分析天平	SS-1	F5003	×××	SS公司	MM	12438	×××	QQ公司
溶出度仪	AT	C5005	×××	OO公司	VV-5	84694	×××	FF公司
UV	NN36	C2005	×××	FF公司	HH	48951	×××	UU公司

5.2　试剂信息

试剂名称	转出方实验室			接收方实验室		
	批号	有效期	厂家	批号	有效期	厂家
二水合磷酸氢二钠	202011	2027.01.21	RR公司	20190103	2025.12.08	EE公司
磷酸二氢钾	202105	2027.06.07	RR公司	20190603	2027.01.31	EE公司
氢氧化钠	202109	2027.02.21	RR公司	21020311	2023.04.07	EE公司

5.3　其他耗材信息

名称	转出方实验室			接收方实验室		
	规格	批号	厂家	规格	批号	厂家
样品过滤器	0.45μm 聚丙烯针头式过滤器	×××	××公司	0.45μm 聚丙烯针头式过滤器	×××	××公司

6 分析方法

6.1 仪器条件

测试装置	桨法
溶出介质	pH 5.8 磷酸盐缓冲液
溶出介质体积	900ml
桨转速	50r/min
溶出温度	37℃ ± 0.5℃
溶出时间	45 分钟
检测波长	UV 257nm
比色皿规格	1cm

6.2 溶液配制

● pH 5.8 磷酸盐缓冲液的配制

● 称取 9.52g $Na_2HPO_4 \cdot 2H_2O$ 和 66.0g 磷酸二氢钾于 8000ml 纯化水中，搅拌溶解，充分混匀。

● 0.1mol/L 氢氧化钠的配制：称取 8.4g 氢氧化钠于一 2000ml 容量瓶中，用纯化水溶解并稀释至刻度，摇匀。

● 样品溶液的配制：转移脱气后的溶出介质（pH 5.8 磷酸盐缓冲液）900ml 至溶出杯中；温度保持在 37℃ ± 7℃；根据溶出仪的操作维护规程进行操作，转速调节为 50r/min，选 6 片待测样品片，每片样品放至 1 个溶出杯中，自样品接触溶出介质开始计时，溶出时间为 45 分钟，结束后从每个容器中取出 20ml，用 0.45μm 聚丙烯过滤器或等效滤过滤器过滤，弃去 5ml 初滤液，取 10.0ml 续滤液于 50ml 容量瓶中，以 0.1mol/L 氢氧化钠稀释至刻度，摇匀。

6.3 样品溶液的测定

使用 0.1mol/L 氢氧化钠为空白对照，在最大吸收 257nm 处测量样品溶液的吸光度（A）。

6.4 计算公式

$$溶出度\ \% = \frac{A \times 1000 \times 900 \times 50 \times 25 \times 100}{715 \times 100 \times 1 \times 10 \times 2 \times 500}$$

式中，A 为样品溶液吸光度。

7 转移策略

• 由转出方实验室的一名检验人员对每批的 6 个样品片进行溶出度检测，确认溶出度结果符合质量规格要求。

• 由接收方实验室的一名检验人员对每批中的 6 片样品进行溶出度检测，确认溶出度结果符合质量规格要求。

• 转出实验室检验人员和接收实验室检验人员在溶出取样后立即从每批各选取一个容器取 6 份溶出液，每份各 20ml，用于样品溶液的配制，并测定其结果以计算 RSD 作为重复性结果。

8 结论

• 溶出度结果均符合质量规格要求。

• 每批同一溶出杯中 6 份样品的 RSD 均小于 2%，重复性符合要求。

• 每名检验人员在指定时间点、从 6 个样品片中产生的平均结果（以标示量的百分比表示）之间的绝对误差均小于 5%，重现性符合要求。

综上所述，实验室 B 能够成功的重现 S 产品溶出度分析方法，具备 S 产品溶出度分析方法的检测能力，转移成功。

9 附件

附件	名称
附件 1	A 实验室人员培训记录
附件 2	A 实验室检验记录
附件 3	B 实验室人员培训记录
附件 4	B 实验室检验记录

注：附件仅提供案例，不再将相应的资料附在本文中。

9 稳定性研究

本章主要内容：

☞ 稳定性研究分类
☞ 稳定性研究技术要点
☞ 稳定性研究相关文件
☞ 稳定性超标或超趋势调查处理

法规要求 ···

药品生产质量管理规范（2010 年修订）

第一百三十五条 对返工或重新加工或回收合并后生产的成品，质量管理部门应当考虑需要进行额外相关项目的检验和稳定性考察。

第一百六十二条 每批药品应当有批记录，包括批生产记录、批包装记录、批检验记录和药品放行审核记录等与本批产品有关的记录。批记录应当由质量管理部门负责管理，至少保存至药品有效期后一年。

质量标准、工艺规程、操作规程、稳定性考察、确认、验证、变更等其他重要文件应当长期保存。

第二百二十五条 企业按规定保存的、用于药品质量追溯或调查的物料、产品样品为留样。用于产品稳定性考察的样品不属于留样。

第二百三十一条 持续稳定性考察的目的是在有效期内监控已上市药品的质量，以发现药品与生产相关的稳定性问题（如杂质含量或溶出度特性的变化），并确定药品能够在标示的贮存条件下，符合质量标准的各项要求。

第二百三十二条 持续稳定性考察主要针对市售包装药品，但也需兼顾待包装产品。例如，当待包装产品在完成包装前，或从生产厂运输到包

186

装厂，还需要长期贮存时，应当在相应的环境条件下，评估其对包装后产品稳定性的影响。此外，还应当考虑对贮存时间较长的中间产品进行考察。

第二百三十三条 持续稳定性考察应当有考察方案，结果应当有报告。用于持续稳定性考察的设备（尤其是稳定性试验设备或设施）应当按照第七章和第五章的要求进行确认和维护。

第二百三十四条 持续稳定性考察的时间应当涵盖药品有效期，考察方案应当至少包括以下内容：

（一）每种规格、每个生产批量药品的考察批次数；

（二）相关的物理、化学、微生物和生物学检验方法，可考虑采用稳定性考察专属的检验方法；

（三）检验方法依据；

（四）合格标准；

（五）容器密封系统的描述；

（六）试验间隔时间（测试时间点）；

（七）贮存条件（应当采用与药品标示贮存条件相对应的《中华人民共和国药典》规定的长期稳定性试验标准条件）；

（八）检验项目，如检验项目少于成品质量标准所包含的项目，应当说明理由。

第二百三十五条 考察批次数和检验频次应当能够获得足够的数据，以供趋势分析。通常情况下，每种规格、每种内包装形式的药品，至少每年应当考察一个批次，除非当年没有生产。

第二百三十六条 某些情况下，持续稳定性考察中应当额外增加批次数，如重大变更或生产和包装有重大偏差的药品应当列入稳定性考察。此外，重新加工、返工或回收的批次，也应当考虑列入考察，除非已经过验证和稳定性考察。

第二百三十七条 关键人员，尤其是质量受权人，应当了解持续稳定性考察的结果。当持续稳定性考察不在待包装产品和成品的生产企业进行时，则相关各方之间应当有书面协议，且均应当保存持续稳定性考察的结果以供药品监督管理部门审查。

第二百三十八条 应当对不符合质量标准的结果或重要的异常趋势进行调查。对任何已确认的不符合质量标准的结果或重大不良趋势，企业都应当考虑是否可能对已上市药品造成影响，必要时应当实施召回，调查结果以及采取的措施应当报告当地药品监督管理部门。

　　第二百三十九条　应当根据所获得的全部数据资料，包括考察的阶段性结论，撰写总结报告并保存。应当定期审核总结报告。

技术要求

　　除我国《药品生产质量管理规范（2010 年修订）》对稳定性试验有明确的要求外，其他国家、机构或组织对此部分的要求可参考表 9–1。另外，表 9–2 中列出了国内外针对稳定性试验的部分相关技术指导，供参考。

表 9–1　稳定性试验相关法规要求

国家、机构或组织	文件名称
世界卫生组织 （WHO）	*WHO Good Manufacturing Practices for Pharmaceutical Products：Main Principles，Annex2，WHO Technical Report Series 986，2014.* WHO 制剂 GMP：通则，WHO 技术报告 986（2014）附录 2
药品检查合作计划 （PIC/S）	*Guide to Good Manufacturing Practice for Medicinal Products：Part I Basic Requirements for Medical Products* 医药产品 GMP 指南：第 I 部分医药产品基本要求
美国食品药品管理局 （美国 FDA）	*21 CFR Part 211 Current Good Manufacturing Practice for Finished Pharmaceuticals，Subpart I–Laboratory Controls* 21 CFR 211 部分 成品制剂 cGMP，I 子部 – 实验室控制
欧盟（EU）	*EU Guidelines for Good Manufacturing Practice for Medicinal Products for Human and Veterinary Use：Part I Basic Requirements for Medicinal Product–Chapter 6 Quality Control* EU 人用和兽用医药产品 GMP 指南：第 I 部分医药产品基本要求 – 第 6 章质量控制
加拿大卫生部 （Health Canada）	*Good Manufacturing Practices Guide for Products Guidelines（GUI–0001）* 产品 GMP 指南（GUI–0001）

表 9–2　稳定性试验相关技术指导原则

机构或组织	文件名称
《中国药典》 （ChP）	指导原则 9001 原料药物与制剂稳定性试验指导原则 指导原则 9402 生物制品稳定性试验指导原则
国家药品监督管理局 药品审评中心 （CDE）	化学药物（原料药和制剂）稳定性研究技术指导原则，2015 生物制品稳定性研究技术指导原则（试行），2015 中药、天然药物稳定性研究技术指导原则，2006

机构或组织	文件名称
ICH	Q1A（R2）：*Stability Testing of New Drug Substances and Products* Q1A（R2）：新原料药和制剂稳定性试验
	Q1B：*Stability Testing：Photostability Testing of New Drug Substance and Product* Q1B：稳定性试验：新原料药和制剂光稳定性试验
	Q1C *Stability Testing for New Dosage Forms* Q1C 新剂型稳定性试验
	Q1D *Bracketing and Matrixing Designs for Stability Testing of New Drug Substances and Products* Q1D 新原料药和制剂稳定性试验的括号法和矩阵法设计
	Q1E *Evaluation for Stability Data* Q1E 稳定性数据评价
	Q5C *Stability Testing of Biotechnological/Biological Products* Q5C 生物技术 / 生物制品稳定性试验
WHO	*WHO guideline on stability testing of active pharmaceutical ingredients and finished pharmaceutical products，Annex 10，WHO Technical Report Series 1010，2018* WHO 原料药和产品制剂稳定性试验指南，WHO 技术报告 1010（2018）附录 10
美国 FDA	*Guidance for Industry ANDAs：Stability Testing of Drug Substances and Products，2013* ANDA 行业指南：原料药和制剂稳定性试验，2013
USP	<1049>*Quality of Biotechnological Products：Stability Testing of Biotechnological/Biological Products* <1049> 生物技术产品的质量：生物技术 / 生物制品稳定性试验

实施指导

9.1 定义

原料药或制剂的稳定性是指其保持其物理、化学、生物学和微生物学性质的能力。稳定性试验的目的是考察原料药、中间产品或制剂的性质在温度、湿度、光线等条件的影响下随时间变化的规律，为药品的生产、包装、贮存、运输条件和有效期的确定提供科学依据，同时通过试验建立药品的有效期，从而保障临床用药的安全有效。并通过持续稳定性考察在有效期内监控已上市药品的质量，确定药品可以或预期可以在标示的贮存条件下，符合质量标准的各项要求。

9.2 应用范围

稳定性研究是药品质量控制研究的重要组成部分，与药品质量研究和质量标准的建立紧密相关。其具有阶段性特点，贯穿原料药、中间产品及制剂产品的研究与开发的全过程，一般始于药品的临床前研究，直至药品的临床研究期间和上市后还应继续进行稳定性监测和研究。本章内容涉及质量控制实验室承担的所有可能性的稳定性试验，从上市前的贮存期限、包装形式、储运条件等的研究至上市后持续稳定性考察。

本章内容适用于化学原料药及其制剂和中药，生物技术产品及生物制品稳定性研究请参考本丛书《无菌药品》分册生物制品（单抗）部分。

9.3 原则

上市前研发阶段：产品上市前，应进行全面的稳定性试验，以得到注册所需所有数据。此数据用于证明环境因素对产品特性的影响，以确定包装、贮存条件、复验周期（API而言）和有效期。

上市后阶段：产品上市后，应进行适当的持续稳定性考察，监测已上市药品的稳定性，以发现市售包装药品与生产相关的稳定性问题（如杂质含量或溶出度特性的变化）；也用于考察产品上市后在生产、包装、质控、使用条件等诸多方面变更对产品稳定性的影响。

9.4 稳定性分类

按照《中国药典》及相关法规要求，稳定性研究可以分为以下几类。

上市前阶段：

- 影响因素试验（affect factor testing）；
- 加速试验（accelerate stability testing）；

- 长期试验（longterm stability testing）。

上市后阶段：

- 上市后持续稳定性考察（条件等同于长期稳定性试验）（follow-up stability testing）；
- 承诺稳定性试验（条件为加速试验和长期稳定性试验）（commitment stability testing）。

各企业根据需求及法规规定，还可以进行中间产品放置时间的稳定性试验，批量放大及上市后变更（如生产设备变更、原辅料变更、工艺调整等）稳定性试验以及特殊目的稳定性试验，例如对偏差调查等的支持性试验，运输验证的试验等。此类稳定性试验的条件均可参考上市前试验的条件，根据不同产品特性和稳定性试验的目的选择。

9.5 技术要点

9.5.1 基本要求

稳定性试验应遵循具体问题具体分析的基本原则，其设计应根据不同的研究目的，结合原料药的理化性质、中间产品和制剂的特点、处方及工艺条件进行。从法规角度讲，必须满足产品销售市场国家的官方要求。例如对于我国市场销售的产品，应参照《中国药典》及国内相关法律法规及指导原则要求，满足如下一般性要求。

- 稳定性试验包括影响因素试验、加速试验与长期试验。影响因素试验用 1 批原料药或 1 批制剂进行；如果试验结果不明确，则应加试 2 个批次样品。生物制品应直接使用 3 个批次。上市前加速和长期试验用 3 批供试品进行，上市后根据变更指导原则的变更等级规定考察批次。

注：根据 ICH Q1A（R2），对于注册阶段的药品，原料药稳定性研究应采用中试规模生产的至少 3 批进行；制剂稳定性研究应采用至少 3 批进行；对于新药制剂，在证明合理的前提下，其中 2 批至少在中试规模下生产，另一批可在较小规模下生产。

- 原料药供试品应是一定规模生产的。供试品量相当于制剂稳定性试验所要求的批量，原料药合成工艺路线、方法、步骤应与大生产一致。药物制剂供试品应是放大试验的产品，其处方与工艺应与大生产一致。每批放大试验的规模，至少是中试规模。大体积包装的制剂如静脉输液等，每批放大规模的数量通常应为各项试验所需总量的 10 倍。特殊品种、特殊剂型所需数量，根据情况调整。

● 加速试验与长期试验所用供试品的包装应与拟上市产品一致（一般指初级包装）。

● 研究药物稳定性，要采用专属、准确、精密、灵敏的药物分析方法与有关物质（含降解产物及其他变化所生成的产物）的检查方法，并对方法进行验证，以保证药物稳定性结果的可靠性。在稳定性试验中，应重视降解产物的检查。

● 若放大试验比规模生产的数量要小，申报者应承诺在获得批准后，从放大试验转入规模生产时，对最初通过生产验证的 3 批规模生产的产品仍需进行加速试验和长期稳定性试验。

● 对包装在有通透性容器内的药物制剂应当考虑药物的湿敏感性或可能的溶剂损失。

常规稳定性试验流程一般如图 9-1 所示。

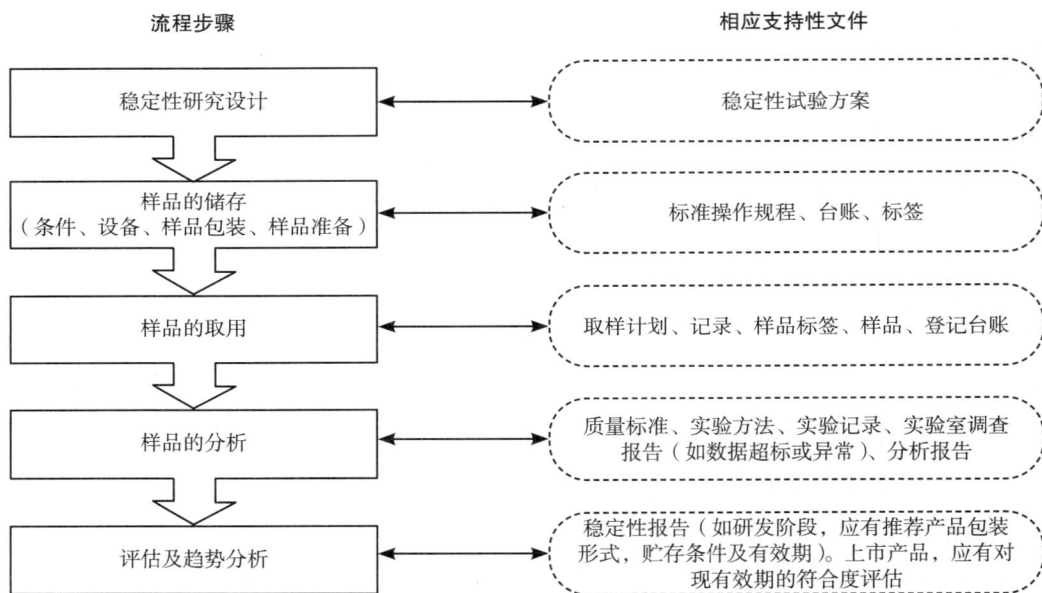

流程步骤　　　　　　　　　　　　　　相应支持性文件

流程步骤	相应支持性文件
稳定性研究设计	稳定性试验方案
样品的储存（条件、设备、样品包装、样品准备）	标准操作规程、台账、标签
样品的取用	取样计划、记录、样品标签、样品、登记台账
样品的分析	质量标准、实验方法、实验记录、实验室调查报告（如数据超标或异常）、分析报告
评估及趋势分析	稳定性报告（如研发阶段，应有推荐产品包装形式，贮存条件及有效期）。上市产品，应有对现有效期的符合度评估

图 9-1　常规稳定性试验流程与相应支持性文件

9.5.2 稳定性研究方案设计

原则：稳定性试验应根据研究目的，按照法规要求进行设计。一般可有常规方案和简化方案。

A. 样品批次的选择

要具有代表性，能反映出研究目的。具体见 9.5.1 节基本要求。

B. 试验点的设计

由于稳定性研究的目的是考察质量随时间变化的规律，因此研究中一般需要设置多个时间点考察样品的质量变化。

考察时间点应基于对药品性质的认识和对稳定性趋势评价的要求而设置。如长期试验中，总体考察时间应涵盖所预期的有效期，中间取样点的设置要考虑药品的稳定性特点和剂型特点。对某些环境因素敏感的药品，应适当增加考察时间点。稳定性试验考察时间点必须覆盖整个产品的生命周期，《中国药典》及 ICH 中稳定性试验考察时间点如表 9-3 所示。

表 9-3　稳定性试验点时间表

		试验点时间表
长期试验研究	ChP	0、3、6、9、12、12 个月以后，仍需继续考察的，根据产品特性，分别于 18 个月、24 个月、36 个月等，取样进行检测
	ICH	第一年每 3 个月 1 次，第二年每 6 个月一次，以后每年一次，直到建议的货架期期满（即:0、3、6、9、12、18、24、36、48、60 个月等）
加速试验研究	ChP	至少包括初始和末次等的 3 个时间点（如 0、3、6 个月）取样
	ICH	至少包括初始和末次等的 3 个时间点（如 0、3、6 个月）。根据开发研究的经验，预计加速试验结果可能会接近显著变化的限度，就应在最后一次时间点增加样本数或在研究设计中增加第 4 个时间点

对于上市后持续稳定性考察，其试验点一般由企业根据具体情况制定，一般推荐每年一次，或至少于开始、中间及效期时测定。

C. 简化方案设计

（1）目的　为在符合法规要求的情况下尽可能节省资源（包括人员与检验费用），基于 ICH Q1D 的原则，注册阶段稳定性试验可以如下进行简化试验，目的为减少费用和试验室的消耗，同时必须避免任何有效信息丢失。

（2）原则　保证法规及必需的基本要求。针对生产过程发生偏差进行的稳定性试验，需结合实际情况进行风险评估后确定测试时间点及测试项目。

（3）简化方案的方法　简化设计法包括括号法及矩阵法，方案设计可参考 ICH Q1D。

D. 考察项目的定义

稳定性研究的考察项目应选择在药品贮存期内易于变化，并可能会影响到药品的质量、安全性和有效性的项目，以便客观、全面地反映药品的稳定性。根据药品特点和质量控制的要求，尽量选取能灵敏反映药品稳定性的指标。一般地，考察项目可分为物理、化学、生物学和微生物学等几个方面。具体品种的考察项目设置应能反映出此稳定性考察的目的，并于稳定性试验方案中定义。不同剂型的具体考察项目可参考《中国药典》规定（表 9-4）。

表 9-4　原料药及制剂稳定性重点考察项目参考表

剂型	稳定性重点考察项目	剂型	稳定性重点考察项目
原料药	性状、熔点、含量、有关物质、吸湿性以及根据品种性质选定的考察项目	凝胶剂	性状、均匀性、含量、有关物质、粒度，乳胶剂应检查分层现象
片剂	性状、含量、有关物质、崩解时限或溶出度或释放度	眼用制剂	如为溶液，应考察性状、可见异物、含量、pH 值、有关物质；如为混悬液，还应考察粒度、再分散性；洗眼剂还应考察无菌；眼丸剂应考察粒度与无菌
胶囊剂	性状、含量、有关物质、崩解时限或溶出度或释放度、水分，软胶囊要检查内容物有无沉淀	丸剂	性状、含量、有关物质、溶散时限
注射剂	性状、含量、pH 值、可见异物、不溶性微粒、有关物质，应考察无菌、溶液澄清度与颜色	糖浆剂	性状、含量、澄清度、相对密度、有关物质、pH 值
栓剂	性状、含量、融变时限、有关物质	口服溶液剂	性状、含量、澄清度、有关物质
软膏剂	性状、均匀性、含量、粒度、有关物质	口服乳剂	性状、含量、分层现象、有关物质
乳膏剂	性状、均匀性、含量、粒度、有关物质、分层现象	口服混悬剂	性状、含量、沉降体积比、有关物质、再分散性
糊剂	性状、均匀性、含量、粒度、有关物质	散剂	性状、含量、粒度、有关物质、外观均匀度
气雾剂（定量）	不同放置方位（正、倒、水平）有关物质、递送剂量均一性、泄漏率	气雾剂（非定量）	不同放置方位（正、倒、水平）有关物质、揿射速率、揿出总量、泄漏率
喷雾剂	不同放置方位（正、水平）有关物质、每喷主药含量、递送剂量均一性（混悬型和乳液型定量 鼻用喷雾剂）	颗粒剂	性状、含量、粒度、有关物质、溶化性或溶出度或释放度
吸入气雾剂	不同放置方位（正、倒、水平）有关物质、微细粒子剂量、递送剂量均一性、泄漏率	贴剂（透皮贴剂）	性状、含量、有关物质、释放度、黏附力

续表

剂型	稳定性重点考察项目	剂型	稳定性重点考察项目
吸入喷雾剂	不同放置方位（正、水平）有关物质、微细粒子剂量、递送剂量均一性、pH 值，应考察无菌	冲洗剂、洗剂、灌肠剂	性状、含量、有关物质、分层现象（乳状型）、分散性（混悬型），冲洗剂应考察无菌
吸入粉雾剂	有关物质、微细粒子剂量、递送剂量均一性、水分	搽剂、涂剂、涂膜剂	性状、含量、有关物质、分层现象（乳状型）、分散性（混悬型），涂膜剂还应考察成膜性
吸入液体制剂	有关物质、微细粒子剂量、递送速率及递送总量、pH 值、含量，应考察无菌	耳用制剂	性状、含量、有关物质，耳用散剂、喷雾剂与半固体制剂分别按相关剂型要求检查
鼻用制剂	性状、pH 值、含量、有关物质，鼻用散剂、喷雾剂与半固体制剂分别按相关剂型要求检查		

注：有关物质（含降解产物及其他变化所生成的产物）应说明其生成产物的数目及量的变化，如有可能应说明有关物质中何者为原料中的中间体，何者为降解产物。稳定性试验重点考察降解产物。

表 9-4 所列为各剂型的基本要求，对于单独的产品，要求不限于此，企业应根据对产品的了解及稳定性试验的目的，制定出详细的考察项目。

E. 文件

所有的设计均应记录于稳定性试验方案中，并在启动稳定性研究之前得到相关责任人的批准。注册稳定性相关的试验方案建议须经由注册部相关责任人复核并批准。

稳定性方案是稳定性研究的基本部分，应反映出稳定性设计的所有内容，应至少包括但不限于以下内容：

- 每种规格、每种生产批量药品的考察批次；
- 相关的物理、化学、微生物和生物学检验方法，可考虑采用稳定性考察专属的检验方法；
- 检验方法依据；
- 合格标准；
- 容器密封系统的描述；
- 试验间隔时间（测试时间点）；
- 贮存条件；
- 检验项目，如检验项目少于成品质量标准所包含的项目，应说明理由。

9.5.3 样品的贮存

A. 标准贮存条件

按照气候带分布，不同区域有不同要求，如表 9-5 所示。

表 9-5　国际气候带

气候带	计算数据				推算数据
	温度[①]（℃）	MKT[②]（℃）	RH（%）	温度（℃）	RH（℃）
Ⅰ 温带	20.0	20.0	42	21	45
Ⅱ 地中海气候、亚热带	21.6	22.0	52	25	60
Ⅲ 干热带	26.4	27.9	35	30	35
Ⅳ 湿热带	26.7	27.4	76	30	70

注：①记录温度；② MKT 为平均动力学温度。

各国家/地区被相应分配到以下气候带：

- 气候带Ⅰ主要有英国、北欧、加拿大、俄罗斯等；
- 气候带Ⅱ主要有美国、日本、西欧（葡萄牙—希腊）等；
- 气候带Ⅲ主要有伊朗、伊拉克、苏丹等；
- 气候带Ⅳ主要有巴西、加纳、印度尼西亚、尼加拉瓜、菲律宾等。

我国总体属于亚热带（Ⅱ），部分地区属湿热带（Ⅳ），按照《中国药典》规定，长期稳定性试验采用温度为 25℃±2℃、相对湿度 60%±5%，或温度为 30℃±2℃、相对湿度 65%±5%，与 ICH 采用条件基本一致。对于中药、天然药物，可采用 25℃±2℃，相对湿度 60%±10%，也可在常温条件下进行。在 ICH Q1A 中的气候带 Ⅰ和Ⅱ，已经作为标准贮存条件。具体试验贮存条件见表 9-6。

表 9-6　标准贮存条件表

标准贮存条件［依据 ICH Q1A（R2）］	
试验	温度/相对湿度
长期试验 *	25℃±2℃/60%±5%RH 或 30℃±2℃/65%±5%RH
中间试验 **	30℃±2℃/65%±5%RH
加速试验	40℃±2℃/75%±5%RH

注：* 长期试验在 25℃±2℃/60%±5%RH，还是在 30℃±2℃/65%±5%RH 条件下进行，由申请人决定。

** 如果把 30℃±2℃/65%±5%RH 作为长期试验条件，则无需中间试验。

如果在 25℃ ±2℃ /60% ±5%RH 条件下进行长期试验时，当加速试验 6 个月期间的任一时间点发生了"显著变化"，则应进行中间试验，并对照显著变化的限度标准进行评价。除非另有规定，中间试验应包括所有试验项目。初次申报应包括在中间试验条件下进行的 12 个月研究中的至少 6 个月的数据。更多相关内容可参考《中国药典》指导原则 9001 原料药物与制剂稳定性试验指导原则。

一般来说，原料药的"显著变化"即指不符合规定。

药物制剂质量的"显著变化"通常定义为：

● 含量与初始值相差 5%（特殊情况应加以说明）；或采用生物或免疫法测定时效价不符合规定；

● 降解产物超出标准限度要求；

● 外观、物理常数、功能试验（如颜色、相分离、再分散性、黏结、硬度、每揿剂量）等不符合标准规定；

● pH 值不符合规定；

● 12 个制剂单位的溶出度或释放度不符合标准规定。

B. 包装

稳定性试验样品的包装应与拟上市产品的包装一致，应密闭、避光（如需要）。原料药可采用模拟小包装，所用材料和封装条件应与大包装一致。

C. 样品的准备

● 取样：稳定性样品取样应依据试验研究的目的，从各个阶段按照规定和需求进行，样品需科学、合理、具有代表性。参见本指南"3 取样与留样"。

● 样品量：通常，应贮存足够量的样品用于稳定性研究，保证涵盖所有稳定性试验点。如需要，应确保所有试验都可以重复进行。许多企业选择贮存双倍的全检样品量，即使选择简化试验方案设计（如括号法和矩阵法）时，也必须按照全面设计的方案贮存所有的样品。

● 样品标识：贮存于每个条件下的样品应作适当标示，反映出产品的名称、批号、贮存条件和稳定性研究的初始时间等信息，必要时，可用不同颜色的标签代表不同的贮存条件，避免混淆。例如：一张贴于 25℃ /60%RH 条件下贮存的样品标签为：

```
稳定性试验条件
25℃/60%RH
产品名称：
产品批号：
生产日期：
包装形式：
贮存数量：
贮存日期：
执行人：
```

D. 设备要求

样品应有足够的贮存空间。用于稳定性试验样品贮存的设备应按要求进行确认、校正及定期维护，保证处于稳定的状态。温度 / 湿度布点测定建议与设备确认 / 再确认同步进行。具体参见本指南 "7 实验室设备和分析仪器的管理"章节。

样品贮存设备（如恒温恒湿箱）必须进行监控（计算机系统自动监控或者手工记录等），维持温度和湿度水平处于规定的范围内。此监控检查必须正确记录。计算机系统自动监控应实行访问控制，相关人员须接受适当培训。设备应有备用电源或不间断电源，同时，设备应有报警系统提示，如果发生控制系统故障失控，必须制定紧急处理措施，并启动偏差调查流程。对异常情况处理的要求，参见本丛书《质量管理体系》分册相关内容。

例如，一旦设备发生故障，此设备应紧急通知相应人员或供应商进行处理，并同时记录故障现象及紧急处理行动，设备贴 "不得使用"的警告标识。同时，贮存的样品应考虑按以下方式处理。

（1）启动备用设备。

（2）启动其他应急措施

• 委托有资质的第三方负责样品的贮存。委托应严格按照法规和委托合同执行，参见 "15 委托检验的管理"章节。

• 降低贮存条件。经风险评估后，应尽可能选择条件接近的环境贮存，如：

　○ 40℃/75%RH 条件下样品可逐步地转移至 30℃/75%RH，30℃/65%RH，30℃/ 自然环境湿度，25℃/60%RH，25℃/ 自然环境湿度等条件。

　○ 30℃/65%RH 条件下样品可逐步转移至 30℃/ 自然环境湿度，25℃/60%RH，25℃/ 自然环境湿度。

　○ 25℃/60%RH 条件下样品可转移至 25℃/ 自然环境湿度。

　○ 30℃ /75%RH 条件下样品可逐步转移至 30℃ /65%RH，30℃ / 自然环境湿度，25℃ /60%RH，25℃ / 自然环境湿度。

- 相应的贮存时限可相应延长，并记录，更新稳定性试验方案。
- 所有的样品转移均应及时记录于样品贮存台账，并于稳定性试验报告中加以体现和评估。

E. 挑战性试验贮存条件

（1）影响因素试验　按照《中国药典》规定，如表 9-7 所示试验条件分别用于原料药及制剂的影响因素的测定。

表 9-7　原料药及制剂影响因素试验条件

	原料药及制剂
目的	探讨药物的固有稳定性，了解影响其稳定性的因素及可能的降解途径与降解产物，为制剂生产工艺、包装、贮存条件和建立降解产物的分析方法提供科学依据。考察制剂处方的合理性与生产工艺及包装条件
试验批次	1 批原料药物或 1 批制剂进行；如试验结果不明显，应加试 2 批样品
样品形式	将原料药供试品置适宜的开口容器中（如称量瓶或培养皿），分散放置，厚度不超过 3mm（疏松原料药可略厚）。将制剂外包装去除（根据试验目的和产品特性考虑是否除去内包装），置于开口容器中
高温试验	供试品开口置适宜的恒温设备中，设置温度一般高于加速试验温度 10℃ 以上，考察时间点应基于原料药本身的稳定性及影响因素试验条件下稳定性的变化趋势设置。通常可设定为 0 天、5 天、10 天、30 天等取样，按稳定性重点考察项目进行检测。若供试品质量有明显变化，则适当降低温度试验
高湿试验	供试品开口置恒湿密闭容器中，在 25℃ 分别于相对湿度 90%±5% 条件下放置 10 天，于第 5 天和第 10 天取样，按稳定性重点考察项目要求检测，同时准确称量试验前后供试品的重量，以考察供试品的吸湿潮解性能。若吸湿增重 5% 以上，则在相对湿度 75%±5% 条件下，同法进行试验；若吸湿增重 5% 以下，其他考察项目符合要求，则不再进行此项试验。恒湿条件可在密闭容器，如干燥器下部放置饱和盐溶液，根据不同相对湿度的要求，可以选择 NaCl 饱和溶液（相对湿度 75%±1%，15.5~60℃），KNO$_3$饱和溶液（相对湿度 92.5%，25℃）
强光照射试验	供试品开口放在光照箱或其他适宜的光照装置内，可选择输出相似于 D65/ID65 发射标准的光源，或同时暴露于冷白荧光灯和近紫外灯下，在照度为 4500lx±500lx 的条件下，且光源总照度应不低于 $1.2×10^6$lx·h、近紫外灯能量不低于 200W·h/m^2，于适宜时间取样，按稳定性重点考察项目进行检测，特别要注意供试品的外观变化。关于光照装置，建议采用定型设备"可调光照箱"，也可用光栅，在箱中安装相应光源使达到规定照度。箱中供试品台高度可以调节，箱上方安装抽风机以排除可能产生的热量，箱上配有照度计，可随时监测箱内照度，光照箱应不受自然光的干扰，并保持照度恒定，同时防止尘埃进入光照箱内

当进行如表 9-7 所示影响因素试验时，如产生过多降解产物时，试验条件可以

适当调整。

根据药品的性质，必要时，可以设计其他试验，如考察 pH 值、氧、低温、冻融等因素对药品稳定性的影响。如原料药在溶液或混悬液状态时，或在较宽 pH 值范围探讨 pH 值与氧及其他条件对药物稳定性的影响，并研究分解产物的分析方法。对于创新药物，应对其分解产物的性质进行必要的分析。冷冻保存的原料药物，应验证其在多次反复冻融条件下产品质量的变化情况。在加速或长期放置条件下已证明某些降解产物并不形成，则可不必再做降解产物检查。

对于需冷冻保存的中间产物或药物制剂，应验证其在多次反复冻融条件下产品质量的变化情况。

（2）反复低温或冻融试验　对于易发生相分离、黏度减小、沉淀或聚集的药品须通过低温或冻融试验来验证其运输或使用过程中的稳定性，作为影响因素试验的一部分。具体方法可推荐如下。

低温试验应包括三次循环，每次循环应在 2~8℃条件下贮存 2 天，然后在 40℃加速条件下贮存 2 天，最终取样检测。

冻融试验应包括三次循环，每次应在 –20℃ ~–10℃条件下贮存 2 天，然后再在40℃加速条件下贮存 2 天，最终取样检测。对于生物制品，冻融试验也应包括三次循环，每次应在 –20℃ ±5℃条件下贮存 2 天，然后在 25℃ ±2℃条件下贮存 2 天。

F. 特殊贮存条件

除 ICH 标准贮存条件以外，对于特定的剂型与产品，尚需测定进一步的贮存条件下的质量稳定性考察。例如：

半渗透包装产品的贮存条件（包装于聚乙烯 PE 安瓿或 PE 瓶中的洗液、鼻喷剂、滴眼液等）可参照表 9-8。

表 9-8　半渗透包装产品的标准贮存条件

半渗透包装产品的标准贮存条件［依据 ICH Q1A（R2）］	
试验	温度 / 相对湿度
长期试验 *	25℃ ±2℃ /40% ± 5%RH 或 30℃ ±2℃ /35% ± 5%RH
中间试验 **	30℃ ±2℃ /65% ± 5%RH
加速试验	40℃ ±2℃ / 不超过 25%RH

注：* 长期试验在 25℃ ±2℃ /40% ± 5%RH，还是在 30℃ ±2℃ /35% ± 5%RH 条件下进行，由申请人决定。

** 如果把 30℃ ±2℃ /35% ± 5%RH 作为长期试验条件，则无需中间试验。

如果在 25℃ ±2℃ /40% ± 5%RH 条件下进行长期试验，而在加速试验下 6 个月期间的任一时间点发生除失水外的显著变化，应增加中间试验，以考察 30℃时温度的影响。在加速试验放置条件下，仅失水一项发生显著性变化，不必进行中间试验。然而，应有数据证明制剂在建议的货架期贮藏在 25℃，40%RH 时无明显失水。

包装在半渗透容器中的制剂，在 40℃、不超过 25%RH 的条件下放置 3 个月，失水量与原始值相差 5%，可认为有显著性变化。然而，对小容器（≤ 1ml）或单剂量包装容器，只要说明理由，40℃不超过 25%RH 放置 3 个月失水 5% 或以上是可以的。

如果药物制剂使用密闭容器（玻璃瓶、西林瓶、密封的玻璃安瓿瓶）包装，环境湿度对此影响极小，所以水分测定并不是必需的。在这种情况下，建议贮存条件可以参照表 9-9，一般来说，在这些试验中提供单独的设施进行考察并没有任何优势，样品往往是放置在普通恒温恒湿箱中。

表 9-9　密闭包装的贮存条件

	温度	相对湿度
长期试验研究	25℃ ±2℃	环境
中间条件	30℃ ±2℃	环境
加速试验研究	40℃ ±2℃	环境

拟冷藏的药物制剂的贮存条件参照表 9-10。

表 9-10　拟冷藏药物的贮存条件

	温度	相对湿度
长期试验研究	5℃ ±3℃	贮存环境
加速试验研究	25℃ ±2℃	60% ± 5%RH

对温度敏感的中药、天然药物（需在 4~8℃冷藏保存）长期试验可在 6℃ ±2℃ 条件下进行试验，加速试验条件可在 25℃ ±2℃、60% ± 5%RH 条件下进行。

若制剂拟冷冻贮存，建议参考表 9-11。

在这种情况下，虽然没有加速试验贮存条件，但应对一批样品在略高的温度下（如：5℃ ±3℃或 25℃ ±2℃）放置适当的时间进行测试，以了解可允许的短期偏离标识贮存条件的温度波动（如短途运输）范围。

表 9-11　拟冷冻贮存药物的标准贮存条件

	温度	相对湿度
长期试验研究	−20℃ ±5℃	—

对于有其他特殊贮存条件的药物，需根据产品拟上市的市场（或目标市场）的要求（所在气候带）来确定稳定性研究的温湿度条件，应用实例：拟阴凉贮存药物在国内市场销售的贮存条件可参考表 9-12。

表 9-12　拟阴凉贮存药物的参考贮存条件

	温度	相对湿度
长期试验研究	20℃ ±2℃	60% ± 5%RH
中间条件	30℃ ±2℃	65% ± 5%RH
加速试验研究	40℃ ±2℃	75% ± 5%RH

9.5.4 样品取用

A. 一般考虑

● 样品必须按照稳定性试验方案从恒温恒湿箱和其他贮存条件下按要求取出。一般，可以在一个允许的时间偏差范围内进行。时间偏差范围的设定应基于稳定性试验的目的进行充分风险评估后规定，如用于注册申报的取出时间偏差设定应结合产品前期稳定性相关研究数据以及注册地相关注册要求谨慎考虑，用于持续稳定性考察的取出时间偏差设定可相对放宽要求。通常，稳定性试验方案中最后一个时间点（或效期点）的样品取出时间不能早于计划时间点。

● 对于影响因素试验和加速试验条件，一般不推荐早于计划取样时间取出样品。

● 任何附加于计划外的试验间隔点取样，必须经由责任授权人签字批准，并登记在册，必须保证有足够的样品用于余下的稳定性研究。

● 从恒温恒湿箱或异于室温环境取出的稳定性试验样品，建议存放于标准贮存条件下等待检验，并有明显标示。

● 样品取出后，应作标记，并登记于相应的记录中，进行检验。

B. 文件

稳定性计划：按照要求，应准备每年的稳定性试验计划，并得到相应负责人的批准，以用于指导稳定性试验计划的实施。

稳定性试验样品记录：每次取出的样品数量必须如实记录。

9.5.5 样品的分析

A. 一般考虑

所有的稳定性试验样品都需按照试验方案既定的方法进行分析，此分析方法应经有效的方法验证、确认或转移。稳定性特征试验项目应规定在稳定性试验方案中。

对从贮存条件下取出的样品，应在标准操作规程中明确规定完成分析的时间，并在指定时限内完成，以避免试验数据缺乏对取出时间点的代表性。例如，对于一个月的试验点样品，推荐于 2 周之内完成分析，对于其他更长试验点的样品，建议自实际取样日后 4 周之内完成分析。在完成分析之前，取出的样品建议在标准放置条件下贮存。

实验室对样品的分析应按照相应的操作规程进行，详见本指南"4 物料和产品的检验"。

B. 考察项目的分析试验

稳定性研究的考察项目应选择在药品保存期内易于变化，并可能会影响到药品的质量、安全性和有效性的项目，以便客观、全面地反映药品的稳定性。除常规的试验项目外，以下一些特殊试验要求可应用于特殊剂型的稳定性试验。例如：

● 模拟使用测试（in use test）：主要是模拟多剂量产品实际使用场景对容器内剩余产品的质量影响，根据包装上的说明，当产品装量剩余到规定量时即应该禁止使用。其次应对其化学和微生物性质（如无菌）进行分析和评价。这些测试结果将用于产品包装信息，如滴眼液包装上规定：应在开瓶 10 天内使用，超过期限则必须妥善处置。有些药物制剂还应考察临用时配制和使用过程中的稳定性。例如，应对配制或稀释后使用、在特殊环境（如高原低压、海洋高盐雾等环境）使用的制剂开展相应的稳定性研究，同时还应对药物的配伍稳定性进行研究，为说明书 / 标签上的配制、贮藏条件和配制或稀释后的使用期限提供依据。模拟使用测试所用样品应考虑使用近效期样品进行考察。

● 半渗透性包材包装的注射剂的相容性试验：许多的原料药主成分都具有在塑料表面聚集的趋势，从而引起剂量的浸出。因此，静脉注射剂所用的塑料容器和其他组分必须进行相容性试验，如果必要的话，可以选择另外一种材质的塑料（如硬塑料代替软塑料）比较试验。另外，还必须进行过滤性检查试验。

● 橡胶塞和塑料组分的相容性试验：这些相容性试验专属用于液体制剂和无菌粉

末制剂。除了使用药典中描述的标准萃取溶剂进行试验外，应附加更灵敏、更专属的试验。例如对口服溶剂，可将样品倒置存放，然后用气相色谱、质谱或其他适宜的方法分析对内容物可能的污染。此外，外观检测非常重要，例如口服溶剂盖子内的橡胶塞即为潜在的污染源，可能存在落屑等可见污染物。

- 光学稳定性（ICH Q1B）
  - 原则：按照 ICH Q1A（R2）规定，必须对新原料药和产品进行光照试验的分析。ICH Q1B 中规定了一般试验条件。这个试验的目的是为了证明光照的影响不会引起质量上的不可接受的变化。一般来说，光学稳定性只需选 1 批制剂产品进行试验即可，如果 1 个批次的研究结果不能确认其对光是否稳定，则应加试 2 个批次；但生物制品应直接使用 3 批。API 的试验是挑战性试验的一部分，应于研发早期进行。
  - 光源：可采用任何输出相似于 D65/ID65 发射标准的光源，如具有可见 - 紫外输出的人造日光荧光灯、氙灯或金属卤化物灯。D65 是国际认可的室外日光标准［ISO 10977（1993）］，ID65 相当于室内间接日光标准；应滤光除去低于 320nm 的发射光。也可将样品同时暴露于冷白荧光灯和近紫外灯下。冷白荧光灯应具有 ISO 10977（1993）所规定的类似输出功率。近紫外荧光灯应具有 320~400nm 的光谱范围，并在 350~370nm 有最大发射能量；在 320~360nm 及 360~400nm 二个谱带范围的紫外光均应占有显著的比例。
  - 试验条件：试验进行时，温度必须加以考虑控制，使得光线的影响可以独立进行评估。如果使用遮光保护的样品（例如用铝箔包裹）作为避光对照来评估热诱导变化对总变化的贡献，应确保这些样品与受试样品所在的环境温度均匀。在照度为 4500lx ± 500lx 的条件下，且光源总照度应不低于 1.2×10^6 lx·h、近紫外灯能量不低于 200W·h/m^2，于适宜时间取样。
  - API：API 的属性必须在试制阶段纳入考虑，避免照射过程中升华、熔融或发生其他变化。API 必须在所需的适宜的容器和阴凉处进行试验。必须指出：在早期的研发阶段的挑战性试验中，特意采用光降解方法进行杂质研究，而后来的调查重点是分析样品的保护措施。
  - 制剂产品：最初使用未包装的样品试验。如发生不能接受的变化，增加保护，首先以初级包装开始，然后次级包装（即市售包装）。基于试验结果，其包装必须改进，和（或）改变配方。如同 API 一样，产品的特性必须加以考虑，并且使用密闭容器排除外部影响。
  - 参数分析：照射后，必须检测样品的物理特性——主要为外观、含量和杂质。制剂产品还包括崩解时限和溶出度试验。然后，必须确定必要的防护方式。

- ○ 评估：分析试验完成后对结果进行评估。基于研发阶段对 API 或制剂产品的经验，对比质量标准做出判断。确定有助于防止产品质量受到不利影响的保护措施。

- 微生物分析

- ○ 防腐：无菌以及非无菌药品均可能含有防腐剂以保护制剂不受细菌和真菌污染。在批准的效期结束时，在研发过程中必须确定防腐剂的最低含量。当低于处方中的防腐剂（如乙醇）需求量时，最低限度必须经过微生物挑战试验确认，以确定安全范围（USP<51>）。建议在效期内的初次、末次时间点及每一年，微生物应与防腐剂含量测定同时进行分析。

- ○ 微生物限度：在非无菌药品的稳定性试验中，应进行定期核查微生物限度的符合情况。

- ○ 无菌试验：在稳定性试验开始时，应对每批样品进行无菌检查。建议应在每年及效期结束时确认内包装的完整性。这个测试必须有足够的专属性和灵敏度来检测不合格品的缺陷。USP<71> 中的无菌试验是用来确定样本大小的。已通过完整性测试的样品，可同时用于其他物理化学调查。但在任何情况下都不要将这些样品进行贮存及在以后重复使用。通过完整性测试被分析放行的样品不能用于无菌试验的替代品。

- ○ 热原和内毒素：热原和内毒素的检查必须在稳定性试验的开始和适当的时间间隔点进行。大多数的非肠道用药，试验仅需在开始和效期结束即足够。对于以安瓿瓶作为密封系统的制剂，只需在开始进行试验。塑料容器和可旋盖的玻璃容器，至少在开始和结束时试验。

试验方法和标准参见本指南"12 微生物实验室质量管理和检验"章节相应内容。

9.5.6 数据的评估

对于注册阶段的药品，单 – 多因素研究和完整 – 简化设计研究的稳定性数据评估的基本原则是相同的。应当对来自正式稳定性研究的数据以及适当的支持数据进行评估，以确定可能影响原料药或制剂质量和性能的关键质量属性。每个属性应分别进行评估，并对所有的结果作全面的评估，以确定复验期和有效期。贮藏、包装条件，一般如下确定。

- 贮藏条件的确定：应综合影响因素试验、加速试验和长期试验的结果，同时结合药品在流通过程中可能遇到的情况进行综合分析。选定的贮藏条件应按规范术语描述。

● 包装材料/容器的确定：一般先根据影响因素试验结果，初步确定包装材料和容器；然后，结合加速试验和长期试验的结果，进一步验证采用的包装材料和容器的合理性。

● 有效期的确定：应综合加速试验和长期试验的结果，进行适当的统计分析得到；最终有效期的确定一般以长期试验的结果来确定。

由于试验数据的分散性，一般应按95%置信限进行统计分析，得出合理的有效期。如三批统计分析结果差别较小，则取其平均值为有效期，如差别较大则取其最短的为有效期。若数据表明测定结果变化很小，提示药品很稳定，则可以不作统计分析。

药品在注册阶段，如下ICH Q1E具体原则可供参考。

A. 拟贮存于室温的 API 复验期和药品有效期的数据评估

（1）在加速试验贮存条件下无明显变化　长期和加速试验数据显示随时间没有或几乎没有变化和变异：无需进行统计学分析，但需要说明判断依据。复验期和有效期可外推至长期试验数据覆盖时间的两倍，但不超过覆盖时间外12个月。

● 长期和加速试验数据显示随着时间推移有变化和（或）变异：如果一个或几个因子的变化显著，长期试验数据的统计学分析适用于确定复验期和有效期。如果存在批间或其他因素变异，则复验期和有效期不能超出批次、不同因素组合中所得到的最短覆盖时间范围。如果变化源于特定因素，可针对该因素的不同水平（如不同规格）设定不同的复验期或有效期。应阐明引起产品变化有差异的原因和这些差异对产品的总体影响。可用外推法来设置长期试验数据覆盖范围的复验期或有效期，但是外推的程度取决于该指标的长期试验数据是否能进行统计分析。

○ 数据不能进行统计分析，但能提供相关支持性数据，或者数据能进行统计分析但未进行统计分析，建议的复验期和有效期可以外推至长期试验数据覆盖时间的1.5倍，但不能超出覆盖时间外6个月。

○ 数据可以进行统计分析，并已做统计分析和有支持性数据支持时，复验期和有效期限可以外推至长期试验数据覆盖时间的2倍，但不能超出覆盖时间外12个月。

（2）加速试验贮存条件下明显变化　当加速试验贮存条件下明显变化时，可以使用中间贮存条件的数据。

- 中间贮存条件无明显变化：可以使用长期试验数据进行外推，但其外推程度取决于所考察指标的长期试验数据否适合进行统计分析。
  - 数据不能进行统计分析：如果有相关的支持性数据，复验期或有效期可以外推至长期试验数据覆盖时间外 3 个月。
  - 数据可以进行统计分析：如果数据可进行统计分析，但未进行统计分析的，可外推的程度与"数据不能进行统计分析"相同；如果完成统计分析，在统计分析和相关支持性数据支持下，可将复验期或有效期外推至长期试验数据覆盖时间的 1.5 倍，但不得超出覆盖时间外 6 个月。
- 中间贮存条件有明显变化：不能使用长期试验数据进行外推，复验期或有效期不能长于长期试验数据覆盖时间。另外，还可以建议制定比长期试验数据覆盖时间更短的复验期或有效期。

B. 拟贮存于冰箱中（2~8℃）的 API 复验期和药品有效期的数据评估

除另有规定，数据评估原则同拟室温贮存的产品。因其不稳定性，外推效期需谨慎，并且无中间贮存条件。

（1）在加速试验贮存条件下无明显变化

- 长期和加速试验数据显示随时间几乎没有变化或变异时：无需进行统计学分析，但需要说明判断依据。复验期和有效期可以外推至长期试验数据覆盖时间的 1.5 倍，但不能超出覆盖时间外 6 个月。
- 长期和加速试验数据显示随着时间有变化和（或）变异
  - 数据不能进行统计分析，但能提供相关支持性数据，或者数据能进行统计分析，但未进行统计分析，则建议的复验期和有效期可以外推至长期试验数据覆盖时间的 1.5 倍，但不能超出覆盖时间外 3 个月。
  - 数据可以进行统计分析，并已做统计分析和有支持性数据支持时，则复验期和有效期可以外推至长期试验覆盖时间的 1.5 倍，但不得超出覆盖时间外 6 个月。

（2）加速试验贮存条件下明显变化

- 明显变化发生在第 3 到第 6 个月期间：复验期和有效期应根据长期试验数据来定，不宜外推。另外，建议还可以制定比长期试验数据覆盖时间更短的复验期和有效期。如果长期试验数据显示变异性，应采用统计分析对建议的复验期和有效进行确认。
- 明显变化发生在前 3 个月：数据评估原则同"明显变化发生在第 3 到第 6 个月

期间"。另外，还应讨论说明在短期偏离标签上的贮藏条件（如在运输途中或处置过程中）时所产生的影响。

C. 拟冷冻（-20℃）贮存的 API 复验期和药品有效期的数据评估

复验期和有效期应根据长期试验数据来定。对于需要冷冻贮存的原料药和制剂，在缺乏适宜的加速试验条件的情况时，可取一批样品在较高温度（5℃±3℃或25℃±5℃）下，并在适当的时间周期内进行试验，以评估短偏离标签上贮存条件（如运输途中或处置过程中）所产生的影响。

对于需在低于 -20℃在贮存的原料药或制剂，其复验期或有效期应根据长期试验数据来定，并个案评估。

9.5.7 数据汇总

所有的稳定性试验结果和相关调查均需记录，稳定性数据应按本指南"9.6 文件"方式报告，保证各样品试验点数据的完整准确。

9.5.8 统计分析的程序

在注册阶段，原料药或制剂复检期或有效期的建立可参考 ICH Q1E 中评价决策树。

统计分析的目的是建立一个高可信度的复验期或有效期，以确保将来在相似条件下生产、包装和贮存的所有批次样品的定量属性在此期间内能符合接受标准的要求。一旦采用一种统计分析方法去评估长期试验的数据，则应采用相同的统计方法对后续稳定性承诺批次的数据进行分析。

回归分析是一种评估定量属性稳定性数据和建立复验期或有效期的合适方法。定量属性与时间的关系决定了这些数据是否需要进行转换，以进行线性回归分析。一般这种关系可用算术或对数坐标中的线性或非线性函数来表示，有时非线性回归能更好地反映其真实关系。

评估复验期或有效期的一种合适方法是：通过确定某一定量考察指标（如含量、降解产物）平均值的95% 置信限与建议的接受标准（限度）相交的第一时间点来定。对于随时间降低的考察指标，使用平均值的95% 单侧置信限的低侧与接受标准相比较。而对于随时间升高的考察指标，使用平均值的95% 单侧置信限的高侧与接收标准相比较。对于既可能升高又可能是降低或者变化方向未知的考察指标，应使用95% 置信限的双侧并与接收标准上限和下限进行比较。

选择进行数据分析的统计方法时，应考虑采用的稳定性试验方案，以便为评估复验期或有效期提供有效的统计学依据。上述讨论的方法可用于评估单批或经适当的统计分析后合并的多批次产品的复验期或有效期。

9.5.9 上市产品的稳定性考察

药品在注册阶段进行的稳定性研究，一般并不是实际生产产品的稳定性，具有一定的局限性。需采用实际生产条件下所生产产品的稳定性考察结果，作为确认上市药品稳定性的最终依据。

在药品获得批准上市后，应采用实际生产规模的药品继续进行长期试验。根据继续进行的稳定性研究的结果，对包装、贮存条件和有效期进行进一步的确认。

药品在获得上市批准后，可能会因各种原因而申请对制备工艺、处方组成、规格、包装材料等进行变更，一般应进行相应的稳定性研究，以考察变更后药品的稳定性趋势，并与变更前的稳定性研究资料进行对比，以评价变更的合理性。

A. 持续稳定性考察

目的：在有效期内监控已上市药品的质量，以发现市售包装药品与生产相关的任何稳定性问题（如杂质、含量或溶出度指标的变化），确保按照经验证的生产工艺制造的产品质量维持在稳定的趋势，并且此考察可以在有效期内监控药品质量，并确定药品可以或预期可以在标示的贮存条件下，符合质量标准的各项要求，符合用药人员的需求。

范围：持续稳定性考察主要针对市售包装药品，但也需兼顾待包装产品。例如，当待包装产品在完成包装前，或从生产厂运输到包装厂，还需要长期贮存时，应当在相应的环境条件下，评估其对包装后产品稳定性的影响。此外，还应当考虑对贮存时间较长的中间产品进行考察（参见本节 "C. 中间产品放置时间的研究"）。

要求：考察批次数和检验频次应当能够获得足够的数据，以供趋势分析。通常情况下，每种规格、每种内包装形式的药品，至少每年应当考察一个批次，除非当年没有生产。某些情况下，持续稳定性考察中应当额外增加批次数，如重大变更或生产和包装有重大偏差的药品应当列入稳定性考察。此外，重新加工、返工或回收的批次，也应当考虑列入考察，除非已经过确认和稳定性考察。稳定性报告须定期更新。

持续稳定性考察的时间应当涵盖药品有效期，考察方案应当至少包括以下内容：
- 每种规格、每种生产批量药品的考察批次数；

● 产品介绍，包含包装形式及现有有效期；

● 相关的物理、化学、微生物和生物学检验方法，可考虑采用稳定性考察专属的检验方法；

● 检验方法依据；

● 合格标准；

● 试验间隔时间（测试时间点）：推荐每年进行测定，至少在有效期的开始、中间和结束点进行；

● 容器密封系统的描述；

● 贮存条件（应当采用与药品标示贮存条件相对应的《中国药典》规定的长期稳定性试验标准条件）；

● 检验项目，如检验项目少于成品质量标准所包含的项目，应当说明理由。

例如：一薄膜衣片的稳定性考察方案如表 9-13 所示。

表 9-13　××薄膜衣片稳定性考察方案示例

制定人		审核人		批准人	
×××		×××		×××	
年　月　日		年　月　日		年　月　日	
生效日期			××年××月××日		
品名	×××片		法定贮存条件	避光，密封保存	
有效期	24 个月		考察方式	持续稳定性考察	
规格/批量	××mg/××万片				
容器密封系统描述	该产品由聚氯乙烯固体药用硬片、药用铝箔共同组成其密封系统				
检品批号	×××				
检品数量	××片/瓶/盒　×　××盒				
测试时间点	0、3、6、9、12、18、24 个月				
稳定性期间贮存条件	温度：30℃±2℃，相对湿度：65%±5%				
参照标准	《中国药典》（2020 年版）二部				
检验方法依据	×××检验规程				
检验项目	标准限度			备注	
性状	×××				

鉴别	×××	0 个月检测 1 次
有关物质	×××	
含量均匀度	×××	0 个月检测 1 次
溶出度	×××	
需氧菌总数	×××	
霉菌和酵母菌总数	×××	0 个月和长期 24 个月各检测 1 次
大肠埃希菌	×××	
含量	×××	
其他说明	1.本产品鉴别及含量均匀度在药品贮存期不易变化，故在 0 个月检测 1 次即可。微生物限度在稳定性考察期间较稳定，故仅在 0 个月和长期 24 个月时各检测 1 次。 2.检品需求量：	

考察时间点	检品需求量
0 个月	—
3 个月	××
6 个月	××
9 个月	××
12 个月	××
18 个月	××
24 个月	××
备用量	××
数量总计	××

B. 承诺稳定性试验

目的：特殊类型的稳定性，其报告与试验方案应提交给监管机构。

要求：当申报注册的 3 个生产批次样品的长期稳定性数据已涵盖了建议的有效期或复检期，则认为无需进行批准后的稳定性承诺；但是，如有下列情况之一时应进行承诺：

- 如果递交的资料包含了至少 3 个生产批次样品的稳定性试验数据，但尚未至有效期或复检期，则应承诺继续进行研究直到建议的有效期或复检期；
- 如果递交的资料包含的生产批次样品的稳定性试验数据少于 3 批，则应承诺继续进行现有批次样品的长期稳定性试验直到建议的有效期或复检期，同时补充生产规模批次至少至 3 批，进行直到建议有效期或复检期的长期试验，制剂进行 6 个月的加速试验；

● 如果递交的资料未包含生产批次样品的稳定性试验数据（仅为注册批次样品的稳定性试验数据），则应承诺采用生产规模生产的前 3 批样品进行长期稳定性试验，直到建议的有效期或复验期并进行 6 个月的加速试验。

通常承诺批次的稳定性试验方案应与申报批次的方案相同。

此外，需注意：申报注册批次质量在加速试验条件下发生显著变化时，需进行中间条件试验，承诺批次可进行中间条件试验，也可进行加速试验；但如果承诺批次质量在加速试验下发生显著变化，还需进行中间条件试验。

C. 中间产品放置时间的研究

持续稳定性考察主要针对市售包装药品，但也需兼顾待包装产品和中间体。例如，当待包装产品在完成包装前，或从生产厂运输到包装厂，还需要长期贮存时，应在相应的环境条件下，评估其对包装后产品稳定性的影响。此外，还应考虑对贮存时间较长的中间产品进行考察。此特殊稳定性试验用以建立原料药用于生产前的贮存时间以及需采取的防护措施。美国 FDA 一般接受 30 天的放置时间，更长的时限需要提供稳定性数据支持。至少用一批产品进行指定包装条件下放置时间的研究。

通常，中间产品放置时间的研究应涵盖以下几个方面：

● 批次：至少一批，如工艺验证中，则 3 批验证批次可同时用于研究；

● 样品量：至少双倍量样品，单独包装；

● 包装：模拟拟定的包装形式；

● 贮存条件：模拟最恶劣的贮存条件（如可用恒温恒湿箱），或真实的贮存条件（如生产的贮存间）；

● 取样点：预期的最长贮存时间点及设计中间点；

● 关键试验项目：参考稳定性试验的重点考察项目，并结合剂型与药品的特性，设计专属试验。

例如一薄膜衣片剂产品的生产过程中，如表 9-14 所示阶段可以适用于进行中间产品放置时间的研究。

表 9-14 薄膜衣片剂中间产品放置时间研究示例

产品生产阶段	实验项目	包装形式	贮存条件	时间点
原料分包装后	外观、含量、杂质	2 层 PE 袋/铁桶，内有 5g 干燥剂	生产贮存间（18~26℃）/（≤ 65%RH）	0、1、2、4 周
终混颗粒	外观、水分、含量、杂质	2 层 PE 袋/铁桶，内有 5g 干燥剂	生产贮存间（18~26℃）/（≤ 65%RH）	0、1、2、4 周
裸片（片芯）	外观、水分、含量、杂质、溶出度	2 层 PE 袋/铁桶，内有 5g 干燥剂	生产贮存间（18~25℃）/（≤ 65%RH）	0、1、2、4 周
包衣液	外观、微生物限度、干物质	玻璃瓶（密闭）	冰箱（2~8℃）	0、1、2 周
半包装品（包衣后）	外观、水分、含量、杂质、溶出度	2 层 PE 袋/铁桶，内有 5g 干燥剂	生产贮存间（18~26℃）/（≤ 65%RH）	0、2、4、8 周

9.6 文件

9.6.1 标准操作规程

企业必须建立标准操作规程去描述稳定性试验的程序和要求，并严格按照标准操作规程执行，任何偏离，应启动偏差系统进行调查。

9.6.2 稳定性研究方案

稳定性研究方案是稳定性研究的基本部分，应涵盖药品有效期，应经批准后实施，参见本指南"9.5.2 稳定性研究方案设计"。

稳定性研究过程中如遇标准变更，可基于新旧标准对比后进行充分评估，再确定是否升级方案按新标准执行或新旧标准同步执行抑或是执行原标准。

9.6.3 稳定性研究计划

稳定性研究需建立清晰可行的计划，进行稳定性研究管理。建议每年年末准备下一年的"年度稳定性考察计划"，一旦新的稳定性研究被启动，补充性的"年度稳定性考察计划"应相应准备。如果需要，及时更新"年度稳定性考察计划"添加补充性的计划内容。如为电子系统自动生成计划，亦应定期检查计划。

9.6.4 记录

取样：样品须根据稳定性试验计划按时取出，并及时记录于相应的记录中，同时，样品须转移至相关实验室登记并进行随后的分析试验。

分析：分析记录应及时填写，原则参见本指南"11 原始数据的管理"。

9.6.5 报告

应当根据所获得的全部数据资料，包括考察的阶段性结论，撰写总结报告并保存。应当定期审核总结报告。稳定性研究报告应包含稳定性研究中收集的所有相关的数据，也包括对正在进行的或已完成的稳定性研究所得结果的科学的数据评估和结论。稳定性报告内容可参考以下所列：

- 所选的批次；
- 产品有效期；
- 批生产信息；
- 包装形式；
- 分析试验和质量标准；
- 试验结果 / 考察结果；
- 与稳定性试验方案 / 考察方案的偏差（若适用）；
- 结论；
- 数据表；
- 适当的趋势分析和统计分析；
- 适当的统计分析图表。

稳定性研究报告应及时撰写 / 更新，并经由质量受权人或其指定人员批准。

长期稳定性试验和持续稳定性考察应定期报告汇总，建议每年至少以中期报告或数据汇总表的形式报告一次。所有稳定性研究完成后，应出具最终的稳定性报告。

9.6.6 年度趋势分析与评估报告

在年度产品回顾的报告中，其回顾期限内从事的所有稳定性研究均需加以描述和评估，对于复验期 / 有效期的支持结论必须明确定义。

9.7 稳定性超标或超趋势调查处理

9.7.1 原则

应当对任何超标（OOS）或超趋势（OOT）结果进行调查。对任何已确认的超标或超趋势结果，企业都应当考虑是否可能对已上市药品造成影响，必要时应当实施召回，调查结果以及采取的措施应当报告当地药品监督管理部门。

9.7.2 程序

调查程序参见本指南"10 实验室调查"。对于持续稳定性考察 OOS/OOT 的结果，因其对正在用药者有潜在的风险，应采取如下的紧急措施。

原则：任何超出标准和超出趋势的结果必须进行调查，并采取相应的措施。

稳定性考察 OOS/OOT：一旦持续稳定性考察出现 OOS/OOT 结果，应立即书面通知质量保证部，并在尽可能短的时间内完成实验室调查报告。

可能的召回：如果质量警报包含潜在的召回，则必须按照召回的调查程序进行。

产品失败的调查：必须在质量保证部的领导下，进行全面的产品失败调查（参见本丛书《质量管理体系》分册），对于已生产或即将生产的批次采取相应的措施。

产品评估：在相关质量团队的领导下，对包含所有涉及的操作进行全面的产品质量评估，并决定应采取的行动，包括召回，以保证现有的和将来批次的产品质量。此评估应在短期之内完成。

紧急变更：如紧急行动是必需的，相关部门有责任在正式批准的变更流程生效之前去实施变更。无论采取何种方式，所有的步骤均需记录，在变更系统中的追踪记录需随后进行。

通知质量受权人及当地药品监督管理部门：确认非实验室原因的稳定性考察中的 OOS/OOT 的结果，应通知质量受权人（负责产品放行至市场）。有时，当地质量保证部门须将情况报告给当地药品监督管理部门。

应对所有超出标准或明显的非典型趋势的结果进行调查。所有确认的有效 OOS 结果，或明显的负面趋势，均应报告给相应的监管部门。该结果给在市批次带来的可能的影响必须在与监管部门的沟通中加以考虑。

应当对不符合质量标准的结果或重要的异常趋势进行调查。对任何已确认的超标或超趋势结果，企业都应当考虑是否可能对已上市药品造成影响，必要时应当实施召回，调查结果以及采取的措施应当报告当地药品监督管理部门。

10 实验室调查

本章主要内容：

☞ 定义及术语

☞ 适用范围

☞ 实验结果调查的程序以及处理过程中应考虑的因素

☞ 实验室结果调查的文件要点

法规要求

药品生产质量管理规范（2010 年修订）

第二百二十四条 质量控制实验室应当建立检验结果超标调查的操作规程。任何检验结果超标都必须按照操作规程进行完整的调查，并有相应的记录。

第二百三十八条 应当对不符合质量标准的结果或重要的异常趋势进行调查。对任何已确认的不符合质量标准的结果或重大不良趋势，企业都应当考虑是否可能对已上市药品造成影响，必要时应当实施召回，调查结果以及采取的措施应当报告当地药品监督管理部门。

背景介绍

《药品生产质量管理规范（2010 年修订）》规定：企业应建立超标结果及异常趋势调查操作规程，对任何不符合质量标准或重大不良趋势的结果进行调查。

调查的主要目的是发现不合格或异常趋势的根本原因并及时采取相应的措施，

以消除或预防将来的不合格，并评估对产品的影响，必要时召回产品，保护患者安全。

📋 技术要求

除《药品生产质量管理规范（2010 年修订）》对检验结果调查有明确的要求外，表 10-1 所列指南中均有对此部分的要求，以供参考。

表 10-1 检验结果调查相关指南

监管机构或组织	文件名称
中国食品药品检定研究院（NIFDC）	中国药品检验标准操作规范（2019 年版）：异常检验结果调查指导原则
英国药品与健康产品管理局（MHRA）	*MHRA Out of Specification & Out of Trend Investigations*, October 2017 MHRA 超标和超趋势调查指导原则，2017 年 10 月
美国食品药品管理局（美国 FDA）	*Guidance for Industry*: *Investigating Out-of-specification* (*OOS*) *Test results for Pharmaceutical Production*, May 2022 行业指南：药品生产超标结果的调查，2022 年 5 月
	Guide to Inspection of Pharmaceutical Quality Control Labs (*section 5*), July 1993 药品质量控制实验室检查指南（第 5 节），1993 年 7 月

实施指导

10.1 定义及术语

（1）本章所有定义主要参照 MHRA《超标和超趋势调查指导原则》。

• 超标（out of specification，OOS）结果：结果不符合既定的可接受标准（例如，递交的申请、药物主文件、获批的上市申请，或官方药典或内部的可接受标准）的检验结果；超出官方药典和（或公司文件）（即，原料质量标准、中间过程检验、成品检验等）中已建立的可接受标准的结果。

• 超趋势（out of trend，OOT）结果：通常为不符合预期趋势的稳定性结果（与其他稳定性批次相比，或与之前稳定性研究期间收集的结果相比）。起始物料和中间过程取样的趋势分析也可能产生超趋势的数据。OOT 结果不一定是 OOS，而是看起来不像是正常数据点的结果。环境监测的趋势分析中应考虑 OOT，例如活性粒子和非活性粒子数据（行动限或警戒限趋势分析）。

● 异常（atypical/aberrant/anomalous result，AR）结果：在质量标准范围内但是为非预期的、存疑的、不规律的、有偏离的或反常的结果。例如，出现意外色谱峰，稳定性试验点的非预期结果等。

实验室调查的目的是明确出现数据偏差的原因，避免不合格品或潜在风险产品流入市场。对于上述任何超出质量标准及趋势或异常的分析结果，企业都须进行实验室调查。此调查应当遵循真实、科学、有效的原则，且应符合相应的法规要求。

（2）调查中的术语定义

● 假设性检验（hypothesis/investigative testing）：为帮助确认或排除可能的根本原因而进行的检测，即可以通过测试确定可能发生过的事情。例如，可能包括关于样品过滤、超声 / 提取的进一步检测以及可能的设备故障等。可以探索多种假设。

● 复检（re-test）：如果原样品仍然可用，使用原样品再次进行检测，否则将使用新的样品。

● 重新取样（re-sample）：如果原剩余样品不足或原样品的完整性存在问题等，则采用原取样方法在相同取样条件下从原始容器中取新样品。

● 可归因的原因（根本原因，assignable cause）：导致 OOS、OOT 或 AR 的已确定的原因。

● 无可归因的原因（未知原因，no assignable cause）：无法确定原因。

10.2 应用范围

实验室调查适用于：

● 批次放行检验和起始物料检验；

● 过程控制检验：如果数据用于批量计算 / 决策、申报资料和分析报告中；

● 对已上市批次的成品和（或）活性药物成分的稳定性研究，持续 / 后续稳定性研究（不包括破坏性试验）；

● 先前放行的批次在 OOS 调查中作为参照样品显示 OOS 或可疑结果的；

● 用于临床试验的批次；

● 在进行药典规定的某些特殊项目分析的复试时，如含量均匀度和溶出度，可不启动 OOS。但需注意是否存在溶出度或含量均匀度不符合正常趋势的情况，如存在，可采取偏差等其他形式展开调查。

实验室调查不适用于以下情况：

● 工艺中未达到终点而进行的中间检测，如工艺调整（pH、黏度的调整等）；在可变参数下进行的用于检查漂移影响的研究（例如，在可变参数下的工艺验证）；

● 培训过程中产生的数据；

● 不需要开启实验室调查的某些包材的物理检测，如长度、外观，中药材及中药饮片的外观、性状等。

另外，本章仅适用于理化项目的实验室调查，微生物的调查见本指南"12 微生物实验室质量管理和检验"的相关内容。

10.3 实验室调查的一般原则

实验室调查应遵行以下原则。

● 企业应建立书面的实验室调查程序，详细规定实验室调查中的人员职责、流程及如何评估所有的调查结果等。确保在出现超标（OOS）、超趋势（OOT）或异常结果（AR）时，有序、及时、客观的进行根本原因的调查，并制定相应的纠正预防措施。

● 调查的目的是确定 OOS/OOT/AR 结果的原因。即使一个批次产品因 OOS 结果不予放行，企业仍须进行调查以确定同品种其他批号或其他产品是否受影响。批次拒绝不能否定实施调查的需要。企业应确保调查有书面记录，包括结论和跟进措施。

● 实验室调查应及时进行，尤其是与已上市销售产品相关的调查。

● 质量部门应及早介入调查。所有的重新取样、复检方案均须在得到质量部门批准后方可进行。

● 为使调查更彻底，避免遗漏，建议企业在调查中注意使用根本原因分析工具，例如鱼骨图、5 个为什么（5-Why）等，以实现有效的根本原因分析。企业应避免过早的利用风险评估工具证明所采取或不采取某些行动的合理性，应以获得充分信息为前提。企业就 OOS/OOT/AR 相关调查给出的结论须包含有充分的科学支持，避免将 OOS/OOT/AR 结果归因于"未知的实验室错误"。

● 只有在排除所有其他与系统和过程相关的变量时，才能将人为差错判为根本原因。可能的情况是：如果人为差错是潜在根本原因，那么真正的根本原因可能是：培训系统中的缺陷，如培训流于形式，培训效果差；规程过于复杂或难以遵循；或者是其他因素，如工作任务过多，分散注意力等。在这种情况下，"提醒/重新培训操作员"不太可能成为有效的纠正和预防措施（CAPA）。

● 应避免将超标的结果和其他结果平均得到一个符合标准的结果，任何超标个值都需要进行调查，避免平均那些可以显示批产品个值差异的结果（如溶出度、含量均匀度）。企业针对需要计算平均值的情况，例如，旋光仪、密度计等，应在测试方法或分析仪器的使用规程上说明需要计算平均值。企业应避免利用离群检验不恰当的将 OOS 结果判定为无效 OOS。

● 企业应定期对所有发生的 OOS/OOT/AR 结果进行回顾性审查。评估无效 OOS 结果的科学论证和证据是否具有合理性。企业宜考虑一定时期内 OOS 结果中，无效 OOS 结果的比重，该指标在某种程度上可以反映实验室的稳定性和 CAPA 系统的有效性。

● 企业应确定纠正和预防措施对于 OOS/OOT/AR 的有效性，例如，对于根本原因为实验室原因的 OOS，企业应确保能够识别此等根本原因可能会影响的实验室方法，并进行有效整改。

10.4 实验室调查的程序

企业应制定书面的实验室调查流程，详细规定调查的职责、流程、数据处理的要求等。

OOS/OOT/AR 相关调查可以采取两阶段法（美国 FDA）：第一阶段调查，即实验室初步调查；第二阶段调查，即扩展性/全面的调查。企业可以根据对结果风险的承受能力，选择分两步开展两阶段调查，也可以同步展开。企业应正确认识两个调查阶段的关系和区别。企业在第一阶段调查中，如缺乏结论性证明 OOS/OOT/AR 是质量控制实验室错误所导致，则应启动第二阶段调查（通常在实验室及生产或供应商处同时展开），进行彻底的生产回顾调查（如批生产记录、生产步骤充分性、工艺能力、偏差历史、批不合格历史等），充分评估可能的生产变异源，并确认是否需要执行进一步的实验室分析。

OOS/OOT/AR 相关调查也可采用三阶段法（MHRA）：第一阶段调查，即实验室初步调查；第二阶段调查，即扩展性/全面的调查；第三阶段，即调查回顾、总结和批次处置。本节重点介绍三阶段法，详见下文实验室调查流程示例。

图 10-1 是关于理化检测 OOS/OOT 实验室调查所遵循的一个通用指导原则。AR 的实验调查与 OOS/OOT 流程类似，可以参照以下流程进行。考虑到不可能预见调查

中的所有可能情况，所以有些调查可能会与流程图描述的顺序有所不同。企业应全面科学地判断，无任何偏见的调查整个过程。所有调查过程应有详细记录，调查报告应得到相关质量负责人的批准。

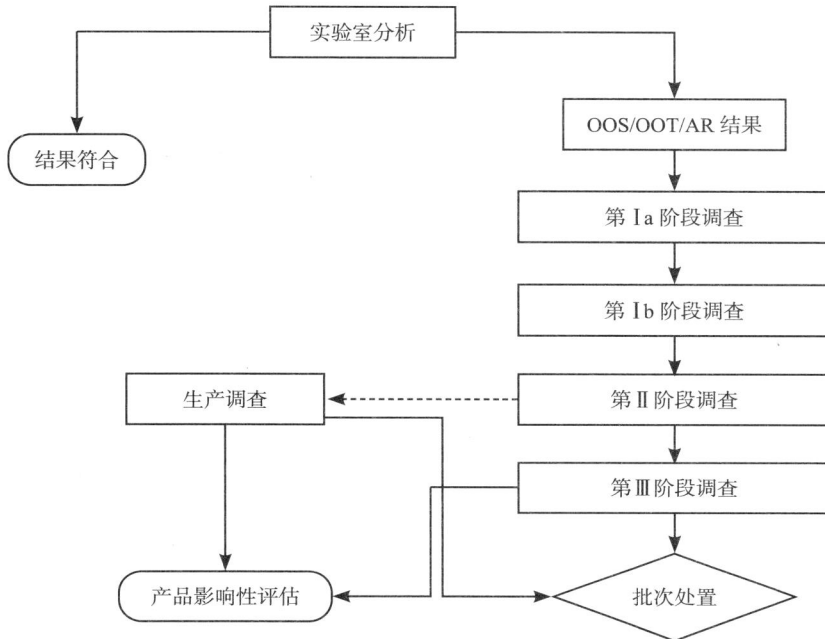

图 10-1 实验室调查流程图示例

具体流程可如下实施（流程为举例，企业在实践中可自行考虑调整）。

A. OOS/OOT/AR 实验结果的判定

检验人员对于每一个分析结果都须对照相应的质量标准和历史趋势进行评判，以断定是否为 OOS/OOT/AR 结果。如有 OOS/OOT/AR 结果发现，需立即报告相关责任人，并保留所有样品、标准品、玻璃器具、试剂和样品溶液直到完成相关调查为止。

各公司应根据各产品的特性，对每一个实验项目的历史数据进行趋势分析，从而根据科学的统计法、公司经验及市场需求等制定出 OOT 的标准（放行标准和稳定性标准可能不同），并作为标准操作规程或内控质量标准严格执行。推荐根据产品年度质量回顾数据或持续工艺确认数据等制定内控标准。

B. 第 Ia 阶段调查

第 Ia 阶段调查（图 10-2）是为了确定是否存在由外部环境（如断电）造成的明

显差错，或检验人员在生成数据之前发现的明显差错（如样品洒落等），这些情况无需进行 I b 阶段调查。示例如下。

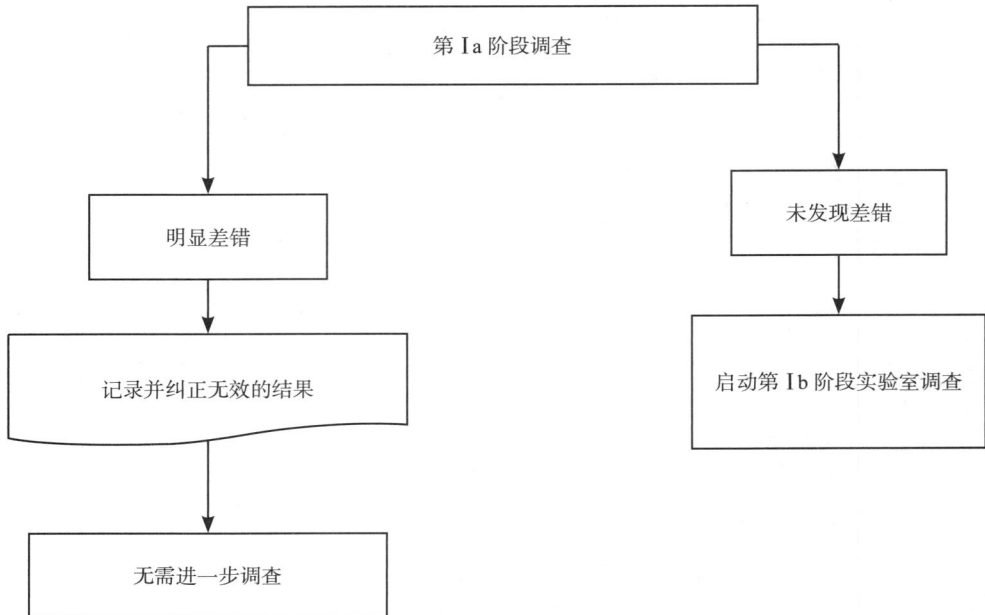

图 10-2　第 I a 阶段流程图示例

• 计算错误：重新计算，确定为计算错误。检验员和主管审核，更正后签名签日期。

• 断电：检验员和主管记录该事件，在所有相关的文件记录中备注"断电；重复该分析"。

• 设备故障：检验员和主管记录该事件，备注"设备故障；重复该分析"，并引用维护记录。

• 检验差错：例如，样品溶液溢出、样品转移不完全。

• 不正确的仪器参数：例如，检测器波长设置错误，检验员和主管记录该事件，在所有相关的文件记录中备注"不正确的仪器参数，重复该分析"。

如果没有发现差错，并且不符合上述情况，则应进行第 I b 阶段调查。

C. 第 I b 阶段调查

第 I b 阶段调查（图 10-3）从人、机、料、法、环、测等方面进行全面的调查，可设计固定的实验室调查清单，以避免在调查过程中的遗漏。第 I b 阶段调查推荐采用鱼骨图方法。

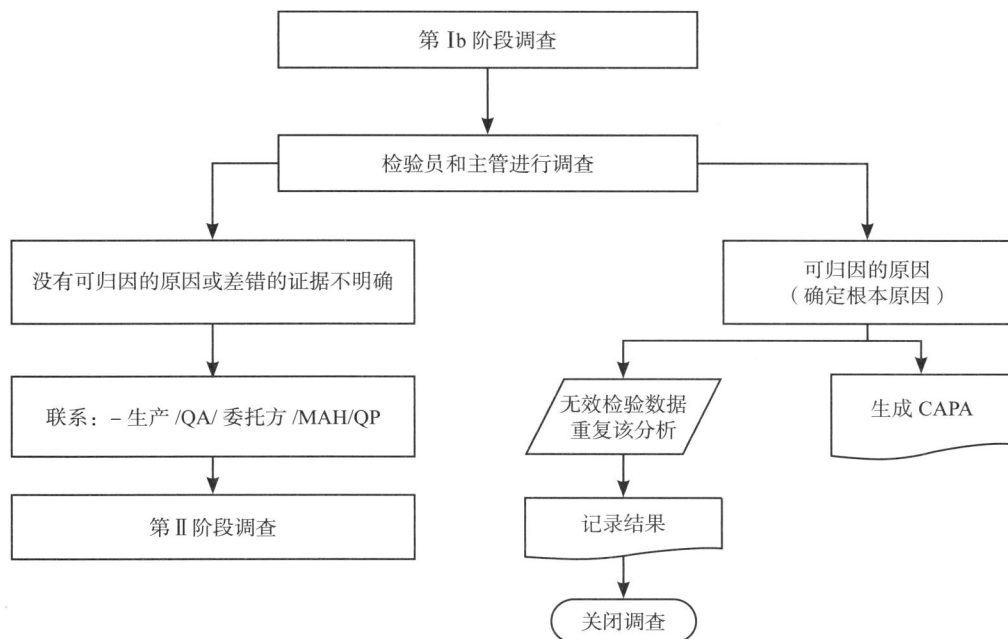

图 10-3　第 Ib 阶段流程图示例

● 评估检验人员的培训历史和经验，并推荐由主管对检验人员进行详细询问，包括检验的详细细节描述等。

● 确认所用仪器均在校准有效期内，系统适用性符合要求（如适用），包括可能会对结果有影响的仪器软件的检查。

● 审核设备日志，查看是否有报错信息或者异常情况。

● 检查试剂、溶剂和标准品是否使用正确，且在有效期内，溶液制备正确；检查容器中剩余溶液的性状和体积是否正常。

● 检查原样品（包括外观、标签及包装、储存环境，并与同时检测的其他批次样品比较），判断是否有污染的可能性。

● 审核实验文件和记录，是否遵循正确的检验方法，例如方法的版本号是否正确。

● 对取样过程进行调查（包括取样环境、取样方法、取样工具和取样人员的操作过程等），以确定原始样品是否具有代表性。

● 检查在检验期间所在区域内是否出现任何环境温度 / 湿度问题。

● 确认在检验期间是否发生其他可能产生干扰检验的活动等。

具体的Ⅰb 阶段调查表可见案例分析。

在对以上所有项目调查完成后，如有必要，可在该阶段进行初步的假设性检验，如使用原进样小瓶、原容量瓶、原储备液等，但不应使用原样品重新制备检测液进行假设检验，除非原储备液等已超出溶液有效期。

假设性检验实施之前应有假设性检验计划，并得到 QA 批准。假设性检验计划应包括以下内容：

- 假设性检验的目的；
- 使用什么样品检验；
- 具体的执行细节；
- 如何评价数据等。

假设性检验结果可能不能直接替代原来的可疑结果，可能只是用来确认或否定一个可能的原因。

经过以上初始调查，应得到明确的结论证明 OOS/OOT/AR 是否为明显的实验室错误引起：

- 如找到根本原因，则制定相应的 CAPA，原数据无效，使用原样品重新进行检验，以重新检验的数据出具检验报告；
- 否则，需进行第 II 阶段调查。

D. 第 II 阶段调查

第 II 阶段的调查流程见图 10-4。

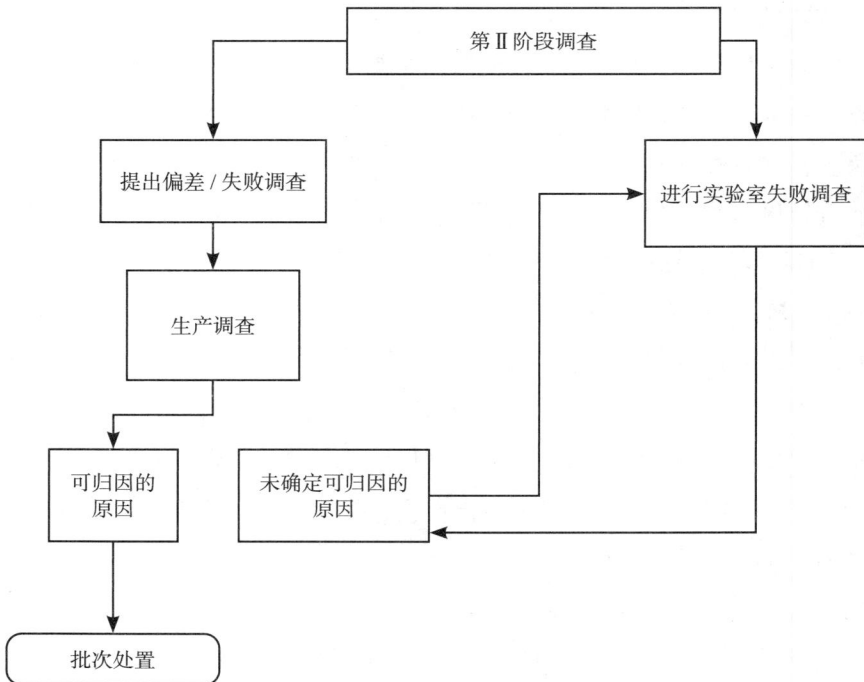

图 10-4　第 II 阶段流程图示例

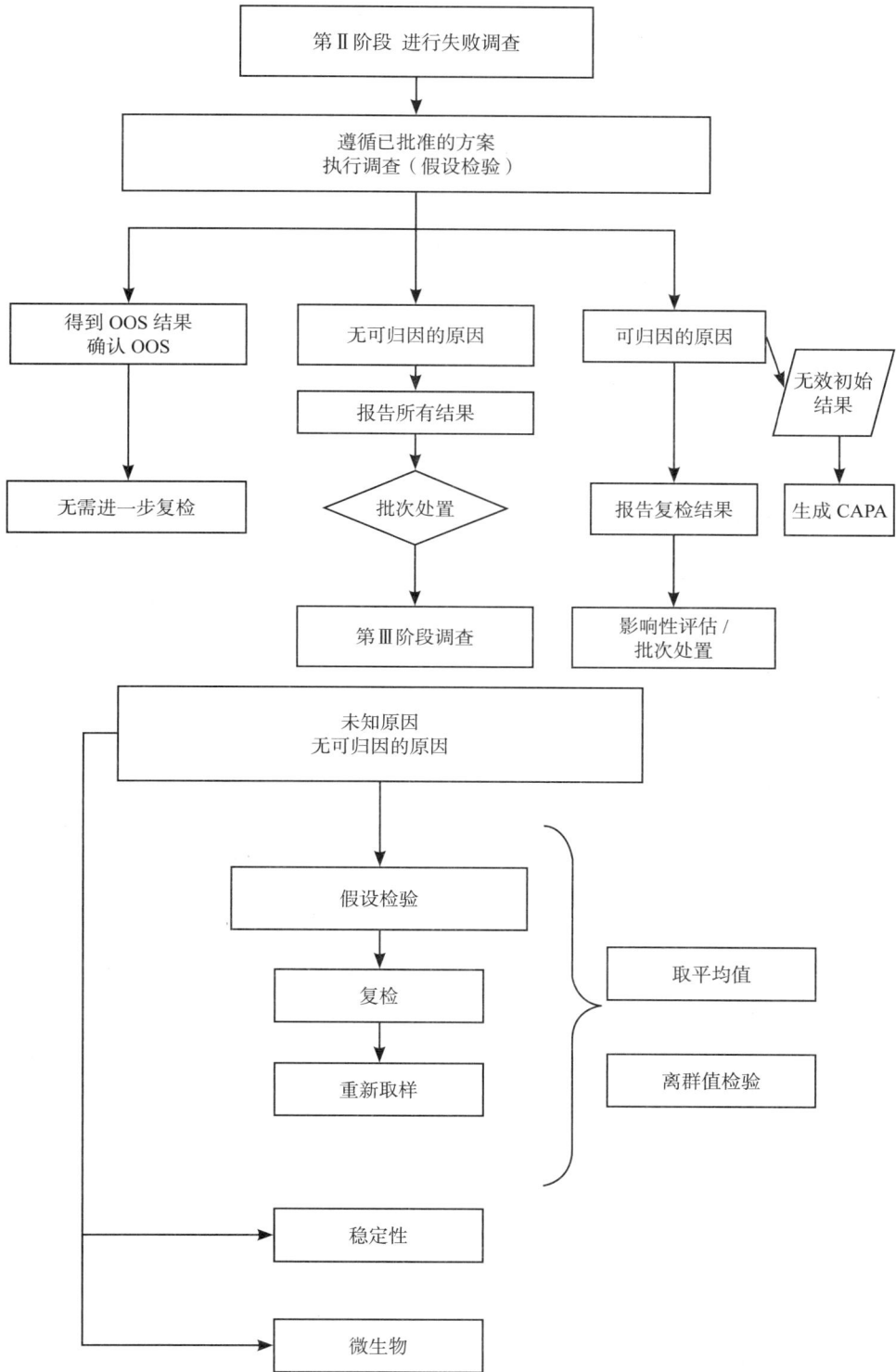

图 10-4　第Ⅱ阶段流程图示例（续）

第Ⅱ阶段调查同样是基于批准的假设指令进行的。在进一步检测之前，应开始生产调查以确定生产中是否存在可能的根本原因。若找到明显的生产原因，可不再进行进一步的实验室调查。如生产调查未找到明显的原因，应对实验室进行进一步调查，包括使用原样进行假设性检验、原样复检、重新取样后复检，证明 OOS/OOT/AR 结果为实验室原因或是产品缺陷导致。

进行复检前，应制定复检计划。复检的主要目的是调查检测设备故障或确定样品处理潜在问题，例如可疑的稀释错误等。原样假设性检验及复检应基于检验目标及合理的科学判断，应采用与原始结果同样的方法，可考虑使用相同或不同的仪器设备、色谱柱、试剂。

（1）复检

● 使用原样品；

● 可以是失败源的同一个样品的第二等份的样品；

● 如果原样品不足，可以重新取样，但应事先得到 QA/ 合同方 /MAH 的批准，批准需要有相应的记录；

● 复检应基于科学的判断；

● 应有程序规定复检的最少次数，并基于科学合理的原则。任何关于 RSD（%）和重复性的统计学审核都应参照方法验证期间获得的值（准确度、精密度和中间精密度）。复检次数应在统计上有效。文献给出了建议次数，如 5、7 或 9 次；

● 通常由第二名检验人员进行复检。第二名检验人员的资质应至少等同于原检验人员。如复检结果证明 OOS/OOT/AR 结果是由原检验人员操作失误所致，则应审核原检验人员所有分析结果。

复检时应避免出现以下情况：不断重复检验直至得到合格的结果，没有科学论证的剔除 OOS/OOT/AR 结果。

调查过程的结果原则上不能用来替代原始检验结果，如特殊条件下，在方案中已有事先明确规定，且过程和结果符合要求，则可以用作报告结果。就一个批次产品，如终止重复检验次数达到时，未发现实验室错误或统计错误，则没有科学基础判定 OOS/OOT/AR 结果无效，支持复检结果通过，该批次应定义为可疑，须被拒绝或待进一步调查。一旦 OOS/OOT/AR 结果被证实，那么这一批次的产品须按规定处置。

（2）重新取样

● 应很少使用；

● 如果原样品量不足以支持进一步的检验，可以重新取样；

● 重新取样应与初次取样使用的方法一样，但如果调查显示原样品取样有错误，可以使用新的经过评估的方法；

● 如果原样品无代表性或在样品准备过程中有错误；

● 有证据证明原样品无效；

● 有证据证明重取样后更科学；

● 重新取样应得到 QA/ 合同方的批准，重新取样应有取样方案，应描述如何获得样品；

● 所有重新取样都应有记录。

（3）数据处理

● 平均值：复检时每个样品的检验结果应分别评估，合格的结果和不合格的结果不能平均，复检的结果和初始 OOS 的结果不能平均。只有在特殊情况下才可求平均值，如生物学检测时。当检测目的是检测产品中的变异时，如粉末的混合均匀度或含量均匀度，应报告单个检验结果，不允许以平均值来报告结果，并应报告标准偏差（或者相对标准偏差）。对于 HPLC 检测，可以对同一样品溶液的多次进样结果取平均值，但如果多次测定所获得的结果有符合标准的也有不符合标准的，那么即使平均值符合标准也应对 OOS/OOT/AR 结果进行调查以找到变异的原因。

如果使用平均值，考虑 95% 置信限可以显示取平均值的变异性。

● 离群值：一个离群值可能来源于与规定检验方法的偏离，或来源于样品的变异性。不应认为离群值的原因是检验程序的差错而不是待测样品的固有变异性。离群值检验结果的统计学分析可以作为调查和分析的一部分。但是，对于相对偏差相对较小的经验证的化学检验且样品被认为是均质的情况，离群值检验不能用于证明拒绝数据的合理性。

如果第 II 阶段的调查可以得出 OOS/OOT/AR 的根本原因，根据根本原因制定相关的纠正和预防措施，评估对其他批次以及稳定性的影响等，调查关闭。

否则，应进行第 III 阶段的调查。

E. 第 III 阶段的调查

（1）调查回顾及报告　该阶段调查中应对生产调查、对可疑数据的实验室调查和（或）对所用分析方法的方法验证进行全面的回顾。调查中获得的所有结果均应被评估，以便对调查结果进行总结。调查报告应包含对所有调查的总结以及详细的结论，未找到根本原因时应根据所有的调查数据给出最可能的根本原因，并对该批产品的质量做出判断，以及采取相应的处理决定。

一旦该批产品被拒绝，为了查找根本原因并采取相应纠正和预防措施，仍然需要继续进行调查，但继续调查的结果不能推翻已拒绝批次的决定。应评估该 OOS/OOT/AR 对其他批次、正在进行的稳定性研究以及已验证过的生产工艺和检验规程的影响，并根据评估结果采取适当的纠正和预防措施。

（2）批次处置　如果第 I 阶段和第 II 阶段调查没有发现实验室或计算的错误，就没有科学依据证明初始结果无效。所有的检验结果，无论是合格的还是可疑的，都应报告，并且在批放行决定中考虑所有的数据。

初始 OOS 结果不一定表示该批次不合格且必须被拒绝。应对调查中的发现（包括复检结果）进行解读以对该批次作出评价，得出放行或拒绝的决定，并完整记录该决定。

如果调查确定了原来的取样方法不合理，则应由质量部门组织相关部门开发一个新的准确的取样方法，并以文件记录、审核和批准，同时应评估采用相同方法取样的其他批次。

如果调查显示 OOS 结果是由影响批质量的一个因素所导致（即 OOS 结果被证实），该批次不得放行并评估对其他批次的影响。应记录所有调查过程以及批处置的信息。

若没能找到 OOS/OOT/AR 结果原因，也不能确定 OOS/OOT/AR 结果，质量控制部门应对调查数据进行综合评估，按照最可能的原因进行处理，放行决定应在全面调查显示 OOS/OOT/AR 结果不能真实反映该批次质量后才能做出，决定放行时应特别慎重。

F. 稳定性 OOS/OOT

稳定性研究中发现的 OOS/OOT 结果应按照上述原则调查。对于 OOS 情况，由于有召回的可能性，应在发现 OOS 后尽快向监管部门上报。如果在任何稳定性时间点发现异常结果，预示在下一个稳定性检验时间点之前的检验结果有可能是 OOS，则可在下一个计划的稳定性检验时间点之前安排额外的检验。稳定性 OOS 应与产品召回程序关联起来。

原辅料制剂等可以根据历史批次建立 OOT 限度，稳定性考察 OOT 可参照《中国药典》指导原则 9001 原料药物与制剂稳定性试验指导原则中制剂质量的"显著变化"，超出该范围可启动 OOT 调查。

根据调查结果制定相应的纠正和预防措施，以保证现有和将来批次的产品质量。如果评估确认产品有质量风险，则需通知客户，并根据实际情况确定是否进行召回；

如果需要，则按照相关规定和质量协议进行。

G. 纠正和预防措施

应首先基于调查的结果制定合适的纠正措施来更正错误，进一步制定预防措施，从而防止更多 OOS/OOT/AR 结果的发生。应追踪纠正和预防措施的完成情况和纠正和预防措施的有效性。

H. 趋势分析

应定期对实验室调查进行趋势分析，以发现更多的趋势性信息。如错误经常是由于员工中某一人引起的，那么这个员工可能就需要进行额外的更进一步的培训等。

10.5 实验室调查报告

应记录所有的调查过程和结果，调查记录至少包括以下几部分：

- OOS/OOT/AR 的描述；
- 调查过程；
- 复检计划及试验结果，如需要；
- 调查结果：应阐明调查的各个方面及其结果，汇总可能性的原因；
- 结论，即发生 OOS/OOT/AR 的根本原因；
- 措施和纠正和预防措施。

应保留 OOS/OOT/AR 事件调查清晰和完整的记录（可以是纸质版或电子版）。所有调查过程中产生的任何原始记录和数据都应与调查报告同时保留。

实例分析

【实例】10-1 理化项目实验室结果调查举例

此处仅列出化学方法的实验室调查实例，微生物实验及环境监测实例参见相应实例。本例只为提供调查的分析思路，不代表任何真实产品状况。

HPLC 法对一产品某一批 ××A 进行含量测定，发现两个值中有一个值超出质量标准。详细的调查报告见表 10-2。

表 10-2　调查报告

编号	实验室调查 –yyyy-xxx	□ AR　☑ OOS　□ OOT
样品信息（名称和批号）	×× 产品　××A 批号	
发现者	×××	
发现日期	×××× 年 ×× 月 ×× 日	
描述	×××× 年 ×× 月 ×× 日，实验员 ××× 使用 HPLC 方法测定 ×× 产品（××A 批号）的含量时，两份平行样品中，其中一份结果超出标准	

第 I a 阶段调查

原因是否显而易见：　□是　☑否　□N/A

调查过程：
计算和数据审核（结果 R_0 的评估）
初试结果 R_0：

表 1　××A 批含量测定实验结果

样品号	含量（%）	平均（%）	样品间差异（%）
实验样品 A_{1-1}	94.6735	94.7069	6.6382
实验样品 A_{1-2}	94.7403		
实验样品 A_{2-1}	101.3118	101.3451	
实验样品 A_{2-2}	101.3784		
接受标准	95.0%~105.0%	—	≤ 3.0%（OOT 限度）

结论：计算无误，其他无明显差错，但一个样品含量结果超出质量标准，两份样品结果间差异高于 OOT 限度

实验室主管		年　　月　　日	QA	年　　月　　日

第 I b 阶段调查

概况

□是　☑否　□N/A	称重错误
□是　☑否　□N/A	环境条件（温度、湿度等）异常
□是　☑否　□N/A	来自接触表面或玻璃器皿的污染
□是　☑否　□N/A	存在干扰物质
□是　□否　☑N/A	导致 OOS 结果的其他可能原因：N/A

人员			
☑是 □否 □N/A			实验员经过培训并考核合格
☑是 □否 □N/A			同实验员交流判断其对 SOP 的掌握正确
☑是 □否 □N/A			实验员严格按标准进行操作
设备			
□是 ☑否 □N/A			错误的仪器
□是 ☑否 □N/A			错误的仪器参数
□是 ☑否 □N/A			仪器未校准或校准不合格
□是 ☑否 □N/A			仪器运行过程中有异常
□是 ☑否 □N/A			计算机化系统（包括软件）问题
样品、试剂、溶剂和溶液			
□是 ☑否 □N/A			样品、试剂、溶剂或溶液外观有异常
□是 ☑否 □N/A			样品标签、包装异常
□是 ☑否 □N/A			样品储存不当
□是 ☑否 □N/A			使用错的试剂 / 化学品
□是 ☑否 □N/A			试剂和溶剂的质量或纯度错误
□是 ☑否 □N/A			试剂、溶剂和溶液储存不当
□是 ☑否 □N/A			溶液或试剂过期
□是 ☑否 □N/A			样品、试剂未充分溶解
□是 ☑否 □N/A			过滤过程出错
□是 ☑否 □N/A			水质不达标
标准品			
□是 ☑否 □N/A			用错标准品或标准品质量不合格
□是 ☑否 □N/A			标准品过期
□是 ☑否 □N/A			标准品储存不当

稀释和移液			
□是	☑否	□N/A	使用错误体积的玻璃器皿或移液器
□是	☑否	□N/A	移液器未校准 / 移液器活塞泄漏
□是	☑否	□N/A	使用破损移液管
□是	☑否	□N/A	使用未校准 / 低于标准的玻璃器皿
□是	☑否	□N/A	稀释错误（定容不准确等）
方法			
□是	☑否	□N/A	与规定（授权）的方法有偏差
□是	☑否	□N/A	分析方法未经过验证 / 确认 / 转移
□是	☑否	□N/A	低于检测限 / 定量限的值
□是	□否	☑N/A	空白值被忽略
□是	☑否	□N/A	系统适用性测试或分析有效性标准（控制、统计）缺失 / 失败
□是	☑否	□N/A	测试结果超出线性 / 验证范围
数据和计算			
□是	☑否	□N/A	计算公式错误
□是	☑否	□N/A	数据誊抄错误
□是	☑否	□N/A	计算结果错误
□是	☑否	□N/A	计算软件异常
□是	☑否	□N/A	原始数据（包括色谱和光谱图）中有异常
□是	☑否	□N/A	同时检验的其他批次该项目结果有异常
□是	☑否	□N/A	回顾历史数据，有类似的事件发生
取样			
□是	☑否	□N/A	取样工具的清洁状态不符合要求
□是	☑否	□N/A	取样工具超出存放有效期
□是	☑否	□N/A	未按照规定程序进行取样（取样开桶 / 箱的数量等不符合要求）
□是	☑否	□N/A	取样时有污染、混淆、受潮、引入异物等偏差影响
□是	☑否	□N/A	样品交接时有污染、混淆、受潮、引入异物等偏差影响
实验员签字确认			年　　月　　日

第 Ib 阶段调查（续）（可使用 5W 进行调查）：

1. 问：为什么两份样品中有一份结果不合格，并且两份样品间结果差异大？

   答：样品溶液制备过程如下：

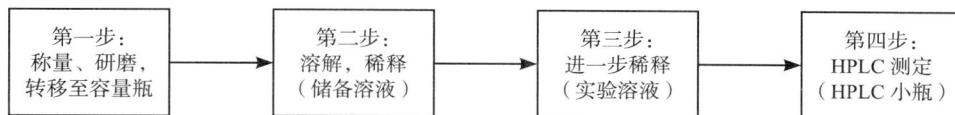

| 第一步：
称量、研磨，
转移至容量瓶 | → | 第二步：
溶解，稀释
（储备溶液） | → | 第三步：
进一步稀释
（实验溶液） | → | 第四步：
HPLC 测定
（HPLC 小瓶） |

查看是否由于储备溶液稀释过程错误导致 OOS 结果，采取以下行动：

（1）取原始 HPLC 小瓶中溶液重新进样（结果 a）；

（2）取容量瓶中原始实验溶液进样（结果 b）；

（3）取实验储备溶液，重新超声、振摇，过滤稀释后进样（结果 c）。

实验结果：

批样品溶液号	含量（%）	平均值（%）	样品间差异（%）
A_{1-1}（a）	94.8850	94.8956	6.1955
A_{1-2}（a）	94.9061		
A_{2-1}（a）	101.0724	101.0911	
A_{2-2}（a）	101.1098		
A_{1-1}（b）	94.8626	94.8597	6.7156
A_{1-2}（b）	94.8568		
A_{2-1}（b）	101.5200	101.5753	
A_{2-2}（b）	101.6306		
A_{1-1}（c）	95.3774	95.3149	6.6962
A_{1-2}（c）	95.2524		
A_{2-1}（c）	102.0291	102.0111	
A_{2-2}（c）	101.9931		

结论：不是由于储备溶液稀释原因导致 OOS 结果，样品稀释过程正常。差异大的最大可能来源于两份储备溶液含量有明显差异。

2. 问：为什么两份储备溶液含量有明显差异？

   答：储备溶液的制备过程如下：

   · 将样品研磨均匀；

   · 称量和转移；

   · 溶解和稀释。

如果样品研磨不均匀，可能会导致称取的其中一份样品粉末中的主成分较少，含量测定结果偏低。

行动：使用原研磨的样品粉末，在研钵中 5 个不同位置分别取样，制备样品溶液进行测定。

结果：

批样品溶液号	含量（%）	平均值（%）	样品间差异（%）
T$_{1-1}$	99.5433	99.5157	
T$_{1-2}$	99.4881		
T$_{2-1}$	99.2225	99.3115	
T$_{2-2}$	99.4005		
T$_{3-1}$	100.0851	100.1637	0.8522
T$_{3-2}$	100.2423		
T$_{4-1}$	100.0265	99.9914	
T$_{4-2}$	99.9563		
T$_{5-1}$	100.0915	100.0722	
T$_{5-2}$	100.0529		

结论：5 份样品测定结果基本一致，且最大差异小于 3%，说明样品粉末无异常，样品的研磨过程无异常。

3. 问：为什么样品粉末含量正常，而两份储备溶液含量却有明显差异？
   答：进一步查看储备溶液，发现 20ml 容量瓶刻度线上方使用透明胶带粘贴了容量瓶的计量编号，除了 ××A 批出现 OOS 结果的储备溶液容量瓶胶带下沿与刻度线较为接近外，其余均距离刻度线较远。

××A 批出现 OOS 结果的储备溶液胶带下沿到刻度线的体积约为 1.3ml（使用刻度吸管加入稀释液的方法测得），怀疑定容时误将胶带下沿当作容量瓶刻度线，定容错误，使测得的结果与实际结果之间的差异为：1.3/（20+1.3）×100%=6.1%，与初始测定两份样品间差异基本一致。
与实验员交流确认：看错刻度线的可能性很大。
结论：
根本原因：可能的根本原因为实验员误将粘贴计量编号的胶带下沿看作容量瓶刻度线，导致储备溶液定容错误，从而致使检测结果不合格。

是否找到 OOS/OOT/AR 原因	☑是 □否 □N/A
OOS/OOT/AR 原因（如找到）	实验室差错，可能的根本原因为实验员定容时看错刻度线
是否需要进行第Ⅱ阶段调查	□是 ☑否 □N/A

风险评估：
1. 同时检测的其他两批样品，两份样品之间平行较好，都在合格范围之内，受该差错影响的可能性较小，且此两批含量均一性结果正常；除了 ××A 批出现 OOS 结果的储备溶液容量瓶胶带下沿与刻度线较为接近外，其余均距离刻度线较远，易于分辨，造成差错的可能性很小，××B 和 ××C 批含量结果可接受，因此不再对此两批样品进行调查。
2. ××A 批样品含量均一性检测结果均正常，样品自身质量无问题。
3. 对以前的数据进行回顾，含量、含量均一性平行较好，发生此种差错的可能性较小，无需进一步调查。

结果汇报： 1. ××A 批初始测试结果无效，不予采纳，重新检验。 2. 同时检测的 ××B 和 ××C 批实验结果有效。		
实验室主管： 年　　月　　日	QC 负责人： 年　　月　　日	QA： 年　　月　　日
第Ⅱ阶段调查：N/A		
生产方面是否找到根本原因：□是　□否 详细描述：		
生产部	QA	
调查结论：		
生产部	QA	
是否需要进一步实验室调查（附加实验室检验）：□是　□否		
使用原样进行的假设性检验（可加附页）		
QC	QA	
假设性检验结果（可加附页）		
调查结论：		
是否实验室差错：□是　□否		
实验室调查风险评估（包括实验室差错对其他批次的影响）（可加附页）		
QC	QA	

第Ⅱ阶段调查（续表）N/A		
是否需要制订方案重新取样：□是 □否		
重新取样及复检原因（可加附页）		
生产部	QC	QA
重新取样及复检方案（可加附页）		
生产部	QC	QA
复检结果（可加附页）		
复检结果是否均合格：是□ 否□		
是否实验室差错：是□ 否□		
实验室差错根本原因分析（可加附页）		
最终确定的原因：		
实验室调查风险评估（包括实验室差错对其他批次的影响）（可加附页）		
生产部	QC	QA
第Ⅲ阶段调查：N/A		
调查回顾：		
QA		
批处置：		
QA		
是否通知合同方：□是 □否 □N/A 通知人及时间：		
是否纳入稳定性研究：		
生产部	QC	QA

实验室纠正和预防措施 CAPAs（如表格不够，可加附页）

CAPAs 编号	CA or PA	措施	责任人	完成日期
1	☑CA ☐PA	检查实验室内所有容量瓶，在不影响使用的前提下，将计量标签粘贴至刻度线较远处		
2	☑CA ☐PA	在容量瓶的刻度线上方粘贴醒目标识，使实验人员能清楚辨认刻度线		
3	☐CA ☑PA	升级《计量器具管理标准》，规定计量标签的粘贴原则，并对所有相关人员进行培训		

QC　　　　　　年　　月　　日　　QA　　　　　　年　　月　　日

追踪并审核纠正和预防措施实施情况

一般应在确定后的 30 天内完成。如未完成，转到 CAPA 台账中进行追踪（按照《纠正和预防措施管理程序》执行）。

CA&PA 编号	完成情况	确认人	审核人

QC　　　　　　　　QA

附件（可加附页）：

调查过程审批表

附件编号： 01

调查来源： ☑ OOS　□ OOT　□ AR　□ 其他
编号： 实验室调查 –yyyy–xxx

申请人及日期：

调查描述：
样品溶液制备过程如下：

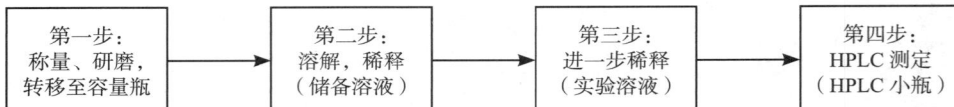

第一步：称量，研磨，转移至容量瓶	→	第二步：溶解，稀释（储备溶液）	→	第三步：进一步稀释（实验溶液）	→	第四步：HPLC 测定（HPLC 小瓶）

查看是否由于储备溶液稀释原因导致 OOS 结果，我们需进行下一步调查测试
相关记录： N/A

需要的下一步调查测试：

☑ Yes	**下一步措施或调查测试的说明：** 1. 取原始 HPLC 小瓶中溶液重新进样（结果 a） 2. 取容量瓶中原始实验溶液进样（结果 b） 3. 取实验储备溶液，重新超声、振摇，过滤稀释后进样（结果 c）
	部门预批准 / 日期：　　　年　　月　　日	QA 预批准 / 日期：　　　年　　月　　日
□ No	在结果或结论一栏填写不再下一步行动的说明

结果或结论：

批样品溶液号	含量（%）	平均值（%）	样品间差异（%）
A_{1-1}（a）	94.8850	94.8956	6.1955
A_{1-2}（a）	94.9061		
A_{2-1}（a）	101.0724	101.0911	
A_{2-2}（a）	101.1098		
A_{1-1}（b）	94.8626	94.8597	6.7156
A_{1-2}（b）	94.8568		
A_{2-1}（b）	101.5200	101.5753	
A_{2-2}（b）	101.6307		
A_{1-1}（c）	95.3774	95.3149	6.6962
A_{1-2}（c）	95.2524		
A_{2-1}（c）	102.0291	102.0111	
A_{2-2}（c）	101.9931		

结论： 不是由于储备溶液稀释原因导致 OOS 结果，储备溶液稀释过程正常
其他相关记录（如适用）： 见检验记录 F012。

部门最终批准 / 日期：　　　年　　月　　日	QA 最终批准 / 日期：　　　年　　月　　日

调查过程审批表

附件编号： 02

调查来源： ☑ OOS   ☐ OOT   ☐ AR   ☐ 其他
编号： 实验室调查 –yyyy–xxx

申请人及日期：

调查描述：
样品片需要研磨成粉末后，称取粉末进行储备溶液的制备。怀疑样品片的研磨不均匀，导致称取的粉末中主成分较少，含量测定结果偏低
相关记录： N/A

需要的下一步调查测试：

☑ Yes	**下一步措施或调查测试的说明：** 使用原研磨的样品粉末，在研钵中 5 个不同位置分别称取样品，制备样品溶液进行测定	
	部门预批准 / 日期： 年　月　日	**QA 预批准 / 日期：** 年　月　日
☐ No	在结果或结论一栏填写不再下一步行动的说明	

结果或结论：

批样品溶液号	含量（%）	平均值（%）	样品间差异（%）
T_{1-1}	99.5433	99.5157	
T_{1-2}	99.4881		
T_{2-1}	99.2225	99.3115	
T_{2-2}	99.4005		
T_{3-1}	100.0851	100.1637	0.8522
T_{3-2}	100.2423		
T_{4-1}	100.0265	99.9914	
T_{4-2}	99.9563		
T_{5-1}	100.0915	100.0722	
T_{5-2}	100.0529		

结论： 5 份样品测定结果基本一致，且最大差异小于 3%，说明样品粉末无异常，样品的研磨过程无异常
其他相关记录（如适用）： 见检验记录 F013

部门最终批准 / 日期： 年　月　日	QA 最终批准 / 日期： 年　月　日

11 原始数据的管理

本章主要内容：

☞ 实验室原始数据的范围

☞ 纸质记录生命周期管理要求

☞ 电子记录／数据生命周期管理要求

法规要求

药品生产质量管理规范（2010 年修订）

第一百五十九条 与本规范有关的每项活动均应当有记录，以保证产品生产、质量控制和质量保证等活动可以追溯。记录应当留有填写数据的足够空格。记录应当及时填写，内容真实，字迹清晰、易读，不易擦除。

第一百六十条 应当尽可能采用生产和检验设备自动打印的记录、图谱和曲线图等，并标明产品或样品的名称、批号和记录设备的信息，操作人应当签注姓名和日期。

第一百六十一条 记录应当保持清洁，不得撕毁和任意涂改。记录填写的任何更改都应当签注姓名和日期，并使原有信息仍清晰可辨，必要时，应当说明更改的理由。记录如需重新誊写，则原有记录不得销毁，应当作为重新誊写记录的附件保存。

第一百六十二条 每批药品应当有批记录，包括批生产记录、批包装记录、批检验记录和药品放行审核记录等与本批产品有关的记录。批记录应当由质量管理部门负责管理，至少保存至药品有效期后一年。

质量标准、工艺规程、操作规程、稳定性考察、确认、验证、变更等其他重要文件应当长期保存。

第一百六十三条 如使用电子数据处理系统、照相技术或其他可靠方式记录数据资料，应当有所用系统的操作规程；记录的准确性应当经过核对。

使用电子数据处理系统的，只有经授权的人员方可输入或更改数据，更改和删除情况应当有记录；应当使用密码或其他方式来控制系统的登录；关键数据输入后，应当由他人独立进行复核。

用电子方法保存的批记录，应当采用磁带、缩微胶卷、纸质副本或其他方法进行备份，以确保记录的安全，且数据资料在保存期内便于查阅。

第二百二十一条 质量控制实验室的文件应当符合第八章的原则，并符合下列要求：

（一）质量控制实验室应当至少有下列详细文件：

1. 质量标准；

2. 取样操作规程和记录；

3. 检验操作规程和记录（包括检验记录或实验室工作记事簿）；

4. 检验报告或证书；

5. 必要的环境监测操作规程、记录和报告；

6. 必要的检验方法验证报告和记录；

7. 仪器校准和设备使用、清洁、维护的操作规程及记录。

（二）每批药品的检验记录应当包括中间产品、待包装产品和成品的质量检验记录，可追溯该批药品所有相关的质量检验情况；

（三）宜采用便于趋势分析的方法保存某些数据（如检验数据、环境监测数据、制药用水的微生物监测数据）；

（四）除与批记录相关的资料信息外，还应当保存其他原始资料或记录，以方便查阅。

📋 技术要求

除《药品生产质量管理规范（2010年修订）》对原始数据有明确要求外，GMP 计算机化系统附录、《药品记录与数据管理要求（试行）》，以及美国联邦法规 21 CFR 第 11 部分电子数据和电子签名、欧盟 GMP 附录 11 计算机化系统也包括对实验室计算机化系统所产生的电子数据和电子签名的要求。表 11-1 中列出了国内外针对数据和记录管理的相关指南。

表 11-1　数据和记录管理相关指南

机构或组织	文件名称
NMPA	GMP 附录：计算机化系统（2015 年第 54 号） 药品记录与数据管理要求（试行）（2020 年第 74 号）
WHO	*WHO Technical Report Series 1033*, *Expert Committee on Specifications for Pharmaceutical Preparations 55th Report*, *Annex 4 Guideline on data integrity*, March 2021 WHO 技术报告 1033，第 55 届药品标准专家委员会（ECSPP）报告，附录 4：数据可靠性指南，2021 年 3 月
PIC/S	*PIC/S Good Practices for Data Management and Integrity in Regulated GMP-GDP Environments*, July 2021 PIC/S GMP/GDP 监管环境中数据管理和可靠性的良好实践，2021 年 7 月
美国 FDA	*21 CFR Part 11 Electronic Records*; *Electronic Signatures* 美国联邦法规第 21 篇，第 11 部分 电子记录和电子签名
EU	*EU GMP Annex 11 Computerised Systems*, June 2011 欧盟 GMP 附录 11 计算机化系统，2011 年 6 月
MHRA	*GXP Data Integrity Guidance and Definitions*; Revision 1: March 2018 GXP 数据可靠性指南和定义，2018 年 3 月

背景介绍

实验室原始数据是药品生命周期中生成数据的一部分，遵循着与其他 GMP 环节所产生的数据相同的管理原则。本章节虽然只涉及实验室原始数据，但其管理原则同样适用于生产环节及其他 GMP 领域所产生的数据。实验室原始数据的管理贯穿在自原辅料到成品检验的各个环节。数据的准确性、可靠性和可追溯性可确保药品研发、生产、检验等活动可追溯，也是企业持续改进的基础。

数据可靠性是数据的完整、一致、准确、可靠的程度，以及数据的这些特性在数据生命周期过程中得到维护的程度。数据的可靠性对于药品生产企业非常关键，作为质量控制人员，报告准确和正确的数据是我们的职责。为确保数据的可靠性，应培训并增强全体人员的意识，并通过良好的管理体系进行恰当的控制。

相关定义与术语如下。

A. 原始数据

原始数据被定义为原始记录（数据），可以被描述为初次采集的数据，无论该记录为纸质的，还是以电子方式。最初在动态状态下采集的信息应该在该状态下保持可用。

原始数据必须能够全面重构该活动。如果以动态方式采集并以电子方式生成的数据，则纸质副本不能被视为"原始数据"。（该定义引自 WHO《数据可靠性指南》和 MHRA《GXP 数据可靠性指南和定义》）

如果简单仪器设备不存储电子数据，仅提供打印数据条（如天平或 pH 计），则打印条构成原始数据。若简单设备能存储电子数据但容量有限，这些数据应在覆盖前定期审核，必要时与纸质记录进行核对，并在设备本身支持的情况下保存为电子数据。

B. 电子数据

电子数据也称数据电文，是指以电子、光学、磁或者类似手段生成、发送、接收或者储存的信息。（该定义引自 GMP 计算机化系统附录）

C. 记录

记录是指在药品研制、生产、经营、使用等活动中通过一个或多个数据记载形成的，反映相关活动执行过程与结果的凭证，可以是纸质的，也可以是电子的或其他载体形式。[该定义引自《药品记录与数据管理要求（试行）》]

D. 电子记录

电子记录指一种数字格式的记录，由文本、图表、数据、声音、图示或其他数字信息构成。其创建、修改、维护、归档、读取、发放和使用均由计算机（化）系统实现。[该定义引自《药品记录与数据管理要求（试行）》]

E. 电子签名

电子签名指电子记录中以电子形式所含、所附用于识别签名人身份并表明签名人认可其中内容的数据。[该定义引自《药品记录与数据管理要求（试行）》]

F. 元数据

元数据是用来定义和描述数据的数据，通过定义和描述数据，可以支持对其所描述的数据对象的定位、查询、交换、追踪、访问控制、评价和保存等诸多管理工

作。（该定义在《药品记录与数据管理要求（试行）》定义基础上，参考了 MHRA 指南中内容）

通常这些数据描述数据的结构、数据要素、数据的内在关系和其他特性，例如审计跟踪。元数据还允许数据可被追溯至个人（或者，如果是自动生成的数据，可追溯至原始数据源）。

元数据构成原始记录密不可分的一部分。没有元数据提供的背景信息，数据就没有意义。

G. 审计跟踪

审计跟踪是一种形式的元数据，包含与创建、修改或删除 GXP 记录有关动作的信息。审计跟踪为生命周期详细情况的记录提供安全保障，如创建、增加、删除或修改纸质或电子记录中的信息而不隐藏或覆盖原始记录。审计跟踪有助于重构与记录有关的事件的历史，无论是何种介质，包括动作的"何人何事何时为何"信息。（该定义引自 MHRA《GXP 数据可靠性指南和定义》）

H. 备份

在规定的时间间隔内，以安全的方式复制实时电子数据，以确保数据可用于恢复。（该定义引自 WHO《数据可靠性指南》）

实验室应制定规程来规范实验室的数据管理，使实验室合规性风险控制水平与所生产产品的需要相适应，保证 QC 实验室所有数据在数据的整个生命周期内可归属至人、清晰可溯、同步记录、原始一致、准确真实，从而保证为患者提供安全、有效、均一的产品。

实施指导

11.1 原始数据的范围

在实验室，原始数据的范围包括但不限于以下内容（参见实例 11-1）：
- 实验室基础管理记录，如人员进出记录、房间设备温湿度记录、文件发放回收记录等；
- 人员培训、上岗、账户及权限管理记录；

- 各类容器具仪表校准、仪器确认及校准记录；
- 各类仪器及耗材的使用及维护记录；
- 试剂／标准品／试液／滴定液／培养基等的出入库、称量、制备、使用及销毁等记录；
- 样品取样、登记、保存、领用和发放、流转、使用及销毁等记录；
- 样品称量、溶液制备、仪器操作等测试过程记录；
- 检验记录或实验室工作日志等；
- 检验设备中记录、图谱和曲线图等，如液（气）相色谱图、紫外－可见光吸收图谱，红外光吸收图谱及对应的电子数据；
- 从检验设备中打印的记录，如天平、pH 计的打印条等；
- 电子数据处理系统、照相技术或其他可靠方式记录的电子数据及打印件；
- 带有原始数据信息的验证方案和报告；
- 纸质和电子数据的复核审核记录；
- 放行审核记录、质量事件调查记录；
- 关键废弃物的处理记录；
- 稳定性和留样出入库及定期观察等记录。

11.2 纸质记录

11.2.1 记录的设计及审批

- 记录应合理设计并按照审批流程签批。记录可单独签批，或与所附规程一起签批。设计记录时应紧扣相应管理规程／操作规程的要求，确保可填写有效的信息以供追溯，并成为反映生产、控制、检验等操作活动的证据。
- 记录的设计要便于人员规范填写，预留出充足的空间以供内容填写完整。把相关主要控制参数、限度、要求等同时设计在记录上，便于人员参照。
- 记录的变更需要经过审批。

11.2.2 记录的制作

- 空白记录的制作通常包括两种方式，从纸质版母本复印得到，或从母本电子件打印得到。电子件可能是受控的电子签批版（带有电子签名），或者受控的手工签批扫描件。
- 母本应受控，防止未经授权的更改、打印或随意发放。例如，母本的纸质版可采取上锁或其他合适的方式受控管理，母本的电子件可放置在专用电脑、服务器或者数据库中，并设置权限，只有指定记录管理人员才能打印或发放。

- 空白记录有多种受控方式，如带有颜色的受控号、彩色专用纸、条形码、带有受控号的记录专用纸等。受控号可能由印刷厂制作或者企业使用质量印章自行制作。质量印章应受控，防止未经授权的使用。受控号的编制方式应有利于记录的发放、收回和追溯。

11.2.3 记录的发放

- 记录应采取受控方式发放，比如连续页码、整本或整份发放。
- 记录的发放应受控，无论采用文档管理系统发放还是手工发放，均应有纸质或电子的台账追溯其去向。
- 应有文件对记录的发放流程进行规定，每份记录应有经文件规定的独立且唯一的受控号，对于记录的增发也应有相应的分发流程及编号原则。
- 若使用文档管理系统对记录进行管控，需对文档管理系统进行验证，其日常管控方式应与其他产生电子数据的系统一致。

11.2.4 记录的填写

- 所有原始数据应真实、准确、完整、同步、可追溯和清晰可辨。记录应符合 ALCOA+CCEA（attributable，legible，contemporaneous，original，accurate，complete，consistent，enduring and available）原则。
- 记录必须由操作人员本人完成，操作若由两人或多人完成，需各自填写记录并分别签字，不得代替他人书写记录及签字。若存在同步记录会影响产品或活动，或受文化和语言文字限制等特殊情况（如无菌操作人员记录生产线人工干预等），可由记录员代表另一个操作员记录其所执行的活动，操作人员操作结束后需补充签字确认。需有批准的程序对该流程进行描述，并指明所适用的范围。
- 员工签字的可靠性应得到保证，员工签名应在个人档案中留档保存并定期更新；如员工签名方式改变，应重新在个人档案中签字确认并归档。如使用电子签名，则电子签名应经过验证，验证通过后方可使用。
- 记录应保持清洁，不易擦除，不得撕毁和任意涂改，不得使用铅笔、可擦笔、涂改液和橡皮。
- 记录填写应字迹清晰，记录描述的内容不能引起歧义。
- 记录受损或被污染使得原内容无法清晰可见时，需要更换或重新誊写，需经申请并通过质量部门批准之后才能获得新的记录页并重新填写。并且原记录不能销毁，应将原记录作为重新誊写记录的附件保存。

- 在检验过程中应当及时记录检验过程和结果，并填写相应的记录、台账和日志。不提前记录，不推后记录。

- 原始记录不应留有空白区域或空白页。具体方法可由企业在操作规程中明确规定。如确认空白区域或空白页不需填写后，划掉相应的区域（如填写"N/A"或"NA"或用斜线划掉等方式），并签注姓名和日期。必要时，需标注不填写的原因。

- 若填写内容与前项内容相同，应重复填写，不得使用".."或"同上"等形式表示。

- 记录不得涂画与记录无关的内容。记录本在任何情况下都不得发生撕页，任何原始数据都不能被丢弃。

- 记录人记录的内容应与实际操作、肉眼观察或者仪器产生的结果一致，无主观数据操纵和客观记录错误。

- 记录应完整，无遗漏、不缺页、不缺项、不缺少相关内容及参数，能全面反映及追溯整个过程。

- 应如实记录各步骤操作与所获得的数据、结果等，应与实际操作的逻辑顺序一致，且连续、不矛盾。操作与文件一致，记录与操作一致。

- 不得将原始数据随意写在零散的纸片、记事贴或另一面已使用的废纸上。

- 填写记录应使用不易褪色的笔，如不褪色的蓝色中性笔、蓝色圆珠笔。不能使用铅笔或可擦除的方式记录，必要时，使用复印或照片技术。

- 如检验设备具备打印的功能，应当尽可能采用检验设备自动打印的记录、图谱和曲线图等。自动打印的记录、图谱和曲线图上应标明产品或样品的名称、批号和设备编号、关键数据的创建时间，操作人还应签注姓名和日期（亦可采用经验证的电子签名的方式）。

- 如打印出的原始数据记录纸张较小（如天平的打印条），需有措施便于管理和防止丢失，如规定粘贴方式、位置、及时粘贴到检验记录等，同时通过对打印条编号或在骑缝处签字等措施，防止使用简单仪器（如 pH 计、天平和温度计等无电子数据保留功能的仪器）进行重复测试并产生新的打印条用于替换。用热敏纸打印出来的记录必须及时复印并将两者均附在相关记录中。

- 如数据结果因调查等被证明无效，则需明确记录无效的范围，并说明原因，签名签日期。

11.2.5 记录的复核

- 记录的复核可采用现场复核和事后复核两种方式。现场复核应在操作发生的同时完成，或者操作发生后立即完成，但所有的物品和记录都保持在发生时的状态，可被全面完整的复核。事后复核指在某一阶段操作或某一工序完成后在规定的时间内完成复核。

- 产品放行检验相关的记录需由他人独立复核，并签注姓名和日期。

- 复核必须由具有资质的第二人根据批准的操作规程和质量标准进行。复核的内容应在相应的操作规程规定。复核人不能复核本人完成的工作。

- 实验室日志（包括检验台账、仪器的维护和使用日志、色谱柱使用记录、标准品使用记录等），如必要，可由责任人员定期复核或审核。

- 如该项操作或结果比较关键，则在第二人复核完成前不能进入下一步操作，结果数据需经过第二人复核后才能被报告。

- 应仔细检查数据的单位和有效位数；物料品名应填写法定名称或法定缩略代码，规格和批号要准确，法定缩略代码应有出处；物料和产品编码要核对准确。

11.2.6 记录的更改

- 记录填写的任何更改都应当遵循以下原则：在错误的地方画一条横线并使原有信息仍清晰可辨，书写正确信息后签注姓名和日期。对于记录的更改，可采用必要时说明理由的方式，也可采用所有更改必须加注更改理由的方式。各企业所用的更改方式需要在操作规程中明确规定。为避免文字描述内容过多，可使用缩写形式表示，这种缩写形式也应当在操作规程中明确规定。

- 复核或审核过程中如果发现错误，应确认是否需要发起调查，若无需发起调查则可直接由责任人本人进行更正，并签注姓名和日期，同时注明更改的理由；若检验人员本人调离或离职，或因其他紧急情况无法在短期内完成更改（如疫情管控），可由上级主管领导授权指定人员进行更正，并签名签日期，同时注明原因，上级主管领导一并签名签日期进行确认。若记录的更改发生在复核人的复核动作之后，则更改的内容也需经复核并签名签日期。

11.2.7 记录的收回

- 所有记录完成填写时应递交相关责任人进行审核及收回，如记录的发放与收回需对应。

- 未使用的空白记录应收回，任何页均不得丢弃。若成本发放的记录有部分未使用完毕，可将未使用完的页面划掉签名签日期并备注原因或者将使用的最后一页空白部分划掉，签名签日期并备注原因。

- 下发新版本空白记录的同时收回旧版本。应建立记录的收回台账，通常与发放台账设计在一起。记录的发放与收回应平衡。任何空白记录丢失都应有合理的解释说明，必要时需要进行偏差调查。

11.2.8 记录的保存和销毁

- 原始数据必须保存，可按照数据的类型分类制定不同的存储时限。数据应不能被随意删除。

- 如果原始数据没有作为最终实验结果出具，它仍需保存并注明其结果不被提供的原因。

- 对于某些数据如环境监测数据、制药用水的微生物和理化监测数据、中间产品及成品数据，宜对其进行趋势分析并保存趋势分析报告以便了解体系的整体状况。

- 所有原始数据在审核批准后，原件均应在专门的储存区域集中存档，并由专门人员采用安全有序的方式进行管理和保存，以便人员在文件的规定保存期内能够容易查阅。储存区域应有人员进入的限制，且储存环境不应有导致记录被损害的因素（如水、火、潮湿、油烟、虫蛀等）。

- 借阅已存档的原始记录应当遵循相应的操作规程，避免遗失。

- 应建立相应的操作规程规定所有记录的保留期限（参见实例 11–2），其中批检验记录按规定至少保存至药品有效期后一年。稳定性考察、OOS 报告、确认、验证等其他重要文件应当长期保存。

- 超过保存期的文件应按相关规定申请进行粉碎或其他方式销毁并记录，不得随意丢弃。

11.3 电子数据 / 记录

11.3.1 电子数据的采集与处理

- 实验室电子数据主要由实验室电子数据处理系统、照相技术或其他可靠方式记录的各种电子化数据资料。

- 所有采集电子数据的计算机化系统的软硬件在使用前均应经过验证，验证通过后方可使用，且应有其对应的操作规程对系统的操作等进行指导。

● 如系统支持，采集电子数据的计算机化系统应进行权限控制，应动态维护系统的用户清单并进行周期性回顾，同时应在其对应的操作规程中对系统的权限进行描述，并形成系统的权限清单。

● 离岗或调岗人员的账户应及时禁用，但不得删除，其涉及的有关电子记录必须可随时调阅。部分系统若不支持账户的禁用，且有账户数量有限，在不影响相关电子记录调阅的情况下可以删除相关账户，账户删除的过程应有记录。

● 应确保登录用户的唯一性与可追溯性，并且密码设置不得过于简单，应定期更换密码，仪器运行中短暂离开应设置屏保防止他人非授权操作仪器。对于在某些遗留系统仅有一级用户账户进行登录，可将该用户账户授权多人使用且得到批准，并需使用纸质记录（仪器使用记录）来辅助追踪人员登录情况。

● 若对原始电子数据进行了再处理，处理前后的数据都应能追溯；若对已处理电子数据（电子报告）进行多次打印，应注明多次打印的理由，并指定其中一份打印件作为原始记录的一部分，核对与电子数据一致后签名签日期后归档保存。

11.3.2 电子数据的复核

● 为确保实验准确无误的完成，减少人为差错，当人工输入关键数据时，应当复核输入记录以确保其准确性。这个复核可以由第二个有资质的人员完成，或采用经验证的电子方式。必要时，系统应当设置复核功能，确保数据输入的准确性和数据处理过程的正确性。

● 实验结束后，复核人员需实施复核，依据检验记录，设备使用日志以及检验方法复核电子数据（包括检验数据和审计跟踪）的准确性，并填写相关数据复核记录签名签日期确认。

● 若系统无审计跟踪功能，可通过纸质记录与电脑权限相结合的方式进行控制，使操作与数据可追溯。

● 应有文件对具体的复核原则及具体操作进行规定。

● 企业应建立规程对复核审核时发现问题的整改进行规定。例如，复核时发现存储路径错误，若不影响数据存档和备份，可直接备注该异常，操作人及主管一并签字确认。若影响数据存档和备份，则应由经授权的人员将其转移至正确的路径，做好备注说明，操作人、主管及 QA 一并签字确认，转移前后数据的大小、数量的一致性以及显示是否正常应被确认。

11.3.3 电子数据的更改

• 只有经授权人员，方可修改已输入的数据。每次修改已输入关键数据时均应当经过批准，并应当记录更改数据的理由。数据更改应有记录（如修改时间、修改人、修改参数项、修改前后值等），应当根据风险评估的结果，在计算机化系统中建立数据审计跟踪系统。禁止数据更改后覆盖原始数据。

• 应当使用密码或其他方式来控制系统的登录；关键数据输入后，应当由他人独立进行复核或采取其他合适的方式防止数据输入错误。

• 关键参数修改的合理性在电子数据复核审核时应被复核及审核。

11.3.4 电子数据的保存和销毁

• 电子数据应存储于计算机化系统的指定位置，并有基础配置安全保护，除部分空间受限的仪器外，其余仪器的电子数据均不得进行删除，空间受限的仪器的电子数据应定期对数据进行归档，归档后可进行删除。应有文件对电子数据的存储内容、存储路径、存储格式、存储容量、命名规则进行规定。

• 电子数据应当采用备份服务器、磁带、缩微胶卷、纸质副本或其他方法进行备份，以确保记录的安全及可读性。

• 备份的内容应包括方法参数、系统日志（含运行日志、审计跟踪和报警）及检验数据等，必要时需对软件（含操作系统和应用程序）进行备份。

• 备份过程及备份数据的可恢复性也应经过验证，验证通过后方可进行备份。

• 备份和原件需至少存放在距离较远的不同建筑物内（原件的保存区域安全性应不低于备份的保存区域）。

• 应定期对备份数据（包括已退役系统产生的数据）的有效性进行检查，确保数据资料在保存期内便于查阅。

• 企业应建立灾难恢复的规程，对电子数据的灾难恢复进行指导。

• 如需调用备份的历史数据应进行申请，申请中应对调取的方式进行规定，经相关负责人批准后方可调取。

• 电子数据的保存期限应与其对应的纸质记录一致，超过保存期的文件应按相关规定申请进行粉碎或其他方式销毁并记录，不得随意丢弃。

更多详细的内容可参考本丛书《质量管理体系》分册"8 数据可靠性的整体策略"。

实例分析

【实例】11-1 某药品 QC 实验室的 HPLC 测试相关的数据和记录

- 检验批次的数据以及检验人和复核人信息；
- 取样和样品贮存信息、记录以及观察结果；
- 称量和样品制备、使用的标准品和试剂；
- 所使用的容量器具和基础仪器的确认及校准信息；
- 所使用的所有仪表的确认信息；
- 仪器参数（如检测器波长范围、流速、温度等）；
- 完整的序列；
- 需要记录的数据（如积分参数等）；
- 色谱检验数据（如原始电子数据、峰面积等）；
- 处理后的色谱数据；
- 积分后的峰面积；
- 计算数据（手工或者软件自动计算）；
- 所有系统适用性测试结果；
- 电子数据报表（如序列、色谱图、自定义报告等）；
- 审计跟踪数据和所有偏差及变更；
- 书面的观察结果；
- 如果适用，用外部软件（LIMS、Excel）所计算衍生的数据、结果（报告结果）、评估（含 OOS、OOT、AR）。

【实例】11-2 某药品生产企业对实验室记录保留期限的规定（表 11-2）

表 11-2　实验室记录保留期限示例

序号	文件名称	保留期限
1	实验室日志	6 年
2	产品的检验记录和检验报告书	有效期后 1 年
3	物料的检验记录和检验报告书	使用该物料的最后一批成品被放行后 5 年
4	标准品的分析报告	使用该标准品的最后一批成品被放行后 5 年
5	环境监测记录和报告	系统末次使用日期后 10 年

序号	文件名称	保留期限
6	检验设备的确认记录和报告、校准记录和报告、维护和使用日志	设备末次使用日期后 10 年
7	稳定性考察的检验记录和报告	产品退市后 10 年

分析：

（1）序号 1、3、4 中各项保留期限的制定是基于该企业产品最长的有效期为 5 年。

（2）若产品已退市，10 年后其相应的稳定性考察记录和报告可以销毁。与 GMP 中的长期保存不矛盾。

（3）若检验设备已停止使用并报废，10 年后其相应的记录、报告和日志可以销毁。与 GMP 中的长期保存不矛盾。

12 微生物实验室质量管理和检验

本章主要内容：

☞ 人员的资质要求

☞ 设施及环境要求

☞ 培养基、菌种、生物指示剂管理及使用的具体要求

☞ 微生物试验的种类和具体要求、微生物计数法、控制菌检查法、非无菌产品试验频率、细菌内毒素检查、抑菌效力检查、抗生素微生物检定法的具体要求

☞ 生物指示剂的管理

☞ 微生物数据偏差调查

☞ 微生物的鉴定

法规要求 ⋯⋯⋯⋯⋯⋯⋯⋯⋯⋯⋯⋯⋯⋯⋯⋯⋯⋯⋯⋯⋯⋯⋯⋯⋯⋯⋯⋯⋯

药品生产质量管理规范（2010 年修订）

第六十三条 质量控制实验室通常应与生产区分开。生物检定、微生物和放射性同位素的实验室还应彼此分开。

第六十六条 处理生物或放射性样品等特殊物品的实验室应符合国家的有关要求。

第二百一十九条 质量控制实验室的检验人员至少应当具有相关专业中专或高中以上学历，并经过与所从事的检验操作相关的实践培训且通过考核。

第二百二十一条 质量控制实验室的文件应符合第八章的原则，并符合下列要求：

（三）宜采用便于趋势分析的方法保存某些数据（如检验数据、环境监

测数据、制药用水的微生物监测数据）。

第二百二十六条 试剂、试液、培养基和检定菌的管理应当至少符合以下要求：

（一）试剂和培养基应当从可靠的供应商处采购，必要时应当对供应商进行评估；

（二）应当有接收试剂、试液、培养基的记录，必要时，应当在试剂、试液、培养基的容器上标注接收日期；

（三）应当按照相关规定或使用说明配制、贮存和使用试剂、试液和培养基。特殊情况下，在接收或使用前，还应当对试剂进行鉴别或其他检验；

（四）试液和已配制的培养基应当标注配制批号、配制日期和配制人员姓名，并有配制（包括灭菌）记录。不稳定的试剂、试液和培养基应当标注有效期及特殊贮存条件。标准液、滴定液还应当标注最后一次标化的日期和校正因子，并有标化记录；

（五）配制的培养基应当进行适用性检查，并有相关记录。应当有培养基使用记录；

（六）应当有检验所需的各种检定菌，并建立检定菌保存、传代、使用、销毁的操作规程和相应记录；

（七）检定菌应当有适当的标识，内容至少包括菌种名称、编号、代次、传代日期、传代操作人；

（八）检定菌应当按照规定的条件贮存，贮存的方式和时间不应当对检定菌的生长特性有不利影响。

药品生产质量管理规范（2010年修订）无菌药品附录

第八十条 无菌检查的取样计划应当根据风险评估结果制定，样品应当包括微生物污染风险最大的产品。无菌检查样品的取样至少应当符合以下要求：

（一）无菌灌装产品的样品必须包括最初、最终灌装的产品以及灌装过程中发生较大偏差后的产品；

（二）最终灭菌产品应当从可能的灭菌冷点处取样；

（三）同一批产品经多个灭菌设备或同一灭菌设备分次灭菌的，样品应当从各个/次灭菌设备中抽取。

📋 技术要求

除《药品生产质量管理规范（2010 年修订）》及其无菌药品附录对微生物实验室质量管理和检验有相关要求外，《中国药典》相关通则和指导原则，以及国外监管机构或组织也对这一部分工作有相关的规定和指导。表 12-1 中列出了国内外针对微生物实验室管理和微生物检验的相关指南和药典章节。

表 12-1　微生物实验室管理和微生物检验相关指南和药典

机构或组织	文件名称
《中国药典》（ChP）	通则 1101 无菌检查法 通则 1105 非无菌产品微生物限度检查：微生物计数法 通则 1106 非无菌产品微生物限度检查：控制菌检查法 通则 1121 抑菌效力检查法 通则 1143 细菌内毒素检查法 通则 1201 抗生素微生物检定法 通则 1421 灭菌法 指导原则 9203 药品微生物实验室质量管理指导原则 指导原则 9251 细菌内毒素检查法应用指导原则
世界卫生组织（WHO）	*WHO Technical Report Series 961，Expert Committee on Specifications for Pharmaceutical Preparations 45th Report，Annex 2 WHO good practices for pharmaceutical microbiology laboratories*，2011 WHO 技术报告 961，第 45 届药品标准专家委员会（ECSPP）报告，附录 2：药品微生物实验室质量管理规范，2011
药品检查合作计划（PIC/S）	*Inspection of Quality Control Laboratories*，September 2007 质量控制实验室检查，2007 年 9 月
美国食品药品管理局（美国 FDA）	*Guidance for Industry：Sterile Drug Products Produced by Aseptic Processing CGMP*，September 2004 无菌工艺生产的无菌产品 CGMP 指南，2004 年 9 月
	FDA Pharmaceutical Microbiology Manual，August 2020 FDA 药品微生物手册，2020 年 8 月
	Guidance for Industry：Pyrogen and Endotoxins Testing：Questions and Answers，June 2012 行业指南：热原和内毒素检查问答，2012 年 6 月
	FDA's Inspection Technical Guides：No. 40 Bacterial Endotoxins/Pyrogens，March 1985 FDA 的检查技术指南：No.40 细菌内毒素 / 热原和标准文件，1985 年 3 月
	Guide to Inspections of Microbiological Pharmaceutical Quality Control Labs，July 1993 药品质量控制微生物实验室检查指南，1993 年 7 月
欧盟药品管理局（EMA）	*Sterilisation of the Medicinal Product，Active Substance，Excipient and Primary Container*，October 2019 药品、活性物质、辅料和内包材灭菌，2019 年 10 月

机构或组织	文件名称
USP	<51> *Antimicrobial Effectiveness Testing* <51> 抑菌效力检查法
	<61> *Microbiological Examination of Nonsterile Products*：*Microbial Enumeration Tests* <61> 非无菌产品微生物限度检查：微生物计数法
	<62> *Microbiological Examination of Nonsterile Products*：*Tests for Specified Microorganisms* <62> 非无菌产品微生物限度检查：控制菌检查法
	<71> *Sterility Tests* <71> 无菌检查
	<81> *Antibiotics—Microbial Assays* <81> 抗生素效价
	<85> *Bacterial Endotoxins Test* <85> 细菌内毒素检查
	<1085> *Guidelines on the Endotoxins Test* <1085> 内毒素检查指南
	<1208> *Sterility Testing—Validation of Isolator Systems* <1208> 无菌检查用隔离器验证
	<1117> *Microbiological Best Laboratory Practices* <1117> 良好的微生物实验室管理规范
EP	<2.6.1>*Sterility* <2.6.1> 无菌检验
	<2.6.12>*Microbiological Examination of Non-Sterile Products*：*Microbial Enumeration Tests* <2.6.12> 非无菌产品微生物限度检查：微生物计数法
	<2.6.13>*Microbiological Examination of Non-Sterile Products*：*Test for Specified Micro-Organisms* <2.6.13> 非无菌产品微生物限度检查：控制菌检查法
	<2.6.14>*Bacterial Endotoxins* <2.6.14> 细菌内毒素
	<2.6.2>*Microbiological Assay of Antibiotics* <2.6.2> 抗生素效价测定法
	<5.1.10>*Guidelines for Using the Test for Bacterial Endotoxins* <5.1.10> 细菌内毒素检查指导原则
美国注射剂协会（PDA）	*Point to consider for Aspetic Processing* 无菌工艺考虑点
	PDA Technical Report No. 88：*Microbial Data Deviation Investigations in the Pharmaceutical Industry* PDA 第 88 号技术报告：制药行业微生物数据偏差调查
美国国家标准学会（ANSI）	*Standards document ANSI/AAMI ST72: 2019 Bacterial Endotoxins—Test Methodologies，Routine Moni-toring，and Alternatives to Batch Testing* ANSI / AAMI ST72: 2019 细菌内毒素 – 测试方法，常规监测和批量测试的替代方法

257

背景介绍

药品微生物检验（包括微生物计数、控制菌检查、无菌检查）是与药品安全性相关的重要质量指标。应对药品的微生物指标进行监控，各国药典中都有相应微生物检验的详细要求。

《中国药典》指导原则 9203 药品微生物实验室质量管理指导原则中阐明：药品微生物的检验结果受到很多因素的影响，如样品中微生物可能分布不均匀、微生物检验方法的误差较大等。因此在药品微生物检验中，为保证检验结果的可靠性，必须使用经验证的检验方法并严格按照药品微生物实验室规范要求进行试验。

微生物实验室质量管理包括：人员、设施和环境条件、设备、菌种管理、培养基、试剂、样品、检验方法、实验记录、结果的判断和检验报告、文件等。

另外，抗生素微生物检定、细菌内毒素检查、抑菌效力检查虽然不属于微生物检验范围，但大部分企业是放在微生物实验室进行管理，故在此章节一并讨论。

实施指导

12.1 人员资质及培训要求

若微生物实验室是一个独立的机构，参考岗位设置如下：微生物实验室应设置质量负责人、技术管理者、检验人员、生物安全责任人、生物安全监督员、菌种管理员及相关设备和材料管理员等岗位，可通过一人多岗设置。

对于企业来说，微生物实验室通常为 QC 实验室的一部分，企业应有对应的人员来负责微生物实验室的质量、技术、生物安全、菌种管理、相关设备和材料，并配备适当的检验人员。对于检验人员及微生物实验管理人员的资质和培训要求，参见《中国药典》指导原则 9203 药品微生物实验室质量管理指导原则中"人员"一节。

从事药品微生物试验工作的人员应具备微生物学或相近专业知识的教育背景，其培训、考核和资质确认流程应遵照本指南"2.3 人员"进行。对于微生物岗位分析员的岗位培训，除了岗位职责培训外，还需要进行理论知识和分析技能培训，表 12-2 给出不同微生物操作岗需培训的知识和技能清单示例，仅供参考。

表 12-2 微生物操作岗需培训的知识和技能清单示例

岗位名称	理论知识	分析技能
基础岗	• 微生物基础知识 • 人员卫生知识 • 实验生物安全知识 • 清洁、消毒、灭菌法 • 洁净区空气洁净级别、人流、物流 • 污染控制知识和策略 • 与技能相对应的管理和操作规程，设施、设备和仪器的使用维护规程	微生物实验室的基础操作包括 • 微生物实验室清洁 • 洁净区清洁和消毒 • 洁净区更衣 • 物品和器具传入和传出洁净区 • 微生物实验用器具和耗品（含试验用器皿和工具、洁净服、洁净用品和洁净用具等）的清洁、消毒、灭菌或除热原操作 • 称量和溶液制备 • pH 计的日常校验和使用 • 菌种管理和使用 • 培养基制备、管理及适用性检查 • 消毒剂和清洁剂的配制 • 废弃物灭活操作等
细菌内毒素岗	• 细菌内毒素检查法 • 与技能相对应的管理和操作规程，设施、设备和仪器的使用维护规程	• 鲎试剂及内毒素标准品的管理和使用 • 凝胶法操作 • 试管恒温仪操作 • 生物安全柜或超净工作台的使用、监测（若必要）和维护
微生物限度岗	• 微生物限度检查法 • 与技能相对应的管理和操作规程，设施、设备和仪器的使用维护规程	• 直接法、薄膜过滤法操作 • 无菌操作技术 • 微生物检验系统操作 • 生物安全柜或超净工作台的使用、监测和维护 • BI 指示剂的使用和培养
无菌检查岗	• 无菌检查法 • 密封完整性测试方法 • 与技能相对应的管理和操作规程，设施、设备和仪器的使用维护规程	• 直接法、薄膜过滤法操作 • 无菌操作技术 • 无菌检验系统（集菌仪和无菌套筒）操作 • 无菌检查隔离器的使用、监测和维护 • 生物安全柜或超净工作台的使用、监测和维护
环境监测岗	• 环境取样和检测方法 • 数据的统计分析和趋势分析 • 微生物检定法 • 与技能相对应的管理和操作规程，设施、设备和仪器的使用维护规程	• 洁净区环境取样（沉降菌、浮游菌、表面菌、悬浮粒子等）和检测（风速、风量、换气次数、压差、温湿度等），包括前准备、取样和检测、送样、结果统计和趋势分析 • 菌种库的管理 • 革兰染色法标准操作 • 显微镜操作 • 微生物鉴定系统操作和维护 • 微生物鉴定结果的分析
微生物培养结果观察及报告岗 *	• 微生物培养结果观察和计数方法 • 培养基模拟灌装 • 与技能相对应的管理和操作规程，设施、设备和仪器的使用维护规程	• 微生物培养结果的观察、计数和报告 • 培养基模拟灌装品的观察和报告 • 菌落计数器、澄明度仪的使用及维护 • 培养室及培养箱的使用、监测和维护

*该岗位对人员视力（裸眼视力或者矫正视力）有一定的要求，应在定期体检中包括。

12.2 设施和环境条件

微生物实验室应具有进行微生物检验所需的适宜、充分的设施条件，实验环境应保证不影响检验结果的准确性。从事无菌检查、微生物限度检查、阳性对照、抗生素微生物鉴定的实验室，应当单独分设，并符合生物安全和洁净环境的有关规定。开展涉及病原微生物实验活动应当设置相应防护级别的生物安全实验室。

病原微生物实验室，须符合国家相关法规要求，经行业主管部门批准或备案。实验室的布局、设施和设备配备及废弃物的处理能够有效避免对样品造成污染、对人员健康造成危害和对环境造成潜在的污染，不能超范围开展实验活动。

当受试物或实验材料为生物危害性物质，应根据操作不同危险度等级微生物所需的实验室设计特点、建筑构造、防护设施、仪器、操作以及操作程序来决定微生物实验室的生物安全水平。其实验室设施应符合国家有关规定，须在相应专用设施内操作，应当采取充分的去污染措施，必要时应当进行灭菌和清洗。实验室总体布局应减少和避免潜在的污染和生物危害，即实验室布局设计宜遵循单方向工作流程原则，防止潜在的交叉污染。

不同的功能区域应有清楚的标识。实验室应正确使用与微生物检验活动生物安全等级相对应的生物危害标识。采取相应的物理防范措施。

从事分子生物学检验活动的实验室的设施应当符合国家相应规定，并采取有效措施防止交叉污染。

微生物实验室的布局与设计应充分考虑试验设备安装、良好微生物实验室操作规范和实验室安全的要求。以能获得可靠的检验结果为重要依据，且符合所开展微生物检验活动生物安全等级的需要。实验室布局设计的基本原则是既要最大可能防止微生物的污染，又要防止检验过程对人员和环境造成危害，同时还应考虑活动区域的合理规划及区分，避免混乱和污染，提高微生物实验室操作的可靠性。

微生物实验室的设计和建筑材料应考虑其适用性，以利于清洁、消毒并减少污染的风险。微生物实验室应包括相应的洁净区域和生物安全控制区域，同时应根据实验目的，在时间或空间上有效分隔不相容的实验活动，将交叉污染的风险降到最低。洁净区域应配备独立的空气净化系统，以满足相应的检验要求，包括温度和湿度的控制，压力、照度和噪声等都应符合工作要求。空气过滤系统应定期维护和更换，并保存相关记录。生物安全控制区域应配备满足要求的生物安全柜，以避免有危害性的生物因子对实验人员和实验环境造成危害。霉菌试验要有适当的措施防止孢子污染环境。对人或环境有危害的样品应采取相应的隔离防护措施。一般情况下，药品微生物检验的实验室应有符合《中国药典》通则 1101 无菌检查法及《中国药典》通则 1105 非无菌产品微生物限度检查：微生物计数法和《中国药典》通则 1106 非无菌产品微生物限度检查：控制菌检查法要求的，用于开展无菌检查和微生物限度检查及无菌采样等检验活动的、独立设置的洁净室（区）或隔离系统，并配备相应的阳性菌实验室、培养室、试验结果观察区、培养基及实验用具准备（包括灭菌）区、样品接收和贮藏室（区）、标准菌株贮藏室（区）、污染物处理区和文档处理区等辅助区域。微生物基因扩增检验实验室原则上应设分隔开的工作区域以防止污染，包括（但不限于）试剂配制与贮存区、核酸提取区、核酸扩增区和扩增产物分析区。应对上述区域明确标识。

微生物实验的各项工作应在专属的区域进行，以降低交叉污染、假阳性结果和假阴性结果出现的风险。

一些样品若需要证明微生物的生长或进一步分析培养物的特性，应在生物安全控制区域进行。任何出现微生物生长的培养物不得在实验室洁净区域内打开。对染菌的样品及培养物应有效隔离，以减少假阳性结果的出现。病原微生物的分离鉴定工作应在相应级别的生物安全实验室进行。

实验室应制定进出洁净区域的人和物的控制程序和标准操作规程，对可能影响检验结果的工作（如洁净度验证及监测、消毒、清洁、维护等）或涉及生物安全的设施和环境条件的技术要求能够有效地控制、监测并记录，当条件满足检验方法要求方可进行样品检验工作。进入到洁净区域的人数应有限制，并在企业做空调系统确认时确定。微生物实验室使用权限应限于经授权的工作人员。

12.2.1 无菌及微生物限度检验实验区域

无菌检查环境洁净度条件不应低于无菌生产操作区，以降低无菌检查出现假阳性的风险。无菌检查应在隔离器系统或 B 级背景下的 A 级单向流洁净区域中进行。微生物限度检查的全过程，均应遵守无菌操作，严防污染，因此，微生物限度检查应在不低于 D 级背景下的生物安全柜或超净工作台中进行。用于无菌检查和微生物限度检查的洁净操作室应配有属于"人流净化"的更衣室及属于"物流净化"的缓冲间或传递窗（柜），使进入洁净操作室的实验人员和试验物品分别经适当净化后进入实验操作间。

12.2.2 菌种处理、微生物鉴别和阳性对照室

菌种的处理，如菌种的传代、保藏、制备和对环境中分离菌的鉴别等，以及其他实验，如培养基促生长实验、阳性对照、微生物方法验证、消毒剂和防腐剂的效力测定，这些实验过程中都在处理活的微生物，处理不当会造成实验室环境污染，影响其他实验结果，因此，该室必须与其他实验室严格分开。

当发生打破微生物容器时，可以用浸透消毒液的抹布或纱布覆盖于碎片上，或将消毒液倒在污染区，浸没适当时间（如 30 分钟或以上），先从外至内逐步清理污染源，最后将衣物彻底灭菌。清理时切勿扩大污染面，且应避免用手直接接触玻璃碎片，以防损伤皮肤，造成病原性微生物感染事故。消毒液的选择应适用于杀灭特定阳性菌。

应按实验室性质的需要保持对相邻实验室的相对负压；必要时，需采取经过确认和验证的消毒方式确保实验室洁净条件合格（如过氧化氢汽化或雾化等），根据阳性菌的生物安全级别确定检验环境等级。每次实验结束后要对操作设备及整个实验室环境进行消毒。所有与菌种相关的试验废物均应经过灭菌处理后方可丢弃。

12.2.3 抗生素微生物检定室

抗生素微生物检定用实验室（俗称效价检定实验室）应注意防止抗生素及微生物的污染。同时，从实验室设计时，应考虑将效价检定实验室与微生物检查和无菌检查区域分开，以避免抗生素以及所使用的检定菌对实验的干扰。效价检定实验室由两部分组成：用于样品处理的试验间和用于制备双碟的受控区［即受控非分级（clean not classified，controlled not classified，CNC）区域］，请注意该实验室无洁净级别要求。操作台宜稳固并保持水平。实验室内应光线明亮，并有控制温度、湿度的设备，如培养箱、恒温水浴箱。该培养箱与微生物检查和无菌检查用培养箱严格隔离放置并专用于该实验室。

12.2.4 培养室及其他功能区域

培养室用于放置培养微生物的培养箱，企业基于风险评估来决定培养室的环境要求。准备区即试液及培养基配制 / 灭菌区域，实验器皿洗涤、烘干室，灭菌室，实验用品及易耗品储藏室等没有特殊要求的功能区域，设为一般区或者 CNC 区皆可。

需要注意霉菌培养皿可能会有霉菌扩散的风险，企业应基于历史事件和风险来评估是否需要采取对应的防污染措施，比如采用不同的培养箱、区分培养区域等。

12.3 设备

以下原则仅适用微生物检验用设备（不包括生产上类似设备）。

微生物实验室应配备与检验能力和工作量相适应的仪器设备，其类型、测量范围和准确度等级应满足检验所采用标准的要求。设备的安装和布局应便于操作，易于维护、清洁和校准，并保持清洁和良好的工作状态。用于试验的每台仪器、设备应该有唯一标识。

仪器设备应有合格证书，实验室在仪器设备完成相应的检定、校准、确认，并形成相应的操作、维护和保养的标准操作规程后方可正式使用，仪器设备使用和日常监控要有记录。

A. 设备的维护

为保证仪器设备处于良好工作状态，应定期对其进行维护和性能确认，并保存相关记录。仪器设备若脱离实验室或被检修，恢复使用前应重新确认其性能符合要求。

重要的仪器设备，如培养箱、冰箱等，应由专人负责进行维护和保管，保证其运行状态正常和受控，同时应有相应的备用设备以保证试验菌株和微生物培养的连续性，蒸汽灭菌柜、隔离器、生物安全柜等设备实验人员应经培训后持证上岗。对于培养箱、冰箱等影响实验准确性的关键设备应在其运行过程中对关键参数（如温度）进行连续观测和记录，有条件的情况下尽量使用自动记录装置。如果发生偏差，应评估对以前的检验结果造成的影响并采取必要的纠正措施。

对于一些容易污染微生物的仪器设备，如水浴锅、培养箱、冰箱和生物安全柜等应定期进行清洁和消毒。

对试验用的无菌器具应实施正确的清洗、灭菌措施，并形成相应的标准操作规程，无菌器具应有明确标识并与非无菌器具加以区别。

实验室的某些设备（如培养箱、温度测量装置、蒸汽灭菌柜等）应专用，尤其是阳性试验相关设备，除非有特定预防措施，以防止交叉污染。

B. 校准和确认

微生物实验室所用的仪器应根据日常使用的情况进行定期校准、定期确认并记录。再确认和校准的周期和校验的内容根据仪器的类型和设备在实验室产生的数据的重要性不同而不同。仪器上应有标签说明确认日期和再确认日期、校准日期和再校准日期。

C. 温度测量装置

温度不但对实验结果有直接的影响，而且还对仪器设备的正常运转和正确操作起关键作用。相关的温度测量装置如培养箱和蒸汽灭菌柜中的温度计、热电耦合铂电阻温度计，应具有可靠的质量并进行校准，以确保所需的精确度，温度设备的校准应遵循国家或国际标准。

温度测量装置可以用来监控冰箱、超低温冰箱、培养箱、水浴锅等设备的温度，应在使用前确认此类装置的性能。

D. 灭菌设备

灭菌设备的灭菌效果应满足使用要求。应使用多种传感器（如温度、压力等）监控灭菌过程。对实际应用的灭菌条件和装载状态需定期确认，当维修或灭菌程序可能对灭菌效果产生影响时，应考虑重新确认。确认中应在代表性位置使用生物指示剂确认灭菌效果。日常监控可以采用物理或化学方式进行。

非简单压力容器操作人员需持有特种作业人员证书。

E. 生物安全柜、超净工作台、高效过滤器

应由有专业技能的人员进行生物安全柜、超净工作台及高效过滤器的安装与更换，要按照确认的方法进行现场生物和物理的检验，并定期进行再确认。

实验室生物安全柜和超净工作台的通风应符合微生物风险级别及安全要求。应定期对生物安全柜、超净工作台进行监测，以确保其性能符合相关要求。实验室应保存检查记录和性能测试结果。

F. 其他设备

悬浮粒子计数器、浮游菌采样器应定期进行校准；pH 计、天平和其他类似仪器的性能应定期或在每次使用前确认；若湿度对实验结果有影响，湿度计应按国家或国际标准进行校准；当所测定的时间对检验结果有影响时，应使用校准过的计时仪或定时器；使用离心机时，应评估离心机每分钟的转数，若离心是关键因素，离心机应该进行校准。

下面针对主要的设备分别展开论述。

12.3.1 无菌检查用隔离系统

无菌检查用隔离系统是提供产品无菌检查试验用受控洁净环境的一套集成化系统，其性能特点主要体现在密闭系统的完整性，表面灭菌程序的有效性，无菌状态的维持能力等方面。

无菌检查试验应用隔离系统时，相关的风险管理应贯穿无菌检查用隔离系统的设计、制造、安装、调试、确认、使用、监测、维护和周期性回顾等工作流程中。

A. 无菌检查用隔离系统的结构

无菌检查用隔离系统的内部舱体构成一个封闭的操作空间，与外界的空气交换均通过可截留微生物的高效空气过滤系统进行；并能采用经验证的方式（如通常采用过氧化氢灭菌）对内部表面进行灭菌处理；在表面灭菌完成后，通过输入经过滤的洁净空气来维持内部的受控环境；同时，所集成的监测设备还可对表面灭菌过程和受控环境进行监控。在试验过程中，封闭的隔离系统不直接与外界环境相连，可使用无菌接口、快速转移通道或者带有表面灭菌功能的传递舱进行物料传递，物料经过表面灭菌处理后，通过无菌传递进入操作舱体，传递过程中可保持内部空间和外部环境完全隔离，降低物流引入污染的风险。隔离系统通过舱体上的操作手套或半身操作服对舱内物品、仪器进行操作，从根本上避免了操作人员与试验物品的直接接触。因此，使用隔离系统进行无菌检查，可以避免实验用物品和辅助设备被污染，提高了无菌检查结果的准确性。

无菌检查用隔离系统一般由以下几部分组成：舱体、空气处理系统、传递装置、灭菌设备、配套的环境监测设备和无菌检查设备及工具。无菌检验用隔离器在静态时，悬浮粒子要符合 A 级要求，但是在可能产生微粒的操作过程中，悬浮粒子无需符合 A 级要求，且对于风速和气体交换率也无要求。

B. 隔离系统安装位置的选择

无菌检查用隔离系统通常为封闭式隔离系统（closed isolator），故建议安装在 D 级洁净度区域，如安装在 CNC 区域，应进行相关的风险评估支持。

安装房间应限制无关人员出入，安装地点应有足够的建筑承重，周围有足够的空间，以便于隔离器的移动、物品的输送和正常维护。

用户应充分考虑隔离系统与安装环境之间的相互影响及人员的安全性与舒适性，在设计中应采取措施降低运行风险。隔离系统应避免安装在房间通风口直吹的地方，否则可能导致隔离系统舱体部分区域被冷却，从而造成灭菌过程中灭菌气体在舱体内壁局部过度冷凝。对于某些灭菌技术，温湿度的控制是至关重要的。当采用对温度敏感的灭菌方法时，隔离系统房间的温度应当是均一的。此外，灭菌剂排放的安全风险也应考虑。

C. 隔离系统验证

隔离系统的首次验证通常包括设计确认、安装确认、运行确认和性能确认等环节，验证计划的范围与程度应当基于科学的风险评估。具体环节对应的确认内容详见《中国药典》指导原则 9206 无菌检查用隔离系统验证和应用指导原则。

隔离系统在用于无菌检查前，其性能应得到全面确认且具有书面记录。若隔离系统配置了物料进出的传递舱或快速传递门接口，亦需验证。

为保障隔离系统在生命周期内的稳定运行，维持有效的验证状态，用户还应根据风险评估情况制定隔离系统的再验证计划。

重要仪器仪表，例如压差仪表、温湿度仪表、风速仪表、流量仪表、粒子计数器、灭菌剂浓度传感器、称量天平等应定期进行校验。

隔离系统的再验证一般包括年度验证和期间核查，用户应按照文件化的程序及规定的可接受标准实施再验证。再验证计划应围绕密闭系统的完整性、灭菌程序的有效性、无菌状态的维持能力等关键性能进行评估。

此外，用户在设备使用中，出现运行程序或参数变更、维护时更换重要配件、发生运行异常并完成维修后、安装场地变更以及长时间停用后的再启用等情况时，也应进行相应的再验证。

D. 隔离系统的应用

用户完成隔离系统验证后，若将其用于无菌检查，应根据设备和自身无菌检查工作特点，确定相关的使用规范。应参照《中国药典》指导原则 9206 无菌检查用隔离系统验证和应用指导原则中的要求，对待灭菌的物品和容器进行包装完整性验证，避免灭菌剂对某些包装物会产生不利影响，可能抑制微生物生长，从而造成假阴性的结果。此外，还要参照该指导原则进行隔离系统内部环境的无菌维持能力的验证。

E. 日常使用规范

为保障设备性能处于受控状态，用户应制定日常使用规范，一般包括以下几个方面。

（1）完整性检验　在每次无菌检查开始前及结束后，建议对舱体和手套／袖套的完整性进行检验，检验频率也可根据风险评估确定。手套完整性检验按运行确认中的隔离系统完整性项下方法进行，也可采用其他方法如微生物法作为补充，检验时将手套浸入适宜培养基或冲洗液中，然后将浸泡液直接培养或采用薄膜过滤处理后取滤膜培养，根据是否生长微生物判定手套的完整性，本法可以检验出其他方法检验不出的泄漏，但测试后应关注手套的清洁。

（2）监测和记录　每次试验时，为确保设备按经验证的设定参数运行，应对设备运行状态和内部环境指标进行监测和记录。隔离器内部环境监测除了浮游菌和沉降菌外，还可以用表面接触碟，不规则的表面可采用擦拭子进行表面微生物采样。隔离器内进行连续的悬浮粒子监测可以快速检验到过滤器泄漏，也可以使用便携式悬浮粒子采样器进行周期检验。悬浮粒子和微生物采样不能对舱体内部的无菌环境产生影响。

（3）日常清洁　无菌检查用隔离系统每次试验前后应进行清洁，对内部和物品包装表面的清洁程度以达到肉眼可见的干净、干燥为宜。灭菌程序开始前，对表面的预清洁有利于降低微生物负荷，保障表面灭菌效果。试验后，应注意被检样品残留的清洁，特别是抗生素类产品，以避免影响后续被检样品中污染微生物的检出。选用的清洁剂应具有良好清洁效果，不腐蚀材质，残留对无菌检查无不利影响。清洁工具建议采用无尘材料，清洁方法、频度及清洁用设备和材料应予以规范。

（4）培训与安全　操作人员在使用隔离系统进行无菌检查前，应接受特定操作规程、日常维护及安全相关知识的培训，并经考核合格后上岗，按权限级别进行隔离系统的操作。培训内容及考核成绩应记录在个人培训记录中。

（5）维护和周期性回顾　应根据使用特点和供应商建议制定预防性的设备维护和耗材更换计划，定期检查并根据使用情况及时更换，常用耗材包括手套、半身服、空气过滤器、密封垫圈、蠕动泵管、聚氯乙烯舱体等。建议定期对隔离系统使用情况进行总结，内容可涵盖无菌检查结果回顾、环境数据统计和趋势分析、历次故障／偏离情况的调查、硬件和软件升级情况调查、操作规程修订回顾等。

F. 无菌检查结果的解释

如果隔离系统处于良好的验证和维护状态，其系统的完整性经过确认，且内部空间及表面已经过灭菌工艺处理，操作人员与无菌检查环境没有直接接触，那么在经过验证且功能正常的隔离系统内进行无菌检查，假阳性结果的概率很低。尽管如此，隔离系统也仅是个机械设备，操作人员仍需遵循无菌操作规范。当出现无菌检查试验结果阳性时，应按照《中国药典》通则 1101 无菌检查法中结果判断的要求进行分析，并作出该试验结果是否有效的判定。

12.3.2 实验室用超净工作台、生物安全柜

应定期监测超净工作台内的空气质量（微生物和悬浮粒子数）及风速，微生物监测可以使用空气取样器法（浮游菌）、沉降菌平皿法、表面菌测试法等。具体监测相关方法可参见本指南"13 制药用水、气体及实验室环境、人员的质量监测"。

12.3.3 培养箱

新设备应在进行安装确认（IQ）、运行确认（OQ）、性能确认（PQ）合格之后方可使用。使用时应进行温度监控，在进行性能确认（PQ）时进行空载和负载的温度分布的确认。并应定期对温度进行校准，定期进行内表面的清洁和消毒。

需要注意加了阳性菌的培养皿，比如培养基促生长测试的样品，或者方法确认用样品，企业应基于历史事件和风险来评估是否需要采取对应的防污染措施，比如采用不同的培养箱、区分培养区域等。

12.3.4 蒸汽灭菌柜

蒸汽灭菌柜/高压灭菌锅，在微生物实验室广泛应用于药品微生物实验室培养基、实验器具、阳性废弃物的日常灭菌，是日常药品检验质量的基础保障。阳性废弃物灭菌，通常使用单独的蒸汽灭菌柜，若与培养基、实验器具共用灭菌柜，需有特定预防措施，以防止交叉污染。

蒸汽灭菌柜的灭菌程序经验证合格后方可使用。下面是验证中可能涉及的部分项目：布维-狄克试验（BD 实验）、气密性实验（真空状态下泄漏试验）、空载热分布、满载热分布、热穿透实验、微生物挑战实验等。灭菌柜应定期进行再验证，以确保灭菌柜能达到无菌保证的要求。

需注意在满载热分布中，针对不同的灭菌物品需选择不同的灭菌程序，并分别进行验证。常见灭菌程序例如织物程序、器械程序、液体程序、胶塞程序等，对于液体程序，需根据药典对于培养基不同的灭菌温度和时间要求而分为液体程序 1，液体程序 2 等。

由于在实际操作过程中无法对每次灭菌物品的初始污染菌含量进行准确识别，所以现在通用的灭菌程序是过度杀灭法。过度杀灭法灭菌的高温高压过程可能会对

某些培养基的有效成分引起损伤。而有些培养基的灭菌温度比常规的 121℃ 低，相应的灭菌时间需适当延长，如 RV 沙门菌增菌液体培养基灭菌温度不能超过 115℃。高压蒸汽灭菌柜验证中必须选择此类培养基进行相应的验证，证明在当前的灭菌条件下培养基的生长能力没有受到影响，或者可以将此类培养基的日常适用性检查的数据作为蒸汽灭菌柜验证的一部分。

关于实验室用蒸汽灭菌柜的验证，除了上述的一些特殊点，其他与生产用蒸汽灭菌柜的验证方式基本相同，可参考本丛书《无菌制剂》分册无菌制剂部分"10.2 湿热灭菌"。

蒸汽灭菌柜日常使用时，应使用经过验证的装载，来控制灭菌物品装载数量和位置，并在每个灭菌独立包装上贴上化学指示胶带。每次灭菌应打印灭菌开始时间、升温时间、灭菌温度维持时间等具体灭菌参数，并观察化学指示胶带颜色变化，作为灭菌条件监测的辅助手段。

BD 实验全称布维 – 狄克试验（Bowie-Dictest），是用于检验预真空（包括脉动真空）压力蒸汽灭菌器的冷空气排除效果的试验，作为考核预真空压力蒸汽灭菌器是否可以正常工作的重要检验手段之一。对预真空和脉动真空压力蒸汽灭菌，如织物程序，需要用到脉动排冷空气，所以有织物灭菌时，应每日进行一次 BD 试验。

12.3.5 空气高效过滤器

定期对高效过滤器的过滤效果进行检查，必要时测定风速、悬浮粒子数，必要时进行送风量、换气次数的测量、检漏，对气流流向、压差进行检验，须符合设计标准。空气高效过滤器的内容可参考本丛书《厂房设施与设备》分册空调净化系统部分。

12.4 菌种的管理

试验过程中，生物样本可能是最敏感的，因为其活性和特性依赖于合适的实验操作和储存条件。实验室菌种的处理和保藏的程序应标准化，使尽可能减少菌种污染和生长特性的改变。按统一操作程序制备的菌株是微生物试验结果一致性的重要保证。

药品微生物检验用的试验菌应来自认可的国内或国外菌种保藏机构的标准菌株，例如来自于中国医学细菌保藏管理中心（CMCC）或美国菌种保藏中心（ATCC），或使用与标准菌株所有相关特性等效的可以追溯的商业派生菌株。

标准菌株的复苏或培养物的制备应按照供应商提供的说明或按已验证的方法进行。从国内或国外菌种保藏机构获得的标准菌株经过复苏并在适宜的培养基中生长后，即为标准储备菌株。标准储备菌株应定期进行纯度和特性确认。标准储备菌株可用于制备每月或每周1次转种的工作菌株。冷冻菌种一旦解冻转种制备工作菌株后，不得重新冷冻和再次使用。标准储备菌株保存时，可将培养物等份悬浮于抗冷冻的培养基中，并分装于小瓶中作为储备菌株，建议采用低温冷冻干燥、液氮贮存、超低温冷冻（低于 –30℃）等方法保存。低于 –70℃或低温冷冻干燥等方法可以延长菌种保存时间，菌种的保存时间应经过验证。

常用的标准菌株保存时，建议应有两套。一套供保存传代用，另一套供日常使用时引种用。保存和传代过程中，严格无菌操作防止菌种被污染，需要注意的是铜绿假单胞菌不宜用低温斜面法保存。

工作菌株的传代次数应严格控制，不得超过5代（从菌种保藏机构获得的标准菌株为第0代），以防止过度的传代增加菌种变异的风险。1代是指将活的培养物接种到微生物生长的新鲜培养基中培养，任何形式的转种均被认为是传代1次。必要时实验室应对工作菌株的特性和纯度进行确认。

工作菌株不可替代标准菌株，标准菌株的商业衍生物仅可用作工作菌株。

用于微生物转种、培养以及检验工作的所有操作物品比如平皿、试管、菌液、被污染或染菌的物质等，在废弃或再使用前必须灭活，比如进行高压蒸汽灭菌处理。

实验室必须建立菌种管理的程序文件和记录，包括：菌种的进出、收集、保藏、确认试验、传代、使用以及销毁等全过程，并保存相应的记录。菌种必须定期转种传代，并作纯度、特性等实验室所需关键指标的确认。每支菌种都应注明其名称、标准号、接种日期、传代数，并记录菌种生长的培养基和培养条件、菌种保藏的位置和条件等信息。如收集的环境污染菌其保藏可参考标准菌株。

实例分析

【实例】12-1 实验室常用的菌种传代流程图

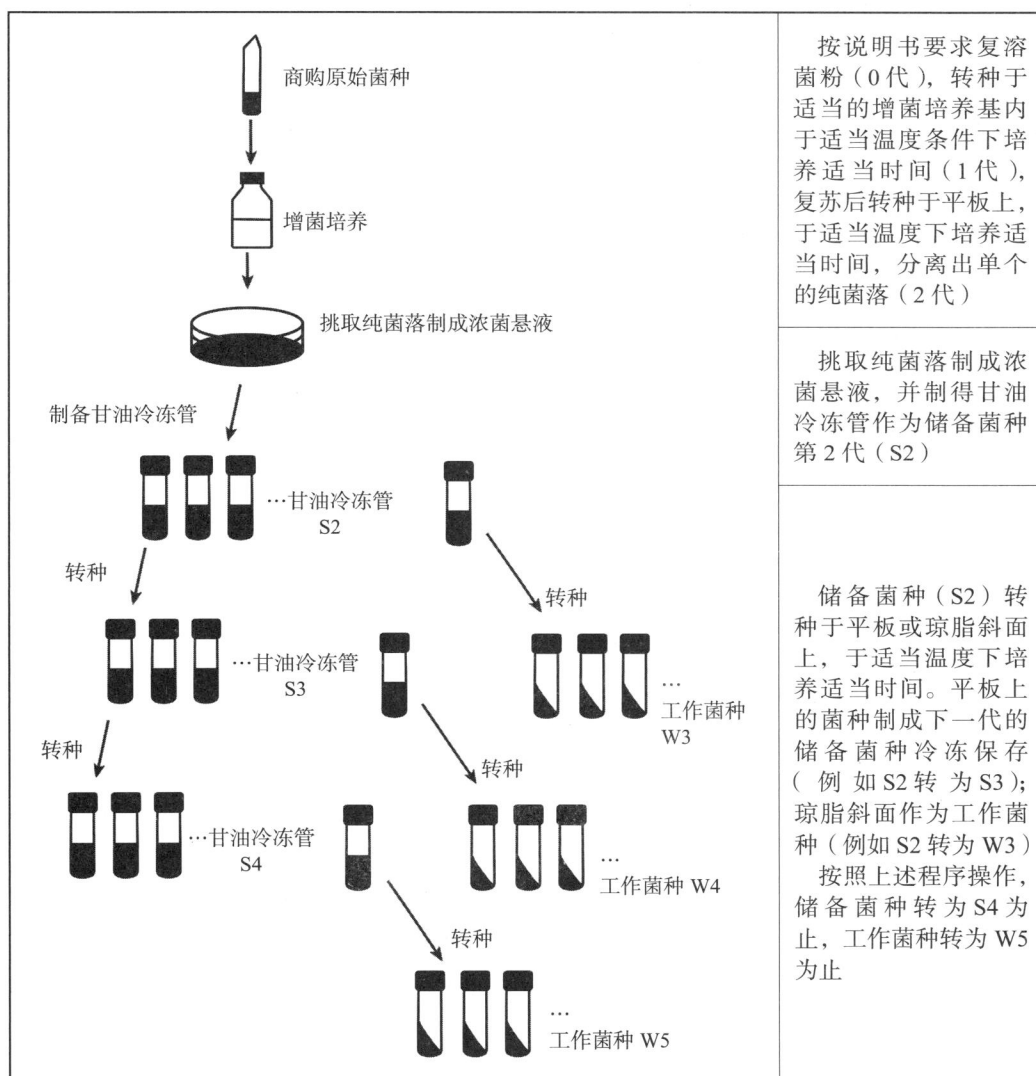

| 商购原始菌种 | 按说明书要求复溶菌粉（0代），转种于适当的增菌培养基内于适当温度条件下培养适当时间（1代），复苏后转种于平板上，于适当温度下培养适当时间，分离出单个的纯菌落（2代） |

增菌培养

挑取纯菌落制成浓菌悬液

挑取纯菌落制成浓菌悬液，并制得甘油冷冻管作为储备菌种第2代（S2）

制备甘油冷冻管

···甘油冷冻管 S2

转种

转种

转种

储备菌种（S2）转种于平板或琼脂斜面上，于适当温度下培养适当时间。平板上的菌种制成下一代的储备菌种冷冻保存（例如S2转为S3）；琼脂斜面作为工作菌种（例如S2转为W3）

···甘油冷冻管 S3

···工作菌种 W3

转种

转种

···甘油冷冻管 S4

···工作菌种 W4

按照上述程序操作，储备菌种转为S4为止，工作菌种转为W5为止

转种

工作菌种 W5

12.5 培养基

培养基是微生物试验的基础，直接影响微生物试验结果。适宜的培养基制备方法、贮藏条件和质量控制试验是提供优质培养基的保证。

12.5.1 培养基的制备

培养基可按处方配制，也可使用按处方生产的符合规定的脱水培养基，或直接采用商品化的预制培养基。

在制备培养基时，应选择质量符合要求的脱水培养基或单独配方组分进行配制。脱水培养基应附有处方和使用说明，配制时应按使用说明上的要求操作以确保培养基的质量符合要求，不得使用结块、颜色发生变化或其他物理性状明显改变的脱水培养基。对于已开封的脱水培养基应尽快使用，如果不能及时用完，可以进行存放效期验证，确认最长存放周期。脱水培养基或单独配方组分应在适当的条件下贮藏，如建议按照使用说明书上的要求进行贮藏，如低温、干燥和避光，所有的容器应密封，尤其是盛放脱水培养基的容器。为保证培养基质量的稳定可靠，各脱水培养基或各配方组分应准确称量，并要求有一定的精确度。配制培养基最常用的溶剂是纯化水，特殊情况下，可能需要用去离子水和蒸馏水。应记录各称量物的重量和水的使用量。

配制培养基所用容器和配套器具应洁净，可用纯化水冲洗玻璃器皿以消除清洁剂和外来物质的残留。对热敏感的培养基如糖发酵培养基其分装容器一般应预先进行灭菌，以保证培养基的无菌性。

脱水培养基应完全溶解于水中，再分装与灭菌。配制时若需要加热助溶，应注意不要过度加热，以避免培养基颜色变深。如需要添加其他组分时，加入后应充分混匀。

应按照生产商提供或使用者验证的参数进行培养基的灭菌。商品化的预制培养基必须附有所用灭菌方法的资料。培养基灭菌一般采用湿热灭菌技术，特殊培养基可采用薄膜过滤除菌。

培养基若采用不适当的加热和灭菌条件，有可能引起颜色变化、透明度降低、琼脂凝固力或 pH 的改变。因此，培养基应采用经验证的灭菌程序灭菌，培养基灭菌方法和条件，应通过无菌性试验和适用性检查进行验证。此外，对蒸汽灭菌柜的蒸汽循环系统也要加以验证，以保证在一定装载方式下的正常热分布。温度缓慢上升的蒸汽灭菌柜可能导致培养基的过热，过度灭菌可能会破坏绝大多数的细菌和真菌培养基促生长的质量。灭菌器中培养基的容积和装载方式也将影响加热的速度，此外还应关注灭菌后培养基体积的变化。应确定每批培养基灭菌后的 pH 值（冷却至 25℃ 左右测定）。若培养基处方中未列出 pH 值的范围，除非经验证表明培养基的 pH 值允许的变化范围很宽，否则 pH 值的范围不能超过规定值 ±0.2。若灭菌后调节 pH，应使用灭菌或除菌后的溶液。

12.5.2 培养基的贮藏

自配的培养基应标记名称、批号、配制日期、制备人等信息，并在已验证的条件下贮藏。商品化的脱水培养基或预制培养基应设立接收标准，并进行符合性验收，包括品名、批号、数量、生产单位、外观性状（瓶盖密封度、内容物有无结块霉变等）、处方和使用说明、有效期、贮藏条件、生产商提供的质控报告和（或）其他相关材料（如配方变更）。生产商和使用者应根据培养基使用说明书上的要求进行贮藏，所采用的贮藏和运输条件应使成品培养基最低限度的失去水分并提供机械保护。

培养基灭菌后不得贮藏在蒸汽灭菌柜中，琼脂培养基不得在0℃或0℃以下存放，因为冷冻可能破坏凝胶特性。培养基保存应防止水分流失，并在避光条件下。琼脂平板最好现配现用，如置冰箱2~8℃保存，一般不超过1周，且应密闭包装，若延长保存期限，保存期需经验证确定。

制成平板或分装于试管的培养基应进行下列检查：容器和盖子不得破裂，装量应相同，尽量避免形成气泡，固体培养基表面不得产生裂缝或涟漪，在冷藏温度下不得形成结晶，不得污染微生物等。

固体培养基灭菌后的再融化只允许1次，以避免因过度受热造成培养基质量下降或微生物污染。培养基的再融化一般采用水浴或流通蒸汽加热。融化的培养基应置于45~50℃的环境中，不得超过8小时。倾注培养基时，应擦干培养基容器外表面的水分，避免容器外壁的水滴进入培养基中造成污染。

使用过的培养基（包括失效的培养基）应按国家污染废物处理相关规定进行。

建议使用者按照储存条件对已灭菌培养基的保存期进行验证，内容一般包括促生长能力、无菌性，选择性培养基还包括抑制能力、指示能力的考察。

12.5.3 培养基的质量控制实验

实验室应对试验用培养基建立质量控制程序，以确保所用的培养基质量符合相关的检查需要。

实验室配制或商品化的成品培养基的质量依赖于其制备过程，采用不适宜方法制备的培养基将影响微生物的生长或复苏，从而影响实验结果的可靠性。所有配制好的培养基均应进行质量控制实验，实验室配制的培养基的常规监控项目是pH值，适用性检查试验，定期的稳定性检查以确定有效期，培养基在有效期内应依据适用性检查试验确定培养基质量是否符合要求，有效期的长短将取决于在一定存放条件下（包括容器特性及密封性）的培养基其组成成分的稳定性。

除另有规定外，在实验室中，若采用已验证的配制和灭菌程序制备培养基且过程受控，那么同一批脱水培养基的适用性检查试验可只进行一次，如果培养基的制备过程未经验证，那么每一批培养基均要进行适用性检查试验，试验的菌种可根据培养基的用途从药典相关通则中进行选择，也可增加从生产环境及产品中常见的污染菌株。

需要注意的是，EP 和 USP 规定，每批成品培养基和每批配制培养基（包括从干粉配制和按照成分配制）都必须进行适用性检查。

培养基的质量控制实验若不符合规定，应寻找不合格的原因，以防止问题重复出现。任何不符合要求的培养基均不能使用。

用于环境监测的培养基需特别防护，以防止外来污染物的影响及避免出现假阳性结果，推荐用双层包装和终端灭菌。

针对不同用途的培养基，可根据其用途（微生物计数法、控制菌检查、无菌检查），按照药典的不同要求进行不同的适用性检查。具体方法参见《中国药典》通则1101 非无菌产品微生物限度检查和无菌检查法。

12.6 生物指示剂的管理

生物指示剂是一种对特定灭菌程序有确定及稳定耐受性的特殊活微生物制成品，可用于灭菌设备的性能确认，特定物品的灭菌工艺研发、建立、验证，生产过程灭菌效果的监控，也可用于隔离系统和无菌洁净室除菌效果的验证评估等。

12.6.1 生物指示剂的分类

生物指示剂主要有以下三种类型，其特征需符合 GB 18281《医疗保健产品灭菌生物指示物》的要求。

（1）载体型生物指示剂 该类生物指示剂是由微生物芽孢和载体经包装而成，载体可以是碟形或条状的滤纸、玻璃、塑料、金属或其他材料。

载体和内层包装不得含有物理、化学或微生物的污染物，避免影响生物指示剂的性能和稳定性；不得被特定的灭菌工艺降解；能被灭菌介质（蒸汽、射线、化学试剂等）穿透并使灭菌介质与生物指示剂能充分接触。载体和包装的设计应保证生物指示剂不受污染、并使其所含的微生物在贮存及运输中损失最小，且方便取样、转移和接种。

（2）芽孢悬液生物指示剂 该类生物指示剂是将芽孢混悬于液体中。若用于液体物品灭菌，必须测定生物指示剂在灭菌液体物品中的芽孢数和 D 值。

（3）自含式生物指示剂 该类生物指示剂是由芽孢和能够恢复微生物生长的培养基组成的系统，其耐受性是针对整个系统而言，培养基中还可能含有指示微生物生长的指示剂。系统中的培养基用于培养灭菌后的生物指示剂，应制定程序确认该培养基能保证残存微生物的生长。

自含式生物指示剂有两种，一种为在小瓶内装入一个有培养基的安瓿和一个已染有试验菌的载体，灭菌因子通过小瓶上的无菌屏障或一条弯曲的通道接触染菌载体。经灭菌工艺处理后，打破装有培养基的安瓿，使该培养基接触染菌载体，从而避免灭菌工艺后把染菌载体无菌转移到培养基中的步骤。此类自含式生物指示剂，由于生长培养基量少，且可能蒸发变干，因此灭菌处理后的培养时间不可能延长，培养时间应遵循生物指示剂制造商的建议。灭菌处理后的化学残留物，如环氧乙烷、过氧化氢蒸气，可抑制存活生物的生长，所以要遵循生物指示剂制造商的建议，在培养前对生物指示剂进行适当地处理（包括通风）。

另一种自含式生物指示剂为一个装有培养基和试验菌悬液混合液的真空密封安瓿。这就是所谓密封安瓿生物指示剂。经工艺处理后，密封安瓿就原封不动地培养，不必做无菌转移。这种类型的生物指示物只对暴露时间和温度敏感，主要用于监测液体的湿热灭菌。

自含式生物指示剂与那些内层包装仅含一个染菌载体的生物指示物相比，体积大，很可能不能放进器械中代表工艺监测点的位置。除非生物指示物可以放入装载中，且不变形、不损伤其内层包装，否则不得使用。

12.6.2 生物指示剂用微生物的基本要求

生物指示剂含有对灭菌模式有明确耐受性的微生物。除了电离辐射外，微生物芽孢较菌体有更强的耐受性。一般认为含芽孢的细菌更适合用于制备生物指示剂。

不同灭菌工艺使用不同的生物指示剂，制备生物指示剂所选用的微生物应具备以下特性：

（1）菌种的耐受性应大于需灭菌物品中所有可能污染菌的耐受性；

（2）菌种应无致病性；

（3）菌株应稳定，存活期长，易于保存；

（4）易于培养；

（5）生物指示剂的芽孢含量应在 90% 以上。

12.6.3 生物指示剂的制备

生物指示剂应按程序进行制备和质控。制备前，需先确定所使用微生物的特性。

制备生物指示剂时，将所用的微生物在适宜条件下进行大规模培养、收集和纯化，然后将休眠（未萌发状态）芽孢悬浮于无营养的液体中保存。生物指示剂应避免其他微生物的污染，制备后需进行各性能参数测定。应建立和保存相关的微生物鉴定和制备记录，包括菌株来源、鉴别、与生物指示剂直接相关的材料和成分的溯源记录、传代次数、培养基及其制备方法、热激活处理前后数据，以及芽孢的耐受性（D 值）等信息。

商品化的生物指示剂应具备详细的生物指示剂的性能特征和使用说明，包括明确其可用于何种灭菌程序、灭菌后的微生物培养条件和培养基、对灭菌程序的耐受性包括 D 值、D 值测定方法、效期内的微生物总数，以及储存条件（包括温度、相对湿度和其他储存要求）、有效期和使用后的废弃措施等信息。

用户亦可根据需求选择可作为生物指示剂的微生物自制供内部使用的生物指示剂。用户应确定自制生物指示剂的纯度、芽孢数、D 值等参数，并制定有效期，以保证灭菌验证和监控的有效性。

生物指示剂应在标示条件或验证条件下进行储存，避光、远离毒性物质、防止过热和潮湿。

12.6.4 生物指示剂的应用

在灭菌程序的验证中，生物指示剂的被杀灭程度，是评价一个灭菌程序有效性最直观的指标。

用户应根据使用目的制定商品化生物指示剂的验收标准，以保证生物指示剂的性能符合相关要求。在生物指示剂验收前，可考虑对 D 值进行评估，必要时可进行 D 值测定，确认 D 值和微生物数量的稳定性对于长期存放的生物指示剂尤为重要。接收商品化生物指示剂时，应进行微生物纯度和形态的鉴定及测定微生物数量。生物指示剂应在有效期内使用，必要时应重新进行耐受性检查。用户应根据被灭菌物品特定的灭菌工艺选择适宜的生物指示剂。生物指示剂对灭菌过程的挑战必须超出物品的微生物负荷量及耐受性的挑战，以保证灭菌程序有更大的安全性。建议进行生物指示剂领出和回收的物料平衡管理，防止生物指示剂遗失进入生产车间、实验室或外部环境造成污染。

12.6.5 生物指示剂的实验室管理

生物指示剂作为一种特殊的物料，为了安全、合理地使用，一般应对生物指示剂（BI）进行控制管理。

A. 生物指示剂接收、储存

生物指示剂接收时，确认运输条件、包装、数量等符合要求，并附带有厂家检验报告，一般内容包括微生物种类、含量、D 值、有效期、保存条件等；进行登记并按说明书在规定的贮存条件及有效期内存放，注意温度、湿度等保存要求。指示剂一般应保藏于受控的地点。

B. 生物指示剂性能测试、放行

生物指示剂的常规性能测试一般包括含菌量复核、纯度确认、形态鉴定。如果认为有必要，可以用表型法或基因法进行菌种鉴别（如在异常情况调查时）。外购的生物指示剂，当完全按照厂家的用途、使用说明使用时，无需进行 D 值测定，将供应商提供的 D 值数据作为该批指示剂的 D 值。《中国药典》指导原则 9208 生物指示剂耐受性检查法指导原则中，有详细的生物指示剂菌含量复核及 D 值测定的方法。

在进行菌含量复核时，对载体的处理不当常导致菌含量复核结果偏低。如对于纸条式生物指示剂，因其不易打碎，可在液体中加入无菌的玻璃珠，然后再震荡打碎，制成纸浆悬液进行计数。其他载体的生物指示剂，可采用超声，使孢子尽可能从载体上脱落。

纯度确认可以通过在合适的平板培养基上检查孢子形成的菌落，确定是否有其他微生物污染。

典型的微生物进厂质控（复核测试）报告包含以下内容。生产商、菌名、批号、标示含菌量、D 值、效期、稀释过程、稀释倍数、计数结果、每个生物指示剂含菌量、是否合格等。可以将生物指示剂的厂家质检报告或其复印件与上述文件一起存放。检验合格的生物指示剂要经过批准和发放后才可以使用。领用时要登记领用人、日期、数量等。

C. 生物指示剂培养

• 灭菌程序完成后，在规定的时间内（USP<55> *Biological Indicators–Resistance Performance Tests* 中规定不超过 4 小时），将生物指示剂无菌转移至合适的培养基中，并使其完全浸没在培养基中。对于带有孢子条的自含式生物指示剂，捏碎自带的培养基，使纸条完全浸没在培养基中。密封安瓿的自含式生物指示剂则直接在规定的条件下培养。某些类型的生物指示剂（如安瓿瓶装的沙土型干热指示剂），在接种过程中操作不当，非常容易引发污染。此类型的生物指示剂在接种前尤其要注意生物指示剂外表面的消毒和检验员的手消毒。一般情况下，阳性对照生物指示剂在阳性间操作，灭菌处理后的生物指示剂在微生物限度区域操作。

● 培养温度：接种后按使用说明书的培养温度进行培养。

● 观察：在培养过程中定期观察，若已发现生物指示剂呈阳性，则记录结果，该阳性指示剂可停止培养，并进行相关调查。只有阴性指示剂需要培养整个培养周期。

● 培养时间：对于经典灭菌工艺（例如湿热灭菌、环氧乙烷灭菌），其标准培养时间为 7 天；对于一个新型灭菌工艺，7 天的培养时间是不充分的，需要基于验证来确定培养时间，建议至少培养 14 天。ISO 11138-8: 2021《缩短生物指示剂培养时间的验证方法》中描述了缩短培养时间的方法，只适用于特定行业（如医院或者医疗保健机构）下和某些生物指示剂，并不适用于制药行业。

● 生孢梭菌或其他厌氧微生物用作生物指示剂时，要注意厌氧条件。

D. 生物指示剂销毁

使用生物指示剂制造商推荐的方法或其他等效方法进行灭活处理后再销毁。

12.7 实验分类

12.7.1 微生物计数法

A. 通用要求

当本法用于检查非无菌制剂及其原辅料等是否符合规定的微生物限度标准时，应按下述规定进行检验，包括样品的取样量和结果的判断等。除另有规定外，本法不适用于活菌制剂的检查。

（1）限度要求　各种非无菌药品的微生物限度标准参见《中国药典》通则 1107 非无菌药品微生物限度标准。

USP、EP 对于限度标准，可参见 USP<1111> 和 EP<5.1.4> 项下规定，二者已进行了协调统一。

（2）检验量　检验量即一次试验所用的供试品量（g、ml 或 cm²）。除另有规定外，一般供试品的检验量为 10g 或 10ml，膜剂、贴剂和贴膏剂为 100cm²。检验时，应从 2 个以上最小包装单位中抽取供试品，大蜜丸还不得少于 4 丸，膜剂、贴剂和贴膏剂还不得少于 4 片。贵重药品、微量包装药品的检验量可以酌减，包括但不限于以下情况：

若供试品处方中每一剂量单位（如片剂、胶囊剂）活性物质含量小于或等于 1mg，或每 1g 或每 1ml（指制剂）活性物质含量低于 1mg 时，检验量应不少于 10 个剂量单位或 10g 或 10ml 供试品；

若样品量有限或批产量极小（如小于 1000ml 或 1000g）的活性物质供试品，除另有规定外，其检验量最少为批产量的 1%，检验量更少时需要进行风险评估；若批产量少于 200 的供试品，检验量可减少至 2 个单位；批产量少于 100 的供试品，检验量可减少至 1 个单位。

检验量的选择还需要考虑到限度值以及天平的称量范围，例如某贵重原料药批量为 10g，其检验量最低可以使用 0.1g，若各取 0.05g，使用薄膜过滤法分别用于需氧菌总数、霉菌和酵母菌总数，则培养得到 1 个菌落，相当于 20cfu/g；若限度为不超过 10cfu/g，则需要加大检验用量至 0.2g。除此之外，还需要考虑检验量是否落在天平的称量范围中。

取样要求：样品应具代表性，应能反映整批产品的情况及工艺情况，取样量和取样规则的具体要求可参见本指南 "3 取样与留样"，内包装材料取样、检验相关的要求参见《国家药包材标准》进行。

B. 计数检查用培养基

（1）培养基种类　胰酪大豆胨琼脂培养基或胰酪大豆胨液体培养基用于需氧菌总数计数。

沙氏葡萄糖琼脂培养基用于霉菌和酵母菌总数计数，若因沙氏葡萄糖琼脂培养基上生长的细菌使霉菌和酵母菌的计数结果不符合微生物限度要求，可使用含抗生素（如氯霉素、庆大霉素）的沙氏葡萄糖琼脂培养基或其他选择性培养基（如玫瑰红钠琼脂培养基）进行霉菌和酵母菌总数测定。

（2）培养基适用性检查　胰酪大豆胨琼脂培养基适用性检查的试验菌为金黄色葡萄球菌、铜绿假单胞菌、枯草芽孢杆菌、白色念珠菌和黑曲霉；胰酪大豆胨液体培养基适用性检查的试验菌为金黄色葡萄球菌、铜绿假单胞菌、枯草芽孢杆菌；沙氏葡萄糖琼脂培养基适用性检查的试验菌为白色念珠菌和黑曲霉。玫瑰红钠琼脂培养基适用性检查方法同沙氏葡萄糖琼脂培养基。

接种不大于 100cfu 的菌液至胰酪大豆胨琼脂培养基平板，于 30~35℃培养，细菌培养不超过 3 天，霉菌及酵母菌培养不超过 5 天；接种不大于 100cfu 的菌液至胰酪大豆胨液体培养基（MPN 法），于 30~35℃培养不超过 3 天；接种不大于 100cfu 的菌液至沙氏葡萄糖琼脂培养基平板，于 20~25℃培养不超过 5 天。每一试验菌株平行制备 2 管或 2 个平板。

同时，用相应的对照培养基替代被检培养基进行上述试验。

（3）结果判定　被检固体培养基上的菌落平均数与对照培养基上的菌落平均数的比值应在 0.5~2 范围内且菌落形态大小与对照培养基上的菌落一致；被检液体培养基管与对照培养基管对比，试验菌生长良好，判该培养基的适用性检查符合规定。

C. 供试液制备

通常根据供试品的理化特性和生物学特性，采取适宜的方法制备供试液，供试液制备若需加温时，应均匀加热，且温度不应超过 45℃。供试液从制备至加入检验用培养基，不得超过 1 小时。每个产品的样品制备是不同的，常用的供试液制备方法参见《中国药典》通则 1105 非无菌产品微生物限度检查：微生物计数法。如果推荐的供试液制备方法经确认均不适用，应建立其他适宜的方法。

D. 方法适用性试验

当建立产品的微生物限度检查法时，应进行供试品的微生物计数方法的方法适用性试验，以确认所采用的方法适合于该产品的微生物计数。若产品的组分或原检验条件发生改变可能影响检验结果时，计数方法应重新进行适用性试验。

计数方法适用性试验用的各试验菌应逐一进行微生物回收试验。计数方法应尽量选择微生物计数方法中操作简便、快速的方法，同时，所选用的方法应避免损伤供试品中污染的微生物。试验至少应进行 3 次独立的平行试验，并分别计算各试验菌每次试验的回收率。为确认供试品中的微生物能被充分检出，首先应选择最低稀释级的供试液进行计数方法适用性试验。

（1）试验组　取制备好的供试液，加入试验菌液（所加菌液的体积应不超过供试液体积的 1%），混匀，使每 1ml 供试液或每张滤膜所滤过的供试液中含菌量不大于 100cfu。

（2）菌液组　取不含中和剂及灭活剂的相应稀释液替代供试液，按试验组操作加入试验菌液。

（3）供试品对照组　取制备好的供试液，以稀释液代替菌液同试验组操作。

（4）中和剂或灭活剂组　若使用中和剂或灭活剂，试验中应设中和剂或灭活剂对照组，即取相应量含中和剂或灭活剂的稀释液替代供试品同试验组操作，以确认其有效性和对微生物无毒性。中和剂或灭活剂对照组的菌落数与菌液对照组的菌落数的比值应在 0.5~2 范围内。

结果判断：在 3 次独立的平行试验中，试验组菌落数减去供试品对照组菌落数的值与菌液对照组菌落数的比值应在 0.5~2 范围内。

若因供试品抗菌活性或溶解性较差的原因导致无法选择最低稀释级的供试液进行方法适用性试验时，应采用适宜的方法对供试液进行进一步处理。如果供试品对微生物生长的抑制作用无法以其他方法消除（任一次试验中试验组的菌数回收率低于 50%），供试液可经过中和、稀释或薄膜过滤处理后再加入试验菌液进行方法适用性试验：

- 增加稀释液或培养基体积；
- 加入适宜的中和剂或灭活剂；
- 薄膜过滤法；
- 以上几种方法联合使用。

若没有适宜的方法消除供试品的抑菌活性，对特定试验菌回收的失败，表明供试品对该试验菌具有较强抗菌活性，同时表明该供试品不易被该类微生物污染。但是，供试品也可能仅对试验用菌株具有抑制作用，而对其他菌株没有抑制作用。因此，根据供试品须符合的微生物限度标准和菌数报告规则，在不影响检验结果判断的前提下，应采用能使微生物生长的更高稀释级的供试液进行方法适用性试验。若适用性试验符合要求，应以该稀释级供试液作为最低稀释级的供试液进行供试品检验。计数方法适用性试验时，采用上述方法若还存在一株或多株试验菌的回收率达不到要求，那么选择回收率最接近要求的方法和试验条件进行供试品的检验。

方法适用性试验也可与供试品的需氧菌总数、霉菌及酵母菌计数同时进行。

E. 供试品检查

计数方法包括薄膜过滤法、平皿计数法和最可能数法。

按已进行方法适用性试验的计数方法进行供试品的需氧菌总数、霉菌及酵母菌总数的测定。

阴性对照试验：以稀释液替代供试液进行阴性对照试验，阴性对照试验应无菌生长。如果阴性对照有菌生长，应进行偏差调查。

（1）薄膜过滤法　采用薄膜过滤法，滤膜孔径应不大于 0.45μm，直径一般为

50mm，若采用其他直径的滤膜，冲洗量应进行相应的调整。选择滤膜材质时应保证供试品及其溶剂不影响微生物的充分被截留。滤器及滤膜使用前应采用适宜的方法灭菌。使用时，应保证滤膜在过滤前后的完整性。水溶性供试液过滤前先将少量的冲洗液过滤以润湿滤膜。油类供试品，其滤膜和滤器在使用前应充分干燥。为发挥滤膜的最大过滤效率，应注意保持供试品溶液及冲洗液覆盖整个滤膜表面。供试液经薄膜过滤后，若需要用冲洗液冲洗滤膜，每张滤膜每次冲洗量一般为100ml。总冲洗量一般不超过500ml，最多不得超过1000ml，以避免滤膜上的微生物受损伤。

取相当于每张滤膜含1g、1ml或10cm² 供试品的供试液，若供试品中所含菌数较多时可取适宜稀释级的供试液，用方法适用性试验确认的方法加至适量稀释液中，立即过滤，冲洗，冲洗后取出滤膜，菌面朝上贴于胰酪大豆胨琼脂培养基或沙氏葡萄糖琼脂培养基平板上培养。

（2）平皿计数法　平皿法包括倾注法和涂布法，按方法适用性试验确认的方法进行供试液制备和菌数测定，每稀释级每种培养基至少制备2个平板。

倾注法：取供试液1ml，置直径90mm的无菌平皿中，注入15~20ml温度不超过45℃的融化的胰酪大豆胨琼脂或沙氏葡萄糖琼脂培养基，混匀，凝固，倒置培养。

涂布法：取适量（通常为15~20ml）温度不超过45℃的胰酪大豆胨琼脂或沙氏葡萄糖琼脂培养基，注入直径90mm的无菌平皿，凝固，制成平板，采用适宜的方法使培养基表面干燥。每一平板表面接种制备的供试液不少于0.1ml，用涂布棒涂均匀。

（3）最可能数法（most-probable-number method，MPN法）MPN法仅在供试品需氧菌总数没有适宜计数方法的情况下使用，不适用于霉菌计数。MPN法具体参见《中国药典》通则1105非无菌产品微生物限度检查：微生物计数法。

（4）培养和计数　除另有规定外，胰酪大豆胨琼脂培养基平板在30~35℃倒置培养3~5天，沙氏葡萄糖琼脂培养基平板在20~25℃倒置培养5~7天，观察菌落生长情况，点计平板上生长的所有菌落数，计数并报告。

（5）菌数报告规则

● 平皿法：需氧菌总数测定宜选取平均菌落数小于300cfu的稀释级、霉菌和酵母菌总数测定宜选取平均菌落数小于100cfu的稀释级，作为菌数报告的依据。取最高的平均菌落数，计算1g、1ml或10cm² 供试品中所含的微生物数，取两位有效数字报告。

如各稀释级的平板均无菌落生长，或仅最低稀释级的平板有菌落生长，但平均菌落数小于1时，以<1乘以最低稀释倍数的值报告菌数。

● 薄膜过滤法：取滤膜上的菌落数不超过 100cfu 的稀释级，作为菌数报告的依据。以相当于 1g、1ml 或 10cm² 供试品的菌落数报告菌数。若滤膜上无菌落生长，以＜1 报告菌数（每张滤膜过滤 1g、1ml 或 10cm² 供试品），或＜1 乘以最低稀释倍数的值报告菌数。

F. 计数检查结果判断

需氧菌总数是指胰酪大豆胨琼脂培养基上生长的总菌落数（包括真菌菌落数）；霉菌和酵母菌总数是指沙氏葡萄糖琼脂培养基上生长的总菌落数（包括细菌菌落数）。

各品种项下规定的微生物限度标准解释如下：

● 10^1cfu：可接受的最大菌数为 20；

● 10^2cfu：可接受的最大菌数为 200；

● 10^3cfu：可接受的最大菌数为 2000，依此类推。

供试品的需氧菌总数、霉菌和酵母菌总数的检查结果均符合该品种项下的规定，判供试品符合规定；若其中任何一项不符合该品种项下规定，判供试品不符合规定。

【实例】12-2 某口服产品微生物计数法方法适用性试验（平皿法）

（1）标准菌株和菌液制备

● 铜绿假单胞菌〔CMCC（B）10104〕

● 金黄色葡萄球菌〔CMCC（B）26003〕

● 枯草芽孢杆菌〔CMCC（B）63501〕

● 白色念珠菌〔CMCC（F）98001〕

● 黑曲霉〔CMCC（F）98003〕

接种相应菌株至适宜培养基中并培养适当时间，得到新鲜培养物，用适宜的无菌溶液稀释成每 1ml 含菌数为不大于 10000cfu 的菌悬液。

（2）供试液的制备　称取 10g 样品，加入 100ml pH 7.0 的无菌氯化钠 – 蛋白胨缓冲液中溶解混匀，作为 1∶10 的供试液。

（3）接种和稀释

● 试验组：取 5 支 1∶10 的供试液 10ml，分别加入 0.1ml 各试验菌菌悬液，混匀。

取金黄色葡萄球菌、铜绿假单胞菌、枯草芽孢杆菌、白色念珠菌、黑曲霉的试验组溶液 1ml，分别加入平皿中，倾注胰酪大豆胨琼脂培养基，每株试验菌平行制备

2 个平皿。

取白色念珠菌、黑曲霉的试验组溶液 1ml，分别加入平皿中，倾注沙氏葡萄糖琼脂培养基，每株试验菌平行制备 2 个平皿。

● 菌液对照组：取 5 支 pH 7.0 的无菌氯化钠 – 蛋白胨缓冲液 10ml，分别加入 0.1ml 各试验菌菌悬液，混匀，其他操作同试验组。

● 供试品对照组：取 1∶10 的供试液 10ml，加入 0.1ml pH 7.0 的无菌氯化钠 – 蛋白胨缓冲液，混匀。取上述溶液 1ml，加入平皿中，分别倾注胰酪大豆胨琼脂培养基和沙氏葡萄糖琼脂培养基，每种培养基平行制备 2 个平皿。

（4）培养　胰酪大豆胨琼脂培养基平板于 30~35℃培养，加细菌的培养基平板培养不超过 3 天，加霉菌及酵母菌的培养基平板培养不超过 5 天；沙氏葡萄糖琼脂培养基平板于 20~25℃培养不超过 5 天。

（5）结果判断　在 3 次独立的平行试验中，若试验组的菌落数减去供试品对照组的菌落数与菌液对照组菌落数的比值应在 0.5~2 范围内，则该方法适用性试验通过验证，否则须重新进行方法适用性试验，例如取更高稀释级的供试液进行实验。

12.7.2　控制菌检查法

A. 通用要求

供试品制备、实验环境要求与微生物计数法检查的要求一致，并且相应的环境也应该进行监控。

B. 培养基及适用性检查

控制菌检查用的商品化的预制培养基、有脱水培养基或按处方配制的培养基均应进行适用性检查。

控制菌检查用培养基的适用性检查项目包括促生长能力、抑制能力及指示特性的检查。促生长能力及指示特性的检查：分别接种不大于 100cfu 的试验菌于被检培养基和对照培养基中，在规定的培养温度及不大于规定的最短培养时间下培养，被检培养基上试验菌生长状况应与对照培养基一致。

抑制能力检查：接种不少于 100cfu 的试验菌于被检培养基和对照培养基中，在规定的培养温度及不小于规定的最长培养时间下培养，试验菌应不得生长。

C. 方法适用性试验

供试品的控制菌检查方法应进行方法适用性试验，以确认所采用的方法适合于该产品的控制菌检查。若检验程序或产品发生变化可能影响检验结果时，检查方法应重新进行适用性试验。

方法适用性试验时，依各品种项下微生物限度标准中规定检查的控制菌选择相应试验菌株，确认耐胆盐革兰阴性菌检查方法时，采用大肠埃希菌和铜绿假单胞菌为试验菌。

适用性试验：按照《中国药典》通则 1106 非无菌产品微生物限度检查：控制菌检查法取规定量供试液及不大于 100cfu 的试验菌接入规定的培养基中；采用薄膜过滤法时，取规定量供试液，过滤，冲洗，在最后一次冲洗液中加入试验菌，过滤后，注入规定的培养基或取出滤膜接入规定的培养基中。依相应的控制菌检查方法，在规定的温度和最短时间下培养，应能检出所加试验菌相应的反应特征。

结果判断：若上述试验检出试验菌，按此供试液制备法和控制菌检查法进行供试品的该控制菌检查；若未检出试验菌，应消除供试品的抑菌活性（方法同微生物计数法），并重新进行方法适用性试验。如果经过试验确证供试品对试验菌的抗菌作用无法消除，可认为受抑制的微生物不易存在于该供试品中，选择抑菌成分消除相对彻底的方法进行供试品的检查。

方法适用性试验也可与供试品的控制菌检查同时进行。

D. 供试品检查

供试品的控制菌检查应按经方法适用性试验确认的方法进行。

阴性对照试验：以稀释剂代替供试液照相应控制菌检查法检查，阴性对照试验应无菌生长。如果阴性对照有菌生长，应进行偏差调查。

《中国药典》规定需进行阳性对照试验：阳性对照试验方法同供试品的控制菌检查，对照菌的加量应不大于 100cfu。阳性对照试验应检出相应的控制菌。

各种控制菌项目试验参见《中国药典》通则 1106 非无菌产品微生物限度检查：控制菌检查法。

结果判断：耐胆盐革兰阴性菌检查若紫红胆盐葡萄糖琼脂培养基平板有菌落生长，则判为阳性；其他控制菌检查若选择性培养基平板上若有菌落生长，应进行分离、纯化及采用方法进一步鉴定，确证是否为相应的控制菌。

供试品检出控制菌或其他致病菌时，按一次检出结果为准，不再复试。

供试品中若检出其他可能具有潜在危害性的微生物时，应评估其对产品质量的影响。

12.7.3 非无菌产品的实验频率

A. 制剂产品

对于药典中制剂通则项下有微生物限度要求的制剂，微生物限度为必检项目；对于只有原则性要求的制剂（如部分化学药品的丸剂、口服片剂、胶囊剂、颗粒剂），应对其被微生物污染的风险进行评估。在保证产品对患者安全的前提下，通过回顾性验证或在线验证积累的微生物污染数据表明每批均符合微生物限度标准的要求，那么可不进行批批检验，但必须保证每批最终产品均符合微生物限度标准规定。上述固体制剂若因制剂本身及工艺的原因导致产品易受微生物污染，应在品种项下列出微生物限度检查项及标准。

下面推荐一种基于风险管理，建立非无菌产品微生物检验频次的方法。即参照 ICH Q6A 附录判断图 8：非无菌制剂的微生物检查，首先对产品受微生物污染的风险程度进行评估，再根据风险高低程度，制定微生物检验策略。

风险评估可以借鉴但并不局限于以下几个方面：

- 产品中是否含有抗微生物的成分或本身是否有抗微生物能力？
- 微生物是否容易在产品中存活或生长？

如制剂为干剂型，即使药品中含有微生物，那么微生物也不易繁殖；如制剂为湿剂型（液体制剂或半固体制剂如乳膏、糖浆剂等），药品中有微生物时就容易繁殖滋长；

USP <1112> "水活度测定在非无菌药品中的应用"中也有类似的论述，微生物生长有最低的水分活度要求，低于此要求的微生物将不能生长。据此可通过对产品水活度的检验来综合评估产品中微生物增殖的风险高低。

- 生产工艺中是否能减少或控制微生物生长？

综合原辅料微生物负载水平、生产工艺步骤、洁净区微生物监测结果、清洁验证微生物检验结果等方面，评估生产工艺是否能有效控制产品受微生物污染。

- 产品的微生物污染水平

通过对一定批次的产品进行每批微生物检验，得到该产品实际的微生物负载水平。

B. 原料

不是所有原辅料的微生物试验都需要每批进行检验。根据 ICH Q6A 附录判断图 6：原料和辅料的微生物检查，制定原料微生物检验频次的策略。由此可以看出检验及检验频次的制定主要基于原料和辅料受污染的风险高低。其风险评估的思路与制剂产品一致，主要考虑生产工艺步骤是否能减少或控制微生物以及微生物是否容易在原料产品中存活或生长。另外，对于原料生产企业来说，其原料产品的微生物检验策略的制定还需要考虑制剂剂型的需求。

【实例】12-3 某口服制剂产品微生物检验频次的建立

某制药厂生产一种口服片剂的新品种，欲建立其微生物检验的检验频次。由于是新产品，缺乏足够的数据来评估其受污染的风险水平。所以该企业决定对该品种的微生物检验进行每批检验。完成一定批次的产品微生物检验后，再进行风险评估。

风险识别	风险分析（采用的控制措施）	风险评估
原料、辅料的微生物负载水平高，影响成品的微生物负载	• 已对每一批的原料、辅料进行微生物检测，结果表明原辅料中微生物为低负载	原料、辅料中微生物为低负载
药物本身特性（微生物容易在产品中存活或生长）	• 该药品为固体制剂，含水量较低；对该片剂进行水活度检测，结果约为 0.36，在该水活度下绝大部分微生物都不能增殖或存活，成分中也无糖类等营养物质，故该药物剂型不利于微生物的滋长 • 该药品成品已连续检测一定批次的微生物限度项目，结果均符合要求且结果表明产品有少量的微生物负载	成品中微生物为低负载水平，也不易于微生物滋长
生产过程控制不当引起微生物污染	• 每批生产后相关的设备内外表面、容器具等需进行清洁 • 生产相关的房间、设备、容器具等的清洁有效期经过确认 • 工艺过程的微生物负载控制策略经过评估确认 • 生产的洁净区定期进行环境监测，各监测项目均符合要求	生产工艺中的微生物控制措施可以避免产品微生物污染 临近清洁有效期时微生物污染的风险可能是最高的
结论：经评估确定其风险水平为低风险水平，可以进行跳检。考虑到临近清洁有效期时微生物污染的风险可能是最高的，计划将其检验频次定为每个生产周期的最后一批检测		

12.7.4 无菌检查法

A. 无菌检查法的局限性

无菌检验由于检验样品量小，所以无菌检验用样品受到微生物污染的概率是有限的。例如，假设一批产品的产量为 10000 个单位，如果染菌率为 0.1%，取样量为 20 个单位，则通过无菌检查的概率为 98%。

《中国药典》通则 1101 无菌检查法中描述"若供试品符合无菌检查法的规定，仅表明了供试品在该检验条件下未发现微生物污染"。USP<71> 无菌检查及 EP<2.6.1> 无菌检验中也有类似描述。

因此，成品的无菌检验应仅被视为确保无菌性的一系列控制措施中的最后一步，成品无菌检验不能用于确保不符合设计、程序或不符合确认参数的产品的无菌性。产品的无菌性不能依赖于最终的无菌检查，而取决于生产过程中采用良好的无菌保证体系、验证合格的灭菌工艺和严格的药品生产质量管理规范管理，并严格执行产品在储存、运输、货架、使用等环节中的防污染措施才能得以保证。

B. 无菌产品的取样原则

用于无菌检验的取样应代表整个批次，应特别包含该批次中被认为最具污染风险的部分样品，如下。

• 对无菌灌装产品而言，样品应包括，批次开始、中间和结束时灌装的产品，以及任何重大干预操作后（如打破隔离器完整性的干扰），或操作干预关键区后灌装的产品；

• 对最终灭菌产品而言，取样应代表最差情况下的位置（如每批负载中可能最冷或加热最慢的部分）；

• 对于冻干的产品，从不同的冻干负载中取样；

• 如果产生亚批（如最终灭菌产品），则应从每个亚批中取样，并对每个亚批进行无菌检验。

C. 无菌检查的环境要求

无菌检查应在无菌条件下进行，试验环境必须达到无菌检查的要求，检验全过程应严格遵守无菌操作，防止微生物污染，防止污染的措施不得影响供试品中微生物的检出。对供试品中微生物的检出有影响的防污染措施可能包括：设备内部消毒剂的高浓度残留、供试品表面的消毒剂残留、供试品长时间暴露在紫外线下照射、灭菌气体或消毒溶液渗入供试品容器内、取样操作时供试品容器口在火焰上长时间烧灼灭菌致内容物过度受热、取样工具烧灼灭菌后温度过高就接触供试品、为防止再污染而将培养基灭菌后长时间保留在高压蒸汽灭菌锅中致营养度下降等，这些情况均应注意避免。

单向流空气区域、工作台面及受控环境应定期按医药工业洁净室（区）悬浮粒子、浮游菌和沉降菌的测试方法的现行国家标准进行洁净度确认。隔离系统应定期按相关的要求进行验证，其内部环境的洁净度须符合无菌检查的要求。日常检验需对试验环境进行监测。

无菌测试用设施及其管控应和产品生产用设施及管控相当。无菌测试所用的设施或管控措施不当可能导致检验失败。若生产设施及其管控明显优于无菌测试则存在风险，当出现阳性无菌结果时，容易错误地将失败的原因归咎于实验室问题，从而掩盖产品无菌失败的事实。无菌检验隔离器的使用可以最大限度地降低假阳性结果发生的概率。

D. 培养基及培养基的适用性检查

硫乙醇酸盐流体培养基主要用于厌氧菌的培养，也可用于需氧菌的培养；胰酪大豆胨液体培养基用于真菌和需氧菌的培养。

培养基可按《中国药典》通则 1101 无菌检查法中的处方制备，亦可使用按该处方生产的符合规定的脱水培养基或商品化的预制培养基。配制后应采用验证合格的灭菌程序灭菌。制备好的培养基若不即时使用，应置于无菌密闭容器中，在 2~25℃、避光的环境下保存，并在经验证的保存期内使用。

无菌检查用的硫乙醇酸盐流体培养基和胰酪大豆胨液体培养基等应符合培养基的无菌性检查及灵敏度检查的要求。本检查可在供试品的无菌检查前或与供试品的无菌检查同时进行。适用性检查具体步骤详见《中国药典》通则 1101 无菌检查法。

E. 稀释液、冲洗液

稀释液、冲洗液配制后应采用验证合格的灭菌程序灭菌。无菌检查中常用的稀释液、冲洗液举例：

- 0.1% 无菌蛋白胨水溶液；
- pH 7.0 无菌氯化钠 – 蛋白胨缓冲液；
- 0.9% 无菌氯化钠溶液；

● 无菌磷酸盐缓冲液；

● 根据供试品的特性，可选用其他经验证过的适宜的溶液。

如需要，可在上述稀释液或冲洗液的灭菌前或灭菌后加入表面活性剂或中和剂等，如含有聚山梨酯 80 的稀释液或冲洗液。

F. 方法适用性试验

进行产品无菌检查时，应进行方法适用性试验，以确认所采用的方法适合于该产品的无菌检查。即使产品没有添加防腐剂，产品本身也可能有抑菌性，故所有产品均应进行方法适用性测试。若检验程序或产品发生变化可能影响检验结果时，应重新进行方法适用性试验。无菌方法适用性试验可于无菌检验前、后或同步进行。但需要注意的是，当无菌方法适用性试验在无菌检验后进行或与无菌检验同步进行时，若方法适用性试验显示样品抑菌作用未完全去除，则无菌检验样品为阴性的结果无效，而无菌检验样品为阳性的结果仍有效。

方法适用性试验，按照《中国药典》通则 1101 无菌检查法中的规定及要求，对每一试验菌应逐一进行方法确认。但是，在美国 FDA 的药品微生物手册中有如下陈述：方法适用性测试中，如果无菌检验滤器不够用，如有必要，可以将试验菌混合后加入。培养结束后，需采用纯化分离、革兰染色、属 / 种鉴定确认规定的挑战菌被成功回收。

《中国药典》通则 1101 无菌检查法中，无菌方法适用性试验使用的挑战菌种为以下六种：

金黄色葡萄球菌（*Staphylococcus aureus*）〔CMCC（B）26003〕；

大肠埃希菌（*Escherichia coli*）〔CMCC（B）44102〕；

枯草芽孢杆菌（*Bacillus subtilis*）〔CMCC（B）63501〕；

生孢梭菌（*Clostridium sporogenes*）〔CMCC（B）64941〕；

白色念珠菌（*Candida albicans*）〔CMCC（F）98001〕；

黑曲霉（*Aspergillus niger*）〔CMCC（F）98003〕。

而在 USP<71> 无菌检查及 EP<2.6.1> 无菌检验中，无菌方法适用性试验使用的挑战菌种则不包括大肠埃希菌，而是使用铜绿假单胞菌。

无菌方法适用性试验中，也推荐加入生产环境中回收的微生物或水系统中回收到的微生物。

无菌方法适用性试验包含两种方法：薄膜过滤法和直接接种法。试验过程详见《中国药典》通则 1101 无菌检查法。

常用的消除或减少供试品的抑菌性的方法有（但不限于）：

● 增加冲洗量：《中国药典》通则 1101 无菌检查法中规定，供试液经薄膜过滤后，若需要用冲洗液冲洗滤膜，每张滤膜每次冲洗量一般为 100ml，总冲洗量一般不超过 500ml，最高不得超过 1000ml，以避免滤膜上的微生物受损伤；而 USP<71> 无菌检查及 EP<2.6.1> 无菌检验中则规定，如果样品有抑菌性，则冲洗次数不要少于 3次；即使在方法验证中证明，这样的冲洗量不能充分消除抑菌性，那每张膜的冲洗次数也不能超过 5 次（每次 100ml）。

● 增加培养基的用量：如在采用薄膜过滤法时，如达到规定的冲洗量还不能完全清除供试液的抑菌性时，可以增加滤器、滤膜的数量，以便将供试品分布在几个滤膜上过滤（简称分膜操作），以减少每张滤膜所含的供试品量。

● 使用中和剂或灭活剂：在《中国药典》通则 1105 非无菌产品微生物限度检查：微生物计数法的表 2 中，有常见干扰物的中和剂或灭活方法可以进行参考，中和剂或灭活剂可以加在稀释液或冲洗液中，也可加在培养基中。若需使用表面活性剂、灭活剂、中和剂等试剂，应证明其有效性，且对微生物无毒性。

● 更换滤膜品种：可以咨询无菌检验套筒生产商，寻找合适的滤膜材质以降低供试品在滤膜上的残留，如抗生素供试品可选择低吸附滤器、滤膜（如 PVDF 滤膜）；脂肪乳及黏稠性等不宜过滤的供试品需要使用耐负压、特殊处理的滤器、滤膜。

● 更换不同的稀释液或冲洗液：可选择对供试品溶解性更好的稀释液或冲洗液，例如，在喹诺酮类抗生素无菌检查的稀释液或冲洗液中，加入 $\beta-$ 环糊精，可能会减少供试品在滤膜上的残留进而降低抑菌性。

G. 供试品的无菌检查

无菌检查法包括薄膜过滤法和直接接种法。只要供试品性质允许，应采用薄膜过滤法。供试品无菌检查所采用的检查方法和检验条件应与方法适用性试验确认的方法相同。

检验数量：检验数量是指一次试验所用供试品最小包装容器的数量，成品每亚批均应进行无菌检查。除另有规定外，出厂产品按《中国药典》通则 1101 无菌检查法中表 1 规定；上市产品监督检验按表 2 规定。表 1、表 2 中最少检验数量不包括阳性对照试验的供试品用量。

检验量：是指供试品每个最小包装接种至每份培养基的最小量。除另有规定外，供试品检验量按《中国药典》通则 1101 无菌检查法中表 3 规定。若每支（瓶）供试品的装量按规定足够接种两种培养基，则应分别接种硫乙醇酸盐流体培养基和胰酪大豆胨液体培养基。采用薄膜过滤法时，只要供试品特性允许，应将所有容器内的内容物全部过滤。

阳性对照:《中国药典》通则 1101 无菌检查法中规定，应根据供试品特性选择阳性对照菌，无抑菌作用及抗革兰阳性菌为主的供试品，以金黄色葡萄球菌为对照菌；抗革兰阴性菌为主的供试品以大肠埃希菌为对照菌；抗厌氧菌的供试品，以生孢梭菌为对照菌；抗真菌的供试品，以白色念珠菌为对照菌。阳性对照试验的菌液制备同方法适用性试验，加菌量不大于 100cfu，供试品用量同供试品无菌检查时每份培养基接种的样品量。阳性对照管培养不超过 5 天，应生长良好。USP 和 EP 中，供试品无菌检查中不要求做阳性对照组。

阴性对照：供试品无菌检查时，应取相应溶剂和稀释液、冲洗液同法操作，作为阴性对照。阴性对照不得有菌生长。

供试品处理：操作时，用适宜的方法对供试品容器表面进行彻底消毒，但是任何用于在检验前对无菌样品的外表面进行净化处理的工艺（如汽化过氧化氢或紫外）不应对无菌检验方法的灵敏度产生负面影响。以下为消毒方式的举例。

● 安瓿类样品：可以用饱含消毒剂的无菌无尘抹布擦拭。也可以将安瓿浸泡在消毒剂中 1 小时。

● 西林瓶类样品及预充针类样品：只能用消毒剂擦拭。西林瓶不能用消毒剂浸泡消毒，以避免浸泡过程中消毒剂通过塞子进入样品中。

● Tyvek 包：用在消毒剂中浸泡过的无菌毛巾、抹布消毒聚乙烯、塑料膜。然后用无菌、无粒子的干抹布擦拭外表面，在装有高效过滤器的超净台内自然风淋数小时后检验。

● 纸质包装：如可能，用紫外灯消毒。用无菌、无粒子的干抹布擦拭外表面并风淋。

H. 培养及观察

硫乙醇酸盐流体培养基在培养期间不要剧烈震动或摇晃培养基，以尽量减少培养基通气；胰酪大豆胨液体培养基在培养期间可以轻缓摇动，以增加培养基的通气。结果观察时，应确保观察环境光线充足。

按照《中国药典》通则 1101 无菌检查法规定，培养期间应定期观察并记录是否有菌生长。如在加入供试品后，或在培养过程中，培养基出现浑浊，培养 14 天后，不能从外观上判断有无微生物生长，可取该培养液不少于 1ml 转种至同种新鲜培养基中，将原始培养物和新接种的培养基继续培养不少于 4 天，观察接种的同种新鲜培养基是否再出现浑浊；或取培养液涂片、染色、镜检，判断是否有菌。

长达 14 天的培养期，主要有几个原因：无菌产品中存活的微生物在生产工艺过程中都会经历一定程度的损伤而处于亚致死的状态，它们需要有一段修复的时间才能生长繁殖到肉眼看得到的程度而被检出；也有可能在抑菌类产品中一直被抑制着的污染微生物处于亚致死状态，需要随着培养时间的延长或抑菌性彻底消除后才能得以繁殖到肉眼看得到的程度而被检出；还有可能产品中污染的微生物本身属于生长迟缓的微生物，例如，痤疮丙酸杆菌是无菌灌封中令人头痛的一种微生物，根据经验，该微生物直到在培养基中培养 12 天后才能生长到肉眼可以观察的浓度。所以无菌检查法培养不少于 14 天是有必要的。

I. 结果判断

若供试品管均澄清，或虽显浑浊但经确证无菌生长，判供试品符合规定；若供试品管中任何一管显浑浊并确证有菌生长，判供试品不符合规定，除非能充分证明试验结果无效，即生长的微生物非供试品所含。只有符合下列至少一个条件时方可认为试验无效：

（1）无菌检查试验所用的设备及环境的微生物监控结果不符合无菌检查法的要求；

（2）回顾无菌试验过程，发现有可能引起微生物污染的因素；

（3）在阴性对照中观察到微生物生长；

（4）供试品管中生长的微生物经鉴定后，确证是因无菌试验中所使用的物品和（或）无菌操作技术不当引起的。

试验若经评估确认无效后，应重试。重试时，重新取同量供试品，依法检查，若无菌生长，判供试品符合规定；若有菌生长，判供试品不符合规定。

12.7.5 内毒素检查

A. 背景介绍

细菌内毒素检查法（BET）是利用鲎试剂来检验或量化由革兰阴性细菌产生的细菌内毒素，以判断供试品中细菌内毒素的限量是否符合规定的一种方法。

细菌内毒素是革兰阴性菌细胞壁上的脂多糖类物质，它具有高致热性，在临床上会引起热原反应，包括但不限于发烧、头痛、发炎、恶心、发冷、呕吐、低血压、肺毒性、流产甚至死亡。因此无菌注射剂、植入性医疗器械等都需要符合细菌内毒素限度标准。虽然一些生物药，包括疫苗、细胞和基因治疗，由于它们自身的特性，可能引起患者的热原反应，但是，在非经胃肠道给药制剂和医疗器械生产中，最多、最强烈的热原污染就是细菌内毒素。需要注意的是，无菌物料也有含细菌内毒素的可能性，亦需关注其内毒素。

细菌内毒素的量用内毒素单位（EU）表示，1EU 与 1 个内毒素国际单位（IU）相当。美国、中国、日本等国家使用 EU，欧洲使用 IU。

B. 方法分类

《中国药典》中，细菌内毒素检查法如图 12-1 所示。

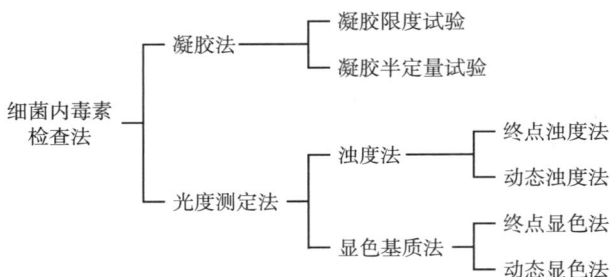

图 12-1 细菌内毒素检查法

凝胶法是通过鲎试剂与内毒素产生凝集反应的原理进行限度检验或半定量检验内毒素的方法。凝胶法中的限度试验是定性试验，即只能判断供试品中含内毒素的量是小于（阴性）还是大于等于（阳性）某值。凝胶半定量试验，是通过将供试品进行一系列稀释，然后根据在何种浓度出现阳性值，通过计算得到一个大致的浓度值。

凝胶法特点：只要排除干扰，几乎所有类型的供试品均可采用此法进行检验；操作简单。

光度法是检验内毒素的定量方法，分为浊度法及显色基质法。浊度法是利用鲎试剂与内毒素反应过程中的浊度变化而测定内毒素含量的方法。显色基质法是利用检验鲎试剂与细菌内毒素反应过程中产生的凝固酶使特定底物释放出显色团的多少而测定内毒素含量的方法。

光度法特点：可以定量得到内毒素含量，定量检验的数据不仅有利于追踪产品质量趋势，还能起到风险预警的作用，达到数据可靠性的要求；因为光度法鲎试剂的灵敏度比凝胶法高，因此使用光度法检验可以使有干扰的样品有更大的稀释空间，故部分使用凝胶法无法排除干扰的样品，可以使用光度法检验；当样品对内毒素检验有干扰时，在进行干扰试验时，可以通过回收率数值直观的判断干扰的趋势。

六种细菌内毒素检验法，如果在品种的个论项下没有规定使用哪种方法，则可以在前期方法开发阶段，选择最适合的一种方法。但在日常放行检验时，应使用经确认和经注册批准的方法；当测定结果有争议时，除另有规定外，以凝胶法的限度试验结果为准，这并不是说凝胶法限度试验优于其他方法，只是由于凝胶限度法发展历史最长、最为经典，所以被确定为仲裁方法。由于光度测定法可以进行定量测定，目前在国际上使用较多，定量法能得到定量结果，利于观察数据变化趋势。

C. 实验室环境和培训

（1）实验室环境　BET 试验应在受控区域进行，保持良好的洁净，但不需要洁净级别。在样品处理、内毒素准备、稀释等过程中，一定要注意适当的防污染操作。一般情况下，一般的实验室个人防护就足够了（如穿防护服，戴口罩、手套等），除非测试样品有毒性或传染性，实验人员要有额外的安全考虑。手套应不含滑石粉，因为滑石粉可能含有大量内毒素。样品培养器要放在稳固的实验台上，远离热、通风、空调出风口、明显的震动，或实验人员活动频繁的位置，防止影响检验结果。如有必要，应确定样品保存时间和条件，并记录，以确保能够在合适的时间内生成准确的测试结果。在测试之前，强烈建议原瓶中的样品要充分混合，不论这个样品是直接检验还是要进一步稀释。

（2）培训　对 BET 试验人员的培训和考核可以参考下面的做法。

● 培训：有丰富理论知识背景的人员，进行理论培训，有助于检验人员理解测试方法的原理和局限性，以及检验人员的技术对测试结果的影响；基本的实验室操作项目，如称量、移液、稀释等也会影响试验结果，因此也要提前对检验人员进行相关的培训；有经验的专业人员，演示试验过程并指导检验人员自己操作；如果将新的试验方法引入实验室，则必须对检验人员进行再培训（如从凝胶法改为光度法）。

● 考核：培训效果可以通过检验人员执行测试来确定。例如，凝胶法内毒素检验，可以进行鲎试剂灵敏度复核；光度法内毒素检验，可以通过制作曲线，也推荐对样品进行重复测定，结果不平均，计算相关系数，以评定能力考核中的测试波动性。用已知内毒素水平的样品作为考核样品，通过比较检验人员的测试值和真实值来评判培训效果也是很好的方法。已在职的内毒素检验人员，需要能计算内毒素限值，能根据方法验证结果制备样品，并根据产品特定说明和要求适当执行阳性和阴性对照。培训和考核的过程应该在文件中描述、评估，以确保所有检验人员上岗的一致性。

● 重新培训：出现以下情况时，应进行充分调查；若确定为培训原因导致，需要重新培训。

○ 不满足初始培训的要求；

○ 经常不满足系统适用性的要求导致无效结果，例如，阴性对照失败，标准曲线不符合要求等。注意，供试品阳性对照（PPC）的失败可能表明检验人员技术有问题，或者产品生产、配方有变化，导致样品干扰性发生变化；

○ 定量分析的斜率和 y 截距结果异常；

○ 有产生超标或者超趋势数据的不良趋势。

D. 鲎试剂、细菌内毒素检查用水

鲎试剂是海洋动物鲎（包括东方鲎和美洲鲎）血液提取物的冻干品，可以与细菌内毒素发生凝集反应。除了内毒素，鲎试剂还与某些 $\beta-$ 葡聚糖反应，产生假阳性结果。如遇含有 $\beta-$ 葡聚糖的样品，可使用去 G 因子鲎试剂或 G 因子反应抑制剂来排除鲎试剂与 $\beta-$ 葡聚糖的反应。鲎试剂分为美洲鲎试剂（LAL）和东方鲎试剂（TAL）。凝胶法鲎试剂在首次使用时要先进行鲎试剂灵敏度复核。光度法鲎试剂在首次使用时要先进行标准曲线可靠性试验。结果符合药典规定后，方可用于后续试验。在试验中，制备的光度法标准曲线的范围，要在所用鲎试剂规定的检验限范围内。

细菌内毒素检查用水应符合灭菌注射用水标准，其内毒素含量小于 0.015EU/ml（用于凝胶法）或小于 0.005EU/ml（用于光度测定法），且对内毒素试验无干扰作用。

E. 标准品

细菌内毒素标准品按级别分为国际标准品、国家标准品和工作标准品。

细菌内毒素国际标准品是由 WHO 制备，在世界范围内进行效价的协作标定，主要用于世界各国标定各自国家的标准品之用。

细菌内毒素国家标准品系自大肠埃希菌提取精制，并以细菌内毒素国际标准品标定其效价。用于标定、复核、仲裁鲎试剂灵敏度、标定细菌内毒素工作标准品的效价，干扰试验及检查法中编号 B 和 C 溶液的制备、凝胶法中鲎试剂灵敏度复核试验、光度测定法中标准曲线可靠性试验。ChP、USP、JP 和 EP 标准品，被认为是互相等效的，因为其都是基于 WHO 国际标准品进行标定的。

细菌内毒素工作标准品系以细菌内毒素国家标准品为基准标定其效价，用于干扰试验及检查法中编号 B 和 C 溶液的制备、凝胶法中鲎试剂灵敏度复核试验、光度测定法中标准曲线可靠性试验。中国食品药品检定研究院和企业都会标定工作标准品，仲裁时通常以国家标定的为准，建议产品放行还是按照国家出台的标准物质管理体系执行，过程中的工作标准品可以是企业的标准品。

一般不要储存国家标准品（RSE）或工作标准品（CSE）的稀释液，除非经过了以下验证，包括储存容器的类型、材料、待储存稀释液的浓度、储存温度、待储存稀释液的体积。

可使用旋涡混合仪或其他经验证的方法（对样品溶液超声），防止内毒素在样品或标准品溶液中聚集。建议按照生产商说明书推荐的方法溶解和稀释内毒素。但是不推荐旋涡混合鲎试剂，因为会产生气泡，影响检验结果。

F. 试验器具的准备

试验所用的器皿需经处理，以去除可能存在的外源性内毒素。耐热器皿常用干热灭菌法（250℃、至少 30 分钟）去除，也可采用其他确证不干扰细菌内毒素检查的适宜方法。若使用塑料器具，如微孔板和与微量加样器配套的吸头等，应选用标明无内毒素并且对试验无干扰的器具。

G. 供试品溶液的制备

某些供试品需进行复溶、稀释或在水性溶液中浸提制成供试品溶液。必要时，可调节被测溶液（或其稀释液）的 pH 值，一般供试品溶液和鲎试剂混合后溶液的 pH 值在 6.0~8.0 的范围内为宜，可使用适宜的酸、碱溶液或缓冲液调节 pH 值。酸或碱溶液须用细菌内毒素检查用水在已去除内毒素的容器中配制。所用溶剂、酸碱溶液及缓冲液应不含内毒素和干扰因子。供试品的预处理方法有以下几种。

（1）可溶于水的供试品 除另有规定外，要使用细菌内毒素检查用水溶解、稀释，不应用其他溶剂代替。

（2）在水中溶解度低的样品可以采取超声波、加热助溶、添加助溶剂、调节 pH 等方法提高其溶解度。

（3）不溶于水的供试品 可根据供试品本身的特性选择相应的溶剂，如二甲基亚砜、乙醇等。为保证所用的溶剂不会对最终的内毒素检验产生影响，要对溶剂进行不干扰稀释倍数的验证以及内毒素含量的检验。

（4）采用包合技术的新型制剂如微球、脂质体等供试品，应采取适宜方法将包合体破坏，使包裹在内部的细菌内毒素完全释放，再进行检验。

（5）需要浸提的供试品 医疗器械类或包装材料类供试品，使用适当的溶剂进行浸提，然后检验浸提液中的内毒素含量。

H. 内毒素限值的确定

任何药品的内毒素限值计算都取决于三个变量：①给药途径，在很大程度上决定了 K，即内毒素限值公式中的分子；②每千克体重的产品剂量，以及③给药持续时间。该信息可在批准药品的包装说明书中找到，临床试验的产品可从产品开发团队获得。计算公式如下：

$$L=K/M$$

式中，L 为供试品的细菌内毒素限值，一般以 EU/ml、EU/mg 或 EU/U（活性单位）表示；

K 为人每千克体重每小时最大可接受的内毒素剂量，以 EU/（kg·h）表示，注射剂 K=5EU/（kg·h），放射性药品注射剂 K=2.5EU/（kg·h），鞘内用注射剂 K=0.2EU/（kg·h）；

M 为人用每千克体重每小时的最大供试品剂量。以 ml/（kg·h）、mg/（kg·h）或 U/（kg·h）表示。

我国和日本成人人均体重按 60kg 计算，美国和欧洲成人人均体重按照 70kg 计算。儿科患者可能是 30kg 或以下。我国儿童的平均体重可在《国家基本公共卫生服务规范（第三版）》查找得到。美国儿童的平均体重可以在 "*Centers for Disease Control and Prevention Clinical Growth Charts Page*" 上找到（www.cdc.gov/growthcharts/clinical_charts.htm）。为儿童和其他特殊类别患者选择的体重因子应该考虑最坏的情况，即目标人群中的最低体重。

注射时间若不足 1 小时，按 1 小时计算。

制定品种细菌内毒素限值时，应考虑以下情况。

（1）联合用药应考虑其他制剂可能引入的细菌内毒素；儿科用药、营养不良用药和恶病质用药等，应考虑细菌内毒素对体弱患者人群可能导致更严重的影响。因此，制定上述品种细菌内毒素限值时，可在计算值的基础上适当严格。

（2）如果产品在一段时间内以间歇滴注或注射到患者体内，则 M 是基于 1 小时内的最大总剂量。例如，初始剂量后可能给予的额外剂量；初始大剂量后给予的维持剂量；逐渐增加的剂量；重复给药直到达到预期临床结果的麻醉剂或其他药物，在一小时内给药的，两次剂量之间的最小时间间隔内，潜在最大剂量。

（3）如果儿童每千克每小时的剂量高于成人剂量，则必须使用儿童剂量进行计算。

（4）某些品种的个论中可能有内毒素标准，但是在制订产品内毒素标准时，仍需要计算。如果计算出的内毒素限值低于个论中的限值，则应采用计算出的更低的限值作为产品的内毒素限值。

（5）作为新产品的关键质量属性，内毒素限值标准应在研发早期进行计算，在整个研发和早期临床试验过程中进行监控。如果尚未确定剂量，则应基于目标患者群体和给药途径按产品预期最差情况（最高剂量）计算限值。

（6）100ml 及以上装量的大输液类制剂，其细菌内毒素限值一般不得超过 0.50EU/ml。

（7）制定具有多种规格注射液的细菌内毒素限值时，限值的单位应与产品临床用法用量（M）的标示单位一致，如 EU/mg、EU/U 或 EU/ml。

（8）制定原料药的细菌内毒素限值时，应参考其制剂的细菌内毒素限值。如，若生产工艺中无去除内毒素的工艺，则原辅料、工艺用水、内包材等内毒素之和不应超过制剂成品的内毒素限值。

I. 方法适用性试验

（1）方法适用性试验样品批数　内毒素方法适用性的样品批数，要进行科学合理的风险评估，这对于生物制品或在前期开发和工艺验证时发现，存在显著的批次差异的产品尤其重要。风险评估可以包括产品生命周期各阶段（临床、商业）获得的信息、已知的产品差异性（内毒素检验的差异性）来源、历史测试数据等。《中国药典》指导原则 9251 细菌内毒素检查法应用指导原则中规定为"建立品种的细菌内毒素检查法时，为验证样品和不同生产厂家鲎试剂反应的一致性，应使用两个生产厂家的鲎试剂对至少三批样品进行干扰试验"。在 USP <1085> 内毒素检查指南中对于方法适用性试验样品批数的规定为"对于那些起始物料、API、生产工艺变化大的产品，往往需要对超过三批产品进行方法适用性。而对于那些变化小的产品，可只使用三批来进行"。

（2）确定最大有效稀释倍数（MVD）最大有效稀释倍数是指在试验中供试品溶液被允许达到稀释的最大倍数，在不超过此稀释倍数的浓度下进行内毒素限值的检验。用以下公式来确定 MVD：

$$MVD=cL/\lambda$$

式中，L 为供试品的细菌内毒素限值；

c 为供试品溶液的浓度，当 L 以 EU/mg 或 EU/U 表示时，c 的单位需为 mg/ml 或 U/ml，当 L 以 EU/ml 表示时，则 c 等于 1.0ml/ml。如需计算在 MVD 时的供试品浓度，即最小有效稀释浓度，可使用公式 $c=\lambda/L$；

λ 为在凝胶法中鲎试剂的标示灵敏度（EU/ml），或是在光度测定法中所使用的标准曲线上最低的内毒素浓度。

（3）干扰试验预试验　干扰试验的目的是为了验证在某一浓度下的供试品对于鲎试剂与内毒素的反应有无干扰作用。为了减少试验的摸索过程、节省成本，可在进行正式干扰试验前，开展干扰试验预试验。预试验的目的是初步确定供试品的最大不干扰浓度或最小不干扰稀释倍数，为正式的干扰试验提供依据，具体方法如下。

将未检验到内毒素的供试品进行一系列倍数的稀释，但最大稀释倍数不得超过MVD。每一浓度下做 2 支供试品管和 2 支供试品阳性对照（即用该浓度的供试品稀释液将内毒素标准品制成 2λ 浓度）。另取 2 支加入细菌内毒素检查用水作为阴性对照，2 支加入 2λ 浓度的内毒素标准溶液作为阳性对照。孵育后观察结果。

当阴性对照为阴性，阳性对照为阳性，说明试验有效。当系列浓度中出现供试品溶液 2 管为阴性，供试品阳性对照溶液 2 管为阳性，认为供试品在该浓度下不干扰试验，此稀释倍数为最小不干扰稀释倍数。

正式干扰浓度的选择：MVD 是计算的产品最大可稀释倍数，但是 MVD 不应该是个常规检验稀释倍数，因为稀释倍数越大，内毒素检验灵敏性或准确度可能越低。理论上说，如果产品没有干扰，甚至希望用未稀释的样品溶液进行内毒素检验，但是实际中，很多产品都有干扰作用，可以通过稀释消除此干扰。

关于稀释倍数的选择，美国 FDA 问答指南（行业指南：热原和内毒素测试）的建议可供企业参考：正式干扰试验时，选择第一个不干扰稀释倍数的下一个进行。例如，某产品最大稀释倍数为 100，1∶10 时显示有干扰，1∶20 显示无干扰，则可以使用 1∶30 进行正式的干扰试验。

干扰试验预试验使用的鲎试剂：一般情况下，细菌内毒素反应的干扰作用与鲎试剂灵敏度无关，即，若某浓度的供试品溶液对细菌内毒素反应无干扰作用，则其对任意灵敏度的鲎试剂均应无干扰作用，所以在初步摸索无干扰浓度的干扰预试验中，可以选择任意灵敏度的鲎试剂。但是正式的干扰试验中所用的鲎试剂，要与日后检验所用的鲎试剂灵敏度、生产厂家保持一致。

（4）正式干扰试验　当进行新药的内毒素检查试验前，或无内毒素检查项的品种建立内毒素检查法时，须进行干扰试验。干扰试验的实质是通过比较鲎试剂与水溶液中内毒素和在供试品溶液中的内毒素反应结果的差异程度，来确定供试品在该浓度下是否对内毒素检查有干扰。因此用水稀释的内毒素标准系列与供试品稀释的标准系列必须同时制备，同时与鲎试剂进行反应。《中国药典》通则 1143 细菌内毒素检查法有详细的干扰试验步骤。

细菌内毒素检查法中提到的干扰作用是指供试品溶液中含有的某些成分会对细菌内毒素与鲎试剂的反应有一定的影响，而出现假阳性或假阴性的结果。一般将导致假阳性的干扰现象称为增强干扰，导致假阴性的干扰称为抑制干扰。

• 常见干扰：干扰可能会影响 LAL 反应本身的酶级联或用作 PPC 的分析物（如纯化的 LPS）、标准或两者。大部分的干扰都可以通过细菌内毒素检查用水稀释供试品的方法消除（不超过 MVD）。对于生物制品的低内毒素回收（low endotoxin recovery，LER）现象，在 PDA 82 号技术报告有详细描述。除了内毒素检验用水和常见的缓冲液外，若使用其他的试剂进行溶解或稀释，均要进行干扰试验，以证明其不会影响产品内毒素检验。酸或碱溶液须用细菌内毒素检查用水在已去除内毒素的容器中配制。所用溶剂、酸碱溶液及缓冲液或其他试剂应不含内毒素，常见的干扰和排除干扰的方法见表 12–3。

表 12–3　内毒素检查中常见的干扰和排除干扰的方法

干扰因素	干扰物	排除方法
pH（如酸、碱）	LAL cascade	• 用内毒素检验用水稀释 • 使用盐酸或氢氧化钠调节供试品 pH，或使用缓冲液稀释供试品，以使供试品溶液和鲎试剂混合后溶液的 pH 值在 6.0~8.0 的范围内为宜，或鲎试剂生产商指定的 pH 范围
渗透压（如 50% 葡萄糖或 5% 氯化钠溶液）	LAL cascade	一般用内毒素检验用水稀释
螯合作用（如 EDTA、枸橼酸钠、喹诺酮类药物）	LAL cascade LPS aggregation	• 用内毒素检验用水稀释 • 添加适量 Mg^{2+}、Ca^{2+}
含有葡聚糖类物质（某些生物制品）	LAL cascade	使用抗增液或特异性鲎试剂
非特异性蛋白质干扰（如丝氨酸蛋白酶抑制剂）	LAL cascade	• 用内毒素检验用水稀释 • 用内毒素检验用水稀释结合加热
重金属（如 Cu^{2+}、Ag^+）	LAL cascade LPS aggregation	• 用内毒素检验用水稀释 • 用含有 1mmol/L EDTA 的稀释剂稀释
蛋白质	LAL cascade LPS aggregation	• 用内毒素检验用水或生理盐水稀释 • 用内毒素检验用水稀释结合加热
高洗涤剂（如聚山梨酯 20、聚山梨酯 80）	LAL cascade LPS aggregation	一般用内毒素检验用水稀释就足够
钙离子	LAL cascade	• 用内毒素检验用水稀释 • 用含有 1mmol/L EDTA 的稀释剂稀释

• 干扰试验与 pH：所有 BET 试验必须在中性 pH 下进行。BET 试验的中性 pH 通常定义为 6.0~8.0。由于不同制造商的鲎试剂配方不同，实验室应确认所使用的鲎试剂其制造商规定的 pH 范围。鲎试剂本身一般都具有缓冲能力，因此供试品溶液和

鲎试剂混合后溶液的 pH 值在 6.0~8.0 的范围内即可。推荐在内毒素方法适用性确认时测试 pH 值，尤其对于需要调节 pH 值产品。一旦在方法适用性时确认了调节 pH 值的具体方法，则日常检验时，调节 pH 值的方法应与方法适用性试验时一致。

（5）重新进行干扰试验　当鲎试剂、供试品的处方、生产工艺改变或试验环境等发生了任何有可能影响试验结果的变化时，须重新进行干扰试验。ANSI/AAMIST72:2019 推荐可以按照如下原则重新进行干扰试验。

以下变化，应该重新进行方法适用性确认：

● 检验技术发生变化，如由凝胶法变更为光度法；

● 样品处理过程发生变化，如样品溶液制备时，增加超声处理、样品处理温度发生变化，或溶解样品的溶剂发生变化等。

以下变化，需要评估方法是否需要重新进行确认：

● 产品发生变化，可能影响检验，包括：产品中引入新的物料、新的生产工艺、或者产品结构变化、新的生产地点；

● 细菌内毒素试验的实验室发生变化；

● 细菌内毒素试验的试剂来源。

● 细菌内毒素试验的物料或设备发生变化，可能影响试验。

J. 日常测试

（1）取样

● 用于内毒素取样的器具必须对所取物料有惰性，且无内毒素。

● 虽然很多时候都是在没有层流的现场取样，但是取样时一定要采取措施，防止样品的污染，同时防止污染原包装中剩余物料。

● 日常测试时，测试样品数量应基于风险分析或历史数据来决定。USP <1085> 内毒素检查指南中，对于取样数量的建议为："一般一批成品取三个样品进行内毒素检验，以代表这一批生产过程的前、中、后（例如，无菌灌装的注射剂，通常取灌装前、中、后的三个样品）。但是对于体积较小的或体积较大的非经胃肠道给药制剂，或生物制品，三个单位可能代表性并不足够，可能仅能识别那些均匀且高度污染的批次。因此取样方案应合理，并应基于工艺的已知可变性、工艺过程、工艺的历史知识和生产中使用的物料"。

● 通常内毒素和微生物在物料中都不是均匀分布的，在水系统取样时，一定要充分冲洗取样点，并且使用和生产上相同的取样器具。例如，在生产上该水点是使用橡胶管连接到用水点，则在取水时也应该使用同一个橡胶管，并且冲洗时间也应和生产上的时间一致。

（2）合并检验

● 合并检验（pooling）的定义：将来自于同一批的几个独立的样品完全混合成一个样品，或者从几个独立的样品中分别取相同量的一部分后混合，对混合样品进行内毒素检验。例如，一批产品内毒素检验样品量是三瓶。将三瓶样品完全混合后再进行内毒素检验，或者从三瓶样品中分别取 1ml，后混合成 3ml，再进行内毒素检验。合并检验通常用于成品放行检验。

● 合并检验的优点：合并检验可能会减少试剂的使用，节约成本。例如，节省鲎试剂的使用量。

● 合并检验的缺点：合并检验最大的缺点为，可能"稀释"来自其中某一个样品的内毒素。例如，将 3 个样品合并检验，若其中一个样品内毒素含量为 30EU/ml，另外两个样品不含内毒素，则合并检验后，合并样品的内毒素含量为 10EU/ml，变相降低了独立样品的内毒素含量。因此，如使用合并检验，一定要调整样品的 MVD。调整后的 MVD 的计算方法是将最初计算的 MVD 除以样品合并检验个数。例如，某注射液 MVD 为 240，每批样品合并检验个数是 3 瓶，则调整后的 MVD 为 240/3，即 80。

● 合并检验的注意点

○ 若合并检验，应规定每次合并检验的最大样品数量。

○ 合并可能会掩盖单个样本之间内毒素含量的不均匀性，但是有时"不均匀性"信息在故障排除或调查中可能很有价值。例如，多个灌装针中的一个被污染，可能导致一些瓶子含有内毒素，而另一些瓶子不含有内毒素。

○ 合并样品时，一定要注意无菌操作；将单个样品中的一部分取出之前，一定要将整个样品充分混合，以使内毒素在样品中均匀分布；建议使用无菌、无热原的注射器，将样品通过消毒的胶塞取出，以便在后续储存期间保持容器的完整性，以便进行调查性试验；应保留原瓶剩余样品，以便在出现 OOS 时进行调查。

○ 调整 MVD 的概念不适用于医疗器械的内毒素检验，因为按照惯例，医疗器械都是合并检验的。

○ 若调整后的 MVD，不能去除样品的干扰性，则不能采用合并检验。

○ 对于一些本身 MVD 就比较低的样品，或者样品本身是混悬液（不是均匀的溶液），则不适用于合并检验。

○ 合并检验不适用于中间产品的检验，尤其那些在生产不同阶段取的中间产品。

（3）低于 MVD 的检验　若供试品在稀释倍数小于 MVD 时进行检验，结果出现不符合规定时，可将供试品进一步稀释重新实验，再对结果进行判断。一般，进一步稀释不需要进行方法适用性确认。稀释倍数不应超过 MVD。如果在 OOS 调查时，为了确定样品中具体的内毒素水平，可以将样品进行超过 MVD 的稀释。

（4）测试注意事项

● 加样时要防止形成气泡，因为气泡会影响结果的准确性。

● 如果可以的话，稀释过程尽量用大体积（如 ml）的稀释，因为小体积（如 μl）的稀释会增加偏差可能性。

● 如果孵育时使用水浴锅，则要经常给水浴锅换水，例如至少一周一次，防止引发污染。

● 在目视观察凝胶法测试结果时，每次只拿一根管子，缓慢旋转 180°。一次拿多个管子时，可能使内容物变形，一旦凝胶被破坏，就不会重新形成，可能造成假阴性的结果。

● 光度试验法的标准曲线是根据作为内毒素浓度 lg 函数的测定开始或反应时间的 lg 构建的。注意标准溶液的开始时间，以确保它们在运行之间、分析人员之间以及工作标准品（CSE）批次和鲎试剂批次的任何给定组合的每天都是一致的。

12.7.6　抑菌效力检查法

A. 概述

抑菌剂是指抑制微生物生长的化学物质。抑菌效力检查法系用于测定无菌及非无菌制剂的抑菌活性，用于指导药品研发阶段制剂中抑菌剂种类和浓度的确定。

如果药物本身不具有充分的抗菌效力，那么应根据制剂特性（如水溶性制剂）添加适宜的抑菌剂，以防止制剂在正常贮藏或使用过程中由于微生物污染和繁殖，使药物变质而对使用者造成危害，尤其是多剂量包装的制剂。

在药品生产过程中，抑菌剂不能用于替代药品生产的 GMP 管理，不能作为非无菌制剂降低微生物污染的唯一途径，也不能作为控制多剂量包装制剂灭菌前的生物负载的手段。所有抑菌剂都具有一定的毒性，制剂中抑菌剂的量应为最低有效量。同时，为保证用药安全，成品制剂中抑菌剂的有效浓度应低于对人体有害的浓度。

抑菌剂的抑菌效力在贮存过程中有可能因药物的成分或包装容器等因素影响而变化，因此，应验证成品制剂的抑菌效力在效期内不因贮藏条件而降低。

本试验方法和抑菌剂抑菌效力判断标准用于包装未启开的成品制剂。

B. 菌种和培养基

试验所用的菌株传代次数不得超过 5 代（从菌种保藏中心获得的干燥菌种为第 0 代），并采用适宜的菌种保藏技术进行保存，以保证试验菌株的生物学特性。胰酪大豆胨液体培养基、胰酪大豆胨琼脂培养基、沙氏葡萄糖液体培养基、沙氏葡萄糖琼脂培养基照《中国药典》通则 1101 无菌检查法制备。培养基适用性检查的菌种及新鲜培养物的制备、培养基适用性检查详见《中国药典》通则 1121 抑菌效力检查法。

C. 抑菌效力方法适用性确认

《中国药典》未包括抑菌效力方法适用性确认的细节，在《中国药品检验标准操作规范》（2019 年版），详细描述了抑菌效力方法适用性确认的相关内容，以下为内容概述，详细内容见《中国药品检验标准操作规范》（2019 年版）。

供试品溶液制备：为确认供试品中的微生物能被充分检出，首先应选择最低稀释级的供试液（1∶10）进行计数方法适用性试验。若产品的抑菌性较强，可采用增加稀释液和培养基体积、加入适宜的中和剂或灭活剂、薄膜过滤法，直至方法适用性试验通过。

平皿法方法适用性试验分试验组、供试品对照组和菌液对照组 3 组试验，若在稀释液或培养基中加入适宜的中和剂或灭活剂，需增加中和剂或灭活剂对照组。

试验组：取上述制备好的供试液，加入试验菌液，混匀，使每 1ml 供试液含菌量不大于 100cfu，所加菌液的体积应不超过供试液体积的 1%。

供试品对照组：取制备好的供试液，以稀释液代替菌液同试验组操作。

菌液对照组：取不含中和剂及灭活剂的相应稀释液替代供试液，按试验组操作。

中和剂或灭活剂对照组：取相应量稀释液替代供试品，其余试验同试验组操作。

薄膜过滤法方法适用性试验分试验组、供试品对照组和菌液对照组 3 组试验，若在稀释液或培养基中加入适宜的中和剂或灭活剂，需增加中和剂或灭活剂对照组。

试验组：取上述制备好的供试液，加入试验菌液，混匀，使每张滤膜所滤过的 1ml 供试液中含菌量不大于 100cfu。

供试品对照组：取制备好的供试液，以稀释液代替菌液同试验组操作。

菌液对照组：取不含中和剂及灭活剂的相应稀释液替代供试液，按试验组操作。

中和剂或灭活剂对照组：取相应量稀释液替代供试品，其余试验同试验组操作。

USP<51>抑菌效力检查法中也有抑菌效力方法适用性确认相关内容，以下为

USP<51> 中抑菌效力方法适用性确认内容概述。

测试组：取 1ml 样品加入到 9ml 0.9% 无菌氯化钠溶液或其他中和稀释剂中，得到 10^{-1} 样品稀释液，依此法继续稀释至 10^{-2} 和 10^{-3} 稀释级，共得到 10^{-1}、10^{-2} 和 10^{-3} 三个浓度的样品稀释液。三个浓度的样品稀释液中分别加入适当体积的挑战菌液，混匀，然后从每一个稀释液中吸取一定体积到无菌平皿中，加入相应的培养基进行计数。细菌和酵母菌浓度不超过 250cfu/ 皿（理想浓度为 25~250cfu），霉菌的浓度不超过 80cfu/ 皿（理想浓度为 8~80cfu）。挑战菌为金黄色葡萄球菌、铜绿假单胞菌、大肠埃希菌、白色念珠菌、黑曲霉。每种菌每个稀释剂至少制备 2 个平行样品。

金黄色葡萄球菌、铜绿假单胞菌、大肠埃希菌的平皿中加入胰酪大豆胨琼脂培养基，白色念珠菌、黑曲霉的平皿中加入沙氏葡萄糖琼脂培养基。金黄色葡萄球菌、铜绿假单胞菌和大肠埃希菌在 30~35℃培养 3~5 天，白色念珠菌和黑曲霉在 20~25℃培养 5~7 天。（USP<51> 抑菌效力检查法的规定为：金黄色葡萄球菌、铜绿假单胞菌和大肠埃希菌在 30~35℃培养 3~5 天，白色念珠菌在 20~25℃培养 3~5 天，黑曲霉在 20~25℃培养 3~7 天）。

阳性对照组：用 0.9% 无菌氯化钠溶液代替样品，其余操作同测试组。

方法适用性确认接受标准：与阳性对照计数（平均值）相比，测试组的回收率至少达到 50%。

如果稀释后的产品具有抑菌性，则可能需要在稀释剂或培养基加入特殊中和剂。不过绝大多数情况下，将样品稀释至 10^{-3} 就能够消除样品的抑菌性。

如果样品需要较大的稀释（如 10^{-2} 或 10^{-3}）才能消除抑菌性，则抑菌效力测试时，可能需要提高接种微生物的数量级，以确保能测量得到较高的 lg 减少值（如 3 个 lg 减少值）。例如样品要稀释到 10^{-3} 才能消除样品的抑菌性，且需要测量得到 3 个 lg 减少值，则样品中微生物的初始浓度可能需要达到 10^{7}~10^{8}cfu/ml。

薄膜过滤法也可以用于抑菌效力测试中，且薄膜过滤法允许过滤更多的样品体积，并且有助于消除样品的抑菌性。

抑菌效力方法适用性确认一般进行 3 次。为了节省工作量，也可以先进行方法开发（对每一个稀释级进行一次试验），摸索出能消除抑菌性的最小稀释级后，再仅对此稀释级进行 3 次正式的方法适用性确认试验。

D. 抑菌效力测定

菌种、菌液制备和包材、供试品接种、存活菌数测定、不同剂型的判断标准、结果判断详见抑菌效力检查法（《中国药典》通则 1121）。

E. 抑菌效力研究

在药品研发阶段，为了确定制剂中抑菌剂浓度或指导成品制剂在效期内防腐剂的波动范围，可进行抑菌效力研究试验。例如，分别制备抑菌剂浓度为标示值 50%、75%、100%、120% 的供试品，后进行抑菌效力测定，测试结果用于指导抑菌剂的可接受浓度范围。

12.7.7 抗生素微生物检定法（生物效价测定）

A. 概述

本法系在适宜条件下，根据量反应平行线原理设计，通过检验抗生素对微生物的抑制作用，计算抗生素活性（效价）的方法。

抗生素微生物检定包括两种方法，即管碟法（琼脂扩散法）和浊度法。

测定结果经计算所得的效价，如低于估计效价的 90% 或高于估计效价的 110% 时，应调整其估计效价，重新试验。除另有规定外，本法的可信限率不得大于 5%。

《中国药典》通则 1201 抗生素微生物检定法收载了上述两种方法，USP<81> 抗生素微生物学检验和 EP<2.7.2> 抗生素微生物学试验中收载了抗生素微生物检定法，其效价结果计算方法及变异性判断标准与《中国药典》方法有所不同，下面对供试品检验的介绍采用《中国药典》收载的管碟法及浊度法。

B. 供试品检验

（1）管碟法 本法系利用抗生素在琼脂培养基内的扩散作用，比较标准品与供试品两者对接种的试验菌产生抑菌圈的大小，以测定供试品效价的一种方法。

• 培养基、缓冲液、菌悬液的制备：培养基、缓冲液、菌悬液的制备参照药典通则，效期经考察后确定。

• 标准品和供试品溶液的制备与稀释

标准品溶液的制备：标准品的使用和保存应照标准品说明书的规定，临用时按规定进行稀释。

供试品溶液的制备：精密称（或量）取供试品适量，用各品种项下规定的溶剂溶解后，再按估计效价或标示量稀释至与标准品相当的浓度。

高低剂量应在药典通则规定的抗生素浓度范围内，二剂量法高、低浓度的剂距为 2∶1 或 4∶1，三剂量法高、低浓度的剂距为 1∶0.8。

● 双碟的制备：取直径约 90mm、高 16~17mm 的平底双碟，分别注入加热融化的培养基 20ml，使在碟底内均匀摊布，放置水平台上使凝固，作为底层。另取培养基适量加热融化后，放冷至 48~50℃（芽孢可至 60℃），加入规定的试验菌悬液适量（能得清晰的抑菌圈为度。二剂量法标准品溶液的高浓度所致的抑菌圈直径在 18~22mm，三剂量法标准品溶液的中心浓度所致的抑菌圈直径在 15~18mm），摇匀，在每 1 双碟中分别加入 5ml，使在底层上均匀摊布，作为菌层。放置水平台上冷却后，在每 1 双碟中以等距离均匀安置不锈钢小管 4 个（二剂量法）或 6 个（三剂量法），用陶瓦圆盖覆盖备用。

● 检定法

二剂量法：取照上述方法制备的双碟不得少于 4 个，在每 1 双碟中对角的 2 个不锈钢小管中分别滴装高浓度及低浓度的标准品溶液，其余 2 个小管中分别滴装相应的高低两种浓度的供试品溶液。

三剂量法：取照上述方法制备的双碟不得少于 6 个，在每 1 双碟中间隔的 3 个不锈钢小管中分别滴装高浓度（S_3）、中浓度（S_2）及低浓度（S_1）的标准品溶液，其余 3 个小管分别滴装相应的高、中、低三种浓度的供试品溶液。

在规定条件下培养后，测量各个抑菌圈的直径（或面积），照《中国药典》通则 1431 生物检定统计法进行可靠性测验及效价计算。

● 结果及判定

○ 抑菌圈直径测量与结果报告管碟法实验可采用商品化的抑菌圈测量仪（含工作站）直接测定直径并自动计算结果。如采用 Excel 计算薄来计算结果，需使用经过验证的计算薄。

○ 测量抑菌圈前，应检查抑菌圈是否圆整，如有破圈或圈不圆整，或双碟中高低浓度的溶液所致的抑菌圈直径出现明显"倒圈"现象时，可舍弃该碟，需在记录上说明。

○ 可靠性测验：回归项应非常显著（$P < 0.01$），偏离平行应不显著（$P > 0.05$）。三剂量法还要求二次曲线、反向二次曲线应不显著（$P > 0.05$）。

● 抗生素微生物检定法本质属于生物类定量实验，影响因素较化学定量实验多，故实验设计本身允许通过客观剔除变异性大的误差碟来满足统计学指标的要求。剔除误差碟时应以在可靠性检验和可信限率均可满足要求的前提下，尽可能少的剔除双碟，不得随意剔除，剔除后的实验结果应该被保留。剔除后，二剂量法每组报告中双碟个数应不少于 4 个，三剂量法每组报告中双碟个数应不少于 6 个。

（2）浊度法　本法系利用抗生素在液体培养基中对试验菌生长的抑制作用，通过测定培养后细菌浊度值的大小，比较标准品与供试品对试验菌生长抑制的程度，以测定供试品效价的一种方法。

● 培养基、缓冲液、菌悬液的制备：培养基、缓冲液、菌悬液的制备参照药典通则，效期经考察后确定。

● 标准品和供试品溶液的制备与稀释：同管碟法。

标准曲线法中标准品溶液选择 5 个剂量，剂量间的比例应适宜（通常为 1：1.25 或更小），供试品选择中间剂量。

● 含试验菌液体培养基的制备：可通过预试验确定最佳的加菌量，加入到各规定的液体培养基中，在试验条件下能得到满意的剂量 – 反应关系和适宜的测定浊度（35~37℃培养 3~4 小时后测定的吸光度在 0.3~0.7 之间，且剂距为 2 的相邻剂量间的吸光度差值不小于 0.1）。

● 标准曲线法：在各试验管内精密加入含试验菌的液体培养基 9.0ml，再分别精密加入各浓度的标准品或供试品溶液各 1.0ml，立即混匀，每一剂量不少于 3 个试管。各管在规定条件下培养至适宜测量的浊度值（通常为 4 小时），在线测定或取出立即加入甲醛溶液（1 → 3）0.5ml 以终止微生物生长，在 530nm 或 580nm 波长处测定各管的吸光度。照标准曲线法进行可靠性测验和效价计算。

二剂量、三剂量法：同标准曲线法操作，每一浓度组不少于 4 个试管。计算方法同管碟法。

C. 异常值剔除与缺项补足

异常值剔除：在同一剂量组合内的各个反应值中，如出现个别特大或特小的反应值时，应进行异常值检验，以确定其是否应被剔除。检验异常值的方法很多，建议使用狄克森（Dixon）检验法和格拉布斯（Grubbs）检验法。

以狄克森（Dixon）检验法在管碟法中检验数据进行异常值剔除和缺项补足的运用为例进行介绍。该法仅适于同组中反应值较少时，对其中可疑的异常反应值进行检验。该法假定在 99% 的置信水平下，一个有效的反应值被拒绝的概率仅有 1%（异常值出现在单侧）。

假定有同一组中 m 个观测反应值，按照由小到大的顺序进行排列，$y_1 \cdots y_m$。当按下表 12–4 中的公式对组内可疑的异常反应值计算 J 值。

表 12-4 狄克森检验法异常值的 J_1、J_2 和 J_3 计算公式

样本量（m）	当可疑异常值是最小值（y_1）	当可疑异常值是最大值（y_m）
3~7	$J_1=(y_2-y_1)/(y_m-y_1)$	$J_1=(y_m-y_{m-1})/(y_m-y_1)$
8~10	$J_2=(y_2-y_1)/(y_{m-1}-y_1)$	$J_2=(y_m-y_{m-1})/(y_m-y_2)$
11~13	$J_3=(y_3-y_1)/(y_{m-1}-y_1)$	$J_3=(y_m-y_{m-2})/(y_m-y_2)$

如 J 的计算值大于表 12-5 中规定的标准值时，则判断为异常值，可考虑剔除。当同一组中的观测反应值 m 大于 13 个时，不适用该法，需选用格拉布斯（Grubbs）检验法。

表 12-5 $P<0.01$ 时狄克森检验法异常值判断标准

m	J_1	m	J_2	m	J_3
3	0.988	8	0.683	11	0.679
4	0.889	9	0.635	12	0.642
5	0.780	10	0.597	13	0.615
6	0.698				
7	0.637				

● 缺项补足：因反应值被剔除或因故反应值缺失造成缺项，致 m 不等时，根据实验设计类型做缺项补足，使各剂量组的反应个数 m 相等。按下面公式计算的值补足缺项。

$$缺项\ y=\frac{KC+mR-G}{(K-1)(m-1)}$$

式中，C 为缺项所在剂量组内的反应值总和；

R 为缺项所在行的反应值总和；

G 为全部反应值总和；

K 为 S 和 T 的剂量组之和。

【实例】12-4 某抗生素产品管碟法异常值剔除与缺项补足

某抗生素产品管碟法（二剂量法）测量结果如下。

双碟号	S_L	S_H	T_L	T_H	$\sum Y_n$
1	17.04	20.03	16.92	19.44	73.43
2	17.38	19.89	17.29	19.50	74.06
3	17.07	20.08	17.44	19.38	73.97
4	16.83	19.26	16.79	19.37	72.25
5	16.72	19.07	16.44	19.06	71.29
6	17.93	19.64	16.60	***20.85***	75.02
$\sum YK$	102.97	117.97	101.48	117.60	440.02

观察 T_H 的抑菌圈直径，20.85 可能为特大的反应值。

根据狄克森检验法，$m=6$，$y_6=20.85$，$y_5=19.50$，$y_1=19.06$，

$$J_1 = \frac{20.85-19.50}{20.85-19.06} = 0.754$$

$J_1=0.754 > 0.689$，该值可以剔除。

剔除后的结果为：

双碟号	S_L	S_H	T_L	T_H	$\sum Y_n$
1	17.04	20.03	16.92	19.44	73.43
2	17.38	19.89	17.29	19.50	74.06
3	17.07	20.08	17.44	19.38	73.97
4	16.83	19.26	16.79	19.37	72.25
5	16.72	19.07	16.44	19.06	71.29
6	17.93	19.64	16.60	—	54.17
$\sum YK$	102.97	117.97	101.48	96.75	419.17

按公式计算进行缺项补足，$C=96.75$，$R=54.17$，$G=419.17$，$K=4$，$m=6$，

$$缺项\ y = \frac{4\times96.75+6\times54.17-419.17}{（4-1）\times（6-1）} = 19.52$$

12.8 微生物数据偏差调查

微生物数据偏差（microbial data deviations，MDD）是指超出质量标准或可接受标准的微生物测试结果，标准源自药品注册申请、药品主文件（DMF）、药典、GMP

法规或生产商内控标准。这包括但不限于环境监测和制药用水监测、原辅料、包装材料、中间产品和成品测试中产生的结果。如非无菌产品或组分微生物检验、无菌检验、细菌内毒素检验、支原体检验、环境及人员监测，以及制药用水、压缩气体等公用系统的微生物监测。

调查在操作流程上分为两个阶段：阶段一实验室调查和阶段二生产调查。在不同阶段由不同团队负责。考虑到微生物调查的时限性，可在实验室调查完成之前启动生产调查。

第一阶段为实验室调查，对微生物实验室报告的结果进行初步评估，目的在于确定检验结果是否有效，从而确认是否发生了偏差。调查团队通常由进行测试的微生物分析员，实验室管理层，具备微生物分析经验和知识的主题专家和质量部门的代表组成。

如果发生了明显的实验室差错，导致检验无效，质量部门将批准进行重新取样和（或）重新检验。当没有发现明显的实验室差错时，实验室管理人员必须立即启动实验室调查，并必须根据法规要求、公司政策和程序尽快完成调查。准确记录系列活动将有助于在调查期间确定根本原因。一些测试，例如微生物鉴定，需要更多时间，可能会延迟实验室调查的完成。

第二阶段为生产过程调查，开展全方位调查，目的在于确定 MDD 产生的根本原因或可能原因。如必要，可以同时进行第一阶段和第二阶段的调查活动。

A. 第一阶段：实验室调查

发现 MDD 或可疑结果后，微生物分析员要立即进行报告，实验室主管安排人员（如另一名更有经验的分析员）客观评估数据，确认是否明显的错误（如计算或者稀释错误）导致的超标或可疑结果。如果发现明显的可归结的实验室错误，则此结果无效，需要产生新的有效数据。如果不需要进一步试验就可以更正错误，并且这个错误不会影响其他检验，则记录该错误、调查过程及结论，不需进行下一步调查。

实验结果无论是否超标，如果在下列条件下产生都视为无效，必须重试。例如：原始样品污染或不足，实验方法错误或 SOP 导致的错误实验结果，人员差错，包括使用样品数量错误，样品 / 样品溶液或标准品溅出、稀释错误，无菌操作不规范，不适当的试验程序等，相关的实验室设施、设备、仪器如超净工作台、无菌隔离器、蒸汽灭菌设备等出现问题。

如果未发现明显的错误，需要开始实验室调查。同时应通知 QA 和任何受影响的部门，并告知他们实验室调查已经启动以及预计完成时间。

实验室调查阶段要确认是否有导致 MDD 的可归属的根本原因。图 12-2 展示了一个通用的鱼骨图，评估微生物测试的影响因素，可用作根本原因分析用。详细调查表见实例 12-5。

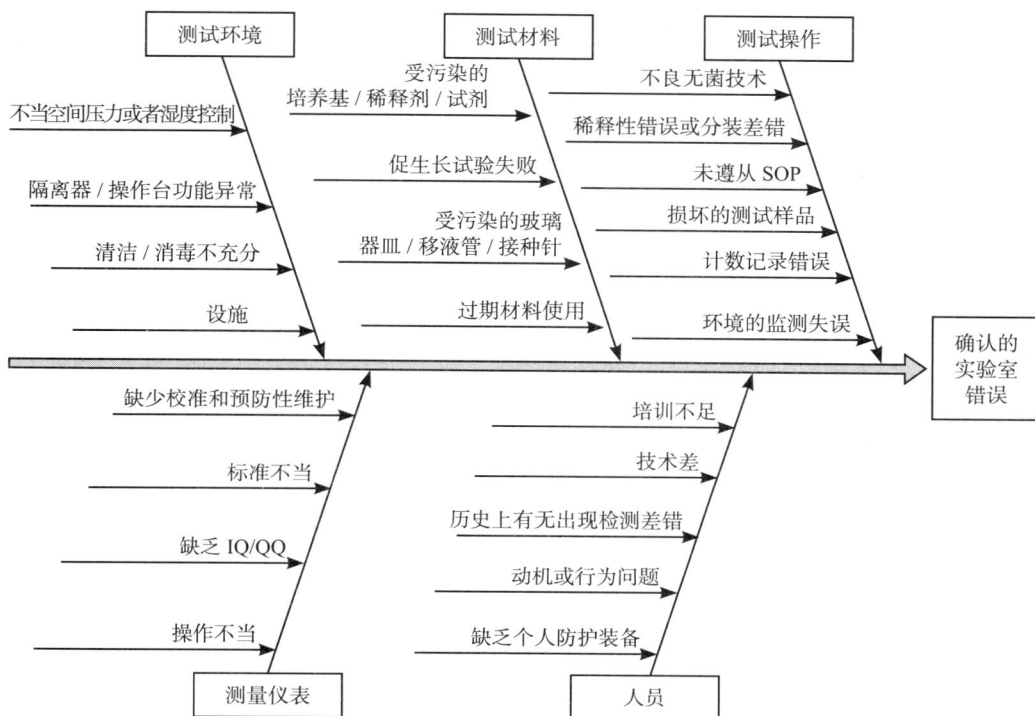

图 12-2　在微生物检验根本原因分析过程中的鱼骨图示例

实验室调查通常会考虑以下主要方面：
- 微生物测试使用的测试样品的可靠性；
- 进行实验的微生物分析员的教育背景、技能和经验；
- 和微生物分析员相关的测试环境监测以及人员表面监测历史数据；
- 检验使用的设备、耗材、培养基、稀释剂和试剂的适用性；
- 检验相关的环境控制，包括微生物测试设施、超净台、隔离器和个人保护着装（如口罩、无菌袖套、无菌手套等）；
- 回顾和报告结果、实验碟计数、微生物液体培养基计数、数据记录、计算准确性等；
- 偏差中独立进行微生物菌种鉴别。

在进行以上评估时，若无法找到可归属的根本原因，通常需要进一步制定调查性测试方案，用于确证或者排除假设或可疑的原因，调查性测试方案需要规定调查的范围、测试的方法和次数。调查性测试方案需要批准后进行。最好由另一位微生物分析员来进行试验，该微生物分析员应至少具有和原分析员相同的经验和资质。

应谨慎开展调查性测试。调查性测试不是复验，而是对偏差的响应，不得用于物料或产品的放行，禁止为得到预期数据进行测试至合格的做法。实验室应建立规程规定出现 MDD 时应采取的步骤，不同场景下分别应如何处理，避免临时决定调查性测试、复验或重新取样的适当性。当适用时，可根据药典规定的情况下进行复验。

与第一阶段偏差调查相关的评估和问题必须基于充分的证据和数据。调查可能未能发现根本原因，但可提出可能的原因。第一阶段调查通常会得出以下三种可能原因的其中之一。

● 在调查过程中发现的事件可能是导致偏差的原因，并提供了直接导致偏差的明确的根本原因。例如，由于未遵守标准操作规程，取样或检验过程中使用了不良的无菌技术、公认的实验室错误，或使用了未消毒的检验材料而造成的污染。样品中分离的微生物和在测试环境发现相同微生物之间存在直接的联系。在这些情况下，测试可能被认为是无效的。

对于无效测试，第一阶段调查关闭，并无需进入第二阶段生产调查，或如当第一阶段和第二阶段调查同时进行时，则可以取消第二阶段调查。根据样品类型和污染来源，也可以考虑重新取样或重新检验。必须实施 CAPA（建议在重新测试或重新取样之前），以纠正初始试验结果无效的根本原因。

● 虽然调查可能揭示了部分问题，但可能没有充分的证据将调查结果与偏差直接联系起来。例如，如果在检验期间进行的环境监测检查显示存在微生物，但这些微生物与样品中的污染是不同的属和种，那么环境结果可能会对样品产生怀疑，但不足以认定原始结果无效。因此，第一阶段的实验室调查将被认定为没有结论，因无法提供有效证据说明测试结果无效。调查将进行第二阶段生产调查。

● 调查结果未显示任何测试失败的证据。所有的程序都被遵循了，分析人员均经过正确的培训，所有物料、设备和测试环境均被认为适合测试。数据和结果正确并经过复核。偏差被确认并被认为有效。因此，必须进行第二阶段调查，以确定生产过程中的污染来源。

B. 第二阶段：生产调查

若第一阶段的实验室调查未发现实验室差错或未有结论，且微生物测试的有效性经过确认，需要立即组织团队进行生产相关调查。调查小组成员通常来自微生物实验室、生产、工程、维修和工艺验证团队等，通常由质量部门领导该调查小组。

为增加调查成功概率，调查小组应有熟悉生产操作的微生物学主题专家。生产调查将着重于生产设施、人员、生产过程及物料。

每起生产调查应包含如下要素：

● 清晰地描述偏差：对偏差进行清晰地描述，及其是如何超出限度的。尽量具体、简洁和准确。

● 确定最终或最可能的原因（根本原因分析）：调查需全面，尤其是在可能的原因无法确定的情况下。当进行根本原因分析时，需考虑各方面因素，采取彻底客观的方法评估偏差的原因。识别出可能的原因至关重要，根本原因决定了 CAPA 的制定（类型和程度），将影响偏差再次发生的可能性。

● 确定是否为重复偏差或一次性事件。之前的 CAPA 是否有效？

● 对偏差发生区域进行检查：定位厂房内偏差发生地点，并对周边可能造成的微生物污染的区域进行检查识别。考虑人流及物流，非常规事件，以及温湿度和压差异常。

● 趋势检查：回顾以往相关调查进行评估。是否存在不良趋势，如相同地点、涉及相同人员、反复出现的微生物、根本原因？如识别到不良趋势，应对问题立即采取纠正行动。

● 数据评估：应对生产或批记录进行全面复核，以确定是否在结果记录时存在有意或无意的篡改或错误数据记录。

● 保持清晰地沟通：对涉及人员进行面谈，如需要，对调查进行修订。对管理层进行日常汇报更新以确保所有调查组成员被告知，并对调查进展进行实时更新。

● 确定潜在的影响：该事件对于生产的其他批次有什么影响？该影响评估可能包含药品组分、生产设备，或其他生产线、其他厂房生产相同或相关产品，以及已销售产品。

● 确定所有受影响批次：调查涉及范围是否需要根据实验室调查情况进行扩大？所有调查中涉及批次不应被放行。

● 确定风险级别：使用该产品的患者可能会面临什么风险？对有效期内的产品的稳定性、安全性和有效性有什么影响？

● 确定所需的 CAPA 并制定实施计划：创建包含所有可能解决方案的清单，以防止偏差再次发生，并执行最有效的变更。

● 如需要，调查过程中决定暂停哪些生产。根据偏差属性（如微生物数量较多、设施损坏、已识别的微生物的种类），在调查完成前，调查小组应考虑并建议受影响区域的生产应暂停直至纠正行动完成（如额外的清洁或消毒、更多的环境取样）。所有执行的用于控制偏差的行动均应被记录。

可使用头脑风暴、鱼骨图、失败模式效果分析（FMEA）/危害分析和关键控制点（HACCP）、因果分析以及 5-Why 等方法进行根本原因分析，其中鱼骨图是常用的分析工具，鱼骨图可帮助全面的考虑并评估到所有可能导致偏差的潜在根本原因。图 12-3 展示了药品微生物污染生产调查的鱼骨图，详细调查表见实例 12-5。

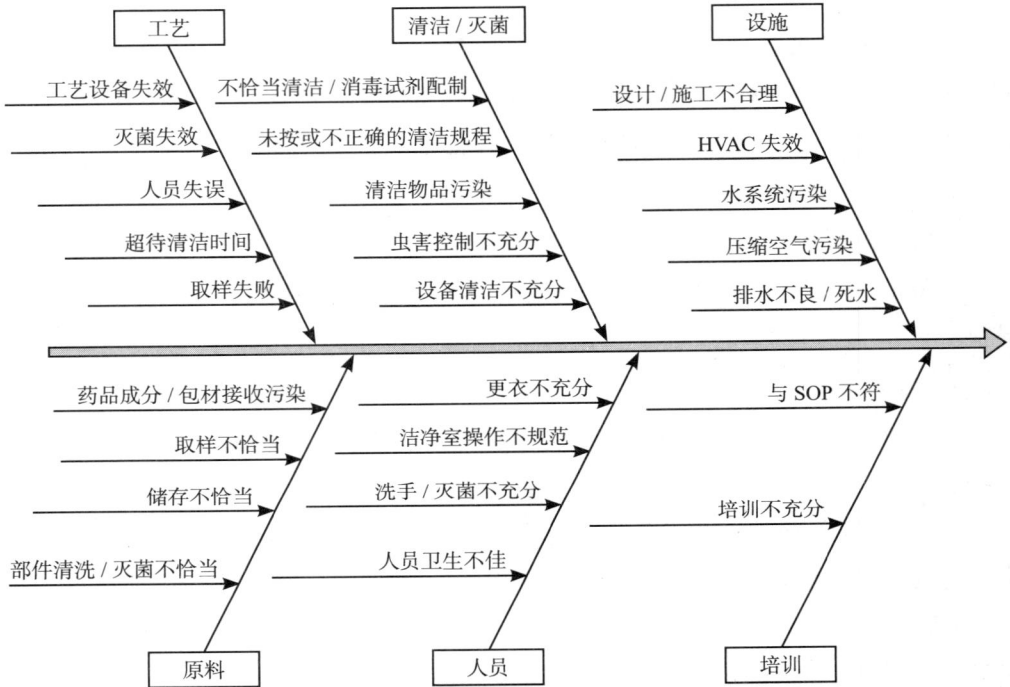

图 12-3　药品微生物污染生产调查鱼骨图示例

调查中主要需考虑以下因素：

● 与失败直接相关的单元操作和设施内位置；

● 可能会有影响的周围支持性区域；

● 环境监测方面对于偏差可能的影响点，例如压差、气流模式、温度、湿度、电力故障、物流、设施清洁和消毒；

● 原辅料、制药用水、中间物料、包装材料和公用设施等；

● 批记录中记录的关键生产步骤的偏离；

● 近期的变更；

● 相关的中间过程中的生物负载、环境和人员监控偏差；

● 与可能会导致失败的操作人员、实验室管理人员、生产经理的面谈；

● 后续微生物监控和测试。

调查报告需要充分记录调查发现项。如果无法确认超标微生物结果的根本原因，须能指出最可能的原因。对超趋势结果的调查有助于提前识别实验室和（或）生产问题，避免变为超标结果。为了预防微生物失败的重复发生，必须实施措施和纠正和预防措施，并且相关负责人需要定期给质量部门及其管理层汇报进度。

质量部门应具备管理或对生产调查结果审批的职责，并需要将调查发现内容及生产批次的放行建议告知管理层。

针对非无菌产品和成分的微生物测试、无菌检查、细菌内毒素检查、防腐性能测试、支原体测试、培养基模拟灌装、环境监测、水系统监测、压缩气体监测中，碰到的 MDD 或者微生物可疑结果，调查的具体考量点可参考 PDA 第 88 号技术报告：制药行业微生物数据偏差调查。

MDD 调查的通用流程示意图如图 12-4 所示。

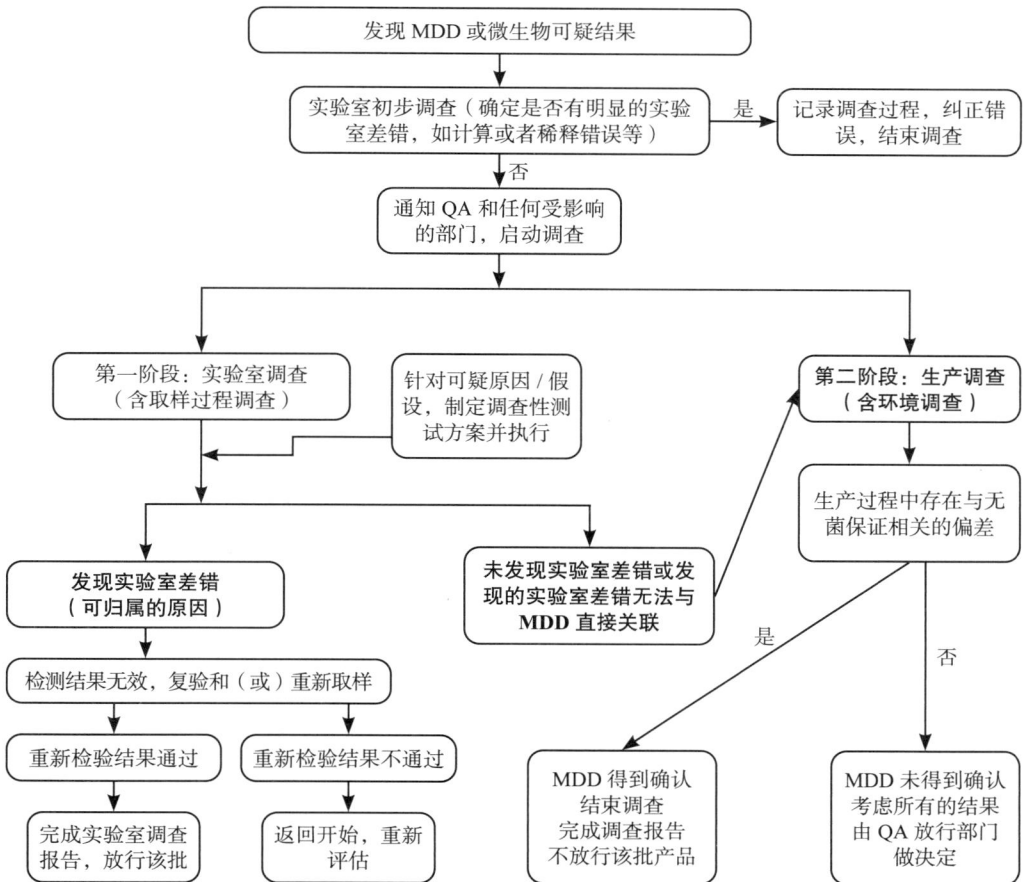

图 12-4　MDD 调查的通用流程示意图

【实例】12-5 MDD 实验室和生产调查详单

当出现 MDD 后，实验室调查的考虑点详单参考示例见表12-6。若实验室调查未发现差错，转向生产调查，表12-7~表12-9补充了生产调查考虑点（对应图12-3所示鱼骨图），可以用于不同产品类型的生产调查。

表 12-6   实验室调查根本原因分析考虑点示例

调查方面	考虑点
取样或样品转运至微生物实验室	取样过程是否遵循无菌技术 样品是否在取样间中取样（如适用），以避免污染 取样工器具是否无菌？如无菌取样勺、取样铲等 取样人员是否正确更衣以保护样品不受污染 取样人员是否经过适当的取样培训 取样人员是否穿戴适当的个人防护装备？如口罩、手套等 取样容器在取样前是否完好无损并无菌（未损坏或打开过） 取样区域是否使用合格的消毒剂进行了适当的消毒 在运送、交接和储存样品到实验室的过程中是否发生了错误［如掉落、打开、溢出和（或）储存不当］ 在样品采集过程中是否遵循并确认了所有的程序（如容器封闭性测试、标签审核和核对、确认样品的正确性） 样品运送链以及取样、检验之间的时间间隔是否符合程序要求 样品是否以不会造成微生物污染的安全方式运输（如一次性防护屏障、经过适当消毒的可重复使用样品袋） 取样记录是否详细准确 样品在检验前是否及时转入实验室并在适当的条件下储存
测试程序	测试是否按照现行标准操作程序执行 测试方法是否正确和合适 测试方法是否进行了方法适用性确认 样品是否在受控的环境中使用适当的无菌技术进行检验 分析员是否经过资质确认，有相关测试的经验，且经过培训 程序和（或）测试方法是否清楚，或者需要视解释而定 分析员是否正确更衣，穿戴适当的个人防护用品（如口罩、无菌服、无菌手套等） 测试是否使用了正确的物料、培养基、稀释液和组件 实验耗材是否通过规定的入库流程并在适当的效期内 物料、培养基和稀释剂是否通过了质量控制测试（若必要） 对可重复使用的玻璃器皿的清洁和消毒有任何变更吗（如新员工、新洗涤剂、新清洗机、新蒸汽灭菌柜） 是否有正在培训中的人员或新分析员与分析员导师一起工作 是否按规定的培养时间和温度进行了培养（如适用）

调查方面	考虑点
测试程序	配制培养基、溶液的用水，其质量和体积是否合适 测试区域是否正确消毒，使用经验证且在有效期内的消毒剂 是否按照现行实验室程序的要求和频率正确执行了测试区和相辅助区域的消毒 在测试过程中采集的环境和（或）人员监测样本是否合适并可接受 所有系统控制（操作）被正确执行和可接受 培养基和稀释剂的阴性对照试验是否正确执行且结果可接受
设备 / 供应	微生物实验室是否经历过任何可能危及实验室测试区域的异常事件（如施工、开门、积水、温度超标、洒溅、空调故障） 测试使用的设备、仪器和移液器是否得到适当的维护和校准 相关的、可重复使用的测试器材（如微移液器、移液器辅助设备）、玻璃器皿和材料在使用前是否按照程序进行了适当的清洁和（或）消毒 所有进入测试区域的设备和用品是否被正确处理 洁净服帽等是否正确清洁和（或）消毒，包装是否完整？ 是否进行了可能对测试或结果产生潜在影响的计划内或计划外的设备维护 测试是否需要水浴或超声波仪，若需要，进行了适当的清洁和消毒，灌装了符合适当水质要求的水 用于盛放微生物培养基的容器或包装是否完整（即没有裂纹或缺少组件） 所有的分析员是否都接受过正确使用设备的培训
数据采集、 记录和 计算	除了被调查的信息外，原始测试数据中是否记录了任何异常或可疑信息 除正在调查的培养基外，是否有任何微生物培养基显示出有微生物污染？是否所有来自偏差测试环节的容器和培养平板都重新检查了 所有用于将原始数据转换为最终测试结果的计算是否都是科学合理、恰当和正确的 是否对以往偏差中涉及的试剂和培养基的历史数据进行了审核 测试所用的所有培养基和设备是否满足质量控制规范（促生长、无菌、pH 值、外观、培养、灭菌等） 是否对样品检验区域以及相邻区域（如传递间、培养箱等）的所有环境监测数据进行了回顾 实验室管理层是否审核了所有的原始测试数据，以确定是否发生了任何可纠正的实验室错误（如书写、计算、转抄错误）
支持调查 用的微生 物鉴定	是否进行了革兰染色（即在显微镜下检查载玻片以确认革兰反应和细胞形态并鉴别测试期间长出的所有微生物） 微生物鉴定是否适用于分离物（如基因型、表型、蛋白质型） 微生物鉴定平台是否根据制造商的说明或公认的程序（例如 USP <1113 > 微生物表征、鉴定和菌株分型中所述的程序）进行了适当的确认 是否使用市售菌株和（或）设施分离到的菌株用作对照，并按照程序进行了适当的维护 基于测试的关键性（如无菌测试），有无通过菌株分型或分子指纹识别确认调查中涉及的微生物类型

表 12-7 生产调查根本原因分析考虑点示例

调查方面	考虑点
原料	是否审核了所有相关的 CoA，并重点关注微生物检验项目 供应商最近是否有任何关于原材料或工艺变更的通知 厂商的供应商或下级供应商是否发生过变更，企业是否收到通知 公司是否有其他企业共享此厂商，其他企业是否有类似投诉或问题 供应商 / 厂商最近一次审计是否存在微生物质量问题
人员 和培训	生产人员是否接受过适当的培训 该生产过程偏差发生时所涉及相关人员（如清洁员工、工程师、维修人员）是否进行了面谈，他们的回答是否被记录 近期是否有员工转岗新岗位，是否发生过因岗位复杂相关的差错 是否所有员工都接受过适当的无菌技术培训 是否所有人员都接受过洁净室操作规范的培训 人员在洁净区的操作是否遵循操作程序 在取样时是否有人员生病或感染 取样前及取样时，洁净区域人数是否超标或是否滞留超时 是否有其他岗位人员参与规定岗位的日常操作 该岗位人员工作时限，是否有新员工参与，如有，经验是否足够 生产区域是否近期有转岗或临时工操作 关键步骤是否不经常操作，该员工最近一次操作是何时 是否有合同工（如外部清洁或维修服务） 是否对操作工操作进行持续性评估（如操作监控） 是否存在个别操作工或操作组与部分偏差相关 偏差发生期间是否发生了可能影响操作工表现的其他事件（如分神或工作被打断、假期来临、团体活动、个人冲突、架构调整）
更衣	个人防护装备（PPE）是否适用于生产区域 进入洁净级别区域前是否卸掉化妆及首饰 更衣程序是否清晰易执行 个人防护用品是否妥善储存 操作员是否正确更衣 是否定期更换被弄脏或损坏的洁净服 个人防护装备是否妥善摆放和组织，既便于清洁，又不妨碍气流 操作人员的手套是否定期消毒 如果该区域有人员活动的录像，是否有任何偏差 每个操作员的人员环境监测结果是否可以接受
设备设施	偏差期间在该区域是否发生变更 墙壁、地面和天花板是否由非多孔型材料建造且平滑 设施表面是否目视洁净、无尘且完整 所有的窗户安装和密封是否完好 窗户是否嵌入式安装并密封 电源插座是否有保护罩且易于清洁 生产区域是否有死水或剩余用水 地漏（如适用）是否干净且不易积水，并定期消毒 温度、压差及湿度是否满足要求 配件及设备是否进行破损检查

调查方面	考虑点
设备设施	厂楼入口位置近期是否进行过园林美化，特别是覆盖物（盖料）的应用 厂区是否进行建筑施工，施工是否合理做了隔离保护 外来设备（如合同商的设备）卫生处理程序是否有效 零件和设备是否有磨损的迹象 **空气供给** HVAC 系统是否正常工作 高效空气过滤器是否在再确认效期内 高效空气过滤器是否正确安装和清洁 是否有任何工艺设备或材料阻碍正常的气流 是否保持空间压差要求 **物流与人流** "净区"和"脏区"是否合理隔离，流转区域如何建造和管理 人员和设备进出如何控制（如安检口出入口的门禁共用） 更衣及脱衣区域是分开还是共用，对于过程而言是否合理 人流和物流是单向的吗 当物料从一个区域到另一个区域转移时，如何进行消毒的（如喷雾、擦拭、浸泡、消毒柜） 物料传送室是否妥善管理 物料转移室是否有清洁用品 如需要，是否有传送车可以使用，并且整洁无尘 如需要，物料是否双层或三层打包 物料传送室是否满足人员及必要的清洁操作所需空间 设备在哪里进行组装 进行组装操作的区域是否受控 废弃物料如何处理，是否与设备、包装材料和产品组分分开
环境	环境监测计划（此部分适用公用设施，例如水系统、洁净蒸汽和压缩空气，以及厂房和工艺设备） 适用厂房和操作的环境监测项目是否执行，该操作方式是否经过合适的确认 环境监测项目是否基于风险评估进行，最近一次评估在何时进行 环境监测是否操作正确 取样人员是否接受了完善的培训，取样人员是否具备对微生物的基本知识
趋势分析（适用水系统、环境及人员监控、过程中检验和成品检验）	是否识别到特定菌种或微生物种类，尤其是抗性种类（如芽孢杆菌类）数量的增长 在消毒验证过程中回收了哪些菌株 所发现的微生物是否鉴别到合适的水平，如类别、种类或菌株；通过什么方法，该方法是否适用于该偏差 识别的微生物的可能来源是什么；是否来自人员、环境、水或其他源头；是否属于常见菌；如不是，该微生物如何进入设施和（或）产品中 访客 / 合同工的培训和更衣流程是否充分有效

续表

调查方面	考虑点
清洁和消毒	偏差期间该区域是否妥善清洁并被记录 生产隔离器系统是否完成去污循环并无错误 清洁 / 灭菌是否依据 SOP 规定进行并定期完成 是否使用了正确的（经过验证的）清洁 / 消毒剂，且浓度正确 过程中使用的清洁 / 消毒工具是否正确 清洁 / 消毒设备是否完好，是否适合使用 操作人员是否接受过如何准备和使用清洁 / 消毒剂的培训 操作人员在清洁 / 消毒过程中是否穿着适当的工作服 偏差是否和已知难清洁的部位表面相关 最近房间和（或）工艺有任何变化，导致表面难以清洁（如物理变化，新产品留下残留物） 生产设施是否彻底清洁并使用经批准的试剂 消毒剂是否有适当的接触时间 使用的清洁和消毒试剂是否在效期内，是否定义了试剂开瓶或现场配制溶液的效期 在 ISO 5 和 ISO 7 级别区域使用的消毒试剂是否事先进行灭菌 清洁程序及消毒试剂是否经过验证，是否复核了消毒有效性研究 验证是否定期重复执行，是否增加了新分离的微生物 / 表面 偏差中的微生物是否可以被经验证过的消毒和杀孢子剂杀死 如果使用湿巾消毒，包装是否可重新密封，是否密封完整，是否进行过验证，是否定义了开启后效期（尤其针对易挥发的异丙醇） 非固定部件和设备是否定期移动以进行适当的清洁
生产工艺	**工艺设备**（是否对以下内容进行了复核） 首次验证 / 确认（IQ/OQ/PQ）及对首次文件的更新或补充 校准和维修记录，包括批次生产过程的维修或调整 日常使用和（或）清洁记录，如适用，包括所有设定程序和活动 非无菌物料的灭菌程序，大型或复杂设备的完整评估 是否对无菌边界进行影响评估，包括影响产品完整性的无菌供气设施 **生产工艺和规程** 对所有与偏差有关的生产工艺和规程是否进行了全面复核 审查中是否包括核实规程和（或）设备的使用操作指导描述清晰合理与否，以指导预期使用，以及批记录中关键步骤应完整记录的要求 是否复核了所有相关的方法验证和转移已进行记录，包括任何补充或更新研究？ **批记录** 是否准确完成了所有步骤并进行了记录 所有药品成分是否按正确顺序及时间点按量准确加入 所有工艺步骤是否都准确执行 关键工艺参数、过程测试结果和双人复核是否根据规程进行 非预期事件是否进行了记录（如工艺问题 / 难点相关、设备路线变更、环境控制失效）

表 12-8　根本原因评估及后续跟踪

根本原因分析方面	考虑点
文件	是否检查了所有使用 / 清洁 / 预防维护 / 校准的日志和记录，以确保遵循了正确的流程，所有的活动都在正确的时间间隔进行
影响评估	基于涉及微生物及其概况，对患者的风险是什么，对货架期内产品的质量、有效性和安全性有何影响，产品的无菌保障是否受到影响 产品给药途径，如口服、注射用、外用、植入产品等；患者风险高、中、低 产品是否有特殊目标患者人群（如儿童、老年人、免疫力低下者、术后恢复）？ 人员监控：什么时间和在哪里发生的 微生物在产品中是否会生存或生长 是否考虑了诸如防腐剂有效性、水活度、pH 和营养来源等产品属性 如果产品含有抗生素物质，是否对分离出的微生物的抗生素耐药性进行了审查
影响评估	微生物是否会产生毒素，尽管微生物不会引起患者健康风险，是否会造成不好的味道，破坏黏度或产品变色 该生物体能否分解活性成分或产品的某种成分，并可能影响其效价或保质期；是否会有其他上市后的影响
调查结果	偏差原因是什么 结论的确信程度如何 根本原因：是否高确信程度 最可能的原因：最可能的原因 可能的原因：可能的，但非确定的，被证明的原因 不可知原因：无结论数据

表 12-9　CAPA 的确定

CAPA 计划	基于调查结果，是否制定了 CAPA 计划以消除根本原因并防止其再次发生 在确定 CAPA 时，是否对解决方案进行了评估，并与流程所有者达成一致以确保认同；CAPA 的到期日期是否合理，且时间表是否尽可能短；除非对于长期的行动提供充分的理由，例如固定资产投资和设施改造 是否对所有的承诺进行了追踪，并确认所采取的行动以确保 CAPA 的完成，最好是在电子调查数据库中；是否记录了延迟执行 CAPA 的原因；是否记录了执行延期的理由和授权 如何通过实验室管理观察和人员监控，来确定人员熟练度 洁净区警戒限和行动限是否设置正确，并按照生产流程执行 是否对已完成的 CAPA 进行了检查，以确保所采取的行动是成功的，并且偏差不会重复发生

【实例】12-6 无菌阳性批次生产污染源调查详单

对于已经确认无菌阳性批次，调查污染源可参考表 12-10 所示的详单。

表 12-10 无菌阳性批次的生产 / 工艺来源调查详单

方面	考虑的问题
部件灭菌	用于监测设备灭菌的生物指示剂是否部分打开，并不恰当的存储在冰箱中，吸入水分而降低了孢子的耐受性 最终灭菌后，设备是否未在无菌条件下保存 是否在生产线中增加了新的设备 设备灭菌前生物负荷是否有变化或增加
水和产品的过程生物负荷检验	中间过程控制中产品生物负荷测试的结果趋势是否有变化 注射用水中检验到的生物负荷数量或微生物类型是否发生了变化 产品无菌检查中检查到的微生物是否能够在用于生产环境监测和人员监控的培养条件下，仍能在培养基上生长（如丙酸杆菌属） 在线取样口是否在取样前被灭菌
从组装至灌装后的批监测数据	在可疑失败批次之前或期间，环境监测数据中的微生物是否有变化 在灌装线或邻近灌装线的关键区域中，尘埃粒子是否明显增加 A 级（ISO 5）区域是否有任何关键位置（表面或空气）超过行动限，如有，是否已启动调查以评估污染源
关键区域的人员干扰和手套监测	对于可疑批次，是否有新的或不寻常的干预措施，在无菌过程模拟研究中没有进行过评估 工艺模拟研究是否包括如何正确获得在线工艺样品的无菌方式 是否实际执行了人员或房间的环境监测（数据可靠性考量）
生产批记录	是否有一些既往的已经通过无菌测试的早期批次的偏差、问题或变更，可以提供当前批次无菌测试失败原因的指向 批记录或任何相关的记录日志是否不完整或被修改，这可能表明数据可靠性问题，可能涵盖操作 / 无菌失败的真实原因 该批次是否发生了指向无菌保证失败的设备（罐）灭菌问题或部件更换 经验证的暂存时间是否适用于促微生物生长的产品（如从混合至灭菌的时间） 其他所有关键微生物控制参数（如过滤器完整性测试）是否符合要求 对于终端灭菌工艺，灭菌循环的所有关键参数是否符合要求 灭菌设备的关键仪表（如温度探头、压力传感器等）的校准是否确认在限值范围内 所有终端灭菌工艺当前是处于确认状态 无菌检查阳性单元的容器密封完整性是否得到确认 无菌检查阳性中是否存在耐热 / 灭菌的细菌芽孢，如果有，与生物指示剂相比，该污染物的耐受值是多少，以评估污染物在灭菌后存活的可能性

续表

方面	考虑的问题
历史生产回顾	公司之前的产品批次是否有无菌检查失败？这些产品批次失败之间的共同因素是什么（如相同的设备、相同的人员、相同的房间） 环测布局图是否选择了生产 / 灌装间的最高风险位置 公司是否对关键房间的环测数据进行了平均，企业是否查看平均前的单个环境监测数据
变更管理	对可疑批次的生产线是否进行了常规维护或设备维修 HEPA 过滤器监测或维修记录是否表明关键工作空间有潜在微生物侵入来源 在可疑批次的灌装期间，是否发生过暴雨、洪水、水泄露或管道问题等可能引入微生物风险的意外事件
无菌工艺模拟	实际生产操作与无菌工艺模拟期间的操作是否一致 最近一次无菌工艺模拟是否在规定的时间内进行（如 6 个月）

12.9 微生物的鉴定

12.9.1 原则

微生物鉴定是指借助现有的分类系统，通过对未知微生物的特征测定，对其进行细菌、酵母菌和霉菌大类的区分，或属、种及菌株水平确定的过程，它是药品微生物检验中的重要环节。微生物鉴定需达到的水平视情况而定，包括种、属鉴定和菌株分型。大多数非无菌药品生产过程和部分无菌生产环境的风险评估中，对所检出微生物的常规特征包括菌落形态学、细胞形态学、革兰染色或其他染色特性，及某些能够给出鉴定结论的关键生化反应（如氧化酶、过氧化氢酶和凝固酶反应）进行分析，一般即可满足需要；非无菌产品的控制菌检查一般应达到药典规定的水平；无菌试验结果阳性、无菌生产模拟工艺（如培养基灌装）失败、环境严重异常事件时，对检出的微生物鉴定至少达到种水平，必要时需达到菌株水平。

微生物鉴定的基本程序包括分离纯化和鉴定，分离纯化操作可参考《中国药典》指导原则 9204 微生物鉴定指导原则。鉴定时，一般先将待检菌进行初步的分类。鉴定的方法有表型微生物鉴定和基因型微生物鉴定，根据所需达到的鉴定水平选择鉴定方法。

12.9.2 初筛试验

待检培养物的分离纯化后，一般要先进行初筛试验确定待检菌的基本微生物特征，将待检菌做初步分类。初筛试验可为评估提供有价值的信息。对于微生物鉴定

325

方法来说，初筛试验是最关键的一步，若给出了错误的结果，将影响后续试验，包括微生物鉴定试剂盒和引物等的选用。

常见的初筛试验包括形态观察、染色镜检（或氢氧化钾拉丝试验）、重要的生化反应（包括氧化酶试验、过氧化氢酶试验、凝固酶试验）等，以下详细介绍各试验的原理、操作步骤和试剂配制的内容。

A. 革兰染色镜检

● 原理：由于革兰阳性细菌的细胞壁较厚，细胞壁中的肽聚糖含量高且网格结构紧密，含脂量又低，当用结晶紫复合溶液染色细胞后用脱色剂脱色时，引起了细胞壁肽聚糖层网状结构的孔径缩小以至关闭，从而阻止了结晶紫 – 碘复合物的逸出，故而菌体呈现深紫色；而革兰阴性细菌细胞壁中肽聚糖含量低，含脂量又高，当用酒精脱色时，脂类物质被溶解，细胞壁通透性增大，结晶紫 – 碘复合物被抽提出来，从而使菌体呈现复染液的红色。

● 制片、染色操作：在洁净的载玻片上滴一滴蒸馏水或生理盐水，用接种环挑取少量菌龄为 18~24 小时的菌苔与水滴充分涂抹成均匀的菌膜，自然烘干或在酒精灯火焰上方微热烘干，并在火焰上通过几次，以固定涂片。滴加结晶紫液，初染 1 分钟，用自来水冲去结晶紫液。滴加卢戈碘液冲去残水并媒染约 1 分钟后，再用自来水冲去卢戈碘液，将玻片上的水甩干。滴加 95% 乙醇脱色约 20~30 秒，并立即用水冲净。滴加沙黄液染 1~2 分钟后，用水洗净沙黄液，晾干供镜检。

● 镜检观察：在载玻片的菌膜上滴一滴香柏油，用显微镜的油镜观察标本，菌体呈红色为革兰阴性菌；菌体呈蓝紫色为革兰阳性菌。观察菌体的状态、排列（分辨并描述是球菌、杆菌、弧菌、放线菌）和大小（用已标定过大小的目镜测微尺测量菌体大小）等。

B. 氢氧化钾拉丝试验

● 原理：在碱性溶液（3%KOH）中，革兰阴性细菌的细胞壁会快速破裂，细胞内的脱氧核糖核酸被释放到碱性溶液中，使溶液的黏性增强并形成黏丝；而革兰阳性细菌的细胞壁在碱性溶液中不会被溶解，细菌均匀地分散在碱性溶液中不会产生黏性。本实验用于当革兰染色实验不确定时，有助于进一步判断结果，但是它不能代替革兰染色实验，也不能仅以该实验的结果来确定革兰染色实验结果。

● 材料：3%KOH 溶液（W/V）、木质牙签、待检菌的新鲜纯培养物（18~24 小时）。

● 操作：在一洁净的载玻片上等距离滴上 3 滴 3%KOH 水溶液；用铜绿假单胞菌或具有等同反应的菌种作为阳性对照；用枯草芽孢杆菌或具有等同反应的菌株作为阴性对照；用木质或塑料接种环从培养基上分别挑取阳性、阴性和待检菌的新鲜纯培养物（18~24 小时）于载玻片上的 3 滴 KOH 水溶液中，然后用接种环快速环形搅动 30~60 秒后，用接种环轻轻地向外拉该菌悬液，如果是革兰阴性细菌，在菌悬液和接种环之间有黏丝出现，如果是革兰阳性细菌则无黏丝出现。

● 结果判断：如果在 15 秒之内溶液的黏性增强并有黏丝形成，则认为该试验菌株的氢氧化钾试验呈阳性，试验菌株为 G^-；如果溶液不产生黏丝，则试验菌株被判断为氢氧化钾试验阴性，试验菌株为 G^+。但是必须当阳性和阴性实验结果均为典型反应时，该实验才有效。

C. 过氧化氢酶试验（接触酶试验）

用于区分葡萄球菌（过氧化氢酶阳性）和链球菌（过氧化氢酶阴性）。

● 原理：细菌代谢产生的过氧化氢对细菌细胞具有毒副作用，而细胞内的接触酶能催化过氧化氢，将其分解为分子态氧，使其解毒。向含有接触酶的细菌培养物滴加过氧化氢溶液后即产生大量气泡（阳性）。

● 材料：3% 过氧化氢溶液、洁净载玻片、塑料接种环或无菌木质牙签。

● 操作和结果判断：用无菌木质牙签挑取新鲜待检菌的纯菌苔置于洁净的载玻片上。向玻片上的菌落滴加 3% 过氧化氢溶液一滴；或于琼脂培养物上直接滴加 3% 过氧化氢试液。立即观察结果，产生气泡为阳性反应，不产生气泡者为阴性反应。用金黄色葡萄球菌或具等同性质的菌种重复以上步骤作为阳性对照，并用铜绿假单胞菌或具等同性质的菌种作为阴性对照。

在这个试验中，除了阳性对照和阴性对照必须为典型反应时该实验才有效以外，还应注意以下几点才能保证结果的正确性：

● 当将过氧化氢溶液加到血琼脂平板上的菌落时，会产生假阳性结果（因为红细胞中含有过氧化氢酶）；

● 必须将过氧化氢溶液滴到菌落上，操作顺序不能颠倒，否则会产生假阳性结果；

● 不应用铂金类接种针或接种环去混合培养物和过氧化氢水溶液，因为接种针的铂金可能会引起假阳性结果。因此在这个试验中，应用木质无菌牙签或是塑料类无菌接种环。

D. 凝固酶试验

用于区分凝固酶阴性葡萄球菌（可推测非致病菌）和凝固酶阳性葡萄球菌（很可能为致病菌）。

- 原理：血浆凝固酶是能使含有肝素等抗凝剂的人或兔血浆发生凝固的酶类物质，致病株大多数能产生，是鉴别葡萄球菌有无致病性的重要指标。
- 操作
  - 玻片法：在一张洁净玻片中央加 1 滴生理盐水，用接种环取待检培养物与其混合（同时以金黄色葡萄球菌为阳性对照，表皮葡萄球菌为阴性对照）制成菌悬液，若经 10~20 秒内无自凝现象发生，则加入人或兔新鲜血浆 1 环，与菌悬液混合，观察结果。
  - 试管法：于试管内加 1：4 稀释的兔或人血浆 0.5ml，再加 1~2 个待试菌菌落，置 37℃水浴，每 30 分钟观察 1 次结果。
- 结果判断
  - 玻片法：5~10 秒内出现凝集者为阳性。
  - 试管法：如有凝块或整管凝集出现为阳性。2 小时后无上述现象出现，则放置过夜后再观察。

E. 氧化酶试验

用于区分不发酵的革兰阴性杆菌（氧化酶阳性）和肠道菌（氧化酶阴性）。

- 原理：细胞色素氧化酶是一种铁卟啉类的酶，它将还原的细胞色素 C 氧化后以非活性的还原态存在。而还原的细胞色素氧化酶因将电子传递给分子氧而又变成活性态。在分子氧的存在下，细胞色素氧化酶和细胞色素 C 系统能还原一系列有机物。其中，它将指示条反应区的 α- 萘酚和二甲基对苯二胺还原，会形成吲哚酚蓝分子，通过这一反应将细菌进行分类和鉴别。
- 材料：细胞色素氧化酶检验指示条。
- 操作和结果判断：从培养基上挑取生长良好的单一菌落（菌落的 pH 值不得低于 6.0，否则会出现假阴性结果）。将菌落均匀涂在指示条上，过 20~60 秒后，比较指示条的颜色。若变为紫到深紫色，则为阳性反应，不变色或黄色为阴性反应。

12.9.3 表型微生物鉴定方法

A. 简介

表型微生物鉴定依据表型特征的表达来区分不同微生物间的差异，是经典的微生物分类鉴定法，以微生物细胞的形态和习性表型为主要指标，通过比较微生物的菌落形态、理化特征和特征化学成分与典型微生物的差异进行鉴别。微生物分类中常用的表型特征见表 12–11。

表 12–11　微生物分类中常用的表型特征

分类	特征
培养物	菌落形态、菌落颜色、形状、大小和产色素
形态学	细胞形态、细胞大小、细胞形状、鞭毛类型、内容物、革兰染色、芽孢和抗酸染色、孢子形成模式
生理学	氧气耐受型、pH 值范围、最适温度和范围、耐盐性
生化反应	碳源的利用、碳水化合物的氧化和发酵、酶的模式
抑制性	胆盐耐受性、抗生素敏感性、染料耐受性
血清学	凝集反应、荧光抗体
化学分类	脂肪酸构成、微生物毒素、全细胞组分
生态学	微生物来源

B. 生化反应试剂条鉴定

细菌生化反应试验是实验室鉴定细菌的重要手段之一，现多采用市售的鉴定试剂条，该鉴定系统由试剂条、添加试剂及检索工具等配套形成完整的微生物鉴定体系。试剂条一般由多个微管组成，内含干燥生化基质，常用的生化反应有：发酵试验、同化试验、同化或发酵抑制试验、酶试验等。

步骤和试剂条的选择：

- 纯化、分离待鉴定菌；
- 挑取纯化后单菌落做革兰染色、镜检，以确定待鉴定菌的革兰属性；
- 根据染色和其他生化实验结果选择试剂条；
- 选定正确的试剂条以后，根据不同试剂条的标准操作规程准备接种物，进行接种、培养等操作。

根据反应结果，查阅编码索引表上对应的细菌条目即可得出评价结果。

C. 微生物自动化分析仪

全自动或半自动的微生物分析仪，为医药工业微生物实验室快速分析鉴定生产环境及工艺过程中的污染菌提供了方便。微生物鉴定仪根据鉴定原理可分为不同的几类，其鉴定原理有：基于生化反应的鉴定系统；基于化学分类的鉴定方法如气相色谱法分析微生物的脂肪酸特征、质谱法分析微生物蛋白等微生物鉴定系统；基于分子生物学基因分析进行鉴定。下面以 MALDI-TOF 质谱仪为例，对如何利用自动化仪器进行未知菌的鉴定进行介绍。

（1）原理　微生物具有其自身独特的蛋白质组成，因而拥有其独特的蛋白质指纹图谱。MALDI-TOF 质谱法在鉴定微生物时主要依据菌株的核糖体蛋白，将待测微生物样品与基质分别点加在样品靶板上，溶剂挥发后形成样品与基质的共结晶；检验时质谱仪利用激光作为能量来源轰击结晶体，基质从激光中吸收能量使样品解吸，基质与样品之间发生电荷转移使得样品分子电离，经过飞行时间检验器，采集数据并获得特异性蛋白质指纹图谱；通过相应的数据库软件，自动匹配待测菌株的图谱至数据库中的已知菌株图谱，根据比对分值的高低，鉴定待测微生物的属、种及株。

（2）仪器构造　MALDI-TOF 质谱仪一般由以下几个部分组成：

- 样品靶板；
- 离子源；
- 加速电场；
- 质量分析器；
- 离子检验器。

（3）操作程序

- 直接涂抹法
  - 挑取新鲜的单菌落，直接涂抹到 MALDI 靶板上，自然干燥。
  - 在单菌落涂层上加入基质溶液。待自然干燥后，放入质谱仪进行测量。
- 扩展的直接涂抹法
  - 挑取新鲜的单菌落，直接涂抹到 MALDI 靶板上，自然干燥。
  - 在单菌落涂层上加入 1ml 70% 的甲酸水溶液，自然干燥。
  - 再加基质溶液，待自然干燥后，放入质谱仪进行测量。
- 甲酸提取法
  - 挑取纯化好的单菌落，加入适量水混匀；再加入适量乙醇，混匀。
  - 加入适量（如 10~50ml）70% 甲酸溶液，混匀。

○ 再加入适量（如 10~50ml）乙腈，混匀，离心。

○ 取上清在 MALDI 靶板上点样，晾干后添加基质，晾干，分析测定。

（4）结果的分析 通过数据库软件，自动匹配待测菌株的图谱至数据库中的已知菌株图谱，根据比对分值的高低，鉴定待测微生物的属、种及株。MALDI 质谱技术操作简单，TOF 鉴定快速、通量高、灵敏度好、准确度高，但是其对有些微生物的可能无法鉴定分离株，因为该生物体未包含在数据库中，系统参数不够全面，无法鉴定生物体，该分离株可能在系统中无反应性，或者物种可能尚未被鉴定分类学上描述的。此类分离物可以发送给微生物鉴定系统的供应商进行进一步研究，并在适当的情况下添加到数据库中。

12.9.4 基因型微生物鉴定方法

目前《伯杰氏系统细菌学手册》中对细菌分类的描述是通过遗传物质的分析比较来实现的。通过未知微生物的 DNA 与已知微生物的 DNA 比较，能够确定亲缘关系的远近。基因型的鉴定可通过 DNA 杂交、限制性酶切片段图谱的比较和（或）DNA 探针完成，在图谱分析中，若 DNA–DNA 的杂交亲缘关系大于 70% 时，表明微生物是同一种属。

微生物基因型通常不受生长培养基或分离物活性的影响，只需分离到纯菌落便可用于分析。由于大部分微生物物种中核酸序列是高度保守的，所以核酸测序和全基因组核酸测序等基因型微生物鉴定方法理论上更值得信赖。基因鉴定法通常在无菌检查试验结果阳性、非无菌药品控制菌检查中疑似菌的鉴定、环境监测异常、偏差调查、培养基模拟灌装失败等微生物调查中使用。

目前比较常见的鉴定方法为 16SrRNA 基因测序，即经过聚合酶链式反应（PCR）进行基因扩增、电泳分离扩增产物，以双脱氧链终止法进行碱基测序，然后与经过验证的专用数据库或利用公共数据库进行序列比对分析。

12.9.5 溯源分析

对产品失败相关的微生物进行鉴定是实验室调查及之后生产调查中的关键步骤，知道微生物来源可能有助于确定微生物污染产品的途径。溯源分析是通过对污染微生物和相关环节监控微生物进行比对，以同源性的差异程度为依据，确认污染来源的过程。

同一地点的同种菌，其表型特征和基因型特征是基本一致的。不同地点的同种菌，表型特征可能基本一致，但保守及可变区域的基因特征会有一定的差异性。因此，污染调查等应以基因型特征鉴定为主，表型特征鉴定为辅。为了确证微生物为同种中的两个相同株，需比对更多的基因序列和特征基因片段，甚至是全基因组序列的比对，实现既鉴定又溯源的目的，同时保证结果的准确性。

建议采用多项鉴别方法对微生物进行分类。也就是说，获取分子的、生理的、形态的、血清学的或生态来源等多层次信息来对微生物分类和鉴别。虽然使用仪器进行鉴定的方式越来越普及，但不建议放弃初筛步骤，如形态观察、染色镜检、重要的生化反应，因为鉴定通常需要根据所有可用信息来证实。例如，伤寒沙门菌不太可能从洁净室中分离出来，但这种病原体可能存在于动物源性成分中。微生物鉴定通常需要考虑的点如表 12-12 所示。

表 12-12　微生物鉴定时通常需要考虑的点

调查方面	考虑点
仪器和数据	鉴别用仪器是否被良好维护并经过校准；试剂是否通过了质量控制检查 与数据库匹配的概率是否足够高，或者需要补充测试 结果的微小变化导致了完全不同的识别吗；分离物是否需要进一步的培养才能获得完整的表型表达 分离物是否难以通过所采用的鉴定技术与其他相关的属区分，例如芽孢杆菌属
微生物组织的特征	在生产设施、公用工程、药物成分或制剂产品中曾经分离到该菌属 微生物特征和生理需求使得微生物可能在生产设施、公用设施、药物成分和（或）制剂产品中持续存在 微生物可能从人员或设施所在的地理位置或气候区的设施中分离出来 微生物与罕见疾病有关吗，是否苛刻的增长要求使其不太可能被鉴别

对洁净室和其他受控环境分离到的微生物进行适当的鉴定，掌握环境微生物污染情况，有助于污染调查。实际工作中无菌试验阳性结果中分离出的微生物，经对其溯源分析，确认污染归因于无菌试验过程中所使用的材料或无菌技术的差错，该试验可判无效，否则判该产品不符合要求。表 12-13 为 PDA 期刊 "*Points to Consider for Aseptic Processing Part 1* January 2015" 中的举例，给出了分离的微生物鉴定的程度。

表 12-13　分离菌微生物鉴定的程度

程度	分离和来源
仅进行表型鉴定（革兰染色和形态检查）	C 级和 D 级环境监测中，超警戒限
采用表型法鉴定到属（可能到种）	C 级和 D 级环境监测中，超行动限
采用表型法鉴定到种	A/B 级区、辅料、成品、环境监测样品、水系统超警戒限和行动限的分离菌
菌株分型或分子指纹图谱（基因方法）	重大产品污染事故（如培养基模拟灌装或无菌检查失败）、环境和水系统监控中重大不良趋势

13 制药用水、气体及实验室环境、人员的质量监测

本章主要内容：

☞ 制药用水系统及纯蒸汽的质量监测

☞ 压缩空气及其他制药用气体系统的质量监测

☞ 实验室洁净区的环境监测

法规要求

药品生产质量管理规范（2010年修订）

第九十六条 制药用水应当适合其用途，并符合《中华人民共和国药典》的质量标准及相关要求。制药用水至少应当采用饮用水。

第一百条 应当对制药用水及原水的水质进行定期监测，并有相应的记录。

第一百八十九条 在生产的每一阶段，应当保护产品和物料免受微生物和其他污染。

第二百二十一条 质量控制实验室的文件应当符合第八章的原则，并符合下列要求：

（一）质量控制实验室应当至少有下列详细文件：

5. 必要的环境监测操作规程、记录和报告。

（三）宜采用便于趋势分析的方法保存某些数据（如检验数据、环境监测数据、制药用水的微生物监测数据）；

（四）除与批记录相关的资料信息外，还应当保存其他原始资料或记录，以方便查阅。

药品生产质量管理规范（2010年修订）无菌药品附录

第八条　洁净区的设计必须符合相应的洁净度要求，包括达到"静态"和"动态"的标准。

第九条　无菌药品生产所需的洁净区可分为以下4个级别：

A级：高风险操作区，如灌装区、放置胶塞桶和与无菌制剂直接接触的敞口包装容器的区域及无菌装配或连接操作的区域，应当用单向流操作台（罩）维持该区的环境状态。单向流系统在其工作区域必须均匀送风，风速为0.36~0.54m/s（指导值）。应当有数据证明单向流的状态并经过验证。

在密闭的隔离操作器或手套箱内，可使用较低的风速。

B级：指无菌配制和灌装等高风险操作A级洁净区所处的背景区域。

C级和D级：指无菌药品生产过程中重要程度较低操作步骤的洁净区。

第十条　应当按以下要求对洁净区的悬浮粒子进行动态监测：

（一）根据洁净度级别和空气净化系统确认的结果及风险评估，确定取样点的位置并进行日常动态监控。

（二）在关键操作的全过程中，包括设备组装操作，应当对A级洁净区进行悬浮粒子监测。生产过程中的污染（如活生物、放射危害）可能损坏尘埃粒子计数器时，应当在设备调试操作和模拟操作期间进行测试。A级洁净区监测的频率及取样量，应能及时发现所有人为干预、偶发事件及任何系统的损坏。灌装或分装时，由于产品本身产生粒子或液滴，允许灌装点≥5.0μm的悬浮粒子出现不符合标准的情况。

（三）在B级洁净区可采用与A级洁净区相似的监测系统。可根据B级洁净区对相邻A级洁净区的影响程度，调整采样频率和采样量。

（四）悬浮粒子的监测系统应当考虑采样管的长度和弯管的半径对测试结果的影响。

（五）日常监测的采样量可与洁净度级别和空气净化系统确认时的空气采样量不同。

（六）在A级洁净区和B级洁净区，连续或有规律地出现少量≥5.0μm的悬浮粒子时，应当进行调查。

（七）生产操作全部结束、操作人员撤出生产现场并经15~20分钟（指导值）自净后，洁净区的悬浮粒子应当达到表中的"静态"标准。

（八）应当按照质量风险管理的原则对C级洁净区和D级洁净区（必要

时）进行动态监测。监控要求以及警戒限度和纠偏限度可根据操作的性质确定，但自净时间应当达到规定要求。

（九）应当根据产品及操作的性质制定温度、相对湿度等参数，这些参数不应对规定的洁净度造成不良影响。

第十一条 应当对微生物进行动态监测，评估无菌生产的微生物状况。监测方法有沉降菌法、定量空气浮游菌采样法和表面取样法（如棉签擦拭法和接触碟法）等。动态取样应当避免对洁净区造成不良影响。成品批记录的审核应当包括环境监测的结果。

第十二条 应当制定适当的悬浮粒子和微生物监测警戒限度和纠偏限度。操作规程中应当详细说明结果超标时需采取的纠偏措施。

第二十四条 工作服及其质量应当与生产操作的要求及操作区的洁净度级别相适应，其式样和穿着方式应当能够满足保护产品和人员的要求。各洁净区的着装要求规定如下：

D 级洁净区：应当将头发、胡须等相关部位遮盖。应当穿合适的工作服和鞋子或鞋套。应当采取适当措施，以避免带入洁净区外的污染物。

C 级洁净区：应当将头发、胡须等相关部位遮盖，应当戴口罩。应当穿手腕处可收紧的连体服或衣裤分开的工作服，并穿适当的鞋子或鞋套。工作服应当不脱落纤维或微粒。

A/B 级洁净区：应当用头罩将所有头发以及胡须等相关部位全部遮盖，头罩应当塞进衣领内，应当戴口罩以防散发飞沫，必要时戴防护目镜。应当戴经灭菌且无颗粒物（如滑石粉）散发的橡胶或塑料手套，穿经灭菌或消毒的脚套，裤腿应当塞进脚套内，袖口应当塞进手套内。工作服应为灭菌的连体工作服，不脱落纤维或微粒，并能滞留身体散发的微粒。

背景介绍

药品需要特定的洁净环境下进行生产、检测等，特别是无菌药品，为确保环境满足设计及产品需求，保证药品质量，对环境和公用设施采取合理的控制措施和评价非常重要。环境和人员监测是用来评估环境控制有效性和人员卫生状况的工具。制药用水（包括纯蒸汽）和制药用气体等公用设施质量状态应满足使用设计要求。制药用水/气体系统在投入使用前应经过验证，并在日常使用期间对产出的水、气体和生产环境等质量进行定期监测，即通常所称的环境监测和水监测等。本章节简要介绍制药用水、环境和人员及制药用气体的定期监测的监测点选择、监测频率（取样计划）、监测的方法、记录报告和趋势分析等方面建议。

更多环境监测内容可参考本丛书《无菌制剂》分册无菌制剂部分"14 环境监测"，更多制药用水和制药用气体内容可参考本丛书《厂房设施与设备》分册制药用水系统和工艺气体系统。

实施指导

13.1 人员及设备要求

从事监测工作的人员应具备微生物学或相关专业知识，接受过相关监测方法、程序、监测目的和结果评价的培训，并经考核合格后方可上岗。如果需要将监测工作委托给的第三方实验室进行，需对其进行资格审查并且出具评估合格报告方可进行。

所使用的测量和取样设备需经校验并合格，且在校验有效期内使用。

13.2 制药用水和纯蒸汽的监测

制药用水根据其用途可分为饮用水、纯化水、注射用水（包括纯蒸汽）。其中饮用水作为制备纯化水的原水，纯化水作为制备注射用水（纯蒸汽）的原水。企业可根据生产工序或使用目的和要求选用适宜水，并确保所用水的质量符合预期用途的要求。

制药用水系统应经过验证，并对其建立日常监控、检测、记录和报告程序。并定期对系统进行清洗与消毒，消毒可以采用热处理或化学处理等方法。采用的消毒方法以及化学处理后消毒剂的去除应经过验证。

另外，纯蒸汽指纯化水经过纯蒸汽发生器制备所得，纯蒸汽也称高质量蒸汽，其冷凝水质量应符合《中国药典》注射用水项下的规定。

● 制药用水取样人员要求：取样人员应具备相应资格，接受相关培训并考核合格；熟悉取样流程和取样操作，掌握取样技术和取样工具使用；了解取样过程中样品被污染的风险，熟悉相应的安全防护措施；具有良好的视力和对颜色分辨、识别能力，能够根据观察到的现象做出可靠的判断。

- 制药用水取样器具要求
  - 微生物检验项目取样容器：用于微生物限度检查样品取样容器需经过验证并符合要求的灭菌方式，并在经验证的存贮周期内使用。用于细菌内毒素的检查样品取样容器的除热原方式需经过验证，并在经过验证的存放周期内使用，或是无热原的一次性取样容器。
  - 建议实验室配备一套取水专用取样瓶和一套检水专用器皿，以避免潜在叉污染。
  - 检测总有机碳的水样应用专用带盖的取样瓶盛装，需严格清除有机残留物，防止容器原因导致检测数据不准确，检测总有机碳的取样瓶应尽量减少顶空体积，避免气体对于样品检测结果的影响。

13.2.1 饮用水

饮用水通常为自来水公司供应的自来水或深井水，其质量须符合中华人民共和国国家标准 GB 5749—2022《生活饮用水卫生标准》（实施日期 2023 年 04 月 01 日）。

A. 饮用水测试点选择

饮用水的测试点至少应包括全厂饮用水供应的源头点和进入纯化水系统前的原水点（一般为软化罐前的进水点）。

B. 饮用水监测

由于中华人民共和国国家标准 GB 5749—2022《生活饮用水卫生标准》中规定的指标较为繁多，一般的实验室很难有条件完成所有指标的实验。在此情况下，可以委托当地的供水单位水质监测中心或其他有资质的检测机构对饮用水进行检测。

质量控制实验室也应在此基础上通过风险评估的方式确定饮用水的监测项目以及监测频率。

C. 饮用水质量的趋势分析

定期（推荐每年）对饮用水的质量进行趋势分析。如果发现饮用水质量在逐步变差，应立即通知质量和工程等部门，并共同展开调查。根据调查结果采取相应的行动对系统进行纠正。

13.2.2 纯化水及注射用水

纯化水为饮用水经蒸馏法、离子交换法、反渗透法或其他适宜的方法制备的制药用水。纯化水不含任何添加剂，其质量应符合《中国药典》纯化水项下规定。注射用水为纯化水经蒸馏所得的水，其质量应符合《中国药典》注射用水项下规定。

A. 测试点选择

所有的纯化水点、注射用水点都应进行定期监测。根据验证结果、风险评估结果和生产需要确定纯化水、注射用水取样点，确定取样频率。企业可以根据情况，必要时，在纯化水系统的处理单元（软化、反渗透等）前后可以设置监测点（过程水点）监测纯化水处理过程水的质量，以此来反映纯化水系统的运行状况。

B. 监测频率（取样计划）

监测主要是进行需氧菌总数的测试和理化分析。根据水点在循环系统中位置和功能不同，可以将水点分为关键点和非关键点，其测试项目和监测频率也有所不同，可基于风险评估制定监测项目和监测频率，或参考以下推荐的监测项目和监测频率，见表 13-1、表 13-2。

表 13-1　纯化水取样监测项目及频率表

纯化水	描述	推荐的测试项目	推荐的检测频率
关键点	纯化水制备系统	全检	每周 1 次
	纯化水循环系统的出水点	需氧菌总数	每周 1 次
	纯化水循环系统的回水点	需氧菌总数	每周 1 次
		理化分析	每周 1 次
非关键点	各个使用点	需氧菌总数	每月 1 次

表 13-2　注射用水取样监测项目及频率表

注射用水	描述	推荐的测试项目	推荐的检测频率
关键点	注射用水制备系统	全检	每周 1 次
	注射用水循环系统的出水点	需氧菌总数、细菌内毒素	每周 1 次
	注射用水循环系统的回水点	需氧菌总数、细菌内毒素	每周 1 次
		理化分析	每周 1 次
非关键点	各个使用点	需氧菌总数、细菌内毒素	每月 1 次

如纯化水和注射用水系统可在线监控总有机碳（TOC）与电导率，则可适当降低

检测频率。另外，企业也可以参照本企业内部的质量控制要求进行大肠埃希菌等致病菌的监测。过程水点的推荐监测频率可为每月 1 次。

纯化水、注射用水的理化分析按照《中国药典》要求进行。如取样点需消毒处理，则理化测试样品的取样时间应避免在需氧菌总数测试的取样结束后立即进行，否则可能会引入部分消毒的残留乙醇，造成某些（如 TOC）指标异常。

C. 需氧菌落总数的测试方法

- 取样
  - 生产使用纯化水点的取样：取水前，应确认设备运行状态及水质参数是否符合取样要求；取样时，应模拟日常生产使用的操作，确保取样具有代表性。
  - 用于微生物限度检查的样品取样，须使用灭菌后的容器。
  - 注射用水取样需先使用取样专用钳、专用取水瓢固定取样瓶或总有机碳进样瓶，再进行上述取样操作，防止烫伤。
  - 为了避免样品中微生物的变化，样品应尽快转移到微生物实验室。在传递和储存期间，样品应避免过热（＞25℃）或过冷（＜8℃），样品检验前的储存时间间隔应有验证资料支撑。
- 实验方法：可按照《中国药典》通则 1105 非无菌产品微生物限度检查：微生物计数法薄膜过滤法实验。

一般来说，如果在 1ml 的水样中一直未能检测到有菌落生成，为了进一步了解纯化水系统的微生物质量，可以将检测的水样量放大。

  - 使用的过滤系统在使用前应保持无菌。过滤膜孔径为 0.45μm。
  - 吸取水样前振荡摇匀样品。
  - 过滤要求体积的水量。
  - 用已灭菌的镊子夹住过滤膜的边缘，面朝上小心放置在已制备好的 R2A 琼脂培养皿上，滤膜与培养基的接触面不能有气泡存在。
  - 将所有培养皿倒置在 30~35℃中培养，不少于 5 天。
- 结果读取：培养时间结束后，直接读取膜表面上的菌落数（薄膜过滤样品的菌落数应除以放大的倍数），如果同时进行了几份平行实验时，取平均值作为最终结果报告。理化分析按《中国药典》要求进行。

【实例】13-1 某药厂有一套纯化水系统日常监测计划

某药厂有一套纯化水系统，日常监测计划如表 13-3 所示。

表 13-3　某药厂纯化水系统日常监测计划

纯化水点	描述	测试项目	监测频率
9 号点	纯化水循环系统的出水点	需氧菌总数	每周 1 次
		需氧菌总数	每周 1 次
24 号点	纯化水循环系统的回水点	理化分析	每周 1 次
10~23 号点	生产使用点	需氧菌总数	每周选择其中的 6 个水点 每月 1 次

● 取样：对于 10~23 号点的取样：在保证与每个纯化水点日常使用的连接状态一致时，方可进行取样。反复开关阀门 3~5 次。然后将阀门打开并固定在半开状态，等水流约 1 分钟后直接用灭菌的取样瓶取样。一般的取样量为 200~250ml。

● 实验方法：按照《中国药典》通则 1105 非无菌产品微生物限度检查：微生物计数法薄膜过滤法实验。对于 24 号点的理化实验按照现行版药典的要求进行。

检测的水样量选择 100ml。过滤系统在使用前灭菌待用。

上下晃动取样瓶 5 次。

过滤 100ml 的水量，每个水点只过滤一份。

用已灭菌的镊子夹住过滤膜的边缘，面朝上小心放置在已制备好的 R2A 琼脂培养皿上，滤膜与培养基的接触面不能有气泡存在。

在培养皿的底部写下相关的信息（不能在盖子上），将所有培养皿倒置在 30~35℃中培养。

● 结果读取：培养时间结束后，直接读取过滤膜表面上的菌落数并除以 100 作为最终结果报告。

13.2.3 纯蒸汽

纯蒸汽系指无热原高纯蒸汽，主要用于无菌制剂生产的高压蒸汽灭菌柜、药液配制、灌装系统的湿热灭菌。

A. 测试点及监测频率（取样计划）

纯蒸汽同纯化水、注射用水一样也应根据验证结果、风险评估结果和生产需要定期监测。建议关键点每月一次，非关键点两个月一次。

B. 测试方法

● 取样：取纯蒸汽的冷凝水作为检测样品。具体操作参见纯化水及注射水的取样。

● 试验方法：纯蒸汽冷凝水的理化项目检验建议参照注射用水的检验方法和USP-NF 2021纯蒸汽章节。纯蒸汽的过热值、干度值、不凝性气体项目可参考EN285纯蒸汽项下的规定。微生物检验建议只检测细菌内毒素项目。

● 结果读取：读取并记录试验结果，结果判断按照《中国药典》通则1143细菌内毒素检查法进行。

C. 限度及偏差调查

● 纯化水需氧菌总数限度：每1ml不超过100cfu。

● 注射用水需氧菌总数限度为：每100ml不超过10cfu。

注射用水每1ml中含内毒素的量应小于0.25EU。

● 过程水的菌落限度一般不做规定，但原则上不能超过原水（即饮用水）的标准。

● 理化检验要求参见现行版药典的要求。

● 一旦发现监测结果超标，可以采取以下行动进行调查和评估：

○ 进行实验室调查，包括取样和试验的整个过程；

○ 回顾近几个月饮用水原水的菌落总数结果；

○ 回顾纯化水的需氧菌总数的结果；

○ 检查运输水管道的完整性和密闭性；

○ 涉及的相关产品质量评估等。

根据调查结果采取相应的行动对系统进行纠正。

D. 趋势分析

定期（推荐每月或每季度采用累积数据的形式）应对纯化水、注射用水、纯蒸汽质量进行趋势分析。如果发现质量在逐步变差，应立即通知质量和工程等部门共同展开调查。根据调查结果采取相应的行动对系统进行纠正。

【实例】13-2 某药厂纯化水系统日常监测偏差调查

某药厂在对纯化水系统进行日常监测时发现纯化水处理系统中反渗透后的水点

需氧菌总数为 35cfu/ml，高于历史平均水平。而同时纯化水的质量未受影响。实验员立即将此结果汇报给部门负责人，质量负责人及工程部负责人。经紧急磋商，立即进行偏差调查。调查行动和结果如下。

● 实验室调查：根据实验室调查流程，对人员培训情况、取样过程、样品转移过程及实验过程进行调查。调查结果表明实验室的所有处理过程均符合要求，无异常发生。

● 与此取样点相邻的水点的当次和历史数据分析：回顾了近几次纯化水处理系统中反渗透前水点的微生物结果发现有逐步升高的趋势。进而又回顾了在反渗透之前的单元操作软化前后水点的微生物结果，其微生物结果也有逐步升高的趋势。而原水点的微生物质量并无变化。

基于上述调查结果决定对上述 4 个取样点进行连续 3 天的取样和测试。测试结果表明此 2 个操作单元前后的水点的微生物质量确实在逐步变差。

经过对所有数据进行评估，认定软化罐中的填料为微生物滋生的根本原因。决定增加软化罐再生的频次，由以前的每周 1 次增加成每周 2 次。变更后对上述水点进行连续 3 天的取样和测试。结果表明所有结果均回归正常。

13.3 制药用气体的监测

药品生产过程中会用到制药用气体，如压缩空气、二氧化碳和氮气等。当其与产品或产品接触的表面直接接触时会影响产品的质量，因此应当根据其用途和对产品质量的潜在影响（如直接接触产品等）制定相适应的质量监测计划。

更多制药用气体的内容请参见本丛书《厂房设施与设备》分册工艺气体系统部分。

A. 取样点的选择

在完成制药用气体的系统的初始验证后，无需对每个使用点都进行监测，但在总气源点或进入生产前的总分布点建议考虑选择。其他气体测试点的选择和监测频率的确定需考虑产品的性质及使用点的用途，开展评估。根据评估的结果确定取样点及监测频率，确定检测项目及制定合理限度标准，并在标准操作规程中予以明确定义和说明。例如，对于在药品生产过程中与药品直接接触的、设备吹扫的工艺气体使用点应设定为取样点，并根据评估确定需要检测或检测部分项目及限度标准。

B. 检测方法

目前已有专用于制药用气体微生物测试的仪器，主要的原理有撞击法和过滤法。企业可以按照需求选择合适的仪器，并按照仪器的说明书进行测试。

C. 限度及偏差调查

一般来说，制药用气体的微生物限度应与其所在的洁净区相应级别要求的微生物限度一致。如在 D 级洁净区的制药用气体的微生物限度应为 $200cfu/m^3$，也可参考 ISO 8573—2010 压缩空气制定相应的限度。

一旦有微生物异常结果或偏差出现，需开展行动进行调查，以下考虑点供参考：

- 取样过程正确性的检查；
- 检查气体的供应系统或管道是否有泄漏；
- 加强对受影响的使用点的监测（如连续三天的监测）；
- 对受影响的产品进行微生物限度试验，并评估对其的影响。

应定期对制药用气体的微生物数据进行趋势分析。如果发现微生物有增加的趋势，应立即通知质量和工程等部门，并共同展开调查。根据调查结果采取相应的行动对系统进行纠正。

13.4 实验室洁净区的环境监测

《中国药典》指导原则 9205 药品洁净实验室微生物监测和控制指导原则是用于指导药品微生物检验用的洁净室等受控环境微生物污染情况的监测和控制。药品洁净实验室是指用于药品无菌或微生物检验用的洁净区域、隔离系统及其受控环境。药品洁净实验室的洁净级别按空气悬浮粒子大小和数量的不同参考 GMP 分为 A、B、C、D 4 个级别。为维持药品洁净实验室操作环境的稳定性、确保检测结果的准确性，应对药品洁净实验室进行微生物监测和控制，使受控环境维持可接受的微生物污染风险水平。内容包括人员要求、监测方法、监测频次及监测项目、监测标准、警戒限和纠偏限、数据分析及偏差处理、微生物鉴定和微生物控制。

GMP 中规定，为降低污染和交叉污染的风险，厂房、生产设施和设备应当根据所生产药品的特性、工艺流程及相应洁净度级别要求合理设计、布局和使用。生产环境，包括空气、设备和设施表面以及操作人员是药品生产中的主要污染来源，除设置空调净化系统外，还需定期对房间进行消毒处理并对操作人员的着装有特别的要求。环境监测是用来评估生产环境控制是否有效的工具。为了使洁净区的环境质量能得到有效控制并被客观评价，应对其实行全面监测。监测项目包括空气悬浮粒子、空气浮游菌、沉降菌、设施和设备表面的微生物以及操作人员的卫生状况监测等。所有洁净区应制定系统的环境监测方案。通过环境监测获得代表性数据，进而评价环境中的微生物分布等状况。环境监测方案不仅要能对清洁、消毒措施的效果以及人员本身对环境中微生物学质量的影响作出合理评价，还要通过所获得的监测资料进一步证明洁净区环境是否在良好的受控状态下运行。

实验室洁净区可参照以上《中国药典》和生产区洁净区环境监测进行设计。实验室洁净区物理参数的测试应当在微生物监测方案实施之前进行，确保操作顺畅，保证设备系统的运行能力和可靠性。主要的物理参数包括高效空气过滤器完整性、气流组织、空气流速（平均风速）、换气次数、压差、温度和相对湿度等。测试应在模拟正常检测条件下进行。

本节从实验室洁净区监控的日常操作，悬浮粒子、微生物监测及人员监测方面介绍。本节内容可结合《无菌制剂》分册无菌制剂部分"14.2 环境监测方法"内容，制定实验室的环境监测控制策略，各个监测项目的超标调查可结合本指南"12.8 微生物数据偏差调查"内容制定调查方案。

13.4.1 悬浮粒子的监测

悬浮粒子是空气净化的直接处理对象。此处所称悬浮粒子是指既包括固态微粒，也包括液态微粒的多分散气溶胶。

除取样点的选择和数量、取样量和取样时间外，洁净实验室悬浮粒子的监测可参考《医药工业洁净室（区）悬浮粒子的测试方法》的现行国家标准进行。另外，可参考 ISO 14644《洁净间以及相关环境控制 第一部分：空气洁净度级别》、GB/T 25915.1—2021《洁净室及相关受控环境 第 1 部分：按粒子浓度划分空气洁净度等级》的方法，动态监测点数可与定级测试的点数不同，由企业进行评估确定。以下结合行业内的做法进行归纳描述，供参考。

A. 洁净区悬浮粒子取样点的选择和数量

悬浮粒子监测的采样点数目及其布局可考虑以下几个方面设置：

- 空调系统初始验证的结果；
- 房间（或区域）的面积和布局；
- 使用的空间，如实验室空间设计和操作区域空间；

- 房间（或区域）的用途；
- 与暴露产品的距离；
- 人流、物流方向；
- 人员活动频率；
- 和无菌产品直接接触的设备部件；
- 人员进出房间频率。

一般对于高效过滤器装在末端（天花板）的空气净化系统及层流罩，只需在工作区（离地 0.8~1.5m 处）设置监测点即可；而高效过滤器装在空调器内及末端为亚高效过滤器（效率 ≥ 95%）的空气净化系统，除在工作区设置测试点外，还需在每个送风口处（离风口约 0.3m）设置一个测试点。

悬浮粒子洁净度测定的最小采样量和最少采样点数目参见《中国药典》指导原则 9205 药品洁净实验室微生物监测和控制指导原则中的规定。

采样点的选择应具有代表性，需考虑洁净室布局、设备配置和气流的特点，可以根据风险情况在最少取样点数量基础上增加取样点。推荐最少取样点数量（N_L）见表 13-4，各洁净级别空气悬浮粒子标准见表 13-5，推荐的药品洁净实验室的监测频次及监测项目请见表 13-6。

表 13-4 推荐洁净室最少取样点数量（N_L）

洁净室面积（m²）小于或等于	最少取样点数量（N_L）	洁净室面积（m²）小于或等于	最少取样点数量（N_L）
2	1	56	11
4	2	64	12
6	3	68	13
8	4	72	14
10	5	76	15
24	6	104	16
28	7	116	18
32	8	148	19
36	9	156	20
52	10		

注：面积处于两数之间的，取两者之间的较大数值。

表 13-5　各洁净级别空气悬浮粒子标准

洁净度级别	悬浮粒子最大允许数／立方米			
	静态		动态	
	≥ 0.5μm	≥ 5μm	≥ 0.5μm	≥ 5μm
A 级	3520	20	3520	20
B 级	3520	29	352000	2900
C 级	352000	2900	3520000	29000
D 级	3520000	29000	不作规定	不作规定

表 13-6　推荐的药品洁净实验室的监测频次及监测项目

	受控区域	采样频次	监测项目
无菌隔离系统		每次实验	空气悬浮粒子③、浮游菌③、沉降菌②、表面微生物（含手套）
微生物洁净实验室	A 级	每次实验	空气悬浮粒子③、浮游菌①、沉降菌②、表面微生物（含手套及操作服）
	B 级	每周一次	空气悬浮粒子④、浮游菌③、沉降菌、表面微生物（含手套及操作服）
	C 级	每季度一次	空气悬浮粒子④、浮游菌④、沉降菌、表面微生物
	D 级	每半年一次	空气悬浮粒子、浮游菌、沉降菌、表面微生物

注：①每月一次。②工作台面沉降菌的日常监测采样点数不少于 3 个，且每个采样点的平皿数应不少于 1 个。③每季度一次。④每半年一次。

B. 洁净区悬浮粒子的测试方法

● 仪器：用于洁净环境中空气悬浮粒子监测的仪器多为光散射粒子计数器，它通过测定洁净空气中离散粒子的粒径及浓度，确定洁净等级。其原理为：样品空气从光散射粒子计数器的进气口以恒定的流速被吸入，进入到测量腔，悬浮粒子被光束照射发生光散射，散射出与粒子大小和数量成比例关系的光脉冲信号（粒子的大小由散射光的强度决定，而粒子的数量由光脉冲数决定），该信号被光电转换器接收并转换成相应的电脉冲信号。通过对一个检测周期内电脉冲的计数，便可得知单位体积采样空气中的悬浮粒子个数，即悬浮粒子浓度。

空气悬浮粒子计数监测技术发展速度非常快，洁净区关键区域的悬浮粒子监测可采用悬浮粒子在线监测系统。该系统由单台或多台尘埃粒子终端监控设备组成，监测数据统一发送到数据采集系统进行分析。悬浮粒子在线监控系统实际上是一套单点或多点式悬浮粒子实时测试、集中式数据处理的监控系统，能够实时监测整个生产过程关键区域的悬浮粒子水平，确保监测的准确和有效。

为了避免环境监测操作对样品检验结果造成污染，悬浮粒子监测一般放置在检验操作后进行。如条件允许，在 A 级区建议采用适当的在线监测系统对空气悬浮粒子进行连续性监测。注意根据所监测环境中选择合适的系统，确保设备经校验合格，并且在校验有效期内。操作仪器时需注意以下事项：

- 严格按照仪器生产商要求操作和使用设备；
- 事先确认洁净区通风系统运行平稳后，方可进行取样；
- 监测单向流时，将计数器取样口正向对着气流方向；
- 监测紊流时，宜将取样口垂直朝上；
- 在单向流系统中，应采用等动力学的取样头；
- 在确认级别时，应使用采样管较短的便携式尘埃粒子计数器，以避免在远程采样系统长的采样管中 ≥ 5.0μm 尘粒的沉降；
- 选择监测系统时还应考虑生产操作中物料带来的风险，例如有活的生物体或放射性药品的操作。

● 关于取样的建议

- 在空调系统验证时进行三天静态测试，确认洁净区的级别，继续进行三天动态测试，确认空调在该级别下能够稳定使用。验证监测点需根据风险评估进行确定。
- 日常监测是着重于满足检验需要，可通过风险评估确定日常检验时的监测点，进行动态监测才真正具有代表性。
- 可根据风险评估及日常收集的数据，对监测点进行增减。
- 采样头应放置在朝向气流的方向。被采样气流方向是不可控制或不可预测时（例如非单向气流），采样探头的开口应垂直向上。每个取样点的取样量至少为 2L，取样时间最少为 1 分钟。相同级别的采样点单次取样量应相同。

● 结果处理

- 结果记录：记录每次采样测量的结果，即相应 ISO 空气洁净度等级所关注粒径的每个单次采样量中粒子数。

注：对于带有浓度计算模式的粒子计数器，无需手动计算。

- 每个采样点的平均粒子浓度：在某个点进行两次及以上采样时，依据各单次采样的粒子浓度，按公式计算并记录该点关注粒径的平均粒子数目。

$$\overline{x_i} = \left(\frac{x_{i,1} + x_{i,2} + \cdots x_{i,n}}{n} \right)$$

式中，$\overline{x_i}$ 为采样点 i 处的平均粒子浓度，代表任意点；

$x_{i,1}$ 至 $x_{i,n}$ 为各单次采样的粒子数；

n 为在采样点 i 处的采样次数。

○ 单位立方米粒子浓度：单位立方米粒子浓度按公式计算。

$$c_i = \frac{x_i \times 1000}{v_t}$$

式中，c_i 为单位立方米粒子浓度；

$\overline{x_i}$ 为采样点 i 处的平均粒子数，代表任意点；

v_t 为单次采样量，单位为升（L）。

○ 结果说明：分级要求，每一采样位置测量的粒子浓度（粒 /m^3）均不超过表 13-5 空气悬浮粒子标准规定的浓度限值时，判定所测洁净室或洁净区符合规定空气洁净度级别要求。

○ 不合格的异常结果：对不合格计数的情形，应进行调查。检测报告中应注明调查结果和所采取的纠正措施。

【实例】13-3 某实验室 D 级洁净区悬浮粒子测试

某 D 级实验室洁净区，面积 $4m^2$，高效过滤器装在末端（天花板）处。

（1）采样点选择　最少采样点为 2 个，均在工作区（离地 0.8~1.5m 处）中。如图 13-1 所示。

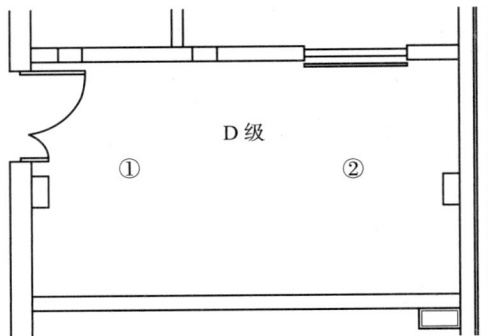

图 13-1　采样点选择示例

（2）采样量　静态下每个采样点连续采样三次，每次采样 $28.3dm^3$。

（3）采样结果　结果分别如下。

测试点	≥ 0.5μm（个 /m³）	≥ 5μm（个 /m³）
1	10000	175
	12000	35
	13000	75
2	9800	133
	10110	75
	11000	35

（4）采样结果判断

对于 ≥ 0.5μm 的悬浮粒子浓度：

A_1＝（10000+12000+13000）/3=11667（个 /m³）

A_2＝（9800+10110+11000）/3=10303（个 /m³）

对于 ≥ 5μm 的悬浮粒子浓度：

A_1＝（175+35+75）/3=95（个 /m³）

A_2＝（133+75+35）/3=81（个 /m³）

结果合格。

综合以上结果，判定此洁净区域关于悬浮粒子的洁净度合格。

C. 超标调查

一旦发现监测结果超标，一般可以采取以下行动进行调查和评估：

- 监测设备的确认、使用等过程是否存在异常；
- 回顾检查人员活动的水平；
- 回顾检查 / 进行气流方式 / 烟雾试验；
- 回顾操作人员的操作是否规范；
- 检查区域压差；
- 对机械设备潜在的污染源进行评估；
- 检查、评估房间的完整性（例如油漆剥落，天花板、墙和地面上的裂缝）；
- 回顾检查检验过程中的异常操作；
- 回顾检查其他区域环境监测的数据；
- 对操作人员的培训情况进行评估；
- 与操作人员交流，寻找潜在的风险。

13.4.2 微生物的监测

洁净区的微生物监测包括空气微生物监测、表面微生物监测以及人员监测。空气微生物测定的目的是确定浮游的生物微粒浓度和生物微粒沉降密度，以此来判断洁净区是否达到规定的洁净度。因此，空气微生物的测定有浮游菌和沉降菌两种测定方法。根据中国国家标准 GB/T 16293—2010《医药工业洁净室（区）浮游菌的测试方法》和 GB/T 16294—2010《医药工业洁净室（区）沉降菌的测试方法》规定这两种方法可以并存，沉降菌和浮游菌可以同时测试，也可根据风险评估、取样可行性选择合适的测试方法。以下结合行业内的做法进行归纳描述，供参考。

表面微生物也是可能的污染源。在生产时，有的表面会直接接触产品（如设备表面），有的表面虽然不直接接触产品的表面（如墙面、地板等），也可能通过空气污染产品。因此，应该监测所有的区域，而不仅局限于直接接触产品的设备表面。

人是洁净区环境的最大污染源，人员的数量、动作幅度、活动范围将直接影响着整个洁净区的环境质量。需重视对人员的微生物监测。

根据历史数据，采用风险评估的方法建立合理的监测位点及频次。环境监测的具体位点选择依据实验室布局设计，以及检验过程的风险控制策略不同而不同。对于每个检验过程都应仔细评估其位点的选择是否合理。并考虑容易污染样品的位置。在选择位点时建议考虑以下因素：

- 受微生物污染后，对样品有直接影响的位置；
- 在实验室，容易滋生微生物的位置；
- 不容易清洗、消毒的位置；
- 该区域的某些操作容易引起微生物的污染、传播；
- 考虑取样操作是否会带来污染或使得样品不具备代表性；
- 考虑把取样安排在每班检验结束的时候。

另外，还应考虑到有可能污染产品的位置。与样品直接接触的，例如：压缩空气、空气、检验设备、工具、容器、手套及水等；与样品不直接接触但可能会间接影响样品质量的，例如：墙面、地面、天花板、门、凳子、椅子、检验设备及过道等。对于实验室使用的特殊设备，在日常环境监测控制时，针对设备的特点制定环境监测策略；例如：生物安全柜，除了满足日常检验的洁净级别的环境监控，还需考虑微生物外溢的监控。微生物检测位点选择如表 13-7 所示，供参考。

表 13-7　微生物监测位点选择示例

系统	位点
环境空气	实验室回风口、检验操作区域
水	使用点
设施表面	地面、门把手、墙面
设备表面	检验仪器，控制面板
压缩空气	使用点

取样频次根据以下因素不同而不同：产品的种类及特性、设备 / 流程的设计、人员活动的多少、微生物环境监测的历史数据等。频次的设定应具体情况具体分析。监测频次设定的关键是要能反映系统的潜在风险。

在以下情况，应增加环境取样频率：

- 环境监测数据有上升趋势时，应增加相应区域的监测位点频率；

- 安装新设备，改造现有设备时，可增加现有位点的频率；

- 增加操作人员或操作班次时，根据操作范围和时间增加位点和频率；

- 改变无菌操作技术；

- 无菌实验和环境监测超标时，要增加相应检验区域的环境监测频率。例如，当最终产品出现阳性结果时，实验室应当增加环境监测频率。

如果有历史数据表明监测结果比较稳定，也可适当减少频次。在减少频次之前，应回顾历史数据，并且经由质量保证人员复核并批准后方可执行。减少频次之后，应定期回顾，以确保该频次仍适用。

13.4.2.1 洁净区空气微生物监测

A. 洁净区空气微生物监测位点选择

建议空气微生物监测的采样点数目及其布局应根据以下几个方面设置：

- 空调系统初始验证的结果；

- 房间（或区域）的面积和布局；

- 使用的空间，如实验室空间设计和操作区域空间；

- 房间（或区域）的用途；

- 与暴露产品的距离；

- 人流、物流方向等。

浮游菌的测试点选择可以与洁净区悬浮粒子数监测的一致或自定义。

沉降菌的测试点应布置在有代表性的地方和气流扰动较小的地方。

空气微生物测定的最小采样量和最少采样点数目参见《中国药典》指导原则 9205 药品洁净实验室微生物监测和控制指导原则中的规定，通过风险评估确定监测点。

B. 洁净区空气微生物监测频率（取样计划）和限度

（1）洁净区空气微生物监测的限度要求参考表 13-8 进行。

表 13-8　洁净区空气微生物监测限度要求

洁净度级别	浮游菌 cfu/m³	沉降菌（φ90mm）cfu/4 小时
A 级	< 1	< 1
B 级	10	5
C 级	100	50
D 级	200	100

注：表中各数值均为各取样点的测定值。

单个沉降碟的暴露时间可以少于 4 小时，同一位置可使用多个沉降碟连续进行监测并累计计数。如果试验时间少于 4 小时，则仍应使用表中的限度。

（2）建议洁净区空气微生物监测的频次参考表 13-6 并通过风险评估进行。

C. 洁净区空气微生物测试方法

洁净区空气微生物测试应在动态下监测。

● 仪器与材料：经校验合格且在校验有效期内的空气浮游微生物采样器。

可以选择预倾注平皿，也可以选择自制平皿。如果选择自制平皿，则须按照《中国药典》指导原则 9203 药品微生物实验室质量管理指导原则和本指南中培养基的配制方法的规定制备培养基，灭菌并制备成 φ90mm 的培养皿。取样人员于取样前检查琼脂平皿。不能使用已被微生物污染的、水汽过多的、过于干燥或分装不均的平皿。

● 浮游菌采样器原理：浮游菌采样器一般采用撞击法机制，可分为狭缝式采样器、离心式或针孔式采样器。狭缝式采样器由内部风机将气流吸入，通过采样器的狭缝式平板，将采集的空气喷射并撞击到缓慢旋转的平板培养基表面上，附着的活微生物粒子经培养后形成菌落。离心式采样器由于内部风机的高速旋转，气流从采样器前部吸入从后部流出，在离心力的作用下，空气中的活微生物粒子有足够的时间撞击到专用的固形培养条上，附着的活微生物粒子经培养后形成菌落。针孔式采样器是气流通过一个金属盖吸入，盖子上是密集的经过机械加工的特制小孔，通过风机将收集到细小的空气流直接撞击到平板培养基表面上，附着的活微生物粒子经培养后形成菌落。

● 取样：对于浮游菌采样，将测试仪器放在一个稳定的平台上，取样口置于取样点的合适高度（0.8~1.5m），开始采样。

对于沉降菌采样，用无菌容器（如不锈钢储物盒）将预先培养的无菌平皿带至待监测区；监测时记下平皿打开的起始时间和结束时间，并在碟底面上标明监测点等信息；将培养皿按采样点位置放好后，打开培养皿盖，使培养基表面完全暴露经验证的时间后，将培养皿盖盖上收集好。

将浮游菌或沉降菌采样的所有培养皿培养。

● 结果评估：对每个培养皿的菌落数进行计数。

D. 超标调查

一旦发现空气微生物监测结果超标，一般可以采取以下行动进行调查和评估：

● 回顾检查人员活动的水平；

● 回顾操作人员的操作是否规范；

● 回顾实验室内更衣要求；

● 回顾实验室的清洁 / 消毒程序，消毒间隔时间和消毒效率；

● 检查区域压差；

● 对机械设备潜在的污染源进行评估；

● 检查、评估房间的完整性（例如油漆剥落，天花板、墙和地面上的裂缝）；

● 回顾检查清场记录，对清洁和消毒方法进行评估；

● 回顾检查生产过程中的异常操作；

● 评价消毒剂对分离菌的杀灭效力；

● 回顾检查其他试验中发现分离菌的情况；

● 回顾检查其他区域环境监测的数据；

● 鉴定所有独特形态的分离菌；

● 对操作人员的培训情况进行评估；

● 与操作人员交流，寻找潜在的风险。

13.4.2.2 洁净区表面微生物监测

除了用空气微生物取样来监测生产环境的微生物负荷外，表面监测也用来监测生产区域表面以及设备和与产品接触表面的微生物量。监测的方法必须考虑取样的准确性和代表性。基本的监测方法包括接触碟法、擦拭法以及表面冲洗法。每种提供的数据都可以用于产品质量的评价。测试方法可以定性和定量。由于取样的准确性受收集和处理样品的过程影响，因此必须对取样进行培训和测试。表面微生物测定的目的是确定洁净区中物体（包括工作服）表面微生物污染的程度以及洁净区消毒的效果。通常采用直接接触法取样。

A. 洁净区微生物测试点选择

表面微生物监测的采样点数目及其布局应根据以下几个方面设置：

- 空调系统初始验证的结果；
- 房间（或区域）的面积和布局；
- 房间（或区域）的用途；
- 与暴露产品的距离；
- 人流、物流方向；
- 关键的实验区域等。

B. 洁净区微生物监测频率（取样计划）和限度

（1）洁净区表面微生物监测的限度参考表 13-9 进行。

表 13-9　洁净区表面微生物监测限度示例

洁净度级别	表面微生物	
	接触碟（φ55mm） cfu/ 碟（cfu/25cm²）	5 指手套 cfu/ 手套
A 级	＜ 1	＜ 1
B 级	5	5
C 级	25	–
D 级	50	–

（2）建议洁净区表面微生物监测的频率参考表 13-6 进行。

C. 洁净区表面微生物测试方法

洁净区表面微生物测试必须在动态下监测。

● 仪器与材料：建议使用商业化的接触碟，如自制接触碟，则须按照《中国药典》指导原则 9203 药品微生物实验室质量管理指导原则和本指南中培养基配制方法的规定配制琼脂培养基，用于接触碟的制备。

● 取样：表面微生物监测基本方法包括接触平皿法、弹性膜法、棉签擦拭法和表面冲洗法。表面微生物监测的方法可以提供定量、定性信息。取样人员于取样前检查琼脂平皿。不能使用已被微生物污染的、水汽过多的、过于干燥或分装不均的平皿。

（1）接触平皿法　由于其操作简单并且能提供定量结果，因此，接触平皿法被广泛采用。它适用于对平整的有规则性表面进行取样监测。通常的碟子为直径 50~55mm，培养基充满碟子并形成圆顶，取样面积一般约为 25cm²。培养基可以根据使用添加中和剂。取样时，打开碟盖，无菌培养基表面与取样面直接接触，均匀按压接触碟底板，确保全部琼脂表面与取样点表面均匀充分接触，再盖上碟盖。确保全部琼脂表面与取样点表面均匀接触至少 5 秒，接触期间平皿不可移动。

取样后，需要立即用适当的消毒剂擦拭被取样表面，以除去残留琼脂。

该方法有以下局限性：

● 不适用于不规则表面；

● 如果培养基比较湿，会造成微生物的混合和漫延；

● 必须将培养基的残留物从取样点的位置清除干净。

（2）弹性膜法　将培养基置于弹性物质表面，和接触平皿的使用是一样的。可以按照既定的取样面积决定膜的大小，将膜贴到平整的表面。培养和技术方法同接触平皿法。

该方法有以下局限性：

● 不适用于不规则表面；

● 如果培养基比较湿，会造成微生物的混合和漫延；

● 必须将培养基的残留物从取样点的位置清除干净。

（3）棉签擦拭法　本方法适用于平皿接触法不适用的设备和不规则表面的取样。棉签的种类可以选择棉质、涤纶等。棉质和涤纶棉签可以浸入到肉汤培养基内以提供定性结果。

无菌棉签头在取样前应先行浸湿（通常为无菌生理盐水或 0.1% 的蛋白胨溶液约

50ml)，取样握住棉签柄，以约 30° 角与取样表面接触，缓慢并充分擦拭，取样面积 24~30cm^2（可用特定的无菌模板确定擦拭面积），然后将取样头折断放入上述溶液内，充分振荡，再用平皿涂布法、倾注法或薄膜过滤法计数。如果棉签头的材料为藻酸钙，则要用稀的盐溶液作为稀释剂（如 1% 枸橼酸钠溶液），这样才能让棉签头完全溶解。擦拭取样的面积一般约为 25cm^2

该方法有以下局限性：

- 取样的技术对结果的影响很大；
- 需要样品培养的操作。

（4）表面冲洗法　当需要确定设备内表面的生物载荷时，或面积较大时采用该法。用无菌水来冲洗内表面，然后收集、膜过滤后，得到计数结果。

该方法有以下局限性：

- 需要大量的人工操作；
- 取样的技术、取样程序对结果的影响很大。

D. 超标调查

一旦发现表面微生物监测结果超标，可以采取以下行动进行调查和评估：

- 回顾检查人员活动的水平；
- 回顾操作人员的操作是否规范；
- 回顾实验室更衣要求；
- 回顾实验室的清洁／消毒程序，消毒间隔时间和消毒效率；
- 检查区域压差；
- 对机械设备潜在的污染源进行评估；
- 检查、评估房间的完整性（如油漆剥落，天花板、墙和地面上的裂缝）；
- 回顾检查清场记录，对清洁和消毒方法进行评估；
- 回顾检查生产过程中的异常操作；
- 评价消毒剂对分离菌的杀灭效力；
- 回顾检查其他试验中发现分离菌的情况；
- 回顾检查其他区域环境监测的数据；
- 鉴定所有独特形态的分离菌；
- 对操作人员的培训情况进行评估；
- 与操作人员交流，寻找潜在的风险。

13.4.2.3 洁净区人员微生物监测

人员是洁净区最主要的污染源，因此洁净区人员的选择及培训非常重要。所有相关人员应有更衣资质并定期做更衣监测。洁净区的全体人员至少每年应进行一次再培训和资格的再确认。除此之外，所有人员每年至少应参加一次模拟分装。所有的再培训和资格再确认的文件都应存档，作为员工档案的一部分保存。

A. 人员监测取样位点的选择

手套和操作服表面的微生物监测是人员监测的关键。手套取样时应包括双手的手指和手掌，操作服表面取样主要是前臂的袖管部位、前胸等，鞋套的取样部位宜在套筒的上侧面（此部位在穿戴时易被污染）；为避免干扰，宜在生产活动结束时取样（人员离开无菌生产区时取样）。

日常更衣检测通常在操作人员退出洁净区前，使用接触平皿对操作人员的无菌服和手套进行检查，建议检查位置应包含如下位置：

- 在洁净服的两个袖子的肘部和腕部之间，对下侧或里侧取样；
- 在胸部表面拉链处取样；
- 对两只手的手指部位进行取样。

人员更衣资质确认的取样位点除了日常更衣监测的位置外，还建议适当增加额外的位点，如前额、面部、颈部、后脑、拉链、腿部等。

B. 人员监测频率（取样计划）和限度

人员微生物监测的频率（取样计划）和限度可参考表 13–6 及表 13–9，结合风险评估的结果进行制定。

C. 人员监测的测试方法

人员监测的方法与表面微生物监测方法中的接触碟法相同。

（1）取样　取样人员于取样前检查接触琼脂平皿。不能使用已被微生物污染的、水汽过多的、过于干燥或分装不均的平皿。

- 在接触平皿上通常标明以下内容：
  - 操作员姓名；
  - 日期；
  - 取样部位，标明左或右；

　　　　○ 取样人姓名。
　　● 注意事项如下：
　　　　○ 建议对进入 B 级（含）以上洁净区工作的人员均进行检查；
　　　　○ 如操作人员自行取样，需有监控；
　　　　○ 取样前不得对手套消毒；
　　　　○ 取样后，操作人员对手部彻底消毒；
　　　　○ 取样后立即离开无菌区。

（2）培养、结果观察和报告　建议将包括阴性对照在内的所有平皿先于 20~25℃培养 72 小时，再转至 30~35℃培养 48 小时，或根据风险评估确定需要的培养时间。培养结束时，对每个培养皿的菌落数进行计数并报告最终结果。对于从无菌区操作员的无菌服和手套上分离得到的微生物，必要时进行菌种鉴定。污染的平皿经 121℃高压灭菌处理后方可销毁。

D. 超标调查

（1）一旦发现人员微生物监测结果超标，可以采取以下（但不局限于）行动进行调查和评估：
　　● 评估人员可能对产品的污染；
　　● 审核灭菌数据；
　　● 审核其他区域环境监测数据；
　　● 审核用于手套消毒的消毒剂的配制日期及有效期；
　　● 鉴定污染菌（人员或环境）；
　　● 评估操作人员的培训情况；
　　● 与操作人员交流潜在的原因。

（2）操作人员再培训 / 再确认，可以包括以下内容：
　　● 再次训练，更衣资格再次确认或者无法达到资格确认的要求需要调离无菌区工作岗位；
　　● 如必要，增加取样，加强观察。

（3）如果连续两次结果超过行动值，或者在 4 周内，3 次检查结果超过行动值或者连续两次结果超过行动值，建议将相关的无菌区人员和支持人员应调离该工作岗位，直至完成以下要求：
　　● 重新进行培训；
　　● 复习更衣程序；

- 向合格的无菌区代表成功演练更衣过程；
- 连续三次更衣验证结果合格。

13.4.3 环境监测微生物培养及计算

A. 培养基的选择

一般来说，微生物测试应选择《中国药典》中规定的培养基进行。考虑到药品的生产和质量与国际接轨的需要，也可以根据各自企业的情况选择其他国家药典收载的培养基进行微生物监测的培养，但所有使用的培养基都应按照《中国药典》的要求进行质量控制。

例如，环境监测用培养基的类型和培养条件取决于所选用的检测方法，但必须具有广谱性。通常，大豆胰蛋白胨琼脂（TSA）培养基属于全能型培养基。此类培养基适用于多数环境微生物（包括真菌）的分离生长。但是，对专用于酵母菌分离生长的特定培养基，可另行选择，如沙氏葡萄糖琼脂培养基等都是常用的真菌培养基。如果被监测环境中使用过消毒剂或有抗生素，则要向表面监测用培养基中加一些添加剂（聚山梨酯 80、卵磷脂、偶氮凝集素或 β– 内酰胺酶等），以中和或尽量减少消毒剂或抗生素的抗菌作用。例如，在对非抗生素生产级区环境设施表面监测时，通常是在大豆胰蛋白胨琼脂（TSA）培养基内添加 0.7% 的聚山梨酯 80 和 0.1% 的卵磷脂。应对环境监测用微生物培养基进行适用性检查，证明其在适当的时间和温度条件下检出真菌（包括酵母菌和霉菌）和细菌的能力。

用于环境监测的培养基，首先应检查其可靠地恢复微生物生长的能力。所有配制好的培养基，建议应按灭菌批进行培养基适用性试验，详见本指南"12.5 培养基"。

B. 微生物培养和计算

一般来说，微生物的培养只针对总菌落数。而有些时候需要将总细菌数和总真菌数分开报告，此时有三种培养及计算方式可以参考。

（1）分别进行总细菌数和总真菌数采样，即在每个取样点分别使用细菌培养基和真菌培养基进行采样，并且分别按照要求进行培养。细菌培养温度为 30~35℃，培养 3~5 天；真菌培养温度为 20~25℃，培养 5~7 天。分别计数分别报告或加和报告总菌落数。

（2）每个采样点使用总菌落培养基进行采样，可根据评估确定培养温度的先后顺序和培养时间。一般选择的培养温度为 30~35℃和 20~25℃。根据最后的观察结果及菌落形态获得细菌总数和真菌总数，必要时需进行鉴定，分别在同一培养皿上计数分别报告或加和报告总菌落数。

（3）每个采样点使用总菌落培养基进行采样，选择在一个比较适合细菌和真菌同时繁殖的温度和时间进行培养。如在 25~30℃培养 5 天，分别在同一培养皿上计总细菌数和总真菌数分别报告或加和报告总菌落数。

13.4.4 环境微生物的鉴别

建议对受控环境收集到的微生物进行适当水平的鉴定，微生物菌群信息有助于预期常见菌群，并有助于评估清洁或消毒规程、方法、清洁剂或消毒剂及微生物监测方法的有效性，尤其当超过监测限度时，微生物鉴定信息有助于污染源的调查。关键区域分离到的菌落应先于非关键区域进行鉴定。更多微生物鉴定的内容参见本指南"12 微生物实验室质量管理和检验"和《中国药典》指导原则 9204 微生物鉴定指导原则。

13.4.5 环境监测纠偏限和警戒限

在环境监测的计划中应明确规定纠偏限和警戒限（表 13-10）。

参考《中国药典》指导原则 9205 药品洁净实验室微生物监测和控制指导原则。

行动值的规定应符合 GMP 的规定。各企业也可根据自身供应市场所在地相关GMP 的要求，制定更为严格的规定。关于警告值的选择没有固定的做法，各企业可根据本企业的具体情况及历史数据自己制定。

表 13-10 各级别洁净环境微生物纠偏限参考值

洁净度级别	浮游菌纠偏限[1]（cfu/m³）	沉降菌纠偏限[2]（φ90mm，cfu/4 小时）
A 级	< 1	< 1
B 级	7	3
C 级	10	5
D 级	100	50

注：①数据表示建议的环境质量水平，也可根据检测或分析方法的类型确定微生物纠偏限度标准；②可根据洁净区域用途、检测药品的特性等需要增加沉降碟数。

13.4.6 环境监测数据管理

定期回顾、分析环境监测的数据有助于评估生产能力的稳定性及环境控制的情况。由于数据量非常大，所以建议采用可追踪的电子系统来记录环境监测的数据。如果采用专门的软件，在使用前，应对此系统进行验证、确认。

A. 数据收集

日常监测的数据应录入到统一模式的数据库中。记录的信息建议包含以下（但不局限于）信息：

- 监控日期；
- 取样位点；
- 取样方法；
- 接受标准、警戒限、行动限；
- 菌种鉴别的结果；
- 产品批号信息。

在进行数据分析前，必须保证数据的可靠性。

B. 数据分析和报告

定期总结不同级别房间、不同位点、不同人员的数据，并且作趋势分析。如果发现微生物有增加的趋势，应立即通知质量、生产和工程等部门，并共同展开调查。根据调查结果采取相应的行动对系统进行纠正。

14 质量标准

本章主要内容:

☞ 质量标准的建立

☞ 质量标准的变更

☞ 质量标准的文件控制

☞ 临床试验用药品质量标准

法规要求 ···

药品生产质量管理规范(2010 年修订)

第一百零二条 药品生产所用的原辅料、与药品直接接触的包装材料应当符合相应的质量标准。药品上直接印字所用油墨应当符合食用标准要求。

进口原辅料应当符合国家相关的进口管理规定。

第一百六十四条 物料和成品应当有经批准的现行质量标准;必要时,中间产品或待包装产品也应当有质量标准。

第一百六十五条 物料的质量标准一般应当包括:

(一)物料的基本信息:

1. 企业统一指定的物料名称和内部使用的物料代码;

2. 质量标准的依据;

3. 经批准的供应商;

4. 印刷包装材料的实样或样稿。

(二)取样、检验方法或相关操作规程编号。

(三)定性和定量的限度要求。

（四）贮存条件和注意事项。

（五）有效期或复验期。

第一百六十六条 外购或外销的中间产品和待包装产品应当有质量标准；如果中间产品的检验结果用于成品的质量评价，则应当制定与成品质量标准相对应的中间产品质量标准。

第一百六十七条 成品的质量标准应当包括：

（一）产品名称以及产品代码；

（二）对应的产品处方编号（如有）；

（三）产品规格和包装形式；

（四）取样、检验方法或相关操作规程编号；

（五）定性和定量的限度要求；

（六）贮存条件和注意事项；

（七）有效期。

背景介绍

质量标准主要有检测项目、分析方法和限度三方面内容组成。"符合质量标准"是指物料或产品按照给定的分析方法检测，其结果符合限度要求。质量标准是重要的质量指标，它由企业建立和论证，由监管机构批准并作为批准产品的依据。

质量标准不仅是检验的依据，而且是质量评价的基础。在完成物料、中间产品（半成品）、待包装产品和成品的检验后，确认检验结果是否符合质量标准，并在完成其他项目的质量评价（详见 GMP 第二百二十九和二百三十条）后，才能得出批准放行、不合格或其他决定。因此，企业应当制定质量标准。

企业应建立质量标准管理的书面操作规程。质量标准的起草、修订、审核、批准、复制、发放和使用、替换或撤销、保存和销毁等应按操作规程管理，并有相应的复制、分发、撤销和销毁记录。

14.1 质量标准的设计与制定

14.1.1 设计与制定质量标准的一般原则

- 质量标准的制定应当满足 GMP 第八章第二节有关质量标准的要求且应当不低于国家药品标准和注册标准（注册标准是经国家药品监督管理部门核准的药品质量标准）。药品注册标准应当符合《中国药典》通用技术要求，并不得低于《中国药典》标准规定。

- 企业在实际实施时，可以编写一份满足 GMP 规范中所有要求的质量标准，也可以制定几份文件来满足所有的要求。

- 如适用，质量标准中可增加产品的化学名称、中英文对照、化学分子式、分子量以及安全防护等内容。

- 检验方法应当经过验证或确认。如果没有特别说明，药典收载的通用检测方法无需确认。这些通用检测方法包括但不仅限于干燥失重、炽灼残渣、多种化学湿法和简单的仪器测试（如 pH 值测定法）。然而，首次将这些通用检测方法应用于各品种项下时，应当充分考虑不同的样品处理或溶液制备需求。

- 所有物料和成品均应有批准的现行质量标准。中间产品（半成品）或待包装产品在必要时［如外购或外销的中间产品（半成品）和待包装产品］也应有质量标准。

14.1.2 物料的质量标准

物料生产商应根据递交批准的药物主文件中物料质量标准对物料进行控制和检验。企业应当对所使用的物料质量严格把关。凡购入物料，都应按照药品批准注册时核准的物料质量标准进行检验。

- 企业所用物料的质量标准不应低于药品的注册或申报标准中的物料标准，可以增加注册或申报标准以外的附加检验项目。

- 药品上直接印字所用油墨应符合食用标准要求。

- 进口原辅料应符合国家相关的进口管理规定。若该物料已被收载在《中国药典》中，在递交药品注册时，物料的质量标准应结合《中国药典》标准要求以及制剂企业与物料供应商达成一致的标准进行递交。

有关物料有效期或复验期的要求如下：

● 若物料生产商已对物料规定了有效期，企业可参考制定企业内部的有效期，超过规定有效期的物料不得使用。

● 若物料生产商未对物料规定有效期而只规定了复验期，或者既未规定有效期也未规定复验期，企业可根据其适用的预定用途，确定需重新检验的日期或有效期。企业应建立相应的操作规程确定复验的程序和原则。复验后，根据复验结果、物料的稳定性数据、运输与贮存条件等因素进行评估，来确定物料延长的使用期限；如果物料规定了有效期，则延长的使用期限不得超过有效期。

14.1.3 中间产品（半成品）和待包装产品的质量标准

必要时，中间产品（半成品）或待包装产品也应当有质量标准。如果中间产品的检验结果用于成品的质量评价，则应制定与成品质量标准相对应的中间产品质量标准。

中间产品和待包装产品的质量控制，是为确保产品符合有关标准，而对工艺过程加以监控，以便在必要时进行调节而做的各项检查。因此，中间产品和待包装产品的质量标准应根据产品开发和工艺验证中的数据或以往的生产数据来确定；同时，还需综合考虑所生产产品的特性、反应类型以及控制工序对产品质量的影响等因素。若中间产品的控制标准也作为注册资料提交，经批准后，企业执行的标准不得低于该注册标准。除另有规定外，根据实际检定要求，生物制品半成品（如适用）的申报 / 注册标准应与申报 / 批准的制造及检定规程中半成品（如适用）检定部分的内容（包括检测项目、质量标准和分析方法）一致。

例如：外观、重量差异、硬度、脆碎度和崩解时限是影响某片剂成品质量的关键因素。因此，在压片的开始、中间每隔 60 分钟以及结束时取样，进行外观、重量差异、硬度、脆碎度和崩解时限的检查，检验方法和限度要求均在批记录中规定。当检验结果接近上 / 下限或与以往趋势不同时，则通知生产进行相应的调节。若超出限度要求，则需进行相应的调查。

对于原料，中间体的控制标准可适当放宽，越接近成品，中间控制的标准越严格。

A. 中间产品（半成品）和待包装产品的检验控制

中间产品和待包装产品的检验方法可与产品放行的检验方法相同，但制剂的中间控制的限度通常比放行标准严格。例如：含量的放行限度为标示量的

90.0%~110.0%，而中间控制的限度要求可规定为标示量的 95.0%~105.0%。

中间产品和待包装产品的检验项目可与产品放行的检验项目不同。例如：某企业成品放行时需按要求进行溶出度的检测，而在中间控制时，规定进行崩解时限的检查。

B. 取样方法

中间产品和待包装产品的包装与成品的包装不同。成品通常采用独立的小包装如铝箔包装和小瓶装，而中间产品和待包装产品大多采用罐装、桶装或大的双层塑料袋包装。因此，需对中间产品和待包装产品的取样方法进行明确规定，确保取样的代表性。

C. 贮存条件和贮存时间

如果中间产品和待包装产品在生产过程中需要放置一段时间，可通过稳定性研究确定中间产品和待包装产品的贮存条件和贮存时间（参见本指南"9 稳定性试验"）。

如果中间产品和待包装产品直接进行下一阶段的生产时，可无需研究其贮存条件和贮存时间。若生产过程中出现偏差而无法直接进行下一阶段的生产时，应通过偏差调查程序进行充分的评估。

14.1.4 成品放行质量标准和货架期质量标准

A. 成品放行质量标准

成品的放行质量标准不应低于注册或申报标准。

若产品已上市，成品在放行时应符合成品的放行质量标准。

除另有规定外，根据实际检定要求，生物制品成品的申报 / 注册标准应与申报 / 批准的制造及检定规程中成品检定部分的内容（包括检测项目、质量标准和分析方法）一致。

B. 成品货架期质量标准

成品货架期质量标准系指药品在有效期内执行的质量标准，等同于批准的注册标准，其目的是要确保药品在有效期内质量标准符合安全有效要求。根据所有稳定性资料来制定货架期的质量标准。根据稳定性结果和贮藏期观察到的变化，允许货架期标准和放行标准存在差异，一般放行标准的要求要严于货架期标准。

14.2 质量标准的变更

质量标准的变更不应引起药品质量控制水平的降低。变更质量标准时，药品上市许可持有人应遵循《药品注册管理办法》《药品上市后变更管理办法（试行）》《药品生产质量管理规范》以及已上市化学药品、中药及生物制品等药学变更研究技术指导原则等要求进行充分研究和验证，按相应变更类别批准、备案后实施或报告。

在变更研究过程中，还应考虑在原定的有效期内，药品是否符合修订后的质量标准要求，并基于风险在企业变更控制中制定相应措施。

14.3 质量标准的文件控制

质量标准的起草、修订、审核、批准、复制、发放、使用、保存、替换或撤销、销毁应满足 GMP 中文件管理相关要求进行受控管理，并应有复制、发放、撤销和销毁记录。

质量标准需由质量管理部门或具有相关资格的人员起草或修订。质量标准的内容设计和原则，参见 14.1.1 相关内容。质量标准，包括由生产人员进行中间过程控制所采用的质量标准，均需经过质量管理部门审核与批准。若中间过程控制所采用的质量标准纳入工艺规程文件，可不单独制定质量标准文件。

所用质量标准应是经批准生效的现行版本。已生效的原版质量标准复制时，应有记录，不得产生差错，需能明确区分原版质量标准与其复制文件。复制的文件应当清晰可辨。质量标准需受控发放，如加盖受控章，防止被替换或篡改。质量标准需放在工作场所便于查看的地方，并在使用过程中持续保证版本最新，内容完整。若在同一场所或相邻场所检验不同品种（或同一品种不同中间产品）应采取适当的措施以避免误用不正确质量标准。

质量标准修订后，应按照规定管理。对于已撤销的或旧版文件，除留档备查的应长期保存外，其余均应按规定销毁，不得在工作现场出现，以避免误用。

若质量标准的起草、修订、审核、批准、生效、使用、保存，销毁等由计算机化系统实现，应当实现与纸质文件同等功能，需满足 GMP 计算机化系统附录及《药品记录与数据管理要求（试行）》对于硬件、软件，用户权限管理，功能配置，变更，系统验证，电子签名等相的关要求。

14.4 临床试验用药品质量标准

在产品开发的不同阶段应当对质量标准进行评估，必要时进行更新。更新的文件应当综合考虑产品最新的数据、所采用的技术以及法规的要求，并应当能够追溯产品的历史情况。

对于已上市药品发生生产工艺变更或已上市药品一致性评价等需要做临床试验的情形，临床试验用药品的质量标准的文件控制，参见 14.3 相关内容。

15 委托检验的管理

本章主要内容：
☞ 委托检验的适用范围
☞ 委托方及受委托方的职责
☞ 委托检验的流程及关键控制点

法规要求 ···

药品生产质量管理规范（2010 年修订）

第二百一十七条 质量控制实验室的人员、设施、设备应当与产品性质和生产规模相适应。

企业通常不得进行委托检验，确需委托检验的，应当按照第十一章中委托检验部分的规定，委托外部实验室进行检验，但应当在检验报告中予以说明。

第二百七十八条 为确保委托生产产品的质量和委托检验的准确性和可靠性，委托方和受托方必须签订书面合同，明确规定各方责任、委托生产或委托检验的内容及相关的技术事项。

第二百七十九条 委托生产或委托检验的所有活动，包括在技术或其他方面拟采取的任何变更，均应当符合药品生产许可和注册的有关要求。

第二百八十条 委托方应当对受托方进行评估，对受托方的条件、技术水平、质量管理情况进行现场考核，确认其具有完成受托工作的能力，并能保证符合本规范的要求。

第二百八十一条 委托方应当向受托方提供所有必要的资料，以使受托方能够按照药品注册和其他法定要求正确实施所委托的操作。

委托方应当使受托方充分了解与产品或操作相关的各种问题，包括产品或操作对受托方的环境、厂房、设备、人员及其他物料或产品可能造成的危害。

第二百八十二条 委托方应当对受托生产或检验的全过程进行监督。

第二百八十三条 委托方应当确保物料和产品符合相应的质量标准。

第二百八十四条 受托方必须具备足够的厂房、设备、知识和经验以及人员，满足委托方所委托的生产或检验工作的要求。

第二百八十五条 受托方应当确保所收到委托方提供的物料、中间产品和待包装产品适用于预定用途。

第二百八十六条 受托方不得从事对委托生产或检验的产品质量有不利影响的活动。

第二百八十七条 委托方与受托方之间签订的合同应当详细规定各自的产品生产和控制职责，其中的技术性条款应当由具有制药技术、检验专业知识和熟悉本规范的主管人员拟订。委托生产及检验的各项工作必须符合药品生产许可和药品注册的有关要求并经双方同意。

第二百八十八条 合同应当详细规定质量受权人批准放行每批药品的程序，确保每批产品都已按照药品注册的要求完成生产和检验。

第二百八十九条 合同应当规定何方负责物料的采购、检验、放行、生产和质量控制（包括中间控制），还应当规定何方负责取样和检验。

在委托检验的情况下，合同应当规定受托方是否在委托方的厂房内取样。

第二百九十条 合同应当规定由受托方保存的生产、检验和发运记录及样品，委托方应当能够随时调阅或检查；出现投诉、怀疑产品有质量缺陷或召回时，委托方应当能够方便地查阅所有与评价产品质量相关的记录。

第二百九十一条 合同应当明确规定委托方可以对受托方进行检查或现场质量审计。

第二百九十二条 委托检验合同应当明确受托方有义务接受药品监督管理部门检查。

15.1 原则

药品生产企业对本企业放行出厂的产品（包括制剂和原料药）必须按药品标准项下的规定，自行完成或进行部分委托检验以完成注册标准中规定的所有检验项目。企业通常不得进行委托检验，确需委托检验的必须根据现行法规要求进行管理。

委托检验必须以制定有效的委托检验合同或者质量协议为前提，明确界定检验内容和责任。委托检验合同应由质量部负责人或企业相关负责人批准。

委托检验的所有活动，包括在技术或其他方面拟采取的任何变更，均应符合有关药品注册批准的要求及合同内容。

只有合同生效期内所作的委托检验结果是有效的，此结果还必须经委托方确认认可。

另外，在委托检验活动中，还应明确界定相关技术的保密属性。

15.2 应用范围

委托检验适用范围应遵照相应法规执行，委托检验为自身能力和条件的补充，不能替代自身全部委托。例如由于实验室条件（能力容量，仪器等的短缺）及人员资格的限制，或仪器发生故障不能满足正常工作时，可以考虑对原辅料、包装材料，以及涉及动物实验、大型仪器设备等使用频次较少的项目进行委托检验，但是通常情况下，制剂成品不得进行委托检验。非申报测试、研究型测试以及突发性事件调查中的委托检验行为可参照本章节执行。

协助企业进行 OOS 或偏差调查类的委托检验活动（如杂质结构分析、环境监测时菌种鉴定等）时，受样品自身有效期限制，可简化委托检验流程（如委托检验前对受托方评估、方法转移等），但在产品放行前，企业必须应基于风险评估判断检验结果是否准确、可靠。

委托检验的受托方可以是第三方具有相应资质和能力的机构或企业。主要考察其检验仪器是否经过计量校验（包括国家强制要求执行的）并处于良好工作状态，人员是否具备相应资格及要求的技术水平，质量管理水平是否符合 GMP 法规要求等。

所有实验样品均可根据法规要求进行委托检验，过程中应采取相应的措施，防止交叉污染和保持可追溯性。

15.3 双方职责

15.3.1 委托方职责

委托方的制药质量管理体系中应当涵盖对任何外包活动的控制和审核。委托方有最终责任确保有相关程序使外包活动受控。这些程序应当整合质量风险管理原则，特别是包括：

进行委托服务前，委托方应按照风险和委托目的，确定是否对受托方进行资质确认，包括资质、实验室条件、仪器设备的计量校验、人员技术水平、质量管理情况进行详细考察，确认其具有完成外包活动的合法性、适用性和能力。委托方也有责任确保通过合同约束使本章所述 GMP 原则及指南得到遵守。

委托方应保证受托方的检验活动符合委托目的的法规要求，如对委托检验过程实施必要的审核和监督。

委托方应当向受托方提供正确开展委托活动必要的信息和知识，确保委托活动符合有效法规要求，及相关产品上市许可要求。委托方应当确保受托方充分了解产品或与工作有关的任何问题，包括但不限于可能会给受托方的设施、设备、人员、其他物料或其他产品造成危害。委托方应向受托方提供必要的资料，例如，实验方法和操作指南、样品贮存和运输条件、试剂的规格、标准品来源及贮存条件等，以使受托方能够按所要求的标准和其他法定要求正确实施所委托的操作。

委托方必要时应对受托方进行方法转移培训，并在日常检验的全过程进行指导和监督。

委托方应确保受托方接到的所有实验样品，均按照既定的、合理的取样规则取样，确保样品具有代表性。

委托方应确保按照所要求的条件贮存和运输样品。如果需要退回样品时，需要在双方合同或协议中进行阐述。

委托方应当审核和评估外包活动相关的记录和结果。如对记录格式有特别需求，委托方必须向受托方提供所要求的记录格式模板。

委托方应当监督和评估受托方的表现，并确定和实施任何必要的改进。

15.3.2 受托方职责

受托方实验室必须具备足够的实验室空间、相应的分析设备，具备相应知识和经验的人员，以确保完成委托方所委托的检验工作。受托方可按合同要求，依据合理的取样原则取样，保证样品具有代表性；应能确保所有收到的实验样品（包括物料、中间产品、待包装产品和成品）和标准品／试剂按要求妥善保管，并用于预定用途。

受托方实验室不得从事任何可能对委托方检验的产品质量有不利影响的活动；不得进行合同外的、未经批准的变更；对于检验过程中出现的不符合规定的结果，有义务按合同要求及时通知委托方，并进行相应的调查，同时将调查结果反馈委托方；对于合同实施过程中，出现其他偏离合同要求的情况，应按要求通知委托方，并作相应的调查；有义务接受委托方和药品监管部门的审计。

受托方应将主要和关键变更及时通知委托方，并经委托方同意后方可实施变更，涉及商业化产品应按照产品上市后变更要求和各个药监管理部门具体要求执行。

受托方应对委托方提供的内控检验方法及数据实施保密措施，不得泄露或作其他用途。

受托方还应对实验剩余的样品及其测试材料应按照合同要求适当处理或退还给委托方，不得挪为他用。

15.4 委托检验流程

15.4.1 选定受托方

A. 资格筛选

委托方应根据实验需求，挑选有资质的实验室（如经监管机构批准的第三方实验室），此实验室应能承担委托实验的相关项目，满足 GMP 实验室的要求、相关仪器设备、流程控制满足数据可靠性要求，确保所有检验活动在符合 GMP 要求下进行。

B. 现场考察评估

对初步确定的受托方，由质量部门组织进行现场考察，其中包括实验室的组织结构、资质证书、实验条件、数据可靠性以及仪器管理现状、校验／使用历史、人员资质和培训、试剂管理和标准品溶液的管理等。审计之前，须就审计计划达成一致。审计时，需注意现场的操作与批准生效的管理程序的一致性。根据审计结果出具现场审计报告，并由质量管理部门相关负责人批准（现场审计计划、议程和审计报告见实例 15-2）。

委托方根据资格筛查和现场考察结果，结合产品检验需求进行评估，选定可能的受托方进行细节探讨。

C. 细节探讨

就实验方案的细节，委托方应同候选的合同实验室进行交流探讨，尤其是技术方面，以确定它具有条件按质按量完成检验。

15.4.2 合同签署

委托方与受托方之间应签订合同（包括商业条款及质量协议），详细规定各自的职责，其中的技术性条款应由具有检验技术知识和熟悉本规范的主管人员拟定，委托检验的各项工作必须符合质量协议的要求并应双方同意（质量协议见实例 15-1）。

合同应阐明何方负责试剂、标准品的采购、批准、放行使用，同时也应明确何方负责取样。在委托检验的情况下，合同应阐明受托方是否在委托方的厂房内取样，或由委托方送样。

原始记录及数据的保存应符合 GMP 相关法规要求的保存期限。样品的返回及报废程序应在合同中明确规定，在委托方质量缺陷处理或药品召回处理的操作规程中应详细规定，出现投诉或怀疑有缺陷时，委托方必须能够方便地查阅所有与评价产品质量相关的记录。

合同应允许委托方对受托方进行检查或质量审计（定期或随机）。

委托检验合同应明确受托方同意接受药品监督管理部门检查，并将检查结果告知委托方。

为保证合同的时效性以及合规性，应规定审核周期，定期审核后如无内容更新，可通过书面形式予以确认。

15.4.3 合同实施

• 技术转移：委托方应参考国家颁布的标准将注册技术文件的相关和适用部分通知受托方，相关的技术转移流程参见本丛书《质量管理体系》分册"3.4.1 技术转移"中的具体要求。在委托检验活动中，技术转移通常指的是分析方法的技术转移。

分析方法的技术转移包含方法转移、方法确认、方法验证三种形式，相关内容参考本指南"8 分析方法的验证、确认和转移"。

● 标准品、关键试剂、样品的准备和运输：标准品、关键试剂、样品应按要求的级别、数量等准备，运输时应保证运输条件符合规定，如对于光照 / 温度 / 湿度等因素敏感物品，应实施运输条件的监控，其数据应附于分析报告中作为参考。

● 标准品、关键试剂、样品的贮存：受托方应按照要求贮存接收到的标准品、关键试剂、样品。对于光照 / 温湿度敏感物品，其贮存条件的数据也需要提供给委托方作为结果的一部分。

● 培训：委托方应按照需求给受托方提供相应的培训，培训内容包括但不限于技术转移内容、可接受标准、委托合同 / 质量协议内容等，确保受委托的双方足够了解相关背景知识。

● 实验：受托方应按照规定的方法进行检验和如实 / 及时填写实验记录，如使用电子系统进行公式计算，需提前进行公式验证，并有文件记录及批准。

● 实验报告：受托方应按要求向委托方出具检验报告，检验报告需要标注清晰项目结果的来源和出处等，报告应加盖检验公章，其原始数据应按法规或合同要求由任一方保留。为便于委托方查阅或 GMP 检查审核，在双方认可的基础上，建议由委托方保留原始记录，受托方保留原始记录复印件。

● 变更和偏差情况处理：双方合同或协议中应对如何处理不同级别变更和测试偏差或偏离趋势有所界定，按照结果导致风险的程度进行界定和执行。

● 周期性检查和整改：双方合同或协议中应规定定期对受托方质量体系进行审计及整改周期要求。

● 委托服务投诉的管理：双方合同或协议中应规定当委托方收到质量投诉时，受托方需在指定周期内完成自查报告，协助委托方进行调查。

● 异常情况处理：合同实施的过程中，如出现任何偏离合同要求的情况，受托方应及时通知委托方，共同进行相应的调查及后续可能的合同修订。

15.4.4 结果评估

受托方一旦发现超出质量标准或异常的分析结果，须及时通知委托方，报告实验室调查结果以及根本原因调查结果，并按要求提供调查报告给委托方。

受托方在委托检验行为中产生的偏差，应及时通知委托方，根据偏差严重程度共同评估结果和制定相应的纠正和预防措施。

受托方检验结果与法定抽样结果或复核结果不一致时，应双方协商解决。

15.4.5 实验后样品处理

所有实验后的样品应按照合同要求处理。处理过程应充分考量健康、安全和环境等各项因素。对于有特殊安全需要的样品，按照相关规定处理。

15.5 委托检验合同维护

受托方不得将任何受托的任务分包给第三方。

委托检验终止应有终止计划或者实施必要的变更控制，委托方与受托方应对委托检验终止时间有明确的界定。

15.6 委托检验的生命周期管理

委托方应该基于风险评估制定合理的再评估周期。委托检验合同生效后，通过对委托项目的风险、受托方的信任、委托活动期间检验质量、审计情况等回顾分析，再评估后，决定是否要更新合同。

实例分析

【实例】15-1 质量协议

×××××× 公司

作为协议提供方，下文简称甲方

与

×××××× 实验室

作为协议接受方，下文简称乙方

年　　月

目录

1. 导言·· ×

2. 质量协议范围·· ×

    合约 / 协议双方名称 / ×

    合约 / 协议中包含的产品 / 测试方法种类、名称 / ×

    合约 / 协议中包含的场所 / 区域 / ×

    合约 / 协议中的定义和缩写词 / ×

3. 总则·· ×

    合约 / 协议生效时间 / ×

    检测说明及标准 / ×

    检查及审核 / ×

    转包 / ×

    验证及确认（包括计算机化系统）/ ×

    数据可靠性要求 / ×

    变更管理及批准 / ×

    偏差及超标结果 / ×

    趋势监控以及超趋势结果 / ×

4. 样品检测·· ×

    质量标准 / 技术要求 / ×

    方法转移 / ×

    标准品 / ×

    检测样品存储 / ×

    样品的检测 / ×

    结果报告 / ×

5. 产品放行·· ×

6 留样以及稳定性考察要求·· ×

7. 文件存档·· ×

8. 产品质量回顾·· ×

9. 相关技术的保密要求·· ×

10. GMP 符合性要求·· ×

11. 审计要求 ……………………………………………………… ×

12. 样品安全性以及 EHS（环境、健康、安全）考量 …………… ×

　　废物处理 / ×

13. 协议期满 ……………………………………………………… ×

14. 子合同管理 …………………………………………………… ×

15. 语言 …………………………………………………………… ×

16. 签字 …………………………………………………………… ×

17. 变更历史 ……………………………………………………… ×

18. 附件 …………………………………………………………… ×

　　附件 A：质量联系人 / ×

　　附件 B：服务项目 / ×

　　附件 C：实验文件 / ×

　　附件 D：双方职责表 / ×

　　附件 E：被批准的下级承包商 / ×

1. 导言

甲方是一个集药品制造、行销和销售为一体的制药企业。该委托项目在一个结合了 GMP 要求及法律法规条款的质量管理系统条件下进行运作。

乙方具有由中国合格评定国家认可委员会颁发的实验室认可证书（编号．×××××）及中国国家认证认可监督管理委员会颁发的计量认证证书（编号．×××××）。

乙方和甲方应依据相关的质量方针制定双方的职责及任务，乙方在执行检测中应遵守并执行相应的国家要求。

2. 质量协议范围

合约/协议双方名称

该质量协议定义的双方技术质量联系人见附件 A；

合约/协议中包含的产品/测试方法种类、名称

该协议涉及的检测项目见附件 B；检测项目文件要求见附件 C；委托双方的任务及职责见附件 D；涉及乙方与分包商的信息见附件 E。

合约/协议中包含的场所/区域

该协议涉及的检验场所为 ×××××，地址为：×××××；

稳定性考察实验场所为：×××××，地址为：×××××；

合约/协议中的定义和缩写词

工作日：

日历日：

立即：

3. 总则

合约/协议生效时间

根据本合约签订时间，定义合约生效时间。

检测说明及标准

乙方应根据附件 C 的检测方法执行，如甲方标准作为乙方报告的一部分，乙方应确保该转换的正确性，根据来源文件对照甲方标准进行对比并做出适当的更新，并得到甲方的批准。

检查及审核

乙方同意其设备设施、操作及质量体系经过甲方审核，以确保符合相关质量方针及甲方要求。在执行服务期间，甲方在合理的间隔时间段有资格进行相关审核（如针对不合格项目，或投入新的检测项目，或常规质量审计），以确保合约服务执行的一致性。

乙方应及时的针对审核发现不符合项启动纠正措施。如有发现违背协议要求的标准及法规的行为，甲方有权停止任何为甲方进行的操作。乙方必须在继续执行操作前完成整改。

乙方应允许国外（如甲方接受其审计涉及委托项目时）及当地政府权威机构对其设施设备、操作运行及质量体系进行必要的审核。以获得或持续甲方或其分企业、物流及产品销售地（根据具体情况而定）等所在地区对实验室的认证。乙方应允许甲方代表参与相关审核活动。

如在权威机构审核中发现可能影响甲方产品质量的问题时，乙方应立即通知甲方，并告知甲方审计中的问题发现项，10 个工作日内提供该审核报告的复印件及提出的整改方案。

如无其他协议规定，审核权限应在合同终止后 5 年内始终有效。

转包

不得转包。

验证及确认（包括计算机化系统）

仪器：应使用校正和确认过（安装／运行确认，性能确认，如适用的仪器）的仪器，并遵循实验方法进行实验。设备验证报告需要得到乙方质量部门的批准。

计算机化系统：乙方有责任确认用于检测的计算机化系统是经过验证的。被批准的验证草案、报告、测试草案、原始数据及系统操作流程应可接受甲方的审核。

数据可靠性要求

乙方必须建立和维护一套有效的流程以符合法规的要求，可以预防、阻止、识别和改正任何数据可靠性的问题，并且及时通知甲方关于数据可靠性的偏离。

变更管理及批准

本质量协议及相关附件的变更应基于双方同意的基础上，并以文字形式记录在案。

乙方应通知甲方任何会影响到产品质量或安全的变更，如检测流程、方法及标准。

乙方应以书面形式准备变更申请，在该申请中应定义以下内容：

关于此变更的详细描述（现状相比计划变更的状态）；

变更的原理；

质量评估。

甲方应根据评估，决定是否批准该变更申请，甲方应在接收到乙方申请若干个工作日内（具体实限按双方协议）通知乙方所做的决定。

被甲方批准的注册相关的变更需在法规机构批准后实施，甲方在收到官方批准后应适时地通知乙方，并给予实施限期。

如出自更新的药典或其他相关法规的变化，乙方可在甲方预先批准前实施，但须在 10 个工作日内通知甲方。

偏差及超标结果

出现偏差或超标结果时，乙方应立即通知甲方，其调查须根据相应的标准操作程序执行，检测报告中需要参考调查报告，并提供复印件给甲方。如超标结果由实验室原因导致，乙方应启动纠正措施。甲方将批准调查报告，并对于提出的纠正措施给予同意或拒绝的意见。

趋势监控以及超趋势结果

定义趋势监控责任，乙方必须有书面程序来记录和调查趋势异常（OOT）的结果。这些书面程序应遵守法规和指导方针。如果发现 OOT 结果，按照乙方批准的程序及时进行初步实验室评估。该评估至少包括对所使用的所有设备、样品和试剂制备的检查，以及与测试过程相关的文件。如超趋势结果由实验室原因导致，乙方应启动纠正措施。甲方将批准调查报告，并对于提出的纠正措施给予同意或拒绝的意见。如果产品在收到时或在货架期内由于在乙方处的操作而未能符合约定的产品标准，甲方应以书面形式通知乙方。

4. 样品检测

质量标准 / 技术要求

定义产品的质量标准以及委托检验活动的技术要求。

方法转移

当所用检测方法需要转移时，甲方应该根据标准操作规程进行正式的方法转移。

标准品

用于检测甲方样品的标准品由甲方提供或经甲方批准后乙方购买。

检测样品存储

甲方将准备检测样品并提供清晰的标示及必要的管理信息（实验订单或样品号），乙方负责将样品储存在室温或订单上特殊声明的要求下对检测样品进行存储。

样品的检测

定义乙方在样品检测实施中的具体要求，包括但不限于样品流转流程、样品检验操作规程、数据处理（如特殊的积分处理）/ 报告流程等，定义双方在样品检测中的职责（如报告 / 原始记录审核）。

乙方应根据附件 C 中可应用的详细检测要求执行适当的检测。乙方所获得的所有原始数据及后来的计算结果，应经过复核、审核，并在实验记录上加盖乙方实验室检测专用章。所有单独的结果应被评估其准确性。最终报告应被授权人签署。

结果报告

乙方应提供最终报告，报告的格式应由甲方及乙方双方同意。乙方提供的检测报告应包括以下项目：

样品特定信息；

检测方法的文件编号；

检测、结果及标准。

5. 产品放行

乙方质量部门必须以书面形式证明每批产品的检验符合 GMP、主记录和相关规程。识别批记录中的所有偏差，包括所有偏差的总结。所有偏差必须在甲方放行该批前完成调查。甲方负责产品的放行。

6. 留样以及稳定性考察要求

完成的稳定性考察数据和评价结果应告知对方，评价应包括与历史批次（包括：注册申报批次、其他受托方生产的批次等）的数据对比和分析，以便及时发现稳定性不良趋势。

7. 文件存档

乙方应确保存储相关检测的文件（文件类型应由合同双方确定）。

在最终存档期后，根据合同要求，乙方可将相关文件提供给甲方，也可自存。样品根据要求在提交检测结果后销毁。如试验结果异常，样品应保存至甲方质量部反馈意见后，最长不应超过 3 个月。

如乙方有需要存储样品，相关条款请参见样品管理章节。一般情况下，样品应根据乙方质量体系定义中描述流程进行存储。

8. 产品质量回顾

乙方应提供经批准的年度产品质量回顾文件。约定时间与范围。

9. 相关技术的保密要求

各方同意不向任何第三方（药品监管机构除外）披露所取得的与本质量协议有关的信息。

10. GMP 符合性要求

根据委托检验产品属性定义 GMP 符合性要求。

11. 审计要求

定义基于风险控制的 GMP 符合性审计，明确审计周期以及整改准则。

12. 样品安全性以及 EHS（环境、健康、安全）考量

甲方有责任告知样品安全性知识；并对乙方进行 EHS 考量。

废物处理

为防止未经授权的使用，废品应在安全、合法并保护环境的情况下销毁。乙方应保存完整的物料销毁及废物处理的记录。任何带有甲方标志及名称的产品、包装及标签应被划去或销毁。如甲方需要，乙方应提供销毁或废物处理的证明文件。

13. 协议期满

此协议应在双方签署后生效并实施。

14. 子合同管理

15. 语言

本协议以中文书就。

16. 签字

甲方	乙方
×××质量保证部负责人	×××质量保证部负责人
×××企业负责人	×××检测单位负责人

17. 变更历史

版本	变更描述及理由
1.0	新起草
2.0	

18. 附件

附件 A：质量联系人

甲 方		
姓名	职能	地址
×××××	质量保证部负责人	×××××
电话	传真	邮箱地址
+86 10×××××	+86 10×××××	××@×××××.com

姓名	职能	地址
××××××	企业负责人	××××××
电话	传真	邮箱地址
+86 10××××××	+86 10××××××	××@××××××.com

乙 方		
姓名	职能	地址
××××××	质量保证部负责人	××××××
电话	传真	邮箱地址
+86 10××××××	+86 10××××××	××@××××××.com

姓名	职能	地址
××××××	检测单位负责人	××××××
电话	传真	邮箱地址
+86 10××××××	+86 10××××××	××@××××××.com

甲方   乙方

××××××　　　　　　　　　　××××××

质量保证部负责人　　　　　　　质量保证部负责人

附件 B：服务项目

序号	服务
1	×× 实验分析方法验证及样品的检测 方法验证遵循编号为 ABCD－××××××－01 的草案进行
2	无

甲方   乙方

××××××　　　　　　　　　　××××××

质量保证部负责人　　　　　　　质量保证部负责人

附件 C：实验文件

编号	产品号	文件类型	文件编号	发放日期
1	无	草案	ABCD-×××××-01	以该文件最终批准日期为准
2	无	无	无	无

备注：实验方法应根据由编号为 ABCD-×××××-01 的草案所得出的方法验证结果起草和批准。对于日常样品的检测，乙方应根据此方法进行。

甲方   乙方

×××××   ×××××

质量保证部负责人   质量保证部负责人

附件 D：双方职责表

A= 甲方

B= 乙方

基础要求	
审核并批准设施设备及质量系统，并评估乙方的资质	A
符合 GMP 及质量系统要求	A
样品测试	
开发检测方法	A
验证检测方法	B
发放检测方法	A
批准检测方法	A
根据检测方法进行检测	B
提供工作标准品和试剂	A
确保工作标准品和试剂储存在合适的条件下	B
批准来自批准后的检测方法的偏差	A
批准来自批准标准的偏差	A
验证检测用计算机化系统，数据评估及报告体系	B
校验检测用仪器 / 玻璃容器	B
提供样品在调查中的安全数据	A
调查 OOS 超标实验结果	B
报告整改措施（实验室失误）	B
批准调查报告	A，B

样品测试	
审核全部报告及分析结果的符合性	A，B
收集检测结果并出具报告	B
在双方同意的时间内保存原始数据	B
准备变更申请	B
批准变更申请（注册相关）	A
废物和样品的处理	B

甲方 _____　　　　　　乙方 _____

×××××× 　　　　　　　　　　　　　　　　××××××

质量保证部负责人　　　　　　　　　　　　　质量保证部负责人

【实例】15-2 现场审计计划和审计报告

A. 审计计划

××××××公司（甲方）
自：质量保证部
日期：**yyyy.mm.dd**　　　　　　　　　　　　　审计编号：yyyymmdd

GMP 审计计划
××××××实验室（乙方）
yyyy–mm–dd

（1）审计范围

该审计根据××××××公司质量内部标准操作规程，编号为 000000 "承包商的控制"，及针对第三方检验的要求，而进行的相关审计。

（2）参与审计者

××××××　质量监督专员
××××××　质量部主管
审计计划起草：_____
　　　　　　　××××××

审计计划起草：_____
　　　　　　　质量保证部负责人
　　　　　　　××××××

议程		
开启会议		
yyyy－mm－dd 8:30～9:00	介绍参与人员、审计目的 商榷审计行程安排 所需文件确认	
GMP 审计		
yyyy－mm－dd 09:00～11:00	实验室现场 组织机构 人员资质培训 仪器设备 • 主要仪器设备目录 • 仪器设备的管理规程 • 仪器的校验和确认 • 仪器的预防维护管理规程 离子色谱仪的校验报告和仪器使用日志 离子色谱仪的标准操作规程 计算机化系统的管理 标准品溶液和样品的管理 数据的保管 校验数据超出标准时的处理程序 记录和报告的审核批准程序	
yyyy－mm－dd 11:30～12:00	结束会议： 简单介绍审计发现 答复及讨论	

（3）文件准备

上述涉及的规程、使用日志等文件请提前准备，便于审计期间审阅。

（4）基本信息

该审计计划将在审计开始会议中讨论，如有需要可随时调整。

检查中的发现将口头通知被审计人员，严重缺陷应即时通知管理层，其他缺陷将在检查结束会中口头通知管理人员。

包括全部发现及总结的正式审计报告将在审计后完成，正式批准后将下发至被审计方。整改计划应在收到审计报告后 4 周内根据每项发现提出，包括责任人/部门及完成时间。并经过甲方的审阅批准。

B. 审计报告

×××××× 公司（甲方）
质量保证部

审计编号：yyyymmdd

现场 GMP 审计报告
×××××× 实验室（乙方）
单位地址
yyyy.mm.dd

（1）审计范围

本次审计根据 ×××××× 公司（甲方）标准操作规程，编号为 SOP-000000，SOP-111111 实施的针对潜在的委托实验室进行的初次审计，审计对象为 ×××××× 实验室（乙方）。该审计针对 ×××××× 实验室的实验室环境、设备、操作流程、质量管理、环境、人员资质等情况，对其目前的合法性、服务质量、服务状况进行评估，以确认其是否可满足 ×××××× 公司（甲方）的要求，具备资格作为甲方的委托商。

（2）检查成员

主审员：××××××（质量保证专员）

协助审查员：××××××（质量部主管）

（3）受托方出席人员

×××（相应部门负责人）
审阅：批准：

×××（质量监督经理）　　　　　×××（质量保证部经理）

分发至：

×××××× 实验室（乙方），×××××× 公司（甲方）

综合评定：

本次审计是针对 ×××××× 实验室（乙方）作为潜在的 ×××××× 公司（甲方）委托第三方实验室的初次审计，整个审计在公开公正的环境下进行，并且得到了该实验室的大力配合。

本次审计共有 7 项缺陷内容，审计发现问题细节，请见下列相关章节。

通过本次审计，×××××× 实验室（乙方）基本符合 ×××××× 公司（甲方）

389

要求，可作为 ×××××× 公司（甲方）的第三方实验室。

整改计划须在接到本报告后 30 个工作日内发至 ×××××× 公司（甲方），×××××× 实验室（乙方）负责跟踪确认整改行动实施情况，最新的整改情况须每 6 个月回复甲方一次。

背景情况：

×××××× 某实验室（乙方）是通过中国合格评定国家认可委员会（CNAS）认可，具备中国计量认证（CMA）资质，并依据 ISO/IEX17025 运行的第三方检测机构。

实验室使用面积约为 ××× 平方米，共 × 层。其中拟承担委托实验的实验室具有专业分析测试人员 ×× 人，其中具有博士学位以上 × 人，硕士 × 人。实验室设备有：气相色谱仪、气相色谱串联质谱仪、高效液相色谱仪、离子色谱仪等多种仪器设备。

审计范围：

本次审计仅限于 ×××××× 公司委托的 ×× 实验流程、设备操作等相关系统进行，实验将在 ×××××× 实验室进行。

检查情况及缺陷项目：

_____

1. 组织机构

具有明确的组织机构，详见附件 ××。

2. 人员资质和培训

具有培训管理程序（编号 ××），审阅了负责某实验仪器的 ××× 老师的人员资质档案（编号 ××），档案完整且有全面的培训内容和完整的评估。

建议：×××

3. 实验室设备设施管理

（1）实验室整体布局良好，环境整洁卫生，仪器设备分布合理，具备仪器设备管理程序（编号 ××），及相应的消防系统。但在检查中发现：

问题描述：×××

建议：×××

（2）设备校验

该实验室设备由北京市计量院及国家计量院进行校验，并在内部标准操作规程（编号 ××）中规定，两次强校之间进行一次内部校验（又称期间核查）。

某仪器仪于 yyyy 年 mm 月购入，并于 yyyy.mm.dd 由北京市计量院校验，校验证书号为×××××（见附件××），有效期至 yyyy.mm.dd。其内部期间核查已经进行，且具有仪器操作及维护规程，但在检查中发现：

问题描述：×××

（3）设备的定期维护

具备设备操作及维修维护规程（编号××），仪器维修记录（编号××）以及仪器使用记录，但在检查中发现：

问题描述：×××

4. 记录和受控文件的管理

该实验室具备相应的记录管理程序（编号××）和受控文件管理程序编号××）。原始谱图的模板和数据的保管可按客户的需求进行。当检验数据超出标准时，有相应的不合格检测工作控制程序（编号××）和预防整改措施及追踪程序（编号××）。

5. 标准品溶液和样品的管理

该实验室具备相应的标准品管理规程（编号××）和样品管理规程（编号××），标准品和样品的管理可按客户的需求进行。

建议：×××

6. 试剂管理

该实验室具有化学试剂管理程序（编号××），并从试剂的采购、接收、保存有明确的规定。试剂开瓶使用后需贴标签，标注开启人和开启日期。

建议：×××

7. 计算机化系统的管理

目前未对计算机化系统进行验证，但仪器专人专管，并使用独立的密码保护，且计算机会在仪器不使用2分钟后进入保护状态。实验结束后，打印的原始谱图经实验者和复核人确认后作为有效文件保存。

缩略语表

英文缩写	英文全称	中文
CDS	chromatography data system	色谱数据系统
ChP	Pharmacopoeia of the People's Republic of China	《中国药典》
DQ	design qualification	设计确认
EHS	environment、health、safety	环境、健康、安全
EMA	European Medicines Agency	欧洲药品管理局
EP	European Pharmacopoeia	欧洲药典
HPLC	high performance liquid chromatography	高效液相色谱仪
ICH	International Council for Harmonisation of Technical Requirements for Pharmaceuticals for Human Use	国际人用药品注册技术协调会
IQ	installation qualification	安装确认
LIMS	laboratory information management system	实验室信息管理系统
MDD	microbial data deviations	微生物数据偏差
MSDS	material safety data sheet	化学品安全技术说明书
OOS	out of specification	超标
OOT	out of trend	超趋势
OQ	operation qualification	运行确认
PAT	process analytical technologies	过程分析技术
PQ	performance qualification	性能确认
SOP	standard operating procedure	标准操作规程
TOC	total organic carbon	总有机碳
USP	United States Pharmacopoeia	美国药典
UV	ultraviolet spectrophotometer	紫外分光光度计

物料系统

GMP

目 录

$1\sqrt{}$ 概述

1.1 目的 …………………………………………… 400

1.2 范围 …………………………………………… 400

1.3 内容 …………………………………………… 401

$2\sqrt{}$ 人员和职责

2.1 人员资质和职责 …………………………… 403

2.2 人员培训 …………………………………… 404

$3\sqrt{}$ 仓储区设施和设备

3.1 仓储区概述 ………………………………… 408

3.2 仓储区设施、设备 ………………………… 414

3.3 仓储区设施、设备确认 …………………… 420

    3.3.1 设施、设备确认的总体原则 ………… 420

    3.3.2 温湿度分布验证 ……………………… 422

3.4 仓储区设施、设备管理 …………………… 429

3.5 昆虫和动物控制 …………………………… 430

4 供应商管理

4.1 供应商的筛选、批准和撤销 ························ 436

    4.1.1 供应商的筛选 ························ 436

    4.1.2 供应商的评估 ························ 437

    4.1.3 供应商的批准 ························ 438

    4.1.4 质量协议 ························ 439

    4.1.5 供应商的撤销 ························ 439

4.2 供应商审计 ························ 445

    4.2.1 审计员资格确认 ························ 446

    4.2.2 审计类型 ························ 447

    4.2.3 审计形式 ························ 447

    4.2.4 审计频次 ························ 448

    4.2.5 审计计划 ························ 449

    4.2.6 审计内容 ························ 449

    4.2.7 缺陷分类 ························ 450

    4.2.8 审计结果等级评估 ························ 450

    4.2.9 审计整改 ························ 450

4.3 供应商的持续管理 ························ 452

    4.3.1 供应商资质再评估 ························ 452

    4.3.2 事件管理 ························ 452

    4.3.3 质量回顾 ························ 454

    4.3.4 绩效管理 ························ 454

    4.3.5 质量档案管理 ························ 454

4.4 集团化审计和第三方审计 ························ 456

5 物料接收

5.1 物料接收前准备 ·· 460

5.2 物料验收 ·· 461

5.3 物料入库 ·· 463

    5.3.1 物料标识、存放和待验 ································ 463

    5.3.2 计算机化仓储管理系统接收入库 ·············· 465

5.4 物料请验 ·· 465

    5.4.1 物料的取样 ·· 466

    5.4.2 物料的放行和拒收 ·································· 466

5.5 物料异常处理 ·· 467

6 贮存

6.1 贮存条件的确定 ·· 471

6.2 贮存的基本要求 ·· 473

    6.2.1 分类分区存放 ·· 473

    6.2.2 码放 ·· 474

    6.2.3 定期盘存 ·· 474

    6.2.4 物料的复验 ·· 475

    6.2.5 其他要求 ·· 475

6.3 仓储区域管理 ·· 476

    6.3.1 管理的一般要求 ······································ 476

    6.3.2 贮存区的区域划分 ·································· 477

    6.3.3 安全贮存 ·· 477

6.4 温湿度的控制、监测和记录 ································ 478

6.5 特殊贮存条件 ·· 478

6.6 物料寄库和出库 ·· 479

6.7 物料退库 ·· 480

6.8 贮存过程的偏差处理 ·· 481

7 √ 物料标识

7.1 物料信息标识 ··· 487

    7.1.1 物料信息标识的基本组成 ································· 487

    7.1.2 物料信息标识种类 ·· 491

    7.1.3 物料信息标识的使用和管理 ··························· 491

7.2 物料状态标识 ··· 495

    7.2.1 物料状态标识分类 ·· 495

    7.2.2 物料状态标识的表示方式、使用和控制 ········· 495

8 √ 物料发放

8.1 一般原则 ·· 502

8.2 生产物料的发放 ·· 503

8.3 辅助材料的发放 ·· 507

9 √ 成品入库管理与发运

9.1 成品入库管理 ··· 512

9.2 成品发运 ·· 521

10 √ 退货

10.1 退货申请 ·· 537

10.2 退货接收 ·· 537

10.3 退货贮存 ·· 538

10.4 退货调查和评估 ··· 538

10.5 退货的处理决定 ……………………………………………………… 539

    10.5.1 质量问题导致的退货处理 ………………………………………… 540

    10.5.2 商业原因导致的退货处理 ………………………………………… 540

11 不合格品的管理

11.1 不合格品的管理 …………………………………………………… 546

    11.1.1 不合格物料的来源 ………………………………………………… 546

    11.1.2 不合格产品的来源 ………………………………………………… 547

    11.1.3 不合格物料、产品的处理流程 …………………………………… 548

11.2 不合格品的销毁程序 ……………………………………………… 551

12 委托储存

12.1 潜在合同方库房的筛选 …………………………………………… 559

12.2 合同方库房的现场审计 …………………………………………… 560

    12.2.1 质量体系 …………………………………………………………… 560

    12.2.2 人员 ………………………………………………………………… 561

    12.2.3 设备设施 …………………………………………………………… 561

    12.2.4 仓储 ………………………………………………………………… 561

    12.2.5 确认与验证 ………………………………………………………… 562

    12.2.6 文件与记录管理 …………………………………………………… 562

12.3 双方协议的签署 …………………………………………………… 563

    12.3.1 商业协议 …………………………………………………………… 563

    12.3.2 质量协议 …………………………………………………………… 563

12.4 合同方库房的再评价 ……………………………………………… 564

12.5 合同方库房的日常监督 …………………………………………… 564

1 概述

1.1 目的

物料是保证药品质量的基本要素，物料系统也是质量管理体系的六大系统之一，因此建立系统规范的物料管理程序，确保在药品生产中使用受控的物料，是保证药品安全、有效、质量可控的基本措施。

本指南主要目的在于为企业建立物料的全生命周期管理流程提供建议，确保物料的正确接收、贮存、发放、使用和发运等，防止污染、交叉污染、混淆和差错。

1.2 范围

本指南涉及物料均指 GMP 对物料的定义，即指原料、辅料、包装材料等。除此之外，为更好地提供指导，本指南也涵盖了 GMP 定义的产品，即产品包括药品的中间产品、待包装产品和成品。

● 原料：化学药品制剂的原料是指原料药；生物制品的原料是指原材料；中药制剂的原料是指中药材、中药饮片和外购中药提取物；原料药的原料是指用于原料药生产的除包装材料以外的其他物料。

● 辅料：指生产药品和调配处方时使用的赋形剂和附加剂；是除活性成分或前体以外，在安全性方面已进行了合理的评估，并且包含在药物制剂中的物质。

● 包装材料：指药品包装所用的材料，包括与药品直接接触的包装材料和容器、印刷包装材料，但不包括发运用的外包装材料。

● 中间产品：指完成部分加工步骤的产品，尚需进一步加工方可成为待包装产品。

● 待包装产品：尚未进行包装但已完成所有其他加工工序的产品。

● 成品：已完成所有生产操作步骤和最终包装的产品。

其他与产品质量相关的辅助材料，如与物料或产品直接接触的手套、清洁/消毒剂、生产耗材、与产品直接接触的润滑油、气体等的管理，根据其对产品质量的影响程度，其管理原则也可部分参照本指南。

1.3 内容

本指南所列举的具体实例仅作为企业在实施 GMP 过程中的参考性做法，不代表标准或最佳的解决方案。企业应根据自身条件和产品特点，制定与本企业实际状况和发展阶段相适应的管理流程和要求，以便于更有效的管理物料，满足 GMP 要求。

GMP 对物料和产品管理的原则是：通过设计、建造、提供适宜的仓储设施与设备并配备合适的人员，建立物料和产品的操作规程，确保物料和产品的正确接收、贮存、发放、使用和发运，防止污染、交叉污染、混淆和差错。

本指南主要内容为：

● 人员和职责：参与物料管理的人员资质、职责和培训；

● 仓储区设施和设备：仓库分类/分区、常用设施设备确认、仓库区管理、虫害管理等；

● 供应商管理：供应商的筛选、审计、批准、持续管理、撤销以及集团化和第三方审计等；

● 物料接收：物料接收前准备、验收、入库、请验及其异常处理；

● 贮存：贮存条件和要求、仓储区域管理、寄库与出库、退库及偏差处理；

● 物料标识：物料信息标识（标签）和物料状态标识；

● 物料发放：物料发放的流程及需注意的问题；

● 成品入库管理与发运：成品的入库、贮存与发运的基本流程等；

● 退货：退货申请、接收、贮存基本流程，以及退货调查评估和处理；

● 不合格品的管理：不合格品/物料的来源、处理流程以及销毁程序；

● 委托储存：委托储存的生命周期管理要求与建议。

2 人员和职责

本章主要内容：
☞ 人员资质和职责
☞ 人员培训

法规要求

药品生产质量管理规范（2010 年修订）

第十八条 企业应当配备足够数量并具有适当资质（含学历、培训和实践经验）的管理和操作人员，应当明确规定每个部门和每个岗位的职责。岗位职责不得遗漏，交叉的职责应当有明确规定。每个人所承担的职责不应当过多。

所有人员应当明确并理解自己的职责，熟悉与其职责相关的要求，并接受必要的培训，包括上岗前培训和继续培训。

第二十六条 企业应当指定部门或专人负责培训管理工作，应当有经生产管理负责人或质量管理负责人审核或批准的培训方案或计划，培训记录应当予以保存。

第二十七条 与药品生产、质量有关的所有人员都应当经过培训，培训的内容应当与岗位的要求相适应。除进行本规范理论和实践的培训外，还应当有相关法规、相应岗位的职责、技能的培训，并定期评估培训的实际效果。

第二十八条 高风险操作区（如：高活性、高毒性、传染性、高致敏性物料的生产区）的工作人员应当接受专门的培训。

第三十三条 参观人员和未经培训的人员不得进入生产区和质量控制区，特殊情况确需进入的，应当事先对个人卫生、更衣等事项进行指导。

背景介绍 ——————

配备数量充足并具有适当资质的物料管理人员是企业实施物料管理的前提条件；根据人员资质及岗位职责开展持续培训，是确保药品质量始终受控的根本保障。

企业应根据 GMP 要求，制定书面的物料管理相关人员岗位职责，并规定具体的资质要求，配备适合岗位要求的数量充足的人员；为确保相关人员持续的具备岗位要求的能力，企业应建立书面的培训规程，为每一位员工制定详细的培训计划，包括岗前培训和继续培训。所有培训均应进行效果评估，以确保物料管理人员能够持续满足岗位需求。

本章将重点对物料管理的相关人员资质、职责和培训进行阐述。更多相关内容和建议，请参考本丛书《质量管理体系》分册"3.2 机构与人员"。

实施指导

2.1 人员资质和职责

企业应根据部门职责设立相应的岗位，并书面规定每个岗位的具体职责，需要具备的人员资质，包括学历、培训和实践经验等。不同的企业可能会有不同的岗位设置，如有的企业物料部门岗位分为：部门负责人、采购、物料主管、仓库管理员、厂内运输等。但无论何种设置，所设岗位应能涵盖所有部门职责要求的范围，交叉的职责应有具体说明以便于执行。

以下是某企业仓储管理人员的资质与职责描述示例，供参考。

仓储管理人员资质和职责基本要求：

（1）资质 / 技能

● 能够使用计算机进行简单的操作；

● 具有仓储、物料管理的相关知识和经验，并经过了充分的培训；

● 熟悉物料验收规则及入、出库程序和分管库房的情况；

● 了解气候、温湿度变化对仓储作业的影响；

● 掌握仓库贮存分类或编号、定位堆码、盘点对账等工作内容和方法；

● 了解所保管物料的性质、贮存要求等养护学的基本知识；

● 掌握消防、安全等管理方面的专业知识和仓库安全的内容和要求；

- 熟悉物料的安全性数据；

- 如需使用叉车，需具备厂内机动车驾驶员（叉车）证书；

- 如进行特殊作业，需具备特殊作业证书。

（2）职责

- 执行国家关于药品及特殊药品贮存的相关法律法规及规章制度；

- 遵守企业物料管理制度；

- 执行操作规程，做好物料验收和入库工作；

- 向质量部门提出请验，按要求填写请验单，并配合取样人员的取样；

- 按要求对入库的物料分品种、规格、批号分别存放，避免混放、错放；

- 根据生产指令和领料单发料，按"先进先出"及"近效期先出"原则发货；

- 负责依据有关程序办理相关物料的退库；

- 按操作规程要求对物料及产品定期盘存，确保入库数、库存数、出库数正确无误，如果出现异常，及时记录，并按照程序上报至相关管理人员；

- 负责及时填写各项记录及台账；

- 负责仓库的日常清洁和维护，保持库内卫生清洁；

- 负责仓储设施、设备的管理和维护，发现异常及时汇报；

- 确保物料在规定的贮存条件下贮存；

- 负责做好安全防火工作；

- 负责将物料管理过程中遇到的异常情况及时汇报给主管。

2.2 人员培训

为确保物料管理相关人员的能力可持续满足法律法规及内部要求，企业应建立书面的培训规程。

各级物料相关人员在上岗前应经过充分的培训，确保其具有岗位要求的资质和能力。培训内容应包括相应的岗位职责培训、法律法规（包括 GMP）培训、操作规程培训等。为确保员工的能力持续满足要求，应制定详细的员工培训计划，对员工进行持续的在岗培训。所有的培训均应进行效果评估，培训情况回顾总结，并保存相关记录和报告。更详细人员培训相关内容和建议，请参考本丛书《质量管理体系》分册"3.2 机构与人员"。

以下是某企业仓储管理人员的培训描述示例，供参考。

仓储管理人员日常工作中通常需要接受以下培训，包括但不限于：

- 岗位职责；

- 药品管理相关法律法规规章制度，包括特殊药品等；

- 相关操作规程：如物料和产品的接收、贮存、发放，不合格物料、不合格品及废品的处理程序，退货产品的处理程序等；

- 特殊药品、易制毒化学品、危险化学品的接收、贮存和发放等程序；

- 物料请验单的填写；

- 物料采购标准和质量标准；

- 相关设备设施的使用和养护，如叉车的使用和养护；

- 库存物料的盘点；

- 批准的供应商清单（包括更新时）；

- 卫生清洁程序；

- 虫鼠控制程序；

- 如有洁净要求或样品有微生物负荷检查要求的，还需要进行微生物知识的培训；

- 偏差管理、变更管理等质量方面的培训；

- 相关物料和产品的安全性数据（material safety data sheet，MSDS）；

- 如需要，应进行计算机化系统的培训；

- 安全、环保、消防等知识培训。

3 仓储区设施和设备

本章主要内容：

☞ 仓储区概述

☞ 设施设备及其确认

☞ 设施设备使用、清洁、维护的基本要求

☞ 昆虫和动物控制内容和基本要求

法规要求 ···

药品生产质量管理规范（2010 年修订）

第三十六条 生产区、仓储区应当禁止吸烟和饮食，禁止存放食品、饮料、香烟和个人用药品等非生产用物品。

第三十八条 厂房的选址、设计、布局、建造、改造和维护必须符合药品生产要求，应当能够最大限度地避免污染、交叉污染、混淆和差错，便于清洁、操作和维护。

第四十一条 应当对厂房进行适当维护，并确保维修活动不影响药品的质量。应当按照详细的书面操作规程对厂房进行清洁或必要的消毒。

第四十三条 厂房、设施的设计和安装应当能够有效防止昆虫或其它动物进入。应当采取必要的措施，避免所使用的灭鼠药、杀虫剂、烟熏剂等对设备、物料、产品造成污染。

第四十四条 应当采取适当措施，防止未经批准人员的进入。生产、贮存和质量控制区不应当作为非本区工作人员的直接通道。

第五十七条 仓储区应当有足够的空间，确保有序存放待验、合格、不合格、退货或召回的原辅料、包装材料、中间产品、待包装产品和成品等各类物料和产品。

第五十八条　仓储区的设计和建造应当确保良好的仓储条件，并有通风和照明设施。仓储区应当能够满足物料或产品的贮存条件（如温湿度、避光）和安全贮存的要求，并进行检查和监控。

第五十九条　高活性的物料或产品以及印刷包装材料应当贮存于安全的区域。

第六十条　接收、发放和发运区域应当能够保护物料、产品免受外界天气（如雨、雪）的影响。接收区的布局和设施应当能够确保到货物料在进入仓储区前可对外包装进行必要的清洁。

第六十一条　如采用单独的隔离区域贮存待验物料，待验区应当有醒目的标识，且只限于经批准的人员出入。

不合格、退货或召回的物料或产品应当隔离存放。

如果采用其他方法替代物理隔离，则该方法应当具有同等的安全性。

第六十二条　通常应当有单独的物料取样区。取样区的空气洁净度级别应当与生产要求一致。如在其他区域或采用其他方式取样，应当能够防止污染或交叉污染。

第七十二条　应当建立设备使用、清洁、维护和维修的操作规程，并保存相应的操作记录。

第七十三条　应当建立并保存设备采购、安装、确认的文件和记录。

第一百零九条　使用计算机化仓储管理的，应当有相应的操作规程，防止因系统故障、停机等特殊情况而造成物料和产品的混淆和差错。

使用完全计算机化仓储管理系统进行识别的，物料、产品等相关信息可不必以书面可读的方式标出。

第一百三十九条　企业的厂房、设施、设备和检验仪器应当经过确认，应当采用经过验证的生产工艺、操作规程和检验方法进行生产、操作和检验，并保持持续的验证状态。

第一百四十条　应当建立确认与验证的文件和记录，并能以文件和记录证明达到以下预定的目标：

（一）设计确认应当证明厂房、设施、设备的设计符合预定用途和本规范要求；

（二）安装确认应当证明厂房、设施、设备的建造和安装符合设计标准；

（三）运行确认应当证明厂房、设施、设备的运行符合设计标准；

（四）性能确认应当证明厂房、设施、设备在正常操作方法和工艺条件下能够持续符合标准。

第二百四十一条　应当建立操作规程，规定原辅料、包装材料、质量标准、检验方法、操作规程、厂房、设施、设备、仪器、生产工艺和计算机软件变更的申请、评估、审核、批准和实施。质量管理部门应当指定专人负责变更控制。

背景介绍

仓储管理是药品质量管理的重要一环，企业应建立书面的管理程序详细规定仓储管理的具体细节。

应根据企业发展规划，充分考虑所需贮存物料的特点，拟采用的物料管理方式（如采用自动化立体仓库还是采用人工进出料的高位货架或平库等），与生产车间进行物料与产品传送物料的方式方法等，选择合适的位置，设计、建造具有充分空间的仓库并配备适宜的设备与设施接收、贮存以及发放物料与产品。

在进行仓库选择时应考虑远离垃圾、粉尘及其他污染源，避免物料与产品的交叉污染。

所配备的设备与设施应与相应的操作相适宜并经过验证或确认。

应建立设备与设施的操作维护规程，定期对关键的设施设备进行维护保养，确保其始终满足要求。

实施指导

3.1 仓储区概述

仓储区的设计应遵循如下原则。

● 远离污染源：如远离垃圾场等虫鼠蚊蝇滋生地，高粉尘区域如煤炭处理采集地，高污染区域如高活性杀虫剂的生产处理区域等。如选择的区域有可能有以上风险，应采取必要的措施进行隔离以降低对仓储区域的影响。

● 仓储区应能保护物料在整个物料流转如接收、贮存、发放等过程中免受外界环境的影响，如阳光照射、雨雪、高温等天气的影响，同时应注意通风避免物料及设施发霉生锈等。

● 仓储区的地面、墙面、顶棚等应不易起尘，不易脱落异物，避免物料及产品在贮存过程中受污染。

● 仓库需要有足够的空间用于物料和产品有序存放。

● 根据物料的贮存条件或区域功能配备相应的设施：如阴凉贮存的物料应配备空调等控温设施；特殊时可考虑湿度控制，如胶囊贮存区等；取样区域的设置参考其产品的生产环境设置配备相应的设施，如空气净化系统，物料传送设施，做到人流物流合理，避免污染与交叉污染。

● 为避免差错和污染，人工管理的仓库应进行区域化管理，如物料及产品接收区、待验区、取样区，合格物料及产品贮存区，物料及产品发放区等；完全计算机化管理的仓储系统可通过计算机化系统对区域及物料进行控制，但在对计算机化系统进行设置时同时需考虑风险：如酸碱分开，氧化物与还原物分开，高活性物料与普通物料分开等。

● 货架和货位需要有适当的标识系统：货架和货位的设计除了确保物料离地贮存外，还需要考虑便于清洁和检查。

● 库房应有安全控制措施，防止未经授权的人员进出仓储区：应在仓储管理程序中规定出入仓储区的控制措施，如门禁、出入登记等。应保存仓储区相关的平面布置图（发生变更时，应及时对图纸进行更新），如：

　　■ 平面布局图，包括功能区、区域编号等；

　　■ 物流和人流流向图；

　　■ 空调处理系统布置图（如适用）；

　　■ 温湿度控制系统布置图，如温湿度传感器的编号和位置（如适用）；

　　■ 昆虫和动物控制设施布局图。

企业应根据贮存物料和产品的性质、流转顺序、操作方便性等对仓储区划分不同的功能区域进行管理，以下为常见的仓储区域划分示例。

A. 按区域功能进行划分（图 3-1）

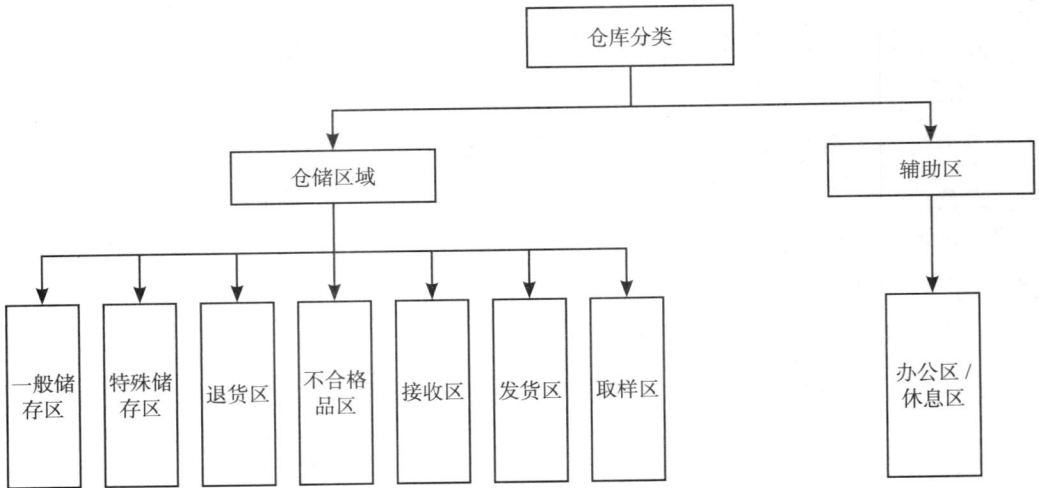

图 3-1　仓库的分类

（1）仓储区域

● 一般储存区：此区域为物料和产品的主要储存区域。该区域应有足够的空间和合适的温湿度控制措施，确保物料和产品存放。

● 特殊储存区：对于贮存条件或安全性（特殊的温度、湿度要求，剧毒等）有特殊要求的物料或产品，仓储区应有特殊储存区域以满足物料或产品的储存要求。例如冷藏物料和产品需要贮存在 2~10℃ 的仓库，"毒、麻、精、放"类物料和药品应严格管制，在安全性方面需要特殊储存和管理，储存区域为专库、双人双锁监控等。

● 待验区：推荐采用单独的隔离区域储存待验物料或产品，待验区可采用单独的库房、房间或采用隔离线、隔离栏以达到单独隔离的目的。待验区应有醒目的状态标识。计算机化管理系统控制的库房可不必划分单独的隔离区域。

● 退货区：仓储区应有退货区域，此区域用于贮存退回或召回的产品，该区域应采取有效的隔离措施，如隔离栏，防止混淆或误用。通常情况下，退货区的贮存条件和物料或产品的贮存条件相同。

● 不合格品区：仓储区应有不合格品区域，用于贮存不合格物料或产品；该区域应采取有效的隔离措施，如单独的库房等防止混淆或误用。

● 接收区：仓储区应有物料或产品接收区，接收区应能够避免物料及产品受外界天气（如雨、雪、日晒等）的影响，一般采用雨篷或装卸货平台等设计保护物料及产品。

接收区应配备相关的设施设备以便接收物料或产品时对容器外表面进行必要的清洁；如适用，可在接收区对物料进行标识（如粘贴企业内部物料标签）。

接收区与物料和产品的贮存区域应有效隔离。物料和产品接收完毕后，转入贮存区域。若接收区采用的是船坞式装卸平台设计，通常采用双门式设计，且两道门不可以同时开启；若接收区采用雨棚结构设计，则需要采取有效的措施防止物料接收时对生产区造成污染，如接收区收货时，与贮存区域直接相通的门或通道不得开启。

●发货区：仓储区应有发货区，发货区应能够避免受外界天气（如雨、雪）的影响，发货区的设计原则同接收区，一般采用雨篷或装卸平台等设计保护物料或产品。

如接收区和发运（货）区为同一区域或有交叉，则应避免在该区域内同时进行收、发操作。

●取样区：仓储区通常应设有单独的取样区，取样区的空气洁净度级别应当与生产要求一致。

（2）辅助区域　辅助区域主要为办公室/休息室。办公室/休息室内可包括：

●更衣设施，如更衣柜；

●饮水设施，如饮水机；

●卫生设施，如洗浴设施、卫生间；

●办公设施，如办公桌、文件柜、电脑、电话等；

此区域的设计应满足其功能要求，并且和工作人员的数量相匹配。此区域应通过物理分隔方式与仓储区分开。

B. 按贮存条件分类（图3-2）

（1）一般库　指没有温度、湿度要求的仓库。通常用于贮存没有温度、湿度要求或贮存条件低的生产用辅助材料，如打包带，运输用横木等。一般库通常保持清洁、干燥和基础安全等基本条件和要求即可。

（2）常温库　指温度要求在10~30℃的仓库。常温库应有温度监控，可采自动监控记录仪（推荐使用）或人工读数监测仪。常温库可能需要采取相应措施确保仓库温度在要求范围内，例如使用空调或空调机组调控。

（3）阴凉库　指温度要求在20℃以下的仓库。阴凉库应有温度监控设施或系统确保仓库内温度控制在20℃以下，该温度监控设施或系统应经过适当的确认。

（4）冷库　指温度要求在2~10℃的仓库。冷库应有温度监控设施或系统，能够

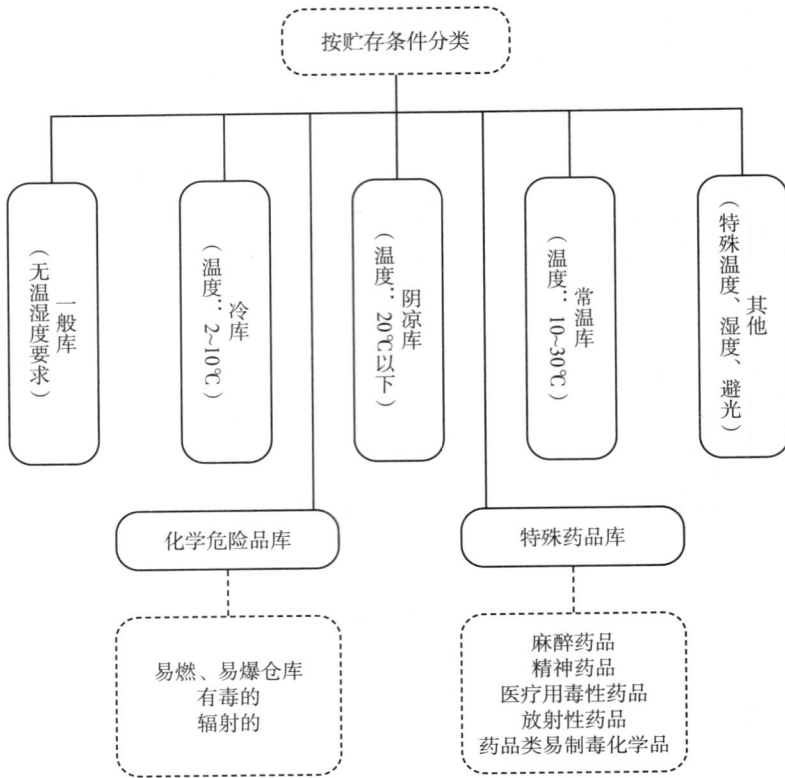

图 3-2　按贮存条件分类的仓库

确保库内温度控制在要求的范围内，并对温度进行实时监测和调控，该温度监控设施或系统应经过适当的确认。对于冷库操作的一些基本要求如下：

● 冷库应安装对温度进行自动调控、监测、记录及报警的系统，并配套 UPS 不间断电源，保证记录的连续性及报警的及时性；

● 应配备防护用品，如防寒服等；

● 应建立安全操作程序，冷库工作人员通常至少配备两人以上方可进行操作。应建立应急处理程序，包括故障状态下的紧急逃生操作；

● 冷库的温度记录应定期回顾。

（5）其他库　此处所述"其他库"指用于贮存有特殊要求（如特殊的温度、湿度等）的物料或产品，库房的名称由企业根据实际情况自行命名。该库应配置与贮存条件要求相适应的设备。例如，对于胶囊产品，除进行温度控制外，通常还需要保持一定的湿度。

（6）化学危险品库　指用于贮存易燃易爆物、强氧化性或强还原性、自热性物质和混合物等化学危险品的一类库的总称。如原料药生产企业可能使用的乙腈（易燃、有毒）、甲苯（易燃、有毒）、甲醇（易燃、有毒）、乙醇（易燃）、丙醛（易燃）、氯苯（易燃）、金属钠（遇湿易燃）、硝酸钾（氧化性）、盐酸（腐蚀性）、硝酸（腐蚀性、氧化性）等化工原料，详见 GB 13690—2009《化学品分类和危险性公示通则》。

化学危险品库应使用专用仓库，并专人管理，如所用的化学危险品很少，可使用化学危险品专柜、专人管理。

化学危险品库应当根据危险化学品的种类、特性，设置相应的监测、通风、防晒、调温、防火、灭火、防爆、泄压、防毒、防潮、防雷、防静电、防腐、防渗漏或者隔离操作、报警装置等安全设施及设备（所述措施应根据企业所用物料和生产产品的实际需要及相应的法规要求选择性采用），并按照国家有关规定进行维护、保养，保证设备设施符合安全运行要求。

化学危险品库的建筑、设施、设备应符合防火、防爆的安全要求，库内或区域内严禁吸烟和使用明火，详细要求可参见 GB 15603—1995《常用化学危险品贮存通则》和《危险化学品安全管理条例》。

化学危险品库应当设置报警装置，并确保其一直处于待用状态。

（7）特殊药品库 是指用于贮存"麻醉药品、精神药品、医疗用毒性药品、放射性药品、药品类易制毒化学品"类特殊管理药品的仓库。

对于贮存医疗用毒性药品的仓库，应划定仓间或仓位，专柜加锁并由专人保管。

麻醉药品和第一类精神类药品定点生产或使用企业应当设置麻醉药品和第一类精神药品专库：

- 安装专用防盗门，实行双人双锁管理；
- 具有相应的安全防火设施；
- 具有监控设施和报警装置，报警装置应当与公安机关报警系统联网。

麻醉药品定点生产企业应将原料药和制剂分开存放。

对于贮存放射性药品的仓库，放射性物质应专库或专柜存放，专人保管，专册登记。

关于特殊药品库的要求可参见《麻醉药品和精神药品管理条例》《放射性药品管理办法》《医疗用毒性药品管理办法》《药品类易制毒化学品管理办法》《易制爆危险化学品治安管理办法》等法规。

C. 其他划分

除以上划分方式外，企业可根据自身实际需要划分仓库和定义仓库功能。例如，对于同一厂区内同时有原料药生产车间、制剂生产车间的，由于制剂产品和原料药产品所用物料存在较大的性质、特征、安全性等差异，可分别设置制剂库（区）和原料药库（区）；根据物料和产品的不同性质可设置固体库、液体库等。按机械化程度划分人工仓库、机械化仓库、自动化仓库、集成自动化仓库、智能自动化仓库等。按堆放方式划分为有货架仓库、无货架仓库。

对于挥发性物料和污染性物料或产品建议设专库贮存，重点防止物料和产品的污染、交叉污染。

对于高活性的物料和产品以及印刷包装材料，应贮存于安全的区域，采用物理分隔（如某些企业设立单独的印刷包材库并上锁）或程序控制，达到安全贮存的目的。

3.2 仓储区设施、设备

仓储区通常需要配备的基础设施设备：

- 环境控制与监控的设备及设施，如：
  - 通风系统；
  - 温湿度控制的空调系统（取样间需配备净化空调系统）；
  - 如需要，配备湿度控制及监控系统等。
- 用于物料及产品贮存的设施设备，如：
  - 货架；
  - 托盘；
  - 储罐等。
- 物料及产品的运输及装卸工具，如叉车、密闭式运输车辆；
- 计量器具，如电子秤、台秤、地磅等；
- 通风照明系统；
- 消防器材，如消防喷淋系统、灭火器等；
- 劳动防护器材，如安全帽等；
- 虫鼠控制系统，如鼠笼、灭蝇灯、粘鼠板等；
- 其他用于物料管理的器材，如标签打印机、近红外鉴别仪等；

- 用于清洁养护的器具。

下方详细描述了仓储区常见的基础设施设备。

A. 环境控制用通风及空调系统

- 仓库通风系统：如排风机、排风扇等；

- 阴凉库设施设备：通常由空调设备、温度监测和温度控制设施，温度监控报警系统等组成；

- 冷库设施设备：通常由冷冻机、压缩机、温度监测和温度控制系统、温度报警系统等组成；

- 取样间洁净空调系统：通常有空调净化机组，风管，初、中效过滤器及安装于终端的高效过滤器组成。取样间的洁净级别应与药品生产级别一致，应根据房间净化要求设置足够能力的空气净化系统。具体设计及要求可参照本丛书《厂房设施与设备》分册空调净化系统部分。

B. 物料及产品贮存设施设备货架：

- 货架：应根据承重能力确定货架结构，通常为焊接式、组合式的钢结构（图3-3）。

- 托盘：通常有塑料托盘、金属托盘和木质托盘等。塑料托盘和金属托盘便于清洁、干燥，承载力强，不易损坏，且不易造成交叉污染。建议使用塑料托盘和金属托盘（图3-4、图3-5）。

图3-3 货架

图3-4 塑料托盘

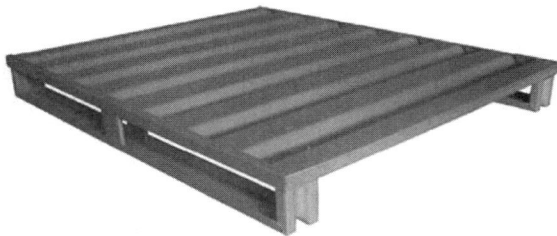

图3-5 金属托盘

某些情况下可使用木质托盘（图3-6）。木质托盘在使用前应采用熏蒸或热处理的方法进行处理以防止虫害等危害因素，并取得相关的证书和标识（图3-7）。木托盘熏蒸应遵循国际植物保护公约（International Plant Protection Convention，IPPC）

发布的国际植物检疫措施标准第 15 号出版物《国际贸易中木质包装材料管理准则》（*Guidelines for Regulating Wood Packing Material in International Trade*，简称第 15 号国际标准），即为国际木质包装检疫措施标准。

图 3-6　木托盘

图 3-7　木托盘 IPPC 熏蒸标识

此外，托盘的使用应有程序明确定义其使用范围、清洁方法（包括方法、频次、接受标准等）以及淘汰标准等，以防止污染和交叉污染。

● 储罐：用于贮存各种液体物料及中间产品的设备，又称储槽。以储罐作为贮存设备的仓库为罐式仓库，用于贮存液体或气体的钢制密封容器称为钢制储罐。例如：酒精储罐。

C. 运输及装卸工具

● 叉车：通常有托盘搬运车（托盘式叉车）和自动叉车两种主要类型，用于物料和产品的转移。托盘式叉车的体形小、重量轻，主要用于区域内装卸作业。自动叉车通常具有平移和提升功能，机动灵活，性能可靠，主要可用于装卸、搬运、堆垛、拆垛等作业（图 3-8、图 3-9）。

图 3-8　自动叉车

图 3-9　托盘式叉车

- 托盘传送系统：一般由滚轮传送带、托盘更换器（托盘的叠放、分发）、托盘（规格有特定要求）以及附属运输设备（叉车）等组成，用于空托盘或装有物料或产品的托盘的自动传送、转移（图3-10）。

D. 计量类设施设备

仓储区应合理配置一定数量的电子秤、台秤或地磅、计量泵等计量类设施设备，用于物料（固体和液体）和产品的计量。

图3-10 托盘传送系统

E. 养护类设施设备

应根据需要配置一定数量的拖把、抹布、吸尘器、清扫机、水池等清洁设施设备和清洁用具，满足仓储区设施设备的日常养护需求，保持仓储区的清洁、干燥。

F. 物料管理及检测用器具

- 标签打印机：一般由电脑控制系统和打印机构成，用于打印企业标签、标识。应建立流程确保标签打印受控，如设立权限，防止操作人员对非授权的内容进行更改，如标签文字信息的修改等。
- 条码扫描器：有手持式、便携式等类型。主要用于扫描物料和产品相关信息，完成物料和产品的接收和发运。
- 近红外检测仪（NIR）：用于物料鉴别，分手持式与便携式。近红外检测仪使用前应经过确认（图3-11、图3-12）。

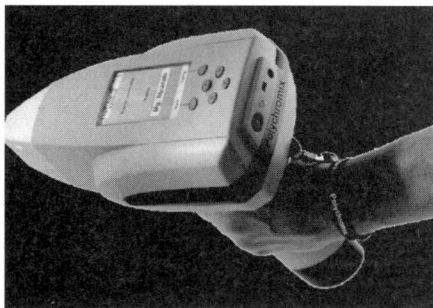

图3-11 手持式 NIR

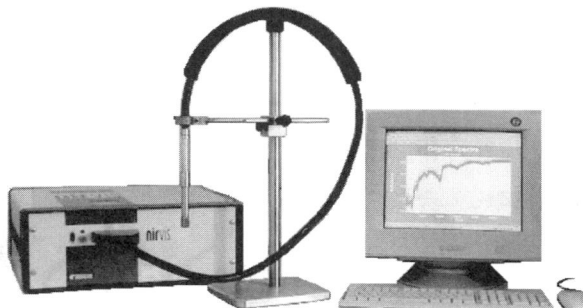

图3-12 便携式 NIR

G. 照明类设施设备

应合理配置一定数量的照明灯具，以保证在工作高度内有合适的照度，方便操作工对物料和产品进行各类操作。

应选择易清洁的灯具，并防止因灯具破裂污染物料及产品；应尽量避免使用发热量过高的灯具（如某些类型的白炽灯）。

H. 消防安全设施设备

仓储区应合理配置一定数量的消火栓、灭火器、灭火毯等器材，并设置紧急逃生通道，配备应急灯、紧急出口指示装置，张贴紧急逃生图（包括逃生路线、逃生通道，紧急联系人和电话等）；需要时应配备火灾自动报警系统、火灾喷水灭火系统，实现自动化控制，满足消防安全要求等。

● 灭火器：通常有泡沫、干粉、二氧化碳等类型，分别用于扑救不同类型（A、B、C、D 类）的初起火灾。

● 灭火毯：是一种简便的初始灭火工具，防止火势蔓延以及紧急情况下的逃生。

● 消防报警系统：又称火灾报警系统或消防自动报警系统，由火灾报警主机、火灾特征或火灾早期特征传感器、人工火灾报警设备、输出控制设备组成。

● 自动灭火系统：主要分自动水灭火和自动气体灭火两大类，通常与消防报警系统联动，用于扑救火灾。

I. 劳动防护设施设备

基于 EHS（环境、健康、安全）方面的考虑和要求，仓储区通常需要配置一定数量的合适的劳动保护类设施设备，一般分为头部防护、听力防护、眼睛防护、面部防护、呼吸防护、手部防护、防护衣物、脚部防护等。对于原料药生产企业，由于所用化工原料大多为有毒有害的危险化学品，应特别注意该类劳动防护设施的配备和使用（图 3-13~图 3-16）。

以上为仓储区常见的设备设施，随着自动化水平的提高，计算机化仓储管理系统也越来越普及。计算机化仓储管理系统通常可实现物料和产品入库管理、出库管理、库内移动管理、物料定位管理、物料状态管理以及点库查询和打印报表等功能。通常与采用条形码终端、射频识别（RFID）终端等信息工具进行连接，完成物料和产品的输入输出等工作。

图 3-13　头部防护

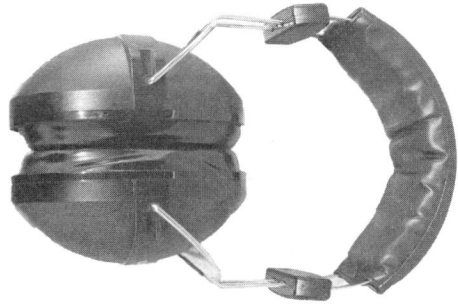

图 3-14　听力防护

图 3-15　眼睛防护

图 3-16　脚部防护

仓储管理系统（warehouse management system，WMS）是目前行业内应用较广泛的通过入库业务、出库业务等功能，实现批次管理、物料对应、库存盘点、质检管理、即时库存管理、标签打印等功能，有效控制并跟踪仓库业务的物流和成本管理全过程，实现或完善企业的仓储信息管理的系统。该系统可以独立执行库存操作，也可与其他系统的信息互通共享，为企业提供及时准确的信息，节约人力成本等。

图 3-17 为常见的 WMS 的功能结构。

仓储管理系统

1. 基础信息管理
- 货物管理
  - 原材料
  - 成品
  - 有效期管理
- 供应商和客户管理
- 仓库管理
  - 库区管理
  - 巷道管理
  - 货位管理
- 容器管理
  - 托盘
  - 包装箱
  - 周转箱
  - 笼车
- 规则策略管理
  - 出库规则
  - 存储规则
  - 上架规则
  - 补货规则
  - 包装规则
- 权限管理
  - 用户管理
  - 角色管理
- 打印管理
- 部门管理
- 日志管理
- 条码和标签管理

2. 入库管理
- 收货单自动接收
- 手动创建收货单
- 原材料收货
- 原材料入库（待检库）
- 成品入库
- 生产退料入库
- 入库查询

3. 库存管理
- 库存查询
- 库存冻结和解冻
- 库存预警
  - 库存安全预警
  - 有效期预警
- 货位移动
- 库存盘点

4. 出库管理
- 手动创建出库单
- 出库单自动接收
- 领料出库
- 复检抽样出库
- 采购退货出库
- 成品销售出库
- 冻结库存出库
- 出库查询

5. 质检管理
- 入库质检
- 在库复检
- 自动生成质检单
- 库管员提交质检申请
- QC 质检放行
- QA 质检审核
- 产品质检状态转换

6. 报表管理
- 出入库流水报表
- 库存台账报表
- 货位均匀分析
- 货位平面分析

7. 系统接口
- ERP 接口
- LIMS 接口
- MES 接口
- 药品追溯系统接口

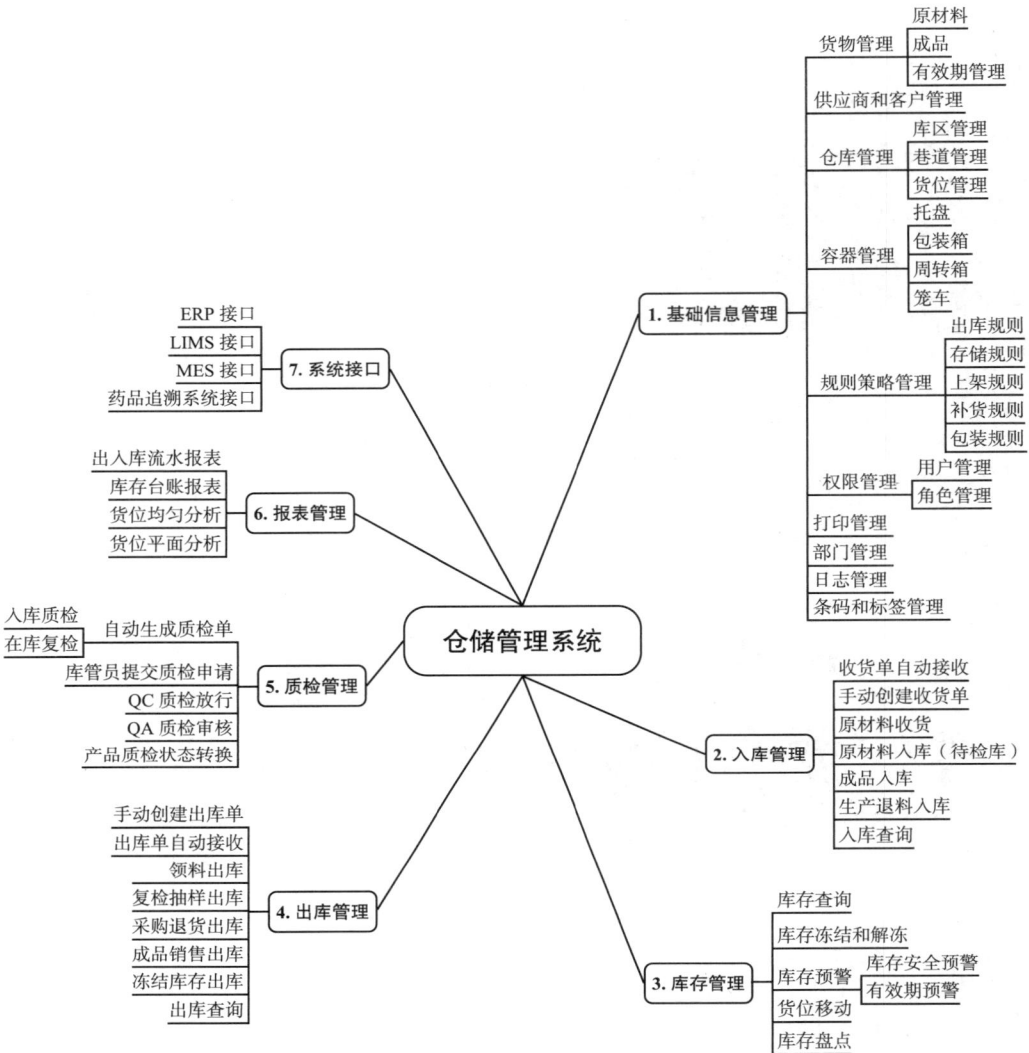

图 3-17 　WMS 功能结构

3.3 仓储区设施、设备确认

3.3.1 设施、设备确认的总体原则

为确保仓储区的设施设备满足要求，应根据实际需要编制用户需求（URS），包括但不限于：

- 库房的面积及容量；
- 仓库功能区域要求，包括物料和产品的接收、发货区；
- 仓库每个功能区域的面积及容量；

- 仓储区域的温湿度要求；

- 货架的材质及承载量；

- 照明系统的要求；

- 空调系统的要求；

- 安全消防系统的要求；

- 取样区的详细要求；

- 防虫防鼠的要求；

- 如果涉及智能化仓库，还需要包括智能化仓库的计算机化系统的要求；

- 遵循的法规等。

仓储区所有与物料和产品质量相关的设备与设施应经过确认。通常需要确认的工作包括但不限于以下方面。

（1）设计确认　应进行库房的设计确认。应对照 URS 逐条确认设计是否满足了 URS 的要求并提供相应证据，包括审阅图纸及其设计说明等。设计确认应由设计方与企业一同进行。

（2）安装确认

- 库房的安装确认，确认库房是否满足了 URS 的要求，包括但不限于：

  - 库房整体建筑，包括门、墙面、地面等建筑材料的材质确认等；

  - 库房的整体布局；

  - 每一个功能区域的面积及容量；

  - 货架的材质及承载量，安装质量及位置；

  - 照明系统的安装；

  - 消防器材的安装；

  - 空调系统的安装；

  - 清洁卫生用设施设备的确认，如水管、水池、洗地机等；

  - 防虫防鼠等设备与设施的安装；

  - 办公用设施的确认等。

- 复杂的系统可单独起草安装确认方案，如取样间及取样间的净化空调系统，冷库的安装确认等。

（3）运行确认，包括但不限于：

- 照明系统的照度确认；

- 消防系统运行的确认；

- 空调系统的运行确认，包括阴凉库、冷库、取样间净化空调等；

● 如适用，计算机化系统自动仓储的运行确认。

以上的运行确认由于比较复杂，通常情况下，会单独起草确认方案，对每个系统单独进行确认，如取样间净化空调等。

（4）性能确认，包括但不限于：

● 取样间净化空调的性能确认；

● 其他空调的性能确认可与温湿度分布验证同时进行。

具体可参照本丛书《厂房设施与设备》分册相关内容。

所有确认与验证均应有方案并得到 QA 批准，确认过程中所有偏差与变更均应记录并得到合理的解释。

3.3.2 温湿度分布验证

仓储区域环境温湿度须满足物料和（或）产品的贮存条件要求。影响仓储区温湿度分布的因素包括但不限于：仓储区布局，仓储区门窗分布及其设计，物料和（或）产品的堆码高度，温湿度控制设施设备方式，能力及其位置等。

温湿度分布验证的目的是确认仓储区设施设备能够持续地将环境温湿度控制在要求的范围内，并为物料贮存提供建议。通过温湿度分布验证能够识别仓储区极端温湿度位置点，从而确定日常监测位置和报警范围策略。

A. 初始验证

仓储区温湿度分布初始验证需要考量以下内容，包括但不限于：房间布局、面积，拟存放的物料及产品要求，温湿度调控设备设施的位置，装载方式，时间（日期）选择，数据采集时间间隔及持续时间等。

● 结合温湿度分布影响因素与风险评估，在仓库内合理确定温湿度测试点数量、位置，如水平方向和垂直方向布点规则，可参考表 3-1。

● 结合企业自身实际与风险评估结果确定仓库装载方式。建议在满载条件下（即仓库设计的最大装载条件）进行初始验证。如经过评估，对物料及产品影响较小，满载验证时可以使用实际物料和（或）产品。否则可使用其他物料进行模拟，如用空白纸箱模拟产品。

● 建议选择最差气候环境条件进行验证，通常选择夏季和冬季（最热和最冷的极端条件）。需要注意，除进行最差条件验证外，在仓库使用之前应进行温湿度分布初步验证并汇总阶段性数据，确定合适的监测点进行日常监测，待进入最差条件后再进行最差条件验证，验证后综合评估所有数据或分季节变换监测点进行日常监测。

● 独立房间、楼层应分别进行验证。

● 结合温湿度分布影响因素与风险评估，确定适宜的数据采集时间及数据采集间隔，保证验证数据的充分、有效及连续。

● 验证过程还应考虑物料进出的最长时间。根据对物料及产品的影响程度确定是否配备 UPS 不间断电源。

● 验证时应充分考虑日常操作可能遇到的情况，如同一个仓库内安装有两 台空调，如日常操作中可能会只开启一台空调，则验证时应验证只开一台空调的情况，且标明是哪一台空调。一旦完成验证，日常操作中应维护验证状态。

B. 再验证

某些情况下可能会考虑再验证，如：

● 仓储区设施设备发生重大变更；

● 运行过程中发现不良趋势等；

● 如果对高风险贮存区域设定了高频率的再验证周期（比如每年执行一次）可以在风险评估文件中定义。冷藏、冷冻库房可参照《药品经营质量管理规范》（GSP）的要求进行定期确认。

企业也可以根据自身实际情况，经过风险评估后，采用合适的验证策略。表 3-1 列出了 GSP 和行业其他标准或指南关于温湿度验证的要求，供参考。

表 3-1　仓库温湿度验证法规和指南参考

法规 / 或指南	验证布点要求	验证时间要求
《药品经营质量管理规范》附录 5 验证管理 2016 年第 197 号	第七条　应当根据验证对象及项目，合理设置验证测点 （一）在被验证设施设备内一次性同步布点，确保各测点采集数据的同步、有效 （二）在被验证设施设备内，进行均匀性布点、特殊项目及特殊位置专门布点 （三）每个仓库中均匀性布点数量不得少于 9 个，仓间各角及中心位置均需布置测点，每两个测点的水平间距不得大于 5m，垂直间距不得超过 2m （四）仓库每个作业出入口及风机出风口至少布置 5 个测点，仓库中每组货架或建筑结构的风向死角位置至少布置 3 个测点 （五）每个冷藏车厢体内测点数量不得少于 9 个，每增加 20m³ 增加 9 个测点，不足 20m³ 的按 20m³ 计算 （六）每个冷藏箱或保温箱的测点数量不得少于 5 个	第八条　应当确定适宜的持续验证时间，以保证验证数据的充分、有效及连续 （一）在库房各项参数及使用条件符合规定的要求并达到运行稳定后，数据有效持续采集时间不得少于 48 小时 （二）在冷藏车达到规定的温度并运行稳定后，数据有效持续采集时间不得少于 5 小时 （三）冷藏箱或保温箱经过预热或预冷至规定温度并满载装箱后，按照最长的配送时间连续采集数据 （四）验证数据采集的间隔时间不得大于 5 分钟

法规 / 或指南	验证布点要求	验证时间要求
GB/T 34399—2017《医药产品冷链物流温控设施设备验证性能确认技术规范》	3 温控仓库的性能确认 3.3.1 温度分布测试的布点原则 a）在仓库内一次性同步布点，确保各测点采集数据的同步、有效 b）每个仓库中均匀性布点数量不应少于 9 个，仓间各角及中心位置均应布置测点，每两个测点的水平间距不应大于 5m，垂直间距不应超过 2m c）库房每个作业出入口及风机出风口区域至少布置 5 个测点，库房中每组货架或建筑结构的风向死角位置至少应布置 3 个测点 d）特殊区域应布设温度监测点，包括空调回风位置、温度自动监测系统测点终端安装位置、门、窗、灯等位置 e）温度监测点均应布设在货位上或货物可能存放的位置	3 温控仓库的性能确认 3.3.10 在库房空调或制冷系统温度控制参数符合设定要求、库房温度符合设定范围后，数据有效持续采集时间不应少于 48 小时 3.3.11 性能确认数据采集的间隔时间不应大于 5 分钟
WHO TRS961附录 9技术补充 8：存贮区域温度分布研究	2.2 温度分布研究方案 2.2.6 方法学 第 5 步 确定电子数据记录监视器（EDLM）安放位置：在平面图上标记需要放置 EDLM 的位置。可以采用基于风险的方法来确定 EDLM 的位置。以下指南有助于决定需要放置的 EDLM 的数量和位置 1）长度和宽度：EDLM 应沿区域长、宽以网格形式每 5~10m 进行放置，以可以合理覆盖整个区域。在选择放置感应器位置时要考虑：区域的平面布局（例如是否是正方形，还是包括有壁龛），货架和药品对气流影响的程度，产品存放位置等以及其他因素。EDLM 的位置应与产品实际存贮或计划存放位置相同，例如，不需要将EDLM 放置在高位装货区的上部区域 2）在垂直方向上放置 EDLM 考量 a.如果顶高为 3.6m 或更低，可以直接在高、中、低位置分别放置 EDLM。例如，在地板处，1.2m 高处、3.0m 高处各放置一个 EDLM b.如果顶高超过 3.6m，则可以按序放置在垂直方向的上、中、下部放置 EDLM，其中中间位置可以设置多个位点。例如，对于高 6m 的存贮区域，可以在 0.3m、1.8m、3.6m 和 5.4m 高处各放置一个 EDLM	2.2 温度分布研究方案 2.2.6 方法学 记录时间间隔相同，通常在 1~15 分钟
其他	另外，还可参考 PDA 和 ISPE 行业协会指南：PDA TR64 有源温度受控系统：确认指南；ISPE HVAC 指南 2009	

实例分析

【实例】3-1 某企业某仓库的温湿度分布验证实例

该实例仅作为完整验证的一部分。

通常温湿度分布验证应根据当地气候状况，涵盖冬季和夏季的极端气候时段，并考虑实际操作中可能出现的情况。一个完整的考察周期通常为 1 年。温湿度分布验证时应考虑日常操作中可能遇到的情况确定验证策略。推荐企业采用自动温湿度监控系统探头、自动温湿度记录仪等温湿度监测设备，进行仓库温湿度分布验证。

背景介绍：某企业新建一阴凉库，已经完成了安装运行确认，现需对该阴凉库进行温度分布验证。

（1）确认仓库　×××阴凉库。

（2）库存物资清单　×××成品，×××成品。

（3）库存基本条件

温湿度要求：温度控制在 ≤ 20℃，湿度无要求。

仓库容积：库内面积约 390m²，高约 3.6m，容积约 1404m³。

制冷系统介绍：阴凉库制冷系统共有空调风机 2 台。

货架安装情况：安装有 4 层横梁式货架，货物放于 0.15m 高的垫板上后按货位放置在货架上，货物距离地面约 40cm，货与货左右间隔约 28cm，上下间隔约 20cm，货物离屋顶约 40cm。

（4）温度探头布点的确定　在进行温度分布测试时，可能会出现以下问题：

- 接近天花板和外墙的区域会受到外界温度影响而出现高温点；
- 开门造成温度波动。

结合上述温度布点考虑，根据仓库实际情况，对阴凉库进行如下布点（共 63 个监测点）：

- 水平方向沿贮存区域长、宽以网格形式布置温度测试点，垂直方向以上、中、下布置温度测试点，对整个阴凉库物料贮存区均匀布置 60 个温度测试点（图 3-18）。另外，在仓库外部装卸平台布置 1 个温度测试点，监测验证期间仓库外部环境温度；
- 垂直方向上，温度记录仪分别放置在横梁式货架立柱上、中、下位置，上部放置在距离地面约 3.2m，中部约 1.6m，下部约 0.15m；
- 阴凉库共 1 个门，在门上下位置各布置 1 个温度测试点（注：上部放置在门顶位置，下部放置在门右侧距离地面 50cm 位置）。

● 在验证期间模拟物料进库，最长开门时间为 5 分钟。

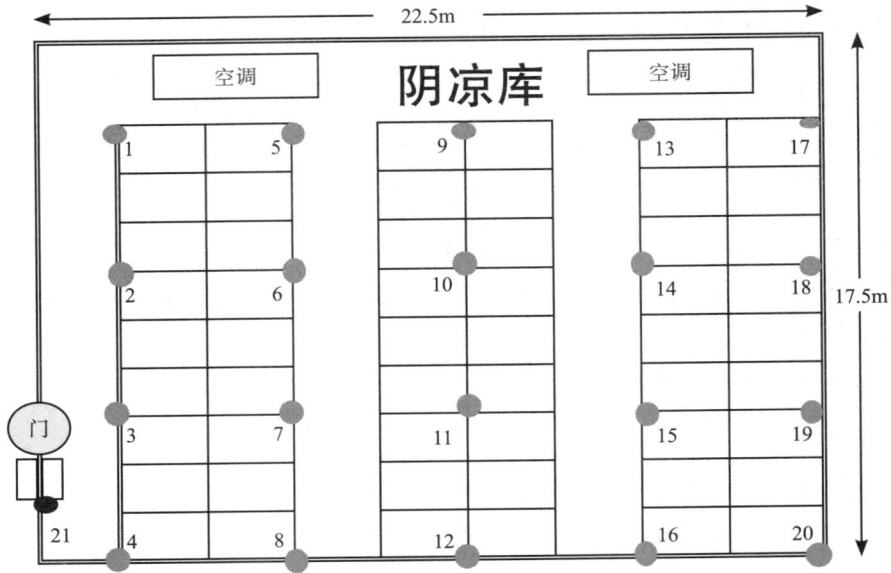

图 3-18 温度分布验证测试点布点

注：● 代表每个温度分布测试点（上、中、下）位置，上部放置在距离地面约 3.2m；中部约 1.6m；下部约 0.15m 的地方。

● 代表门上、下位置，上部放置在门顶位置；下部放置在门右侧距离地面 50cm 位置）。

（5）测试仪器及数据采集要求　检查所用测试设备 / 仪器的校验状态，确保其在测试期间符合使用要求。温度记录频率设为 5 分钟，记录时间为 7 天。测试完成后，导出温度记录仪数据，分析并打印结果。

（6）验证时间（日期）选择　该企业位于东经 E 114°03′10.40″，北纬 N 22°32′43.86″，常年温度在 13~33℃ 范围内，冬季不会出现低于 0℃ 情况，夏季 7~8 月为一年中最热月份。

因此：选择 7~8 月份进行夏季温度分布验证。

2021 年 7 月 15 日至 2021 年 8 月 15 日之间选择 7 天进行连续监测（根据天气预报情况确定具体开始日期）。

（7）装载形式　满载。

（8）可接受标准　阴凉库空调设定温度值均为 15℃（两台空调同时开启），连续监测 7 天，所有温度记录仪记录的温度应该 ≤ 20℃。

（9）验证结果分析　对温度测试所得数据进行分析，找出仓库温度最高点和最低点及变化情况，总结仓库温度分布规律，确定日常温度监测点。

验证结论：

该阴凉库温度分布验证结果符合标准 ≤ 20℃，根据阴凉库温度分布结果最大值将在线监控位置设置 4 中、11 下、17 上、20 上（两个空调同时开启时）。该阴凉库温度数据情况如表 3-2 所示。

表 3-2　温度数据情况（外界温度：最高 38.3℃，最低 26.2℃）

序列号	最高温度	最低温度	排名	位置	日常固定在线探头监测位置
1	17.0	13.8	1	21 上	否（无物料存放）
2	16.6	13.7	2	4 中	是
3	15.4	13.5	3	11 下	是
4	15.4	14.0	3	17 上	是
5	15.4	14.0	3	20 上	是
6	15.3	12.8	4	20 下	否
7	15.3	14.1	4	21 下	否
8	15.3	13.3	4	17 中	否
9	15.2	13.4	5	11 上	否
10	15.2	13.5	5	4 上	否
11	15.2	14.1	5	19 中	否
12	15.2	14.1	5	19 下	否
13	15.2	13.0	5	4 下	否
14	15.1	14.2	6	1 上	否
15	15.1	14.1	6	17 下	否
16	15.1	12.8	6	8 上	否
17	15.1	14.0	6	20 中	否
18	15.1	12.6	6	19 上	否
19	15.1	13.7	6	12 下	否
20	15.1	13.3	6	9 上	否
21	15.1	13.8	6	5 下	否
22	15.1	13.3	6	16 上	否
23	15.1	13.8	6	11 中	否
24	15.1	13.7	6	8 中	否
25	15.1	13.6	6	12 上	否
26	15.1	13.3	6	16 下	否
27	15.1	13.8	6	16 中	否

序列号	最高温度	最低温度	排名	位置	日常固定在线探头监测位置
28	15.1	14.1	6	12 中	否
29	15.1	14.0	6	2 中	否
30	15.1	14.0	6	18 下	否
31	15.0	13.8	7	18 上	否
32	15.0	13.7	7	9 中	否
33	15.0	13.6	7	1 下	否
34	15.0	13.6	7	2 下	否
35	15.0	13.5	7	8 下	否
36	15.0	13.7	7	18 中	否
37	15.0	13.5	7	3 中	否
38	15.0	14.1	7	2 上	否
39	15.0	13.7	7	3 下	否
40	15.0	13.8	7	5 上	否
41	14.9	13.4	8	1 中	否
42	14.8	13.6	8	13 上	否
43	14.8	14.0	8	9 下	否
44	14.8	13.8	8	6 中	否
45	14.8	14.0	8	14 上	否
46	14.8	14.0	9	7 上	否
47	14.7	13.8	9	10 上	否
48	14.7	13.6	9	10 中	否
49	14.7	13.5	9	3 上	否
50	14.7	13.7	9	5 中	否
51	14.7	13.5	9	15 上	否
52	14.7	13.2	9	6 上	否
53	14.7	13.8	9	14 中	否
54	14.7	13.6	9	15 下	否
55	14.7	13.8	9	13 下	否
56	14.7	13.6	9	15 中	否
57	14.7	13.7	9	7 下	否
58	14.7	14.0	9	6 下	否
59	14.6	13.8	10	13 中	否

序列号	最高温度	最低温度	排名	位置	日常固定在线探头监测位置
60	14.6	13.8	10	10 下	否
61	14.6	13.8	10	7 中	否
62	14.6	13.7	10	14 下	否

注：1. 由于门口不会放置物料，因此 21 上未选作为日常监测点。

2. 本次验证仅验证了两个空调同时开启的状态，因此在日常操作时两台空调将同时开启。如在外界温度低时需要只开启一台空调（需要规定开启哪台空调）或不开空调，需要重新进行分布验证，以确定在此状态下的日常监控点。

需要注意的情况如下。

● 通常情况下，新仓库在完成安装及运行确认后即进行温度分布确认验证，如此时未达到最差条件如冬季或夏季，在使用前应起草温度分布确认方案，进行初始的温度分布确认，确定日常监测点并进行监控。在夏季和（或）冬季最差条件时再次进行验证，综合评估确定日常监测点或根据季节变换而变换日常监测点。

● 本案例未考虑湿度，如湿度对产品或物料有影响，则应同时对湿度分布进行确认。

3.4　仓储区设施、设备管理

仓储区设施设备管理需包括设施设备技术资料的管理，设施设备标识管理，设施设备系统编号管理，计量设备的校验、清洁、使用和维护管理等，详见本丛书《厂房设施与设备》分册。

企业应建立仓储区设施使用、清洁、维护的书面操作规程，对关键设施建立预防性维护计划，并保留记录。清洁规程通常包括但不限于以下内容：

● 清洁对象：如托盘、货架、墙壁、地面、门窗、照明灯具、消防器材等；

● 清洁方法：如使用吸尘器、毛巾、拖把、扫地机等进行清洁以及如何清洁

● 清洁周期：应针对不同的清洁对象设定不同的清洁频率，如办公桌、电话、水池、卫生间每天一次，门和地面每周一次，墙面每月一次；

● 消毒周期（如必要），一般指取样区；

● 清洁和（或）消毒工具：如水桶、毛巾、毛刷、簸箕、拖把、吸尘器、扫地机等。

应建立仓储区设备使用、清洁、维护的书面操作规程，对关键的设备建立预防性维护计划，并保留记录。内容包括仓储区设备的使用规程、清洁内容、清洁方法、

清洁周期、消毒周期（如必要）、清洁和（或）消毒工具、维护计划及维护管理规程等。

仓储区主要的设施设备的维护包括：

- 日常维护：日常使用过程的常规维护；
- 应急维护：设施设备发生故障时的紧急维护；
- 预防性维护：详细规定每一台关键设备与设施的维护内容，时间及负责人；
- 仓储区及设施设备的使用、清洁、维护均应有记录。

仓储区主要的设施设备应有工作日志，例如近红外检测仪（NIR）、电子秤等。

3.5 昆虫和动物控制

（1）仓库的设计应能防止滋生昆虫及老鼠等爬行动物，采取的措施包括但不限于：

- 应远离垃圾源，避免昆虫滋生及老鼠的聚集；
- 仓储区与室外相连的通风口应采取有效措施防止昆虫和鸟类进入，例如加装防虫网等；
- 地面应硬化处理；
- 墙面与地面的交界处应密封处理；
- 仓储区的门窗应采用密闭效果良好的设计，门、窗应避免留有缝隙以防止昆虫、动物进入；
- 仓储区附近的下水道、排水口等与地面相通处应设置盖板、防鼠网等措施；
- 办公区域应与物料及产品贮存区分开；
- 所有管线应密封完好，防止蚊蝇爬虫进入；
- 必要时应设置缓冲间，避免同时开门造成蚊蝇进入；
- 物料或产品的接收及发送区应采取措施防止蚊蝇进入；
- 仓库周围的绿化应最大程度的减少蚊虫的滋生，避免种植开花结果的树木等；
- 设置风幕机；
- 诱饵站（不能设置在厂房内部）、灭蝇灯、粘鼠板、电子驱虫器、挡鼠板等。

仓储区的昆虫和动物控制设施设备的安装、布局应基于评估，有明确的昆虫和动物控制设施设备布局图，并统一进行编号，以便统计、记录、分析和追溯。评估考量的基本原则包括但不限于：建筑结构特点、昆虫和动物（鼠类）习性、历史监控结果、关键区域及人流物流通道等。

（2）昆虫和动物控制程序要求　企业应建立昆虫和动物控制的书面操作规程，内容包括昆虫和动物控制的基本要求、实施程序、检查记录、统计分析及设施设备的布置、维护保养等。以下建议供参考：

- 昆虫和动物状况检查、记录的周期可为 1~2 周；
- 昆虫和动物状况的统计分析的周期为月度、季度和年度；
- 诱饵站每 2 周更换诱饵并进行清洁维护；
- 灭蝇灯（通常有电击式和粘捕式）更换或清洁、维护周期可为 1~2 周；
- 粘鼠板更换周期可为 2~4 周；
- 挡鼠板高度不低于 50cm；
- 每月检查电子驱虫器、挡鼠板等防护设施设备的完好性；
- 定期收集虫害控制点的虫害信息，如种类、数量等，并进行趋势分析。对于虫害数量明显增加的点，分析原因并采取适当措施等。

（3）昆虫和动物控制的记录内容通常包括但不限于：

- 捕捉或发现的昆虫和动物类别：如飞虫类可分为蚊子、苍蝇、飞蛾、其他等四项进行记录；爬虫类可分为蟑螂、蜘蛛、鼠妇、蟋蟀、百足、蚂蚁、其他等七项进行记录；动物类主要记录为老鼠，以及麻雀等鸟类与其他，可增加备注进行记录；
- 昆虫和动物数量；
- 检查人 / 日期；
- 复核人 / 日期；
- 如更换粘纸、粘鼠板等，应在记录中注明更换人 / 更换日期；因故障无法正常使用的设施设备等应记录暂停使用日期、维修日期等，如需要，可采取其他临时措施。

（4）其他　考虑到人员和药品安全，以及最大化降低产品污染风险，原则上虫害控制以物理防控为主。

如确需使用化学药剂防控，应根据化学品安全信息卡（MSDS）信息及相关资料评估并选择合适的灭鼠药、杀虫剂、烟熏剂，同时使用时还应考虑天气状况、风向等自然条件以及生产、运输情况，采取必要的措施防止对设备、物料、产品造成污染。

实例分析

【实例】3-2 灭蝇灯的安装和使用

灭蝇灯安装位置不当时会引诱室外的昆虫，从而失去防虫害目的。因此企业在安装灭蝇灯时应注意：

● 安装在门或通道的两侧，但应避免直接面对门或窗，通常以站在建筑外观察不到灭蝇灯的灯光为宜，以防止吸引建筑外的昆虫进入室内；

● 安装高度一般离地面 1.8~2.0m（此高度为一般昆虫的习惯飞行高度）；

● 不可在有防爆要求的地点使用常规灭蝇灯，可考虑使用其他措施，如粘蝇纸、增加缓冲、加强门的密封性、使用防爆灭蝇灯等；

● 选择灭蝇灯时应考虑避免出现二次污染（如使用电击式灭蝇灯时，蚊虫的碎片可能对物料和产品造成污染）。

📋 要点备忘

● 仓储区的存储容量、面积及设施设备的配置应与实际需求相匹配；

● 仓储区的功能配置应与拟贮存的物料及产品相一致，其设计应能有效地保护物料及产品；

● 毒、麻、高活性易燃易爆、易挥发等物料及产品的贮存应满足国家法律法规要求；

● 仓储区域应避免阳光直射，对于有窗户仓库需要采取避光措施；

● 仓储区域的设计及管理应能避免昆虫和飞鸟进入；

● 仓储区设施设备应经过确认与校验，应制定维护、清洁、使用规程并确保有效执行。

4 供应商管理

本章主要内容：

☞ 供应商的筛选、批准和撤销

☞ 供应商审计

☞ 供应商的持续管理

☞ 集团化审计和第三方审计

法规要求 ··

药品生产质量管理规范（2010 年修订）

第二百五十五条 质量管理部门应当对所有生产用物料的供应商进行质量评估，会同有关部门对主要物料供应商（尤其是生产商）的质量体系进行现场质量审计，并对质量评估不符合要求的供应商行使否决权。

主要物料的确定应当综合考虑企业所生产的药品质量风险、物料用量以及物料对药品质量的影响程度等因素。

企业法定代表人、企业负责人及其他部门的人员不得干扰或妨碍质量管理部门对物料供应商独立作出质量评估。

第二百五十六条 应当建立物料供应商评估和批准的操作规程，明确供应商的资质、选择的原则、质量评估方式、评估标准、物料供应商批准的程序。

如质量评估需采用现场质量审计方式的，还应当明确审计内容、周期、审计人员的组成及资质。需采用样品小批量试生产的，还应当明确生产批量、生产工艺、产品质量标准、稳定性考察方案。

第二百五十七条 质量管理部门应当指定专人负责物料供应商质量

评估和现场质量审计，分发经批准的合格供应商名单。被指定的人员应当具有相关的法规和专业知识，具有足够的质量评估和现场质量审计的实践经验。

第二百五十八条 现场质量审计应当核实供应商资质证明文件和检验报告的真实性，核实是否具备检验条件。应当对其人员机构、厂房设施和设备、物料管理、生产工艺流程和生产管理、质量控制实验室的设备、仪器、文件管理等进行检查，以全面评估其质量保证系统。现场质量审计应当有报告。

第二百五十九条 必要时，应当对主要物料供应商提供的样品进行小批量试生产，并对试生产的药品进行稳定性考察。

第二百六十条 质量管理部门对物料供应商的评估至少应当包括：供应商的资质证明文件、质量标准、检验报告、企业对物料样品的检验数据和报告。如进行现场质量审计和样品小批量试生产的，还应当包括现场质量审计报告，以及小试产品的质量检验报告和稳定性考察报告。

第二百六十一条 改变物料供应商，应当对新的供应商进行质量评估；改变主要物料供应商的，还需要对产品进行相关的验证及稳定性考察。

第二百六十二条 质量管理部门应当向物料管理部门分发经批准的合格供应商名单，该名单内容至少包括物料名称、规格、质量标准、生产商名称和地址、经销商（如有）名称等，并及时更新。

第二百六十三条 质量管理部门应当与主要物料供应商签订质量协议，在协议中应当明确双方所承担的质量责任。

第二百六十四条 质量管理部门应当定期对物料供应商进行评估或现场质量审计，回顾分析物料质量检验结果、质量投诉和不合格处理记录。如物料出现质量问题或生产条件、工艺、质量标准和检验方法等可能影响质量的关键因素发生重大改变时，还应当尽快进行相关的现场质量审计。

第二百六十五条 企业应当对每家物料供应商建立质量档案，档案内容应当包括供应商的资质证明文件、质量协议、质量标准、样品检验数据和报告、供应商的检验报告、现场质量审计报告、产品稳定性考察报告、定期的质量回顾分析报告等。

背景介绍

供应商管理是供应链管理的重要组成部分，是制药企业物料管理的源头，也是确保产品质量持续稳定的关键环节。良好的供应商管理体系能确保在药品生产过程中使用质量合格的物料和获得优质的服务。

供应商的生命周期管理包括开发、准入、维护和淘汰四个阶段，结合制药行业的管理特点，这四个阶段可细化为筛选、评估、审计、批准、持续管理和撤销等具体环节，同时变更管理和风险管理贯穿其中，支持着供应商管理生命周期内各阶段的转换和决策（图 4-1）。本章节将针对供应商生命周期的各环节做详细阐述，并就集团化审计和第三方审计等新的供应商审计管理模式在制药行业内的应用做初步探讨。

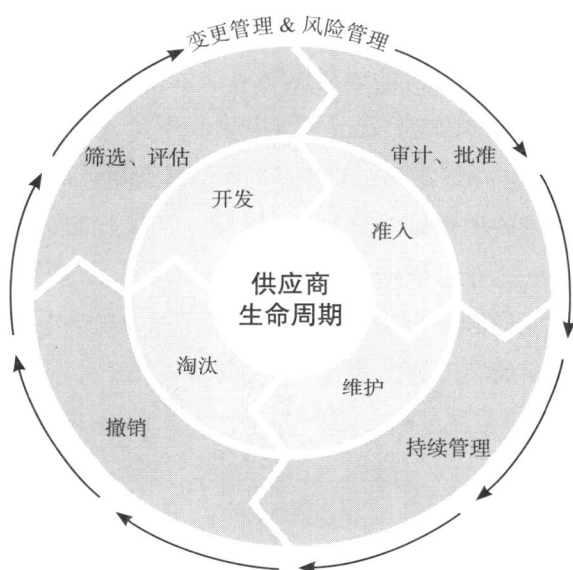

图 4-1 供应商管理生命周期示意图

技术要求

从《药品生产质量管理规范（2010 年修订）》针对物料供应商的评估和批准的要求来看，物料供应商的管理应包含如下方面。

- 建立相关流程和文档（如建立供应商管理程序，内容至少涵盖供应商的筛选、评估、审计、批准以及撤销等；批准的供应商清单；建立供应商档案等）。
- 与主要物料供应商签订质量协议。
- 定期的审计、评估，形成审计报告或评估结论。
- 供应商的持续管理（如变更管理、定期的质量回顾、档案管理等）。

物料供应商包括物料的生产商和物料的经销商（或销售商），以下简称"供应商"。本章节所提及的"物料"不仅限于本指南"1 概述"中给出定义的物料（即原料、辅料、包装材料），也包括企业采购的其他生产所需的物料（如气体、生产耗材、原料药生产企业所使用的外购中间体、工艺助剂等）。

企业应根据物料的性质、用量以及物料对产品质量的影响程度综合考虑物料风险，对物料进行分级，依据物料的风险级别制定不同程度的供应商管理方式（如不同的审计形式、频次）。如下为物料分级的一个实例，供参考。

- 主要物料：如制剂企业所使用的原料药、辅料、与产品直接接触的包装材料（如铝箔、铝管、PVC、药瓶等）、印刷包装材料；原料药生产企业所使用的外购中间体、起始物料、在工艺中最后纯化步骤使用的物料、内包材及印刷性的包装材料，以及其他影响产品质量并且现行工艺不能去除其影响的物料。

一些消耗性物料也有可能依据其使用目的或环境的特殊性被定义为主要物料，如非最终灭菌产品无菌灌装过程中在 A 级区使用的手套可以分级为主要物料。

- 一般物料：非印字的不直接接触产品的包装材料（如打包膜、胶带等）和生产区域的消耗品（如头套、手套、口罩、洁净服、鞋套、消毒液、一次性纸毛巾等）。

企业可依据供应商的批准情况对其进行分类，如划分为潜在的供应商、批准的供应商和不合格的供应商。对于批准的供应商也可以根据提供物料的质量情况、供应商的表现等再进一步划分等级以便于分级管理。

实施指导

4.1 供应商的筛选、批准和撤销

企业需要按照法规要求建立供应商的筛选、评估、审计、批准、撤销等方面的流程，明确供应商的资质，分级标准，各级别供应商的选择原则、质量评估方式、评估标准、审计流程、批准及撤销程序。

4.1.1 供应商的筛选

供应商筛选是一项跨部门合作的工作。企业可根据自身的组织架构、采购政策及物料类别来定义供应商筛选的工作组成员，除了商业环节所涉及的部门（如采购）以外，质量管理部门必须参与筛选过程及最终决策。此外，也应考虑是否需要生产、物流 / 供应链、EHS（环境、健康、安全）等部门的专家参与供应商的筛选。

以下列举了供应商筛选的流程和注意事项，供参考。

（1）定义供货需求　供货需求是筛选、评估供应商的基础和标准。企业应在启动潜在供应商评估前定义供货需求。供货需求参考内容如下，企业可根据实际情况增减项目：

- 物料信息：如物料名称、类型、级别、预定用途等；
- 质量要求：如质量标准，法规要求（如已取得原料药/药用辅料/药包材登记号），产地、生产环境要求，纯度、杂质、无菌要求，取样方法，审计要求，文件、证明、声明要求，测试样品要求等；
- 供货要求：如供货量、周期或时限，包装、运输、贮存要求，标识内容、语言、数量、位置、材质、黏合剂、防伪、防水要求，效期要求等；
- 商业要求：如企业资质、外包服务限制、目标市场、合同要求等；
- EHS 要求和其他可持续发展方面的要求，如：法规符合性、物料安全数据等。

（2）潜在供应商评估　企业应对潜在供应商进行评估，以初步判断其能否满足供货需求。原则上此时的评估不能替代供应商选定后、批准前的供应商审计，但是可以通过该评估尽早发现不符合要求的供应商。如果希望将此评估结果用于支持或替代日后的供应商审计，则应在实施评估前明确评估的目的和范围，并确保评估人员的资质、评估内容、实施过程和相关文件满足供应商审计的要求。

评估可通过问卷调查、文件审核和现场技术拜访中的一种或多种组合的方式进行，评估的维度可从如下几方面考虑：

- 质量评估（企业资质、质量体系、质量标准等）；
- 生产、物流、技术能力评估；
- EHS 评估；
- 商业评估。

除了上述对供应商供货能力的评估以外，成本收益分析也是供应商筛选过程中应考虑的因素。新增或变更供应商时的质量成本可能来源于：实验分析、稳定性研究、试验批生产、验证批生产、审计成本及法规变更成本等。

提示：在与潜在供应商进行信息交换前，应考虑签署保密协议。

（3）选定供应商　筛选工作组对潜在供应商进行评估后列出符合条件的供应商名单，供决策主体做最终决定。最终的筛选决策必须有质量管理部门参与，且供货需求中所列出的强制性的法规、质量、EHS 要求必须得到满足。

选定的供应商将接受进一步的供应商评估。

筛选过程中与质量相关的行为应有文件记录（如供货需求、符合条件的供应商名单、支持最终筛选决策的评估结果），并符合相关 GMP 文件要求。

4.1.2 供应商的评估

企业应基于物料的类别对选定的目标供应商做进一步评估，以考察其技术能力和质量系统的符合性，评估的内容和标准应与物料风险相适应。

评估包括但不限于：

- 供应商审计；
- 样品检验（通常要求供应商提供至少三批所供物料的样品进行检验，以评估其是否可持续提供质量稳定合格的、满足预定用途的物料）；
- 试生产 / 工艺验证 / 稳定性研究。

实例 4–2、实例 4–3 分别给出了不同类别物料生产商和经销商（或销售商）的评估要求举例，供参考。如果物料经销商（或销售商）从事 GMP 相关的操作，如物料分包装、贮存等，应对其进行适当形式的审计。

通常情况下，建议企业在启动对目标供应商的评估活动之前发起变更，对供应商变更的全过程进行控制管理。如果样品检验或试生产需要在变更发起前进行以便确定物料的质量状况和生产适用性，则应事先经过内部流程批准（如试机申请、特殊取样检验申请）。

4.1.3 供应商的批准

供应商必须经质量管理部门批准，且满足以下前提条件：

- 供应商必须符合适用的质量和 EHS 方面的外部法律法规及本企业的内部规定；
- 供应商的资质证明文件应齐全并符合法规要求；
- 已完成供应商审计，审计报告中要求的应在供应商批准前完成整改的缺陷项已整改完毕，并经质量管理部门评估认为整改结果可接受；
- 如适用，样品应检测合格，小批量试生产应符合预定标准，工艺验证和（或）稳定性考察应符合预定标准；
- 如适用，应符合《总局关于调整原料药、药用辅料和药包材审评审批事项的公告》（2017 年第 146 号）的要求。

企业应建立批准的供应商清单，明确供应商的供货范围，必要时可标明物料的具体用途并经质量管理部门最终批准（批准的供应商清单举例见实例 4–4）。供应商清单应定期维护和更新。物料管理部门应在接收物料时依据批准的供应商清单核对物料供应商信息。

企业必须从经过批准的供应商处购买物料，用于上市销售产品的生产。

供应商的供货范围发生变化时，应启动变更流程，重新对供应商进行评估和批准。

4.1.4 质量协议

企业应建立质量协议管理程序，明确何时以及如何建立质量协议、质量协议的基本要求、质量协议的维护及终止。

企业应与主要物料的供应商签订质量协议。质量协议可以作为商业合同 / 协议的一部分，也可以单独签署。除了一般性的商业条款外，应在协议中列明双方所应执行的 GMP 活动，例如：

- 所供物料的具体种类、型号、范围；
- 适用的法律、法规、标准、指南；
- 双方的权力、义务、责任；
- 物料生产、检验、贮存、运输及质量管理（如变更、偏差管理）方面的具体要求；
- 企业的特殊质量要求（如有）。

对于一些存在可变因素的事项，如联系人名单、职责界定、质量标准、操作指南、分包商委任等，可以通过质量协议附件的形式独立签署，以保留日后及时更新的灵活性。在给供应商发放第一个正式订单前，质量协议应经供需双方批准，否则应有书面的合理的解释，并同时满足如下条件：

- 经质量管理部门评估和批准；
- 已建立相应的程序，确保在质量协议签订前受影响的产品不会被放行到市场。

质量协议是质量文件，其制定、签署应同时满足企业质量体系中对文件的要求，并确保修订历史的可追溯性。企业应指定专人维护质量协议。协议及其附件应定期回顾，必要时更新。

实例 4-5 给出了更为详尽的质量协议内容举例，供参考。

4.1.5 供应商的撤销

许多原因可能导致撤销已批准的供应商资格。例如：

- 产品撤市；
- 变更供应商；
- 供应商终止合作；
- 长期无实际业务交易；
- 重大质量或 EHS 事件；
- 因突发意外（火灾、自然灾害或其他不可抗力等）供应商无法继续供货。

撤销供应商资格需遵循变更流程，并充分评估对产品质量和供应连续性的影响，采取措施降低风险。撤销供应商需采取的行动包括但不限于以下内容并以文件形式记录：

- 说明撤销的原因；

- 决定撤销及时间限；

- 评估影响范围（如法规、产品、市场等方面的影响）；

- 评估风险（如法规、质量、库存方面的风险等）；

- 终止合同和质量协议；

- 更新供应商清单。

同筛选供应商流程一样，撤销供应商的评估和决策同样需要由跨部门团队完成，质量管理部门具有最终批准权。在撤销供应商资格后，可能仍有一部分工作需要供应商继续提供支持（如涉及产品投诉和稳定性的问题），因此有必要在与供应商终止合同前就此方面问题达成一致。

企业不得从已撤销资格的供应商处采购物料。如需要恢复已撤销资格的供应商的采购业务，则应按照新供应商的评估和批准流程重新进行供应商资格确认。

也可以采用对供应商进行分级管理的形式对出现重大质量 /EHS 问题、严重缺陷或服务质量不能满足要求的供应商进行降级处理。供应商的降级应遵循变更管理流程，经质量管理部门批准并告知各相关部门，同时企业应采取更为严格的措施，加强对供应商的管控，包括但不限于：

- 缩短审计周期；

- 重新评估物料全检频次和部分检测项目；

- 重新评估供应商考核指标。

实例分析

【实例】4-1 原料药生产商的批准流程举例（图 4-2）

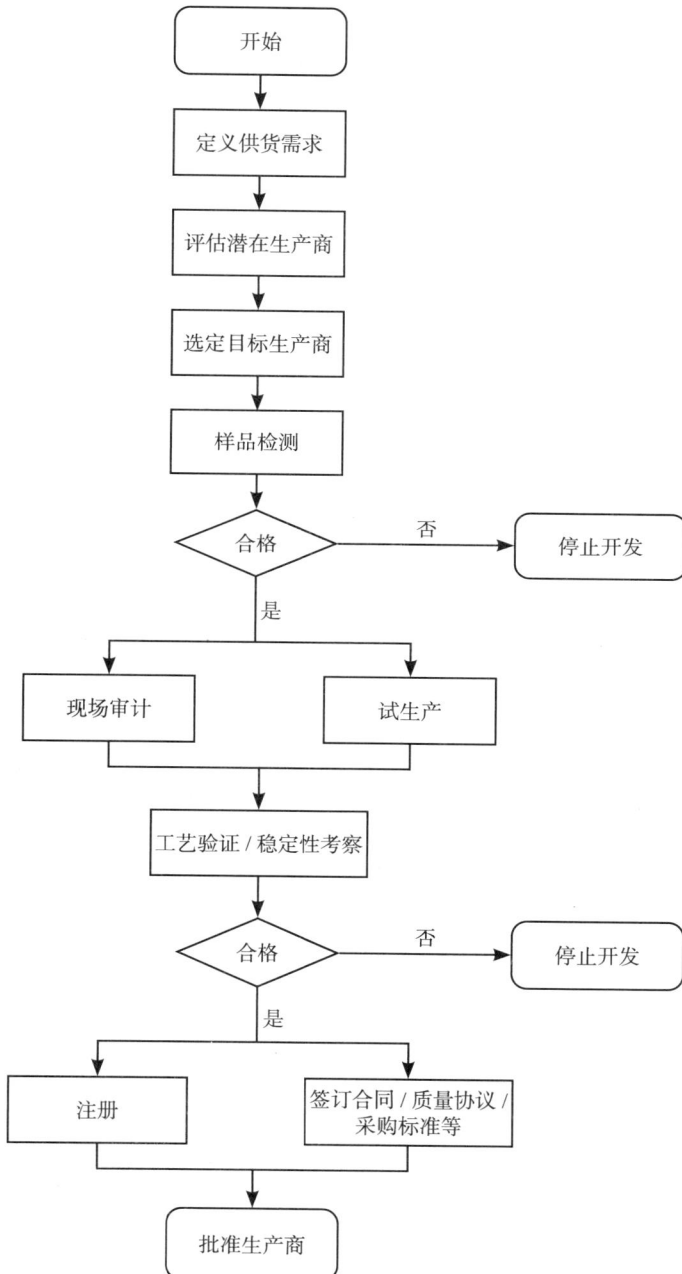

图 4-2 原料药生产商的批准流程

【实例】4-2 不同类别物料生产商批准时的质量评估列表举例（表4-1）

表4-1 不同类别物料生产商批准时的质量评估列表

质量评估项目	原料药	辅料	与产品直接接触的包装材料	不与产品直接接触的包装材料	生产区域的消耗品
1 调查问卷	需要	需要	需要	需要	不是必需的
1.1 TSE/物料来源声明	需要	需要	不是必需的	不需要	不需要
1.2 残留溶剂声明	需要	需要	不需要	不需要	不需要
1.3 金属催化剂/金属试剂残留/元素杂质/三聚氰胺/亚硝胺声明	需要	需要	不需要	不需要	不需要
1.4 物料数据安全	需要	需要	不需要	不需要	不是必需的
1.5 有关包装材料和包装规格的信息	需要	需要	需要	需要	需要
1.6 稳定性资料〔贮藏条件、复验期和（或）有效期〕	需要	需要	需要	需要	不是必需的
1.7 分析报告书/合格证/产品质量标准（包括检测方法、检测频次）	需要	需要	需要	需要	需要
1.8 企业盖章的资质证明（如生产许可证、营业执照、ISO认证证书、HACCP证书）	需要	需要	需要	需要	不是必需的
2 审计报告	需要	需要	需要	对于印字包材需要，非印字包材不是必需的	不是必需的
3 样品检验	需要	需要	需要	需要	不是必需的
4 小量试生产或工艺验证	需要	需要	需要	需要	不是必需的
5 稳定性考察	需要	需要	需要	不需要[1]	不需要
6 质量协议	需要	需要	需要	需要	不是必需的
7 变更申请[2]	需要	需要	需要	需要	需要

注：生产区的消耗品管理根据其对产品的影响程度，考虑以上要求是否需要满足。

1）黏性包装材料（如标签、封箱胶带）可能需要进行长期或低温等影响因素试验。

2）指企业在新增物料生产商时遵循内部变更流程所产生的变更申请。

【实例】4-3 不同类别物料经销商（或销售商）批准时的质量评估列表举例（表4-2）

表4-2　不同类别物料经销商（或销售商）批准时的质量评估列表

文件条目	原料药	辅料	与产品直接接触的包装材料	不与产品直接接触的包装材料	生产区域的消耗品
1 调查问卷或审计报告	需要	需要	需要	需要	不是必需的
1.1 包装材料和包装规格的信息	需要	需要	需要	需要	需要
1.2 稳定性资料［贮藏条件、复验期和（或）有效期］	需要	需要	需要	需要	不是必需的
1.3 分析报告书/合格证/产品质量标准（包括检测方法、检验频次）	需要	需要	需要	需要	需要
1.4 企业盖章的资质证明（例如生产许可证、营业执照、ISO认证证书、HACCP证书、进口许可证）	需要	需要	需要	需要	不是必需的
2 质量协议	需要	需要	需要	需要	不是必需的
3 变更申请[1]	需要	需要	需要	需要	需要

注：生产区的消耗品管理根据其对产品的影响程度，考虑以上要求是否需要满足。

1）指企业在新增物料经销商（或销售商）时遵循内部变更流程所产生的变更申请。

【实例】4-4 批准的供应商清单举例（表4-3）

表4-3　批准的供应商清单

物料名称	规格	质量标准	物料号	生产商名称和生产地址	供应商名称	供应商级别	批准的用途（必要时）

注：当同一物料可能有不同供应商以及使用范围（例如仅可用于特定产品的生产）时，在供应商列表中列明"批准的用途"是可能的选择之一。

【实例】4-5 质量协议内容举例

（1）协议主体部分内容一般包括：

● 合同缔结方；

- 缔结合同的基本要求；

- 合同目的和范围；

- 信息传递；

- 人员和培训；

- 厂房、设备、设施要求；

- 起始物料和包装材料；

- 生产、包装、生产场地、生产工艺和生产记录；

- 清洁；

- 混淆、污染和交叉污染；

- 质量控制、放行、稳定性和检验报告；

- 文件、数据可靠性、存档；

- 偏差管理、变更管理；

- 纠正和预防措施管理；

- 留样和产品质量回顾；

- 确认和验证；

- 返工和重新加工；

- 贮存和运输；

- 审计；

- 官方检查；

- 投诉；

- 召回；

- 可追溯性；

- 分歧处理方式；

- 分包商的委任；

- 商业合同与质量协议发生冲突时的解释条款；

- 条款生效、变更、违约、司法管辖地（适用于质量协议独立于商业合同／协议的情况）。

（2）协议附录部分内容一般包括：

- 质量协议所涵盖的产品及质量标准；

- 双方联系人和负责人列表；

- 双方详细职责和责任的定义；

- 操作指南，如双方同意的操作规程、方法、标准、规范和文字性规定以及协议所适用的活动；

- 分包商委任列表；

- 其他协议或特殊要求。

（3）协议修订历史　对于原料药和辅料的供应商，应根据供应商的生产工艺特点，必要时对以下情况在质量协议中作出规定：

- 转基因（GMO），尤其是对植物来源和发酵法生产的物料；

- 传染性海绵状脑病/牛海绵状脑病——疯牛病（TSE/BSE），尤其是对动物来源和发酵法生产的物料；

- 三聚氰胺/三聚氰酸、有机溶剂的残留；

- 杀虫剂残留，尤其是对植物来源的物料；

- 毒素残留，如黄曲霉素、二氧（杂）芑等；

- 金属催化剂残留；

- 如果物料是用于无菌原料药生产的后续工序的话，还应当考虑对物料的微生物污染水平、细菌内毒素水平、异物等作出规定；

- 物料安全数据。

4.2 供应商审计

审计活动的主要目的是确定供应商与相关质量要求、法规要求和商务要求的符合性，确定供应商哪些方面需要整改及相应的措施，以确保供应商根据质量标准和要求持续的提供物料、产品和服务。

通过供应商审计可以发现如下会带来重大潜在负面影响操作缺陷的方面，以便及时进行纠正与预防：

- 患者/顾客的安全；

- 监管活动（如召回、整改措施、警告信、撤销、由于质量体系失败而强制的中断供应）；

- 供应商的生产加工引起了商业风险从而导致不能接受的供应链风险，及大量的超出质量标准的产品；

- 供应商行为准则等。

审计策略应基于物料的风险制定，并不是需要对每一种物料的供应商都进行审计，通常要求对产品质量有影响的、主要的物料供应商进行审计。

企业应建立相关的供应商审计活动的流程，包括对于审计人员的资格确认，对于审计原因、频次的规定，审计内容和流程的规定。

4.2.1 审计员资格确认

专业的、高水平的供应商审计队伍是确保供应商审计质量的前提。企业应组建供应商审计团队，对审计员的教育背景、技能、培训和经验做出规定，并建立审计员管理流程，明确审计员的资质要求（应与审计范围相匹配）和批准流程，确保被批准的审计员符合相关资质要求，在资质有效期内正确履职并得到持续的培训。

A. 教育背景

质量体系的审计员应接受过其专业领域的科学教育（如药学、医学、化学、生物学或其他相关专业）；共同参与审计的各专业特长专家应具备相关专业教育背景（如工程、机械、环保、IT、物流管理等专业）。

B. 技能

审计员应拥有和保持重要的技能，如帮助营造开放的氛围、具有客观性、高度个人诚信度、极高的理解力等，这些能力有助于成功进行审计。

同时，审计员应具备：渊博的有关 GxP/ 质量管理体系法律法规的知识及后续对审计的具体能力和技巧的运用、良好的信息收集能力和沟通技巧、恰当的跨文化跨地域沟通能力。

审计员应不带有任何偏见，不受个人和外界影响，诚实、独立地通过自己的观察和发现做出明确判断并出具相应报告。

C. 培训

企业应规定审计员在获得资格前必须完成的培训项目，包括但不限于：相关法律法规知识、企业内部工作流程、供应商审计活动实操（以观察员身份参与）等；取得资格的审计员也应接受定期的培训并定期参与审计，以维持合格的资质。如可能，企业应针对审计员设立专门的培训课程，以提高审计员的专业水平和审计技巧。所有的培训均应制定考核标准。

适当的外部资源培训，如官方法规解读、行业分享、行业研讨、企业交流等活动，也是提高审计员专业水平、拓宽审计员知识面的良好途径。

D. 经验

审计员应在制药或生命科学领域有着丰富的实践经验（如生产、质量控制和质量保证、工程、EHS、IT、仓储管理等），并熟悉相关法律法规、质量体系要求（如 GXP、ISO 等）。

审计员资质应由质量管理部门批准。质量管理部门应建立审计员资质清单并定期回顾，对于长时间不参加实际审计活动或不能完成培训考核的应暂停或取消审计员资格。

实例 4-6 给出了审计员资质清单举例，供参考。

4.2.2 审计类型

供应商审计通常包括如下几种类型。

- 首次审计：对新供应商、新物料 / 新产品、新的生产场地 / 厂房设施、新的生产线的初次审计。
- 周期审计：根据常规审计频次进行的再审计。
- 有因审计：因重大的质量投诉、偏差（如混批、印刷错误、涂层或胶漏涂、涂布量不够、产品中发现人体毛发、严重的异物混入、微生物污染等）、重大的 EHS 事故、重大的变更、供应商被官方通报等原因引起的审计。有因审计可以主要对某几个质量要素进行重点检查。
- 追踪检查：对上一次审计缺陷所采取的整改措施的确认。

4.2.3 审计形式

审计的形式主要包括书面审计、现场审计、远程审计。

企业综合考虑物料和供应商的风险，确定具体的供应商审计形式。如有特殊原因需要改变原定的审计形式（如疫情导致无法执行现场审计需要以其他审计形式替代），则应进行风险评估，确保替代的审计形式可以满足审计要求或者定义降低风险的措施（如增加审计频次、限制物料的使用范围等），并在审计报告中回顾和评估审计效果。

A. 书面审计

通过调查问卷的方式进行审核的一种审计方式。如果已知供应商在合规方面存在明显缺陷，用调查问卷代替现场审计是不适合的。

B. 现场审计

公认的审计方式是"现场审计",指到供应商的现场(车间、库房、实验室等)做现场检查及对文件/记录的检查。

C. 远程审计

远程审计是指在供应商驻地以外的地方,通过电话、视频会议、电子文件等技术进行的审计。

远程审计涵盖互动和非互动活动的内容。

互动活动指供应商人员与审计组通过电话或视频会议技术进行的互动。审计员可以提前几天向供应商提交主题和问题。

非互动活动不涉及与供应商人员之间的互动,但涉及与文档和照片/视频的互动。如果审计员能够访问供应商的电子文档管理系统,就可以离线完成这些工作。

审计双方具备远程审计所必需的软硬件基础设施是实施远程审计的前提,同时还应采取充分的准备措施以确保审计质量和保障信息安全,如下所示。

- 征得供应商同意并确认供应商的远程审计技术条件。
- 确认远程通讯工具,如电话、电子邮件、数据交换平台、语音和视频工具、电话会议平台等,并提前调试就位,必要时应做好备用方案,以防通讯工具或网络出现故障。
- 与供应商沟通现场检查的区域、路线及检查方式(如提前录制现场视频或拍摄照片、VR 参观或实时摄像等)。
- 与供应商沟通需要检查的文件,提前准备好电子文件或扫描文件。为了确保被检查单位的信息安全,不建议通过信息化传输工具将重要文件直接发送给审计员,推荐采用文件共享软件、网盘等数据交换工具或向审计员开放远程访问权限的方式,并严格做好权限控制。文件共享条件不具备时,实时摄像或通过视频会议现场演示也可以作为文件检查的方式,但这种实时演示文件的方式可能会降低审计的效率和效果。

4.2.4 审计频次

企业可基于物料/产品的固有风险来确定供应商风险级别,并以此制定该供应商的常规审计频次和升级审计频次。当供应商供应多种物料时,根据最高风险物料/产品制定审计频次。

根据上次审计的结果来确定供应商的审计频次。如果上次审计结果较好,则执行常规审计频次；如果上次审计结果较差，则可执行升级审计频次。

实例4-7给出了供应商审计频次举例，供参考。

4.2.5 审计计划

审计计划包含两个层面：

● 年度审计计划：每年根据供应商的审计频次、相关部门的审计需求以及供应商的表现来制定下一年的供应商年度审计计划，并定期回顾年度审计计划的执行情况。实例4-8给出了年度审计计划及回顾表举例，供参考。

● 每次审计的独立计划（或日程）：该计划（日程）应包括行程安排、审计持续的时间、指定的审计团队、审计的范围、审计中需要获得的文件/记录等。

4.2.6 审计内容

审计内容应依据企业对供应商的管理要求、提供物料的风险等级、签署的质量协议内容、供应商遵守的行业规范等因素综合考虑，包括但不限于以下的几个或全部方面来对供应商进行现场或书面的检查。

● 供应商资质：现场核实供应商资质证明文件的真实性。

● 质量保证系统：如变更、偏差、供应商管理、纠正和预防措施管理、自检、年度质量回顾、客户投诉等。

● 职责管理：关键人员职责、部门职责等。

● 人员和机构：如人员资质、培训、卫生、健康管理等。

● 厂房设施和设备：如厂房、设施和设备的确认/验证以及再确认/再验证，设备和生产区域的清洁及消毒，环境的监测，水系统的监测，虫害控制，厂房设施和设备的校准、维护、保养等。

● 计算机化系统：如计算机化系统的管理、授权、验证，数据可靠性，审计追踪功能等。

● 生产工艺流程和生产管理：如生产工艺验证、清洁验证，工艺核实，生产的中间过程控制，样品包的取样流程（适用于由供应商提供样品包的情形），生产批记录、批生产的均一性、产品的可追溯性，母液套用或回收品的使用，失败批次的处理，返工处理，废料处理等。

● 物料管理：如库房管理、物料标识、取样、缺陷物料管理等。

● 质量控制：如实验室设备、仪器的确认、使用记录，分析方法的确认/验证，实验结果超标的处理，检验记录，试剂和标准品的管理，核实检验报告的真实性，核实是否具备检验条件，物料和成品的质量标准及放行系统，稳定性考察等；对于原料药企业的供应商审计而言，因为其供应商大多是化工企业，其产品基本上依据国标实行形式检验，因此核实供应商／生产商实际放行检验的项目以及真正有能力执行的检验项目，对于供应商批准后的物料检验放行管理具有特别重要的意义。

- 文件系统：如文件管理系统、记录管理系统，文件的回顾，文件和记录的受控情况等。
- 委托生产和委托检验。
- 重新加工和返工。
- 上一次审计缺陷项的整改落实或维持情况。
- 其他［如对递交官方的登记资料与实际执行情况进行核对（生产工艺、关键工艺参数、质量标准、中间过程控制、主要物料供应商等）］。

4.2.7 缺陷分类

企业应对审计中发现的缺陷项进行分类（如严重缺陷、主要缺陷、一般缺陷），并定义分类标准。审计过程中如发现潜在的严重缺陷，审计组长应立即通知质量负责人以便做出最终决定，并考虑是否需要进行后续工作（如撤销供应商、暂停采购、增加审计频次、产品召回、撤回等）以消除对产品质量的影响。

4.2.8 审计结果等级评估

企业应对供应商的审计结果进行评估。可以将审计结果划分成不同等级（如优良中差级或 ABCD 级），并定义等级划分标准，以此反映审计时供应商的 GXP 符合性状态。

如果审计结果较差，受影响的业务单元／部门应启动风险评估，评估对现有产品和未来业务的潜在影响。

4.2.9 审计整改

对于审计所发现的缺陷，应要求供应商限期整改并提供书面的整改计划及整改支持性材料，经审计组确认整改计划／整改支持性材料符合要求后才可结束此次审计。如供应商提供的整改计划或整改结果始终不能满足审计组要求，应重新评估审计结论，必要时更新审计结论并以文件形式记录。

首次审计时发现的缺陷如需在供应商批准前完成整改的，应在审计报告中明确指出。

实例分析

【实例】4-6 审计员资质清单举例（表4-4）

表4-4　审计员资质清单

姓名	所属部门	学历	专业	审计员级别（组长或组员）	审计员资质批准日期	审计员资质有效期至	审计范围					
							原料	辅料	包装材料	非无菌产品	无菌产品	……
张三	–	–	–	组长	–	–	Y	Y	Y	Y	N	
李四	–	–	–	组员	–	–	Y	Y	Y	Y	N	
起草人／日期：						批准人／日期：						

【实例】4-7 供应商审计频次举例（表4-5）

表4-5　供应商审计频次列表

物料／产品类别	风险级别	常规审计频次（月）	升级审计频次（月）
无菌药品	高	24	12
无菌和（或）大分子API	高	24	12
无菌制剂的包装材料	高	24	12
用于无菌制剂的辅料	高	24	12
非无菌药品	中	36	18
非无菌小分子API	中	36	18
用于非无菌制剂的辅料	低	48	24
非无菌制剂的初级包装材料	低	48	24
印字次级包装材料	低	48	24
非印字次级包装材料	很低	60	36
其他辅助性包装材料	很低	60	36
……	……	……	……

【实例】4-8 年度审计计划及回顾表举例（表4-6）

表4-6 年度审计计划及回顾表

序号	审计原因	供应商名称	物料	供应商级别	上次审计日期	计划审计日期	计划审计小组	实际审计日期	实际审计小组	审计结果	备注
1											
2											
3											
4											

起草人／日期： 批准人／日期：

4.3 供应商的持续管理

供应商管理是一个动态、持续的过程，贯穿于供应商管理的整个生命周期。以下介绍了供应商持续管理的几个方面和关注要点，供企业参考。

4.3.1 供应商资质再评估

企业应对供应商资质进行动态管理，当发生重大变更、重大质量事件或适用的法律法规更新时，应考虑对供应商资质进行再评估。评估内容包括但不限于：供应商的法规合规状态、资质文件的有效性、质量协议和采购标准的适用性、以往供货的质量状况、质量事件等。评估后应对供应商资质做出评价，如维持现有资质、降级或撤销。如需采取进一步降低风险的措施应列明，并采取适当方式追踪完成情况（如转入纠正措施及预防措施管理系统）。涉及供应商级别变更时还应告知各相关部门（如采购部、生产部、QC、供应链、库房等）。

对于长期供货稳定、绩效良好的供应商，在满足企业既定分级要求的前提下，也可以通过再评估的方式晋升供应商级别。

供应商资质的任何变更应遵循企业变更管理流程，经批准后执行。

4.3.2 事件管理

在供应商的日常维护过程中企业与供应商之间需要保持密切的信息沟通，这要求企业与供应商之间建立一套有效的信息沟通机制，明确变更、偏差、投诉等常见事务的沟通渠道、处理流程及文件记录要求。

企业与供应商之间的事件可能由企业触发，也可能源于供应商。由企业主动触发的事件如：变更或撤销供应商、企业主动的变更、企业原因导致的物料偏差、产品投诉等，应按照本企业质量体系相关流程进行处理。以下重点介绍因供应商原因导致的变更、偏差和投诉的处理。

A. 变更

企业应在合同／采购标准／质量协议中约定供应商变更管理条款，例如：当发生与厂房设施设备、工艺、原材料、质量标准、检验方法、生产商、生产场地等有关的重大变更时，供应商应主动告知并获得企业同意后方可执行。

企业也可定期对供应商进行变更调查，以便全面、主动的收集供应商的变更信息。

企业应建立供应商变更评估、管理的程序，对物料质量或产品质量有潜在影响的变更需要纳入本企业变更流程进行管理，并按照《已上市化学药品药学变更研究技术指导原则（试行）》《已上市中药药学变更研究技术指导原则（试行）》，或《已上市生物制品药学变更研究技术指导原则（试行）》进行相关研究工作（如样品检验、工艺验证或稳定性考察等）及在药监部门进行再注册或备案；经评估后认为对本企业没有影响的变更也应以适当的形式进行记录。

B. 偏差和投诉

企业应在合同或质量协议中约束供应商在发生重大偏差或者客户投诉时，如涉及本企业供货批次并可能影响供货质量时及时告知。企业在接到通知后，应立即启动内部处理流程，必要时可冻结物料或相关产品，待得到供应商的明确调查结果后再按照相关流程进行处理。如确认接收物料的质量受影响时，应调查评估对本企业产品的影响程度和范围，对相关物料和产品做出处理决定；如确认接收物料的质量不受影响时，经质量管理部门批准，相关物料和产品可恢复正常质量状态。除了对供应商调查结果的评估以外，也可增加物料检验或产品稳定性考察以进一步核实供应商偏差或投诉对物料和产品的影响，但应遵循企业内部既定流程，得到批准后方可执行。调查评估的过程和结论应有记录。

企业应建立供应商投诉流程，在物料接收、检验、贮存和使用过程中发现的任何质量问题，经内部流程（如偏差或者 OOS 流程）调查认为是由供应商原因导致的，应向供应商进行投诉并记录。

4.3.3 质量回顾

企业应定期（如一年一次）对供应商的供货质量情况进行回顾和评估，主要包括对所供物料的质量投诉情况、生产过程中造成的偏差情况、检验结果超标、不合格率、审计结果、变更等方面。

企业应建立供应商质量回顾评估标准，对于超出标准、出现重大质量问题或表现出不良趋势的供应商，应考虑对其采取相应的纠正和预防措施，也可根据供应商质量回顾的结果来决定下一年供应商的分级情况及供应商的审计频次和审计内容。

实例4-9、实例4-10、实例4-11给出了供应商质量回顾总结、质量评估接受标准及供应商分级的相关举例，供参考。

4.3.4 绩效管理

建议企业定期对供应商所提供的物料质量和服务质量进行绩效考核。考核指标可依据合同、质量协议、适用法规（如ISO、GMP、行业标准）等制定，并反映供应商所供物料或服务的关键质量属性。不同物料供应商的考核指标可能不同，以下内容供参考：

- 物料质量；
- 供货时限；
- 紧急或非预期事件响应的及时性、灵活性；
- 审计缺陷项、投诉的响应时限；
- 信息沟通的有效性和时限性；
- 持续供货能力；
- 财务能力；
- EHS合规性。

考核周期可基于供应商的级别和所供物料的关键程度而定。对于不符合要求的考核指标应进一步分析其根本原因、严重性和发生的频率。企业应分析总结供应商的考核结果，识别供应商的不良趋势并进行调查，必要时应要求供应商启动改进、纠正或预防措施，甚至终止供货。

4.3.5 质量档案管理

企业应建立供应商质量档案，并定期回顾更新。档案内容包括但不限于：

- 供应商的资质证明文件；
- 物料相关声明（如TSE/BSE、溶剂残留、金属催化剂声明等）；

- 质量协议；
- 质量标准；
- 样品检验数据和报告；
- 供应商的检验报告；
- 现场质量审计报告；
- 产品稳定性考察报告；
- 定期质量回顾报告等。

实例分析

【实例】4-9 年度生产商质量回顾总结表举例（表 4-7）

表 4-7　年度生产商质量回顾总结表

生产商	物料名称	首次确认时间	评估周期	年度供货批次	拒收		内部投诉			偏差			OOS			本年度缺陷率	上年度缺陷率	审计结果	质量相关变更	
					批次	原因	批次	原因	级别	批次	描述	级别	批次	描述	级别				数量	级别

【实例】4-10 供应商质量评估接受标准举例（表 4-8）

表 4-8　供应商质量评估接受标准

	一年内总到货批次数＞20 批	一年内总到货批次数≤20 批
放行批次	合格批次比例应≥95%	不合格批次应＜2 批
产品投诉（缺陷）	产品投诉率（缺陷率）应≤15%	
审计结果	没有严重的缺陷	
纠正和预防措施	如果评估结果超出如上的标准，如下为推荐执行的纠正和预防措施： （1）停止采购该生产商生产的物料 （2）执行风险评估 （3）执行现场审计或问卷调查 （4）考虑降级该生产商或取消其合格生产商的资格	

【实例】4-11 供应商分级列表举例（表4-9）

表4-9 供应商分级列表

供应商级别	条件
优秀供应商	已通过现场审计或远程审计，并且已稳定供货一年或十批无质量问题 或 完成书面审计，并且已稳定供货两年或二十批无质量问题
合格供应商	已经通过书面审计、现场审计或远程审计，并且已经稳定供货三批无质量问题

4.4 集团化审计和第三方审计

集团化审计管理是企业通过在集团内设置共享审计职能部门来集中管理集团内共有供应商审计，或者各子企业之间联合执行共有供应商审计或子企业之间互认、共享审计结果的供应商审计管理模式。应用这种管理模式的前提条件是在集团内建立统一的质量体系、审计标准及审计员培训体系和资质认定标准。企业在直接引用集团内部供应商审计结果前应对其审计范围、标准、结论和缺陷整改结果等进行评估，确保审计结果适用于本企业；否则应对供应商进行独立的审计或者与集团或其他联合审计的子企业共同制定审计计划，以确保审计结果的通用性。

第三方审计管理是通过聘请具有资质的第三方公司代替企业执行供应商审计的审计管理模式。应用此种审计管理时应与第三方公司签订合同/协议和质量协议，明确审计范围、适用标准和各方职责，并将第三方公司纳入企业服务商管理范围，定期对其进行审计，确保其资质的有效性及第三方审计员的专业性和独立性。企业应建立文件规定第三方审计的管理流程、适用范围和审计标准，并对第三方审计报告进行评估。

上述两种供应商审计管理模式在国外或跨国制药集团应用较为常见，在国内因受限于企业规模、集团化管理水平、第三方审计公司资质认定及各地监管要求等现实因素目前应用尚不普遍，但是随着行业的发展及上市许可持有人制度的深入推进，供应商审计管理模式的多元化势在必行。这些新的审计管理模式的应用不但可以帮助企业整合内外部审计资源，节约审计成本，提高审计水平，也可以提升企业面对诸如新冠肺炎疫情等突发事件时，在供应商审计管理方面的应变能力，确保质量体系的有效运行。

本章节在此仅起到抛砖引玉的作用，对于集团化审计和第三方审计等新的管理模式在行业内的实践还需要各企业做进一步探索。需要特别指出的是无论采用集团化审计还是第三方审计，都不能改变企业（上市许可持有人）本身对供应商审计管理的主体责任，这是引入新的供应商审计管理模式的根本。

📋 要点备忘

- 应建立基于风险的供应商管理方法，并涵盖供应商开发、准入、维护、淘汰全生命周期管理；
- 应有书面的供应商管理流程；
- 用于上市产品生产的物料供应商应经过批准，然后才能采购；
- 应与主要物料的供应商签订质量协议，并定期进行审计；
- 应对供应商进行定期的质量评估；
- 对于供应商的变更，应进行相关的研究工作。

5 物料接收

本章主要内容：

☞ 物料接收前准备

☞ 物料验收

☞ 物料入库

☞ 物料请验

☞ 物料异常处理

法规要求

药品生产质量管理规范（2010 年修订）

第六十条 接收、发放和发运区域应当能够保护物料、产品免受外界天气（如雨、雪）的影响。接收区的布局和设施应当能够确保到货物料在进入仓储区前可对外包装进行必要的清洁。

第一百零三条 应当建立物料和产品的操作规程，确保物料和产品的正确接收、贮存、发放、使用和发运，防止污染、交叉污染、混淆和差错。

物料和产品的处理应当按照操作规程或工艺规程执行，并有记录。

第一百零六条 原辅料、与药品直接接触的包装材料和印刷包装材料的接收应当有操作规程，所有到货物料均应当检查，以确保与订单一致，并确认供应商已经质量管理部门批准。

物料的外包装应当有标签，并注明规定的信息。必要时，还应当进行清洁，发现外包装损坏或其他可能影响物料质量的问题，应当向质量管理部门报告并进行调查和记录。

每次接收均应当有记录，内容包括：

（一）交货单和包装容器上所注物料的名称；

（二）企业内部所用物料名称和（或）代码；

（三）接收日期；

（四）供应商和生产商（如不同）的名称；

（五）供应商和生产商（如不同）标识的批号；

（六）接收总量和包装容器数量；

（七）接收后企业指定的批号或流水号；

（八）有关说明（如包装状况）。

第一百零七条　物料接收和成品生产后应当及时按照待验管理，直至放行。

第一百零八条　物料和产品应当根据其性质有序分批贮存和周转，发放及发运应当符合先进先出和近效期先出的原则。

第一百零九条　使用计算机化仓储管理的，应当有相应的操作规程，防止因系统故障、停机等特殊情况而造成物料和产品的混淆和差错。

使用完全计算机化仓储管理系统进行识别的，物料、产品等相关信息可不必以书面可读的方式标出。

背景介绍

物料接收是库房管理工作的起点，防止错误和不符合要求的物料入库，是保证产品质量的第一关。为保证产品所用物料正确无误，企业应建立书面的物料接收操作流程，对每批物料进行严格的检查验收。

本章从物料来料检查开始，介绍了物料从验收、入库、请验的全过程，着重介绍物料接收的步骤、检查内容和注意事项。

实施指导

物料接收放行基本流程如图 5-1 所示。

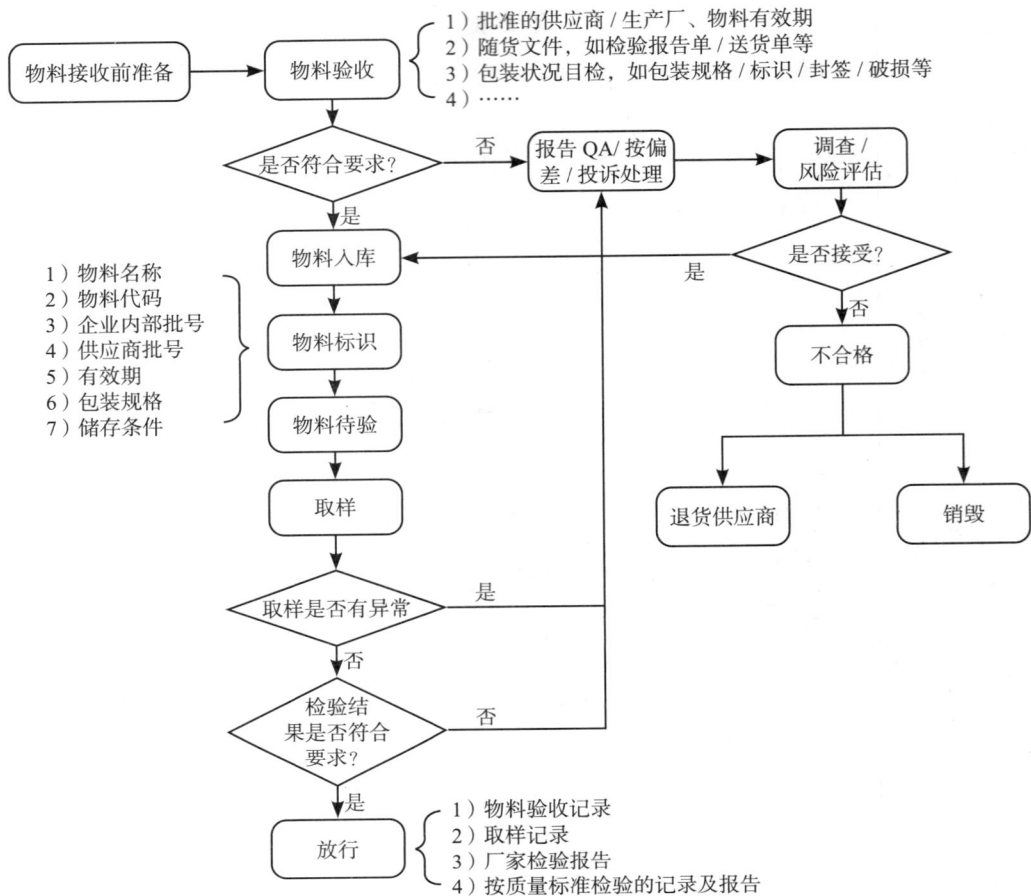

图 5-1　物料接收放行基本流程（方框内为物料接收的流程）

5.1 物料接收前准备

　　企业来料包括原料、辅料、包装材料、其他辅助材料等。物料接收前，应做好充分准备，保证物料及时、正确的接收，内容包括：

　　● 在来料到货前，获取来料的订单信息，至少应包括订单号、物料名称、规格、数量、供应商名称；

　　● 到货前准备好所有的相关物料验收核对资料及所需的空白记录，物料验收核对资料通常包括：批准的合格供应商清单、订单信息、包装材料标准样张（如需要）等；

　　● 准备清洁工具（吸尘器、扫帚、抹布、拖布等），以便对物料表面及贮存区域进行清洁；

● 如需要，确保称量器具完好、有校验合格证，并在规定校验周期内、称量范围与计量计数物料要求相适应。

5.2 物料验收

物料验收区的设计应能保护物料免受环境的影响并考虑设置可以对来料外包装进行清洁的设施设备。

对于到货物料的验收，大致分以下几个方面：

● 运输车辆的检查，如车辆应密闭、干燥、清洁无污渍等；

● 包装容器的外观检查，主要包括包装容器的完整性、密封性；

● 包装容器的标识信息核对，核对内容主要包括供应商/生产商信息、批号、物料名称和数量、物料贮存条件；

● 相关文件检查和核对。

下面根据物料类型，对来料检查做具体介绍。

GMP 对物料定义如下：物料包括原料、辅料、包装材料。以下流程适用于普通物料的来料检查。

● 库房管理人员首先核实装箱单和（或）送货单是否与采购订单一致，核实的基本信息通常包括物料名称、规格型号、批号、数量、供应商。特别注意，库房人员应依照批准的合格供应商清单核实物料是否来自批准的供应商。

● 检查核对装箱单和送货单以外的其他文件，如检验报告、发票（如有，上交相关职能部门）等。除中药材外的原辅料、包装材料，每批到货的物料都要有生产企业的检验报告。对于一些特定的物料，如有相关文件规定，其他相关证明也可以被接受。

● 清点到货数量是否与采购订单相符，核实数量是否在合理偏差范围内。

● 对到货的每个或每组包装容器进行包装容器的外观检查，仔细检查是否有污染、破损、渗漏、受潮、水渍、霉变、虫蛀、虫咬等。同时检查物料包装标识，标识应清晰完整，通常包括物料名称、规格、批号、数量、生产企业、贮藏、执行标准等。需要强调的是，为了确认包装容器的完整性，原辅料的外包装容器应检查封签是否完整，是否有人为的破坏、损坏等。

● 接收中药材、中药饮片和中药提取物时，应仔细核对外包装上的标识内容。中药材外包装上至少应当标明物料名称、规格、产地、采收（加工）时间、调出单位、质量合格标志；中药饮片外包装上至少应当标明物料名称、规格、产地、产品批号、生产日期、生产企业名称、质量合格标志；中药提取物外包装上至少应当标明物料名称、规格、批号、生产日期、贮存条件、生产企业名称、质量合格标志。毒性中药材等有特殊要求的物料外包装上应有明显的标志。

● 生化药品原材料需检查：附带检验合格证明与货物一致，核对器官、组织、体液、分泌物等原材料采集单位是否有相关资质。

● 必要时，要对容器外包装材料及桶、箱等容器外部进行清洁，除去灰尘及污物。如发现外包装损坏或其他可能影响物料质量的问题，应及时记录，并向质量部门报告，必要时启动相关调查。如有必要，可疑的容器或整批物料应控制隔离以待处理。

● 对于有特殊贮存条件的物料，如温度控制的物料，应检查送货的运输条件是否符合要求，确认温度在规定范围内，应当检查并保存温度记录。若温度超出规定范围应记录，必要时报告 QA，根据 QA 指令确定是否接收该批物料。对此类物料应优先办理接收入库。对于零头包装的物料，在接收时，需参照相关 SOP 核实重量和数量。

● 应及时将物料验收信息填写在物料收货台账或其他形式的记录中。物料验收台账内容包括但不限于以下内容：物料名称、物料代码、企业内部批号或流水号、规格、供应商批号、数量、件数、生产企业、收货人等。

● 验收合格的物料入库，若验收不合格按照企业相关规定处理，如退货或根据 QA 指令对相关物料进行处理。

部分物料因其特殊性，可能会有不同或简化的检查流程。

A. 特殊生产物料

对于一些特殊物料，如麻醉药品、精神药品、医疗用毒性药品、放射性药品、药品类易制毒化学品或贵重物料，在物料验收符合上述基本要求的同时，还需要批批称重、核对重量、双人复核。

某些特殊物料进行物料验收时，仓库工作人员在进行外包装卫生清洁的同时，还应佩戴相关的个人防护工具。在清洁后搬运至特殊物料仓库。

对于麻醉药品、精神药品、医疗用毒性药品、药品类易制毒化学品、易制爆危险化学品等接收应建立相关的管理文件，其验收、入库、领用和发放都应严格控制，例如设立专库或专柜管理，建立专用账册并实行双人双锁管理。

B. 其他辅助物料

其他辅助物料是其他与产品质量相关的辅助材料（如气体、与产品直接接触的操作手套、清洁消毒剂、生产耗材、润滑油等生产相关物品），企业应根据风险评估决定其管理策略。

通常其他辅助物料在进入企业时，由验收人员核对采购订单信息，如物料名称、规格、供应商名称（生产商名称和经销商）、数量等，如果符合则可以接收，如果不符合接收条件应尽快通知采购部或其他相关部门。

5.3　物料入库

验收合格的物料在放入贮存区域指定的货位时，应按品种、批号码放整齐。

如果一次接收的物料由数批构成，应按批入库，分开贮存。如果同一批物料分多次接收，企业每次接收后都要分别制定批号。

对于难以精确按批号分开的大宗原料、溶媒等物料，企业应制定相应的批号编制原则，在与已入库物料（如溶剂或储槽中的物料）混合前应按规定验收检验合格。

物料入库后由仓库管理人员填写货位卡，内容可包括：物料名称、物料代码、货位号、企业内部批号、规格、供应商、入库数量和入库时间、发出数量、结存数量、收发人和日期等。物料存放位置应与货位卡描述一致。

如物料需要检验，通常为放行前物料应存放在待验区，如果是以检验合格作为合格标志移出待验区，则应有可靠的系统保证在放行前不会发出物料或产品。

接收的物料，无论是通过贴标签还是通过其他方式，都需要控制以下的信息：物料的质量状态（待验、合格和不合格）、接收日期、批号、物料名称、物料代码、有效期及复验时间、特殊贮存和处理的条件（如果有，部分物料需注明）、安全等级和防护措施等。

5.3.1　物料标识、存放和待验

接收后的物料应根据是否需要取样分别进行管理。需要取样检验的物料转入待验区或用待验的标识标明，防止误用；不需要取样的物料，如部分生产用辅助材料，验收合格后直接入合格区，做好标识。

A. 物料标识

物料标识包括物料信息标识和物料状态标识两类。其中，物料状态标识采用醒目的色标管理方式进行。物料信息标识有物料标签和货位卡两种。其目的是避免物料在贮存、发放、使用过程中发生混淆和差错，并通过货位卡的作用，使物料具有可追溯性。物料标识具体内容详见本指南"7 物料标识"。

物料贮存区域可以按物理区域划分，也可以通过状态标识来区分。合格区只能存放合格并批准放行的物料。物料经过质量部门评价合格后，发出物料合格标签，对于制剂企业，可将合格标签贴于每一个包装上，对于原料药而言，特别是对一些大宗原料药，应关注物料合格状态标识的粘贴和使用是否能有效防止差错和混淆，如采用绑带或缠膜的方式区分不同批次物料，并贴挂合格标签。同时要有程序规定在物料发放进入车间后，在使用过程中（即部分包装容器已被使用时）如何防止合格状态标识丢失导致物料混淆和误用。

如果物料评价为不合格，应在物料包装容器上贴不合格标签，并将物料移至不合格区域。

如果物料包装上带有生产商的物料状态标签，建议保留原标签，便于后续使用过程出现异常状况时追溯。如可能引起混淆，在贴本企业状态标签时将原状态标签划"×"或采取其他适当方式处置。

信息标签和状态标识应醒目且不易脱落。为防止标识脱落造成的混淆和差错，应建立标识定期检查规程。

采用计算机化仓储管理系统的，通常采用条形码技术或射频识别（RFID）技术及其他技术相结合，控制物料信息和质量状态。在这种情况下，粘贴的物料标签不必以可读方式标出质量状态、有效期或复验期等信息。

B. 物料存放

仓库管理员根据物料贮存条件的要求放入相应的仓库／区域内，一般情况下按照批号码放整齐。仓库管理员还要定时检查仓库的温湿度情况并填写记录。

物料存放应特别注意"五防"，即防火、防爆、防盗、防虫害、防潮。不仅在硬件设施设备方面要做到"五防"，还应有相应的物料管理规程规定具体的"五防"措施，如仓库人员都必须接受防火基本知识和技能训练，熟练操作所配备的消防设施。定期检查紧急照明设施，熟知紧急疏散通道和安全门打开方式等。

物料存放的具体要求详见本指南"6 贮存"。

C. 物料待验

物料在接收后，即处于待验隔离状态（无需检验放行的其他辅助物料除外）。待验隔离的目的是防止未经放行的物料的非预期使用。隔离方法可以根据企业物料管理系统的实际情况进行选择，可以采用物理隔离区域或已验证的计算机化物料控制系统，无论以哪种控制方式均需要确保放行前物料处于待验隔离状态。

5.3.2 计算机化仓储管理系统接收入库

随着信息化的普及，计算机化物料管理系统也越来越普遍。需要注意的是，如果通过计算机化系统进行物料管理，该计算机化系统必须是经过验证的。

仓储管理系统（warehouse management system，WMS）是通过入库业务、出库业务等功能，实现批次管理、物料对应、库存盘点、质检管理、即时库存管理、标签打印等功能，有效控制并跟踪仓库业务的物流和成本管理全过程，实现或完善企业的仓储信息管理。该系统可以独立执行库存操作，也可与其他系统的信息互通共享，为企业提供及时准确的信息，节约人力成本等。

物料接收前，需预先根据合格供应商清单建立物料的主数据，通常包括物料代码、物料名称、有效期等。

物料接收时，按照 SOP 规定进行相应的验收检查，合格后录入系统，包括订单号、生产商信息，选择物料代码后编制企业内部批号、输入物料生产日期和数量，打印物料标识并粘贴到每箱物料上，码垛托盘，关联物料的托盘信息后入库（注：从计算机化系统中打印的物料标签数量需要严格控制和管理）。系统根据物料主数据的信息，入库到相应库区并记录相应货位号。完成入库操作后查询库存，可显示该物料的所有库存信息，包括物料代码、物料名称、批号、生产日期、有效期、数量、贮存库区、货位号、当前质量状态、收货日期、供应商信息等，后续物料的接收发放记录均可在计算机化仓储管理系统中记录追溯。

5.4 物料请验

接收的物料应按企业内部批号请验。仓库管理员填写《物料请验单》，送质量控制部门。请验单内容包括：物料名称、供应商批号、企业内部批号或流水号、物料代码、规格、包装规格、总件数、取样地点、请验日期、请验人、请验项目、备注等。检验部门根据请验单及时取样，根据物料检验结果对物料做出放行或拒收处理。

5.4.1 物料的取样

取样操作的具体要求详见本分册质量控制实验室部分"3 取样与留样"。本章节主要介绍库房协作取样的有关工作。

通常物料完成验收后，由库房人员请验，并协助取样人员将确定的物料抽样件分批转运至取样地点。待取样结束后，库房人员复核被抽样物料均贴有取样标签、件数正确，取样后容器密封完好后将被抽样物料集中放置在托盘上收入库区。

被取样物料返回该批次所在的库区时，若存在同批物料多货位分散存放的情况（如人工高位库），应对其所在货位进行标识（如标识其分类账中的货位号），以确保在该批物料发放时优先发出被取样物料。

企业可根据物料性质，物料的取样量对包装量影响程度等，确定是否需要在物料账中减去取样量。

取样后的包装应及时密封，密封效果应与原包装效果一致或相当。

5.4.2 物料的放行和拒收

通常情况下，每批生产物料均应检验合格和放行后才能被使用。同意放行的生产物料，由质量部门发放物料放行单、合格标签。指定人员将物料状态由待验变为合格。对不合格不放行的生产物料，按品种、批号移入不合格区内，物料状态由待验变为不合格，按不合格品处理规程进行处理。

特殊情况下，如：某批物料未完成全部检验，但因特殊原因需急用于生产，经过充分的风险评估，采取适当的控制措施并经质量受权人批准后，可以对物料进行限制性放行。适当的控制措施通常包括：物料检验合格后方可放行产品，若后期发现物料检验不合格，应评估对产品的影响，只有确认对产品质量无影响时方可放行产品等。限制性放行应有书面的控制程序。

对于其他辅助物料，企业应根据其对产品质量影响程度，确定是否需要检验放行。

如需检验应制定质量标准和检验规程规定检验项目，检验频率及可接受标准等，其取样、检验、放行的流程可参照生产物料进行。

企业可以根据物料的性质、用途和风险程序建立免于检验的物料清单。可以通过核验生产企业检验报告或材质证书或其他的受制方式做放行处理。如：对于润滑油的放行，以生产企业检验报告和食品级材料证书，并进行外观检查，如合格则可以放行。

有可能与产品接触的润滑油、油墨等应符合食品或药品级别要求。

5.5 物料异常处理

- 物料接收和请验过程中的异常情况均需要向 QA 报告，必要时进行调查处理。

- 物料验收不合格、检验不合格及使用过程中出现异常等，由发现部门将信息反馈给 QA，由 QA 牵头向供应商进行投诉，必要时进行偏差调查。

- 最终判定为不合格的物料，应及时更改状态标识，每件粘贴不合格物料标签并移至不合格品库内。

- 对不合格物料的投诉，采购员应跟踪供应商的处理进度，最终应将调查结果反馈给 QA。

- 需要退货的物料，采购员联系供应商办理退货手续。

- 通常情况下，不合格印刷类包材不得退回供应商，采购员应联系供应商对不合格包材进行确认，之后在 QA 监督下组织销毁；特殊情况下，如需退回供应商，应监督其处理过程，确保处于受控状态。

- 如涉及委托生产，应根据委托生产协议将物料接收、检验、贮存及放行中遇到的偏差及问题及时向合同方反馈，以合同方的处理意见作为最终意见。

📋 要点备忘

- 企业应建立书面的物料管理程序，包括物料验收、入库、请验等。

- 物料验收时，现场应有经批准的供应商清单，包括生产商和经销商。供应商清单应包括物料名称、物料代码、生产商名称及地址、经销商名称及地址、物料贮存条件等。应按供应商清单核对物料是否从批准的供应商处购买，并检查包装容器的外观情况和封签完整性。

- 应对接收的特殊物料进行数量检查。

- 如果同种物料一次收货包含数个批号，应对每个批号单独接收、取样、检验和放行。

- 应建立程序定义在物料入库前应进行清洁和如何进行清洁。

- 物料接收区域应能保护物料避免受恶劣天气的影响。如：雨篷或其他保护措施。

- 物料接收后应有质量状态的控制，质量状态可以通过状态标识 / 专用待验区 / 计算机化仓储管理系统等进行控制。

实例分析

【实例】5-1 物料接收记录（表5-1）

表 5-1　物料接收记录

物料名称		采购订单号	
物料代码		企业内部批号	
总量		包装规格	
货盘数		包装件数	
包装容器类型	□金属桶　□塑料桶　□纸板桶　□纸箱　□其他		
生产商标签信息		供应商标签信息	
生产商名称		供应商名称	
生产商物料号		供应商物料号	
生产商批号		供应商批号	
生产日期		生产日期	
有效期/复验期		有效期/复验期	
随货文件	□检验报告 □送货单 □装箱单 □发票 □其他＿＿＿＿＿		
包装状况	包装完好（□是　□否） 如果包装异常，请选择或注明情况： 　□包装有破损/渗漏/ 　□包装有受潮/水渍/霉变/虫蛀/虫咬 　□包装封签破损 　□其他＿＿＿＿＿ 注：如需要，请附照片		
接收人/日期		复核人/日期	

6 贮存

本章主要内容：

☞ 贮存条件的确定

☞ 物料贮存的基本要求

☞ 仓储区域管理

☞ 温湿度的控制、监测和记录

☞ 特殊贮存条件

☞ 物料寄库和出库

☞ 物料退库

☞ 贮存过程的偏差处理

法规要求

药品生产质量管理规范（2010 年修订）

第五十七条 仓储区应当有足够的空间，确保有序存放待验、合格、不合格、退货或召回的原辅料、包装材料、中间产品、待包装产品和成品等各类物料和产品。

第五十八条 仓储区的设计和建造应当确保良好的仓储条件，并有通风和照明设施。仓储区应当能够满足物料或产品的贮存条件（如温湿度、避光）和安全贮存的要求，并进行检查和监控。

第五十九条 高活性的物料或产品以及印刷包装材料应当贮存于安全的区域。

第六十一条 如采用单独的隔离区域贮存待验物料，待验区应当有醒目的标识，且只限于经批准的人员出入。

不合格、退货或召回的物料或产品应当隔离存放。

如果采用其他方法替代物理隔离，则该方法应当具有同等的安全性。

第一百零三条 应当建立物料和产品的操作规程，确保物料和产品的正确接收、贮存、发放、使用和发运，防止污染、交叉污染、混淆和差错。

物料和产品的处理应当按照操作规程或工艺规程执行，并有记录。

第一百零八条 物料和产品应当根据其性质有序分批贮存和周转，发放及发运应当符合先进先出和近效期先出的原则。

第一百一十二条 仓储区内的原辅料应当有适当的标识，并至少标明下述内容：

（一）指定的物料名称和企业内部的物料代码；

（二）企业接收时设定的批号；

（三）物料质量状态（如待验、合格、不合格、已取样）；

（四）有效期或复验期。

第一百一十四条 原辅料应当按照有效期或复验期贮存。贮存期内，如发现对质量有不良影响的特殊情况，应当进行复验。

第一百二十四条 印刷包装材料应当设置专门区域妥善存放，未经批准人员不得进入。切割式标签或其他散装印刷包装材料应当分别置于密闭容器内储运，以防混淆。

第一百二十五条 印刷包装材料应当由专人保管，并按照操作规程和需求量发放。

第一百三十条 麻醉药品、精神药品、医疗用毒性药品（包括药材）、放射性药品、药品类易制毒化学品及易燃、易爆和其他危险品的验收、贮存、管理应当执行国家有关的规定。

第一百三十一条 不合格的物料、中间产品、待包装产品和成品的每个包装容器上均应当有清晰醒目的标志，并在隔离区内妥善保存。

背景介绍

物料和产品的贮存是指物料或产品入库后至发放或发运期间，将物料或产品暂时或长期存放在具备满足规定或适宜环境条件的仓库／仓储区内，并在存放期间对其进行适宜的管理。贮存是仓库管理工作的重要组成部分，确保物料及产品贮存环境条件满足要求、贮存期间标识准确等，是保证物料和产品达到其预期使用目的和要求的重要一环。

为保证物料和产品质量受控，企业应当确定合适的贮存条件，并建立书面贮存管理程序。

本章主要介绍贮存条件的确定和保障、贮存的基本要求，以及贮存期间的管理工作。

实施指导

6.1 贮存条件的确定

合适的贮存条件、正确的贮存管理可保证物料和产品实际质量受控。应根据物料和产品的物理化学性质、预期使用目的及物料间相互影响进行风险评估，确定物料和产品的贮存条件。以下为选择贮存条件的常见方法：

- 根据物料生产企业说明书或质量标准。
- 根据物料或产品性质、稳定性数据并结合使用的适用性：
  - 稳定性数据可来自正式的稳定性考察试验，也可以是基于科学的常识、产品历史测试数据或公开发表的文献中的数据，也可以是物料或产品的历史复验数据。
- 根据风险评估的结果：除根据物料或产品性质，生产企业说明书或质量标准外，还应考虑物料或产品间的相互影响：
  - 酸、碱一般不贮存在同一仓库内；
  - 腐蚀性大的物料、易挥发性物料应单独贮存等；
  - 同一物料或产品的不同包装形式，如大包装、小包装的材质和包装形式等，特别注意取样后物料的包装形式的恢复。
- 当变更物料或产品的仓储条件时，应执行变更管理流程，并得到质量管理部门的批准。

《中国药典》对贮存条件有如下规定（表6-1）。

表 6-1 《中国药典》贮存条件的规定

术语	定义
遮光	系指用不透光的容器包装，例如棕色容器或黑色包装材料包裹的无色透明、半透明容器
避光	系指避免日光直射
密闭	系指将容器密闭，以防止尘土及异物进入
密封	系指将容器密封，以防止风化、吸潮、挥发或异物进入
熔封或严封	系指将容器熔封或用适宜的材料严封，以防止空气与水分的侵入并防止污染
阴凉处	系指不超过 20℃
凉暗处	系指避光并不超过 20℃
冷处	系指 2~10℃
常温（室温）	系指 10~30℃
未规定	除另有规定外，贮藏项下未规定贮藏温度的一般系指常温

USP 中贮存条件与《中国药典》的要求存在不同，表 6-2 列举了非自然条件下的贮存条件。对于出口到欧美的企业，其标识可参考下列内容。

表 6-2 USP 2022 版贮存条件的规定

术语	具体要求	标识
过热 （excessive heat）	40℃以上	过热，或 40℃以上
温暖 （warm）	30~40℃	温暖，或 30~40℃贮存
室温 （room temperature）	工作环境的温度	室温
控制下室温 （controlled room temperature）	温度保持在 20~25℃的正常工作环境中短时偏离可以采用平均动力学温度（mean kinetic temperature，MKT） 1）MKT 不超过 25℃ 2）温度范围在 15~30℃ 3）短时偏离至不超过 40℃ 4）偏离时间不超过 24 小时 需要记录这些限制的时间和温度，并计算 MKT	贮存在控制室温 20~25℃，或基于相同 MKT 的其他措施
阴凉 （cool）	温度范围在 8~15℃	贮存在阴凉的地方，8~15℃
控制冷处 （controlled cold temperature）	温度恒定保持在 2~8℃，在贮存、运输、分发期间允许在 2~15℃波动，但不超过 24 小时，这样计算的 MKT 允许不超过 8℃	贮存在控制冷处（温度控制在 2~8℃）

续表

术语	具体要求	标识
冷处 （cold）	温度不超过 8℃	贮存在不超过 8℃
冷藏贮存 （refrigerator storage）	要求贮存在冰箱或冷藏库中，温度范围应控制在 2~8℃	冰箱或冷藏库中，2~8℃
冷冻 （freezer）	要求贮存在冷库中，温度范围应该控制在 –25~0℃；有些特殊的情况需要保持在 –20℃以下，这种情况温度的控制范围应该在 ±10℃	贮存在冷冻库中，–25~–10℃ 或 –30~–10℃。在此条件下要采取适当措施保护标识（如外挂），防止脱落或受损
干燥贮存 （dry place）	在 20℃或其他温度下的等效水汽压，平均相对湿度不超过 40% 如果平均相对湿度不超过 40%，相对湿度值可以高达 45% 在经过验证能够防止物品受水汽影响的容器中贮存，包括大批贮存，均被认为是干燥处	在干燥处贮存

EP 对贮存条件的规定见表 6–3。

表 6–3 EP 11th 贮存条件的规定

术语	具体要求	标识
深冷 （in a deep–freeze）	–15℃以下	按实际贮存温度要求标识
冷藏贮存 （in a refrigerator）	2~8℃	2~8℃贮存
阴凉贮存 （cold or cool）	8~15℃	贮存在 8~15℃
室温贮存 （room temperature）	15~25℃	贮存在 15~25℃

对于没有明确规定贮存条件的物料，应根据物料的性质及预期使用目的制定合适的贮存条件，如温度及湿度要求，并能在超出此要求时给予合适的处置措施，保证物料的适用性。

6.2 贮存的基本要求

6.2.1 分类分区存放

根据物料或产品的种类及特性，尽量分类分库存放，库房分类分区请见本指南"3 仓储区设施和设备"。

对于高风险或有特殊要求的物料和产品，除按要求分类管理外，还应根据风险原则，建立专库或专区，不与其他物料混放。如易发生化学反应的物料不宜存放在同一仓库内（如酸、碱等），腐蚀性强及易挥发性物料不宜与其他物料存放在同一仓库内。

仓库要有标示仓库区域的平面示意图，标明建筑物编号、贮存类别、贮存容量、人流、物流流向等。

6.2.2 码放

物料和产品码放的基本原则：仓库管理员合理安排仓库货位，按物料或产品的品种、规格、批号分区码放。一个货位上，只能存放同一品种、同一规格、同一批号、同一状态的物料或产品。码放要安全、整齐、牢固。注：除非使用永久的物理隔断将不同批号物料或产品分开。

● 高架库应合理设计，通常情况下，其物料码放相对简单，一个货位只能贮存一种规格的一种物料或产品。

● 平面库的贮存一般遵行以下原则：物料或产品应离地离墙存放，要整齐、稳固地码放在托盘上，托盘须保持清洁，底部要通风、防潮，易清洁，建议以使用塑料托盘与金属托盘为主。仓库内码放通常应符合如下规定：

　　○ 垛与墙之间不少于30cm；

　　○ 垛与柱之间不少于30cm；

　　○ 垛与地面之间不少于15cm；

　　○ 垛与垛之间不少于30cm；

　　○ 库内主要通道宽度不少于120cm；

　　○ 仓库内设备、设施与货物堆垛之间不少于50cm；

　　○ 消防过道不少于100cm；

　　○ 电器设施、架定线路及其他设施与贮存货物垂直及水平间距不少于50cm。

同一仓库内的不同物料或产品应有明显标识，除了要求的距离外，最好还应有物理的隔离，以防止误用。

物料码放的高度应有限制，保证物料码放稳固无损伤，如箱式货物码放太高，可能会导致底部箱子破损，还有可能导致倾斜危及人身安全。

仓库内货物码放、搬运要文明作业。

6.2.3 定期盘存

定期盘存是防止库房管理出现差错的一项重要措施，若使用计算机化系统，定期盘存更是确保计算机化管理系统同库房日常工作的物料管理系统的库存保持一致的重要手段。

盘存需在物料或产品锁定的状态下进行。为便于规范盘存操作，企业可对物料和产品进行分类，分类的依据和原则企业可根据实际情况自行制定。盘存需要实盘实点，避免目测数量、估计数量。

定期盘存可分为"全盘"和"抽盘"两种形式，企业可根据产品及物料的性质、贮存要求等综合考虑各方面因素定义本企业的盘存形式、盘存数量和盘存频率。

完成盘存后，若实物数量和系统数量或库存报告中的数量出现差异时，仓库相关人员需对产生差异的物料或产品进行复盘。复盘结束后，出具盘存报告并准备差异报告，如有账物不符情况，需启动偏差处理程序进行进一步的调查。盘存完成后，所有文件需归档保存。

固体物料或产品的盘存相对简单，依据每月的出库和入库以及在库数量，确定是否平衡。对于管道输送的物料除仓库进行盘存外，车间也应进行盘存，以便最终确定物料是否平衡，如果出现差异，应调查原因，例如物料输送过程中是否存在泄漏。另外，因管道输送的物料通常采用罐车送货，必要时也需关注物料接收的准确性。

具体盘存流程和盘存实例可参考本指南"9 成品入库管理与发运"。

6.2.4 物料的复验

● 对于需要复验的物料，企业仓库管理人员应根据质量标准中规定的物料复验周期进行复验，如某企业对性质较稳定的化工原料及制剂原辅料复验周期规定为一年，从该原料取样日期算起，一年后复验，并根据检测所需周期，提前设置物料复验的时间，在复验期一个月前启动复验。

● 每月物料盘存时，也应检查物料的复验期，到期物料及时转到待验区进行待验，检查记录应保存。

● 如果物料已到复验期，但生产车间没有生产需求，可将物料转移至待验区，挂待验标识，直至下次使用前重新复验合格后换成合格标识转移至合格区。

● 物料应在有效期内使用，物料的复验期应不得超出物料的有效期。

6.2.5 其他要求

仓储区应当有足够的空间，确保有序存放待验、合格、不合格、退货或召回的原辅料、包装材料、中间产品、待包装产品和成品等各类物料和产品。

通常情况下，物料应贮存在通风、干燥的环境中，但不适宜存放在阳光直射及热源处（暖气片）。

仓储区应配备相应的设施设备，以满足适宜的贮存条件，比如配备空调机组、除湿机等满足温湿度的要求，仓库安装窗帘满足避光贮存的要求，安装排风扇满足通风换气要求等。特殊物料和产品的贮存，还需要符合国家其他有关规定。

易燃、易爆等危险品库应根据安全和消防的需要装防爆照明灯具。

物料在贮存过程中发生泄漏时应及时处理，按 EHS 应急事故处理执行，必要时，评估对产品质量等的影响。例如固体物料泄漏时使用吸尘器收集，液体物料泄漏时使用吸液垫吸取。收集后的废品放入废品专用袋中，粘贴"废品/废料"标签，注明名称、重量、来源等，如果含有药物活性成分，则在"废品/废料"标签右下角贴上"活性成分"标签，运送至废品、废料库。

6.3 仓储区域管理

6.3.1 管理的一般要求

企业应建立仓储区管理的书面程序，明确规定仓储管理应遵循的原则，通常包括但不限于以下内容。

- 仓储区入口处应悬挂批准的平面布局图，布局图应清晰，布局与实际相一致，标示出仓库中的主要配置设施，例如消防栓、门的方位，灭虫灯的位置及编号，粘鼠板的位置及编号等以及日常温湿度监测点图（如有）。

- 建立合理的人流进入通道，对外来人员进行受控登记，必要时可在外来人员入口通道处配备清洁消毒设施。

- 接收的物料和产品要确保包装完整、清洁，标识清楚，正确填写货位卡。

- 仓库内所有物料和产品的账、卡，由相应仓库管理员保管，仓库管理员应及时填写相应的台账，确保账、卡、物一致。

- 仓储区要保持清洁、干燥，定期通风，制定合理的清洁周期及清洁责任人。
  - 外围卫生管理：库管员每天对仓库外围环境进行检查，保持仓库周围环境干净、整洁、无积水、无杂物，发现问题及时通知环卫人员进行清理。
  - 内部卫生管理：接收或发放货物后，库管员应对相关的区域、叉车、托盘和货物的包装容器外表面进行清洁，保持仓库内无积尘、无杂物。对于散落的灰尘、碎屑，应使用吸尘器进行清除，以防止粉尘的扩散。保持仓库办公室整洁卫生。

- 仓储区要合理分区，标识明确，最好用物理的方法隔离出待验、合格、不合格区。一般情况下，物料或产品接收后，首先存放于待验区，悬挂待验标识。合格后移至合格品区，悬挂合格品标识。如不合格应移至不合格专区。经评估，如果合适，桶装液体化工原料也可存放于室外，但应保证物料能标识（待验、合格、不合格）清楚。

- 贮存中要确保物料和产品包装完好、标识清晰、密封，防止物料和产品受到污染和交叉污染。

6.3.2 贮存区的区域划分

根据 GMP 的要求，物料和产品应分区存放。

- 一般情况下，应专门设置待验区，待验区应与其他区域有效隔离，物料和产品接收后存放在待验区，挂待验标识（参见本指南 "8 物料发放"）。
  - 对于大宗物料，入库后再次移动比较困难，可采用固定货位集中存放，但物料或产品待验时至少每托盘均挂待验标识，合格后及时将待验标识换成合格标识。
  - 对于高架库，入库后为减少叉车频繁作业，可采用固定货位，根据物料质量状态进行物料标识状态更换。但需确保货物固定货位，且一个货位只有一个批号物料，并在系统中明确货位的状态，确保状态准确无误。
- 不同产品的不同批号、不同规格的待验应分开存放，其贮存要求达到 6.2 节规定的基本要求。
- 合格与不合格物料和产品可以使用物理隔离、标识，或全自动库房管理系统等方式进行区分。采取人工管理方式的，应能有效地隔离、区分不同状态的物料和产品，自动化系统应经过验证。推荐使用专用的不合格品库，如果条件不允许，在仓库内设立不合格专区，该专区应上锁管理，且与其他区域做好隔离，防止非预期的使用。
- 建议企业建立退货品库及召回产品库，如果没有退货品库，退回及召回的产品应存放在不合格品区（如经评估后需重新上市销售，则应确保退不合格品区的条件与产品贮存条件一致），并明确标识出不合格品、退货、召回，防止非预期的使用。
- 合格、不合格、待检状态应分别由绿色标签、红色不合格标签、黄色待验标签标识，标识应有专人保管，不得随意放在工作现场。

6.3.3 安全贮存

为确保物料安全贮存，贮存区域应根据物料的性质设置相应的安全消防措施。

特殊物料的贮存应符合国家有关规定，如精神药品的贮存应采取双人双锁管理，对于易制毒易制爆试剂、精神类、麻醉类和放射类药品的贮存生产区域应设有监控等。

6.4 温湿度的控制、监测和记录

企业应根据物料及产品的贮存条件配备相应的温湿度控制设施，应对设施及设备进行确认（详请见本指南"3 仓储区设施和设备"）。应制定温湿度控制、监测和记录的管理程序，规定温湿度的控制范围、监测方式、记录频次等。

- 如果物料或产品对贮存条件没有特殊要求，可以贮存在室温条件下，但应规定贮存的极限条件，并说明理由。如梅雨季节、高温的南方地区夏天气温会达到40℃以上，这种情况可能会对产品质量产生负面影响，此时应说明物料的处置措施。

- 如果有明确贮存条件要求，温湿度控制和监测装置应经过确认和校准，并且库房温湿度分布应经过验证。通过温湿度分布验证评估最差点确定为日常温湿度监测点，温湿度不符合规定的区域应明确标识，不被使用。

- 对温度和湿度的监测过程设定合理的警戒限和纠偏限，并建立温湿度超限后的处理流程，通过对物料和产品的风险评估，确定引发偏差调查的超限幅度和时限。

- 当贮存过程中发生温湿度偏差时，应进行偏差调查，并评估偏差对产品或物料的影响。

- 使用贮存条件监控设施时，为确保温湿度监测设施正常运行，通常每天至少记录一次监测值，并保存。监测仪器，如温度、湿度传感器安装于仓库的代表性区域。安装点应根据温湿度分布验证结果确定。监测设施应依据书面操作规程进行定期的校验和维护。

- 在贮存区域应确保有合适数量的温度和湿度记录仪，监测设施的数量和安装位置应依据各自企业的确认情况（温湿度分布验证详见本指南"3 仓储区设施和设备"），并建立库房温湿度监测的书面程序。当温度或湿度超出限度时，需有合适的报告程序，并在规定的时间间隔内采取适当的措施。温湿度记录需进行定期的回顾。

- 对于有特殊要求的贮存条件，如冷库贮存：库房宜安装连续监测的记录仪，并有温湿度的报警装置，以确保当温度或湿度超出限度时，相关人员得到及时的通知，以便及时采取适当措施，确保产品的适用性。同时，对于冷冻设施需有定期的维护手册，如果有可能应包括紧急情况的处理方案。

6.5 特殊贮存条件

特殊贮存条件物料和产品指除温湿度要求外，法规要求需单独存放的物料和产品，如精神药品、麻醉药品、医疗用毒性药品、放射性药品、药品类易制毒化学品等。

根据物料和产品的安全数据和法规要求，以下物料和产品应分类分开贮存，如高活性的物料、青霉素类、毒性药品、易反应药品、易爆化学品、易串味的药品、含碘和放射性物质、有潜在危险的生物制剂。

温度敏感性物料应配备适当的技术装置，贮存区应装备适当的温度偏差报警系统。需采取措施将温度偏差引起的不良影响降低至最小。

6.6 物料寄库和出库

寄库是指车间的物料或产品因需要而暂时存放在库房。通常物料寄库和出库的流程如图 6-1 所示。

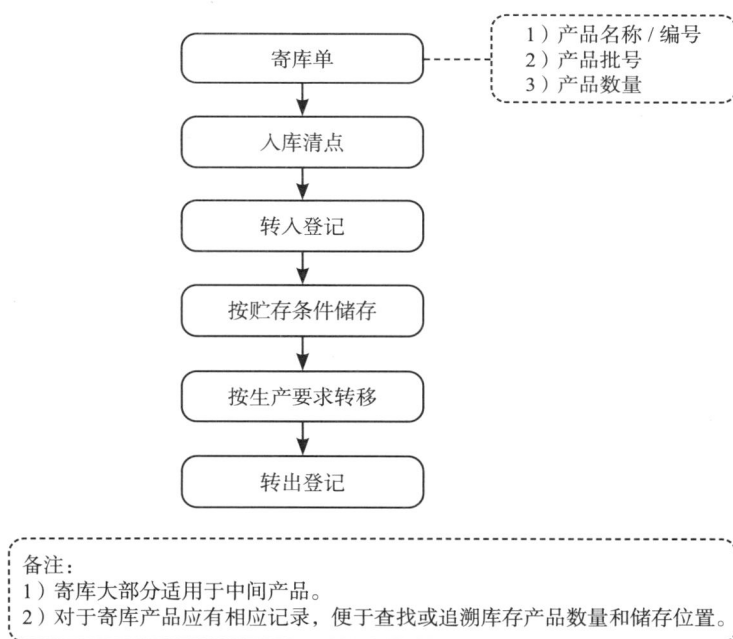

图 6-1　物料寄库和出库流程

物料寄库大部分适用于中间产品。当阶段性产品生产结束后，可能会存有部分中间产品，这类产品可能会暂时存放在仓库中，其遵循的基本原则如下。

● 根据风险评估，选择合适的寄存仓库，如阴凉贮存、常温贮存等，经相应部门同意后可以寄库。寄库产品建议用其他物理隔离的方式与其他产品进行隔离。

● 车间填写临时寄库单，写明寄库的产品名称、规格、批号、件数、总重量、有效期、贮存条件、化验结果等。建议寄库单一式两份。

● 将包装、密封好的中间产品转运至仓库，并附上临时寄库单和检验报告（若有）。仓库管理人员按物料接收程序收料，检查包装的完整性并确认物料名称、件数、重量、标识、卫生等是否符合要求，双方在寄库单上签字确认。

● 仓库管理人员根据检验状态和结果将物料或产品存放在相应的区域内；如果是合格品则存放在合格区域内，不合格品存放在不合格区域内，并正确标识，与正常物料一样登记建账。

● 生产需要时，按物料出库程序转出，并记录。

6.7 物料退库

在生产过程中，存在物料已经被打开包装，但生产中未使用完毕，又不适宜在车间岗位长期存放的物料需要办理退库手续，通常退库流程如图 6-2 所示。

车间填写退库单，写明物料名称、编号、物料批号、数量（毛重和净重）、有效

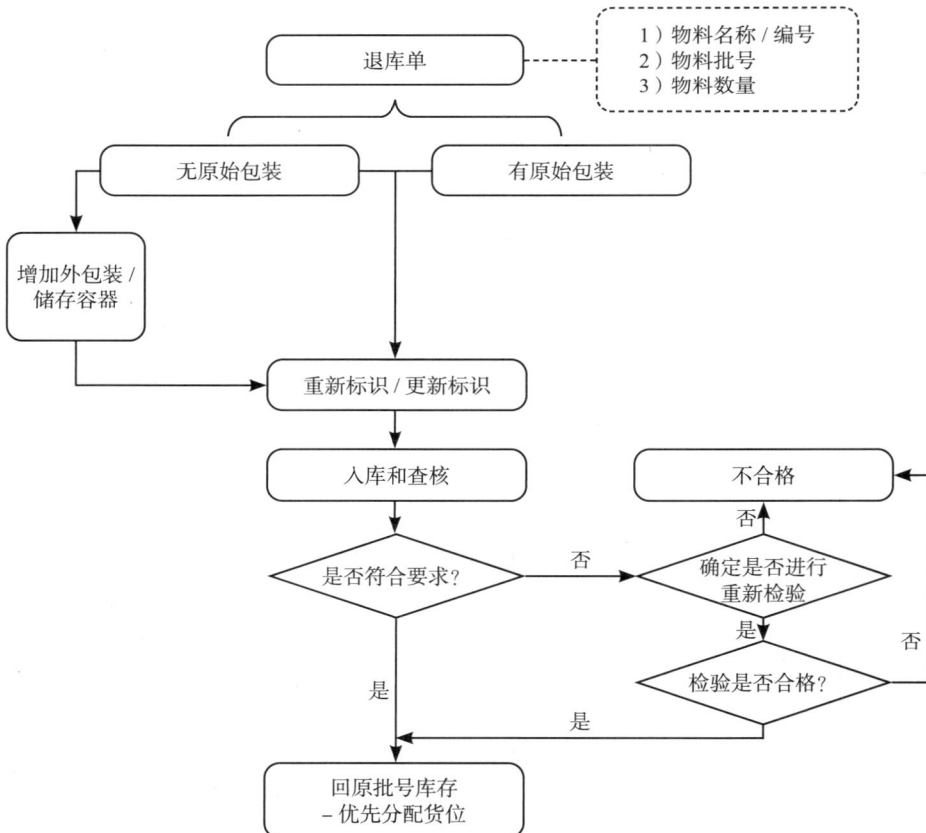

图 6-2　物料退库流程

期、复验期等。已开封的物料，必要时还应注明用于生产的品种，以便评估不同品种之间的交叉污染风险。将物料恢复原包装，封口处理。如原包装已破坏，则选择合适的外包装（如增加 PE 袋或用合适的中性桶包装），标明品名、物料编号、批号、数量（毛重和净重）等信息。在恢复原包装或者核实外包装的过程中应该进行充分的风险评估，保证新包装与原包装效果相同。

将物料转运至仓库，连同退库单一起交仓库。仓库管理员按物料的接收程序检查物料是否符合要求：包括物料的标识、包装的清洁卫生、包装的密封性等，一般情况下，还应核实物料重量、件数是否符合要求，双方签字后确认。

如果物料符合要求，将退库物料与原批号（如果有未发的物料）放在一起，优先分配货位，填写货位卡，登记建账。

如果物料不符合要求，根据不符合的项目确定物料的处理流程，如包装不符合要求，但物料未受到污染，可以由车间对物料重新进行包装、标识后再入库；如果物料已经受到污染，则作为不合格品处理；如果需要对物料进行检验，则重新取样，检验合格后再回原批号处贮存。对于青霉素等高致敏性、高活性生产所产生的退库物料，不建议再用于其他产品的生产。

退库物料出库时遵循优先出库的原则。

6.8 贮存过程的偏差处理

如果贮存过程中发生偏差，如温湿度超出规定范围等，应对偏差原因进行调查，制定纠正和预防措施，并评估该偏差对物料或产品的影响，以及是否影响到物料或产品的有效期及物料或产品的安全性、有效性。

偏差调查及评估材料应保存。

📋 要点备忘

- 企业应确定与物料和产品性质相一致的贮存条件；
- 企业应建立仓库管理书面程序及清洁规程；
- 企业应建立设施及设备维护计划；
- 企业应对温湿度要求的仓库进行温湿度分布验证，并实施控制和监测并记录；
- 企业应对物料和产品分类分区贮存，做到有效避免差错、污染及交叉污染。

实例分析

【实例】6-1　特殊物料贮存条件的确定和选择

案例1：某企业的某种物料具有很强的吸湿性，遇水分解挥发，挥发物具有很强的腐蚀性。因此该企业建立独立仓库用于贮存该物料，并安装除湿机。但在使用过程中，发现仓库非常潮湿，且地面经常有挥发物凝结成的液滴。

原因分析：本物料具有很强的吸湿性、腐蚀性，选择独立仓库贮存的做法合理，但仓库实际贮存条件并未满足要求，并且除湿机未起到作用。

经调查发现，致使该仓库非常潮湿的主要原因是在取样该物料过程中破坏了原包装，取样后包装恢复不好，致使物料遇水挥发凝结成液滴；存在物料在运输过程中因受挤压而包装袋破损，物料遇水挥发凝结变性；另外，仓库密封效果不好，除湿机未发挥作用。

解决办法：

（1）严格把关物料接收，拒收破损包装。

（2）对供应商进行审计，与供应商协商在每一包装上另附一小样供检验用（但应保证与大包装产品的一致性）；为确保样品与包装内的物料一致，也可在生产投料之前抽样，尽量不要破坏大包装。

（3）修缮此仓库的门窗，发挥除湿机的作用。

案例2：某企业的原料从仓库转运到车间后，投料前暂存于车间厂房内，如图6-3所示。

分析：该物料暂存时距离暖气片太近，冬天暖气片温度较高，可能会影响物料的性质；另外，该物料暂存窗户旁，阳光可以直射，对物料产生不利影响。

发现此问题后，该企业进行了改进，如图6-4所示。

图6-3　改进前照片

图6-4　改进后的照片

解决办法：

（1）企业移动了暖气片位置，安装了窗帘，并制定了相应的SOP，规定物料不得存放于暖气片等热源集中的位置，并划定了物料贮存的区域。

（2）从图片上看，改进后的物料贮存环境符合要求，但是物料的贮存高度也应评估，第三袋物料有倾倒的风险。

【实例】6-2 用于标识每批物料的物料货位卡，仅供参考

物料名称			代　码			
规格/包装规格			接收批号			
件数/数量			原批号			
生产商						
收货日期	年　月　日		有效期至		年　月	
放行日期	年　月　日		报告单编号			
发/收料日期	去向/来源		发生量		结存量		库管员	备注
	产品名称及规格	产品批号	件	数量	件	数量		

【实例】6-3 仓库清洁SOP，仅供参考

题目：仓库卫生清洁操作规格	文件号	×××	
	原文件号	×××	
颁发部门：QA	生产日期	××年××月××日	
分发范围：×××	失效日期	××年××月××日	
	复印数	30	页码	1/1

1 主题内容与适用范围

本操作规程规定了仓储科各仓库的卫生清洁操作方法和周期等管理内容。

本操作规程适用于仓储科各仓库的卫生清洁管理。

2 相关文件——

3 术语

4 职责

仓库清洁由各仓库保管员负责执行，班组长负责监督检查。

5 管理内容与方法

5.1 保管员每天上班提前10分钟到工作室，换好劳保护品，先用干净抹布清理工作室的桌面及桌面办公用品，做到摆放整齐、干净、无杂物，再用拖把清理地面卫生。

5.2 仓库周围及库与库之间的环境卫生每天清扫一遍，做到无杂物。

5.3 仓库及办公室下层的门窗玻璃，保管员要每日清洁一次，先用湿抹布擦，再用干抹布擦净擦亮。上层窗户玻璃每季度清洁一次。

5.4 仓库内每日检查墙壁、货架，做到无灰尘，无蜘蛛网。墙角每周用扫把清扫一次，货架每月用湿布清洁一次，特殊时期（重大风沙天气）增加清洁次数。

5.5 每日检查粘鼠板，保持粘鼠板的清洁，粘到虫鼠时及时更新，并记录。

5.6 仓库内用的运输装卸工具，每日用抹布清洁一次。如发生漏油，及时进行维修，地面的油渍用干抹布擦干净。

5.7 仓库内的消防器材、消防设施管道，保持完整，每日用湿抹布擦一遍，保持清洁卫生。

5.8 货物发放完毕，及时清理裸露的地面，闲置的托盘清理后放回原位。

5.9 货物收发完毕后运输工具、托盘及时清理，清除杂物，保持地面干净。

5.10 成品库每天先用半干的拖把清洁尘土，再用打蜡的拖把将地面逐步擦净，若遇重大风沙天气，应及时安排人清理卫生。

5.11 成品库使用的托盘，暂时不用的（不得多于13个为一摞）放置于货架最上层。

5.12 作业现场清理完毕，及时记好卫生清洁记录。（见附录）

6 更改信息

版本	更改内容	生效日期
××	删除了5.3中用吸尘器清理卫生的内容，对管理内容部分进行详细的修改。	××年××月××日
××	增加：5.8货物发放完毕，及时清理裸露的地面，闲置的托盘清理后放回原位。	××年××月××日

编写人	签名/日期	部门：	
审核人	部门	QA	
	签名/日期		
批准人	签名/日期：	部门：QA	

【实例】6-4 室外贮罐的打料管路（图6-5）

室外的打料管路进行了正确的保护，物料的流向也进行了正确的标识。

打料管道

图 6-5　室外贮罐打料管路

7 物料标识

本章主要内容：

☞ 物料信息标识的基本组成、常见种类、使用和管理

☞ 物料状态标识的分类、表示方式、使用和控制

法规要求 ···

药品生产质量管理规范（2010 年修订）

第五十七条 仓储区应当有足够的空间，确保有序存放待验、合格、不合格、退货或召回的原辅料、包装材料、中间产品、待包装产品和成品等各类物料和产品。

第一百一十二条 仓储区内的原辅料应当有适当的标识，并至少标明下述内容：

（一）指定的物料名称和企业内部的物料代码；

（二）企业接收时设定的批号；

（三）物料质量状态（如待验、合格、不合格、已取样）；

（四）有效期或复验期。

第一百一十五条 应当由指定人员按照操作规程进行配料，核对物料后，精确称量或计量，并作好标识。

第一百一十七条 用于同一批药品生产的所有配料应当集中存放，并作好标识。

第一百一十九条 中间产品和待包装产品应当有明确的标识，并至少标明下述内容：

（一）产品名称和企业内部的产品代码；

（二）产品批号；

（三）数量或重量（如毛重、净重等）；

（四）生产工序（必要时）；

（五）产品质量状态（必要时，如待验、合格、不合格、已取样）。

第一百二十六条　每批或每次发放的与药品直接接触的包装材料或印刷包装材料，均应当有识别标志，标明所用产品的名称和批号。

第一百三十一条　不合格的物料、中间产品、待包装产品和成品的每个包装容器上均应当有清晰醒目的标志，并在隔离区内妥善保存。

背景介绍

物料标识通常需要体现物料和产品的身份信息、流转的追溯信息，以及其质量状态，是物料管理系统的重要组成部分。确保物料标识准确无误，能够防止物料管理中潜在的混淆、差错以及不合格物料的使用，是保证产品质量的重要手段。为保证物料标识能够准确无误的反映物料和产品的身份信息、流转追溯信息，以及质量状态，企业应建立物料标识管理规程，包括物料标识的设计规则、准备、发放、使用、销毁等，对每批每种物料进行严格的标识管理。

本章将物料标识分为物料信息标识和物料状态标识两部分介绍。物料信息标识指用于物料和产品的身份信息的识别，以及物料和产品流转过程的可追溯信息；物料状态标识指用于体现物料和产品的质量状态（待验、合格、不合格、已取样等）。一旦出现物料标识丢失或损坏导致物料或产品无法识别时，应按偏差程序处理。除此之外，其他辅助材料的标识可参考本章内容管理。

实施指导

7.1 物料信息标识

7.1.1 物料信息标识的基本组成

物料信息标识由三个基本部分组成，分别为名称、代码和批号。

A. 名称

对于国家药典中收载的物料和产品，通常使用其中规定的中文名称，如果同一物料有不同的物理形式，可在原中文名称前部或后部添加附加名称以达到区分名称的目的。

对于国家药典中未收载，但有国际非专利名称（INN）的物料和产品，建议采用国际非专利名称（INN）作为物料和产品的名称。

对于国家药典未收载，并且未有国际非专利名称（INN）的物料和产品，企业可按照内部规定的命名规则命名。对于原辅料尽量采用通用名称或化学名称，如果化学名称太长，也可考虑使用商品名称或企业内部规定的简化名称。

B. 代码

给予物料和产品专一性代号，作为物料和产品唯一的数字身份，以避免混淆和差错。

（1）物料代码设计的基本原则

● 唯一性：保证编码的唯一性，是编码的根本原则。

● 通用性：又称简单性，即代码结构要简单明了，位数少，将物料和产品种类化繁为简，便于管理。

● 易记性：又称实用性，即容易记忆，便于使用；编码时可采用一些常用、记忆方便、有特定意义的数字、符号或组合，以帮助记忆。

● 扩展性：便于追加，追加后不引起体系混乱；对现有物料和产品进行分类时，应考虑未来可能增加的物料和产品的情况，并预留一定的空位。

● 效率性：适宜计算机处理、适宜快速录入、适宜辨认。

除上述基本原则外，物料代码的设计时还需考虑以下方面。

● 分类性：因物料和产品种类繁多，需按一定的标准分成不同的类别，使同一类别物料和产品在某一方面具有相同或相近的性质，便于管理和查询。

● 完整性：应对现有所有物料和产品进行分类和编码，不能遗漏。

● 一贯性：采用的编码方式应一直使用下去，通常不可以修改；当因现有代码系统无法满足发展要求而修改编码方式时，应考虑代码的追溯性。

● 注册可控性：在药品注册和 GMP 检查监管机制下，物料代码系统的设计应能保证企业对药品注册（包括变更申请）状况和物料使用的一致性进行有效控制。即物料代码的设计不能只考虑该物料的化学结构本身，必要时应综合考虑所有可能影响注册可控性的关键因素，使制药企业针对不同注册批准状态下的物料使用能进行准确有效的控制。

企业在设计物料代码系统时应结合其实际业务，说明需要考虑的因素。物料代码的设计应综合考虑质量管理体系其他子系统（如变更控制、生产指令、部门职责权限划分等）的具体情况，以便在整体上实现防止物料发放使用中产生差错和混淆。

（2）物料代码的表示方式　物料代码是唯一标识物料的代码，通常用字符串（定长或不定长）或数字表示。它用一组代码来代表一种物料或产品。物料代码必须是唯一的，即一种物料不能有多个物料代码，一个物料代码不能对应多种物料。表示方式举例说明如下：

物料代码 XXYYYYYY，前二位数字 XX 代表物料或产品的类别，后六位数字 YYYYYY 代表流水号，例如：

01000000~01999999 代表成品代码；

02000000~02999999 代表原料代码；

03000000~03999999 代表辅料代码；

04000000~04999999 代表包装材料代码；

05000000~05999999 代表中间体代码；

06000000~06999999 代表五金、配件代码；等等。

企业根据物料和产品实际情况，确定适合本企业的物料代码编写方式和给定原则。

（3）物料代码的使用和管理　企业应制定物料代码系统管理程序，对物料代码原则和管理原则进行科学合理、完整统一、全面系统的详细定义，确保物料和产品代码系统的有效使用，防止代码重复、错误等不良问题，从而避免造成物料和产品的混淆、误用。

通常由物料管理部门负责物料代码系统的制定和维护管理工作，并根据物料代码系统管理程序执行代码的申请、发放、冻结、更新和管理操作，并完成相关记录。

企业应建立物料代码清单或索引表，以便控制物料代码增删和发放，增删、发放物料代码时应复核，防止重复给号、一物多码、一码多物的现象发生。

为了确保物料代码的专一性，原则上冻结的物料代码不被再次使用，并应在物料代码变更申请批准后在物料代码清单等表格中删除此物料代码。

新建物料代码、冻结 / 删除物料代码、更新物料代码等物料代码系统的相关变化应按批准的程序执行。

物料代码系统可以通过计算机化管理系统实现，也可以通过书面的程序（包括使用书面的表格和记录）等其他方式实现，便于物料的追踪性。

C. 批号

物料和产品应给予专一性的批号，满足物料和产品的系统性、追溯性要求。

（1）批号设计原则　批号设计的原则与物料代码设计的基本原则相同，即需要考虑批号的唯一性、通用性、易记性、扩展性和效率性。

（2）批号的表示方式　批号通常用由数字表示或由字母 + 数字表示。它用一组数字或字母 + 数字来代表一批物料或产品，保持物料和产品的唯一性。物料和产品批号必须是唯一的，即一个批次的物料或产品只有一个对应的批号。

表示方式举例说明如下：

批号表示方式一：物料批号由数字表示。例如，采用"年份 +3 位数的年流水号"表示物料批号。如 2022 年 5 月 29 日某企业按照收货顺序，蔗糖和糊精各一个批号，给定的内部物料批号为：蔗糖批号：22110，糊精批号：22111。

批号表示方式二：物料批号由字母 + 数字组成。例如，采用"（Y，F，B，Q）+ 年份 + 月份 +3 位数的月流水号"表示物料批号，其中：

- Y 代表化工原料、原料药；
- F 代表辅料；
- B 代表包装材料；
- Q 代表其他材料；
- 年份用 2 位数字表示；
- 月份用 2 位数字表示；
- 流水号用 3 位数字表示；

例如：F2205136，代表该批辅料是 2022 年 5 月接收的第 136 批。

此外，对于原料药、大输液等生产企业，为便于质量管理，可在批号后面加横线再加数字或字母的方式表示亚批号，例如：×× 原料药产品批号为 22132，其第一步中间体批号为 22132-01，第二步中间体分二次合成，批号则分别 22132-02 和 22132-03，第三步中间体将 22132-02 和 22132-03 同时加入参与合成反应，所得的第三步中间体为 22132-04。

（3）批号的使用和管理　企业应制定批号系统管理程序，明确批号定义、批的划分原则、批号设计原则、批号发放、使用和管理程序。

企业应由指定的部门负责批号系统的制定、发放、使用等系统管理和维护，并根据批号系统管理程序执行批号发放、使用和管理操作，并完成相关记录。

企业应建立批号发放清单或索引表，以便控制批号的发放和使用，发放批号应有复核，防止重复给号。

批号系统的管理和控制可以通过计算机化管理系统实现或其他等同性方式实现，确保物料和产品的追踪性。

需要强调的是：

• 每次接收的原料、辅料、包装材料和每批产品都需要编制具有唯一性的批号；

• 如适用，返工（除了更换物料和产品的内、外包装外）和重新加工的物料和产品需要给定新的批号，以免产生混淆和差错。

物料和产品的名称、代码、批号，可以与条形码技术或射频识别（RFID）技术结合，进行计算机化仓储管理。

7.1.2 物料信息标识种类

根据物料和产品的接收、贮存、使用、流转、发放或发运、退货等物料管理过程，物料信息标识通常包括但不限于：

• 物料标签：表明此物料的身份的信息，用于来料接收；

• 剩余物料标签（如适用）：表明此物料为生产过程中相关工序完成后所余的物料，可继续使用；

• 中间产品标签：表明此产品为中间产品；

• 成品标签：表明此产品是成品，该标签粘贴在产品的大箱等最终包装容器上；

• 成品零箱标签：表明此外包装大箱或容器中装有成品但未满箱。零箱标签应和整包装的成品标签有明显区别；

• 退货标签：表明此货位产品为退货，和正常产品有明显区分；

• 废弃物标签：表明此物料为废弃物。废料标签也可根据不同分类设计不同的废料标签，如含活性成分的物料、有毒物料，其他特殊管理的物料，可以回收使用的包装材料，以便于正确识别并按类别作不同方式的废物处理。

企业可自行设计和使用物料信息标识，应能满足识别物料和产品的身份信息，具有可追溯性，避免混淆和差错。

7.1.3 物料信息标识的使用和管理

企业应建立物料信息标识管理的书面操作规程，内容包括物料和产品的标识样式、物料信息标识发放、使用、销毁和控制程序及相关记录。需指出，物料标签的接收、发放、使用、销毁应有专人管理，并应有记录。

根据物料使用的不同阶段粘贴不同的物料信息标识，通常的做法如下。

- 在物料接收后，应在其外包装/容器上粘贴物料标签。标签内容通常包括：物料名称、物料规格、物料代码、供应商批号、内部批号、有效期或复检期、贮存条件、接收人/日期等。

- 剩余物料应粘贴剩余物料标签。标签内容通常包括：物料名称、物料代码、物料内部批号、数量、操作人和复核人签名/日期，必要时增加开封日期。

- 中间产品应粘贴中间产品标签。标签内容通常包括：中间产品名称、代码、批号、有效期或复检期、毛重、净重、生产阶段等。

- 成品使用未印刷的空白大箱、空白桶或容器时，应粘贴成品标签。标签内容通常包括：产品名称、产品批号、规格、生产日期、有效期、包装数量、毛重、尺寸、贮存条件、药品上市许可持有人、生产企业、生产地址、邮政编码、联系方式、运输注意事项、OTC 或外用药或特殊药品标志等。

- 未装满的成品箱/成品容器，应粘贴成品零箱标签。标签内容通常包括：产品名称、产品批号、产品规格、生产日期、有效期、数量。

- 废弃物应粘贴废弃物标签。标签内容通常包括：废料名称、数量、来源、操作人、复核人签名/日期等。

- 退货应粘贴退货标签。标签内容通常应包括：退货名称、退货来源、物料代码、退货批号、退货接收批号、生产日期、有效期、接收人/日期。

- 如果生产过程中用到回收物料容器，应专门起草回收容器的使用规定，包括回收容器的存放、标识、清洁、转运、发放、接收等，确保回收容器可控。
  - 如果是出于成本等方面考虑，如回收利用丙酮桶等化工原料桶，在确保风险可控条件下，企业应与供应商签订协议，规定回收桶的管理方式方法，包括回收桶专桶专用、定期清洁、不得与盛装其他物料的桶混淆等。
  - 如果回收桶用于存放生产中的中间体，则必须将原标识去除，进行有效的清洁并标识新的名称后再使用。

物料信息标识和物料状态标识的粘贴位置应适当并相对集中，并有一定次序或方向；一般应粘贴在原供应商产品标签或原物料标签的附近，以方便快捷读取原供应商产品标签信息或原物料标签信息，但需确保能区分原标签和现用标签。

物料信息标识和物料状态标识的粘贴应牢固，特别是耐极端贮存环境（如液氮、低温冰箱等）的标签，应确保不易脱落，清晰易读。

采用电脑系统打印的切割式标签，应双人复核确保标签内容的准确、完整，并采取适当方式保证标签与物料的一一对应，防止标签脱落后无法明确追溯来源。

一些情况下，可在物料信息标识中增加物料安全等级信息和防护信息。

采用完全计算机化仓储管理系统的物料信息标识，通常与条形码技术或射频识别（RFID）技术相结合，在这种情况下纸质物料标签中可不必以直观可读的形式将一些信息（如供应商或生产商名称、供应商或生产商批号、生产日期、有效期、接收日期、接收数量等）逐一列出，但物料和产品上应有条形码或电子标签。

计算机化仓储管理系统应采取适当的措施确保在计算机化系统出问题时物料不会失控，可采用备用数据服务器，或执行后备业务连续性计划（BCP），或者出现此类问题时停止物料操作和使用。

计算机化系统中应能明确物料和产品的名称、代码、供应商批号、企业内部批号、数量、接收和发放日期、生产日期、有效期或复验期、货位号等信息。

对于计算机化系统中物料接收、发放等计算机化操作应由授权人员根据企业建立的书面操作规程执行。

物料信息标识如采用计算机化系统管理，物料和产品应保证足够安全的隔离、受控。

📋 要点备忘

● 企业应建立物料标识管理的书面操作规程，规定物料标签的接收、发放、使用、销毁并记录，应规定物料标识/标签的组成规则和样式。

● 在库物料或产品的标识/标签应完整齐全、保持完好、粘贴牢固。

● 物料标识/标签的接收、发放、使用、销毁应当及时做好相关记录。

● 物料标识/标签中记录的品名、代码、批号、数量等信息应与实物相一致。

● 对于采用计算机化仓储管理系统，计算机化系统应经过验证，并且只有经授权的人员可登录系统进行相应的操作。

实例分析

【实例】7-1 物料标签示例

<table>
<tr><td colspan="2" align="center">物料标签</td></tr>
<tr><td>物料名称：</td><td>代码：</td></tr>
<tr><td colspan="2">物料规格：</td></tr>
<tr><td>供应商批号：</td><td>内部批号：</td></tr>
<tr><td>生产日期：</td><td>有效期至：</td></tr>
<tr><td colspan="2">储存条件：</td></tr>
<tr><td colspan="2">接收人 / 日期：</td></tr>
</table>

<table>
<tr><td colspan="2" align="center">中间产品标签</td></tr>
<tr><td>产品名称：</td><td>毛重：</td></tr>
<tr><td>产品批号：</td><td>净重：</td></tr>
<tr><td>代　　码：</td><td>空重：</td></tr>
<tr><td>生产阶段：</td><td>容器号：</td></tr>
<tr><td colspan="2">检查人 / 日期：</td></tr>
<tr><td colspan="2">复核人 / 日期：</td></tr>
</table>

<table>
<tr><td colspan="2" align="center">成品零箱标签</td></tr>
<tr><td>产品名称：</td><td>代码：</td></tr>
<tr><td>产品规格：</td><td>数量：</td></tr>
<tr><td colspan="2">产品批号：</td></tr>
<tr><td colspan="2">生产日期：</td></tr>
<tr><td colspan="2">有效期至：</td></tr>
<tr><td colspan="2">操作人 / 日期：</td></tr>
<tr><td colspan="2">复核人 / 日期：</td></tr>
</table>

剩余物料标签

物料名称：　　　　　　代码：

内部批号：

次数	数量	操作人 / 日期	复核人 / 日期

废品 / 废料	
废品 / 废料描述	
废品数量 / 重量	
废品的来源岗位	
本批产品 / 物料名称	
本批产品 / 代码	
本批产品 / 物料批号	
操作人	
复核人	
操作日期	

7.2 物料状态标识

GMP 对物料质量状态提出了明确要求，如待验、合格、不合格、已取样，其目的在于防止处于待验、不合格等状态的未经放行的物料或产品被误用或误发。本节将介绍物料状态标识分类，物料状态标识表示方式、使用和控制方法。

7.2.1 物料状态标识分类

根据 GMP 要求，通常将物料质量状态标识分为：

- 待验标识；
- 合格标识；
- 不合格标识；
- 其他状态标识（如已取样、限制性放行标识）。

7.2.2 物料状态标识的表示方式、使用和控制

A. 物料状态标识的基本含义

- 待验（隔离）标识：通常为黄色标识，该标识表明所指示的物料和产品处于待验（待处理）状态，不可用于正式产品的生产或发运销售。

- 合格标识：通常为绿色标识，该标识表明所指示的物料和产品为合格的物料或产品，可用于正式产品的生产使用或发运销售。

- 不合格标识：通常为红色标识，该标识表明所指示的物料和产品为不合格品，不得用于正式产品的生产或发运销售；需要进行销毁或返工、重新加工。

- 其他状态标识

  ○ 已取样标识：该标识表明所指示的物料和产品已经被取样。

  ○ 限制性放行标识：通常以绿底为标识，但是和正常合格标识有显著差异，如也可采用蓝色。通常限制性放行不用于正常商业批生产，用于其他使用目的，例如物料没有完成全检，或者虽然已经完成企业内部检验但官方的进口检验报告还没有拿到，该批物料可以限制性放行用于研究试验目的。如果限制性放行物料用于商业批生产，企业应制定相应的控制程序确保此物料在成品放行前已经被正常放行。

B. 状态标示牌和状态标签

物料状态标识实际采用的表现形式通常为状态标示牌和状态标签，主要有以下几种：

- 区域状态标示牌；
- 货位状态标示牌；
- 货位状态标签；
- 独立的包装/容器的物料状态标签；
- 取样标签、限制性放行标签。

C. 物料状态标识内容要求

- 区域状态标示牌和货位状态标示牌：包括待验标示牌、合格标示牌、不合格标示牌。这些状态标示牌用于指示该区域或货位的质量状态，要求的内容通常应至少包括：物料或产品的名称、批号、人员签名和日期。特别提醒的是，上述状态标示牌的使用不是强制的，由企业根据需要自行决定是否采用。
- 货位状态标签和独立的包装/容器的物料状态标签：包括待验标签、合格标签、不合格标签，这些标签用于粘贴在独立包装/容器的物料和产品上。通常应至少包括：物料或产品的名称、批号、人员签名和日期。
- 取样标签通常应至少包括：物料或产品名称、批号、取样量、取样人、取样日期等信息，根据需要可在取样标识中增加物料代码等详细信息。
- 限制性放行标签通常包括：物料或产品的名称、批号、使用范围、人员签名和日期。

D. 物料状态标识的使用

企业应建立书面的管理程序规定：区域状态标识牌、货位状态标识牌的使用、存放和管理；货位状态标签和物料状态标签的接收、发放、使用和销毁管理并应有记录。

物料和产品（成品除外）接收后应在独立的包装/容器上标示粘贴待验标签；若适用，在相应货位上和（或）区域粘贴待验标签或放置待验标示牌。根据企业制定的物料管理规程，经适当的检验、评估后，转为合格或不合格状态等并适当标识。

- 对于原辅料、包装材料（除不便于贴标签的外包材外，如纸桶），通常应在其外包装/容器上粘贴待验、合格、不合格标签以区别物料每个单独包装的不同质量状态。

● 对于大箱、用于销售的中间产品和成品，通常在货位和（或）区域标示或粘贴待验、合格、不合格标签和（或）放置相应的状态标示牌，以区别某一货位和（或）区域的物料、产品的质量状态。

● 特别指出，对于采用单独隔离方式的待验区、不合格区、退货区，其相应的区域通常应有醒目的状态标识，且只限于经批准的人员出入，相应的区域可采用隔离栏、隔离网等设施划区隔离（如需要，可上锁）；待验区、不合格区、退货区亦可采用单独的封闭的库房贮存，这种情况可设置区域／货位状态标示牌或货位状态标签，不合格区每个包装容器上均贴不合格品签，并应有程序规定上述区域的人员进出控制、使用和管理。

● 取样标签通常在取样完成后粘贴在物料和产品的独立的包装／容器上。

● 若企业使用限制性放行标签，则应严格控制；并需要采用适当的措施或程序以保证与合格标签有显著区别，避免限制性放行的物料和产品的误发、误用。

对于规定复验期，以及规定复验期而没有有效期的物料，在超过复验期后应立即标示为待验状态，根据质量管理部门复验、评估结果转为合格状态或不合格状态。

对于规定有效期的物料，在超过有效期后应立即标示为不合格状态，按不合格处理程序进行处理。

物料、产品状态标识的粘贴应能够体现物料、中间产品、待包装产品的历史状态，通常在改变物料状态时，状态标签的粘贴不宜全部覆盖原状态标签。

E. 物料状态标识的控制

质量管理部门负责建立和实施物料、产品的合格标签、不合格标签接收、发放、使用、销毁管理流程，并负责决定以下质量状态的转换：

● 待验状态转为合格状态；

● 待验状态转为不合格状态；

● 合格状态转为不合格状态。

对于质量状态标签的粘贴，或者区域和货位质量状态标识牌的设置，可根据企业制定的管理流程中指定的相应部门／人员负责执行。

物料管理部门负责物料和产品的待验状态标签的接收、发放、使用、销毁，并负责待验状态的标识，包括：

● 退货接收后标识为待验状态；

● 来料接收后标识为待验状态；

- 未放行的成品入库后标识为待验状态;
- 偏差导致的物料异常入库后标识为待验状态。

此外,企业需特别关注限制性放行的质量状态的传递与控制,对于使用限制放行物料的生产批次,其批记录中应有相应的记录,如将限制性放行标签或限制放行的批准记录复印件粘贴在批记录中,以确保在产品放行前审核限制性放行物料已正常放行。对于使用计算机化系统进行生产管理的,也可以通过计算机化系统控制限制性放行质量状态的传递。

F. 计算机化仓储管理

对于采用完全计算机化仓储管理,可不必使用可读的状态标识(物料状态标示牌、状态标签)。计算机化仓储管理系统中应能明确识别物料名称、代码、批号、货位号,以及该货位对应的质量状态。计算机系统中物料和产品质量状态的改变必须经质量部门的授权人员根据企业建立的书面操作规程执行。

物料状态标识采用计算机化系统管理的,物料和产品应保证足够安全的隔离、受控。

📋 要点备忘

- 企业应当建立物料状态管理程序,规定区域状态标识牌、货位状态标识牌的使用、存放和管理;规定货位状态标签和物料状态标签的接收、发放、使用和销毁管理并应有记录。
- 物料状态应当与区域状态相一致,与操作规程规定相一致。
- 在库物料或产品的物料状态标识应完整齐全、准确无误、粘贴牢固。
- 对于规定复验期、有效期的物料、产品,退货产品,确保不合格品的物料状态标识与实际相符,并按书面操作规程及时改变物料状态。
- 采用计算机化系统控制物料和产品质量状态时,应由授权人员根据企业建立的书面操作规程执行。

实例分析

【示例】7-2 状态标签示例（待验、合格、不合格、限制性放行）

××公司
待验
名　　　称：　　物料代码： 供应商批号：　　内部批号： 签名／日期：

注：黄底黑字

××公司
合格
名　　　称：　　物料代码： 供应商批号：　　内部批号： 签名／日期：

注：绿底黑字

××公司
不合格
名　　　称：　　物料代码： 供应商批号：　　内部批号： 签名／日期：

注：红底黑字

××公司
限制性放行
名　　　称：　　物料代码： 供应商批号：　　内部批号： 签名／日期：

注：绿底或蓝底黑字

8 物料发放

本章主要内容：

☞ 一般原则

☞ 生产物料发放，包括物料订单接收、拣货、交接、补发等

☞ 辅助材料发放

法规要求

药品生产质量管理规范（2010年修订）

第一百零三条 应当建立物料和产品的操作规程，确保物料和产品的正确接收、贮存、发放、使用和发运，防止污染、交叉污染、混淆和差错。

物料和产品的处理应当按照操作规程或工艺规程执行，并有记录。

第一百零八条 物料和产品应当根据其性质有序分批贮存和周转，发放及发运应当符合先进先出和近效期先出的原则。

第一百零九条 使用计算机化仓储管理的，应当有相应的操作规程，防止因系统故障、停机等特殊情况而造成物料和产品的混淆和差错。

使用完全计算机化仓储管理系统进行识别的，物料、产品等相关信息可不必以书面可读的方式标出。

第一百一十三条 只有经质量管理部门批准放行并在有效期或复验期内的原辅料方可使用。

第一百二十条 与药品直接接触的包装材料和印刷包装材料的管理和控制要求与原辅料相同。

第一百二十一条 包装材料应当由专人按照操作规程发放，并采取措施避免混淆和差错，确保用于药品生产的包装材料正确无误。

第一百二十四条　印刷包装材料应当设置专门区域妥善存放，未经批准人员不得进入。切割式标签或其他散装印刷包装材料应当分别置于密闭容器内储运，以防混淆。

第一百二十五条　印刷包装材料应当由专人保管，并按照操作规程和需求量发放。

第一百二十六条　每批或每次发放的与药品直接接触的包装材料或印刷包装材料，均应当有识别标志，标明所用产品的名称和批号。

第一百三十条　麻醉药品、精神药品、医疗用毒性药品（包括药材）、放射性药品、药品类易制毒化学品及易燃、易爆和其他危险品的验收、贮存、管理应当执行国家有关的规定。

背景介绍

物料发放指生产过程中物料在企业内部流转的一系列操作，防止发放过程中物料的混淆和差错，是保证产品质量的重要环节。为确保产品所用物料正确无误，企业应建立书面的物料发放管理程序，明确定义物料发放的完整流转流程，并规定每一流程的操作和工作内容，同时做好发放过程中的相关台账和记录。

本章从生产指令/生产订单/物料提取单的接收开始，介绍了物料查询、备料、转移、交接以及物料补发的物料发放全过程，着重介绍各操作步骤的检查内容和注意事项。其中，生产用原料、辅料、包装材料发放流程基本相同，但印刷包装材料的发放控制更加严格。因此，企业在制定物料发放管理程序时，可考虑单独建立包装材料或印刷包装材料的发放管理程序。除此之外，生产用其他辅助材料的发放也可参考本章内容，并做简要介绍。

实施指导

生产物料发放基本流程如图 8-1 所示。

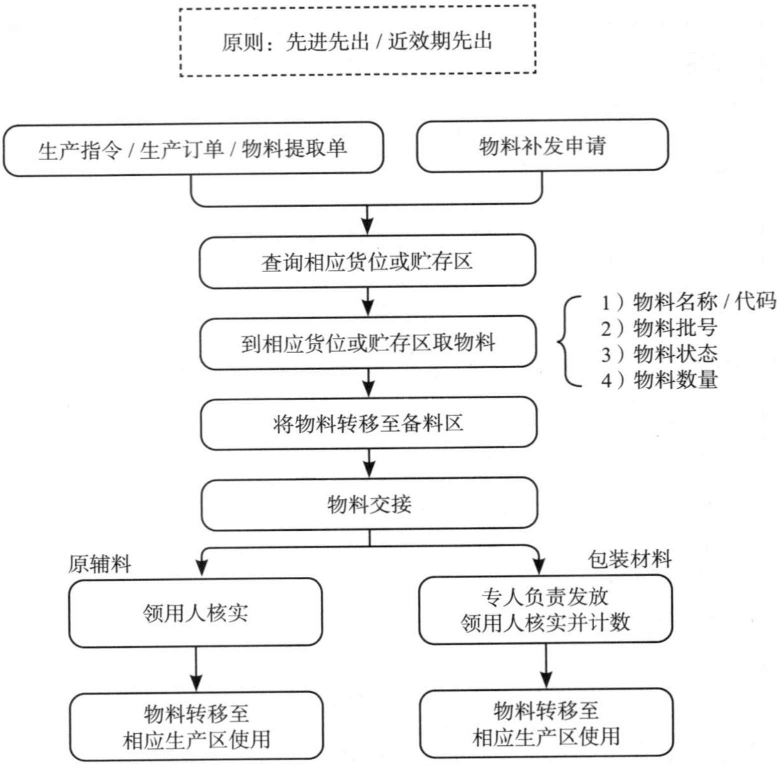

图 8-1 生产物料发放基本流程

8.1 一般原则

只有经放行并具有合格状态标识的物料才可发放。防止因长时间贮存所带来的潜在风险，保证物料的良性有序分批周转，物料发放应遵循的一般原则：

- 先进先出（FIFO）和近效期先出（FEFO）的原则；
- 零头优先发放原则，如取样、退库的物料优先发放；
- 整包发放原则，如无零头时不拆零发放。

当先进先出和近效期先出原则在企业中同时存在时，企业可以规定优先执行的发放原则，或者明确规定何种情况使用何种发放原则，以确保物料发放原则在企业内的一致性及可执行性。在特殊情况下，如生物制品的批量比对、培养基适用性等不适用的情况可不执行该原则。

整包发放原则，举例如下：某种原料药按生产指令需发放 1012kg，该原料药的包装规格为 25kg/桶，则实际可发放 41 桶（即 1025kg，12kg 不分零发放而是 25kg 整桶发放）。

8.2 生产物料的发放

A. 生产指令 / 生产订单

生产指令又称生产订单，是生产计划性指令，用于指导现场生产安排。生产指令设计因企业而异，其基本要素包括生产指令号、产品名称、产品批号、产品批量、生产时间等。

生产指令可以一式一份或一式多份，企业根据需要自行确定，但生产指令的原件和复印均需受控，如发放数量明确、去向清晰可追溯。生产指令通常由物料管理部门或生产计划部或指定的其他部门来负责制定、审核、复制、分发等。

根据生产指令制定物料提取单，物料提取单的内容通常包括：生产指令号、产品名称、产品代码、产品规格、产品批号、产品批量、生产时间、所需物料名称、物料代码、物料批号、物料需要量、物料实际领取量、领取 / 发放人和日期等。制定物料提取单时，应遵循物料发放的一般原则，如在台账中查找所需的物料批号，或在计算机化仓储管理系统中筛选所需物料的批号。

生产指令和物料提取单应提前在正式生产前完成制定、审核、复制、分发等，确保后续的准备工作稳定有序进行，并且建议各相关部门由专人负责生产指令和（或）物料提取单的制定、分发和接收。

B. 拣货

仓库管理员接到生产指令和物料提取单后，在计算机化仓储管理系统中检索、核对所需的物料名称、物料规格、物料批号，查询所需物料所在的货位，或根据物料台账及相关记录在仓储区直接查找。

取料、备料的过程称为拣货，即将所需要的物料从货位取出、转移至备料区。

企业根据仓库类型和规模大小选择合适的拣货方式。企业常见的拣货方式有：

● 一人取货：按照物料提取单要求的物料进行拣货。

● 多人取货：首先明确每人所分担的物料种类和储存区域，然后根据分工进行分拣取料，最后汇集到指定的备料区。

不论采用何种拣货方式，应能快速、准确完成取料和备料，满足生产需求，并且最大程度避免混淆和差错。仓库管理员在取料、备料时应注意：

● 取料时应在仓储区找到所需物料的货位号，根据物料提取单信息核对物料和（或）货位上的物料标识，包括每个包装的物料名称、物料代码、物料批号、质量状态等信息，对于物料信息或状态标识缺失或无法识别的物料不得发放。同时，检查所取物料外包装状态，如是否有破损、受潮、霉变等异常情况。

● 检查并核对所取物料的相关信息正确无误后，将所需物料从相应货位移出并转移至备料区存放，在物料提取单上做好记录并签名。

物料应有序分批周转，通常取料时需取完一种物料、堆放妥当后，再取下一种物料，以避免差错和混淆。

暂存在备料区的物料应堆放整齐，并应有效区分。如果发货区需同时存在用于两个生产品种的物料时，应采取有效的措施避免混淆。

暂存在备料区的物料货位上应有货位卡或物料提取单或具有等同功能的信息显示该货位上 / 该区域的全部物料信息，包括所有存放的物料名称、批号、数量等信息。通常物料提取单应随物料进行转移。

如果接收区和发货区为同一区域，通常应避免该区域内同时进行来料接收和物料发放的操作，该区域若暂存有需发放的合格物料时，通常不应同时存放接收的来料；若无法避免时，应在该区域采取有效隔离的措施，并有明显的质量状态标识进行区别。

C. 物料交接

仓库管理员根据生产指令和物料提取单将所需物料全部拣选并转移至仓库备料区后，与生产人员进行物料交接。物料交接通常有两种方式：

● 在生产区进行交接，仓库管理员将所需物料从仓库备料区转移至生产区。

● 在仓库备料区进行交接，生产接收人员将所需物料从仓库备料区转移至生产区。

物料交接完成后，仓库管理员在仓库物料台账、物料货位卡上及时记录出库信息；生产接收人员在物料提取单上签名 / 日期。

物料从仓储区发放至生产区时，应考虑天气条件和温湿度对物料影响。例如仓储区和生产区在不同一建筑时，应尽可能避免在雨雪天气转移物料，如无法避免，则应采取适当的措施（如封闭的运输工具、加盖防雨布、密封容器等）避免物料的质量受到影响；根据物料的贮存、运输温度要求，可以采用具有温、湿度控制功能的运输容器或载体来确保转运过程中物料的质量不受影响。

（1）原辅料交接 生产接收人员与仓库管理员在生产区或备料区进行原辅料交接时，生产接收人员应根据生产指令和（或）物料提取单仔细核对物料名称、物料代码、物料批号、物料需要量，实际发放物料数量等信息，并确认物料标识完好，外包装状态完好，如发现异常情况应拒收，并按偏差程序处理。交接完毕后，生产接收人员应在物料提取单上签名/日期。

原辅料清点发放一般原则：

● 对于未拆封的整包装（整桶、整箱、整袋）的原辅料，应清点整包装（桶数、箱数、袋数），计算净重量；

● 对于非整包装（零桶、零箱、零袋）的原辅料，应检查其物料标识上的净重和毛重；如需要，可复称毛重。最终以物料标识上的净重量计。

（2）包装材料交接　印刷包装材料的管理严于其他包装材料，应严格执行专人保管、专人发放的要求。这种要求同时适用于仓储区和生产车间印刷包装材料的管理，通常仓储区和生产车间应指定专人接收/领用、保管、发放印刷包装材料。

外包装材料清点发放一般原则：

● 对于未拆封的整箱说明书、标签、小盒、中包装以及整捆大箱，可以清点箱数、捆数，如有必要可进行逐个清点；

● 对于已拆零、散装的说明书、标签、小盒、中包装、大箱等应仔细清点；零箱中完整的小捆包装不必拆散逐个清点，清点小捆数量即可；但已拆小捆的说明书、标签、小盒、中包装、大箱应逐个清点计数；

● 对于原料药的外包装桶/容器应逐个清点计数发放。

内包装材料清点发放一般原则：

● 药用内包装袋、瓶等应清点、计数发放，发放原则与说明书、小盒、中包装、大箱的发放原则相同；

● 对于铝箔、PVC等，可按重量发放，发放时清点、计算整箱或整包重量和零头重量总和或换算成长度总和；

● 对于原料药生产使用的内包装材料，内包装桶/容器应逐个清点计数发放。

包装材料计数发放的目的在于通过包装材料的发放、使用、退库、销毁数量的物料平衡，防止并发现在生产包装过程的遗漏、差错。例如，某大输液生产企业，生产时发放输液瓶10000瓶，生产结束后进行物料平衡发现实际成品为9999瓶，即输液瓶的实用使用量为9999瓶，应剩余1只空瓶，但不知去向，后经调查发现该空瓶已灌装药液并被遗漏在生产现场。

（3）特殊管理的物料交接　特殊管理的药品（如麻醉药品、精神药品、医疗用毒性药品、放射性药品、药品类易制毒化学品）发放基本流程同原辅料。应特别关注在发放时应双人称重、发放、运输，双人接收，相应记录均应双人签名/日期。即从仓储区转移至生产区，或跨厂区交接特殊物料的转运、交接流程和贮存过程，应双人操作，确保安全并应根据特殊药品管理的相关法规执行。

D. 物料补发

在某些情况，因生产过程中出现偏差导致发放的物料数量不能满足生产需要，或其他原因导致发放的物料数量不足时，需进行增补发料。

企业应有书面的管理程序规定增补发料的操作流程、内容和要求，包括增补物料申请、审批、增补领发料等及所需的相关记录。

增补物料通常伴随生产过程中的偏差而发生，这种情况下应在偏差中有明确的增补发料决定时方可进行增补发料；增补发料通常需经生产管理部门、物料管理部门和（或）质量管理部门的审批，仓库管理员和生产人员根据审批的增补发料单增补物料，增补发料单通常包括生产指令号、产品名称、产品代码、产品规格、产品批号、产品批量、生产时间、所需使用的物料名称、物料代码、物料批号、增补数量等。

增补物料申请完成后，增补发料的整个流程同正常的物料发放流程，即根据增补发料单，查询货位、取料、转移至备料区、在备料区（生产区或备料区）交接，转移至相应的生产区贮存、使用。对于原辅料和包装材料的增补发料，其发放过程的管理要求同正常发放时的要求。

需要指出，上述的物料补发流程为通常做法，实际中企业可根据生产模式和方式制定适合企业自身的增补物料管理程序并执行。例如：增补包装材料时，有时根据预先批准的正式的增补发料单表格，由生产车间指定的人员与仓库管理员根据所需增补的物料数量完成增补发料。

对于采用计算机化仓储管理系统控制，由授权人在计算机化仓储管理系统中生成增补物料指令，并根据系统设定的物料发放一般原则筛选所需增补物料的批号和数量。

E. 计算机化仓储管理系统物料发放

对于采用计算机化仓储管理系统控制的企业，生产指令和物料提取单也可以通过计算机化仓储管理系统受控生成。

生产指令和物料提取单可接入仓库管理系统（WMS）进行物料发放操作，也可以将批准的生产指令单输入仓库管理系统（WMS）执行物料发放操作。系统录入需发放的物料和数量后，根据预先设置的发放原则，如发放顺序（如近效期先出／先进先出＞退库＞抽样＞零数＞入库日期）、是否分零发放等，自动计算需要发出的数量并打印出发放清单，操作人员根据发放清单将相应物料运转至分拣区，通过扫描拣选出需发放的物料和数量转入备料区，剩余物料回库。

备料区由仓库管理员和生产人员根据生产指令和物料发放清单进行核对，完成交接并在仓库管理系统（WMS）中确认完成发货。查询库存，可以追溯本次物料发放用于成品名称批号、物料名称、批号、数量、发放时间、发放人员等信息，做到物料发放全过程可追溯。

8.3 辅助材料的发放

辅助材料种类繁多，其发放可参考本章内容进行，建立辅助材料发放管理程序，明确定义辅助材料发放的流转流程，同时做好发放过程中的相关台账和记录（图 8-2）。下面简要介绍与物料或产品可能直接接触的手套、清洁/消毒剂、生产耗材、与产品直接接触的润滑油、气体等辅助材料的发放。

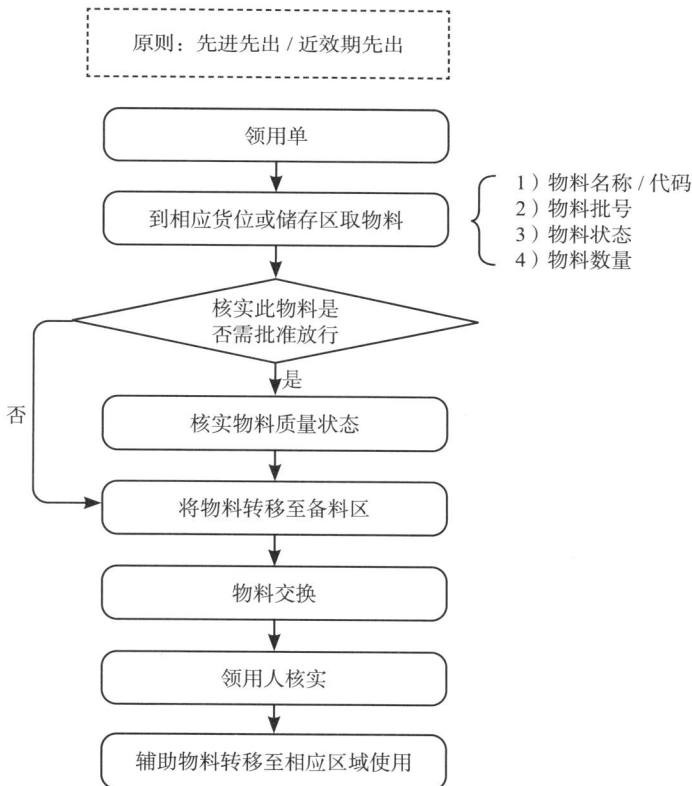

图 8-2 其他辅助材料发放基本流程

使用部门完成辅助材料领用申请，经本部门主管或经理签字批准后领用。有些情况下，领用单需经物料管理部门批准才可领用。因此，领用单的具体审批部门企业可根据组织架构和需要自行确定。领用单一般为一式多份，使用部门、物料管理部门等各执一份，作为领取、发放的凭证。

领用人将批准的领用单交给仓库管理员，仓库管理员在贮存区查找到相应的货位，根据领用单的物料信息从货位取出相应数量的物料。仓库管理员在取料、备料时，应根据领用单核对物料和（或）货位上的物料标识，包括每个包装的物料名称、物料代码、物料规格、数量、质量状态等信息，对于物料信息或状态标识缺失或无法识别的物料不得发放。

仓库管理员将取出的物料转移至备料区完成备料，与领用部门人员进行交接。对于生产区使用的辅助材料，领用人和仓库管理员可在备料区或生产区完成物料交接；对于非生产区使用的辅助材料，通常由领用人在备料区与仓库管理员完成交接。

物料交接时，领用人根据领用单的信息核对物料名称、物料规格、物料代码、数量是否与领用单信息一致。交接工作完成后，仓库管理员留取一份领用单作为发料凭证，并妥善保管。物料完成交接后及时填写相应的台账和记录，保持账、卡、物一致性。

📋 要点备忘

- 企业应建立书面的物料发放程序，明确定义物料发放的完整流转流程。
- 物料发放应遵循先进先出或近效期先出的原则，并在此基础上建立零头优先发放和整包发放原则。
- 包装材料应由专人发放，印刷包装材料由专人保管并按需求量发放，切割式标签或其他散装印刷包装材料应当置于密闭容器内储运。
- 建立物料增补发放程序，避免产生差错和混淆的风险。
- 物料发放过程中核对生产指令和物料提取单及货位上物料标识，外包装状态。
- 物料发放过程中及时填写相关台账，记录物料出库信息，确保发放后，账、卡、物保持一致；确保计算机化仓储管理系统中的物料数量与实物一致。
- 特殊管理的药品需执行双人操作，包括双人称重、发放、运输，双人接收、复核。

实例分析

【实例】8-1 不含物料信息的产品生产指令

该生产指令为手工制定，未包括所需发放的物料信息，需制定物料提取单。

物料提取单根据生产指令，结合预先批准的产品生产用物料信息表进行制定；除包括生产指令的信息外，还需要生产该批产品所需的物料名称、物料代码、物料批号、物料需要量等内容信息。

生产指令号：	2022001
产品生产指令	
根据生产计划定于 2022 年 01 月 10 日生产本产品：	
产品名称：	ABC 片
产品规格：	500mg
产品代码：	01000001
产品批号	2201001
产品批量：	3000000 片
备注：	N/A
制定人 / 日期：	×××/2022.01.03
审批人 / 日期：	×××/2022/01.03

【实例】8-2 含物料信息的产品生产指令

计算机化仓储管理系统制定的生产指令。×× 企业生产指令：包括物料清单和物料提取单。

物料提取单		××××片（30片）		日期：2022.01.20	页码：1/1
公司：××× 生产指令号： 物料代码：01000001 物料批号：10888 数量：3000000 PCE				*000100013170*	
物料号	物料描述	需要量	单位	批号	库存地
02000001	物料 ××1	××1	kg	10112	4000
02000004	物料 ××2	××2	kg	10114	4005
02000006	物料 ××3	××3	kg	10211	4000
02000011	物料 ××4	××4	kg	10311	4004
03000001	物料 ××5	××5	kg	10561	4006
03000001	物料 ××6	××6	kg	10586	4005
…	…	…	…	…	…
…	…	…	…	…	…
计划者 / 日期：×××/2022.01.18			复核者 / 日期：×××/2022.01.18		

物料清单								日期：2022.01.20		页码：1/1	
公司：××× 生产指令号：100013170 物料代码：01000001 物料批号：10888 数量：3000000 PCE		×××× 片（30 片）						*000100013170*			
供应商 名称	物料号	物料 描述	需要量	单位	批号	库存地	领取量	发放人 领取人 /日期	退库量	发放人 领取人 /日期
供应商 1	02000001	物料 ××1	××1	kg	10112	4000				
供应商 2	02000004	物料 ××2	××2	kg	10114	4005				
供应商 2	02000006	物料 ××3	××3	kg	10211	4000				
供应商 3	02000011	物料 ××4	××4	kg	10311	4004				
供应商 4	03000001	物料 ××5	××5	kg	10561	4006				
供应商 5	03000001	物料 ××6	××6	kg	10586	4005				
…	…	…	…	…	…	…				
…	…	…	…	…	…	…				
计划者/日期：×××/2022.01.20					复核者/日期：×××/2022.01.20					

【实例】8-3 辅助材料领用单示例

领 料 单					
				NO：0000000*	
部门：			日期：		
名称	物料代码	规格	数量	单位	用途说明
领料人：			审批人：		
一式三联：第一联 – 存根；第二联 – 提货；第三联，结算。					

9 成品入库管理与发运

本章主要内容：

☞ 成品的入库管理

☞ 成品的发运管理

法规要求 ···

药品生产质量管理规范（2010 年修订）

第一百零三条 应当建立物料和产品的操作规程，确保物料和产品的正确接收、贮存、发放、使用和发运，防止污染、交叉污染、混淆和差错。

物料和产品的处理应当按照操作规程或工艺规程执行，并有记录。

第一百零七条 物料接收和成品生产后应当及时按照待验管理，直至放行。

第一百零八条 物料和产品应当根据其性质有序分批贮存和周转，发放及发运应当符合先进先出和近效期先出的原则。

第一百零九条 使用计算机化仓储管理的，应当有相应的操作规程，防止因系统故障、停机等特殊情况而造成物料和产品的混淆和差错。

第一百二十八条 成品放行前应当待验贮存。

第一百二十九条 成品的贮存条件应当符合药品注册批准的要求。

第一百三十条 麻醉药品、精神药品、医疗用毒性药品（包括药材）、放射性药品、药品类易制毒化学品及易燃、易爆和其他危险品的验收、贮存、管理应当执行国家有关的规定。

第二百九十五条 每批产品均应当有发运记录。根据发运记录，应当能够追查每批产品的销售情况，必要时应当能够及时全部追回，发运记录内容应当包括：产品名称、规格、批号、数量、收货单位和地址、联系方式、发货日期、运输方式等。

第二百九十六条 药品发运的零头包装只限两个批号为一个合箱，合箱外应当标明全部批号，并建立合箱记录。

第二百九十七条 发运记录应当至少保存至药品有效期后一年。

背景介绍

成品的入库接收、贮存管理对保证药品质量是至关重要的，如果缺乏专业和系统的管理，也会带来药品安全的风险。另外，各国药品监督管理部门对成品的入库接收、贮存、发运都有着相关的法规，合规检查时也常常将此类问题列为重点检查项。

成品的入库接收、贮存和发运属于药品生产企业控制药品质量的下游工作，这些环节的异常都可能严重影响产品质量，如成品接收、入库过程中的差错和混淆；成品贮存、发运过程中的温湿度异常和其他贮存条件的异常。2008年10月5日发生在云南省红河州第四人民医院使用黑龙江省完达山制药厂刺五加注射液事件，即药品出厂后，在药品流通贮存环节遭遇昆明特大暴雨，造成库存的刺五加注射液被雨水浸泡；完达山药业未评估雨水浸泡对产品质量的影响，直接从生产地调来包装标签，更换后销售，造成人员死亡事件；后调查发现被雨水浸泡药品的部分样品中检出多种细菌，这是一起典型的因贮存过程异常所导致的严重质量事件。

因此，规范成品的接收、贮存和运输，是制药企业需加强管理和密切注意的。

实施指导

9.1 成品入库管理

本章节将着重介绍成品入库接收的基本流程、成品的定期盘存等内容，对于成品在贮存过程中的相关注意点及详细内容，可参考本指南"6贮存"。

企业需根据国家药品管理法及其实施条例、药品生产质量管理规范等相关规定和要求建立：

• 成品入库和接收的书面操作规程；

- 成品贮存管理的相关规程；
- 明确库房人员及相关生产人员的职责；
- 建立定期盘存的制度。

其基本流程如图 9-1 所示。

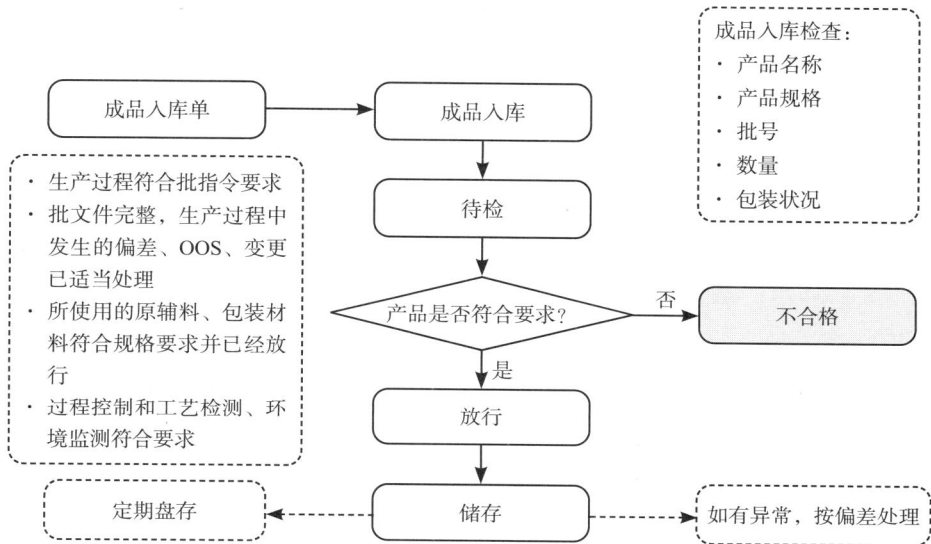

图 9-1 成品入库管理流程图

A. 成品入库接收

车间将包装好的成品交由仓库入库，可由生产人员（或仓库管理的相关人员）填写相关成品入库记录，如：成品入库单、成品入库凭证。成品入库单通常包括但不局限于以下内容：

- 成品入库日期 / 时间；
- 成品名称；
- 成品规格；
- 成品代码（或成品物料号，如适用）；
- 成品批号；
- 成品入库数量（如盒、箱）；
- 入库人员；
- 仓库接收人员；
- 订单号 / 订单量等相关信息（如适用）。

生产相关人员应仔细核对成品入库单上品名、批号、规格及数量等信息与相应批生产记录上的信息保持一致，以确保信息传递的正确性和完整性。

仓库接收人员在入库检查时，特别需关注的重点通常包含以下几个方面的内容。

成品入库清点，包括入库产品的品名、批号、规格、数量，需特别注意核对并清点零箱药品的数量，通常为便于区分零箱和整箱产品，可设计并使用单独的"成品零箱标签"，便于库房人员及时有效的识别和核实，每个企业也可依据自身情况，制定出适合本企业的具体操作和方式。

成品包装情况，此项非常的重要，在企业的日常运作过程中也常常忽视此点要求，验收人员需核实实际的货物包装是否与入库单所列信息相符，并检查产品的外包装是否清洁、完好无损。

成品贮存条件，对于有特殊贮存条件要求的产品，仓库接收人员应及时将产品转入符合贮存要求的条件下贮存。

仓库接收人员在同一时间段内交替接收两批或两批以上的相同成品或不同成品时应注意分开接收和存放，避免混批和差错发生。核对无误后在相关记录上签名/日期，如发现该批与成品入库清单上存在差异，需立即与生产部门有关人员联系，如有需要应按照偏差流程进行调查处理。所有的成品入库、接收必须具备可追溯性，便于调查。

仓库接收人员在完成接收后，需要做好入库登记，如：填写相应的账卡。如企业有相应的计算机化系统管理，仓库接收人员在完成相关记录的同时，需将相应的信息反馈并由相关人员录入计算机化系统。如企业使用完全计算机化仓储管理系统进行识别的，物料、产品等相关信息可不必以书面可读的方式标出。

对于特殊药品（如麻醉药品、精神药品、医疗用毒性药品、放射性药品、药品类易制毒化学品）的接收和入库，除了在遵守以上基本程序外，需按有关规定采取专柜贮存、指定专人保管、建立单品种的专用账册。

B. 成品待检

仓储相关人员在成品接收入库并完成相关记录后，需明确标识产品的质量状态，如：贮存放于待检区域内，或通过不同颜色标识牌明确标识其为"待检"状态。若企业采用完全计算机化管理系统，应确保系统中产品的质量状态处于"待检"。在质量部对该批产品未作出是否合格的决定前，该批产品将一直处于"待检"状态。

有些企业在成品放行前，生产采用寄库方式贮存，若采用此方式，在寄库前应填写成品寄库单，仓库接收人员需根据寄库单在特定区域存放，并做好"待检"状态标识，登记寄库台账，此特定区域应满足成品的贮存要求。成品放行后，仍需要按照成品入库接收进行相应的检查和核对。

C. 成品放行

当质量受权人经过质量评估准予一批成品合格并放行（或不合格并拒绝），可由质量受权人及时作质量决定，如：检验报告、成品放行通知单等发放于库房、生产等相关部门，成品的质量状态由待检转为合格（或不合格），如：将成品由待检区转为合格区，或将原"待检"状态标识变更为"合格"状态标识；不合格的成品应移入不合格品区，做好"不合格"状态标识，如每件张贴"不合格"标签等。还可通过其他控制方式，如企业采用计算机化管理系统，确保系统中的产品质量状态由"待检"转为"合格"。而相应状态的转换，需依据一定的文件或程序流程规范。以保证计算机化系统中的状态和产品实际状态保持一致。

只有合格放行的产品方可投放市场。

D. 成品贮存

库房人员需依据成品的贮存条件，将成品存放于合适的库房内，如一般库、常温库、冷库、阴凉库等。成品贮存时通常需考虑以下内容但不局限于：

● 成品需分类、分品种、分批号存放；

● 分类存放，不同的药品需根据不同的物理化学性质分开贮存，如某些化学品的挥发气体可能缩短一些药品的保质期；

● 对于性质相互抵触、相互串味、养护等方法不同的药品，必须分开存放；

● 同批产品应尽量集中存放；零箱药品贮存需满足便于清点的原则；并在相关的记录上记录相应的库位号，填上日期并签名；

● 不同的批号分类存放合理放置，以利于先进先出原则的执行，贮存药品时尽量把标签和有效期显示在外面，便于信息的识别和核实；

● 药品堆放需保留一定的距离、不宜过高，以防止压垮底部的纸箱，也有利于人员搬运并减少可能造成的伤害；

● 成品码放时应离墙、离地，货行间需留有一定间距，货位上需有明显标识，标明品名、规格、批号和数量；

● 高架库内药品堆放，应满足消防安全要求，防坠落垮塌。

更详细的贮存条件、要求及内容等可参考本指南的"6 贮存"。

E. 定期盘存

产品的定期盘存是库房管理中防止差错、产品失衡的一项重要措施，若使用计算机化系统，定期盘存更是确保计算机化管理系统同库房日常工作的物料管理系统的库存保持一致的重要手段。企业可根据自身情况制定月度盘存、季度盘存及年终盘存等程序及细则。

● 一般准则：盘存需在产品锁定的状态下进行。为便于规范盘存操作，企业可对物料及产品进行分类，分类的依据和原则企业可根据实际情况自行制定。盘存需要实盘实点，避免目测数量、估计数量。

● 基本准则：定期盘存可分为"全盘"和"抽盘"两种形式，企业可根据产品及物料的性质、贮存要求等综合考虑各方面因素定义本企业的盘存形式、盘存数量和盘存频率。如采用抽盘方式，需重点抽查零头批次和入库时间较长的批次。"全盘"和"抽盘"的流程可参见图 9–2、图 9–3。

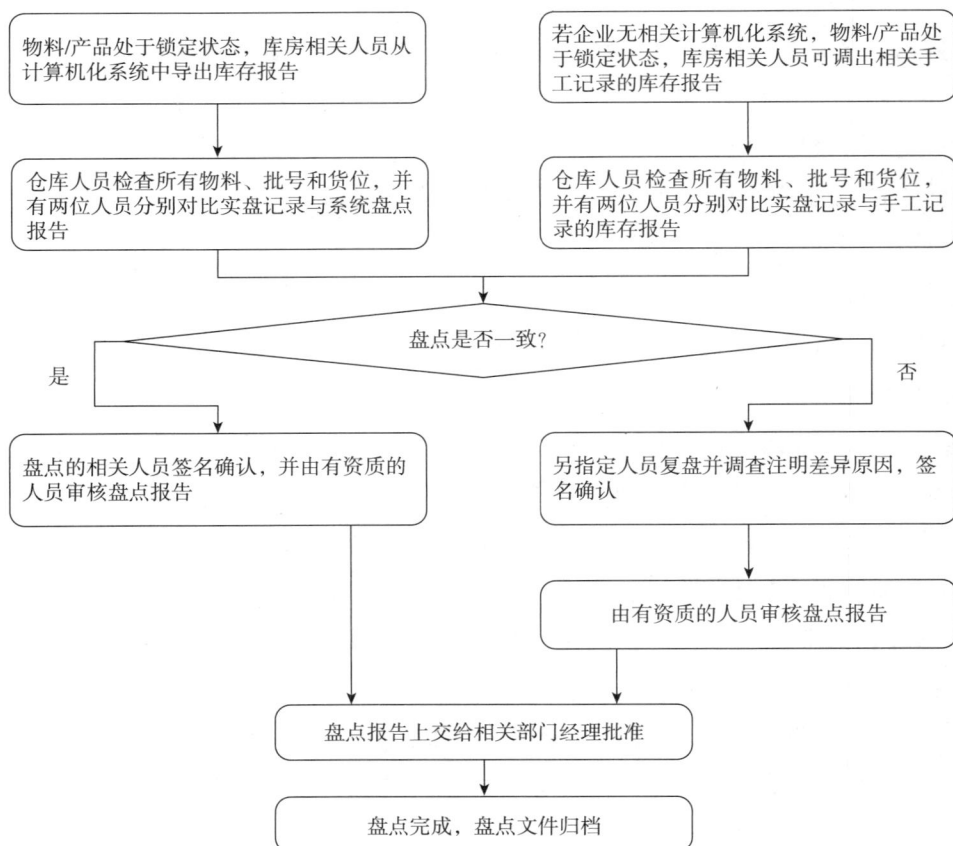

图 9-2　全盘流程

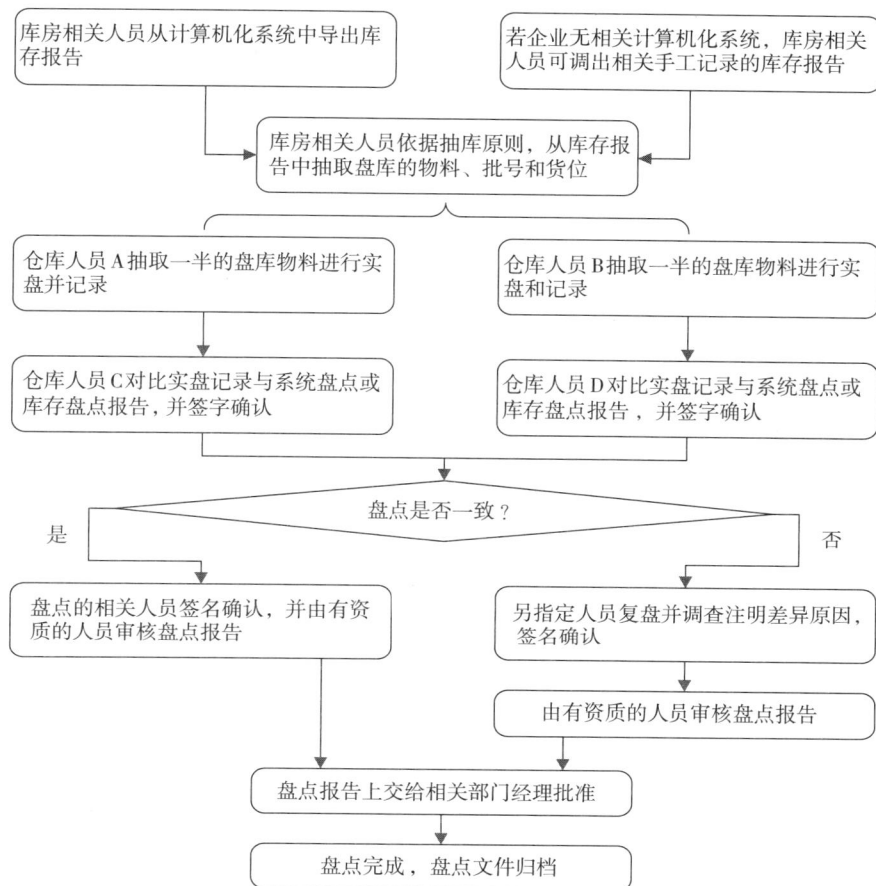

图 9-3 抽盘流程

完成盘存后，若实物数量和系统数量或库存报告中的数量出现差异时，仓库相关人员需对产生差异的物料或产品进行复盘。复盘结束后，将相应的数据制成盘存报告并准备差异报告，如有账物不符情况，需启动偏差处理程序进行进一步的调查。

盘存完成后，所有文件需归档保存。

F. 计算机化系统成品入库管理

对于采用完全计算机化系统进行成品入库、接收、贮存、放行等操作的生产企业，应建立相应的管理文件进行规范，所用计算机化系统应经过确认与验证，以确保其符合预期目的和要求。

实例分析

【实例】9-1　××药品生产企业某一批号的成品入库接收单

产品名称：AA
产品批号：××××××
产品规格：500mg
产品物料号：××××××

序号	日期	时间	数量（盒）	入库人员（签名）	仓库接收员（签名）
1	2020.10.15	09:00	3000 盒	×××	×××
2	2020.10.16	12:00	4500 盒	×××	×××
3	2020.10.18	14:00	3500 盒	×××	×××
……					
……					

　　本实例仅供参考。对于成品入库接收需有相应的记录，由于各药品生产企业对于成品接收的方式亦不同，此表格的内容也未完全列全，各药品生产企业可根据本企业的实际情况增删表格中的各项内容，成品入库单的建立，是为了完善成品的入库程序，更具追溯性，在满足此目的的条件下，可采取多种形式。

【实例】9-2　××企业成品货位卡

产品名称：AA
产品批号：××××××
包装规格：450 盒 / 箱
产品物料号：××××××

2020 年		入库		发出			结存		收发人	备注
月	日	件	盒	客户名称	件	盒	件	盒	—	—
10	15	10	4500	—	—	—	10	4500	×××	
10	16	20	9000	—	—	—	30	13500	×××	10 月 17 日放行
10	17	—	—	××	5	2250	25	11250	×××	
10	18	—	—	××	20	9000	5	2250	×××	

　　本实例仅供参考。成品货位卡的建立，是为了更清晰的显示成品数量等信息，表格中的内容也可根据企业的实际情况进行增删。

【实例】9-3 ××企业的成品放行单

产品名称	
产品批号	
物料号	
包装规格	
数量	
同意放行 （盖章）	质量受权人 （签名/日期）

【实例】9-4 成品码放

　　码放有序对库房管理是至关重要的，也是在审计过程中审计人员对于库房管理的第一印象，成品码放过程中需根据库房贮存能力，利用不同的贮存架来保管不同种类的药品，药品的贮存需科学有序，利于发放、盘点和综合管理。如图9-4、图9-5展示的分别是某企业库房"存放无序"和"存放有序"的两种形态，如何科学有序的存放也是库房管理的关键要素之一。

图9-4　存放无序

图9-5　存放有序

【实例】9-5 定期盘存

　　以下为某企业所建立的定期盘存库制度，仅供参考。

　　盘存需在物料锁定的状态下进行，每年所有库房的在库物料需进行至少一次的全盘，全盘时禁止移动物料（各企业可根据自身情况，制定出合适的盘存频率）。

　　每个季度进行一次物料抽盘，抽盘的原则依据物料的价值和重要程度执行。

根据物料价值可对物料进行 ABC 分类：其中成品为 A 类；原料为 B 类；辅料和包材为 C 类。

每季度 A 类物料，每种成品随机抽取 1 个批号；B 类物料抽取物料品种的 25%，每种物料抽取所有的库存；C 类物料抽取物料品种的 5%，每种物料抽取所有库存（盘存类型、盘存频率以及盘存数量均可依据实际需要定义）。

完成盘点后，仓库第二人员对产生差异的物料进行复盘。如果实物数量与系统数量的差异超过 2%，需进行第二次的抽盘，若第二次抽盘的差异仍旧超过 2%，必须马上进行全盘（限度 2% 的定义，企业可根据实际情况重新定义）。

复盘结束后，库房人员依据库存数据与盘点数据制成盘点报告并准备差异报告。

以下所附的盘点差异报告仅是抛砖引玉的过程，希望能给各个药品企业带来启示和参考。

盘点差异报告

1）本月盘库类型：☐抽盘　☐全盘
2）库存结果：　　☐本季盘库无差异　☐本季盘库差异情况如下

项目	位置	物料名称	物料号	批号	状态	实际数量	系统数量	差异数量
1	……							
2	……							

3）差异分析

项目	差异原因
1	……
2	……

报告人 / 日期：_____
批准人 / 日期：_____

要点备忘

- 检查是否有成品入库接收的书面操作规程，并按规定的操作规程执行和记录。
- 检查成品状态标识是否清晰、明确。
- 检查成品是否做到账、卡、物的一致。
- 检查成品库房的贮存条件是否满足成品贮存要求。
- 检查成品是否分类、分品种、分批号贮存。对于物理化学性质相互抵触的不同产品，是否分开贮存。对于不同批号的产品是否分开贮存。

● 检查相关文件记录是否清晰、明确并具备可追溯性。如成品入库单、成品出入库台账等文件记录。

● 若采用计算机化仓储管理系统，检查系统中产品的品名、规格、批号、数量、质量状态等在计算机化系统中是否清晰明确。尤其需注意的是：检查系统中产品的数量、质量状态能否与现场的实物、文件记录等保持一致性。

9.2 成品发运

药品发运应遵循及时、准确、安全、经济及可追溯的原则。

企业需使用符合药品质量管理规范要求的运输设备设施，如适应各类温湿度贮存条件要求的运输工具、防护设施，尤其对于冷藏药品，在药品运输过程中，应针对运送药品的包装条件及道路状况，采取相应措施，防止药品的破损和混淆。特殊管理药品和危险品的运输应按国家有关规定办理。企业需根据运输路途的距离，规定相应的运输方式、防护措施、运输时间。

随着现代医药科技的发展，在医药研发新技术的推动下，投放市场的生物药物和疫苗越来越多，生物制药的发展拉动了冷链物流的发展，冷链产品的运输在现代医药发展中变得尤为重要。

本章节将主要介绍成品的发货、运输的基本要求，运输确认等内容。

成品的发运应建立书面的操作规程，其基本流程可概括如下（图9-6）。

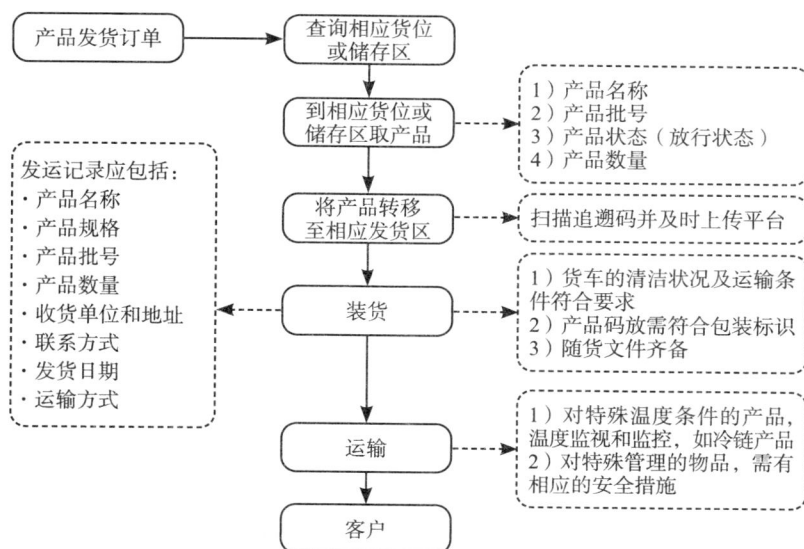

图9-6 成品发运基本流程

A. 成品发货

成品出库一般应遵循先进先出、近效期先出、按批号发货的原则，并及时进行详细记录，保证发出的药品能够按照批号进行准确的追踪，必要时可将售出药品及时、完整、准确地召回。在遵循出库原则时，考虑客户的需求，但需做到所发出药品的批号相对集中。

在满足以下条件的基础上，成品才能发货：

● 确保只有经质量管理部门放行的产品才能发放至外部客户或市场；

● 产品被适当贮存，在贮存期间产品质量没有受到过不良影响。如：温湿度和光照等；

● 确保已建立药品信息化追溯体系，对产品各级销售包装单元赋以唯一追溯码；

● 确保药品的追溯信息已上传至信息化系统平台，以实现药品生产、流通和使用各方追溯信息的互联互通；

● 过期药品或非常接近效期的药品不得发放。

仓库管理人员在接到产品发货订单时，首先需查询产品的存放货位信息，需对相应货位的成品信息认真核实，尤其需特别关注以下方面：

● 产品名称；

● 产品规格；

● 产品批号；

● 产品质量状态（放行状态）；

● 产品数量；

● 产品外包装完好无损；

●（尤其是对于原料药产品）符合与客户签订的质量协议和（或）采购质量标准。

同时出库复核需把握的要点为：

● 整件产品的复核，应注意检查包装的完好性；

● 拆零药品应逐品种、逐批号对照产品发货订单进行复核，复核无误后，方可合箱，同时需注意的是，GMP 中规定："药品发运的零头包装只限两个批号为一个合箱，合箱外应标明全部批号，并建立合箱记录"；

● 对发运的每件产品追溯码/每托盘产品追溯码（如适用）进行扫描，将发运信息及时与药品信息化追溯系统进行关联，若有需要，可实施有效召回。

当产品出库时，如发现以下问题时应及时停止发货，并将问题作为偏差反馈给质量部处理：

- 药品外包装内有异常响动和液体渗漏；

- 外包装出现破损、封口不牢、衬垫不实、封条严重损坏等现象；

- 包装标识模糊不清或脱落；

- 药品超出有效期。

产品出库时，仓库管理人员及复核人员应认真核对产品发货订单和发货实物的信息后，方可将成品运至发货区，准备装货。同时，需做好出库的相关记录。

对于特殊管理的药品，在出库时需建立双人复核的制度。

B. 装货

仓库管理人员在装货之前，需检查以下几个方面但不局限于：

- 产品运输的承运商符合相关法律、法规的要求，尤其运输特殊药品（如麻醉药品、精神药品、医疗用毒性药品、放射性药品、药品类易制毒化学品）时，仓库管理人员需检查承运商的相关资质证明文件，如运输证明；

- 货车内的贮存条件满足产品贮存的要求，尤其对于有特殊贮存要求的产品，需仔细核实货车的贮存条件，如温度、湿度；

- 成品运输车厢能防水、防潮；

- 成品运输车厢不能有渗漏现象；

- 成品运输车厢内应没有积水、大量尘埃、生锈物、油污等；

- 随货文件齐备，如产品检验报告单；

- 尽可能避免与有可能影响成品质量的其他货物一起发运。

对于冷链运输产品，装货的过程也需要考虑温度的控制和时长，或至少进行相应的评估，以避免对产品质量造成影响。

在装货时，需注意搬运药品时应轻拿轻放，严格按照外包装图示标志要求堆放并采取相应的防护措施。装运药品应标识清晰、包装牢固、数量准确、堆放整齐，不得将药品包装倒置、重压，堆放高度要适中。

待装货完毕，仓库管理人员和承运商双方在相关交货单上签字确认，同时仓库管理人员需完成相关记录，如成品发运记录。发放记录需包含足够的信息，使产品具备可追溯性，这种记录能确保当出现召回时，充分追溯某一批次的产品。

一般情况下，若产品运输商为第三方的承运商，企业需与承运商签订相关的协议合同，明确并确保分销链中的每个参与方的责任，确保可追溯性。若产品运输车辆为本企业所有，也应满足上述要求。

C. 成品运输

成品的运输过程中需确保以下几个方面：

● 标识完整，清晰可辨；

● 未受污染，未被其他产品或物料污染，以及免受外部因素导致的不利影响，如雨、雪等灾害性天气；

● 防止泄露、破损、盗窃；

● 没有不适当的温度、湿度、光照，或其他不利条件的影响，如虫害。

成品的运输应保证货物完整性和产品的贮存条件，若产品有特殊的运输或贮存条件，应在标签上标明。同时应确保合同承运商对产品进行适当的运输和贮存。

冷藏药品，尤其是疫苗等特殊制品，在运输过程中应采用控温设备或采取控温措施及必要的监控设备，保证运输温度可控制、可监控、可追溯。

应特别注意在运输中使用冷链干冰的情况，除有安全防范措施外，必须确保产品不与干冰直接接触，以防影响产品的质量，例如冻结。

（1）运输条件　药品的发放和运输应控制在指定的温度或湿度条件下，确保运输条件满足产品的需求。当运输温度高于或低于规定的温度时，应立即采取措施，确保产品的安全和运输。

如有特殊的贮存条件［如需要冷链、有特殊温度和（或）相对湿度的要求］，需考虑在运输过程中对运输条件进行监测和记录，所有监测记录应适当保存，以便于追溯。需注意的是特殊的运输条件需涵盖整个运输供应链，包括特殊的报警系统。

为更好的阐述运输条件，运输条件的分类示例如表 9-1 所示。

表 9-1　运输条件分类示例

运输分类	运输条件
冷冻贮存（在冻的条件下贮存和运输）	–25~–10℃
冷处 / 冷藏	2~10℃
控温	≤ 30℃
一般	≤ 40℃
其他特殊	根据产品的具体情况定义

对于栓剂、软胶囊一般需要在控温湿度条件下进行运输。

产品运输条件的分类需依据适当的稳定性数据。

若企业产品众多，需依据各个产品的不同性质，制定出合适的运输条件。通常运输条件的制定过程中，需明确以下几项：

- 产品名称；

- 贮藏条件 / 温度（如不超过 +25℃）；

- 运输标准（如 +2℃到 +30℃）；

- 可接受限度 [如平均动力温度（MKT）不应超过 25℃，短暂超过 40℃是允许的，但不能超过 24 小时]；

- 偏差评估（如最低温度 < +2℃，或 MKT > +25℃或最高温度 > +40℃但超过 24 小时）。

对可接受限度的确定，企业应经过评估。如通过试验数据，表明产品在某个温度范围暴露多久之后，质量不会受影响。

（2）运输工具　运输工具可直接影响产品的运输质量，企业在选择合适的运输工具时可从以下几个方面考虑。

- 运输工具的设计必须尽量减少错误的风险，并允许有效的清洁和（或）维修，对于正在发放的产品以避免污染，积聚的灰尘或污垢，任何不利于药品质量的影响均应排除。运输工具需适合其使用，确保其包装的完整性和稳定性，防止任何形式的污染。

- 运输工具、设备应保持干净和干燥，并确保定期的清洁。清洁和消毒剂的使用以不影响产品质量为前提，更不应成为污染源。

- 运输工具应有足够的空间。

- 运输工具、容器和设备应远离昆虫等，应有效的程序控制虫害。

- 同时，需注意的是，必须有有效的措施防止未经授权的人进入和（或）干扰运输车辆和（或）设备，以及防止盗窃或挪用。

- 可考虑增加 GPS 电子跟踪装置，确保产品在运输过程中的安全性。

- 对于药品，应尽可能地使用专用的设备和运输工具。当使用非专用的设备和运输工具，操作规程必须到位，以确保药品的产品质量不受影响。应确保可进行适当的清洁、检查和记录。

运输方法，应选择并评估将使用的车辆，并应考虑当地的条件，包括气候和季节变化。交付要求所控制的温湿度应符合其产品适用的贮存和运输条件。

运输路线的建立具备现实性和系统性，同时必须考虑当地的实际需要和条件。

（3）运输人员　对运输人员的资质要求应作为承运商和生产商之间合同协议的一部分。运输人员应有适当的培训，如如何遵循书面操作规程，如何维护正常的温度。这些培训需有记录。另外，受训人员应具有适当的知识，如温湿度对药品的影响，药品的贮存和运输条件以及药品如何在运输车辆中正确堆放。

D. 运输确认

通过如下方法或几个方法的结合来确保有温度限制的产品的运输过程是符合要求的：

方法 1：运输线路的确认（运输过程的确认）；

方法 2：运输工具的确认（设备确认）；

方法 3：对每次运输进行监控。

（1）运输线路的确认　运输线路的确认是为了说明在该线路规定的条件下，运输的条件可以满足要求，取决于确认研究的范围，确认内容通常需包含以下内容但不局限于：

- 研究的范围；
- 职责；
- 运输过程的起点和终点（如国家、省、市）；
- 运输的产品；
- 运输产品的贮存要求，如温度要求，湿度要求（如适用）；
- 震动影响（如适用）；
- 运输的时间；
- 运输方式：海运，陆运，航空等；
- 运输路线中中途停留点及时间、中途停留时贮存条件等。
- 所用的设备（如承运商，封闭的货车还是敞篷货车，是否有温湿度记录仪，温湿度记录仪的记录频次，运输箱的类型等）；
- 季节；
- 最高温度和最低温度，如果可能，最高温度和最低温度的持续时间；
- 平均动力学温度（MKT）（若适用）；
- 风险分析（如果需要）。

运输线路的确认需考虑到最远的距离以及当地最恶劣的天气条件（如冬季或夏季）。如果不能模拟该气候条件，那么要在实际的气候条件下进行运输。

在确认完成后，整个过程中没有发生温度等偏差，那么这条运输线路才被认可。是否需要对以后的每一次产品运输都进行温度的监控，企业可根据自身情况和产品性质等综合因素自行决定。

（2）运输工具的确认　运输工具的确认是为了说明用该运输工具在规定的条件

下运输，运输的温度可以满足要求。对于运输工具应有合适的监测设备，并对不同的位置进行监测，如在夏天和冬天在 24 小时内正常的一天或典型的一天，进行温度的监测。运输工具不同位置的温度，均应适于药品在运输过程的贮存。

确认方案中通常包含但不局限于以下内容：

- 研究范围，例如：运输包装的类型、测试持续的时间、空载和满载；
- 预期的线路、温湿度范围等；
- 温度监测仪的位置和类型；
- 温度监测仪的数量；
- 可接受的标准；
- 职责；
- 风险分析（如果需要）。

在确认完成后，整个过程中没有发生温度的偏差，或是偏差经评估不会影响产品质量，那么这种运输工具才被认可。是否需要对以后的每一次产品运输都进行温度的监控，企业可根据自身情况和产品性质等综合因素自行决定。

（3）对每次运输进行监控　用温湿度监测仪对每次运输的整个过程进行监控，如果监控结果都在温度范围内，那么可保证整个运输过程的温度没有超出限度。

合理指定温度记录仪的数量和位置，尤其需要注意的是：运输途中的监测设备如温度监测仪需经过校验，同时，相关人员需记录运输途中的监测结果，若企业采用自动记录的监测仪，需定期打印监测结果记录并进行审核和评估；若企业采用经确认的数据管理系统，相应的评估和数据贮存可在系统中进行。

应对温度记录仪定期进行校准或者检定。

（4）风险分析　如果指定的运输路线有较大可变性（如多种方式的运输，临时的贮藏等），质量部和物流管理的相关人员需一起进行风险评估，如果可能，在确认报告中阐明是否对每一次运输都进行温度的监控或者进行日常监控。

根据确认结果制定相应的监测和监控规程，并每年需考虑制定日常监控计划。在完成相应的运输确认之后，应当按照经确认的方式进行运输。

（5）其他　医药产品贮存运输过程中涉及的温控仓库、温控车辆、冷藏箱、保温箱及温度检测系统的确认与验证等活动应同时符合相关法规要求，如 GB/T 34399—2017《医药产品冷链物流温控设施设备验证性能确认技术规范》《药品经营质量管理规范》等的相关规定。

实例分析

【实例】9-6 ××企业成品发运单／记录

产品名称：	
产品规格：	
产品批号：	
产品数量：	
发货日期：	
收货单位／地址：	
联系方式：	
运输方式：□空运　□海运　□铁路运输　□公路运输	

运输条件：	
运输车辆号：（若适用）	
运输车辆是否符合要求？	□是　□否
运输条件是否符合要求？	□是　□否
产品码放是否符合产品外包装要求？	□是　□否
随货文件是否齐备？	□是　□否
检查人签名／日期：	复核人签名／日期：

【实例】9-7 ××企业成品运输车辆检查表

运输公司名称：
日期：

序号	检查项目	结果	备注
1	运输车外部是否印有该运输公司的标记？	□ Yes　□ No	
2	运输车是否符合要求？	□ Yes　□ No	
3	车厢内是否有积水，大量尘埃，生锈物和油污？	□ Yes　□ No	
4	车厢内的温湿度是否正常？	□ Yes　□ No	
5	车厢体是否有漏水现象？	□ Yes　□ No	
6	车厢内是否有强烈的刺激性气味？	□ Yes　□ No	

续表

| 7 | 车厢内是否有易燃易爆和毒性物品？ | □ Yes □ No | |

结论：□符合要求　□不符合要求
采取的运行：□安排装载货物
□（特殊情况下）车辆不符合要求但也安排装载货物
□拒绝装载货物
批准人（签名 / 日期）：

注：如有必要还应检查运输公司是否在合格服务商清单中，运输人员是否在承运商所提供运输人员清单中等内容。

【实例】9-8　××企业产品运输条件的确认

发货和运输过程的贮存条件需与生产商对产品的贮存条件一致。对于特殊的产品，如疫苗或其他特殊产品的运输，生产商可能要求特殊的运输和贮存条件，通常叫作"冷链运输"。如生产商会在整个运输过程和运输工具车上安装温度监控装置，以监控整个运输过程中的温度条件，以确保产品运输的贮存条件。以下是某企业进行的产品运输条件确认的方案，仅供参考。

主题：运输确认 – 核实公路和海运的运输条件

1.确认描述
- 本确认方案是建立日常的运输计划，依据 ××× 进行确认。
- 本确认的目的是定义责任、测试项目、可接受标准以及运输确认行为所需要的文件。
- 本确认方案将覆盖以下路线的运输：（运输工具和路线的明确非常的重要）
- 起始地：A。
- 目的地：B。
- 运输工具：货车运输和海运。

2.总结结果和评估

3.备注 / 追踪行动

4.时限

5.确认团队成员

名称	部门	职位 / 职责
××××	××××	××××

6. 任务和职责

序号	任务 / 行动	职责人
1	起草日常运输条件的确认计划	××××
2	回顾并批准日常运输条件的确认计划	××××
3	计划的确认行动的组织 发放运输过程数据记录表 发放运输过程中数据自动记录仪	××××
4	运输过程 数据自动记录仪的搁放 托盘的标识 在运输数据记录表上记录起程的时间和日期 运输数据记录表与运输文件	××××
5	接收地 恢复数据自动记录仪 在运输数据表格上记录货车到达的时间和日期 归还数据自动记录仪和运输数据表于适当位置	××××
6	若发生偏差，应评估	××××
7	发放运输确认报告	××××
8	回顾并批准运输确认报告	××××
9	追踪预防和整改行动，直至被实施	××××

7. 测试项目

项目号	测试项目	要求 / 接受标准	结果
1	从 A 地至 B 地的运输		
1.1	总体信息		
1.1.1	运输路线	文件	
1.1.2	运输方式（路运和海运）	货车运输和海运	
1.1.3	目标季节	夏季和冬季	
1.1.4	验证循环（每人）	2	
1.2	每个循环信息		

项目号	测试项目	要求 / 接受标准	结果
1.2.1	夏季研究 运输信息 销售订单号 运输日期 运输条件（温度范围） 运输设备（正常） 运输人员 温度数据自动记录仪：类型，ID 号 数据自动记录仪的安装 运输时间（天 / 小时）	 文件 文件 2~25℃ /36~77 ℉ 文件 文件 文件 见数据自动记录仪 文件	
	温度评估 运输过程中最小温度 $\geqslant T_{min}$ 运输过程中最高温度 $\leqslant T_{max}$ 运输过程中平均动力学温度 $\leqslant T_{max}$ 运输过程中平均动力学温度 $\geqslant T_{min}$ 执行过程中温度 所要求的行动	 文件 文件 $\leqslant 25$ $\geqslant 2$ 文件 必须定义并追踪	
1.2.2	冬季研究 运输信息 销售订单号 运输日期 运输条件（温度范围） 运输设备（正常） 运输人员 温度数据自动记录仪：类型，ID 号 数据自动记录仪的安装 运输时间（天 / 小时）	 文件 文件 2~25℃ /36~77 ℉ 文件 文件 文件 见数据自动记录仪 文件	
	温度评估 运输过程中最小温度 $\geqslant T_{min}$ 运输过程中最高温度 $\leqslant T_{max}$ 运输过程中平均动力学温度 $\leqslant T_{max}$ 运输过程中平均动力学温度 $\geqslant T_{min}$ 执行过程中温度 所要求的行动	 文件 文件 $\leqslant 25$ $\geqslant 2$ 文件 必须定义并追踪	

附件 1：运输数据表

第 1 部分：总的信息			
运输地址	×× 省 ×× 路（详细地址）	接收地址	×× 省 ×× 路（详细地址）
运输方式	□公路运输　□海上运输	设备	
	□空运	运输条件	2~25℃
订单号		运输物料	
运输人员		路线	
温度自动记录仪的型号 / 设备编号			

请确认温度记录仪搁置于如下显示的托盘或容器中：

温度记录仪的位置　　　样品

签名 / 日期	

第 2 部分：运输信息（出发时填写）			
当地时间		日期	
签名 / 日期			

第 3 部分：接收信息			
当地时间		日期	
□请确认温度数据记录仪依然在适当的位置			
签名 / 日期			

【实例】9-9 ××企业温度监控结果的评估表格

备注：以下实例仅供参考，企业可根据自身情况制定出适合本企业的规程。

季节：			产品名称：		
运输标准：					
起始运输地：			目的地：		
温度记录仪的系统号：			温度记录仪的数量：		
温度记录仪的位置：			读数间隔：		
读数开始的日期和时间：			读数结束的日期和时间：		
温度记录（℃）					
时间	时间	时间	时间	时间	时间
××	××	××	××	××	××
……	……	……	……	……	……
最高温度（℃）：					
最低温度（℃）：					
MKT（℃）：					
可接受标准的符合性：□符合　□不符合					
备注：					
执行人（签名/日期）：			复核人（签名/日期）：		

📋要点备忘

● 检查是否有书面程序规定，确保成品的发运按照先进先出的原则、近效期先出的原则执行。此书面程序是否有效执行。

● 检查成品的发货记录，是否清晰，内容是否包括产品名称、规格、批号、数量、收货单位和地址、联系方式、发货日期、运输方式等有效信息。是否具备可追溯性。

● 产品的运输条件是否有规定。产品是否按照规定的运输条件运输。

● 对承运商是否有适当的控制和监控，如协议、合同和审计等。

● 对于产品的运输路线，运输条件及运输工具是否经过评估和（或）确认。

● 运输工具内相应的温度监控仪等是否经过校验。

● 特殊运输条件需涵盖整个运输过程，包括特殊的报警系统。

10 退货

本章主要内容：

☞ 退货基本流程，包括退货申请、退货接收、退货贮存、退货调查和评估、退货的处理决定

法规要求 ···

药品生产质量管理规范（2010年修订）

第五十七条 仓储区应当有足够的空间，确保有序存放待验、合格、不合格、退货或召回的原辅料、包装材料、中间产品、待包装产品和成品等各类物料和产品。

第六十一条 如采用单独的隔离区域贮存待验物料，待验区应当有醒目的标识，且只限于经批准的人员出入。

不合格、退货或召回的物料或产品应当隔离存放。

如果采用其他方法替代物理隔离，则该方法应当具有同等的安全性。

第一百三十六条 企业应当建立药品退货的操作规程，并有相应的记录，内容至少应当包括：产品名称、批号、规格、数量、退货单位及地址、退货原因及日期、最终处理意见。

同一产品同一批号不同渠道的退货应当分别记录、存放和处理。

第一百三十七条 只有经检查、检验和调查，有证据证明退货质量未受影响，且经质量管理部门根据操作规程评价后，方可考虑将退货重新包装、重新发运销售。评价考虑的因素至少应当包括药品的性质、所需的贮存条件、药品的现状、历史，以及发运与退货之间的间隔时间等因素。不符合贮存和运输要求的退货，应当在质量管理部门监督下予以销毁。对退

货质量存有怀疑时，不得重新发运。

对退货进行回收处理的，回收后的产品应当符合预定的质量标准和第一百三十三条的要求。

退货处理的过程和结果应当有相应记录。

第一百八十三条 下述活动也应当有相应的操作规程，其过程和结果应当有记录：

（十一）退货。

第二百六十六条 应当按照操作规程，每年对所有生产的药品按品种进行产品质量回顾分析，以确认工艺稳定可靠，以及原辅料、成品现行质量标准的适用性，及时发现不良趋势，确定产品及工艺改进的方向。应当考虑以往回顾分析的历史数据，还应当对产品质量回顾分析的有效性进行自检。

当有合理的科学依据时，可按照产品的剂型分类进行质量回顾，如固体制剂、液体制剂和无菌制剂等。

回顾分析应当有报告。

企业至少应当对下列情形进行回顾分析：

（八）所有因质量原因造成的退货、投诉、召回及调查。

第二百九十四条 因质量原因退货和召回的产品，均应当按照规定监督销毁，有证据证明退货产品质量未受影响的除外。

背景介绍

企业在生产经营活动过程中，可能会产生退货行为，退货管理程序的制定和实施对企业而言是相当重要的，退货应严格管理，以避免在退货处理过程中可能产生的差错、混淆；同时为降低退货过程中带来的质量风险和假药风险提供必要的保障。

通过本章节的介绍，企业可明确退货管理的基本流程、内容以及应有的相关记录。本章节中所要求的表格和记录是根据 GMP 要求，在退货处理过程中通常会使用到或应有的记录，表格和记录的具体内容和格式可由企业根据需要自行制定，但是必须满足 GMP 的可追溯性目的。

对于退货定义的理解：GMP 中将退货定义为"将药品退还给企业的活动"。本章节讨论的退货包括：制剂成品、原料药成品以及最终包装销售的中间产品。GMP 中明确定义中间产品是指"完成部分加工步骤的产品，尚需进一步加工方可成为待包装产品"。

企业应根据 GMP 的相关规定和要求建立退货管理的书面操作规程，内容包括退货申请、接收、贮存、调查和评估、处理（返工、重新加工、重新包装、重新销售、销毁等），并有相关记录。

退货过程应特别关注的重点通常有以下几个方面：

- 所有的退货相关的操作和处理过程均应有记录；
- 退货应严格控制、单独隔离或具有同等的安全性的其他方法替代物理隔离，以避免混淆或误用；
- 退货必须处于受控状态；
- 每次退货必须有质量管理部门作出适当的评估和正式的处理决定；
- 同一产品同一批号不同渠道的退货应分别记录、存放和处理。

退货处理基本流程如图 10-1 所示。

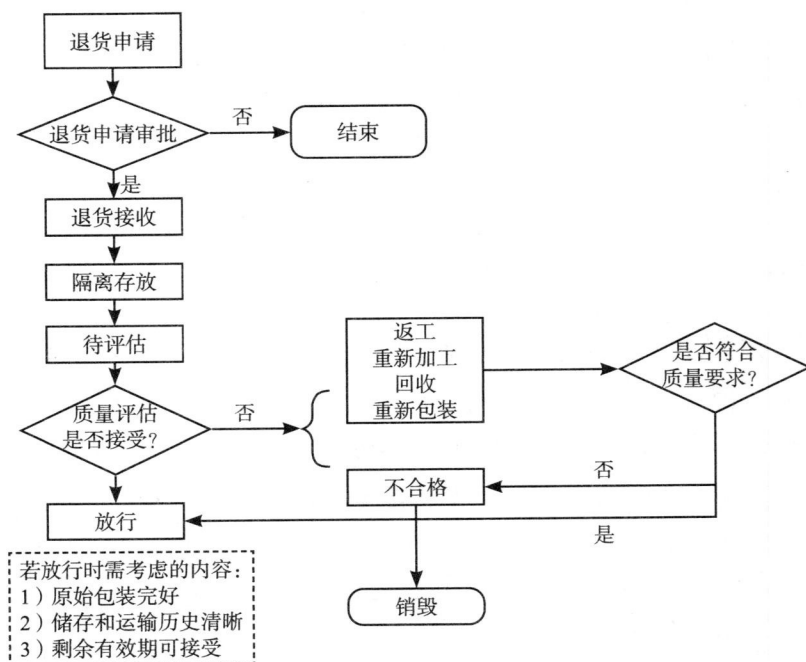

图 10-1 退货基本流程

10.1 退货申请

企业应根据建立的退货管理程序完成退货的申请、审核和批准。退货时应由要求退货的部门（物流部门或市场销售部门）首先填写退货申请单或具有同样功能的书面记录，使用计算机化系统管理的企业应在计算机内完成相应的操作，经本部门和（或）相关部门审核批准完成退货申请流程。通常介入的审核和批准的部门有物流相关部门、市场销售相关部门，企业可根据组织机构的具体设置自行确定。

退货申请必须由质量管理部门审核及提出处理意见，通常退货意见根据退货原因给予评判。退货申请单应至少包括但不仅限于：产品名称、批号、规格、生产日期、有效期、退货数量、退货原因、退货单位和地址、联系人/电话、部门审核和批准等内容。

退货申请批准后通常需要通知到相关的部门，如物流相关部门、质量管理部门，以便做好相应的退货准备工作。退货准备工作包括退货在流通领域的信息收集，特别是对运输和存储有特殊要求的退货，应确保退回的产品运输条件符合相关要求。

10.2 退货接收

企业应根据建立的退货管理程序对退货产品进行接收和检查，接收检查时应将退货实物与退货申请单及原销售、出库记录的相应内容进行核对，应对退货在流通领域的信息进行检查，检查的内容应该包括但不限于：产品名称、批号、规格、生产日期、有效期、退货数量、退货单位和地址、退货的包装完整性、退货产品的外观、退货的历史信息、退货的环境参数等。以便判断退货的真伪、外部损坏和污染的风险、退货的过程是否符合运输存储要求，对退货的评估提供必要的依据。对已拆箱的退货应详细检查至最小包装，以防止差错、混淆、假药。对退货实物信息与原销售信息不符或退货数量超过原销售数量的应拒绝接收。

退货的接收检查应有记录，常用的记录有退货台账、退货接收处理记录或其他相关记录，以便能够达到可追溯性和防止混淆与差错的目的；为便于企业对退货的统一管理、追溯和产品质量回顾分析，建议退货时给定退货的接收批号（退货的接收批号的给定见实例分析）。

退货接收处理记录包括但不仅限于：产品名称、批号和（或）退货接收批号、规格、生产日期、有效期、退货数量、退货原因、退货单位和地址、退货日期、退货物流信息（如运输方式、持续时间等）、仓库接收人和（或）检查人、相关部门调查、质量管理部门评估、处理意见。如产品有特殊存储和运输要求时，还需包括退货全程的环境参数（如温度、湿度、光照情况等）。退货接收处理记录用于退货接收检查、调查及处理过程的书面记录。

退货检查时发现产品存在严重缺陷，例如最小包装破损、产品污染、标识不清晰、明显质量性质变化、难以辨别真伪等，不予退货；对于不予退货确实无法执行的情况，可直接按不合格品进行处理。

退货台账包括但不仅限于：产品名称、批号和（或）退货接收批号、规格、退货数量、退货原因、退货单位和地址、退货日期。退货台账主要记录退货的总体情况，同时便于给定退货接收批号、进行退货的系统管理。

此外，为了更安全的控制退货，防止差错和混淆，退货应有明确的退货标识，如在每个单位的托盘、货位上或每个独立外包装上逐个粘贴退货物料标签。退货产品的药品追溯码也应做相应处理。

需要指出的是：退货应特别关注可能掺入假药的风险，如果一旦发现，企业应特别注意并采取相关的安全措施进行控制和处理。

10.3 退货贮存

退货接收后应立即单独隔离存放在符合贮存条件的退货区域，并标识为受控状态，直至产品经质量管理部门评估、确定处理意见后进行处理。退货检查判定为不合格的，可以直接放入不合格品区。

退货的贮存同常规的物料和产品一样进行管理，应有货位卡、台账。

采用计算机化仓储管理的退货贮存：退货的贮存应规定明确货位号、质量状态。

退货区域空间应考虑确保有足够的空间，如果退货涉及的批次多、数量大而导致退货区域空间不足而需使用其他贮存区域时，企业必须采取有效的措施确保单独隔离控制。

10.4 退货调查和评估

退货的原因通常分为质量问题导致的退货和商业原因导致的退货。

对于质量问题导致的退货除遵循退货流程外，还应按投诉管理流程进行相关的调查和处理，调查结果做出对本批退货或其余批次药品如何处理以及需要采取的纠正和预防措施。

对于商业原因导致的退货，若产品近效期或已超过有效期，在完成接收检查后，一般经质量管理部门评估后，并由质量管理负责人批准后做不合格处理。

无论商业原因还是质量问题原因导致的退货，如果考虑退货的重新放行、销售，应结合退货的接收检查、取样、检验情况进行综合调查和评估，评估的因素至少应包括药品的性质、药品的贮存条件、药品的现状、药品的历史信息、药品的完整流通路线、药品最终质量状况（如退货检验结果、稳定性数据等），以及发运与退货之间的间隔时间等因素。

由于产品在流通领域可能存在诸多环节，为了能够保证对退货产品进行充分的调查，企业应当追溯退货在流通领域的全过程，充分考虑退回产品的属性和特性，以便于对退货的处理进行评估和指导。

流通领域调查的信息一般包括但不限于：产品从发出到退回时的全部历史相关信息（如药品追溯码追踪信息、物流信息、各阶段持续时间、运输方式及温度等）、退货时的包装形式、退货在终端存储期间和退货全程的环境参数（如温度、湿度、光照）等。

需要指出的是：相关部门在进行调查以及质量管理部门在进行检验、评估时应特别关注无原始包装的退货或原始包装已开封的退货，以及可疑的退货，对于此类退货通常需采取合适的加严措施进行控制，例如：退货的每个包装取样、增加单个包装的取样密度、单个包装 NIR 鉴别。

10.5 退货的处理决定

退货处理决定的原则：不符合贮存和运输要求的退货，包括无法确认和追溯药品的贮存条件、药品历史等信息等原因的退货，均应做不合格品处理并在质量管理部门监督下予以销毁。

企业的质量管理部门应经过科学的调查和风险评估后，决定退货的处理方式。对退货的风险评估应基于上述退货在流通领域的相关信息、企业对产品稳定性的研究以及必要的检验结果来综合评估退货的质量情况。风险评估考量点及调查处理结果应根据风险程度制定，建议如下：

- 对于无法确认和追溯产品全部历史相关信息、内包装破坏等的退货应在质量管理部门监督下予以销毁；
- 对于原始大箱处于良好状态、全部历史信息清晰、退货剩余有效期可接受，且经质量管理部门按照操作规程评估后，方可考虑将退货重新包装、重新放行发运销售。

● 对于产品包装处于良好状态、流通和贮存环节的温度记录全面，但不清楚贮存运输过程有没有其他负面因素时，应通过取样检验并结合产品的历史稳定性考察数据等进行综合评估，符合要求后方可考虑将退货重新包装、重新放行发运销售。

重新包装应根据预定的、经批准的操作规程进行，重新包装应有相应的方案和记录，同时，重新包装还应注意药品追溯码的注销和重新关联。

10.5.1 质量问题导致的退货处理

A. 制剂产品的退货处理

制剂产品的退货不得进行重新加工。不合格的制剂中间产品、待包装产品和成品一般不得进行返工。

制剂产品的返工仅限于重新包装，只有不影响产品质量、符合相应质量标准，且根据预定、经批准的操作规程以及对相关风险充分评估后，才允许返工处理，返工应有相应记录。例如：经调查、评估后确定仅需更换制剂产品的次级包装（如小盒等），企业可以返工。

B. 原料药产品的退货处理

经质量管理部门按企业制定的退货管理程序严格评价后可以进行重新加工、返工、用于其他目的（企业应充分评估其使用目的、使用范围和使用方式）。

10.5.2 商业原因导致的退货处理

由于商业原因导致的退货，例如因商业需要调整销售区域范围和销售量而导致的退货，经适当的调查、评估后可以重新销售（如必要，需更换外包装）。需特别指出的是：不论是制剂产品还是原料药产品的退货，对于已开箱和非原始包装的退货，经质量管理部门调查评估后没有充分的文件、记录证明或无法调查清楚，企业应作销毁处理。如果经质量管理部门调查评估后有充分的文件、记录证明退货的质量未受影响，企业可以考虑重新包装或重新销售。

由于退货的特殊性，返工、重新加工、重新销售等放行的退货，其流向均应明确记录。

实例分析

【实例】10-1 退货的接收批号

做法 1：有些企业对退货的接收批号（退货处理相关记录中的批号）定义为"原始批号 +R01"的形式，R 为"Return"的缩写，代表退货，"01"代表同一批产品的首次退货，用流水号表示。"10149–R09"即表示批号为 10149 的产品的第 9 次退货。这种接收批号的给定方式存在以下优缺点：

- 接收批号与原始批号直接关联，能够直观看出原始批号；
- 产品质量回顾时能够清晰、快速获得一段时期内退货受影响的批号情况（例如，一年内一共有哪些批号的产品发生了退货行为）；
- 产品质量回顾时能够清晰、快速获得某批号的退货次数，从而可以获知该批产品一段时期内有多少次退货（例如，一年内批号为 10149 产品一共发生 9 次退货行为）；
- 这种给定方式，必须查找并根据某一批号前一次退货时的接收批号，才能确定该批号本次退货时的接收批号。对于采用计算机化系统控制的仓储管理系统，则查找、记录较为方便。

做法 2：有些企业采用的接收批号与原批号没有直接的关联，将退货的接收批号定义为"R0001"形式，R 为"Return"的缩写，代表退货，"0001"代表首次退货，用流水号表示。这种定义方式需在相应的货位卡及台账上追溯到产品的原始批号。这种接收批号的给定方式存在以下优缺点：

- 采用流水号的方式记录总退货次数，不必查找该批产品的前一次退货时的接收批，对于手工台账记录较为方便；
- 产品质量回顾时能够清晰、快速获得一段时期内获得企业总体的退货情况；
- 这种给定方式，接收批号与原批号没有直接关联，需查看台账或记录查找到原始批号。

总而言之，退货的接收批号的定义不论采用何种方式，基本原则是退货的接收批号应具备可追溯性和区别性，目的在于防止退货的产品与常规生产的产品混淆。

注：本实例仅供参考。

[实例] 10-2 ××药品生产企业的退货台账（两种退货的接收批号记录方式）

本实例仅供参考。对于退货的流向应有相应记录，由于药品制剂企业和原料药生产企业退货处理方式不同，下表只罗列了通用的项目。药品制剂生产企业设计可将退货的出库信息（出库量、出库人、发货量、发货人等）增加在此表中。原料药生产企业由于通常可能涉及返工和返工重新加工的情况较多，需按返工和重新加工的管理程序执行。

序号	退货接收批号	产品批号	品名／规格	数量	退货单位	地址	退货日期	接收人	退货处理意见	备注
					产品退货台账					
1	R0001	10147	A/500mg	200 盒	B1 公司	……	2022.01.01	×××	销毁	
2	R0002	10296	A/500mg	1000 盒	B2 公司	……	2022.02.01	×××	合格（重新销售）	
3	R0003	10383	A/500mg	3000 盒	B3 公司	……	2022.03.01	×××	重新包装	
										1/1

文件编号：×××××
版本号：××

序号	退货接收批号	产品批号	品名／规格	数量	退货单位	地址	退货日期	接收人	退货处理意见	备注
					产品退货台账					
1	10147-R01	10147	A/500mg	200 盒	B1 公司	……	2022.01.01	×××	销毁	
2	10296-R02	10296	A/500mg	1000 盒	B2 公司	……	2022.02.01	×××	合格（重新销售）	
3	10383-R03	10383	A/500mg	3000 盒	B3 公司	……	2022.03.01	×××	重新包装	
										1/1

文件编号：×××××
版本号：××

【实例】10-3 ××药品制剂生产企业的退货接收处理单

	文件编号：×××–×××× 版本号：××
退货接收处理单	

①一般信息（仓库填写）

产品名称		物料编号	
产品批号		退货接收批号	
生产日期		有效期至	
包装规格		发货日期	
退货数量		退货接收人	
退货原因			

仓库人员仔细检查退货并详细记录检查情况：

仓库主管签名/日期：

②退货的调查和评估：
详述：（如有需要，另附文件）

调查人（签名/日期）：　　　　　　　　QA评估人（签名/日期）：

③QA退货的处理决定：
□不合格
□返工
□重新加工
□合格
备注：

QA经理签名/日期：

本实例仅供参考。

📋 要点备忘

● 检查是否有退货管理的书面操作规程，并按规定的操作规程执行和记录。

● 检查退货是否单独隔离；若采用计算机化仓储管理等其他方法替代物理隔离，退货的品名、批号、数量、货位、质量状态等在计算机化系统中是否明晰。

● 检查每个批号退货是否适当标识，质量状态明确；特别是退货接收后是否及时处于隔离状态。

● 同一产品同一批号不同渠道的退货是否分别记录、存放和处理。

● 对于经评估决定进行返工、重新加工、回收、重新包装、重新销售的退货应重点检查，包括接收、贮存、检验、评估、重新销售、返工、重新加工过程的相关记录。

11 不合格品的管理

本章主要内容：

☞ 不合格物料、不合格产品的来源、处理流程

☞ 不合格物料、不合格产品的销毁程序

对于本章所讨论的不合格品，是指根据程序规定或经过质量管理部门最终评估后，不再考虑进行返工和重新加工处理的物料或产品。原料药及其中间产品的处理详见本丛书《原料药》分册。

法规要求

药品生产质量管理规范（2010 年修订）

第六十一条 不合格、退货或召回的物料或产品应当隔离存放。

如果采用其他方法替代物理隔离，则该方法应当具有同等的安全性。

第一百二十三条 印刷包装材料的版本变更时，应当采取措施，确保产品所用印刷包装材料的版本正确无误。宜收回作废的旧版印刷模版并予以销毁。

第一百二十七条 过期或废弃的印刷包装材料应当予以销毁并记录。

第一百三十一条 不合格的物料、中间产品、待包装产品和成品的每个包装容器上均应当有清晰醒目的标志，并在隔离区内妥善保存。

第一百三十二条 不合格的物料、中间产品、待包装产品和成品的处理应当经质量管理负责人批准，并有记录。

背景介绍

不合格品管理的目的是对不合格品做出及时的处置，如隔离存放、退回供应商、销毁等，以防止不合格品的非预期使用。

企业应建立不合格品管理程序，详细规定各部门在不合格品管理中的职责，以及不合格品的存放、标识、销毁等流程。

实施指导

11.1 不合格品的管理

表 11-1 为不合格的可能来源。

表 11-1　不合格的可能来源

不合格物料	不合格产品
1）物料收货时	1）生产过程中
2）取样、检验过程中	2）检验过程中
3）储存过程中	3）储存过程中
4）物料转移过程中	4）产品转移过程中
5）使用过程中	5）退货
6）超过有效期的原辅料	6）超过有效期的产品
7）旧版包装材料	7）其他
8）其他	

11.1.1 不合格物料的来源

不合格物料的来源通常有以下几种情形：

● 物料收货时，发现物料不是从质量管理部门批准确认的合格供应商处采购、运输过程中出现异常、物料标识不清等；

● 取样、检验过程中，发现物料的异常（如毛发、金属丝等异物）、取样过程物料被污染、物料在检验过程中的异常（如出现检验项目不符合质量标准，且经过 OOS 调查排除了实验室原因）等；

● 贮存过程中，受潮、破损、异物污染等；

- 物料转移过程中，物料碰撞导致内包装破损、洒落，物料标识脱落导致无法识别等；

- 使用过程中，因物料使用或操作不当而导致物料交叉污染或混淆、发现异物或性状明显发生异常等；

- 超过有效期或贮存期的物料；

- 旧版包装材料；

- 其他原因对物料产生影响，经评估判定为不合格的物料。

11.1.2 不合格产品的来源

A. 生产过程中

生产过程中产生的异常情况是可能导致产品不合格的主要原因之一，生产过程中产生异常通常有以下几种情形：

- 生产工艺中产生不合格品：如试车品、工艺剔除品等；

- 由于设备清洁或清洁程序的不到位，导致产品污染或交叉污染，从而引起产品质量不合格，例如：产品微生物限度超出标准、清洁剂的残留等情况；

- 在产品生产期间，公用系统的监测过程中出现异常，例如：纯化水、注射用水系统在日常监测过程中出现异常，导致产品质量不合格（如纯化水系统的微生物检测超出限度）；

- 没有严格地按照注册工艺或规定的工艺程序生产产品，导致产品不合格；

- 由于设备故障导致生产中断，从而导致产品报废。

B. 检验过程中

若中间体或产品在最后的检验过程中，出现检验项目不合格，即超出质量标准，且经 OOS 调查已排除实验室原因，是产生不合格中间体或产品非常常见的原因之一。

C. 贮存过程中的异常

同不合格物料的来源。

D. 产品转移过程中的异常

同不合格物料的来源。

E. 退货或召回的产品

● 退货可能导致不合格品的产生，具体退货的流程及详细内容详见本指南的"10 退货"。

● 市场上的产品被召回而导致不合格品的产生。

F. 超过有效期的产品

药品有效期是指该药品被批准的使用期限，表示该药品在规定的贮存条件下能够保证质量的期限。它是控制药品质量的指标之一。因此超过有效期的产品就意味着产品质量已无法达到既定要求，对于制药企业来说，超过有效期的产品是最有可能产生不合格产品的因素之一。

11.1.3 不合格物料、产品的处理流程

无论是不合格物料还是不合格产品，其处理的流程通常如图 11-1 所示。

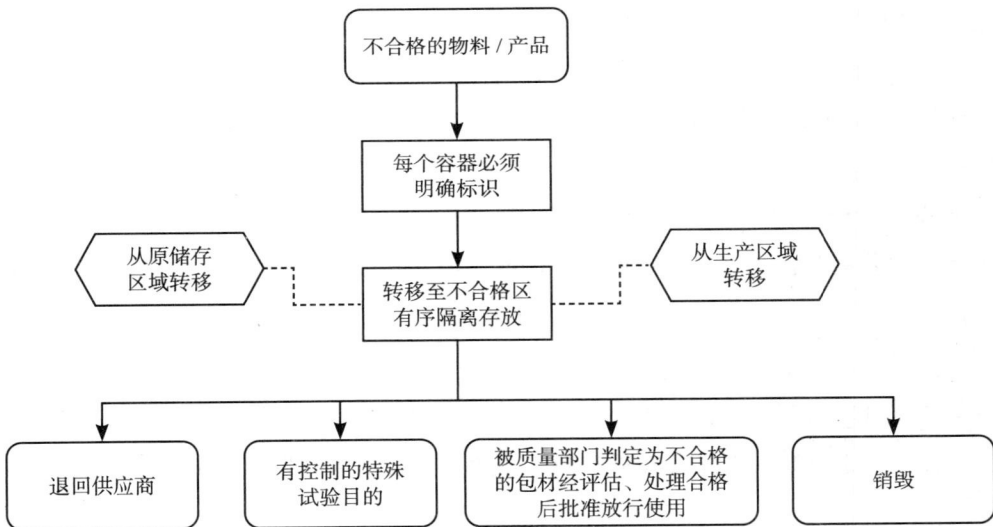

图 11-1 不合格物料、产品的处理流程

以上列举的仅是可能出现不合格物料或产品的几种情形，在实际生产中也可能有其他途径产生不合格品，其管理原则同上。

针对不合格品的处理，企业通常应遵循以下原则。

● 凡不合格物料不得投入生产，不合格中间产品、待包装产品不得流入下一工序，不合格成品不得出厂。

- 对于检验完成前投入使用的物料、中间产品、待包装产品等，经全检不合格的，后续所有工序产品均应判为不合格产品。
- 任何情况下出现的不合格品均应按企业内部制定的偏差、投诉或其他既定程序组织调查或处理。

当原辅料或包装材料出现异常时，企业可通过质量体系中"偏差"处理程序进行处理和评估；也可通过"投诉"程序，进行相应情况的处理和评估，但无论采取何种程序处理原辅料的异常情况，必须确保异常情况的处理程序具备根本原因的调查、合理的风险评估，以及纠正和预防措施的制定，确保每个处理程序具备合理性和可追溯性。且必须明确的一点："不合格"判定必须经质量管理部门授权人员决定。

当中间产品、待包装产品、成品出现异常后，企业一般通过"偏差""OOS""退货"处理程序进行相应的处理和评估。

对于不合格物料、不合格产品通常会通过以下的处理步骤进行：不合格品的标识→隔离存放→处置。

A. 不合格品的标识

待质量管理部门做出"不合格"决定后，经核实品名、规格、批号、数量、指定容器或包装单元正确无误后，方可在每个包装单元或容器上粘贴"不合格"标签。每个包装单元必须明确标识"不合格"，并由原贮存区域转移至不合格区域，或由生产区域转移至仓储区不合格区域。

"不合格"标签的印制、发放和物料平衡建议有文件记录。

B. 不合格品的存放

仓储相关人员及时填写不合格品相应的记录，内容可包括以下：品名、规格、批号、数量、来源、不合格项目及原因等。企业如采用计算机化系统用于不合格品的管理，应确保计算机化系统的设计能够符合预定用途，确认该方法具有和物理隔离同等的安全性，确保系统中的不合格品与实际相符、质量状态明确，确保一致性和可追溯性，从而避免物料或产品的混淆。通常情况下，库房收到不合格品后，将不合格品做好标识并单独隔离存放，由质量人员或其授权的人员在管理系统内将质量状态转为不合格，由系统限制其被领用。

不合格品的存放必须有明确标识的隔离区域，且人员进出需受控、不合格物料的出库应严格遵循相应的流程规范操作。一般企业均设有固定专用的不合格品区域，但在某些特殊情况下（如大量的近效期退货或包装材料改版等），企业可能会需要较大的不合格品区域，在这种情况下，企业可根据不合格品的数量，结合本企业库房的状况划分出不合格区域做有效隔离。

如果不合格品是麻醉药品、精神药品、医疗用毒性药品、放射性药品、药品类易制毒化学品，及含有这些物质的产品，企业应当依据国家及地方颁布的相关法规要求，对有毒有害的不合格品进行存储。

C. 不合格品的处置

企业应当对不合格品的来源进行调查。企业可以根据不合格品的来源选择合适的调查工具（如偏差、投诉等），参照企业内部制定的调查工具流程进行。调查的范围应涵盖不合格品产生的原因及可能受到的影响。企业应针对调查出的情况进行风险评估，依据评估结果确定是否需要制定相应的纠正和预防措施，以及对不合格品的处理。

企业内任何不合格物料、不合格产品的处理应经质量管理负责人的批准，一般还需得到以下部门的批准同意，方可进行不合格品的处理：

- 物流或采购部门；
- 质量管理部门；
- EHS（若适用）；
- 生产部门（若适用）；
- 或其余负责销毁的相关部门。

当相应的不合格物料、不合格产品需进行销毁，如焚烧时，需得到 EHS 部门的批准，由 EHS 对焚烧的方式等进行安全风险的评估。当不合格物料用于有控制的试验目的时，需经相关部门的批准同意，如质量管理部门、生产部门等，在使用过程应严格控制并监督。

产生不合格物料、不合格产品的原因众多，因此处理方式也存在着差别。

对于由供应商／生产商原因引起的不合格物料（包括原辅料、包装材料、耗材），在质量管理部门做出不合格的判定和拒收处理后，一般通过投诉流程，投诉相应的供应商或生产商，要求生产商／供应商进行根本原因的调查，并采取适当的纠正和预防措施避免物料不合格情况的再次发生。本企业也需根据实际情况采取适当的措施，如增加可选择供应商，加强供应商监控或细化物料采购标准等方式。

对于由本企业自身原因引起的不合格品（包括物料和产品），应根据实际情况决定是否启动偏差调查，找出不合格的根本原因，并制定相应的措施防止不合格情况的再次发生。不合格品的处置方式，依据偏差的根本原因调查及风险评估而确定。

对于制药企业，任何的不合格品处置都需谨慎对待。

以下内容将分别阐述：不合格原辅料、包装材料、产品的处置方式。

（1）不合格原辅料的处理方式　企业对于不合格原辅料通常会有以下的处理方式：

● 退货或拒收；

● 进行有控制的特殊使用，如工艺初期摸索实验、设备性能确认等；

● 销毁。特殊管理的药品（麻醉药品、精神药品、医疗用毒性药品等）的销毁遵从其法规规定。

（2）不合格包装材料的处理方式　企业对于不合格包装材料的处理方式通常如下。

● 评估、处理合格后批准放行使用：企业可根据经质量管理负责人批准的操作程序（或方案）以及对相关风险充分评估，重新加工处理。处理完成的包装材料应当符合预定的质量标准，并经质量管理负责人批准放行使用。重新加工应当有相应记录。如小盒外观缺陷，经质量部门评估后，判定整批挑选，挑选后的包装材料重新检验符合规定后可放行使用。

● 销毁：不合格的标签、说明书、包装盒等印刷包装材料不得退回印刷企业处理，应及时按规定销毁。

（3）不合格产品的处理方式

● 有些情况下企业为最大程度的物尽其用，对不合格中间产品和待包装产品进行有控制的特殊试验，如用于测试新设备，但必须严格限制使用范围，并在每个独立外包装上进行明确标识，防止误用混用。

● 销毁。特殊管理的药品（麻醉药品、精神药品、医疗用毒性药品等）的销毁遵从其法规规定。

11.2 不合格品的销毁程序

不合格品的销毁程序（图 11-2）通常可参照如下程序进行。

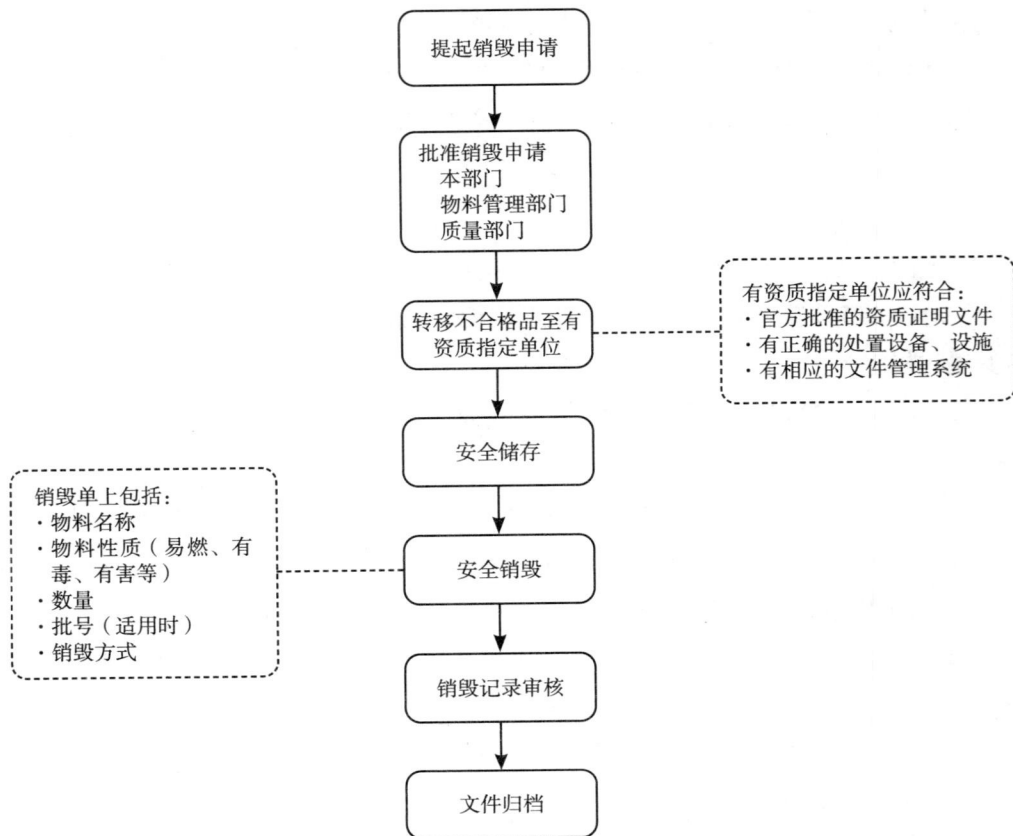

图 11-2　不合格品的销毁程序

对于任何需销毁的不合格品，首先需提起销毁申请，销毁申请通常可由以下部门批准：物料管理部门、质量管理部门、EHS 或其他相关部门。

对于不合格品的处理，企业一般会选择有资质的销毁公司进行专业的销毁。而不合格品的销毁公司需是有相应资质，并有责任向企业出示官方许可证明和企业资质证明，通常需符合如下要求：

● 有适当的管理体系（如通过国际标准 ISO 19001 或 ISO 14001 或相当的国家标准）；

● 能快速反应、联系方便、信息透明等；

● 没有违反国家法规方面的行为和历史记录；

● 企业有相应的文件管理系统记录不合格品的类型、数量、来源和最终位置；

● 员工有能力处理需销毁的物料，即人员具备一定的资质；

● 具备相关设施和许可证书、确保不合格品得到正确运输、存储和销毁，并满足环保要求；

● 如果使用运输服务公司，应有合适的交通工具（如合适的机动车）。

同时，为规范销毁公司的操作，通常企业与管理服务的提供方需签订相应的协议或合同，而协议／合同的签订通常包括以下规则但不局限于：

● 服务提供方有义务按照法规要求处置／运输不合格品；

● 服务提供方担保在合同期间内，其资质和许可证均有效；

● 双方需规定并定义不合格品、废品转移流程，转移过程应有适当记录，如种类、数量和转移日期；

● 若发生运输事故时，服务提供方有义务告知企业；

● 约定在哪些情况下企业可以立即终止合同；

● 在合同服务方面，双方违约方面的一些补偿约定。

不合格品销毁时，需确保安全、有效的销毁，企业一般会采取现场监督的方式，对不合格品的销毁过程进行监督和管理，也有企业可通过要求专业销毁公司提供销毁全过程的视频和（或）相应记录的方式，以达到监督销毁的目的。不管企业采取何种方式，企业有责任对本企业产生的不合格品进行处理并监督销毁。

企业需有合适的人员对相关的销毁记录进行审核（如 EHS 专员），在审核过程中，需重点核实并关注以下几个方面但不局限于：

● 销毁的物料名称；

● 销毁的物料性质（易燃、有毒、有害）；

● 数量；

● 销毁的方式（需注意：销毁方式是否与被销毁的废物性质相适应）；

● 批号（适用时）。

若企业对部分废料采取自行销毁的方式，负责销毁的人员也需要进行相应的销毁记录。

无论企业选择第三方销毁公司还是选择自行销毁的方式，必须确保销毁记录的真实、正确、可靠。

销毁记录应根据相关的法律法规或企业自身的相关规定，安全保存一定的年限，以备追溯和查询。

实例分析

【实例】11-1 ×× 企业缺陷不合格品的申请表

编号：_____

不合格品名称		规　格	
物料编码		批　号	
包装规格		数　量	
来源部门		报告单号	
不合格项目及结果			
其他信息			

申请人：　　　　　　　　　　　　　日期：

处理方式及建议：

□退货；　　　　□销毁；　　　　□其他：_____

使用部门负责人：　　　　　　　　　日期：

相关部门负责人：　　　　　　　　　日期：

部门审核：

仓储负责人：　　　　　　　　　　　日期：

QA 审核：

QA 负责人：　　　　　　　　　　　日期：

批准：

生产管理负责人：　　　　　　　　　日期：

批准：

质量管理负责人：　　　　　　　　　日期：

📋**要点备忘**

● 检查是否有不合格品处理的书面操作规程。是否依据规定的操作规程执行并记录。

● 检查不合格品贮存的相关区域是否有明确标识。人员出入的控制措施是否合适。

● 检查不合格品是否做到账、卡、物的统一。

● 检查是否有不合格品销毁的书面操作规程。是否依据书面操作规程执行并记录。

● 检查不合格品的销毁记录，是否具备追溯性和可靠性。

● 检查委托处理不合格品的公司是否具备许可证书和相应的资质。

12 委托储存

本章主要内容：
☞ 潜在合同方库房的筛选
☞ 合同方库房的现场审计
☞ 双方协议的签署
☞ 合同方库房的再评价
☞ 合同方库房的日常监督

　　《药品生产质量管理规范（2010 年修订）》中明确规定了委托生产和委托检验的要求，未明确规定委托储存的管理要求，以下委托生产与委托检验的要求在一定程度上可供参考。

法规要求 ···

药品生产质量管理规范（2010 年修订）

第十一章　委托生产与委托检验

　　第二百七十八条　为确保委托生产产品的质量和委托检验的准确性和可靠性，委托方和受托方必须签订书面合同，明确规定各方责任、委托生产或委托检验的内容及相关的技术事项。

　　第二百七十九条　委托生产或委托检验的所有活动，包括在技术或其他方面拟采取的任何变更，均应当符合药品生产许可和注册的有关要求。

　　第二百八十条　委托方应当对受托方进行评估，对受托方的条件、技术水平、质量管理情况进行现场考核，确认其具有完成受托工作的能力，并能保证符合本规范的要求。

第二百八十一条 委托方应当向受托方提供所有必要的资料，以使受托方能够按照药品注册和其他法定要求正确实施所委托的操作。

委托方应当使受托方充分了解与产品或操作相关的各种问题，包括产品或操作对受托方的环境、厂房、设备、人员及其他物料或产品可能造成的危害。

第二百八十二条 委托方应当对受托生产或检验的全过程进行监督。

第二百八十三条 委托方应当确保物料和产品符合相应的质量标准。

第二百八十四条 受托方必须具备足够的厂房、设备、知识和经验以及人员，满足委托方所委托的生产或检验工作的要求。

第二百八十五条 受托方应当确保所收到委托方提供的物料、中间产品和待包装产品适用于预定用途。

第二百八十六条 受托方不得从事对委托生产或检验的产品质量有不利影响的活动。

第二百八十七条 委托方与受托方之间签订的合同应当详细规定各自的产品生产和控制职责，其中的技术性条款应当由具有制药技术、检验专业知识和熟悉本规范的主管人员拟订。委托生产及检验的各项工作必须符合药品生产许可和药品注册的有关要求并经双方同意。

第二百八十八条 合同应当详细规定质量受权人批准放行每批药品的程序，确保每批产品都已按照药品注册的要求完成生产和检验。

第二百八十九条 合同应当规定何方负责物料的采购、检验、放行、生产和质量控制（包括中间控制），还应当规定何方负责取样和检验。

在委托检验的情况下，合同应当规定受托方是否在委托方的厂房内取样。

第二百九十条 合同应当规定由受托方保存的生产、检验和发运记录及样品，委托方应当能够随时调阅或检查；出现投诉、怀疑产品有质量缺陷或召回时，委托方应当能够方便地查阅所有与评价产品质量相关的记录。

第二百九十一条 合同应当明确规定委托方可以对受托方进行检查或现场质量审计。

第二百九十二条 委托检验合同应当明确受托方有义务接受药品监督管理部门检查。

背景介绍

随着社会的发展，资源共享、成本控制已成为各行各业的发展趋势。《中华人民共和国药品管理法》及 MAH 制度的实施为药品行业灵活配置资源提供了法律法规保障。合同方库房因具备专业的装卸、拣选、包装设备，现代化的信息管理系统和高效的作业流程，能够最大程度的实现资源共享、降低物流成本，减少企业在库房、机械设备、人力、运力等方面的再投资，提高企业的核心竞争力，因此委托储存在药品行业将会越来越普遍。

本章描述的委托储存为：将物料及产品直接委托受托方进行管理的情形。对于通过"租赁"仓库，进行自我管理的情况，可部分参考本章内容。

本章的目的即从委托方出发，以 GMP 为依据，详细描述如何筛选潜在的合同方库房，如何对合同方库房进行有效的监督和评估，以确保物料及产品受控，保证药品质量不因委托储存而有所降低。

受托方的仓储管理，可参照本指南 1~11 章相关内容。

委托储存过程中涉及 GSP 的，可参照 GSP 相关法规要求。

实施指导

因规模和其他因素的考虑，MAH 或药品生产企业按照法规要求经药品监督管理部门备案或批准后，可以委托合同方贮存物料及产品，但委托方应依据法律法规要求对合同方进行管理，确保物料及产品在接收、贮存、发运过程中符合法律法规要求，确保产品质量不因委托储存而降低。如果委托方为 MAH 受托生产企业，委托储存物料及产品前应得到 MAH 的批准，并在与 MAH 的质量协议中明确说明委托内容、双方职责。

合同方库房的管理类似于供应商的管理流程，包括：合同方信息的收集、初步筛选、现场审计、协议签署、再评价等多个环节。但由于合同方库房特有的性质，其双方的责任和义务与供应商管理不尽相同，因此本章详细描述了建议的步骤及工作并给出了相关实例。图 12-1 列出了基本的管理流程，根据委托及受托双方组织架构及委托内容的不同，其具体流程和步骤可适当调整。

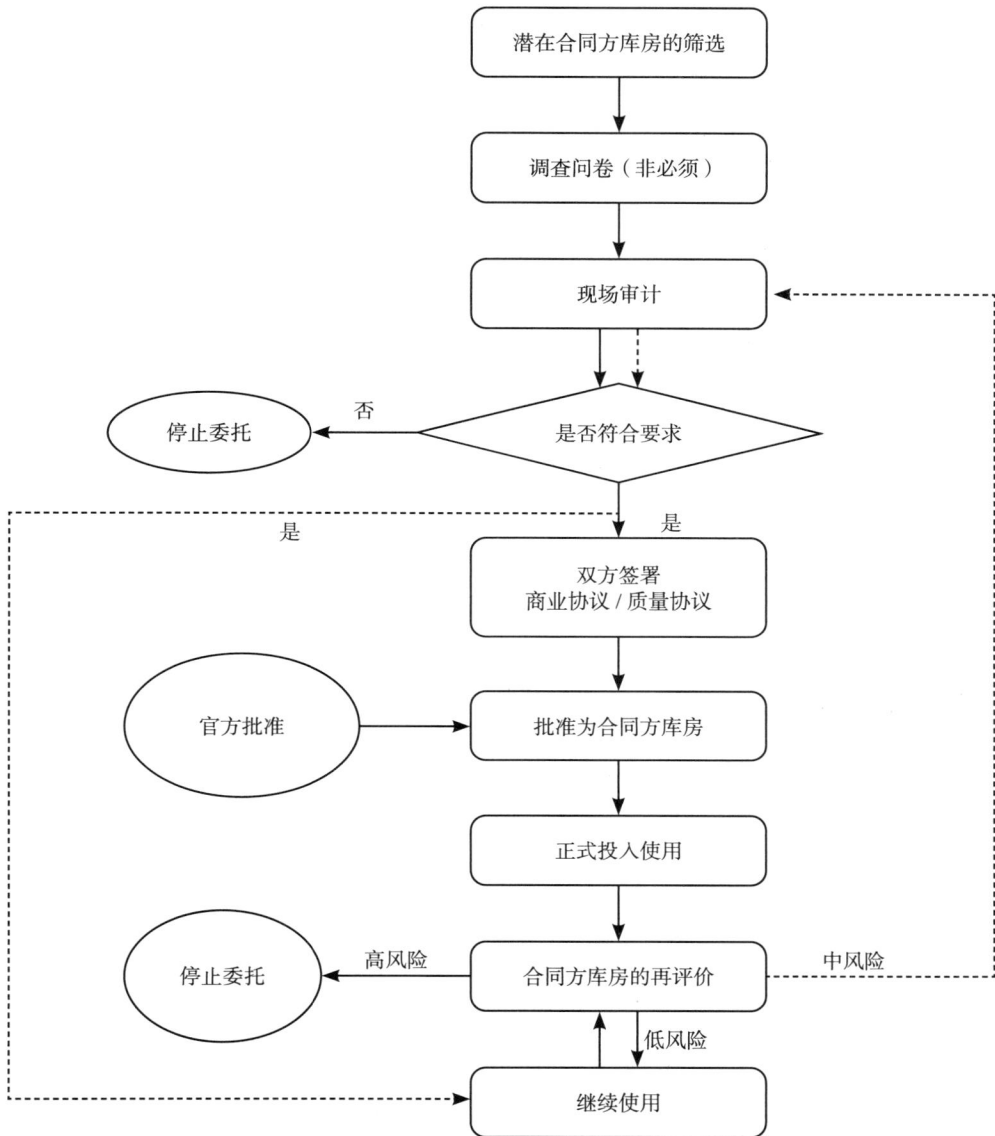

图 12-1　合同方库房基本管理流程

12.1 潜在合同方库房的筛选

当 MAH 或生产企业由于自身发展，需要寻找合同方库房贮存物料及产品时，需综合考虑并评估多方面的因素：商业因素、质量因素、未来发展需要等。在开发潜在合同方库房时，着重考虑以下几个方面。

● 合同方库房具备一定的资质要求，如取得营业执照、药品生产许可证、药品经营许可证，符合 GMP 和（或）GSP 要求，满足国家各项法律、法规的要求。

• 库房的地理位置、周围环境、整体规划和布局等满足物料及产品贮存和发运的要求，方便企业管理。

• 库房的类型及构造符合物料及产品贮存的要求，如分别设置成品库、原辅料库、包装材料库等。如存放物料，考虑是否需要具备取样间；如存放产品，应设置与产品贮存条件相匹配的仓库，如常温库、阴凉库、冷库、特殊药品库等。

• 库房的储运设施、安全及消防设施、虫控设施、温控设施、应急设施、视频监控设施、计算机化管理系统（若适用）等应满足库房作业和质量控制需求。

• 库房人员数量充足，并经过相关培训，具备必要的 GMP 和（或）GSP 知识。

• 仓储的作业流程科学、合理。

初步的商业、质量等因素评估满意后，可作为潜在的合同方库房。在进行合同方库房正式审计前，可通过调查问卷的形式再次对合同方库房进行信息评估，也可以直接进行现场审计。调查问卷的形式类同于原辅料、包装材料供应商调查问卷，但其内容将更偏向于仓储运输管理、仓储设备设施、物料及产品的接收及发放、避免混淆及差错的措施以及计算机化仓储管理系统等。

调查问卷的具体内容可参考实例 12-1 某企业针对合同方库房管理所制定的评估调查问卷。

12.2 合同方库房的现场审计

现场审计可以更准确、全面的了解合同方库房的实际操作，确保其质量管理和商务需求的符合性，同时也为合同方库房的持续改进提供了强有力的支持。现场审计流程的实施，可参考本指南"4 供应商管理"的相关内容，但在合同方库房现场审计的过程中，还需重点关注以下几个方面。

12.2.1 质量体系

• 是否具有符合相关要求的完善的质量体系文件，例如：变更控制、偏差管理、纠正和预防措施、不合格品管理、自检程序等，并审阅有代表性的变更和偏差实例，确认质量体系的运行情况。

• 是否建立了有效的产品追溯体系，当发生偏差和产品召回时，确保能及时有效地进行偏差调查，必要时快速召回产品。

12.2.2 人员

- 是否有合理的组织机构，明确的职责划分，持续的人员培训机制。
- 是否有充足的、合适的人员进行作业和仓库管理，是否雇用了临时人员，如何管理临时人员，如何培训，发生偏差和变更时如何处理等。
- 人员上岗前是否经过培训，例如：物料及产品性质、贮存条件、GMP/GSP 等相关方面的专业知识及卫生清洁知识，确保人员操作正确、安全、有效。
- 操作人员是否熟知自己的职责。
- 直接接触药品的人员是否定期进行健康检查。
- 特殊作业人员是否取得了相关证书，如叉车人员需取得叉车作业证，电工操作人员需取得电工作业证。

12.2.3 设备设施

- 是否安装照明设施，以满足日常操作需求。
- 是否具有与物料及产品相适应的贮存及运输设备设施，如货架、托盘、运输车辆、搬运设备、装卸作业区防护设施等。
- 是否配备了与温湿度控制相适应的设备设施，如空调系统、除湿机、遮光设施等。
- 是否安装了温湿度监测设施，并具备发生异常时的报警功能。
- 是否有合适的虫、鼠控设施，如灭蝇、捕鼠设施等。
- 是否有相应的消防安全设施，设施是否有报警功能。
- 是否根据需要配备相应的视频监控设施。
- 是否根据需要配备与库房管理相关的计算机化系统。

12.2.4 仓储

- 仓储区设计是否合理，避免物料及产品在收发及贮存过程中受到环境的影响，如雨雪及虫害的影响等。
- 仓储区划分是否合理，标识是否清晰，作业流程是否科学、有效、快捷，避免不同物料及产品间污染、交叉污染、混淆和差错。
- 人员进出是否受控。
- 温湿度监控点布置是否合理，并经过验证。
- 温湿度监测设施是否定期校验。

- 物料及产品码放是否合理，符合法规及物料、产品安全贮存的要求。
- 相关设施是否定期清洁，避免来自任何异物的污染。
- 库房是否定期盘点，做到账物相符。
- 如设有取样间，取样间的洁净级别是否不低于产品生产环境的级别。取样间应参照产品生产环境进行管理，应制定规程详细描述：人员更衣流程、物料转移流程、取样流程、清洁流程，并制定避免污染及交叉污染的措施。

12.2.5 确认与验证

- 仓储区是否进行了温（湿）度分布验证，并根据验证结果确定温（湿）度监测点；是否验证了高温季节、低温季节并评估过渡季节的影响。在实际执行过程中是否维持了验证状态。
- 设备设施使用前是否进行了相应的确认，如 IQ/OQ/PQ。
- 计算机化系统是否进行了验证（如适用），以确保各项操作处于受控状态。
- 设备设施是否定期进行再确认或再验证；发生变更时，是否根据评估结论进行了相应的再确认或再验证。

12.2.6 文件与记录管理

- 是否有经 QA 批准的库存物资清单（库房配置应与物料贮存要求相一致，同一库房贮存的物料无潜在的交叉污染风险等）。
- 是否有物料/产品出入库操作规程，出入库记录真实、有效，并具有可追溯性。
- 是否有库房环境控制规程及相应的记录。采用电子记录的，应规定电子记录的审核周期。
- 是否对库房的温湿度监测结果进行了定期的总结和趋势分析。
- 是否有虫、鼠控设施布控图，布控点应经过评估。
- 是否有虫、鼠控记录并定期评估其有效性。
- 是否有设备设施的操作及维护规程，并根据规程制定设备设施的校验、维护及维修等记录。
- 是否使用木质托盘，是否有管理规程及有效的熏蒸/热处理证明。
- 是否具有突发事件的应急预案。
- 是否按相关规定保存记录和凭证。

合同方库房的审计通常会由以下部门人员参与：质量管理部、物流管理部、EHS

部等，分别从质量、物流及安全等方面进行审计。审计员的资质要求可参照本指南"4 供应商管理"4.2.1 部分。

完成现场审计后，出具审计报告，并要求合同方库房根据审计发现项在要求的时间内给出相应的纠正和预防措施，通过措施的落实情况，确定是否批准为合格的合同方库房。

需要注意的是：根据国家相关法律、法规的规定，合同方库房正式批准使用前需要得到相关政府部门的批准。

12.3 双方协议的签署

为明确定义双方的职责和义务，需签署协议。协议分为商业协议和质量协议，根据法规要求，协议通常由委托方及受托方共同参与编写。质量协议可以参照《国家药监局关于发布药品委托生产质量协议指南（2020 年版）的公告》（2020 年 第107 号）的部分内容及格式进行编写。

12.3.1 商业协议

合同方库房的商业协议更偏向于物流、市场等方面，协议中主要包括以下内容（委托方也可根据自身物料及产品特点和流程，增删协议中的内容）：

- 库房物理位置（必要时标明库房编号）；
- 库房要求；
- 定义，如协议物料或产品；
- 费用条款；
- 双方的责任和义务；
- 其他约定事项。

12.3.2 质量协议

质量协议的内容着重于质量要求及法规要求，目的是为了明确定义双方的质量责任，确保双方有效履行质量保证的义务。质量协议的主要内容可参照本指南"4 供应商管理"的实例 4-5 质量协议内容举例，及本章实例 12-2 某企业与合同方库房的质量协议。

委托方作为物料及产品质量的主体责任单位，应当对合同方库房的管理进行全过程指导和监督，督促合同方库房按物料及产品的特性及法规要求进行各项操作，如接收、贮存、发放，并通过定期现场审计、日常监督、派驻人员等措施确保物料及产品的安全。

如果合同方库房用于贮存危险品，应通过安全评价、消防验收，完成人员的安全培训考核，并符合相应的法规要求。对于医疗用毒性药品、药品类易制毒化学品、精麻药品不建议委托储存。

质量协议的具体内容可参考实例 12-2 某企业与合同方库房的质量协议。

12.4 合同方库房的再评价

为确保物料及产品在贮存过程中的安全，委托方需定期对合同方库房进行再评价，确保体系正常运行。再评价可通过对合同方库房的关键服务项目（如服务及时性、沟通有效性、服务过程中偏差和变更的处理等）进行打分，综合评估确定合适的控制措施，如维持现有状态、现场审计、停止委托。

合同方库房的审计形式一般包括定期审计、有因审计（重大变更或偏差引发的审计）等。

再评价的具体内容可参考实例 12-3 合同方库房再评价及控制策略。

12.5 合同方库房的日常监督

委托方可根据业务的重要程度确定是否需要对合同方库房进行日常监督及相应的监督内容，如需开展，应建立日常监督记录。

日常监督的具体内容可参考实例 12-4 某企业合同方库房日常监督检查记录。

📋 要点备忘

合同方库房管理由于其特殊性，除进行质量审计外，通常还需要进行 EHS 审计。质量审计要点可参考"12.2 合同库房的现场审计"部分。

EHS 的审计要点可概括如下：

- 是否有电子监控系统，可追查多久的历史记录；
- 是否购买了相关物料、产品、建筑设施的保险；
- 是否通过当地消防安检；
- 人员的安全防护措施，如登高、受限空间作业以及相关培训；

- 外来人员管理；
- 特殊作业人员的管理；
- 消防演练；
- 员工受伤后的紧急处理方案；
- 消防系统的定期维护和测试记录；
- 火灾预防；
- 消防培训记录；
- 现场是否有事故隐患；
- 逃生图是否指示准确，应急门是否明确标识、有效使用；
- 物料及产品安全数据说明书。

实例分析

【实例】12-1 某企业针对合同方库房管理所制定的评估调查问卷

以下为合同方库房的评估调查问卷，仅供参考，各企业可根据自身特点及委托内容与风险做出相应的调整。

编号：××××××

本调查问卷用于合同方库房的预评估。作为评估程序的支持文件，请完成本调查问卷全部内容及其他相关信息。 请在指定时间内将调查问卷反馈给 ×× 企业的相关人员。	
填表人姓名 / 职务	
填表日期	
A.1 公司名称	
A.2 公司地址	
A.3 仓库地址（如果与公司地址不同）	
A.4 电话	
A.5 传真	
A.6 电子邮件	
A.7 网址	
A.8 联系人 / 职务 / 联系方式	
B. 一般信息	
B.1 公司总人数	

B.2 质量管理部门人数	
B.3 贵公司仓库从事哪些活动？	
B.4 贵公司仓库贮存、经营的产品包括： • 药品 • 化工产品 • 食品 • 其他	是□ / 否□ 是□ / 否□ 是□ / 否□ 请列出：
B.5 贵公司贮存产品包括： • 高致敏性、高活性、高毒性？ 如果是，是否有特殊措施确保其他物料及产品不受污染？	是□ / 否□ 是□ / 否□ 措施：
B.6 贵公司是否贮存温控物料及产品？ 如果是，请列出要求的温度范围。	是□ / 否□ 温度：
B.7 贵公司是否贮存受控产品？ （受控产品是指精、麻、毒、放产品）	是□ / 否□
B.8 贵公司目前是否贮存其他委托方的物料及产品？ 如果是，请列出相关物料和产品。	是□ / 否□ 物料和产品名称：
B.9 贵公司是否有公司简介？ （如果有，请提供一份复印件）	是□ / 否□
B.10 贵公司是否有组织机构图，包括质量部门的组织机构图？ （如果有，请提供一份复印件）	是□ / 否□
C. 质量管理	
C.1 贵公司质量负责人姓名、资质？	姓名： 资质：
C.2 贵公司是否已建立完善的质量管理体系 （机构、职责、程序、资源）？	是□ / 否□
C.3 贵公司是否有阐明质量体系的质量手册？ （如果有，请提供一份质量手册目录复印件）	是□ / 否□
C.4 贵公司是否通过 ISO 9001 认证？ 如果是，最近一次 ISO 9001 检查是什么时候？ 如果通过其他认证，请列出。 认证机构检查频率？	是□ / 否□ 时间： 其他认证： 频率：
C.5 贵公司是否有营业执照？	是□ / 否□
C.6 贵公司是否有生产许可证？	是□ / 否□
C.7 贵公司是否有经营许可证？	是□ / 否□
C.8 最近一次官方检查是什么时间？ 如果适用，请说明检查机构名称。	时间： 检查机构名称：

C.9 贵公司是否有 SOP 目录？ （如果有，请提供一份复印件）	是□ / 否□
C.10 SOP 回顾周期是多长时间？	
C.11 贵公司执行的 SOP 是否经质量部门批准？	是□ / 否□
C.12 贵公司 SOP 培训是否有记录？	是□ / 否□
C.13 贵公司是否有自检程序？ 如果有，请列出自检程序的执行部门。 如果有，请列出自检周期。	是□ / 否□ 执行部门： 自检周期：
C.14 贵公司是否有变更控制程序？	是□ / 否□
C.15 贵公司产品发运是否经发货部门批准？	是□ / 否□
C.16 贵公司是否有投诉程序？	是□ / 否□
C.17 贵公司是否有产品召回程序？	是□ / 否□
C.18 贵公司是否执行过召回？	是□ / 否□
C.19 贵公司是否有培训计划？ • 新员工 • 老员工	是□ / 否□ 是□ / 否□ 是□ / 否□
C.20 培训包括 • 法律法规 • 药品专业知识和技能 • 质量管理制度 • 职责及岗位操作规程 • 其他	 是□ / 否□ 是□ / 否□ 是□ / 否□ 是□ / 否□ 请列出：
C.21 是否每位员工都有培训记录？	是□ / 否□
C.22 贵公司是否使用计算机化系统？ 如果是，请说明计算机化系统的名称和功能。	是□ / 否□ 名称： 功能：
C.23 是否对计算机化系统进行了验证？	是□ / 否□
C.24 计算机化系统的操作程序包括： • 权限及安全 • 数据备份及数据恢复 • 审计追踪 • 变更控制 • 故障恢复	 是□ / 否□ 是□ / 否□ 是□ / 否□ 是□ / 否□ 是□ / 否□
D. 厂房	
D.1 贵公司的仓库何时建立？	
D.2 是否有仓库平面图？ （如果有，请提供一份复印件）	是□ / 否□

D.3 仓库按构造分，包括： • 单层仓库 • 多层仓库 • 自动化立体仓库	是□ / 否□ 是□ / 否□ 是□ / 否□
D.4 仓库按贮存类型分，包括： • 原辅料库 • 成品库 • 印刷包材库 • 其他	是□ / 否□ 是□ / 否□ 是□ / 否□ 请列出：
D.5 仓库按照温控要求分，包括： • 常温库 • 阴凉库 • 2~8℃库 • –20℃以下冷库 • –40℃以下冷库 • 其他	是□ / 否□ 是□ / 否□ 是□ / 否□ 是□ / 否□ 是□ / 否□ 请列出：
D.6 请描述仓库现有的安全措施	
D.7 安全措施符合当地安全法规要求吗？ （如果是，请提供一份安全部门的批件复印件）	是□ / 否□
D.8 是否配备灭火设施？ 如果是，是自动灭火系统还是灭火器或二者皆有。	是□ / 否□ 灭火设施类型：
D.9 是否有火灾报警系统？	是□ / 否□
D.10 是否有虫害控制措施？ 虫害控制措施有哪些？	是□ / 否□ 措施：
D.11 是否使用诱灭剂？ 如果是，有毒还是无毒的或二者皆用。	是□ / 否□ 诱灭剂类型：
E. 接收程序	
E.1 是否有书面接收程序？	是□ / 否□
E.2 来货是否检查破损状况、完整性以确保物料及产品完好 并记录？	是□ / 否□
E.3 物料及产品验收是否进行隔离？ 如果是，请列出隔离措施。	是□ / 否□ 隔离措施：
E.4 是否使用计算机化仓储管理系统？ 如果是，是否使用条形码？	是□ / 否□ 是□ / 否□
E.5 是否执行"先进先出"原则以确保存货周转？	是□ / 否□
E.6 是否执行日常库存检查？ 如果是，请列出检查频率。	是□ / 否□ 检查频率：
E.7 接收区、贮存区、发货区是否分开？	是□ / 否□
E.8 接收区、发货区是否能够避免天气影响？ 如果是，请列出具体措施。	是□ / 否□ 措施：

F. 贮存区	
F.1 贮存区总面积?	____ m²
F.2 药品贮存区面积?	____ m²
F.3 药品贮存区面积占贮存区总面积的百分比?	
F.4 药品贮存区是否与其他区域分开? 如果未分开,采取了何种隔离措施? 其他相邻区域贮存物品说明,如食品、危险化学品等。	是□ / 否□ 隔离措施: 相邻区域贮存物品:
F.5 贮存区是否固液分区?	是□ / 否□
F.6 贮存区是否限制出入?	是□ / 否□
F.7 贮存区是否禁止抽烟、饮食?	是□ / 否□
F.8 物料及产品是否离地、离墙存放?	是□ / 否□
F.9 待验区、合格品区、不合格品区、退货区是否分区? 如果未分区,如何避免差错?	是□ / 否□ 措施:
F.10 是否有书面的清洁程序并记录?	是□ / 否□
F.11 是否有书面的泄漏处理程序?	是□ / 否□
F.12 贮存区温度是否有 • 监控功能 • 报警功能 如果是,请提供一份全年贮存区温度记录数据复印件。	是□ / 否□ 是□ / 否□
F.13 贮存区温度控制限度?	
F.14 贮存区湿度是否有 • 监控功能 • 报警功能 如果是,请提供一份全年贮存区湿度记录数据复印件。	是□ / 否□ 是□ / 否□
F.15 贮存区湿度控制限度?	
F.16 是否有阴凉贮存库? 如果是,请回答以下问题: 用于物料 / 药品阴凉贮存的面积是多少? 阴凉贮存区是否有温度分布图并经过验证? 阴凉区温度是否有 • 监控功能 • 报警功能	是□ / 否□ 物料阴凉贮存区: ____ m² 药品阴凉贮存区: ____ m² 是□ / 否□ 是□ / 否□ 是□ / 否□
F.17 是否有冷库? 如是,请回答以下问题: 用于物料 / 药品冷库的面积是多少? 冷库是否有温度分布图并经过验证? 冷库是否实时显示温度并有数据存储功能? 冷库温度是否有 • 监控功能 • 报警功能	是□ / 否□ 物料冷库: ____ m² 药品冷库: ____ m² 是□ / 否□ 是□ / 否□ 是□ / 否□ 是□ / 否□

F.18 库房是否进行了温湿度验证？ 如果是，请列出再验证周期。	是□ / 否□ 再验证周期：
F.19 所有环境监控设备是否进行 • 校验 • 维护 • 确认	是□ / 否□ 是□ / 否□ 是□ / 否□
F.20 是否有备用贮存控制系统？	是□ / 否□
F.21 是否设置有取样间？ 如果是，请回答以下问题： 取样间的面积是多少？ 取样间是否有级别控制？如有，是什么级别？ 是否建立了清洁程序？	是□ / 否□ 取样间面积：____ m² 是□ / 否□ 洁净级别：____ 级 是□ / 否□
G. 发货程序	
G.1 是否有发货前清洁程序？	是□ / 否□
G.2 员工在发货时是否有检查清单？	是□ / 否□
G.3 发货时是否一人操作，另一人复核？	是□ / 否□
H. 服务	
H.1 贵公司是否提供销毁服务？ 如果是，是否有销毁公司的销毁证明？	是□ / 否□ 是□ / 否□
H.2 贵公司是否提供运输服务？ 如果是，请回答以下问题： 贵公司是自己运输还是合同方运输？ 如果是合同方运输： • 运输商名称？ • 已使用该运输商多长时间？ • 对运输商是否进行了审计？ • 是否有程序规定需要索要及保存接收方接收物料及产品的证明？ 是否进行了温控运输验证？	是□ / 否□ 自己运输□ / 合同方运输□ 名称： 时间： 是□ / 否□ 是□ / 否□ 是□ / 否□

注：以上条款如不适用，可在相应条款后备注"N/A"，如适用，请提供相关资料复印件。

□公司简介

□仓库平面图

□公司组织机构图，质量部门的组织机构图

□质量手册目录

□ SOP 目录

□贮存区近一年的温湿度记录

□与安全相关的许可证件

□营业执照 / 药品生产许可证 / 药品经营许可证

【实例】12-2 某企业与合同方库房的质量协议

质 量 协 议

编号：×××××××

项目			签字		
委托方	公司名称		审核	职位： 姓名： 日期：	
	注册地址				
	生产地址		批准	职位： 姓名： 日期：	
受托方	公司名称		审核	职位： 姓名： 日期：	
	注册地址				
	库房地址		批准	职位： 姓名： 日期：	

质量协议应当在双方协商一致的前提下，由双方的法定代表人或者企业负责人（企业负责人可以委托质量负责人）签署后生效。

本质量协议仅为参考，具体内容可根据委托细节及委托方的要求具体规定。

1. 范围

本协议定义了×××和×××之间仓储服务的技术和质量责任，包括物料及产品的接收、贮存、转运及发放。

2. 目的

明确委托方和受托方落实药品管理法律法规规章、药品生产质量管理规范、药品经营质量管理规范等规定的各项质量责任，确保委托储存等行为持续符合药品法律法规规章、技术规范的要求。

3. 基本信息

（1）变更历史见附录1

（2）受托方仓库基础信息见附录2

（3）产品及物料信息列表见附录3、附录4

（4）编号的命名原则见附录5

（5）委托方设备及设施见附录6

（6）联系人及方式见附录7

571

4. 技术文件

委托方应当在委托活动开始前将物料及产品贮存相关的技术文件转交给受托方，如有需要应当派驻人员对受托方进行培训。相关技术信息发生变更时，委托方应当在技术信息获准之日起 XX 日内告知受托方。

受托方应当对所有本质量协议涉及的物料及产品的技术信息进行保密，并根据药品管理法律法规和技术规范的要求建立相应的质量体系和质量文件。

5. 法律法规依据

双方应当遵循《中华人民共和国药品管理法》《中华人民共和国药品管理法实施条例》《药品生产质量管理规范》《药品经营质量管理规范》，以及其他药品相关的法律、法规、规章、技术规范和标准要求。

委托方与受托方应当及时就任何已知的可能影响物料及产品质量和双方职责的现行法律法规的变化，进行相互之间的书面通知。涉及本质量协议相关内容的，应当按照法律法规要求进行修订。

6. 质量争议的解决

当委托储存相关产品、物料出现质量争议，双方应当遵循药品法律法规及规章规定质量协议约定进行解决。

（1）双方应当直接沟通，确认事件的实际情况。

（2）受托方应当进行调查并出具完整的调查报告。调查报告应当详细描述事件经过、发生原因、调查结果和相关证据等。调查报告应当报委托方审核批准。双方根据调查报告协商解决。

（3）质量争议无法协商解决的，双方应当选择第三方进行评估和判定，并根据第三方评估判定结果商定解决。

（4）委托方负责委托储存物料及产品的最终处理。

7. 其他协议

与服务有关的商业协议将在单独的商业协议中处理。

8. 协议的期限与修订

期限：本质量协议自签订之日起生效，在委托储存期间持续有效。如双方停止委托储存，本质量协议应当至少保存至最后一批上市放行的产品有效期后一年。

修订：a. 经双方书面同意，可以对本协议进行修改，以持续满足监管机构的要求或内部要求。

b. 对本协议修改前，建议方应将所提出的修改内容传阅给双方的联系人，以供审查和内部批准。

9. 责任

委托方和受托方应当履行药品管理法律法规规章、药品生产质量管理规范、药品经营质量管理规范规定的相关义务，并各自承担相应职责。质量协议双方应当遵守所有药品相关的法律法规和技术规范要求，建立良好的沟通机制，确保委托储存药品的安全、有效、质量可控。具体责任如下：

序号	项目	双方	委托方	受托方
1	证照			
1.1	具有经依法批准的营业执照、药品生产许可证或药品经营许可证等	√		
2	人员和培训			
2.1	委托方负责按照批准的物料信息列表、质量标准采购物料，如涉及精、麻、毒、放业务时，应严格遵守国家的相关法律法规		√	
2.2	受托方应配备充足的、具有仓储物流专业知识和经验、学历和技术职称符合相关法规要求的人员			√
2.3	委托方放行人员应熟知物料或产品的质量控制要求，认真执行公司的放行程序		√	
2.4	所有人员均应接受与其工作相适宜的培训，并记录所有培训	√		
3	设施和设备			
3.1	应有措施防止物料或产品的混淆和差错，如区域划分或经验证的 WMS 系统等			√
3.2	应建立仓储区设备的使用、清洁、维护程序，制定预防性维护、维修计划并记录相关活动，保证仓储区设备运行正常			√
3.3	仪器仪表，如温湿度表/探头等应定期校验，确保效期内使用。若受托方仓库温/湿度超标 2 小时，应及时通知委托方，由委托方评估超温/湿对产品质量的影响，并决定库存货物是否能够放行	√		
3.4	有合适的虫控程序，控制措施不能对设备、物料、产品造成污染。使用的杀虫剂、灭鼠剂应得到委托方的批准	√		
3.5	仓储区应配备适当种类与数量的消防器材，符合安全及消防要求			√
3.6	委托方存放在受托方仓库的备用仪器、设备应妥善保管，存放条件应符合要求，未经委托方许可不得使用			√
3.7	每年至少组织一次仓库温控系统或仓库温湿度监测系统应急演练			√
4	供应商管理			
4.1	提供物料及产品列表		√	
4.2	提供批准的印刷包装材料样本，作为印刷包材验收的依据		√	

序号	项目	双方	委托方	受托方
4.3	提供物料及产品安全数据表		√	
5	编号系统			
5.1	建立适宜的物料及产品编号，编号具有唯一性，可以追溯到物料及产品的接收、贮存、发放的所有信息	√		
6	物料或产品接收			
6.1	按照批准的接收程序从委托方或者供应商处接收物料或产品，根据批准的物料信息列表和产品信息列表确认待接收物料或产品的准确性，同时检查外观、标识信息及随货资料			√
6.2	接收的物料或产品应按照相应的贮存条件存放，可通过标识或计算机化系统控制物料的质量状态（如待检、合格和不合格）			√
6.3	从供应商处接收物料时，货物发生破损或与物料信息列表不符的，应拒收，并在 24 小时内通知委托方			√
6.4	双方在转移物料和产品时，应有必要的防护措施，防止物料或产品受外界环境的影响。物料或产品接收应当面验收，入库或贮存期间发生的偏差应及时通知到委托方	√		
6.5	接收区域应能保护物料或产品免受环境影响			√
7	取样			
7.1	委托方负责根据取样计划对物料进行取样，取样时应在规定的环境下完成，避免取样过程的交叉污染。受托方仓库人员应协助取样前物料的转运	√		
7.2	如取样间设置在受托方仓库，取样间的清洁维护由受托方负责，委托方可协助受托方人员开展清洁工作	√		
7.3	受托方应确保取样间环境符合要求，并定期进行环境确认			√
7.4	委托方负责取样间工作服的管理，负责取样工具的清洁灭菌处理		√	
7.5	物料进入取样间前应清洁外包装，检查物料或产品的准确性和完整性，取样后应对取样现场进行清洁，之后方可对下一种物料取样		√	
7.6	仓库人员接收取样后物料时，检查外包装的完整性和清洁度			√
8	物料或产品贮存			
8.1	委托方提供给受托方批准的物料或产品的贮存条件		√	
8.2	物料或产品在贮存或取样过程中不与任何高致敏、细胞毒性、激素类及高活性物质共用厂房、设施和设备			√
8.3	应对仓库的温湿度进行控制、监测和记录，布控点应科学并经过验证			√

574

序号	项目	双方	委托方	受托方
8.4	不同种类的物料如原辅料、包装材料、试剂等应分类分库存放且标识清楚，避免造成混淆或差错			√
8.5	贮存过程发生破损等应进行偏差调查，并制定相应的CAPA			√
8.6	账、物、卡应保持一致			√
8.7	建立盘存程序，定期"全盘"或"抽盘"，并确定物料或产品是否平衡、是否临近效期。如果出现较大差异，应查找原因，必要时进行偏差调查	√		
8.8	物料贮存期间，受托方应在有效期或复验期前3个月通知委托方，以便及时采取下一步措施			√
8.9	受托方应根据委托方要求的时间向其发送物料及产品的库存报告			√
9	物料放行			
9.1	委托方负责物料的检验及放行，受托方根据委托方出具的放行单或批准的CoA将物料状态由"待验"转为"合格"，受托方应保证物料交接到委托方前始终处于受控状态	√		
9.2	按照委托方生产指令/生产订单/领料单的要求发料，执行先进先出（FIFO）、近效期先出（FEFO）、零头先出、取样开口先出的原则			√
9.3	物料发放时，发料人和领料人需当面交接物料的品名、批号、数量等基本信息，并确认物料包装完好	√		
9.4	特殊管理的物料发放执行双人复核程序			√
9.5	接收区与发货区应有有效的隔离措施，避免来料和发料发生混淆或差错			√
9.6	发货区域应能保护物料免受环境影响			√
10	产品放行			
10.1	受托方根据委托方发货通知和委托方质量受权人签署的放行单或批准的CoA安排发货。发货时，委托方相关负责人应进行现场监督，必要时，可以进行远程监督，做好监督记录	√		
10.2	产品发货应遵循先进先出，近效期先出原则	√		
10.3	发货前检查运输设施的温湿度条件和环境符合产品要求			√
10.4	发货前应保证货物的完整性			√
10.5	对温度有特殊要求的产品，发运时应在温控设施内放置2个温湿度表/探头来持续监测运输途中的温湿度变化			√
10.6	发货时，受托方负责装货、放置温湿度表、核查发货材料等			√
10.7	双方共同确定运输设施的装载形式	√		
10.8	受托方负责温湿度表/探头的校验			√

续表

序号	项目	双方	委托方	受托方
10.9	发放区域应能保护产品免受环境影响			√
11	退货品、不合格品			
11.1	应设有专门的区域或货位用于存放退货产品、不合格品			√
11.2	退货产品、不合格品的贮存管理与常规物料和产品的管理一致，应做到账、物、卡一致			√
11.3	委托方负责评估退货产品是否可以二次销售，受托方根据委托方意见进行产品的处理	√		
11.4	委托方负责产品和物料的报废处理		√	
11.5	如不符合问题涉及产品的贮存过程，受托方应配合委托方完成贮存过程的调查工作	√		
12	产品投诉和召回			
12.1	委托方负责调查处理产品投诉和召回事件，受托方根据委托方指令贮存退回后的产品	√		
12.2	当投诉和召回事件的调查过程涉及受托方活动时，受托方应该协助委托方完成调查	√		
13	分包			
13.1	未经委托方事先评估且同意，受托方不得将本协议或任何单独的商业协议下委托的工作分包给第三方。如果受托方得到委托方的书面许可，允许将本协议项下的业务分包给第三方，受托方应确保按照本协议的要求与第三方签订协议，规定各自的技术责任和义务			√
13.2	委托方有权对受托方的第三方进行审计，如需要审计，委托方提前1个月通知受托方，受托方负责联系第三方	√		
14	确认与验证			
14.1	受托方负责对涉及委托物料或产品的厂房设施、设备、计算机化系统进行确认，并根据评估进行定期再确认，保证厂房设施、设备、计算机化系统始终处于良好的受控状态			√
14.2	受托方负责产品发运时，应对运输过程进行确认，保证产品运输过程符合要求			√
15	文件管理			
15.1	受托方应妥善保存本质量协议涉及的物料及产品的接收、贮存、发放等相关文件和记录，记录应保存至产品有效期后1年。验证及确认文件长期保存监管部门出具的检查文件，至少保存至产品有效期后1年，委托方有权获得委托贮存物料及产品的检查报告	√		
15.2	受托方应建立数据可靠性相关的文件，并严格执行，所有记录均符合 ALCOA 要求			√

序号	项目	双方	委托方	受托方
16	变更和偏差			
16.1	任何潜在影响委托方物料或产品质量、安全性或法规符合性的重大变更和一般变更，应在变更前至少 15 日内书面通知委托方			√
16.2	任何潜在影响委托方物料或产品质量、安全性或法规符合性的重大偏差和一般偏差，应在偏差发生后 2 个工作日内通知委托方，并在 20 个工作日内完成调查			√
16.3	审核、批准、关闭相关的重大变更和重大偏差	√		
17	合规性支持			
17.1	委托方有权对受托方仓库进行审计，受托方应给予配合，对于发现的缺陷，应建立相应的纠正和预防措施	√		
17.2	委托方可通过日常监督的形式，检查受托方仓库的活动		√	
17.3	当官方审计机构要求审计与委托方相关的仓储活动时，受托方应给予配合，对于发现的缺陷，应建立相应的纠正和预防措施			√
17.4	任何对受托方的审计活动，委托方应提前通知受托方		√	
17.5	当委托方需要获取物料或产品接收、贮存、发运等资料用于官方或客户审计时，受托方应当配合提供相关资料			√
18	沟通交流			
18.1	受托方提供给委托方仓储管理人员名单、签名、联系方式			√
18.2	委托方提供给受托方物料或产品放行人名单、签名、联系方式		√	
18.3	其他相关责任人的名单、联系方式可根据需要一并列出	√		
18.4	当贮存的物料或产品出现质量争议时，双方应按照本协议及相关法规要求进行解决，委托方出具物料或产品的最终处理意见	√		
19	协议生效与修订			
19.1	协议双方最后的签署日期为协议的生效日期；当协议双方对部分条款有变更需求或条款内容不再适用法规要求时，需启动修订。旧版质量协议随新版质量协议的执行自动失效	√		
19.2	当协议附录信息需要变更时，双方可直接签订相关附录的补充协议	√		
20	保密			
20.1	协议双方有责任不得向任何第三方披露或分享协议物料和产品信息。如果政府或监管机构要求披露相关信息，知悉这一要求的一方应及时通知另一方，经双方商定后方可提供信息。保密义务在本质量协议终止后仍然有效，并覆盖产品的整个生命周期	√		

续表

序号	项目	双方	委托方	受托方
21	其他			
21.1	为避免协议内容冲突，关于物料或产品贮存的具体商业安排依据商业协议执行，当商业协议和质量协议存在直接冲突时，商业协议内容应先行	√		

注："√"代表该项目责任方，具体的责任划分可根据双方约定而调整。

10. 附录

附录 1

变更历史

生效日期	版本	变更概述

附录 2

受托方仓库基础信息

物理位置	库房编号	库房布局及大小
		请附相关图纸

附录 3

产品信息列表

序号	产品名称	产品代码	规格	包装形式	贮存条件	有效期	药品注册证号

附录 4

物料信息列表

序号	物料名称	物料代码	规格	包装形式	贮存条件	有效期/复验期	生产商名称或地址	经销商名称

附录 5

编号的命名原则

说明产品的编号命名原则，并举例。

说明物料的编号命名原则，并举例。

附录 6

委托方设备及设施

设施设备名称	生产商	型号	数量

附录 7

联系人及方式

委托方

联系人 1	联系人 2	联系人 3	联系人 4
职务	职务	职务	职务
联系电话	联系电话	联系电话	联系电话
电子邮箱	电子邮箱	电子邮箱	电子邮箱

受托方

联系人 1	联系人 2	联系人 3	联系人 4
职务	职务	职务	职务
联系电话	联系电话	联系电话	联系电话
电子邮箱	电子邮箱	电子邮箱	电子邮箱

【实例】12-3 合同方库房再评价及控制策略

合同方库房再评价及控制策略

编号：×××××××

再评价

目的： 根据公司管理程序，至少每两年对合同方仓库进行一次现场审计，以便更准确、更全面的了解合同方库房的实际操作。同时，为保证合同方仓库在审计周期内的持续符合性，应每年进行一次再评价，根据年度再评价结果确定是否需要增加现场审计频次，维持或停止委托。

分值： 10分、6分、2分

判断标准： 当总分≥236分时，属于高风险，暂停委托。

当128＜总分＜236时，属于中风险，评估批准后的20个工作日内对合同方库房进行现场审计。

当总分≤128时，属于低风险，可暂不采取措施，按审计周期执行。

项目	分值（分）			比重	评分	得分（比重 × 评分）
	10	6	2			
1.资质证书有效性	任一证书超出效期，未在规定效期内再申请	N/A	要求的证书全部在效期内	1		
2.双方合作时间	双方合作时间≤2年	2年＜双方合作时间＜5年	双方合作时间≥5年	1		
3.供应/服务的及时性	年度内供应/服务不及时现象≥3次	年度内供应/服务不及时现象＜3次	年度内无供应/服务不及时现象	1		
4.服务的稳健性和连续性	年度内因受托方原因发生重大偏差≥1次 或一般偏差≥2次 或微小偏差≥5次	年度内无重大偏差 一般偏差≤1次 或2次≤微小偏差＜5次	年度无重大偏差及一般偏差 微小偏差＜2次	1		
5.应对紧急、意外情况的能力	年度内发生紧急、意外情况≥2次 紧急意外情况的处置对委托方产生较大质量或经济影响	年度内发生紧急、意外情况＜2次 紧急意外情况的处置对委托方产生较小质量或经济影响	年度内无紧急、意外情况发生	1		
6.沟通的有效性和及时性	年度内沟通不及时，问题没有得到有效解决，对后续管理产生较大影响	沟通过程缓慢导致问题延误，但影响较小	沟通顺利	1		

项目	分值（分）			比重	评分	得分（比重×评分）
	10	6	2			
7. 安全管理的有效性	年度内监督检查发现安全管理隐患事项≥5次	年度内监督检查发现安全管理隐患事项<5次	年度内监督检查未发现安全管理隐患事项	3		
8. 对审计缺陷、偏差、客户投诉等问题响应及整改的及时性	未在规定时间内给出可接受的纠正和预防措施	在规定时间内给出纠正和预防措施，但部分措施整改不到位	按规定时间答复、整改	3		
9. 贮存物料及产品的风险	贮存物料种类≥10或贮存产品种类≥5	3<贮存物料种类<10或2≤贮存产品种类<5	贮存物料种类≤3 贮存1个产品	5		
10. 质量协议的履行情况	未遵守部分协议条款，对委托方产生较大的质量或经济影响	未遵守部分协议条款，对委托方产生较小的质量或经济影响	无发生违反协议条款情况	5		
11. 日常监督检查及整改情况	检查问题存在严重事项或不按规定时间整改问题或整改效果不佳≥3次	检查问题无严重事项 不按规定时间整改问题或问题整改后效果不佳<3次	检查问题无严重事项 全部问题在规定时间内得到了有效整改	5		
				总分：		
				高风险数量：		

控制策略
维持现有状态 □
现场审计□ 审计时间：
停止委托□
其他（如修订协议）：

评估人／日期：　　　　　　　　　　批准人／日期：

【实例】12-4 某企业合同方库房日常监督检查记录

合同方库房日常监督检查记录

编号：××××××

单位名称：   仓库类型／编号：

检查项目	检查结果
1. 核对库存物料、产品是否与批准的库存清单一致，有无超清单存放情况	□ 符合 □ 不符合，请说明：＿＿＿＿＿＿
2. 检查现场是否有批准的物料供应商清单	□ 符合 □ 不符合，请说明：＿＿＿＿＿＿
3. 检查现场是否有经批准的印刷包装材料样本，且图案及字迹清晰	□ 符合 □ 不符合，请说明：＿＿＿＿＿＿
4. 检查精、麻、毒、放等特殊物料及产品的存放情况是否符合要求	□ 符合 □ 不符合，请说明：＿＿＿＿＿＿
5. 检查物料及产品的码放如墙距、梁距、柱距、码放高度是否符合要求	□ 符合 □ 不符合，请说明：＿＿＿＿＿＿
6. 检查《物料验收记录》填写是否及时、规范	□ 符合 □ 不符合，请说明：＿＿＿＿＿＿
7. 检查不合格品台账填写是否及时、完整、准确	□ 符合 □ 不符合，请说明：＿＿＿＿＿＿
8. 检查仓库温度、湿度是否符合要求，记录填写是否及时、准确	□ 符合 □ 不符合，请说明：＿＿＿＿＿＿
9. 检查标签、说明书等印刷包装材料是否按相关管理程序存放	受检物料／批号： □ 符合 □ 不符合，请说明：＿＿＿＿＿＿
10. 抽查至少两种物料或产品，每种物料或产品至少两个批号，核对"账、物、卡"是否相符，是否执行"先进先出、近效期先出"的原则	受检物料或产品／批号： □ 符合 □ 不符合，请说明：＿＿＿＿＿＿
11. 抽查至少两种物料或产品，每种物料或产品至少两个批号，核对贮存期是否超过有效期或规定的使用期限，到效期时是否及时转移至不合格品区或使用计算机化系统锁定	受检物料或产品／批号： □ 符合 □ 不符合，请说明：＿＿＿＿＿＿
12. 抽查至少两种物料或产品，每种物料或产品至少两个批号，检查物料或产品标识、状态标识、取样标识是否符合要求	受检物料或产品／批号： □ 符合 □ 不符合，请说明：＿＿＿＿＿＿
13. 检查仓库温湿度计等仪表是否在校验有效期内	□ 符合 □ 不符合，请说明：＿＿＿＿＿＿

检查项目	检查结果
14. 检查仓库温湿度监控记录，所有的报警是否采取了有效的控制措施，并评估了对物料及产品的影响	□ 符合 □ 不符合，请说明：_____
15. 检查仓库顶棚、墙壁、门窗是否完好，地面、货架、货物是否干净、无粉尘、无破损	□ 符合 □ 不符合，请说明：_____
16. 抽查仓库清洁记录，是否定期对贮存区进行清洁	□ 符合 □ 不符合，请说明：_____
17. 检查防虫防鼠设施是否完好且处于有效状态	□ 符合 □ 不符合，请说明：_____
18. 检查防火设施标识及安全标识是否齐全	□ 符合 □ 不符合，请说明：_____
19. 其他（如偏差及变更按规定程序进行了汇报和处置，新员工按程序进行了培训等）	□ 符合 □ 不符合，请说明：_____
上次不符合问题整改及追踪： 追踪人 / 日期：	
本次检查问题汇总： 	
检查人 / 日期：	仓库确认人 / 日期：

缩略语表

英文缩写	英文全称	中文
ERP	enterprise resource rlanning	企业资源计划
HVAC	heating, ventilation and air conditioning	采暖通风与空气调节系统
IPPC	International Plant Protection Convention	国际植物保护公约
LIMS	laboratory information management system	实验室信息管理系统
MES	manufacture execution system	制造执行系统
MRP	manufacture resource planning	制造资源计划
RFID	radio frequency identification	无线射频识别技术
SCADA	supervisory control and data acquisition	数据采集与监视控制系统
WMS	warehouse management system	仓储管理系统